LE SECOND TOME DES HISTOIRES TRAGI-
QVES, EXTRAITES DE L'ITA-
lien de Bandel, contenant encore dixhuit
Histoires traduites & enrichies outre l'inuention de l'Autheur.

*Par François de Belleforest Comingeois, dedié
à Ma Damoyselle la Procureuse generale.*

A PARIS,

Pour Robert le Magnier Libraire, en la rue
neuue nostre Dame, à l'enseigne sainct Ie$
Baptiste: Et en sa boutique au Palais, en la
gallerie par ou on va à la Chancellerie.

1566.
AVEC PRIVILEGE.

**Reliure serrée
Absence de marges intérieures**

COPIE DV PRIVILEGE.

CHarles par la grace de Dieu Roy de France, à nos amez & feaux Conseillers tenans nos Cours de Parlement de Paris, Rouen, Tholose, Bordeaux, Dijon, Aix, Grenoble, Bretaigne Baillifz, Preuosts & Seneschaux esdicts lieux, Lyon, Poictiers, Orleans, Bourges, Angers, Champaigne: & à tous nos autres Iusticiers salut & dilection. Receu auons l'humble supplication de nostre bien amé Vincent Norment, Libraire en nostre bonne ville de Paris, lequel nous a fait remonstrer que defunct Vincent Sertenas, son beau pere, auoit (peu deuant son trespas) fait traduire auec grands frais, dixhuict histoires Tragiques, extraites des œuures Italiennes de Bandel: les six premieres par Pierre Boaistuau, surnommé Launay: les douze suyuantes par François de Belleforest Comingeois, faisant ensemble le premier tome desdictes histoires: dont ledict defunct Sertenas n'a peu retirer ses deniers par luy frayez en la premiere Impression & traduction d'icelle. Pource que nonobstant le priuilege par nous donné audict Sertenas, plusieurs Libraires & Imprimeurs, tant de nostre ville de Lyon qu'autres Villes de nostre Royaume, ont soudainement, a-

A ij

pres la premiere impreßion d'icelles, fait imprimer & vendu lesdictes histoires, au grand preiudice & interest de la veufue & heritiers dudict Sertenas. D'auantage a iceluy Normét, puis peu de temps en ça, recouuert & fait traduire à grands frais le second tome des histoires Tragiques, extraict de l'Italien de Bandel, contenant encor dixhuict histoires, traduites & enrichies outre l'inuentiõ de l'auteur, par Fraçois de Belleforost Comingeois, lesquelles n'ont encor par cy deuãt esté mises, ne reues en nostre langue Françoise. Lesquels deux tomes il feroit volontiers imprimer, mais il doute que pour le frustrer de ses iustes labeurs, frais & impenses, aucuns autres les voulussent faire imprimer, s'il n'auoit sur ce nos lettres de prouision, humblement requerant icelles. NOVS à ces causes inclinant liberalement à la supplication dudict Norment, à iceluy auons donné & ottroyé de nostre grace especial, donnons & ottroyons par ces presentes, priuilege, licence, congé & permission de nouueau faire imprimer ledict premier tome, & faire imprimer ledict second tome, contenans trête six histoires, traduites & enrichies, comme dessus, iceux exposer en vente, iusques au temps & terme de six ans, à compter du iour qu'elles seront acheuées d'imprimer. Pendant lequel temps auons tresexpreßement inhibé & defendu, inhibons & defendons à tous autres

Libraires, Imprimeurs, & tous autres qu'il appartiēdra, d'icelles imprimer ou exposer en vête, sans le consētemēt dudit exposāt. Sur peine aux contrevenans de confiscation desdicts liures, d'amende arbitraire, & de tous despens, dommages & interests dudict exposant. Auquel en outre auons permis & permettons, qu'en mettant ou faisant mettre au commencement ou à la fin desdicts liures vn sommaire ou extraict du contenu en ces presentes, elles soyent tenues pour suffisamment notifiees & venues à la cognoissance de tous: sans qu'aucun en puisse pretendre cause d'ignorance. SI vous mandons, & à chacun de vous si comme il appartiendra, commettons, & expressement enioignons, que de nos presens priuilege, congé, licence & permission, & de tout le contenu cy dessus, vous faictes iouyr & vser pleinement & paisiblement (Tous troubles & empeschemens à ce contraires cessans.) Et à ce faire & souffrir contraignez ou faites côtraindre par toutes voyes deuës & raisonnables. Nonobstant oppositions ou appellations quelsconques, & sans preiudice d'icelles, pour lesquelles ne voulons estre differé. Car tel est nostre plaisir. Nonobstant comme dessus, & quelsconques lettres à ce contraires. Et pource que de ce present ottroy & priuilege lon pourroit auoir affaire en plusieurs lieux. Nous voulons qu'au vidimus d'icelles, verifiees par l'vn de nos

A ij

amez & feaux notaires & secretaires, ou par deuant deux notaires Royaux foy soit adioustee comme au present original.

Donné à Paris le douziesme iour de Iuin, l'an de grace mil cinq cens soixante cinq. Et de nostre regne le cinquiesme. Ainsi signé par le conseil, DECOVRLAY, & seellé sur simple queuë, de cire iaune.

A NOBLE ET VER-
TVEVSE DAMOYSELLE,
Ma Damoyselle Yſabeau de Fu-
ſée, femme de Mõſieur Bourdin,
Conſeiller du Roy, & Procureur
general en ſa court de Parlement.
François de Belleforeſt Comin-
geois Salut.

MA Damoyſelle, comme les miſeres eſquelles la calamité de ce temps nous auoit reduits, euſ-ſent offuſqué auec la ioye de nos ai-ſes paſſez, l'honneſte liberté qu'vn chacun auoit à ſeruir au public par quelque profitable deportement &

EPISTRE

vertueux deuoir: aussi auoyent elles alenty la mesme gaillardise de bōs esprits, lesquels voyans tout tourné sans dessus dessous, s'estans presque du tout retirez des estudes. Qui fut cause qu'ayant continué le discours du Bandel, commencé par le Sieur de Launay sous le tiltre d'histoires Tragiques, & d'iceluy fait vn amas assez recreatif, & autant honneste pour y occuper l'oysiueté de la ieunesse Françoise, comme i'estoye sur le point de faire mieux, ie senty vn pareil estonnement que les autres, & vne mesme perte de ma gaillardise & nayueté à poursuyure mon entreprise. Ainsi ie laissay mes desseins en herbe, & l'esperance d'en cueillir quelque profit & honneur en demoura flestrie & mor te, laissant à part l'histoire qui seruist de plaisir & aise, pour embrasser des subiets plus graues & serieux, desquels les vns sont sortis en euidence, les autres par ne sçay quel desastre ont esté esgarez à mõ grand regret, & contrecœur. En ces discours i'ay fait essay de contenter les bons, seruir au public, & faire cognoistre à chascun quel est le zele qui me meut, & quelle est la foy & but de ma persuasion. Ainsi ma Damoyselle, ie laissay, auec la ioye du temps les histoires & argumens tragicqs du Bandel, & oubliay ce qu'il traite, soit d'amour ou haine, courtoisie ou cruauté, trahison ou simplicité, recognoissance & ingratitude: en somme ce qui est de bon ou mauuais entre les hom-

EPISTRE.
mes, attandant quelque iſſue à ces troubles ſanglans, qui affligeans la France, ont rēdu le reſte de la Chreſtienté eſtonné de voir choſe tant contre l'opinion de chaſcun. Aſſis donc comme ſpectateur ſur ce theatre i'attendoye pour voir ceux qui poſtpoſans toute ambition, profit & auancement pour ſeruir à Dieu, & ſe monſtrer loyaux à leur Prince & patrie, ie peuſſe auec ce nombre choiſi de bons citoyens, & fideles ſeigneurs François m'eſiouir en leur conſtance, foy, innocence & hardieſſe: & par meſme moyen reprendre mes erres, & continuer la deuotiō que i'ay de ſeruir au public, & recognoiſtre ceux auſquels ie ſuis redeuable pour bienfait. Entre ceux cy, ie voy mon Seigneur le

Procureur general voſtre eſpoux reluire comme vn. S. Herme fait à ceux qui ont couru fortune en mer, & le voyāt ſur la Poupe de leur nauire: d'autāt qu'ē ce bō ſeigneur voſtre mary, la cité de Paris, voire & toute la France ont tenu les yeux fichez, admirās ſa liberté en parolle, ſon grād cœur, ſa conſtāce inuincible, & ſa prudēce à cōtēter les plus chatouilleux , & loyauté à ſeruir ſon Prince. Or d'autant que pour le preſent ie ne peux ſatisfaire ny à mon deuoir , ny à mon deſir en ſon endroit, attendant vne meilleure occaſion , c'eſt à vous ma Damoyſelle , à qui ie preſente ce qui me reſte de mes trauaux, & à qui i'offre vn Bandel continué en ſes tragiques diſcours, afin que ie ne

EPISTRE
forte de mes desseins chargez de larmes, à cause que le temps est plus remarqué de tristesse que d'aucune esperance de ioye & contentement. Et qu'aussi ie voy ce discours estre necessaire, ou la vie des hommes est tant depravée que maintenant, afin que les exemples proposez sur la vie de nos predecesseurs nous esguillonnent à changer ce qui est de mauuais, & qu'vn chascun voye le vice portant quand & luy sa punition, & penitence: ce qui nous fera confesser au contraire que la vertu ne laisse celuy, qui en est vestu sans salaire, l'inuestissant icy de repos, & apres la mort de gloire eternelle. Aussi est-ce vn apennage de nostre naturel, & inclination que d'aymer mieux estre enseignez par

exemples que par loix & commandements: d'autant que l'vn nous sēble trop fascheux, & plein de rigoreuse seuerité: l'autre marche selon nos vouloirs, & nous guide suyuant nostre fantasie. Et voila pour quoy les historiens n'ont rien oublié de ce qui sert à l'ornement & institution de nostre vie, lors qu'ils ont descrit la vie, les gestes les conquestes, & hauts faits des grans Princes, sans taire toutesfois leur vilennie, si quelquesfois ils se sont esgarez, leur cruauté, tyrannie, & mespris de religion: par lesquels discours ils font voir que le meschant est tousiours sans repos, & semble qu'il ayt vn bourreau attaché à la queue qui le geine & tourmente, tant la conscience de ses mesfaits le

EPISTRE

poingt & esguillonne. Mais quand
ils paignent vn bon Roy, vn Magistrat sans auarice, vn Politique
sans fureur ou transport, vn Courtisan loyal, & sans dissimulation,
Le ministre de l'Eglise sans hypocrisie, & ne cherchant que l'honneur de Dieu : les Dames chastes,
pudiques, honnestes, courtoises, charitables, & aimans Dieu, & le seruans en toute crainte, c'est là qu'ils
incitent les hommes, & les induisent à suyure la saincteté de telles
personnes proposees comme miroirs
à ceux qui leur suruiuẽt. C'est la raison qui m'a fait encor fueilleter Bãdel, & l'ageancer suyuant ma premiere deliberation, afin que les choses de plus fresche memoire nous dõnent auec le plaisir vn appetit &

honneste desir de suyure la vertu
& detester le vice. Et quoy que de
prime face il semble que ce soyent
des discours d'Amour, si est-ce que
ma pretente, ny proget ne s'adresse
aux follastres, ains à faire voir a la
ieunesse le degast, la ruine & malheur qui luy aduient si elle suit ses
desirs volages & lascifs. Aussi y
voit on des filles si chastes, & tant
amies de vertu, que la mort leur est
plus souhaitable & plaisante que
de se laisser vaincre par les piperies de quelque fascheux & subtil
poursuyuant: & des hommes tant
commandants à leur appetit, que
pouuants iouir de ce que plus ilz
auoyent desiré, ils en quittent la
iouyssance. Veult on voir vn sot
amant, vne folle qui s'abandonne,

EPISTRE

vne grande qui se marie plus bas que son calibre ne requiert, comme l'ardeur d'Amour se refroidist auec le temps, & se conuertist en haine, il en trouuera les exemples dans ce liure. La courtoisie, la recognoissance d'vn bien receu, le salaire du plaisir, y sont si bien effigiez, qu'il ne manque rien pour l'ornement de telle painture: voulez vous voir vn homme cruel & desloyal, vn esclaue traistre à son seigneur, vn homme d'Eglise dissolu, & vn autre chargé d'auarice, vn Prince plus cruel que la mesme cruauté? c'est icy que trouuerez ou paistre vostre desir affamé. La gracieuseté d'vn Prince vers les petits n'y est point oubliée, ny le bon cœur d'vn Roy pardonnant à celuy qui auoit osé

osé sans raison luy faire la guerre, non sans luy faire sentir quelle est la main des Rois & Princes que Dieu a fait naistre pour seigneurier sur son peuple. En somme ie ne pense point que le gentilhõme puisse trouuer romant plus mignard, qui luy diuersifie plus le goust de ses appetits, que ces histoires tresveritables: ny Damoyselle trouuera liure plus chaste sous le mesme recit de l'Amour, que cestuy cy, auquel ie me plais de cercher les subiets, afin de faire sauourer le desgoust qui est en ceste viande si peu plaisante que celle que les hommes cerchent si obstinément. Voila pourquoy ma Damoyselle, i'ay prins la hardiesse de vous presenter ce liure, en estant incité encor par Mon=

EPISTRE

sieur Theuet, qui m'a asseuré du bon accueil que vous faictes aux choses qui ressentent le goust de vertu, religion, & saincteté. Vostre bon esprit iugera de la verité de ce que ie propose, & par mesme moyen receurez le present de la main de celuy, qui ne souhaitte autre bien que d'auoir le moyen quelque iour de faire tout tel seruice à vostre maison, comme il y est affectionné dés long temps. Priant le tout puissant, Ma Damoyselle, de vous tenir en telle santé, heur, & prosperité auec les vostres, que vous desire le plus humble de ceux qui desirent vous obeïr. De Paris ce xxi. d'Aoust. 1565.

FABRICE DE LAS, SEIgneur de Vienne, au seigneur de Belleforest Comingeois.

Les pésemés du cœur, qui de la basse lie
   D'vn peuple est esloigné, produisent les effects,
   Que les plus abaissez, & les moins, sont parfaits
Plus que ne sõt ceux là q̃ l'ignorãce lie.
Voyez Belleforest, lequel semble folie
   Dans sa traduction d'vn Bandel, mais ses faits
   S'estendent bien plus loing, & ont d'autres souhaits
Que n'est la vanité, le plaisir, la folie.
Il vous paint vn Amour, pour detester le vice,
   Le riche il met en ieu, abhorrant l'auarice,
   Et d'vn vaillant cruel, il cõdẽne l'effort:
La courtoisie il louë, la vertu il poursuit,
   En son œuure l'hõneur comme vn Soleil reluit,
   Et tels sont ses escrits que la mort point n'y mord.

Honrrado, y no mas.

B ij

ANDRE THEVET ANGOmoisin, au seigneur de Belleforest, Comingeois.

Bandel traçant le fil de son histoire
S'il en a eu quelque los ou honneur,
C'est rien au pris de toy, qui auec heur
As esueillé son renom sans memoire.
Car d'vn Lombard le stile peu notoire
En France fais marcher plein de faueur,
Luy departant tant d'audace & de cœur,
Que de soymesme il a ia la victoire.
Heureux Bandel d'vn Gascon decoré,
Belleforest ainsi est honoré,
Qui fait parler au Bandel bon François.
Mais ce que plus luy a donné de grace
C'est que Bandel, traduisant il surpasse,
Luy donnant vie, ornement, lustre & voix.

ADVERTIS-
SEMENT AV
Lecteur.

IE ne pensoye pas, amy lecteur, que tu deusse encor voir vn argument tel que ces histoires tristes plaisantes, sortant de ma main, & comme desrobé de mes trauaux plus penibles & serieux: dequoy faut que tu en remercies plustost autre que moy, qui n'estoie pas beaucoup affectionné à telle matiere, comme celle qui est du tout esloignee de mes desseins. Qui est cause que tu passeras legerement & sans trop t'arrester, les fautes que ie fay au parler si poly, duquel les Damerets vsent enuers leurs Dames, & recognoistras (s'il te plaist) qu'en oubliant les amours, i'oublie aussi la delicatesse & mignotise du langaige. D'vn cas sera aduertie ta naturelle bonté, que ie me suis estudié à enrichir la langue plus de mots propres qu'affectez ou escorchez du Grec ou Latin, & ay embelly l'œuure de l'Italien assez mal fluide & doux-coulant, tout ainsi & mieux encor qu'es douze dernieres histoires du Bandel que ie t'ay mis en lumiere soubs le tiltre de continuation des Tragiques. Reçoy donc d'auſſi bon viſage ce preſent, comme ie m'aſſeure tu y trouueras en quoy prendre plaiſir, & donner repos à tes faſcheries par la diuerſité de tant de ſortes d'hiſtoires deſquelles i'ay fait recueil pour eſueiller l'eſprit à la nobleſſe Françoiſe, laquelle ſemble ſ'endormir, & oublier l'affection qu'elle auoit iadis aux bonnes lettres. Et ſ'il te prend volonté de faire comme i'ay fait, le Bandel eſt encor aſſez abondant en hiſtoire, lequel tu pourrras ſmbraſſer, limer, & augmenter, d'autant que ie t'en quitte l'honneur & l'aduantage, & Adieu.

SOMMAIRE DE LA XIX. histoire.

DE TANT plus l'honneur & autorité tient les personnes en lustre, & les fait apparoir, c'est lors aussi que les fautes y sont plus sensibles, & les pechez par eux commis, causent plus de scādale. Comme aussi la fortune est plus difficile à supporter à celuy lequel toute sa vie aura vescu à son aise, si par cas il tombe en quelque grand' necessité, que non pas à l'homme qui onc n'aura experimenté que desastre, malheur & aduersité. Denis Tiran de Sicile sentoit plus de traueil, se voyant chassé de son royaume, que ne faisoit pas vn Milō estant bāny de Rome, veu que l'vn estoit Seigneur souuerain, filz de Roy, non iusticiable à personne: & l'autre n'estoit que simple citoyen, dans vne cité en laquelle le peuple auoit loix, & les loix du magistrat estoyent reuerees. Aussi la cheute d'vn haut & grand arbre fait plus debruit, que d'vn bas & petit fruitier. Et voit on de plus loing les hautes tours & palais des Rois, que les cabanes & loges des simples pasteurs, & les grottesques que les pauures gens s'approfondissent ou dans les collines, ou par la profondeur des roches dures. C'est pourquoy il faut que les grands seigneurs viuent de telle sorte, & se maintiennent si honnestement, que personne n'ait occasion de

Denis le Tyran chassé de Sicile.

A iiij

prendre mauuais exemple sur le discours de leurs faicts & vie mauuaise. Et sur tout ceste modestie doit estre obseruée par les femmes, lesquelles comme la race, grandeur, aucterité & nom, faict plus grandes, aussi la vertu, honnesteté, chasteté & continence doit rendre plus recommendables : & est besoing que tout ainsi qu'elles souhaittent d'estre honorées sur toutes aultres, que leur vie se face digne de tel honneur, sans faillir en sorte aucune, ni faire ou dire rien qui puisse denigrer cette splendeur qui recommande leur renommée. I'ay grand peur que tous les faicts heroiques, les conquestes & explanades faictes par la Babylonienne roine Semiramys n'eussent iamais eu tant de recommandation comme son vice a eu de vitupere par ceux qui ont laissé la memoire des faicts des anciens. Ie dis tout cecy pource que la femme estãt comme vne image de douceur, courtoisie & pudicité, tost aussi tost qu'elle se foruoye de son droict chemin, & qu'elle laisse le sentier de son deuoir & modestie, oultre le faux bond qu'elle donne à son honneur, elle se met en danger d'infinis troubles, & cause la ruine de tel qui seroit honoré & loué, si l'attraict des femmes ne le solicitoit à quelque folie. Ie n'iray icy rechercher les exemples de Sanson, Salomõ, ou autres, qui se sont laissez follement coiffer aux femmes, & qui par le moyen d'icelles sont tombez en

grandes faultes, & ont encouru de grands perils. Me contentant vous reciter vne histoire
assez pitoyable, & qui est aduenue presque de
nostre temps, à sçauoir quelque année apres que
les François sous la conduite de ce grand & excellent Gaston de Foix vainquirēt la force Es-   Gaston
paignolle & Neapolitaine à la iournée de   de foix,
Rauenne du temps de Loys douziesme,   qui fut
qui pour sa bonté & amour enuers   tué à Ra-
ses suiects, a esté appellé   uenne.
le Pere du pays &
du peuple.

L'INFORTVNE MA-
riage du seigneur Antonio Boloigne, auec la Duchesse de Malfi, &
la mort piteuse de tous les deux.

HISTOIRE XIX.

Federic d'Aragon Roy de Naples.

EN ceste mesme saison donc viuoit vn gentil homme Napolitain, le nom duquel estoit, Antonio Bologna, lequel ayant esté Maistre d'hostel de Federic d'Aragõ, iadis Roy de Naples, apres que les François eurent chassé l'Arragonnois de Naples, ledict Bologne se retira en France : & par mesme moyen recouura ce qu'il auoit de bien en son païs. Or ce gentilhomme, outre ce qu'il estoit vaillant de sa personne, bon guerrier, & de ce fort renommé entre les grands, auoit encor vne infinité de graces, qui le faisoyent aimé & caressé de chascun, veu que pour picquer & manier cheuaux, il n'auoit second en toute l'Italie: au reste, hôme qui sçauoit iouer dextrement & fort mignonnement du Luc, & qui au son le plus souuent faisoit accompagner la voix auec telle grace, que les plus melancholiques oublioyent vne partie de leurs resueries: au surplus beau en perfection, & bien formé de ses membres: En somme, nature ayant trauaillé en luy, & despouillé, pour l'inuestir de ses thresors, il auoit par art acquis ce qui rend l'homme plus heureux & louable, à sçauoir, la cognoissance des bonnes lettres, esquelles il auoit si biē versé, qu'il faisoit rougir en discourant bien souuent ceux qui en faisoyent estat & profession. Antonio Bologna ayant laissé en France Federic d'Aragon, lequel estant chassé de Naples, s'estoit retiré vers le roy Loys, s'en alla en sa maison, afin de viure en son repos, & fuir tout trouble, oubliant les delicatesses des cours des grans, pour estre le seul mesnager de son reuenu. Mais quoy? il est impossible d'euiter ce que le ciel a deliberé sur nous. Et moins le malheur qui semble nous suyure comme naturel dés le ventre de nostre mere: de sorte que le plus souuent, celuy qui semble le plus sage, conduit par ce malheur, s'en va la teste baissee, se rouller au precipi-

ce de sa mort & ruine. Ainsi en aduint il
à ce seigneur Napolitain, veu que du mesme lieu qu'il auoit eu son auancement, il
en receut aussi sa diminution & decadence, & par la maison qui l'auoit haussé, il se
veid priué, & d'estats & de vie, & entendez
comment. Ie vous ay desia dit que cestuicy auoit seruy de maistre d'ostel le roy de
Naples: & estant de gentil esprit, bon courtisan, bien apprins, & sachant comme il se
falloit gouuerner en la Cour & seruice des
Princes, la duchesse de Malfi print opinion
de le prier qu'il voulust la seruir en l'estat
mesme qu'il auoit eu chez le Roy. Or estoit ceste duchesse sortie de la maison
d'Aragon, & sœur du Cardinal d'Aragon,
qui pour lors estoit riche & puissant homme: Ainsi elle cõplotta cecy, & s'asseura de
n'estre poĩt escõduite, d'autãt qu'elle estoit
biẽ asseuree, q̃ le Boloigne estoit deuotieusemẽt affectiõné à la maison Arragonase,
cõme celuy qui y auoit esté nourri dés son
ieune aage. Parquoy l'ayant fait appeller
en sa maison, luy vsa de telles ou semblables paroles, en disant: Seigñr de Boloigne
puis que vostre desastre, voire le malheur
de toute nostre maison a voulu que vostre
bon Seigneur & maistre ait perdu ses Estats, & ait quitté sa dignité, & que vous

ayez de mesme fait perte d'vn si bon maistre, sans en receuoir autre loyer que la louenge que chascun vous donne de l'auoir bien seruy : ie vous ay bien voulu prier me faire cest honneur, que de prendre la charge du manimēt de ma maison, & en vser tout ainsi que vous faisiez en la maison du Roy vostre maistre. Ie sçay biē que c'est s'abaisser de beaucoup, toutesfois vous n'ignorez point qui ie suis, & de conbien i'attouche à celuy de qui vous estes si affectionné seruiteur : que si ie ne suis ny Royne, ny grand terrienne, si est ce que auec le peu que i'ay, ie porte vn cœur royal, & tel que vous cognoistrez par experience ce que ie sçay faire, & si ceux qui me seruent sortent de ma maison sans recompense de leurs peines & trauaux. La magnificence passe aussi bien par les cours des petits Princes comme par les superbes Palais des Roys & grans Monarques. Il me semble auoir leu que vn certain Ariabarzane Perse, monstra des exemples de galantise & grandeur à l'endroit du Roy Artaxerxe, si bien que le Roy s'esbahit de sa magnificence, & se confessa pour vaincu. Vous aurez conseil sur ce que ie vous requiers, & pense ne me refuserez point tant pour ce que ma demande est iuste, &

Ariabarzane magnifique à l'endroit du Roy Artaxerxes

que aussi ie suis asseuree que nostre maison & race vous est si bien caracteree dans le cœur, qu'il est impossible que la memoire en soit effacee. Le gentilhomme oyant la courtoise demande de la Duchesse, se sentant obligé au nom des Arragonnois, & conduit par ne sçay quel instinct à sa malheureuse grandeur, luy respondit en ceste sorte:

Pleust à Dieu, Madame, que auec autāt de raison & equité ie peusse vous denier ce qu'il vous plaist me commander, cōme iustement vous le dictes: suyuant l'obligation que ie doy au nom & memoire des Arragonnois, ie vous promets que i'euiterois non le traueil, voyre le peril de ma vie, laquelle tousiours sera preste à s'offrir à vous seruir: mais il y a ie ne sçay quoy en mon esprit, qui me commāde de me tenir seul en ma maison, & de me contenter du peu que i'ay, sans plus embrasser les charges des maisons somptueuses des Princes. Tant y a, Madame, que ie seroye bien marry, que vous eussiez occasion quelconque de mescontentement contre moy, & que pēsassiez que ie vueille fuir ceste charge que vous m'offrez, pour mespriser vostre Cour, au pris de celle du Roy mon seigneur & maistre: veu que ie ne sçauroye mieux estre, ny auoir plus d'hôneur qu'en seruant celle qui est de l'estoc & souche Royole. Par ainsi, quoy qu'il en doyue aduenir, ie me resous d'obeir à vostre volonté, & satisfaire humblement au deuoir de la charge à laquelle vous plaist m'éployer, plus pour vous faire plaisir, & pour n'estre veu ingrat, que de desir que i'aye de me voir plus caressé, ny honoré en la maison de Prince qui viue, veu que ayant esloigné celuy du nom duquel ie me confortoye, & faisoye riche, ie n'ay autre soucy que viure solitaire, & passer mes ans en repos, sauf en ce que ie pourray faire pour continuer mon seruice enuers la maison, de laquelle ie suis le seruiteur, Ainsi vous voyez icy l'homme du monde le plus prest à vous obeir en ce qu'il vous viendra le plus à gré pour l'employer. La Duchesse le mercia de ce bon vouloir, & l'enchargea soudain de tout le train de sa maison: voulant au reste qu'vn chascun luy feist telle reuerence comme à elle mesme, & luy obeist comme à celuy qui representoit le chef de toute la famille. Ceste Dame estoit veufue, mais belle par excellence, gaillarde, & forte d'ane, ayant sous sa main & gardé vn petit fils du feu Duc son mary, auec le Duché, heritage de son enfant. Or pen-

HISTOIRE XIX.

sez si en telle gaillardise, & viuant à son aise, nourrie delicatement, & voyant tous les iours la ieunesse se resiouissant ensemble, elle ne se sentoit aiguillonnee de quelque desir, qui luy brusloit plus ardemment le cœur, comme les flammes en estoyent plus couuertes, & qu'elle s'essayoit le moins qu'elle pouuoit à en donner la signifiance. Tant y a, que suyuant tout bon conseil, ie diray, qu'il luy valoit mieux faire l'essay d'vn bon mariage, que brusler ainsi à petit feu, ou que courir au change des amants, comme font les louues eshontees, lesquelles sont plustost lasses q̃ rassasiées du plaisir d'Amour. Et à dire la verité, il n'est guere sagement fait de tenir longuement vne fille meure sans la marier, ny vne ieune femme en viduité, quelque grãd asseurance qu'elles donnent de leur continence. Car les papiers sont si pleins de comptes de ces entrepreneuses, & les maisons tant remplies d'exemples des ieux faicts à la desrobee, qu'il ne faut plus de preuue pour asseurer nostre cause, laquelle est de soy toute manifeste. Et est vne grand folie de bastir des Idées de chasteté, au milieu des plaisirs & folies mondaines. Ie ne veux point impossibiliter les matieres, ny iuger à la vollée, qu'il ne soit des filles & femmes

Chose dangereuse que tenir vne femme veufue sans marier.

mes qui se contiennent fort sagement au milieu de la troupe des amoureux poursuyuans. Mais quoy ? l'experience en est fort difficile, & l'essay tres dangereux : & ne faut qu'vn moment pour peruertir l'esprit d'vne, qui toute sa vie aura clos l'oreille aux paroles de tous ceux qui luy auront fait offre de leur seruice. Il ne faut plus courir vers les histoires, & fueilleter les liures des anciés, veu que tous les iours nous en voyõs reussir les effects par les maisons des grãs, & par les cours des Roys & grans Prices. Qu'il soit vray, ceste belle Duchesse esperõnée d'vn mesme desir, qui poïgt tous autres qui sont de chair & d'os, se faschoit fort de coucher seule, & luy venoit à cõtrecœur d'estre sans party, mesmemēt la nuict, q̃ le silēce, & l'obscurité, luy offroiẽt deuãt les yeux de l'esprit l'imaige du plaisir qu'elle auoit experimēté du viuant du feu Duc son Seigneur & mary, & que maintenant elle s'en verroit du tout frustrée, & ne sçauoit comme se preualoir en vne si forte & fascheuse lutte. Elle voyoit vn combat continuel en soy mesme, & tel, qu'elle n'osoit ce qu'elle vouloit le plus, & fuyoit ce que son ame auoit en singuliere recommandation. Las! disoit elle : est il possible, qu'apres auoir gousté combien vaut

C.

l'honneste obeissance que l'espouse doit à son mary, i'aye desir d'experimenter les ardeurs qui bruslent, & alterent les ames passionnees de ceux qui s'assuietissent à l'Amour. Pourroit il entrer en mon cœur de deuenir amoureuse, & de m'oublier & m'esgarer en mes honnestes façons? Mais, quel desir est cecy? i'ay ie ne sçay quel appetit, sans que ie sache encor qui est celuy qui m'esmeut, & auquel ie pourray dedier ceste mienne despouille. Ie suis voirement plus folle que ne fut oncq' Narcisse : car ie n'ay ny ombre, ny voix à qui ie puisse arrester ma veuë, non pas seulement la simple imagination d'homme du monde, sur lequel ie puisse arrester le concept de mon cœur, & les desirs lesquels aiguillonnent mon ame. Pygmalion aima iadis vne statue de marbre, & ie n'ay que vn desir, la couleur duquel est plus palle que la mesme mort. Veu qu'il n'a rien qui luy puisse donner vn seul poinct de vermillon. Si ie descouure ces appetits à quelcun, peult estre se moquera il de moy : & quelque beauté ou grandeur qui soit en moy, ne fera conscience d'en dresser des risees, & se soulacer en ses comptes de mes folles apprehensions. Au reste, puis qu'il n'y a aucun ennemy en campagne, & que rien qu'vn

Pygmalion iadis amoureux d'vne statue.

simple soupçon ne nous assaut, il faut rompre cecy, & effacer toute memoire de ces legeretez de mon cerueau. C'est à moy à me monstrer estre sortie de la race des Arragonnois, & qui ne doy rien faire qui forligne, ou degenere du sang royal, duquel ie suis issue. C'estoit ainsi que ceste belle veufue & ieune Princesse fantasioit la nuict sur le discours de ses appetits: mais quand le iour estoit venu, voyant la grand multitude des Seigneurs Napolitains, qui alloient par ville, & qui œilladoint leurs fauorites, ou tenoient propos de ioyeuseté auec celles, desquelles ils estoyent seruiteurs, tout ce qu'elle auoit pensé la nuict, s'euanouissoit aussi tost que le feu passe par de l'estoupe, ou de la poudre à canon: & se proposoit à quelque pris que ce feust de ne vivre plus ainsi, mais se promettoit la conqueste de quelque amy, & gaillard, & discret. Mais la difficulté gisoit en cecy, qu'elle ne sçauoit sur qui assoir son amitié, craignant d'estre scandalisee, & aussi que la gaillardise & façons de faire de la plus part de la ieunesse luy estoit suspecte, tellement que laissant tous ceux qui voltigeoyent sur les genets, cheuaux Turcs, ou Sardes par la ville de Naples, elle proposa de prendre curée d'autre

C ij

venaison que de ceste folle & esuétée ieuneſſe. Auſſi ſon malheur luy commençoit deſia à tramer le fil lequel ſuffoqua l'air,& reſpiration de ſa vie malheureuſe. Vous auez ouy par cy deuant que le Seigneur Boloigne eſtoit vn des plus accorts & parfaits gentils hommes, que la terre Napolitaine nourrit en ce temps là, & tel que fuſt en beauté, proportion, gaillardiſe, vaillance, & bonne grace, il en y auoit fort peu qui ſe peuſſent paragonner à luy. Il auoit vne douceur n'ayue en luy, & telle que ceux qui le frequentoyent ne pouuoyent ſe garder de luy porter quelque affection. Que euſt la faict la belle Princeſſe, eſtant ſi preſſee d'vn deſir de partie pour ſoſter les chatouillemens de la chair de deuant,& ayant en ſa preſence homme ſi accort,& qui meritoit bien que vne grande Dame en tint quelque conte ? Que feroit celuy qui a faim & ſoif, ſe trouuant à diſcretion aſſis à table, ou toutes ſortes de viandes luy ſont propoſees? N'en prendra il pas à ſuffiſance ? Il me ſemble que celuy ſoublie grandement, lequel ayant l'occaſion à ſa poſte la laiſſe eſcouler, & permet qu'elle ſen fuie, veu qu'il doit ſaſſeurer qu'elle eſtans chauue par le derriere, ne laiſſe aucun lieu de priſe pour le ſaiſir alors que le desir nous esmeut de la prendre. Qui fut cause que la Duchesse deuint extrememēt amoureuse de son maistre d'hostel, si bien que deuant tous elle ne faisoit conscience de loüer les perfectiōs de celuy qu'elle souhaittoit estre du tout sien, & alla la chose si auant, qu'il estoit autant possible de voir la nuit sans obscurté, que la Duchesse sans la presence de son Boloigne, ou sans tenir quelque propos qui seruist à sa louange, ne viuant en son ame que de la continue memoire de celuy qu'elle aymoit comme soymesme.

 Le gentilhomme qui n'estoit ny sot ny estourdy, & qui auoit autres fois senty cōbien grande est la force de la passion qui procede de beaucoup aymer: print bien tost garde aux contenances de la Duchesse, & y veit de si pres, qu'il cogneut que c'estoit sans fiction que la Dame s'estoit ardemment esprise de son amour. Et pource quoy qu'il veit l'inegalité des parties, & la difference de luy à elle, qui estoit sortie de sang royal, si est ce que voyant & sçachant l'amour n'auoir esgard à grandeur, ny estat ou dignité, delibera de suyure sa fortune, & seruir celle qui si amoureusement se monstroit estre son affectionnee. Puis soudain se reprenoit, disant à part soy.

C iij

Quelle folie est celle la que i'entreprens, au grand preiudice & peril de mon honneur, & de ma vie? Fault il que la sagesse d'vn Cheualier, soit esbranlee par les assauts d'vn appetit qui procede de la sensualité, & que la raison cede à la partie qui participe auec les brutes, & animaux priuez de toute raison, assuiectissans l'ame aux affections du corps? Non non, il faut que l'homme vertueux face reluire en soy la force du meilleur qui soit en l'ame. Ce n'est point vescu selon l'Esprit, quand la volupté nous chatouille si auant, qu'elle nous face oublier, & nostre deuoir, & le salut de nos consciences. La reputation du sage gentilhomme ne vient pas seulement de ce qu'il sera vaillant & accort au fait des armes, ou au seruice des grans, il y est besoin encor qu'vne discretion le rende louable & qu'en vainquant soymesme, il seuure la porte à vne gloire qui l'eternise à toute la posterité. L'Amour poingt, & esguillōne les Esprits à bien faire, ie le confesse, mais ceste affection faut que s'addresse à vne fin qui soit vertueuse, & tēdant à mariage: car autrement ceste image du bien, seroit bien tost souillee par la vilennie & boüe de volupté. Las! aioustoit il, qu'il est aisé de disputer en soymesme lors qu'ō est absent de l'obiect de la chose qui peut & forcer,& violenter les forteresses des cœurs les plus constãs,& qui semblent inuincibles. Ie voy bien la verité, ie sens ce qui est bon, & cognoy ce qu'il me faut suyure. Mais quãd ie voy ceste beauté diuine de ma Dame, ses graces, accortise, maitié, & courtoisie, quãd ie voy qu'elle m'œillade si amoureusemét, qu'elle me caresse auec si grand priuauté, qu'elle oublie sa grandeur pour s'abaisser à prédre esgard sur ma petitesse, cõment seroit il possible que ie feusse si sot, que de mesprifer vn don si rare, & precieux, & regetter ce que les plus grans pourchasseroint auec tout deuoir & reuerence? Serois ie point si despourueu d'entendement de permettre que ceste ieune Princesse se voyant mesprisée de moy, conuertit l'amour en haine, & en aymant vn autre, elle occasionnast ma ruine? Qui est celuy qui ignore quelle est la furie d'vne femme, & mesmement d'vne grand Dame, se voyant mesprisee? Non non, elle m'ayme, & ie luy seray seruiteur, & vseray de fortune tout ainsi qu'elle se presente : Seray ie le premier simple Gentilhomme qui a espousé ou aymé vne princesse? N'ay ie pas plus d'honneur de colloquer mes pensées en vn lieu si haut, que non pas auillir mon

C iiij

HISTOIRE XIX.

cœur à courtiser quelque simple femmellette, de laquelle ie n'aurois ny bien ny a-uancement? Baudouin de Flandres ne feit il pas plus grand chose, lors qu'il rauit sur mer vne fille de France que on amenoit en Angleterre, pour estre l'espouse du Roy de ce pays? Ie ne suis point ny rauisseur ny suborneur, puis qu'elle m'ayme, quel tort fais ie à personne de l'aymer en contre-change? N'est elle pas en sa liberté? A qui doit elle rédre cóte de ses faicts q̃ à Dieu & à sa propre conscience? ie l'aymeray, & luy porteray vne affection reciproque à l'Amitié que ie sçay & voy qu'elle me porte, estant asseuré que ce que elle fait ne téd qu'à bonne fin, & que vne si saige dame ne voudroit faire faute si lourde: qui peust denigrer tant peu soit son honneur: Ainsi le Boloigne complota en soy mesme de se rendre la Duchesse plus sienne, quoy qu'elle fust assez esprise en l'amour de luy: & se fortifia en son esprit contre tout malheur, & occurrence perilleuse qui luy sçauroit suruenir, cóme ordinairement vous voyez que les amans prennent toutes choses à leur aduantage, & se fantasient des songes correspondans à ce que plus ils desirent: ressemblans les maniacles qui ont tousiours deuãt les yeux les idées qui causent

Baldouin Comte premier de Flandres, rauit Iudic, fille de Frãce.

l'apprehenſion de leur furie, & ſ'arreſtent en la viſion de ce qui trouble le plus leur ceruau offencé. D'autre part la ducheſſe eſtoit en non moindre ſoucy de ſon amant, la volonté duquel luy eſtoit cachée & ſecrette, ce qui luy faiſoit plus de mal, & la tourmentoit beaucoup plus que le feu d'amour qui la bruſloit ſi ardemment. Elle ne ſçauoit quel chemin tenir pour luy faire entendre ſon cœur & affection: elle craignoit de luy deſcouurir, ſe doubtant ou bien de quelque ſorte & rigoureuſe reſpõſe, ou de la departie de celuy la preſence duquel luy plaiſoit plus que de tous les hommes du monde. Las diſoit elle, ſuis-ie reduitte en ſi eſtrange miſere, qu'il faille que de ma propre bouche ie face requeſte à celuy qui doit en toute humilité me preſenter ſon ſeruice? ſera point contrainte vne Dame d'vn tel ſang que ie ſuis de prier, ou toutes autres ſont requiſes par l'importune inſtance de ceux qui les ayment? Ah Amour, Amour, quiconque fuſt celuy qui te veſtiſt de telle puiſſance, i'oſe dire qu'il eſtoit l'ennemy cruel de la liberté des humains. Il eſt impoſſible que tu ayes tõ eſtre du ciel, veu la clemẽce, & courtoiſe influẽce que le ciel influe ſur nous: encore moins eſtre nature, d'autant qu'elle ayme ses nourrissons d'autre sorte que pour les traiter auec telle rigueur: Celuy ment qui dit que Venus soit ta mere, veu la douceur & bonne grace de la déesse, qui onc ne print plaisir à voir les amans epoinçonnez par trauerses si aigres que celle qui afflige mon cœur. C'a esté quelque fier pensement de Saturne, qui te produict & enuoya en ce monde, pour rompre l'aise de ceux qui viuent gaillardement & sans passion. Pardonne moy Amour si ie blaspheme ta maiesté, car le destroit & Abisme auquel ie suis plongee, me fait ainsi extrauaguer. Et les doutes ou ie suis, ostent le plus sain de ma pensee.

Le peu d'experience en ton escole, cause cest esbahissement en moy, pour me voir sollicitée d'vn desir, lequel contredit à mon deuoir, honneur & reputation de ma grandeur. Au fort, celuy que i'aime est Gentilhomme, vertueux, vaillant, sage, & de bonne grace: En cecy l'on ne blasmera point Amour d'Aueuglement, quelque ine galité que noz maisons apportent sur leur front, & de premier regard. Mais d'ou sont sortis les Monarques, Princes, & grands seigneurs, que de la masse naturelle & commune au reste des hommes? Qui fait ces differêces d'apparier ceux qui s'entraimēt, sinon vne sotte opinion que nous auons conceuë de grandeur & préeminēce? Comme si les affections naturelles estoyent semblables à ce qui est ordonné par la fantasie des hommes en leurs loix rigoureuses. Et quel droict plus grand ont les Princes de s'aioindre à vne simple gentil' femme, que la Princesse ne puisse àuoir en espousant vn gentil homme? Et tel que le seigneur Antonio Bologna, auquel le Ciel ny nature n'ont riē oublié pour l'esgaller à ceux qui marchent entre les plus grāds? Ie seroye d'auis que nous soyōs tousiours les esclaues de la folle & cruelle fantasie de ces Tyrans, qui se disent auoir puissance sur nous, & que astraignans nostre volonté à leur tyrannie, nous soyons tousiours liees à la cadene, comme vn pauure forçat à la chiorme. Non non, le Boloigne sera mon mary : car d'amy me delibere-ie de n'en prēdre que celuy qui me sera loyal & legitime espoux. Car ie ne veux point offenser Dieu & les hommes ensemble, & si pretends viure sans aucun elancement de conscience, & sans que ie pense que mō ame soit interessee pour chose que ie face. Espousant celuy que i'ayme si estrangement, ie m'asseure de n'estre deceuë en

mon amour, & qu'il m'aime autant ou plus
que ie luy fçauroye eftre affectionnee:
mais il n'ofe faire euaporer ce qui l'efmut,
craignant d'eftre refufé, & reietté auec fa
courte honte. Ainfi deux volontez vnies,
& deux cœurs liez efgallement, ne pour-
ront eftre que ne produifent fruicts dignes de telle affociation. En parle qui
parler en voudra, car ie n'en feray autre chofe que ce que ma tefte & efprit
m'en confeilleront. Auffi ne doy ie rendre compte à perfonne de mes faicts, eftāt
en ma liberté, & mon corps & ma reputation. Au fort le fainct lien de mariage
couurira ce que les hommes accōteroyent
à quelque faute, & laiffant mon eftat, ne feray tort que à la grandeur qui me fait plus
honorer entte les hommes. Mais ces grandeurs ne font rien, là où l'efprit eft fans aucun contentement, & où le cœur aiguillonné du defir laiffe corps & efprit fans repos
quelconque. Ainfi la Duchefle fait & ba-
ftift fon deffein, arreftant en foy d'efpoufer
fon Maiftre d'hoftel, ne faifant que efpier
l'occafion & le temps à propos pour luy
en faire l'ouuerture : Et quoy que vne
honte naturelle qui accompagne les Dames ordinairement, luy clouift la bouche,
& luy feift differer pour quelque temps

l'effect de ceste sienne deliberation, si est-ce que à la fin, vaincue d'amour & impatience, elle franchist le saut, & s'asseura en soy, iettant loing la crainte conceuë de vergoigne, pour se donner chemin au plaisir, que elle souhaittoit plus, que le mariage qui ne seruoit que de masque & couuerture pour pallier ses folies & eshontees lubricitez. Aussi en porta elle toute telle penitence que sa follie le meritoit. Car il ne faut point farder le bien d'vne couleur si mal adaptee, qu'il serue d'excuse à vne insigne meschanceté. Elle donc affermie en sa deliberation, & ne songeant rien plus ny pensant que les embrassemens de son Boloigne, voulut donner fin & resolution à ses conceptions & pretendues folies. Et pource le feist elle venir vn iour en sa châbre, comme assez ordinairement elle faisoit, pour luy parler des affaires & charges de la maison : & l'ayant retiré à vne fenestre, qui respondoit sur vn iardin, ne sçauoit par ou commencer sa harangue. Car le cœur estant saisi, l'ame passionnee, & l'esprit hors de soy, la langue manquoit à faire son office, de sorte que elle fut vn fort long temps sans pouuoir proferer vne seule parole. Lui, qui se sentoit surprins, fut encor plus assailli d'estonnement, voyant l'alteration de sa Dame: ainsi tous les deux sembloyent deux statues regardans l'vne l'autre, sans que le mouuement apparust en quelle que ce fust des deux, iusques à ce que la Dame, ou plus hardie, ou sentant l'apprehension plus grande & vehemente que l'amant, print le Boloigne par la main & dissimulant, ce qu'elle auoit en pensee, luy vsa de tel ou semblable langage.

 S'il failloit, mon Gentilhomme, qu'autre que vous entendist le secret, que maintenant ie pretens vous descouurir, ie seroye en doute de quel langage il faudroit que ie coulourasse mes propos: Mais estāt asseuree quelle est vostre discretion & sagesse, & combien nature vous a doué de la perfection d'vn bon esprit: & l'art ayant en vous accomply ce que la nature y auroit commencé à y ouurer, comme celuy qui a esté esleué & nourry en la court Royale d'Alfonse second, de Ferdinand, & Federic d'Aragon mes cousins, ie ne feray scrupule aucun de vous manifester le secret plus caché de mon cœur, tenāt pour ferme, que quand vous aurez & escoutees & sauourees mes raisōs, & gousté le droict que i'ameine de mon costé, facilement vous iugerez que mon aduis ne peut estre que iuste & raisonnable. Que si vos conceptions s'escartent & esloignent de ce que ie diray, & ne trouuez bon ce que ie delibere, ie feray forcee de penser & dire que ceux qui vous estiment sage & accort, & homme d'vn bon & vif entendement, se trompent plus que de iuste pris. Toutesfois le cœur me dit, que il est impossible que le seigneur Boloigne ne sçauroit s'esgarer si loing de l'equité, que bien tost il ne rentre en lice, & recognoisse le blanc d'auec le noir, & l'iniustice d'auec ce qui est equitable. Veu que ie ne voy rien qui ait encor preposteré ny peruerty rien de ce bon iugement, que tout le monde estime que reluit en vostre esprit, & se manifeste par vos paroles. Vous sçauez & voyez, côme ie suis demeuree veufue par la mort de feu, de bonne memoire, Monsieur le Duc mon seigneur & espoux : Aussi n'ignorez pas, que i'ay vescu, & me suis gouuernee de telle sorte en mon veufuage, que il n'est hôme tant soit il difficile & seuere en son iugement, qui puisse rien blasonner sur moy, en ce q appartient à l'hônesteté & reputation d'vne telle Dame que ie suis, m'y estant si bien portee, que la conscience ne me donne aucun remors, & ne pense que aucun y ait dequoy y mordre, & accuser. Quant au manimêt des biens du Duc mô fils, i'y ay vsé de telle diligence & bon mesnage, que outre les debtes que i'ay acquitté depuis le deces de feu Monseigneur, i'ay acquis vne belle terre au païs de Calabre, & l'ay adiointe au duché de son heritier, si bien que ie ne pense point estre pour le iourd'huy redeuable d'vn seul denier à homme des crediteurs qui auoyent fourny au feu Duc mon mary pour suyure les Rois nos souuerains és guerres passees sur l'estat du Royaume de Naples. I'ay, ce me seble, auec ces moyés clos la bouche à tout mesdisant, & dóné dequoy à mon fils de me demeurer obligé & redeuable tout le temps de sa vie.

Or ayant iusques icy vescu pour les autres, & m'estant assuiettie plus que mon naturel ne porte, i'ay deliberé de changer, & de vie & de condition. I'ay iusques icy couru & trauaillé, fust par les chasteaux du Duché, ou à Naples, estant en pensee de demeurer telle que ie suis, à sçauoir veufue. Mais quoy? mon gentilhomme, à nouueau affaire, nouueau conseil, c'est assez trauaillé & pené, c'est trop longuement demeurer seule. Ie suis en propos de me pouruoir d'vn mary, lequel en m'aymant m'honore & cherisse selon l'amour que ie luy porteray, & suyuant mon merite. Car

d'aimer

d'aimer homme sans mariage, ia ne plaise
à Dieu, que mon cœur y pense iamais : &
i'aimeroye plus cher mourir de cent mille
morts, que vn si malheureux desir souillast
ma conscience, sachant bien que la femme
qui a son honneur au vent, est moins que
rien, & ne merite seulement que l'air commun luy respire : tant sen fault que les
hommes luy portent, ou facent quelque
reuerence ou caresse. Ie n'accuse personne:
tant y a que plusieurs auec le tiltre de grādeur, portent sur le front le blasme d'vne
vie deshonneste. Et estant adorees d'aucūs,
sont neantmoins la fable de tout vn peuple. Afin dōc que tel malheur ne m'aduienne, & me sentant peu forte pour viure tous
iours ainsi, estant ieune comme ie suis, &
la Dieu mercy, ny l'ayde, ny contrefaicte,
i'y veux pouruoir, & estre plus tost femme
d'vn petit compagnō, que l'amie d'vn Roy
ou grād Prince. Et quoy? vn Monarq peult
il lauer la faute de la femme qui s'abandonne à luy plus que le deuoir & honnesteté ne le requierent? Non moins que les
Princesses qui iadis se sont forfaictes auec
ceux qui ont esté de plus basse estoffe que
elles. Messaline auec sa robe imperiale, n'a *Messa-*
peu couurir si bien ses fautes, que les hi- *foit im-*
storiens ne la diffament, auec le nom & *à que.*

D

HISTOIRE XIX.

tiltre de femme abandonnee & publique.

Fauſtine femme de M. Aurele, peu chaſte. La femme de ce ſage Monarque Marc Aurele n'a peu gaigner ce poinct, que d'eſtre nommee chaſte ayant forfaict, & ſeſtant laiſſee aller à autre que à ſon eſpoux legitime. Quant à me matier à vn qui ne me ſoit eſgal, il eſt impoſſible, veu qu'il n'y a ſeigneur de mon calibre en ces païs, qui ne ſoit bien bas d'aage, eſtans morts les autres en ces prochaines deffaictes. D'eſpouſer mary encor enfant, c'eſt vne follie, veu les inconueniens qui en aduiennent tous les iours, & le mal traictement que les Dames reçoiuent eſtans venues ſur l'aage : lors que elles ſont refroidies, que leurs embraſſement ſont ſans ſaueur, & que les maris ſaouls de la viande ordinaire font eſtat & couſtume d'aller au change. C'eſt pourquoy ie me reſous, & conclus ſans reſpit ny delay aucun, de choiſir quelque Gentilhomme bien qualifié & renommé, lequel ait plus de vertu que de richeſſe, & de bon bruit & renom, que de cens & rente, afin de le faire mon ſeigneur, eſpoux & mary. Veu que ie n'aime point le threſor, qui peut eſtre deſrobé là où les richeſſes de l'ame defaillent, & ſeray plus contente de voir vn bon ſeigneur auec vn peu de reuenu, loué & priſé de chaſcun pour ses biensfaicts, que vn riche mal plaisant, maudict & detesté de tout le monde. Tant y a, & c'est le poinct où gist tout le secret, & dequoy ie voudray auoir conseil & aduis de vous: ie sçay que on s'offenceroit de ceste mienne façon de faire, & que Messieurs mes freres, mesmement le Cardinal, trouueroyent cela si estrange & de mauuaise digestion, q̃ à grãd'peine pourroy ie faire ma paix auec eux, ny les oster du cœur le maltalent qu'ils conceuroyent contre moy pour ceste mienne entreprise. Pource voudroy ie bien que la chose fust tenue secrette, iusques à ce que sans peril & dãger, ny de moy ny de celuy que ie pretens espouser, ie peusse publier & manifester, non mes Amours, mais le mariage que i'espere en Dieu sera bien tost consommé & accomply auec vn que i'aime plus que moymesme, & lequel, comme ie sçay, m'a plus chere que sa propre vie. Le seigneur Boloigne, qui iusqu'à lors auoit escouté la harãgue de la Duchesse, sans s'esmouuoir en sorte aucune, se sentant chatouiller des si pres, & oyant que sa Dame auoit fait ses approches pour se marier, demeura tout estonné, & sans que la langue peust former vne seule parole: seulement se fantasioit il mille Chimeres en l'air, &

D ij

paignoit des Idees en son esprit: ne pouuant penser qui estoit celuy à qui la Duchesse auoit dedié son amour, & la iouyssance de sa beauté. Il ne pouuoit penser que cest aise sapprestast pour luy, veu que iamais sa Dame ne luy en auoit tenu aucun propos,& qu'il ne sestoit onc hazardé de luy en auoir fait ouuerture. Il sasseuroit bien qu'elle l'auoit aimé outre mesure, toutesfois cognoissant la legereté & cœur volage des femmes, il disoit en soymesme, qu'elle auroit changé de volonté, l'ayant veu si peu hardi, que de n'oser offrir son seruice à vne Dame, de laquelle il se voyoit si souuent,& œilladé mignardement, & caressé auec vne priuauté plus que familiere. La Duschesse fine, & accorte, voyant son amy outré de passiõ, & immobile de crainte, aussi esperdu & pasle, que le criminel ayant ouy la sentence de sa condemnation, cogneut par ceste contenance &estonnement du Boloigne,qu'elle estoit aimee parfaictement:ainsi ne voulant plus le tenir en suspens,& l'affliger auec sa dissimulation & mariage,feint auec vn autre que luy,le print par la main, & le regardant d'vn œil mignard, & attrayant, de telle sorte que les Philosophes Caluinistes mesmes s'en esueilleroyent, si telle lampe & torche les esclairoit en leur estude, luy vsa de tel langaige : Seigneur Antonio, ie vous prie prenez cœur, & ne vous tourmentez pour chose que i'aye ditte : ie sçay bien, & de lōg temps l'ay ie cogneu, quelle est la bonne & fidele amitié que me portez, & de quelle affection vous m'auez seruie depuis que vous estes en ma compagnie. Ne pēsez point que ie soye si gruë, que ie ne cognoisse pas ce qui se fait dehors, & vne bonne partie de ce qui est caché dans le cœur : & que les cōiectures ne me donnent bien souuēt la vraye cognoissance de ce que lon veut tenir secret. Et ne suis si sotte que ie vous pense si peu auisé, que vous n'ayez pris garde à mes contenances & façons, & de mesme cogneu que ie vous estois affectionnee d'autre maniere qu'à tous les autres.

A ceste cause, dit elle, luy serrant les doigts bien fort amoureusement, & non sans que la couleur ne luy montoit au visaige, ie vous iure & promets que si vous le trouuez bon, autre que vous ne sera celuy que ie veux, & desire prendre pour mary, & espoux legitime, me faisant si forte de vous que l'amour qui a esté si long temps couuee en nos cœurs, sortira tellement en euidence, que la seule mort sera

D iij

la fin & diſſolution d'icelle. Le gentilhomme oyant parolle ſi inopinee, & l'aſſeurãce de ce que plus il ſouhaitoit, quoy qu'il viſt le danger extreme dans lequel il ſe lançoit, eſpouſant ceſte grand Dame, & les ennemis qu'il ſ'acqueroit prenant vne telle alliance, toutesfois ſe fondant ſur vne vaine eſperance, & penſant à la longue que la colere des Aragonnois freres de la Ducheſſe ſe paſſeroit, ſ'ils entendoyent ce mariage, ſe delibera de pourſuyure ſa pointe, & de ne refuſer point vn ſi grand bien, luy eſtant offert auec telle prodigalité: pource reſpondit à ſa Dame, diſant:

S'il eſtoit autant en ma puiſſance, ma Dame, d'effectuer ce que ie deſire pour voſtre ſeruice, & en recognoiſſance des biens & faueurs, qu'il vous plaiſt me departir, comme l'Eſprit me preſente de ſuiets pour vous mercier, ie m'eſtimerois le Gentilhõme le plus heureux qui viue, & vous ſeriez la Princeſſe du monde la mieux ſeruie: car de mieux aymee, ie l'oſe dire, & le diray toute ma vie, ne ſ'en peult il trouuer. Que ſi iuſques à maintenant i'ay differé à declarer ce qu'ores ie vous deſcouure, ie vous prie, ma Dame, q̃ cela ſoit imputé à voſtre grãdeur, & au deuoir de mon eſtat & office en voſtre maiſon: n'eſtant bien ſeant au ſer niteur de parler de telle priuauté auec ſa Dame & maiſtreſſe. Et veritablement la peine que i'ay enduré à taire & cacher mõ tourment, m'a eſté plus faſcheuſe, que cent mille pareilles douleurs enſemble, pour-ueu qu'il feuſt permis de les deſcouurir, & ſ'en manifeſter à quelque ſien amy. Ie ne nye point, ma Dame, que de lõg temps ne vous ſoyez apperceuë de ma ſottiſe & preſomption, qui oſay dreſſer ma volee ſi haut que vers le ſang d'Aragon, & vne Princeſſe telle que vous, Et qui ſçauroit tromper l'œil d'vn amant, & ſurtout de celle qui n'a pareille en bon eſprit, ſageſſe, & gentilleſſe. Et vous confeſſe encor que i'ay cogneu aſſez euidemment de longue main, que quelque amité logeoit en voſtre gratieux cœur, par laquelle vous me por-tiez plus d'affection que à tout autre d'en-tre ceux qui ſont domeſtiques en voſtre maiſon. Mais quoy? les grandes Dames ont des ſecretz & conceptions en leurs a-mes, qui conçoinent d'autres effects que ne font les eſprits des ſimples femmelet-tes: qui eſtoit que ie n'eſperois autre guer-don pour ma loyalle ſeruitude & fidelle affection, que la mort, & icelle treſ brieue: veu qu'vn peu d'eſperance accompaignee de grande, voire extreme paſsiõ, ne baſtoit

D iiij

point pour donner force suffisante au souf
frir, & à la constance de mon cœur. Or
puis que c'est de vostre grace, douceur,
courtoisie, & liberalité, que ce bien m'est
offert, & qu'il vous plaise m'accepter pour
vostre : ie vous supplie disposer de moy,
non comme d'vn mary, ains côme de celuy qui vous est, & sera à iamais seruiteur,
& sçauez vous quel, plus prest à vous o-
beïr, que vous prompte à me commãder.
Reste donc, ma Dame, à penser comment,
ny en quelle sorte nos affaires seront conduits, afin que les choses estãt en asseurance, vous viuiez aussi sans peril, & sans que
les langues mesdisantes ayent occasion
de denigrer vostre bonne renommee.

Voyla le premier acte de la tragedie &
l'appareil de la table qui depuis les enuoïa
tous deux au tombeau, veu que sur l'instãt
ils se donnent la foy, & s'assignent heure au
lendemain, que la belle Princesse se trouua seule en sa chambre, ayant seulement
retenu vne fille seruante, laquelle auoit e-
sté esleuee auec la Duchesse dés le berceau,
& qui aussi estoit consentante au triste
mariage des deux Amans, lequel feust cõ-
sommé en sa presence, lors qu'ils se prindrent de parolle de present, & pour ratifi-
cation dequoy ils coucherent ensemble.

Mais la peine à la fin fut plus grande que le plaisir, & euft efté meilleur pour l'vn, & pour l'autre, voire pour la troifiefme, qu'aufsi fages fe fuffent ils monftrez au fait, comme difcrets à taire ce qu'ils auoient executé. Car quoy que leur mariage fuft celé,qu'ils fe gouuernaffent difcretement en leurs larcins d'Amour,& que le Boloigne feift fouuent plus l'eftat de iour de maiftre d'Hoftel, que de Seigneur, & celuy qui de nuict iouoit le deffus, fi eft ce qu'à la fin, il fallut qu'on veift ce qu'ils ne vouloient point que fortift en euidence. Il eftoit auffi impofsible de cultiuer fouuent vn bon terroir, fans en voir quelque fruit: Par ainfi la Ducheffe (apres plufieurs plaifirs) eftāt meure, & fertile, deuint groffe, ce qui eftonna les deux mariez de prime face, neantmoins y fut il fi bien pourueu, que cefte premiere couche fut fi cachee, que perfonne ne fen apperceut en forte quelconque. L'enfant fut nourry au village, & voulut fon Pere qu'on l'appellaft Federic, en fouuenance des parents de fon efpoufe. Or fortune qui eft toufiours aux aguetz, & embuches, & qui fe fafche de voir longuement les humains fefiouir en leurs aifes & paffetemps, eftant enuieufe de telle profperité, donna tel croc en iambe à noz Amans, qu'il fallut changer de luitte, & aprendre vne autre pratique. Veu que la Duchesse estant derechef deuenue grosse, & ayant enfanté vne fille, ne peut aller si secretement en besoigne, que le fait ne fust descouuert.

Et ne suffit pas seulement que ce bruit fust espandu par Naples, que le son n'en volast encor plus loing. Aussi chascun sçait que la renommée a plusieurs bouches, & auec le grand nombre de ses langues & trompes, elle feist ouyr à plusieurs & en diuers lieux les choses qui aduiennent par toutes les regions de la terre: Ainsi ceste babillarde feist courir les nouuelles de ce second enfantement iusques aux oreilles du Cardinal d'Arragon frere de la Duchesse, qui se tenoit à Rome. Pensez quel plaisir: & aise eurent les freres Aragonnois, oyans vn tel recit estre faict de leur sœur: i'oseroy dire que quoy qu'ils fussent extremement marris de l'escandale aduenu, & pour le renom deshonneste que la Duchesse sacqueroit par l'Italie, si estoit leur transe & creuecœur plus grand, ne sçachant point qui estoit celuy qui s'estoit si gentiment allié à leur maison, & qui en ses amours leur auoit accreu leur lignaige. Et pource creuans, de despit &

transportez de furie pour se voir ainsi diffamez en vne de leur sang, se delibererent par tout moyen & à quelque pris que ce fust, de sçauoir qui estoit l'amant heureux qui auoit si bien cultiué le champ de leur sœur la Duchesse. Ainsi desireux de soster ceste honte de deuant les yeux, & se venger d'vne iniure tant remarquee, ils enuoyent des espions par tout, & des mouchars à Naples, pour prendre esgard à tout geste & parolle de la Duchesse: afin d'asseoir quelque iugement sur celuy qui furtiuement s'estoit fait leur beau frere. La Court de la Duchesse estant en ce trouble, & elle voyant de iour à autre les gens de son frere en sa maison, pour espier ses contenances & voir ceux qui venoyent la visiter, & à qui elle monstreroit le plus de caresses: d'autant qu'il est impossible que le feu, quoy qu'il soit coué sous les cendres, ne face sentir sa chaleur: & aussi que deux Amans s'entrehantent sans monstrer quelque ligne de leur affection, proposa de changer d'estat pour vn temps, & de donner tresues à ses aises.

Le Boloigne aussi qui estoit homme preuoyant & sage, craignât d'estre surpris sur le fait, ou que la fille de chambre corrompue par argent, ou forcee de crainte, ne dit quelque chose à son desauantage, delibera de s'absenter de Naples, non toutesfois si subitement, qu'il n'en aduertist sa Dame & compagne fidelle: & parainsi estant vn iour en sa chambre en son secret, luy tinst tels ou semblables propos. Madame quoy que là où l'intention est fort bonne, & la conscience n'est point interessée, le peché n'ait aucun lieu: si est ce que les hommes iugent plus ce qui est exterieur, que la force de la vertu, & la mesme innocence, ne sçachans rien des secretz de la pensée: si est ce que aux choses mesmes qui sont bien faictes, il fault euiter de tomber au iugement de ceux que vne brutale affection transporte plus, que la raison ne les domine. Vous voyez la solennelle garde & sentinelle que les gens de Messieurs voz freres font en vostre maison, & le soupçon qu'ils ont conceu pour cause de vostre second enfantement, & par quels moyens ils s'efforcent de sçauoir au vray comme vos affaires vont, & les choses se sont passées. Ie ne crains pas la mort, la ou vostre seruice m'y conduira: mais en cecy, si vostre fille de chãbre se laisse vaincre, si elle parle plus que elle ne doit, vous n'ignorez point que c'est fait de ma vie, & mourray en l'opinion d'vn paillard &

suborneur, moy qui vous suis fidelle & legitime espoux Ce ne sera par iustice que noz discords se vuideront, veu que la cause est trop iuste pour nous: ains me feront tuer voz freres, lors que ie penseray estre le plus en asseurance. Si ie n'auois affaire que à vn ou deux, ie ne daignerois châger place, ny aller plus loing que Naples: mais asseuré que vne grande compagnie, & icelle bien armee, me courra sus: ie vous prie, Ma dame, me permettre que ie me retire pour quelque temps, estant tout asseuré que moy absent, iamais ils ne souilleront leurs mains, ou ensenglanteront leurs glaiues en vostre sang. Si ie me douttois le moins du monde que vous deussiez periller, i'aymeroy mieux cent & cent fois mourir en vostre compagnee, que viure ne vous voyant plus : Mais hors de doubte suis ie, que si la chose estoit descouuerte, & que ils sçeussent que vous auez esté enceinte de mon faict, que vous demeureriez sauue, là ou ie porteray la folle enchere de la faute sans peché ny offéce. Et pour ce ay ie deliberé m'en aller à Naples, donner ordre à mes affaires, & faire tant que mon reuenu me soit porté la part ou ie me retireray, & de là m'en yray à Ancone, iusques à ce que Dieu par sa grace permet-

HISTOIRE XIX.

tra que le couroux de voz freres s'appaise, & que nous recouurions leurs bonnes graces, auec le consentement de nostre mariage. Mais ie ne pretens faire chose aucune sans vostre conseil. Et si vous ne le trouuez bon, aduisez ma Dame, qu'est ce que voulez que ie face, afin qu'en la vie & à la mort vous cognossiez vostre seruiteur & espoux prest à vous obeir & complaire. La bonne Dame oyant ce discours de son mary, ne sceut estre si asseurée qu'elle ne larmoyast bien amerement, tant pour la fascherie qu'elle auoit de perdre sa presence, que aussi qu'elle se sentoit grosse pour la troisiesme fois: les souspirs & larmes, les sanglotz, les piteux regards qu'elle gettoit à son triste mary donnoyent assez signifiance de sa tristesse & creuecœur, & si personne ne l'eust ouye, ie pense que ses plaintes eussent encor exprimé l'interieur de son ame. Mais comme sage qu'elle estoit, voyant la raison du coste de son espoux, le licencia: quoy que bien enuis, & non sans luy dire ce petit mot auant qu'il sortist de sa chambre. Mon grand amy, si i'estois ausi asseurée de l'affection de mes freres comme de la loyauté de la fille qui est auec moy, ie vous prieroy de ne me laisser ainsi seule, & mesmement à present que ie me trouue groſſe : mais ſçachant que ce que vous dictes eſt iuſte & veritable, ie ſuis contente de forcer mon affection pour vn peu de temps, afin que par cy apres nous puiſsions viure enſemble en repos nous eſiouiſſans auec la compaignie de nos enfans & famille, loing des troubles que les grans courtz portent ordinairement dans l'enceint de leurs Palais. D'vne choſe vous veux ie bien prier, que le plus ſouuent que faire ſe pourra auec aſſeurance, vous me faciez entendre de voz nouuelles, d'autant que ce me ſera vn plaiſir & contentement le plus grand qui me ſçauroit aduenir, & pource auſsi que ſelon les occurrences qui ſuruiendrõt, ie puiſſe pouruoir à mes affaires, & à la ſeureté de vous & nos enfans. Cecy diſant elle l'embraſſa fort amoureuſement, & il la baiſa auec ſi grand regret, & creuecœur, que l'ame ſen cuida voler de ſon corps en ceſte excuſe, ſe fachant outre meſure de laiſſer ainſi celle qu'il aymoit & pour ſes honneſtetez, & pour l'honneur qu'il auoit receu d'elle. A la fin craignant que les eſpions des Aragonnois ne vinſſent, & ſaperceuſſent de ceſte priuauté, le Boloigne print congé & diſt à Dieu à ſa Dame, & eſpouſe. Et ce feuſt le ſecond acte tragic

HISTOIRE XIX

de ceste histoire, que de voir vn mary fugitif pour auoir espousé clandestinement & à la legere celle qu'il ne deuoit seulemét regarder qu'auec crainte & reuerêce. Voyez icy vn miroir de vos legeretés, ô fols Amans, & vous femmes l'obiect de vos legeres apprehensions. Ce n'est point aux sages d'executer soudain les premiers mouuemens & desirs de leur cœur, veu qu'ils doiuent s'asseurer, que le plaisir est suiuy de pres d'vne repentance plus aigre à supporter & difficile à digerer, que la volupté ne leur aura esté agreable. Il est vray que les mariages se font au ciel, & se paracheuent en terre: mais vous ne dictes pas aussi que les fols, qui se gouuernent, par les desirs charnels, & le but desquels n'est que volupté, sont salariez le plus souuent à l'esgal de leur folie. Ie serois d'aduis qu'vn seruiteur domesticque sollicitast, voire subornast la fille de son Seigneur sans punition, ou qu'vn vil & abiet homme osast monter sur la couche d'vn Prince. Non non, les polices requierent ordre par tout, & faut qu'vn chascun soit apparié selon sa qualité, sans que nous mettiôs en ieu, pour couurir nos folies, ne sçay quelle force sans effort & de l'Amour, & de la destinee. C'est belle chose

que

que d'aymer: mais ou la raison perd sa place, l'aymer est sans effect, & ce qui sen ensuit est pure raige & forcenerie. Laissons les discours de ceux qui se couurent d'vn sac mouillé, & se font a croire vne cõtrainte en ce qu'ils peuuent forcer en leur ame, & assuiettir aux loix de vertu & honnesteté: veu que telles gens se plaisent en leur perte, & trouuent beau tout ce qui est nuisible à leur santé, suyuãs tousiours leur contraire. Reuenans donc au propos du Seigneur Boloigne, apres qu'il eut laissé sa femme en son chasteau, il sen alla à Naples, & ayant donné à rente ses biens, & fait amas d'vne bonne somme de deniers, sen vint à Ancone, ville du patrimoine de l'Eglise, ou il mena ses deux enfans qu'il auoit euz de la Duchesse, lesquels il faisoit esleuer auec toute telle diligence, & soing que pouuez penser feroit vn Pere bien affectionné a sa femme, & qui se plairoit à voir lignée de l'arbre le mieux aymé que chose de ce monde: là loua il vne maison pour son train, & pour la suite de sa femme. Laquelle ce pendant estoit en grand soucy, & ne sçauoit de quel bois faire flesches, sentant que son ventre senfloit à bon escient, & que le temps de ses couches sapprochoit bien fort, voyant que de iour a autre les gens de ses freres luy estoient à dos, de sorte qu'elle estoit en voye de perdre & Conseil, & sens, si vn soir elle n'eust parlé à la fille seruante touchant ces doubtes, & le peril auquel elle se voyoit lancée, sans sçauoir comme s'en deliurer. Ceste fille estoit gentille, & de bon esprit, & laquelle aymoit extrememēt sa maistresse, & la voyant ainsi estonnee, & qu'elle se tourméroit iusqu'au mourir, ne voulut l'espouuenter d'auantage, ny la tencer de sa faute, laquelle ne se pouuoit plus reparer, mais biē plutost s'alla aduiser d'vne fourbe nouuelle, pour oster sa Dame du dangier ou elle la voyoit precipitee.

Comment ma Dame, disoit elle, ceste sagesse qui vous a esté tant familiere dés vostre enfance, s'est elle esloignee de vous au temps qu'il faut le plus se resoudre, pour obuier aux malheurs qui nous suruiénent? estimez vous euiter les dangiers en vous tourmentant ainsi, & sans mettre la main à l'œuure, pour reietter les efforts d'vne aduerse fortune? Ie vous ay ouy si souuent parler de la constance & force d'esprit, qui doit reluire és faits des Princesses plus ceremēt que des Damoyselles de basse maison, & qui les doit faire apparoir comme vn Soleil entre les moin dres eſtoilles, & neantmoins ie vous voy eſtonnee, comme ſi iamais vous n'auiez preueu que le malheur eſt auſſi bien pour accabler les grans comme pour mettre à bas les plus ſimples. Eſt ce d'auiourd'huy que vous auez fait le diſcours en voſtre eſprit de ce qui pouuoit ſenſuiuir de voſtre mariage, auec le ſeigneur Boloigne? Sa ſeule preſence vous aſſeuroit elle contre tous les aguetz de fortune, & vous eſtoit le penſement des peines, frayeurs & craintes, qui maintenant affligent voſtre dolent eſprit? Eſt ce à vous de vous tourmenter ainſi, lors qu'il eſt beſoin de penſer à ſauuer & voſtre honneur, & le fruict qui eſt en voz entrailles ? Si vous auez ſi grand regret ſur le ſeigneur Boloigne, & ſi vous craignez qu'on ſaperçoiue de voſtre fait, encores en ceſte couche, que ne cherchez vous les moyens d'entreprendre quelque voyage afin de couurir ce fait, & de tromper les yeux de ceux qui vous veillent ſi ſoigneuſement? Le cœur vous faut il encor en ceſt affaire? Qu'eſt ce que vous ſongez? que teſuez vous tant ſans me faire vn ſeul mot de reſpõce? Ah, mamie, reſpõd la Ducheſſe, ſi tu ſérois ce q̃ ie ſouffre, tu n'aurois pas la parole tãt à cõmãdemẽt cõme tu mõſtres, à me reprẽdre de mon

E ij

peu de constance. Ie suis marrie voiremēt pour les causes que tu as amenées, & sur tout, que ie sçay biē que si mes freres sont aduertiz encor vn coup de ma grossesse, c'est faict de moy & de ma vie, & peut estre, pauure fille, porteras tu encor la penitence pour mon peché. Mais quel chemin sçauroy ie prendre, que tousiours ces chandeliers ne m'esclairent, & que ie n'aye auec moy la suite qui deust accompaigner mes freres? ie pense que si ie descendoy aux Enfers, encor voudroient ils sçauoir si quelque ombre me seroit point amoureuse. Or deuine si ie voyage par le Royaume, ou m'en vois en autre lieu, sils me laisseront en paix. Rien moins, veu qu'ils soupçonneront soudain que la cause de mon depart procede d'vn desir de viure à ma liberté & de caresser celuy, qu'ils pensent estre autre que mon espoux legitime, & peut estre comme ils sont meschans, & souçonnent, se doubteront ils de ma grossesse, ainsi seray ie plus malheureuse en voyageant que ne suis desastrée icy, au milieu de mes engoisses, & vous autres tomberiez en plus grand danger que ces bourreaux ne s'acharnassent sur vostre peu heureuse compaignie sur nous. Madame, dit la fille hardie, franchissez hardiement le pas, & fuyuez mon confeil, car i'efpere que ce fera le moyen & de voir voftre efpoux, & d'ofter ces facheux de voftre fuitte, & par mefme forte de vous deliurer en toute affeurance : Dis ce qu'il te plaira dit la Dame, peut eftre me gouuerneray ie felon que tu me confeilleras. Ie fuis donc d'aduis Madame, dit la Damoifelle, que vous faciez entendre d'auoir fait vœu d'aller vifiter le fainct temple de noftre Dame de Lorette, & que faciez apprefter voftre train pour y aller parfaire voz deuotions, & de là auant vous prédrez la route d'Ancone, ou auāt partir vous enuoyerez voz meubles & vaiffelle d'argēt, auec telle fomme de mōnoye que verrez vous eftre neceffaire : Et puis Dieu parfera le refte, & vous guidera en voz affaires par fa faincte mifericorde : La Ducheffe oyant ainfi parler cefte fille, & efbaye de fon inuention foudaine, ne fe peut tenir de l'embraffer & baifer, beniffant l'heure de fa naiffance, & qu'elle eftoit venue en fa compaignie, puis luy dit : Mamie i'auois bien deliberé de laiffer mes eftats & grandeur pour viure en fimple gentilfemme ioyeufement auec mon mary : mais ie ne pouuois imaginer comme ie fortirois honeftement de cefte terre fans

Lorette, lieu de deuotion.

E iij

HISTOIRE XIX.

estre soupçonnée de quelque folie:& puis que tu m'as si bien instruite, ie te promets que ton conseil sera suiuy aussi diligemment, comme ie voy qu'il m'est tresnecessaire, car i'ayme mieux voir mon mary estant seule & sans tiltre de Duchesse ou grand Dame, que de viure sans luy, caressée de tels, & si sots noms d'honneur, & prééminence. Comme le complot fut pris, l'on executa aussi l'affaire, & y fut si dextrement besoigné, que en moins de huict iours, la Dame enuoya la plus part de ses meubles, & nommément les plus precieux, à Ancone, prenant ce pendant le chemin de Lorette, apres fait entendre à chascun le vœu solennel, qu'elle auoit fait d'aller en ce pelerinage. Il ne suffit point à ceste folle femme d'auoir pris mary plus pour rassasier sa lubricité que pour autre occasion, si à son peché elle n'aioustoit vne execrable impieté, faisant les saincts lieux & les offices de deuotion estre comme les ministres de sa folie. C'est aussi le vice pour le iourd'huy le plus frequent, & duquel on tient le moins de conte, que la profanation des saincts temples & sacrees Eglises, esquelles le seruice de Sathan y est meslangé, auec la reuerence du deuoir qui se doit referer aux puissan-

Al'esmais comais commis es témples.

ces celestes: de sorte que les voyages & pelerinages de ce temps, en diuers lieux, ressentent mieux l'escole de quelque maquerelle, que la societé de ceux qui portent tiltre de Christiens. Mais laissons ces propos pour les prescheurs: & considerōs quelle est l'efficace de la rage d'Amour, depuis qu'elle a saisi l'esprit des hommes: voyons quels & combien merueilleux sont ses effects, & auec quelle force & puissance ceste forcenerie subiugue les plus forts & sages de l'vniuers. Qui eust pensé qu'vne grand' Dame eust laissé sa grandeur, ses biens & enfant, eust mesprisé son honneur & reputation, pour suyure, comme vne vagabonde, vn pauure & simple Gentilhomme, & celuy encor qui estoit domestique seruiteur en sa cour? Et toutesfois vous voyez ceste Duchesse courir apres le masle, comme vne louue ou lisse estāt en ses ribaudes chaleurs, & oublier le sang illustre d'Aragon, duquel elle estoit issue, pour s'accoupler presque au plus simple de tous les bragards cheualiers de Naples. Mais ne tournons l'exemple des folles en consequence, que si vne ou deux ont fait banqueroute à leur honneur, ne faut, mes damoyselles, que leur faict serue de parade à vos desseins, & moins de pa-

E iiij

HISTOIRE XIX.

trons pour les suyure. Ces histoires s'escriuent, non pour courtiser ou apprendre à faire mille tourdions & passepieds de gaillardise en l'Amour: mais plus tost pour se contregarder soigneusement en fautes pareilles, & se seruir du venin pour oster le poison que ronge le plus sain & parfaict que l'Ame ait en elle, & que l'esprit caresse. L'Apoticaire ou drogueur accort & sçauant, apreste la chair des viperes pour purger le patient d'vn sang chauld & corrompu, qui conçoit & engendre la ladrerie en son corps: aussi l'on propose les folles amours & ribaudises d'vne Semiramis, Pasiphaë, Messaline, Faustine ou Romilde, afin que chascune de vous craigne d'estre mise & enregistree au nombre de ces esuentees, & femmes sans hôneur. Vous seigneurs & grands Princes, lisez les folies de Paris, les adulteres d'vn Hercule, la molle & effeminee vie de Sardanapale, la tyrannie de Phalaris, Busire, ou Denis de Sicile, & voyez l'histoire de Tibere, Neron, Caligule, Domitian, & Heliogabale, & n'espargnez ceux d'être les nostres, qui se sont souillez en ces vilenies, plus lourdement que le pourceau ne se veautre dans la bouë: Tout cecy tend-il à instituer vostre ieunesse à imiter ces Monstres d'in-

Belle similitude.

Paris adultere.
Hercule,
Sardanapale.
Phalaris.
Busire.
Denis de Sicile.
Tibere.
Neron.

HISTOIRE XIX. 37

fection & paillardife ? Pluftoft fuffent tous les liures au plus profond de la mer, que vne vie Chreftienne fuft corrompue par leur moyen: mais l'exemple des mefchans eft propofé tout ainfi pour les fuir, comme la vie des gens de bien eft efcrite pour fe former & addreffer felon qu'ils fe feront rendus louables en ce monde: autrement la mefme fainÉteté des lettres facrées feruiroit aux efuentez d'argumēt, pour confirmer & approuuer leur defbauchée & licentieufe mefchanceté. Reuenans à noftre propos, la bonne pelerine de Lorette f'en alla faire fon voyage, paracheuer fes deuotions, pour de là aller vifiter le fainÉt, pour les reliques duquel elle eftoit partie des terres du Duc fon fils. Acheué que elle ha fes fuffrages à Lorette, fes gens penfoyent que le voyage euft prins fin, & que elle vouluft f'en retourner au Royaume: mais elle leur dift, que puis que elle eftoit fi pres d'Ancone, n'en eftant guere plus efloignee que de quinze mille, qui font fept lieuës & demie de France, elle ne f'en retourneroit point fans voir vne cité fi ancienne & belle, & de laquelle les hiftoires faifoyent fi grand cas, tant pour l'antiquité, que pour le plan, & affiete d'icelle. Tous font de fon aduis, &

Caligule.
Domitiā.
Hiliogabale.

Ancone cité ancienne.

s'en vont visiter les antiquitez d'Ancone, & elle renouueller les plaisirs qu'elle auoit auparauant commēcez auec son Boloigne, lequel estoit aduerty du tout, comme celuy qui desia estoit meublé des ioyaux, & richesses de la Duchesse : Et se tenoit sur la grād ruë en vn beau palais, de sorte qu'il failloit que le train de sa Dame passast par deuant sa porte. Le mareschal des logis de la Duchesse estoit deuāt, pour faire les logis pour son train, mais le Boloigne luy presenta son palais pour ma Dame. Ainsi le Boloigne qui estoit desia bien aymé dans Ancone, & auoit fait nouuelles amitiez, & force coagnoissances auec les gentils hommes de la cité, print vne belle troupe d'iceux, & s'en alla au deuant de sa femme, à laquelle il presenta sa maison, & la pria qu'elle & son train ne prinsent logis ailleurs que cheux luy. Elle accepta de bon cœur, & assez soudainement, le party, & se retira auec luy, lequel la conduisoit, non comme mary, mais cōme celuy qui faisoit l'estat de son seruiteur affectionné. Mais que faut il icy tant prolonger les matieres ? la Duchesse cognoissant que à la longue elle ne sçauroit tant faire que chascū ne fust abbreuué de son faict, & ne sçeust ce qui se passoit entre elle & son mary, afin que on n'eust plus opinion de son enfantement, autre que de celle qui ne festoit point forfaicte, & que tout auoit esté fait depuis le mariage accomply. Lendemain qu'elle fut arriuee à Ancone, elle feist venir en sale tous ceux qui l'auoyent accompagnee, auec deliberation de ne tenir plus secret que le seigneur Boloigne fust son mary, & que elle auoit desia eu deux enfans de luy, & que encor elle estoit grosse: à ceste cause, eux tous assemblez vne apres disnee en la presence de son mary, leur via de telle harangue:

Desormais il est temps, mes Gentilshommes, & vous tous mes seruiteurs, que ie manifeste vne fois à chascun, ce qui a esté faict deuant la face & en la presence de celuy, lequel sçait le plus obscur & caché secret des pensees: & n'est plus besoin de taire ce qui n'est ny mal faict ny nuisible à personne. Si les choses pouuoyét estre & demeurer incogneuës, sans que ceux qui les font les declarassent, encor ne voudroy ie point me faire ce tort, que de celer ce qui me plaist en le descouurant, & deliure mon esprit d'vne grand' angoisse, lors que ie le fay notoire à vn chascun: de sorte que si les flâmes de mon desir pouuoyent sortir auec tel effort, comme le feu est espris en mon ame, l'on en verroit la fumee plus haute & plus espoisse, que celle que le mont Gibel vomist certaine saison de l'année. Et afin que ie ne vous detienne longuement en suspens, ce feu caché en mon cœur, & que ores ie veux faire sortir en euidence, est vne opinion qui me print il y a quelque annee, de me marier, & choisir espoux à ma poste & fantasie, ne voulant plus viure en viduité, & moins encor faire chose qui preiudiciast à ma conscience: ce que i'ay fait, & ay failly en vne seule chose, qui est d'auoir tenu caché si longuemeut ce mariage, veu le mauuais bruit qu'on m'a donné par le Royaume, à cause de l'enfantement mien, l'année passee: toutesfois ma consolation consistoit en ce que ma conscience se pense estre en cecy sans coulpe, ny tache. Or sçauez vous à present qui est celuy que ie recognoy pour seigneur & espoux, & lequel m'a legitimement espousee en la presence de ceste fille q̃ voyez, laquelle est le tesmoin de nos nopces, & accord de mariage. Le seigneur Antonio Boloigne cy present, est celuy à qui i'ay iuré & dõné la foy, & lequel m'a reciproquemẽt engagé la siẽne: c'est luy que ie tiẽ pour mary & es-

poux,& auec lequel ie m'atté deſormais de
demeurer. A ceſte cauſe,ceux qui voudrõt
ſe retirer de mon ſeruice,& aller à la ſuitte
de mõ fils,ie n'épeſche en rié leur delibera
tiõ:vous priant le ſeruir fidellemẽt,& eſtre
ſoigneux de ſa perſonne, luy eſtans auſſi
bons & loyaux, comme vous eſtes mon-
ſtrez tandis que i'ay eſté voſtre maiſtreſſe.
Que ſi quelqu'vn a deſir de ſuiure encor
mõ train,& participer de mõ heur, & ma-
laiſe,ie m'eſſayeray de luy faire ſi bon trai
ctement qu'il aura occaſion de ſen bien
contenter,ſinon allez à Malfi,& le maiſtre
d'hoſtel pouruoyra à ce qui vous eſt deu:
Car quant eſt de moy, ie ne ſuis plus en
deliberation d'eſtre nommee Ducheſſe
mal renommee, ains ayme mieux qu'on
m'honore du tiltre de ſimple gẽtilfemme,
auec l'honneur que peut auoir celle qui a
vn mary honneſte, & auquel elle tient fidelle & loyale compaignie:Vous ſçauez,
dit elle au Boloigne,ce qui ſeſt paſſé entre
nous,& Dieu eſt teſmoin de l'integrité de
ma conſcience : Pource vous prie de faire
venir icy nos enfans. Afin que chaſcũ voye
les fruits qui ſont ſortis de noſtre alliance.
Elle ayant dit ces mots, & les enfans
eſtants venus en ſale, toute la compaignie demeura auſſi eſtonnee de ce nou-

Pasquille statue à Rome.

ueau succez, & compte, comme si cornes leur fussent sorties, & demeurerent aussi immobiles d'esbahissement, que la grand statuë du Pasquile à Rome : veu que iamais ils n'eussent deuiné que le Boloigne fust le successeur du Duc de Malfi en sa couche nuptiale. C'estoit le preparatoire de la catastrophe & issue sanglante de ceste farce, car de tous les seruiteurs de la Duchesse n'en demeura que peu ou point, qui voulust suyure leur ancienne maistresse, laquelle demeura auec sa fidelle fille de chambre à Ancone, iouissant des ioyeux embrassemens de son mary, en tout tel plaisir & cōtentemēt que font ceux lesquels ayans vescu en crainte se trouuent libres, & hors de tout soupçon, ou vne mer de ioye & bonace de tout passetemps, le Boloigne n'auoit autre soucy que de plaire à sa mieux aymee, & elle ne s'estudioit qu'à luy gratifier & luy obeir, comme la femme doit faire à son espoux. Mais ceste serenité ne fut de lōgue duree, veu que iasoit les biens des hōmes soyent peu durables, & qui s'escoulent en peu de temps, encore sont les aises des Amans moins fermes, & se passent presque en vn moment. Or faut sçauoir que les gens de la Duchesse qui s'estoyent retirez, & qui n'auoyent oſé demeurer auec elle, craignans la fureur du Cardinal d'Aragon, frere d'icelle Dame, le iour qu'ilz ſortirẽt d'Ancone ils comploterent enſemble que l'vn d'entre eux ſen iroit en poſte à Rome, pour aduertir ledit Seigneur Cardinal, afin que les freres Aragonnois n'euſſent occaſion de les accuſer de felonnie & trahiſon. Comme il fut deliberé, le fait ſen enſuyuit tout ſoudain, l'vn poſtant vers Rome, & les autres galopans vers le royaume, & aux chaſteaux du Duc. Ces nouuelles recitees au Cardinal, & à ſon frere, pouuez penſer ne luy furent pas trop agreables, & ne peurent tant commander à leur modeſtie, que le plus ieune d'entr'eux ne vomiſt vne infinité de maledictions, & iniures ſur le pauure ſexe des femmes. Ha diſoit le prince tranſporté de colere, quelle eſt la loy qui puiſſe chaſtier, ny retenir la folle indiſcretiõ d'vne femme qui ſadonne à ſes plaiſirs? quelle vergongne la ſçauroit deſtourner de ſes deliberatiõs, & forcennerie? ou par quelle crainte aura on puiſſance de les retarder d'executer leurs lubricitez? Il n'eſt animal tant ſoit farouche que l'homme quelquesfois n'adouciſſe, & ne le ſoumette à ſa diſcretion: la force de l'homme,

HISTOIRE XIX.

& son industrie le font dompter ce qui est fort, & superbe, & empoigner ce qui surpasse le tout en legereté, & attaindre aux choses les plus hautes: mais cest animau endiablé des femmes n'est force qui le surmôte, ny adresse ou legereté qui puisse approcher de ses mobilitez, ny bô esprit qui sçache se garder de ses ruses: Aussi sôt elles procrees ce semble côtre tout ordre de nature, & viuét sans la loy qui regist le reste de ce qui a quelque raison & intelligence.

La femme est vn animal indomptable.

Mais quelle est ceste lubricité si grande, qu'vne fille de telle maison que la nostre ait oublié son ranc, & la grandeur des siens, & le lustre de son mary deffunct, auec l'esperance de la ieunesse du Duc son fils, & nostre neueu: Ah faulce louue, ie te iure Dieu que si ie te puis tenir auec ton paillard, que ie vous sonneray vn branle si guaillard, que iamais vous ne sentistes vne telle feste, & vo⁹ feray baller vne guaillarde si sanglante, que vos ribaudes chaleurs en seront esteinctes à perpetuité. Et qu'ô ne s'abuse point sur ce mot de mariage, veu que cela est fait si clâdestinemét, que la seule couchette peut tesmoigner de leurs accollades, mais de la foy promise, elle est en l'air, & ne sert que de couuerture & masque à leur infecte paillardise.

Et

HISTOIRE XIX. 41

Et quand bien il seroit ainsi,& que mariage s'en seroit ensuiuy, sommes nous si peu à respecter que ceste mastine ne no⁹ peust aduertir de ses entreprises? ou bien est-ce le Boloigne l'homme qui merite d'estre apparié ny meslé auec le sang royal d'Aragon & Castille? Non non, aduienne ce qu'il en pourra aduenir: mais ie fais vœu à Dieu, que iamais ie ne reposeray de bon sommeil, iusqu'à ce que i'auray osté vn tel diffame de nostre lignee, & que le paillard soit traicté selon son merite. Le Cardinal aussi ne pouuoit s'appaiser, ains groumeloit entre ses dents, & disoit la patenostre du Cinge, ne promettant pas meilleur traictement à leur Boloigne, que faisoit son frere le plus ieune. Or afin que ils eussent mieux le moyen de les attraper (sans faire emotion) dans vne ville, ils s'addressent au seigneur Gismond Gonzague, Cardinal de Mantouë, lequel estoit pour lors Legat pour le Pape Iule second à Ancone, & le gaignerent si bien que le Boloigne & toute sa famille eurent commandement de vuyder bien tost de la ville. Mais quelque chose que le Legat feit, si ne peut de long temps auoir le dessus, à cause que le Napolitain Boloigne auoit de grandes intelligences dans Ancone : Neantmoins

Gismont Gõzagu Cardinal

F

pendāt que il differoit son depart, il auoit fait amener la plufpart de son train, ses enfans & meubles, à Siene, ville ancienne de Toscene, & laquelle a bien long temps bataillé contre les Florentins, pour sa grandeur & liberté: de sorte que le iour mesme qu'on vint dire au Boloigne que dās quinzaine il eust à sortir de la cité: il fut prest, & monta à cheual, & print la route de Siene. Qui fut cause que les Arragonnois cuiderent creuer de dueil, voyans qu'ils estoyent deceuz & frustrez de leur attēte, veu qu'ils s'attēdoyent de surprēdre le Boloigne par les chemins, & le faire tailler en pieces. Mais quoy? le tēps de son desastre n'estoit encore venu: & aussi la marche d'Ancone ne deuoit point seruir de theatre pour la deffaite de ces deux infortunez amans, lesquels vesquirent quelque mois en repos en Toscane. Le Cardinal, qui ne dormoit ny nuict ny iour, & son frere, qui estoit tousiours au guet, pour parfournir à son serment de vengeance, voyans leur ennemy hors de crainte, s'addressent à Alfonse Castruccy Cardinal de Siene, afin qu'il feist tant auec le seigneur Borgliese, chef de la seigneurie de Siene, que leur sœur & le Boloigne fussent bānis des terres Senoises: Ce qui leur fut accordé

Siene, ville anciēne en Toscane.

Alfōse Castruccy, Cardinal de Siene.

fort facilemēt. Les deux infortunez, mary & femme, chassez de tout lieu, & aussi malheureux que fut iadis Acaste, estāt interdit, ou Oedippe apres la mort de son pere, & nopces incestueuses auec sa mere, ne sçauoyent plus à quel sainct se vouer, ny vers quel lieu prendre leur retraite. En fin se determinent d'aller à Venise, & prendre la route de Romaigne, & s'aller embarquer pour se retirer à sauueté à la ville enuirōnee de la mer Adriatiq̄, & la plus riche de l'Europe. Mais les pauures gēs comptoyēt biē là sans leur hoste, aussi furēt ils deceuz plus que de moytié de iuste pris: Car estās sur le terroir de Forly l'vn d'entre eux veit venir de loing vne grand troupe de cheuaux, qui venoint le grand galop vers leur compagnie, & qui à leur contenance, ne monstroint point aucun signe de paix ou d'amitié, & aussi auoint ils eu quelque aduertissement du cōplot de leurs ennemis. Qui fut cause q̄ le gētilhōme Napolitain cōmença presque à sentir les apprehēsiōs de la mort, nō qu'il se souciast de son malheur & ruine, trop biē luy creuoit le cœur de tristesse, voyant sa femme & ses petits enfans prests à estre massacrez, & à seruir de passetemps aux yeux des Aragonnois, desquels il se sçauoit hay à mort, & que

Acaste interdit.
Oedipe vagabond.
Venise.
Forly.

F ij

pour luy faire despit & luy auācer sa mort par la deffaite des siens, il s'asseuroit qu'ils luy occiroyent les enfans à sa venue & presence. Mais qu'eust il fait, la ou le conseil & moyen d'eschapper luy deffailloyēt? Plein de pleur, esbahissement & crainte il attendoit la mort, autant cruelle que homme sçauroit imaginer, & s'estoit desia tout resolu à la soffrir de bon cœur, quelque chose que la Duchesse luy sçeust dire. Il pouuoit bien se sauuer à la source auec son fils aisné, estans tous deux montez sur chacun vn bon Cheual Turc, & qui couroyent aussi viste que vn garrot descoché de dessus vne Arbaleste: mais il aymoit trop sa femme & enfans, & vouloit luy tenir compagnie & à la vie & à la mort. A la fin la bonne Dame luy dist. Monsieur sur tous les biens & plaisirs que me sçauriez faire, ie vous supply de vous sauuer auec cest enfant qui est pres de vous & qui endurera bien la course, veu que ie suis seure que vous estant hors de la troupe, nous n'aurons garde d'auoir aucun dommage, là ou si vous demeurez, vous serez cause de la ruine de nous tous, sans que pour cela vous en ayez aucun proffit ny aduantage. Prenez ceste bourse & vous sauez, attendāt quelque meilleure fortune.

Le pauure Boloigne cognoiſſant que ſa femme auoit quelque raiſon, & ſapperceuant qu'il eſtoit impoſſible deſormais qu'elle ny ſon train ſe peut garentir de tomber en leurs mains, ayant pris congé d'elle, & baiſé ſes petits enfans, ſans oublier l'argent qu'elle luy preſentoit, diſt à ſes gens que chaſcun taſchaſt à ſe ſauuer ainſi qu'il luy ſeroit poſſible: ainſi donnant des eſperons à ſon cheual ſe print à fuir à toute bride:& ſon fils aiſné voyāt ſon pere partir, ſe mit auſſi à arpenter la terre de meſme ſorte,& le ſuiuit touſiours de pres, & ſe ſauua auec le Boloigne,lequel rompit ſon premier deſſein, & au lieu de ſauoyer vers Veniſe, il tourna d'autre part, & ſen alla à grands iournees à Milan.

Ce pendant ces cheuaucheux viennent ſur la compagnie de la Ducheſſe,& voyans que le Boloigne ſeſtoit ſauué, commencerent à parler fort courtoiſement à la Dame, ſoit que les Arragonnois les euſſent ainſi enchargez, ou qu'ils craigniſſent que la Dame ne les faſchaſt auec ſes cris & lamentatiõs importunes:par ainſi l'vn d'entre eux luy diſt, Ma Dame la Ducheſſe, nous auons commandement de par Meſſieurs vos freres de vous conduire au royaume en voſtre maiſon,afin que repreniez

F iij

HISTOIRE XIX.

le gouuernement du Duché, & la conduite de Mōsieur le Duc voſtre fils, veu que c'eſt vne folie d'eſtre touſiours ainſi vagabonde apres vn homme de peu, tel que le Boloigne, lequel quand il ſera ſaoul de vous, il fera ſa main, & ſen ira en terre eſtrange: La ſimple Dame, bien qu'il luy feit mal de ouyr ainſi parler de ſon eſpoux, ſi ſe teut elle, & diſſimula ce qu'elle en penſoit, ſe tenant pour aſſez ſatisfaite de la courtoyſie que on luy vſoit, ſans la maſſacrer: & cuidoit eſtre deſia quitte, & que c'eſtoit le plus grand coup que ſa priſe, eſperant que de là en auant & elle & ſes enfans ſeroyēt en aſſeurance. Mais elle fut bien trompee, & cogneut peu de temps apres, quel eſtoit le bien que ſes freres luy vouloyent, d'autant que auſsi toſt que ces gallans *Priſon de* l'eurent conduicte au Royaume de Na-*la Ducheſ-* ples, en vn des chaſteaux de ſon fils, elle *ſe.* fut empriſonnee auec ſes enfans: & celle qui auoit eſté la ſecretaire de ſon infortuné mariage auec le Seigneur Antonio Boloigne, iuſque icy ſeſtoit la fortune contentee de proceder aſſez ciuilement cōtre les amās, mais d'icy en auāt vous orrez l'iſſuë de leurs peu heureuſes amours, & comme le plaiſir ayant aueuglé l'hōme, ne le laiſſe iuſques à ce qu'il l'ait du tout exterminé.

Ie n'ay affaire de reciter icy ny fables ny histoires, me côtentāt que les Dames lisent sans trop larmoyer la pitoyable fin de ceste miserable Princesse, laquelle se voyant prisonniere en la compagnie de ses enfans & chābriere, viuoit patiēmēt en l'esperāce de voir appaisez ses freres: & se cōsoloit en ce qu'elle s'asseuroit que son mary estoit eschappé de la main de ses aduersaires. Mais son asseurance fut chāgee en vn horrible trēblemēt, & son espoir en vne grand defaillāce d'attēte de rien de bon, lors que quelques iours apres son emprisonnement, vint son Geolier, qui luy dit: Madame ie suis d'auis que dores en auāt vous pensez à vostre conscience, veu que ie croy que cestuy sera le dernier iour de vostre vie. Ie vous laisse penser quel trance deut assaillir le cœur de ceste pauure Dame, & de quelle oreille elle receut vne si furieuse nouuelle: tant y a que les pleurs & gemissemens qu'elle faisoit monstroyēt assez de quel cœur elle receuoit cest aduertissemēt! Las disoit elle, est il possible que mes freres s'oubliēt iusqu'à la, que pour vn fait ou ils n'ont riē à perdre, ils facent cruellemēt mourir leur sœur innocente, & se souillent la memoire au sang de la personne, qui onc ne leur feist offence? Fault il que

F iiij

contre tout droit & equité ie fois iufticiee fans que le iuge ou magiftrat ait fait information de ma vie, & cogneu l'iniuftice de ma caufe? Ah Dieu pere iufte & trefbõ, voy la malice de mes freres, & la tyrannique cruauté de ceux qui à tort pourchaffent ma vie. Eſt ce peché que ſe marier? eſt-ce faute que fuir & euiter le peché de paillardife? Quelles loix font ce cy, ou la pudicité coniugale eſt pourſuiuye auec pareille feuerité que lon traite les larrons, brigans & adulteres? Et quelle chreſtiété de Cardinal eſt ceſte cy? d'eſpandre le fang, que lon deuroit deffendre, & de faire eſpier les chemins en lieu de punir les aſſaſſineurs, & larrons? O Seigneur Dieu, tu es iuſte, & fais toutes choſes iuſtement, ie voy que i'ay failly deuant toy en autre choſe que en me mariant, ie te ſupply auoir compaſſion de moy, & me pardonner mes fautes, acceptant ceſte confeſſion & repentance de moy ton humble ſeruante pour ſatisfaction de mes offences, leſquelles il te plaiſe lauer au ſang precieux de ton fils noſtre Seigneur, afin qu'ainſi purifiee ie puiſſe apparoir en ton ſainct banquet en la gloire celeſte. Ainſi qu'elle acheuoit de prier voicy entrer deux ou trois des miniſtres qui l'auoyẽt priſe pres Forly, qui luy dirẽt.

Or sus ma Dame, despechez vous d'aller voyr Dieu: car voicy vostre heure derniere. Loué soit Dieu, dit-elle, du bien & du mal qu'il luy plaist nous enuoyer. Mais ie vous supplie mes amis, d'auoir compassiõ de ces petits enfans, & creatures innocentes, sans leur faire sentir le maltalent que ie suis asseuree que lon a contre leur malheureux pere. Bien bien, ma Dame, dirent ils, nous les mettrõs en tel lieu, qu'ils n'auront disette de chose aucune. Ie vous recõmande, dit elle, encor ceste pauure fille, & la traictez bien en souuenance qu'elle a bien seruy l'infortunee Duchesse de Malfi.
Ainsi qu'elle acheuoit ces mots, deux de ces paillars luy mirent la corde au col, & l'estranglerent. La fille de chambre voyant la piteuse Tragedie, commencee sur sa maistresse, se mist à crier à toute force, & à maudire la cruelle malice de ces Bourreaux, & appeller Dieu à tesmoin, & implorant sa maiesté le supplioit qu'il feist redonder son iugement sur ceux qui sans cause, & n'estans point Magistrats, faisoyét ainsi mourir les personnes plus innocentes.

Mort de la Duchesse de Malfi.

C'est bien raison, dit encor ce Tyran, que tu participes en l'aise de l'innocence de ta maistresse, puis que tu as esté si fidelle

HISTOIRE XIX.

ministre & messagere de ses folies: & soudain la print par les cheueux, & luy mist le cordeau pour carquã à l'entour du col. Et quoy, dist elle, est-ce la foy que vous auez promise à Madame? Mais ce mot s'envolla en lair auec son ame, laquelle alla apres celle de la miserable Duchesse. Mais oyez le poinct le plus triste de toute la Tragedie: Les petits enfãs qui auoyẽt veu tout le ieu furieux exercé sur leur mere, & sur la fille de chambre, comme nature les incitoit, & vn ne sçay quel presage de leur malheur les induisant à ce faire, se meirẽt à genoux deuant les Tyrans: & leur embrassant les iambes, gemissoyent de telle sorte, que ie pense que tout autre, sinon vn cœur plein de maltalent & despouillé de toute humanité en eust eu compassion: Et estoit impossible qu'ils se depetrassent des embrassemens de ces creatures innocentes, lesquelles sembloyent deuiner leur mort par la farouche mine & contenance de ces rustres. Aussi fault il confesser que Nature a en soy & sur nous painct vn indice de diuination, & mesmement sur l'heure de la mort: de sorte que les bestes mesmes en sentent les apprehensions, quoy que elles ne voyent ny glaiue ny baston: & se mettent en peine d'euiter le

Diuinatiõ est naturelle en nous.

passage cruel d'vne chose si espouuëtable, que la separatiō de deux choses si bien con ioinctes, comme sont le corps & l'ame : laquelle, veu l'esmotion qui aduient en cest instāt, monstre comme nature est violētee en ceste monstrueuse separatiō, & plus que hideuse deffaite. Mais qui sçauroit appaiser vn cœur deliberé de mal faire, & qui a iuré la mort d'autruy, & qui le fait par le commandement d'autruy ? Les Arragonnois n'auoyent autre pretente que d'exterminer du tout le nom & race du Boloigne : par ainsi les deux ministres d'iniquité feirent pareille tuerie & massacre qu'ils auoyent fait de la mere, non sans quelque creue-cœur qui les esmouuoit, faisans vn acte si piteux & detestable. Voyez iusques ou s'estend la cruauté d'vn homme qui n'appete rien que vengeāce, & quels fruicts produit vne excessiue colere en l'ame de ceux qui se laissent par trop forcer & transporter de fureur. Laissons à part la cruauté de Eucrate, fils du Roy des Bactrians, & de Phraate, fils du Prince des Parthes, de Timon Athenien, & du nombre infiny de ceux qui ont esté souuerains en l'Empire de Rome, & mettons au rang de ces Arragonnois vn Vitolde Duc de Lituanie, la cruauté duquel cōtraignoit ses

Eucrate prince Bactrian.
Bapt. Fulgose. liu. 9.
Phraate
Timon Athenien.
Vitolde Duc de Lituanie.

HISTOIRE XIX.

subiets de se pendre, de peur qu'ils auoyēt de tōber en ses furieuses & sanguinolentes mains, & confessons ceux cy plus brutaux que ne fut onc Othon Compte de Monferrat, & Prince d'Vrbin, lequel feist mourir vn sien valet de chambre dans vn drap empoissé & soulphré, & puis allumé comme vne chandelle, pource seulement qu'il ne l'auoit pas esueillé à l'heure qu'il luy auoit assignee: sans que nous les excusons d'auoir quelque affinité auec ce Maufroy, fils de Henry second Empereur, lequel estouffa son pere, ia vieillard, entre deux couettes: veu que tous les precedens pouuoyent auoir quelque legere excuse de leur cruauté, là où ceux cy n'auoyēt autre occasion, que bestialle furie de faire massacrer ces petits enfans leurs neueux, & lesquels ne pouuoyent preiudicier le Duc Malféen en la successiō de son Duché, veu que la mere en auoit tiré ses meubles, & rapporté son dot: mais vn mauuais cœur faut que produise œuures semblables à sa malice. Durant ces massacres, l'infortuné amant se tenoit à Milan, auec son fils Federic, & s'auouoit au Seigneur Siluie Sauelle, lequel tenoit le siege deuant le chasteau de Milan, pour & au nom de Maximilian Sforce, lequel à la fin il conquist &

Othō Cōte de Monferrat.

Cruauté de Maufroy sur son pere.

Siluie Sauelle assiege le chasteau de Milan.

recouura par compofition auec les François qui eftoyent dedans. Mais cefte charge eftant mife à fin, le general Sauelle fen alla auec fon camp à Creme, là où le Boloigne n'ofa le fuyuir, ains faccofta du Marquis de Bitonte, ce pendant les Arragonnois feirent & befongnerent fi bien, que fes biens furent confifquez à Naples, & luy fut befoing que les ducats de la Duchefſe l'aidaſſent à tenir fon eftat à Milan, la mort de laquelle, quoy que plufieurs l'en aduertiffent, ne pouuoit luy eftre perfuadee, d'autant que quelques vns qui le trahiffoyent, & craignoyent qu'il fenfuïft de Milan, luy tenoyent le bec en l'eau, & l'affeuroyent, & de la vie & aife de fon efpoufe, & que bien toft il auroit fa paix auec fes beaux freres, à caufe que plufieurs des plus grands luy tenoyent la main, & defiroyent fon retour au Royaume. Repeu & apafté de cefte vaine efperãce, il demeura encor plus d'vn an à Milan, frequentãt, & eftant bien voulu des plus riches de la Cité, & fouuent pratiquant en leurs maifons: & fur tout viuoit affez familierement chés la dame Hippolitte Bentiuoglie, là où *Hippolit* vne apres-difnee, tenant vn Luc en main, *Bentiuo-* duquel il faifoit affez bien, il fe print à *glie.* chanter certains couplets qu'il auoit composez sur le discours de son desastre: la teneur desquels estoit telle:

CHANT D'ANTOnio Bologna, mary de la Duchesse de Malfi.

SI l'Amour, la mort & le temps
Avoyent mesuré mes destresses,
Si de mes poignantes tristesses
La langueur & le traict des ans:

L'amour me feroit tost revoir
Ce que le plus mon cœur desire,
Et de ma douleur & martyre
Me feroit l'allegeance avoir.

Le temps accourciroit son cours,
Afin de prolonger mon aise:
Et afin que mon cœur s'appaise,
Ie iouyroy' de mes Amours.

Ou bien la mort d'vn dard cruel
Estonneroit du tout mon ame,
Endormant mon corps, soubs la lame
D'vn sommeil amy eternel.

HISTOIRE XIX.

Mais l'Amour, le temps ny la mort,
N'oyent rien de ce que propose,
Et n'escoutent aucune chose
De ce mien lamentable accord.

Esloigné ie suis de mon heur,
Et de ma moitié ne m'approche:
Le mal & le dueil m'est si proche,
Que tout changé, ie suis en pleur,

La plus courtoise qu'onc les Dieux
Ayent formé: i'ay possedee:
Maintenant l'ire desbordee
De quelque puissance des Cieux.

Me tient d'icelle separé,
Et disioint les choses esgalles,
Non pas qu'elles soyent inesgalles,
Pour me voir ainsi esgaré:

Mais l'inegalité prouient
Pour mon peu, & le grand d'icelle,
Et l'egalité ne me vient
Que de la bonté de ma belle.

De ma belle, de qui ie suis
L'espoux, le serf, l'amy fidelle,
Et qui mourray pour l'amour d'elle.
Si autre aide auoir ie ne puis.

HISTOIRE XIX.

Sors mon ame, sors, & va loing
Des maus qui trop mon cœur oppreſſent,
Et des douleurs qui nous angoiſſent,
Va ailleurs eſtre le teſmoing:

Puis que l'Amour, puis que la mort,
Ont eſloigné de moy tout aiſe,
Et puis que le temps rien n'appaiſe
De ſon grand courroux & tranſport.

Finiſſant ce propos, le pauure gentilhomme ne ſceut eſtre ſi conſtant que les groſſes & chaudes larmes ne luy coulaſſét de loin de ſa triſte face, & que le panthelement de ſes ſouſpirs continus ne monſtraſſent au vray l'alteration de ſon ame, ſi bien qu'il n'y eut homme ny femme en la compagnie qui n'euſt grand compaſſion de luy, & ſur tous vn, qui encor ne le cognoiſſoit, & qui ſçauoit les complots que les Arragonnois auoyent fait & conſpiré contre la vie du miſerable Boloigne. Ce- *Delio poëte Italien.* ſtuy ſe nommoit Delio, homme ſçauant, & de gentille inuention, & qui a aſſez gentiment eſcrit en ſa langue: lequel ayant ſçeu que ce gentilhomme eſtoit le mary de la Ducheſſe defunte, le vint acoſter, & le tirant, à part luy diſt: Mon gentilhôme, bien que ie n'aye point grand accointance

auec c

auec vous, estant ceste cy la premiere fois que ie pense vous auoir veu en ma vie, si est ce que la vertu a telle force, & rend les esprits gentils si amoureux de leurs semblables, que dés qu'ils se voyent ils sentent vne telle liaison de volontez, qu'il est impossible d'en faire la separation: Or sçachant qui vous estes, & les bonnes & louables parties qui sont en vous, ie serois marry de vous taire chose aucune qui vous puisse tourner à preiudice.

Sçachez dóc que i'estois n'agueres auec vn seigneur Napolitain, qui est en ceste ville auec quelque compagnie de Caualerie, lequel m'a asseuré auoir charge de vous faire mourir, & pour ce vous à fait prier, ainsi qu'il m'a dit, que vous ne vous presentissiez point deuant luy, afin qu'il ne feust contraint de faire ce qui luy viendroit à contrecœur, & de quoy il seroit marry tout le temps de sa vie. Mais ie vous diray encor pis, c'est que pour vray Madame la Duchesse est morte de main violente en prison, & la pluspart de ceux qui estoyent en sa compagnie: au reste, tenez pour tout certain, que si ne pouruoyez à vos affaires, que ce q̃ le Capitaine Napolitain a differé de faire, que d'autres l'executeront, ie vous en aduertis, d'autant que

G

ie seroy bien fort marry qu'vn tel homme que vous fust saccagé ainsi miserablemēt, & m'estimeroye indigne de viure, si sachant les cōplots que l'on fait cōtre vous, ie le dissimuloys, sans vous en donner quelque aduertissement. Auquel le Boloigne respondit: Ie vous mercie affectueusement, seigneur Delio, du bon vouloir que me portez: mais quant à ce que dictes de la conspiration de Messieurs les Arragonnois, & de la mort de Madame: vous estes trompé, & vous a lon donné faux entendre, veu que il n'y a pas deux iours que i'ay receu lettres de Naples, par lesquelles il m'est mandé, que Monseigneur l'Illustrissime & reuerendissime Cardinal, & son frere, sont presque appaisez, & que biē tost le Fisc me rendra ce qu'on a mis entre les mains du Roy, me restituant par mesme moyen ma chere espouse. Ah seigneur, dit Delio, que vous estes trompé, & comme lon vous paist de bayes, & nourrist d'appasts de Cour : soyez asseuré que ceux qui vous escriuent ces folies, vous vendent aussi eshontément que le boucher vend la chair qu'il estalie à la boucherie: & vous trahissent si meschantemēt, qu'il est impossible d'excogiter vne trahison plus detestable : mais vous y penserez.

Ayant dit cecy, il le laissa, & se fourra en la compagnie d'vne troupe d'hommes de bon esprit, qui estoyent associez ensemble. Cependant l'esprit cruel des Arragonnois ne pouuoit s'appaiser pour les meurtres precedans, ains failloit que le dernier acte mist la Tragedie de Boloigne à fin, & qu'il allast tenir compagnie à sa femme & enfans aussi bien en l'autre monde, comme il auoit esté vny par amitié en ceste vie fresle & peu durable. Le napolitain qui auoit entrepris, pour satisfaire au Cardinal Barbare, la mort de son concitoyen, ayāt changé d'aduis, & differant de iour à autre d'effectuer ce qu'il ne vouloit aucunement entreprendre, aduint qu'vn Lombard moins conscientieux que l'autre, se laissa aueugler d'auarice, & pactisa à deniers comptans la mort du pauure mary de la Duchesse. Cestuy s'appelloit Daniel de Bozole, lequel auoit charge de quelque compagnie de fanterie à Milan. Ce nouueau Iudas, asseuré meurtrier, quelques iours apres sçachant que le Boloigne alloit souuent ouir la messe à l'Eglise, & conuent de sainct François, se mit en embusche asses pres de l'Eglise sainct Iacques, là où il vint assaillir, estant accompaigné d'vne troupe de ses Soldats bien armez,

Daniel de Bozole, Lombard, tue le Boloigne.

HISTOIRE XIX.

l'infortuné Boloigne, lequel fut pluſtoſt maſſacré, qu'il ne penſa à ſe defendre, & fut le malheur tel que celuy qui l'occiſt eut tout tel loiſir qu'il voulut de ſe ſauuer, pour le peu de pourſuite que lon fait de l'homicide. Voyla vn beau acte Cardinaleſque, & qui reſent ſa purité Chreſtienne, que de maſſacrer en ſang froid, & longues annees apres le fait vn pauure qui ne ſonge en aucune malice. C'eſt obſeruer la douceur des Apoſtres, deſquels lon ſe vante eſtre les ſucceſſeurs & imitateurs, & toutesfois il ne ſe trouue, ny ſe lyt que les Apoſtres, ny ceux qui ont ſuiuy leur trace, achetaſſent les brigans pour couper la gorge à ceux qui leur portoyent nuyſance. Mais quoy? c'eſtoit du teps de Iule ſecõd, lequel fut plus Martial, que Chreſtien, & aymoit mieux eſpandre le ſang, que donner la benediction au peuple. Telle fin eut le deſaſtré mariage de celuy, qui ſe deuoit contenter de ſon ranc, & de l'honneur qu'il auoit aquis par ſes faits & gloire de ſes vertus recommandees d'vn chaſcun: Auſsi ne fault il iamais voler plus hault que les forces ne permettent, ny ſortir de ſon deuoir, & moins ſe laiſſer tranſporter des fols deſirs d'vne brutale ſenſualité, eſtant le peché de telle nature, que iamais il

Iule ſecõd, Pape guerrier.

HISTOIRE XIX. 51

n'abandonne celuy duquel il est le maistre, qu'il ne l'ait conduit à l'effait de quelque insigne folie. Vous voyez le miserable discours des Amours d'vne princesse peu sage, & d'vn gentilhomme oubliant son ranc, qui doit seruir de miroir à ceux qui sont trop hardis entrepreneurs, & les faire mesurer selon ce qu'ils peuuent, & doiuēt pour se maintenir en reputation, & porter le tiltre de bien aduisez & ne seruir d'exemple par leur ruine à toute vne posterité, comme pouuez prendre sur la mort du Boloigne, & de tous ceux qui sortirent de luy, & de son infortunee espouse, Dame, & maistresse. Mais c'est assez discouru sur cestuycy, veu que l'histoire diuersifiee de nos recits, nous appelle à mettre d'autres en ieu, qui n'ont esté gueres plus heureux, que ceux desquels vous auez desia gousté l'histoire.

Fin de la xix. histoire.

G iij

SOMMAIRE DE LA
xx. histoire.

CE n'a point esté sans cause si de tout temps les hõmes plus accorts & saiges, ont tenu l'œil & sur leurs filles & sur celles qu'ils auoyẽt prises pour espouses, nõ afin de les tenir cõme serues & esclaues, & leur oster toute liberté, ains pour euiter le murmure d'vn peuple, & les occasions qui se presentent à la ieunesse pour la corrompre & infecter, & sur tout estans asseurez des assauts que l'on donne aux filles estans encor en la premiere flamme du feu que nature allume au cœur de celles mesmes, qui sont les plus sages. Non que les aucuns ne trouuent bien fort estrange que lon face vne si solennelle garde de celles qui doiuent viure en liberté : mais telles gens ne pensent point que la liberté & bride trop licentieuse donnee à la ieunesse, luy cause vne si forte & fascheuse seruitude, qu'il vaudroit mieux estre enchaisné & clos dans quelque obscure prison, que d'estre marqué d'vne telle tache d'infamie, que volontiers telles licences & libertez nous apportent. Si la France ne voyoit des filles de grand' maison denigrees pour leur trop grande & libre façon de viure, & leurs parens desolez, pour telle vilennie, & le nom des maisons, qui seruent de fable

& de chanson au peuple: il faudroit laisser ceste maniere de faire la sentinelle sur ses enfans aux nations qui ne conuersent guere auec l'estrange: & où les hommes sont ialoux de la seule Idee de ceux qu'ils estiment estre de bonne grace, & qui osent d'vn seul regard donner attainte à leurs filles. Mais où les exemples sont euidens, où la folie est plus que manifeste, où tout le monde est asseuré de ce qui se passe, & que les fruicts de la desbauche en sortent en lumiere, ne fault plus garder les coustumes dangereuses d'vn pays, & s'asseruir à la sotte opinion de ceux qui disent que la ieunesse qu'on tient de trop pres, se nourrist en telle grosseur & lourderie d'esprit, qu'il est puis apres impossible d'en faire quelque chose de bon. Les filles de Rome iadis viuoyent recluses dans les Palais de leurs peres, estans tousiours à la queuë des meres: & toutesfois estoyent elles si bien instruictes, que les plus ciuilisees, & mieux apprises des nostres, auroyent assez à faire à seconder vne des moins parfaictes. Mais que peuuent apprendre de ciuil, & tant bon, nos filles en ce temps par les compagnies, que des paroles pleines de paillardise & lubricité, des gestes remplis de bouffonnerie: & le plus souuent des actes qui sont moins honnestes, que la parole ne sçauroit l'exprimer? Ie ne pretends priuer ce sexe de l'honneste con-

G iiij

fabulation aux compagnies, & moins des exercices acoustumez entre les nobles de nostre France ny de la liberté de se voyr que nous auons retenue de nos ancestres : seulement me semble qu'il seroit bon de contempler les mœurs, & inclination des volontez, & refrener celles qui seront trop gaillardes, esueillant par mesme moyen l'esprit que lon verroit trop morne, & separé de courtoisie, & ciuilité. Car en faisant ce choix il seroit impossible que la vertu ne reluit beaucoup plus par les maisons des grands, que ne fait la rusticité és Cabanes des paysans, & villageois, lesquels bien souuent obseruent mieux la discipline de nos predecesseurs en esleuant leurs enfans, que ceux qui s'osent louer de sçauoir que c'est que de bien manier, & gouuerner l'aage le plus fascheux à regir que saison quelle que ce soit de la vie des hommes.

Dict de M. Aurele Empereur.

C'est pourquoy le bon & sage Empereur Marc Aurele ne vouloit point que ses filles fussent nourries en Cour, d'autant que, disoit il, quel prouffit tirera la nourrice apprenant honnesteté, & vertu à sa fille : veu que nos œuures les conuient à folatrer & apprendre la sottise des amoureux ? Ie discours ainsi, non que ie sois si rigoureux iuge pour nos Damoiselles Françoises, que ie les souhaitte ainsi reformees que la veue nous en soit interditte, m'asseurant

HISTOIRE XX.

que la vertu en quelque lieu qu'elle soit ne peult
ouurer que choses qui sentiront le goust d'icelle, mais afin d'entrer en propos d'vne Dame
Italienne, laquelle tant que son premier mary,
cognoissant son inclination, la tint suiette, elle
vesquist en reputation de femme modeste, sans
que personne veist en elle rien que peust diffamer sa renommee : & tout aussi tost que l'ombre
de ceste libre captiuité fut possee par le trespas
de son mary, Dieu sçait quelles farces elles ioua,
& comme elle souilla & son renom, & l'honneur de celuy qui l'espousa en secondes nopces : comme vous entendrez, si prenez la patience de lire le discours de l'histoire
presente.

VIE DESORDONNEE
de la Comtesse de Celant, & comme
ayant fait meurtrir le Comte de
Muſsine, elle fut decapi-
tee à Milan.

HISTOIRE XX.

*Caſal vil-
le en Pied-
mont.*

*Iacques
Scapardō.*

*Modō fut
[p]riſe du
[t]emps de
[L]oys 12.*

CASAL, comme chaſcun ſçait
eſt ville ſituee en Piedmont,
& ſubiette au Marquis de
Monferrat, en laquelle eſtoit
vn homme fort riche, quoy
que de bas lieu, nommé Iacques Scapardon, lequel eſtoit deuenu opulent, plus par
mauuais art & vſure trop manifeſte, que
par autre ſienne induſtrie : lequel print à
femme vne ieune Grecque, que la Marquiſe de Montferrat, mere du Marquis Guil-
laume, auoit amené du voyage qu'elle fiſt
en Grece auec ſon mary, lors q̄ les Turcs
coururent le païs de Macedone, & ſaiſirent
la ville de Modon, qui eſt en la Moree : de

laquelle Scapardon eut vne fille aſſez belle, mais gaillarde, viue, & trop eſueillee, le nom de laquelle fut Blanche Marie : Le pere mourut aſſez toſt apres ſa naiſſance, comme celuy qui eſtoit chargé d'ans & qui ſeſtoit beaucoup tourmenté en ſa vie pour ſenrichir, & montoit ſon bien à la valeur de plus de cent mille eſcus. Blanche Marie eſtant paruenue à l'aage de ſeize ou dixſept ans, elle fut requiſe de pluſieurs, tant pour ſa beauté, gentilleſſe, bonne grace, q̃ grandes richeſſes: mais à la fin, elle fut mariee au ſeigneur Hermes, Viſconte, enfant d'vne des premieres maiſons de Milan, lequel l'amena incontinent apres les nopces en ſa maiſon, laiſſant la Grecque pour manier les vſures du deffunct. Ce Gentilhomme, qui cognoiſſoit entre deux vertes vne meure, ayant pratiqué quelque tẽps ſa femme, veit qu'il luy falloit vſer plus de mors & bride que d'aiguillon, la voyant volage, pleine de deſirs, & qui n'appetoit qu'vne folle & deſordonnee liberté: & pource, ſans la tourmenter, faſcher ny tancer, l'accouſtuma peu à peu à ſe tenir à l'hoſtel, & la careſſoit plus que de ſon naturel il n'euſt fait vne moins legere, afin de la tenir en deuoir. Et quoy que à Milan les Dames ayent preſque

HISTOIRE XX.

pareille liberté que les noſtres, participant ce pays, de l'air Gaulois, ſi la tenoit Hermes neantmoins en ceſte maniere, que elle ne frequentoit autre maiſon que celle de Madame Hippolite Sforce : laquelle vn iour luy demanda pourquoy il tenoit ſa femme de ſi court, & qu'elle eſtoit d'aduis qu'il luy laſchaſt vn peu la bride, à cauſe que pluſieurs murmuroyent deſia de ſes façons de faire, & le tenoyent comme mal gratieux, l'eſtimant eſtre ou aſſotté de ſa femme, ou ialoux. Madame, diſt lors le Milannois, ceux qui à leur aiſe parlent de moy en ceſte ſorte, ne ſçauent point encor le naturel de ma femme, laquelle i'aime mieux que ſoit vn peu captiue, q̄ libre auec ſon deshōneur & mon infamie. Ie ſçay ou eſt ce que ma chauſſeure me preſſe & bleſſe, & cōbien il fault conceder à vne ieuneſſe ſi volontaire que celle de ma femme, & iuſqu'à où ie luy peux laſcher la bride. que i'en ſoye ialoux, non ſuis, ſur la foy que ie doy à Dieu: mais ie cognoy, ce que ie ne veux point, ſ'il eſt poſſible, que m'aduienne: & cela vous en face foy, que ie luy donne licence de venir chez vous, & iour & nuict, & à quelque heure que ce ſoit, eſtant aſſeuré de l'honneſteté des voſtres, & vertueuſes compagnies qui frequentent

Gentille reſpōſe du Milānois

vostre maison. Mais de ce Palais en là, il luy suffira que mon logis est assez suffisant pour son plaisir, & le commū aise de nous deux: & que lon ne m'en parle plus, afin que le trop m'en importuner, ne me rendist plus dur que mō naturel, & ne me feist penser, d'elle ce que ie n'en veux seulemēt soupçonner, me contentant de sa chasteté, pouruëu que trop de liberté ne la luy corrompe.

Ces propos n'estoyent point dits sans cause, & le sage mary voyoit bien que telles bestes, quoy qu'il ne faille les trop rudoyer, fault que soyent tenues de court, & qu'ō ne les laisse trop aller & courir à leur aise. Et vrayemēt sa prophetie fut par trop veritable, veu ce qu'elle feit depuis, d'autant que six ans apres ses nopces, le bon Hermes Visconte deceda, dequoy elle fut bien fort marrie, comme celle qui l'aimoit vniquement, n'ayant encore guere gousté des apasts d'vne liberté telle q̃ despuis elle beut à glouton trait, quand apres les obseques elle se retira à Montferrat, & despuis à Casal en la maison de son pere, sa mere estant aussi trespassée, & elle demeurée seule, pour iouïr à plaisir du fruit de ses desirs. Aussi tout son estude n'estoit qu'à se parer, & attiffer, à employer tous les matins à se vermillonner les iouës, auec plus de curiosité que la plus eshontee courtisanne de Rome, œilladant vn chascun qui passoit, riant à tout le monde, & tenāt le berlan d'arraisonner tous gentishommes, qui passoyent par la rue. Ce fut le chemin par lequel elle paruint au feste glorieux de ses triomphantes lubricitez, & gaigna le pris sur les plus fameuses femmes qui de son temps ayent fait professiō des armes, auec lesquelles Venus iadis faisoit despouiller Mars, & luy ostoit le plus fort & mieux aceré de tout son harnois. Ne pensez filles que soit peu de cas que le caquet auec la ieunesse, veu qu'vne ville est à demy gaignee, quand ceux qui sont dedans demandent à parlementer, à grand peine sont ils pour endurer le canon: aussi quand l'oreille d'vne ieune fille, ou femme, se laisse si soudain chatouiller, & se plaist à dire le mot, quoy que la chasteté n'y soit point interessee, si est ce qu'on donne occasion au peuple d'en parler, peult estre au desauantage de telle qui n'en peult mais: & voila pourquoy il fault euiter non seulemēt l'effait d'vne chose malfaite, ains encor le soupçon, veu que le bon renō est autāt requis aux Dames, q̄ la vie hōneste.

Ce grand Iule Cesar, qui premier re-

Le caquet fort dommageable aux filles.

duit la Republique Romaine en forme de
Monarchie, interrogé pourquoy il auoit
repudié sa femme, puis qu'il n'estoit point
asseuré qu'elle eust forfaict auec Clodie,
la nuict que on celebroit les sacrifices de
la bonne Deesse : respondit autant sagement que veritablement, que la maison de
Cesar ne deuoit pas seulement estre vui- *Responsé*
de d'adultere, ains encor du soupçon d'ice- *de Iule*
luy. Voyla pourquoy i'ay dit, & dy enco- *Cesar.*
re, que de vous mesmes vous deuez vous
tenir sur vos gardes, & rire auec le temps,
sans trop vous amuser à escouter: ains plustost faire comme le serpent, qui estouppe
son oreille de sa queuë, afin de n'ouyr les
charmes & ensorcelemens d'vn enchâteur.
Tandis donc que Blanche Marie estoit à
Casal, cherie & amourachee de plusieus,
qui souhaitoyent l'espouser, aduint que
deux soffrirent entre tous les autres, &
sessayoyent chascun selon sa puissance, c'e-
stoyent le Seigneur Gismond Gonsague, *Gismond*
parent proche du Duc de Mantouë, & le *Gōzague*
Conte de Celant, grand seigneur en Sa- *le Cōte de*
uoye, les terres duquel sont en la vallee *Celant.*
d'Agoste. C'estoit le passetemps de ceste
fine femelle, de se repaistre des harágues
des deux seignrs, & en faire puis apres ses
cōptes, exprimāt de si bonne grace les con-

tenances des amoureux, & y meslant les souspirs, sanglots, & contournement de veuë, que lon eust dit proprement que de sa vie elle n'auoit fait autre chose. La Marquise de Monferrat, voulant gratifier au seigneur de Mantouë son gendre, faisoit son pouuoir d'induire ceste follastre à prendre pour espoux Gismond Gonsague, & estoit la chose allee si auant, que presque le mariage s'en alloit conclud, si le Comte Sauoyen n'eust monstré son addresse, & la gentillesse de son esprit, lors que sachant comme les choses se gouuernoyent, & que vn autre estoit en branste d'emporter le pris, & gaigner sa maistresse. A ceste cause s'en vint voir la Dame, laquelle luy feist fort bon accueil, ainsi que coustumierement elle en vsoit à tout autre. Luy qui ne vouloit employer son temps en vain, l'ayant trouuee seule & à propos, la commença prescher en ceste sorte, auec vne telle contenance, qu'elle cogneut que le Comte estoit à bon escient espris de son amour.

Harengue du Compte de Celant à sa Dame.

Ie suis en doubte, ma Dame, de qui me
dois

dois pluſtoſt plaindre, ou de vous, ou de moy meſme, ou bien de la fortune qui nous guide & conduit enſemble: Ie voy bien que vous auez quelque tort, & que ma cauſe n'eſt pas trop iuſte, vous n'ayant pris garde à ma paſſion qui eſt outrément deſmeſurée, & moins eſcouté ce que pluſieurs fois ie vous ay fait entendre de l'hōneſte amour que ie vous porte : mais ie ſuis encor plus accuſable, qui ay permis qu'vn autre ait marché ſi auant ſur mes briſees, que i'ay preſque perdu le trac de la proye que le plus ie deſire : & ſur tout condamne noſtre fortune que ie ſois en dangier de perdre ce que ie merite, & vous en peril d'aller en tel lieu, ou voſtre captiuité ne ſera pas moindre que celle des eſclaues, condamnez aux mines des Portugais aux Indes. Ne vous ſuffit il pas que le ſeigneur Hermes vous ayt tenue cinq ou ſix ans en chābre, ſans aller paracheuer le reſte de voſtre belle Ieuneſſe parmy ces Mantouans qui ont touſiours quelque martel en teſte? Il vaut mieux, ma Dame, que nous qui ſommes plus proches de la gaillardiſe Françoiſe, & qui viuons ſuiuāt la liberté dudit païs, viuiōs enſēble pluſtoſt que voſ ſoyez captiue dās la maiſon d'vn Italiē, lequel voſ tiēdra en pareil-

H

le seruitude que d'autresfois vous auez experimenté. Au reste, voyez quelle opinion aura l'on de vous, & si tous ne diront que pour crainte de la Marquise vous auez espoulé le seigneur Mantouan, & ie sçay que vous ne voulez point qu'on estime ainsi de vous, comme d'vne pupille, & qui est hors de ses droictz : & afin que ie ne employe mon temps en harangues, ie vous supplie voyr la ferme amitié que ie vous porte, & qu'estant riche comme ie suis, ce n'est point autre chose qui m'induise que vos bonnes graces & nourriture à vous aymer plus que toute autre Damoyselle qui viue. Et quoy que ie vous puisse amener d'autres raisons pour la preuue de mon dire, si est ce que ie m'en raporte & à l'experience, & à la bonté de vostre esprit, & equité de vostre iugement. Si ma passion n'estoit vehemente, & mon tourment sans receuoir comparaison ie souhaiterois qu'on se moquast de mes faintes angoisses, & qu'on salariast mes peines simulees, auec vne risee poignante. Mais estant mon amour plein de telle sincerité, mon trauail continu, & mes langueurs qui ne peuuent prendre fin, que par la compassion que vous aurez de moy: ie vous supplie, ma Dame, voyr le merite

de ma foy, & le mesme auec le deuoir de
vostre courtoysie, & lors vous iugerez de
combien ie dois estre preferé à ceux, qui
sous le voyle de la puissance d'autruy veulent aquerir pouuoir de vous commãder,
la ou ie m'astrains, & oblige ma parolle à
vous aymer & seruir perpetuellement, &
vous promets de ne sortir de ma vie de
pas vn de vos commandemens. Voyez s'il
vous plaist qui ie suis, & de quelle affectiõ
ie vous supplie, ayez esgard à l'embassa-
deur, qui est le mesme Amour, lequel me
tient en vos lacs, & me rend le captif de
vos beautez & graces qui ne se parangon
nent à autres, de sorte que si ie pers ma
cause, outre que vous serez accusee de
cruauté, vous verrez l'entiere deffaicte du
gentilhomme qui vous ayme plus que
l'amour mesme ne sçauroit bailler de flãmes, & desirs pour s'affectionner vers creature mortelle: mais ie pense que le ciel
m'en a departy telle quantité, afin qu'en
vous aymant de telle vehemence, vous
sentiez aussi, que c'est moy qui dois estre
l'Amy, & espoux de celle gentille, & courtoise Dame Blanche Marie, qui seule se
peut dire maistraisse de mon cœur. La Dame, qui au parauant s'estoit moquee de
toutes les demandes du Comte, oyant ces

H ij

derniers discours, & resuant sur son premier mariage,& sur le naturel ialoux des Italiés, à demy gaignee, sans qu'elle en feit autre semblant, respondit au Comte en ceste maniere.

Monsieur le Comte, bien que ie sois obeissante aux vouloirs & commãdemens de Madame la Marquise, & que bien enuis ie voudrois luy desplaire, si est ce que iamais ie n'engaigeray tant ma liberté, que tousiours ie ne me reserue vn point pour dire ce que i'ay en ma pensee. Et que peux ie auoir rien de moins, que choisir celuy à qui ie dois estre & à la mort & à la vie? & duquel estant vne fois inuestie, il est impossible sen depestrer? ie vous asseure que si ie ne craignois le parler & soupçon des ames malignes, & le venin des lãgues mesdisantes, que iamais mary ne me tiendroit plus en captiuité:& si ie pensois que celuy que ie pretens eslire me fust si farouche que d'autres que i'en cognoy, la partie seroit dés cest instant rompue. Ie vous mercie neantmoins & des aduertissemens que m'auez donné:& de l'honneur que me faites, souhaitant de m'honorer par le mariage, d'entre nous deux:& vous promerz, veu la rõdeur de vostre parolle & le peu de dissimulation que ie voy en vous, qu'il n'y a

Gentilhomme en ce païs auquel ie donne pluſtoſt puiſſāce ſur moy que à vous, ſi par cas ie me marie, & de ce tenez voꝰ auſſi aſſeuré, cōme ſi la choſe eſtoit deſia faicte.

Le Comte voyant vne ſi belle entree, ne voulut ainſi laiſſer eſcouler le temps, ains batant les buiſſons, tandis que la proye eſtoit preſte à en ſortir, luy diſt. Et puis que vous cognoiſſez ce qui eſt proffitable, & nuiſible, & que le bien de voſtre liberté vous eſt tant recommandé, que ne paracheuez vous, ce qui ne peut redonder que à voſtre honneur? Aſſeurez moy de voſtre parolle, & me promettez la foy, & loyauté de mariage, puis laiſſez moy conuenir du reſte, car i'eſpere d'en venir à bout, ſans l'offence, & deſplaiſir de perſonne: & voyāt qu'elle demeuroit reſuant, & ſans mot dire, luy print les mains, & les baiſant vn million de fois, aiouſta encor: Et quoy, ma Dame, eſtes vous eſtonnée en vn aſſaut ſi plaiſant, là où voſtre aduerſaire ſe confeſſe eſtre vaincu? Courage, & voyez icy celuy qui vous ſupplie de le receuoir pour voſtre loyal eſpoux, & lequel vous iure toute telle amitié, & reuerence qu'vn mary doit à ſa loyale eſpouſe. Ah monſieur le Comte dit elle, & que dira la Marquiſe, à laquelle ie me ſuis du tout ra-

H iij

portée touchant ce mariage? N'aura elle
pas iuste occasion de me porter mauuais
visage, voyre & de me mal mener, voyant
le peu de respect que ie luy porte? Dieu
me soit tesmoin si ie ne voudrois que iamais ce Gonzague ne fust venu en ceste
contree, car ne l'aymant point i'ay presque
fait vne promesse que ie ne sçaurois tenir.
Et puis que (dict le Sauoysien) il n'y a rié
de fait auec luy, qu'auez vous affaire de
vous tourmenter? La Marquise voudroit
elle tirannifer la volonté de ses vassaux, &
contraindre les Dames de sa terre de se
marier contre leur gré & vouloir? Ie ne
pense qu'vne Princesse tant sage: & si bien
aprise s'oublie iusqu'à la, qu'elle force ce
que Dieu a laissé en la liberté d'vn chascū.
Au reste, laissez moy faire, & promettez
moy seulement mariage, car nous pour-
uoirons bien au tout. Blanche Marie vain-
cuë par ceste importunité, & craignant de
tomber encor vn coup au seruage, esperāt
que le Comte la tiendroit en toute telle
liberté qu'il luy asseuroit, s'accorde à luy,
& luy iura la foy, & s'entrefirent promesses
de parolle de present respectiuemēt l'vn à
l'autre, & encore pour mieux asseurer le
fait, & empescher que la corde ne rōpist,
ils la tordirent si bien que sautans l'vn par

HISTOIRE XX. 60

dessus l'autre, ils paracheuerent la partie entiere. Le Comte bien ioyeux de ce beau rencontre, en donna si bon indice par sa contenance, & auec la familiere & continuelle hantise qu'il faisoit chez Blanche Marie, que bien tost apres la chose fut publiée, & vint aux oreilles de la Marquise, que la fille de Scapardon auoit espousé le Comte de Celant. La bonne Dame, bien qu'elle en fust marrie outre mesure, & que volōtiers sen fust vengee sur l'espousée, si est ce que respectant le Comte, qui estoit grand seigneur, elle aualla ceste pillure sans la mascher, & pria le seigneur Gonsague de ne sen fascher: lequel voyant la legereté de la Dame, n'en feist que rire, & loua Dieu de ce que la chose sestoit ainsi rompue, car il preuoyoit presque desia quelle issue auroit ceste Comedie, ayant conuersé familierement quelques iours en la maison de Blanche Marie. Le Mariage donc fut publié, & la solennité des nopces faites fort magnifiquement, & selon la grandeur de celuy qui l'espousoit: mais l'Augure & presage fut triste, & monstra la face melācolique du temps, lequel sobscurcist sur le poinct qu'on alloit à l'Eglise, que l'aise & ioye ne dureroit lōguemēt en la maison du Comte: aussi dit on commu-

H iiij

nement, Que qui se prend par amourettes, se laisse auec rage. D'autant que s'estant retiré le seigneur de Celant en ses valons des montaignes Sauoyennes, il commença voir à qui est ce qu'il auoit affaire, & que ceste femme surpassoit toutes les autres en legereté & desirs effrenez, de mesme se resolut d'y mettre ordre, & luy fermer le pas auant qu'elle eust gaigné la campaigne, & que librement elle allast à la Pecorée ou bon luy sembleroit. La folle Contesse, voyant que son mary s'auisoit de ses tourdions, & que sagement il y vouloit remedier, ne fut vn brin estourdie: ains commençant ses plaintes, luy reprochoit ores ses richesses, tātost ceux qu'elle auoit refusez, pour aller viure comme vne beste sauuage par les montaignes desertes & peu fertiles de Sauoye: & que au reste, elle ne pretendoit point se laisser ainsi coiffer & tenir enfermée comme vne beste.

Remonstrance du Comte à sa femme. Le Comte, qui estoit sage, & qui ne vouloit point rompre l'anguille au genoil, luy mettoit deuant les yeux combien vne Dame doit auoir son honneur en recommandatiō, & que les fautes les plus legeres des grādes sēblēt des pechez mortels deuāt le peuple: que il ne suffit pas à la Gentilfēme d'auoir le corps chaste, si la parole ne s'y cō forme, & si l'esprit ne suit ce qui est exterieur, & la hâtife ne dône signifiâce des cô cepts cachez en l'ame. Et seroye bié marry, disoit il, Mamie, de vous dôner occasiô aucune de mescontentement : car la où vous serez faschee, ie ne sçauroye auoir guere grand aise ny plaisir, vous estant celle qui deuez estre vn second moymesme : & moy deliberant de vous tenir ma promesse, & vous traiter comme espouse, pourueu que vous me respectez en tout comme mary. Car la raison ne veut point ny ne sçauroit le commander, que la teste obeisse aux membres, & face rien pour leur secours, s'ils ne se monstrent tels, comme ceux qui dependent de la santé & vie d'elle. Le mary estant le chef de la femme, faut que soit obey en ce qui est raisonnable : & elle s'estant rapportee aux plaisirs de son chef, ne peut estre que celuy qui luy est associé, ne face beaucoup pour sa compagne, D'vne chose faut que ie vous accuse, c'est que de peu de chose vous formez complainte, d'autât que l'esprit qui s'occupe à follie, ne peut souhaiter que choses vaines, & de peu de proffit, & où le plaisir du cops est seulemêt côsideré : mais l'ame q suit la raisô, dissimule ses passions auec paroles pleines de sagesse:& en sachant beaucoup, fait toutesfois parade d'vne honneste & accorte ignorance. Mais ie pourroye bien faillir en cecy, pensant que vne femme qui a des opinions particulieres, puisse prester l'oreille à chose quelle que ce soit, sinon à ce qui luy chatouille le sens, & plaist aux desirs complotez en sa folle fantantasie. Ne trouuez estrange ce que ie dy : car vos paroles proferees sans discretion, me font tenir ce langage. Au reste, vous me ferez plaisir,& bien pour vous, de garder ce dôt ie vous prie,& suyure sur cecy mon conseil. La Contesse qui estoit aussi fine,& malicieuse, comme le Comte estoit bon, & sage, dissimulant son maltalent, & couurât le venin qui se couuoit en son ame, commença à si bien faire l'hypocrite deuât son mary, & à contrefaire la simple, qu'vn plus accort que son mary eust esté pris à telle pipee:& fait tant qu'elle gaigne le Comte, & le fait aller à Casal, pour visiter les terres de son heritage.

Voyons à quoy tendoit l'intention de ceste fauce femelle, & quel eschec elle vouloit donner & à son mary & à son honneur, & lors nous cognoistrons, que quand vne femme se veut adonner à mal faire, il n'est malice, ny surprise desquelles elle ne

paduïfe, & qu'elle ne mette à fin, quelque
danger ou peril, qui luy foit offert. Les
faicts d'vne Medée, s'il faut adioufter foy — *Medée.*
aux Poëtes, & la folie de l'amie à Thefee — *Phedre.*
monftrent affez de quel zele fans raifon
elles commencent & parachevent leurs en
treprifes : de forte que le vol de l'aigle ne
s'eftend point fi hautement comme celuy
des fols defirs & conceptions d'vne femme qui fe fie en fon opinion, & laquelle fe
defreigle du chemin de fon deuoir, & de
la voye de prudence. Pardonnez moy mes
Dames, fi ie parle fi auant, & ne penfez *Excufe*
que ie vueille blafonner autres que celles, *aux Da-*
lefquelles oublient le rang auquel leurs an *mes hone-*
ceftres les ont colloquees, & qui forlignét *ftes.*
du vray fentier de celles qui par vertu ont
imortalifé la memoire & d'elles & de leurs
efpoux, & des maifons d'ou elle font def-
cendues. Ie feroy marry de faire l'office
d'vn mefdifant, non moins que de flater
ceux que ie voy faillir lourdement & à
veuë d'œil deuāt tout le monde : Mais que
me feruiroit de diffimuler ce q̃ ie fçay que
vous mefmes ne voudriez taire en eftans
requifes en confcience ? Ce feroit folie &
impudence de mafquer le vice, & luy ve-
ftir le fainct habillement de vertu, & appeller courtoifie, & ciuilité ce qui feroit

HISTOIRE IIX.

Ne faut vne pure manifeste paillardise: appellons
masquer chascune chose selon son nom,& ne deni-
le vice du grons rien de ce qui de soy est beau, &
nom de pur, & ne souillons aussi le renom de cel-
sainsteté. les que leur propre vertu rend de soy assez recommandees. Ceste gentille Com-
tesse estant à Casal,caressant son mary, &
le baisant du baiser de trahison , & estant
de luy caressée sans fiction,ne pouuant ou
blier les sermons de son espoux, & moins
sa lubricité, voyant qu'auec son Comte il
luy estoit impossible de faire arrouser sõ
iardin par autre Iardinier que celuy qui en
estoit le vray vsufructuaire & possesseur,
delibera de senfuir,& aller à son aduenture : pour à quoy paruenir, elle auoit mis
desia ordre aux deniers, les interestz desquels couroyent à Milan à son prouffit,&
sestant saisi la main d'vne grand somme
de ducatz , pour attendre les rentes , sen
fuit de belle nuict,accompaignée de quelques siens seruiteurs , qui estoient les se-
Fuitte de cretaires de sa menée.Sa retraicte fut à Pa
Blanche uie,ville suiette à l'estat, & Duché de Mi-
Marie. lan,ou elle leua vn Palais grand & ma-
Pauie, ci- gnifique, lequel elle meubla selon son e-
té de Lom stat,& train de son mary,& suyuãt le grãd
bardie. reuenu qu'elle auoit du sië propre. Ie vo⁹
laisse péser,quel tintamare vint en teste au

Comte de Celant. voyant la soudaine fuite de sa femme : Peu s'en falut qu'il n'enuoyast & allast luy mesme apres de toutes partz pour la ramener en la maison, mais ayāt biē imaginé à son biē, & auantage, & cognoissant que ceste absence luy ostoit vn grand fardeau de dessus sa teste, & vn sauuage soucy de sō cerueau, se resolut de la laisser en quelque lieu qu'elle se seroit retiree, sans iamais faire estat de la rapeller. Ie serois bien sot, disoit il, de tenir aupres de moy vn ennemy si pernicieux, & redoutable que ceste louue eshontée, laquelle vn iour que ie n'y penserois en rien me feroit couper la gorge à quelque sien paillard, apres auoir souillé la saincte couche de nostre mariage. Ia ne plaise à Dieu que vne telle paillarde profane, plus par sa presence la maison du seigneur de Celant, lequel est puny à la rigueur pour l'excessiue amour qu'il a porté à ceste malheureuse. Aille ou bon luy semblera, & qu'elle viue à son aise: ie me contēte de sçauoir ce que les femmes sçauent faire, sans plus tēter la fortune, & essayer le dernier point de sa meschāceté. Il passe encor outre, disant que l'hōneur d'vn si hōme de biē qu'il estoit, ne depēdoit point du deuant de sa femme meschante. Et vo⁹ peux biē asseu-

L'hōneur de l'hōme ne depend du deuant de sa femme.

rer, que tout le sexe ne fut en rien espargné par le Comte, qui parloit alors plus par transport, que esguillonné de raison aucune qui lors dominast en luy, & sans qu'il feist conference d'vne bonne troupe de femmes de bien, qui effacent la vilenie de quelque nombre de celles qui s'abandonnent, sans auoir esgard à la modestie, & honte qui deuient estre familiere, & côme vne naturelle inclinatiõ à toutes fémes & filles. Mais reuenans à Blanche Marie, tenant cour & maison ouuerte à Pauie, elle acquist vn si sainct renom, que celle Laïs Corinthienne n'estoit iadis guere plus esuentée par l'Asie, que ceste cy par les coins presque de toute l'Italie, s'y portant si honestement, que le trop de liberté & priuauté qu'elle monstroit à vn chascun, tesmoignoient assez de sa vie trop peu honeste: Bien est vray qu'elle tenoit vn peu de reputation. Et ne se prestoit point que à bien bonnes enseignes, si bien que celle de qui iadis le grand orateur Grec ne voulut acheter vn repentir à haut pris, estoit bien plus exscessiue en vente de sa marchandise: mais non pas plus lasciue: Veu que dés aussi tost que ceste cy voyoit vn homme gentil, beau, bien proportionné, & gaillard, elle ne failloit à luy monstrer

HISTOIRE XX. 64

si bon visage, qu'il fust esté bien sot s'il n'eust cogneu à quelle auoine ceste iumēt hennissoit, si bien que Messaline Princesse Romaine ne la surpassoit sinō en ce qu'elle visitoit les lieux publics, & ceste cy faisoit ses ieux en sa propre maison : l'autre aussi receuoit indifferemment les Chartiers, Matelots, & Crochetteurs, & ceste demigrecque prenoit son passetemps auec la noblesse disposte & gaillarde, Mais d'vne chose luy ressembloit elle tresbien, c'est que plustost elle se lassoit du trauail, qu'elle n'estoit rassasiee du plaisir, & deduit, ressemblant vn gouffre, lequel reçoit tout sans desgorger rien qu'on y puisse getter dedans. C'estoit la vie pudique que ceste bonne Dame menoit, apres qu'elle sen fut fuye d'auec son Espoux. Aduisez si le Milanois qui l'auoit espousee en premieres nopces estoit vn brin lourdaut, & s'il ne cognoissoit pas l'art, & industrie d'vn bon Phisiognome : & s'il n'est pas necessaire de ployer de bon'heure les verges afin d'en faire ce que l'on veut, & s'en seruir en son affaire, & de mesme bailler vn ply à la ieunesse, & y retrancher les sions trop gaillards, & lesquels peuuent trop oster d'humeur de la tige & rameaux principaux de l'arbre. Aduint durant qu'elle se

Messaline infamement paillarde.

HISTOIRE XX

tenoit à Pauie, menant ce beau, & honorable train: que le Comte de Massine, nommé Ardizzin Valperga vint au seruice de l'Empereur, & par mesme moyen se retira à Pauie, auec vn sien frere. Le Comte estoit beau, gaillard, & dispos, adextre à toute chose, ayant vn seul defaut, que d'estre boiteux par vn hazard, & coup receu à la guerre: mais cest accident ne luy ostoit pas beaucoup de sa naiueté & gallardise. Ayant seiourné quelques iours à Pauie, il print garde à la beauté, maintien & bonne grace de la Contesse de Celant, & s'arresta auec telle deuotion à la contempler & amourascher, faisant souuent la ronde par la rue où elle se tenoit, que en fin il eut moyen de parler à elle. Les premiers propos ne fut que vn simple lāgage, & tel que vsent ordinairement les Gentils hommes se trouuans en la compagnie des Dames, & ne peut de prime face le Valperga asseoir autre ingement sur ceste deesse, que de femme accorte & honneste: & telle toutesfois, qu'il ne faudroit point tout le cāp de l'Empereur pour forcer la place, laquelle ne luy sembloit pas si bien flanquee & remparee, que vn bon cheualier n'y entrast facilement, ayant la lance en arrest, y estant, desia la bresche si viue auec

Ardizzin Valperga.

le fossé

le fossé, que il y paroissoit vn beau chemin, accessible pour toute sorte de soldat. Il se familiarisa dõc si bien auec la Dame, & luy parloit si priuément, que vn iour estant seul auec elle, il luy vsa de ceste façon de perler: Ne seroy ie pas vituperable sur touts les hommes, & reprochable d'vne grand sottise, d'estre si long temps auec vne tant belle & courtoise Dame que vous, sans vous presenter mon seruice, & vous offrir mon corps, vie & biens, pour en disposer tout ainsi que bon vous semblera? Ce que ie dy, Madame, n'est pour mauuais & sinistre iugement que ie face de vous, qui vous louë & estime sur toute Gentilfemme, que i'aye encor cogneu iusques icy: ains pour me sentir espris tellement de vostre amour, que ie feroye tort à vostre honnesteté, & à ma loyale seruitude vers vous, si ie demeuroye muet, & celoye ce qui brusleroit incessamment mõ cœur d'vne infinité d'ardãs desirs, lesquels me boillonnent pour l'extreme & ardent amour que ie vous porte. Et ne veux que me croyez, si ie n'execute toute chose en laquelle il vous plaira m'employer: pource vous supplie, Madame, m'accepter pour vostre, & me fauoriser comme celuy, qui auec toute fidelité, espere passer son temps

I

en voſtre compaignie.

La Conteſſe, quoy qu'elle cogneuſt biē que le feu n'eſtoit pas ſi allumé en l'eſtomach du Comte qu'il diſoit, & que ſes paroles eſtoyent trop gaillardes, & ſa contenance trop gaye pour vn amoureux trāſy, tel qu'il ſe feignoit. Si eſt ce, que le voyant adroict, ieune diſpos, & fort en mēbres, delibera d'accepter le party, & ſ'arreſter pour vn temps à ceſtuycy, appaiſant ſa gloutonnie és choſes de l'amour, auec vn morceau ſi friant, que la delicate gaillardiſe de ce ieune ſeigneur : & que pendant que ceſtuy cy ſe refroidiroit, vn autre ſe preſenteroit en lice. Et pource luy diſt elle: D'autant que ie ſçay quelles ſont les façons de faire des hommes, & auec quels appaſts ils trompent plus ſouuent les Dames qui ne ſe donnent garde de leurs faicts, ayant experimenté leur malice, & peu d'amitié, i'auoye deliberé iamais n'aimer autre que mon affection, ny faire faueur à homme, que celuy qui auroit ſimplement le deuis auec moy, & prendre mō paſſetemps à ouyr les braues requeſtes de ceux qui ſe diſent bruſler d'Amour au milieu d'vn torrent de delices. Et bien que ie ne vous penſe pas meilleur que les autres, ny plus loyal, affectiōné ou eſmeu, ſi suis je contente, pour le respect du ranc que vous tenez, d'en croire vne partie, & vous accepter pour mien: pourueu que vostre discretion soit telle, que ie me fie que seigneur de telle part que vous, voudroit monstrer en telles affaires: & là où ie verray l'effect de mon espoir, ie ne seray si ingrate que auec toute honnesteté ne m'essaye de satisfaire à ceste vostre amitié. Le Comte se voyant seul, & prenant le langage de la Dame aux fins qu'il deuoit, la voyant embellie d'vn tiers pour l'alteration de son ame, & le desir qu'elle auoit que le Comte n'vsast de delay, & feist trop l'honneste, ou elle ne demandoit que l'execution, vsa de mesme de l'occasion presentee si à propos, si bien que onbliant toutes reuerences & ceremonies, il l'empoigna, & baisa en cent mille sortes: & quoy qu'elle feist quelque simple & attrayante resistence, si est ce que l'amant qui voyoit que c'estoit vne semonce pour la lutte d'Amours, sesgara en ses honnestetez: & l'ayant iettee sur vn lict de camp, qui estoit dans la chambre, il print d'elle ce qu'il en auoit souhaitté assez longuemēt, qu'il l'auoit œilladee & seruice. Et la trouuāt digne d'estre caressee, & elle, luy prōpt & fort pour la besōgne, cōploterēt ensēble de se donner du

I ij

meilleur temps qu'il leur seroit possible, & tellement que le seigneur Ardizzin ne parloit plus que par la bouche de Blanche Marie, & ne faisoit rien que ce qu'elle cōmandoit, estant si affublé de ce pesant māteau de bestise amoureuse, qu'il ne bougeoit ny nuict ny iour de la maison de sa fauorite, de sorte que le bruit en estoit par toute la ville, & les chansons de leurs amours estoyent plus souuent en bouche à chascun, que les Stanzes, ou sonetz de Petrarque sur les Lires, Luth ou Harpes des gens de bonne maison, & plus accortz que n'est vne sotte populace: Voyla vn Comte bien dressé, & asseruy, pensant se iouer auec vne telle & si faulse femelle, que celle qui auoit desia faulsé sa foy à vn mary plus hōneste, doux & vertueux qu'elle ne merita de sa vie. Laquelle voyant son amant ainsi abesty apres elle, luy iouoit mille passe pieds & luy faisoit tenir la Mule, pēdant qu'elle gouuernoit en sō secret d'autres qui estoyent aussi de la partie. Ceste accointance fut aussi perilleuse au Comte, comme elle auoit esté honteuse pour le seigneur de Celant: car l'vn en porta les armes de Cornuaille, & deuint vn secōd Acteon: L'autre y laissa malheureusemēt la vie, & perdit le plus de ce qu'il attendoit, ayant fait feruice aux grans, par la trahifõ d'vne vilaine & pallarde publique. Durant que ces Amours continuoyent auec tout plaifir & contentement reciproque des parties, Fortune qui vouloit entrer fur le Theatre, & faire voir que fes mobilitez ne font en rien plus ftables que la volonté d'vne femme, (auſſi la paignẽt & les paintres & les Poëtes fous tel habit & fexe) feift tant que Ardizzin fe reſſentift de ce changement: & peu de temps apres fe veit autant efloigné de fa dame, cóme n'aguères il en eftoit le poſſeſſeur. L'occaſion de ce reculement vint pour ce que la Cõteſſe ne fe contentoit point d'vne mefme viande, & qu'elle auoit les yeux plus gloutons, que l'eftomach n'eftoit capable de viande, & fouhaitoit fur tout le change, ne cherchãt que le moyẽ d'en trouuer, qui fuft digne d'eftre careſſé, & aimé d'vne grand dame telle qu'elle f'eftimoit, & comme l'opinion de telles femmes fe le fait à croire, lefquelles ont plus de grauité, & fõt plus la grande que celles que nature & la vertu rendẽt admirables & reuerees, & en leur maiefté, & par la faincteté de leur vie. Ce fouhait ne la deceut en rien : car quelque temps apres qu'Ardizzin entra en poſſeſſion du fort de cefte belle Comteſſe,

I iij

Robert de Sanseue- vint & se retira à Pauie Robert de Sanseuerin Comte de Gaiaz, ieune, beau & vaillant homme, s'il s'en trouuoit guere delà les monts, & qui auoit grand' familiarité auec le Comte de Massine. La desloyalle Alcine, & cruelle Medée n'eut si tost donné vn clin d'œil au seigneur de Gaiaz qu'elle en deuint si fort amoureuse, que si bien tost elle n'eust attaint le comble de ses desirs, elle estoit à en deuenir folle, d'autant que cestuy cy portoit, ne sçay quelle representation au visage, & promettroit telle gaillardise en ses gestes, que soudain elle iugea cestuy estre le vray moyen d'estácher la soif de ses lubricitez. Et pource se deffist elle le plus gentimét qu'elle peut de son Ardizzin, auec lequel ne vouloit plus parler: ains le fuyant, où elle le voyoit & luy fermant la porte, feist tant que le bon seigneur ne peut estre si modeste, qu'il ne luy dist assez de paroles iniurieuses, dequoy elle print occasion & de le chasser, & luy porter vne telle inimitié, que depuis elle machina sa mort, ainsi que cy apres entendrez. Ceste grande haine fut cause qu'elle, esprise, comme auez entendu, du Comte de Gaiaz, luy monstra tout signe d'amitié, & voyant qu'il ne s'en mettoit point trop en peine, luy escriuit vne lettre de telle substance.

Lettre de Blanche Marie au
Comte de Gaiaz.

Monsieur ie ne faits aucun doubte que sçachant le ranc que ie tiens, ne soyez esbahy de voyr le transport de mon esprit, quand outre la coustume, & passant les limites de la modestie que doit tenir vne Dame telle que ie suis ie me voy forcée, ne sçay cōment, à vous faire entédre la passiō qui me tourmente, laquelle est telle, & si forte, que si de vostre grace vous ne me venez visiter, vous ferez deux fautes, laissant chose qui vous ayme & estime, & qui ne merite d'estre regettée, & causant la mort de celle qui pour l'Amour de vous a perdu tout repos : & ainsi Amour a bien peu en moy se saisir & du cœur & de la liberté, mais l'allegeance de mon martyre procede de vostre seule grace, qui pouuez ainsi vaincre celle laquelle vainq tout autre,& qui attédant vostre resolutiō, demeurera sous la seule misericorde d'vn espoir, lequel l'ayant deceuë, verrez par mesme moyen la fin miserable de la toute vostre
Blanche Marie Comtesse de Celant.

I iiij

HISTOIRE XX.

Le ieune seigneur esbahy au possible de ceste embassade, soit qu'il fust desia amoureux d'icelle, & que pour l'Amour de son Ardizzin il n'en feist semblāt, ou qu'il craignist qu'elle ne se forfeist, se voyant mesprisée, delibera de l'aller voyr: puis se reprenoit, & iugeoit que ce n'est point tour de compaignon que courir sur les brisées de son amy: mais à la fin le plaisir surmontant la raison, & la beauté & bōne grace de la Dame luy ayāt aueuglé & charmé les sens aufsi bien qu'à l'Ardizzin, il print son chemin vers la maison de celle qui l'attendoit en bonne deuotion ; là où estant arriué, ne falut tant vser de langage comme auoit fait le Valperge, veu que & l'vn, & l'autre, apres quelques reuerences & menus propos, s'amuserent à l'entretien que le plus ils desiroyent. Ceste pratique dura quelque moys, & si bien que la Contesse estoit si fierement esprise de son nouueau amant, qu'elle ne pensoit qu'à luy cō plaire, & il se monstroit si affectionné, & ardant qu'elle pensoit luy tenir bride en toutes choses, dequoy elle se trouua despuis deceuë, & entendrez comment.

Ardizzin se voyant du tout chassé de la presence & Amour de sa Dame, sçachant qu'elle le blasmoit par tout ou elle se trou

noit s'en alla de Pauie à demy transpoté de
courroux, & s'esgara, tant vaincu de ne
sçay quelle colere, q par toute compagnie
il blasonnoit ceste Comtesse trois fois plus
qu'on ne sçauroit peindre, ny coulourer
de couleurs plus sales la plus vile,& abiette femme d'entre celles qui courent l'esguillette. Blanche Marie entend cecy,
& est aduertie du bon renom que l'Ardizzin semoit d'elle par la Lombardie: ce
qui l'esmeut de telle sorte, qu'elle en pensa perdre le sens, & courir les rues, ne cessant nuict & iour de se plaindre de l'ingratitude & peu de cognoissance de
l'Amant regetté, quelquefois disoit
elle qu'il auoit iuste occasion de ce faire, puis se flatant en soy mesme, luy sembloit que les hommes soyent faits pour
souffrir tout ce qu'il plaira à telles folles
qu'elle de faire & de dire, & que puis que
les hommes se disent seruiteurs, ils doiuét
tout endurer de leurs maistresses. En fin elle ne pouuant plus dominer sa colere, ny
vaincre l'appetit de vengeance, delibera,
quoy qu'il luy deust aduenir,de faire mourir son ancien amy, & cecy par le moyen
de celuy qu'elle pensoit tenir en ses lacs.
Voyez l'impudence de ceste lice,& la rage
de ceste tigresse, vouloir armer l'vn amy

contre l'autre, & ne se contenter d'auoir fait adultere le Comte de Gaiaz, elle pretend encor le rendre homicide. Ainsi vne nuict, comme ils estoyent au plus estroict de leurs embrassemens, elle se mist fort à pleurer, & souspirer de telle sorte qu'on eust dict, veu le battement du cœur, que l'ame luy partoit du corps. Le ieune seigneur s'enquist fort amoureusement de la cause de sa tristesse, & luy dist, que s'il estoit en sa puissance, & que homme aucun luy eust fait desplaisir, il luy en feroit faire telle raison, qu'elle s'en tiendroit pour contente. Elle l'oyant ainsi parler, & pensant de voir la fin de son ennemy, parla au Côte en ceste sorte: Vous sçauez, Monsieur, que la chose qui plus tourmente vn cœur bien nay, & l'esprit, qui ne peut souffrir iniure, est quand l'honneur est interessé, & que l'on se sent ataquer par note & tache d'infamie publique: Ie dy cecy à cause du seigneur de Massine, lequel ayant esté (il faut que le vous die & confesse) fauorit de mesme sorte que vous estes de moy, n'a eu honte de le publier, & me diffamer par tout, comme si i'estoye la plus infette paillarde, qui onc s'abandonna aux Matelots le long des haures de Sicile. S'il ne s'estoit que vâté des faueurs que luy ay donné, & à quelqu'vn sien amy, ie n'en seroye vn brin scandalizee, ny ne m'en formaliseroye tant soit peu: mais oyant les recits faits, les paroles iniurieuses, & le mauuais bruit qu'il me dône, ie voudroye vous supplier m'en faire la raison, & le punir de sa faute, & du tort qu'il fait à celle qui est toute vostre. Le seigneur Sãseuerin oyant ce discours, luy promist de faire son deuoir, & d'apprendre à Valpergue à parler plus sobrement de celle qu'il ne meritoit de seruir, que en sa pensee. Toutesfois parloit il au plus loing de ce qu'il en pensoit: car il voyoit biẽ que l'Ardizzin estoit si hõneste, saige, & courtois, qu'il ne faisoit, ou disoit riẽ que ce ne fust à iuste cause, & qu'au reste, il luy pouuoit quereller ceste partie comme luy ayãt rauy celle qu'il aymoit, iaçoit q̃ ce fust apres qu'il eust discõtinué d'y aller, & en estant requis par elle: Ainsi il cõclud en son esprit de demeurer amy à l'Ardizzin, & se dõner ce pédãt du bõ téps auec la Cõtesse. Ce qu'il feist, & vsa ceste vie quelq̃ mois, sans que pour cela il demãdast riẽ au Valperga qui estãt de retour à Pauie, cõuersoit, & viuoit familieremẽt auec luy, ne faisãs le plus souuẽt qu'vn pot, & vn lict ensemble. Blanche Marie voyant que le seigneur de Gaiaz ne se souçioit

autrement d'elle que pour en tirer ses
plaisirs, conclud de luy faire & iouer vn pa
reil tour qu'elle auoit fait au premier a-
mant, & l'esloigner de sa compagnie. Ainsi quand il la venoit voir, ou elle estoit ma
lade, ou ses affaires ne luy permettoint
qu'elle se tint auec luy, ou bien elle faisoit
tenir sa porte close: à la fin iouant à quitte ou double, elle pria ledict seigneur de
luy faire ce bien, & faueur que de ne venir plus chez elle, & qu'elle estoit en ter
mes de se retirer chez son mary le Comte
de Celant, qui l'auoit rapellée; & qu'il falloit que les gés dudict sieur la trouuassēt,
au moins en autre equipage, que de féme
qui fait l'Amour: q c'estoit assez vestu sans
recognoistre sa faute, & q les plus courtes
folies sont tousiours les meilleures, concluant qu'il ne seroit iour de sa vie que elle ne luy portast bonne affection pour l'hō
neste compagnie qu'il luy auoit tenu, & les
courtoisies desquelles il auoit vsé en son
endroit. Ce ieune Comte, soit qu'il aiou-
stast foy à ceste histoire fabuleuse, ou non,
si feist il semblant de la croire, & sans luy
tenir guere plus long propos, se retira de
ceste emprinse, & osta de sa teste toute l'affection amoureuse qui l'auoit tenu l'escla
ue de ceste Circé Piedmontoise. Et afin

HISTOIRE XX. 71

qu'il n'eust occasion de s'y amuser, & que la presence ne le surprint derechef, & ne le rendist encor poursuiuant de celle, qui l'auoit requis, & poursuiuy, il se retire à Milan, assez à temps pour ne tomber en quelque malheureté, veu qu'à la longue ceste malheureuse luy eust fait donner quelque croc en iambe, lors que le moins il s'en fust doubté ayant elle vn cœur si meschant, & malin que cessant de paillarder, les meurtres luy seruoient de passetemps.

Esloigné que fust le Gaiaz de Pauie, il print vouloir à ceste Venus d'essayer encor vn coup les embrassemens de son Ardizzin, & ne sçauoit par quel moyen y aduenir, veu qu'elle craignoit que l'autre qui s'en estoit allé, ne luy eust descouuert l'entreprise qu'elle auoit fait de le faire massacrer. Mais quelle chose n'ose entreprendre celuy, l'esprit duquel est esclaue de peché? Les premiers essais sont difficiles, & on est l'ame gaignée, & la conscience en suspens, & rongee d'vn ver de repentance: mais depuis qu'on est enuieilly au vice, & qu'il s'est viuement enraciné au cœur, il est plus plaisant & aisé à l'executer au meschant, que la vertu n'est familiere à ceux qui la fuyuent. Aussi la honte s'estant esloignee de deuant les yeux de la ieunesse, l'aage plus meur nourry en impudence, ne void rien qui le face rougir de peur & vergoigne. Qui fut cause que ceste Dame, continuant en ses meschancetez, pratiqua tant & si bien les amis de celuy qu'elle auoit voulu faire tuer, & s'excusa si dextrement enuers luy par ses embassades, qu'il parla à elle, & l'ouyt en ses iustifications : lesquelles furent assez aisees à faire, veu que le iuge n'estoit point trop criminel. Elle promet & iure, que si la faute ne vient de luy, il ne sera iour de sa vie que homme voye Blanche Marie, autre que l'amie & esclaue du seigneur Ardizzin, se soubmettant du tout à sa volonté, & se disposant de iamais ne luy desobeir. Voyla comme la paix fut capitulee entre les deux amās reconciliez, & quels en furent les articles, le seau desquels fut apposé la nuict par les deux appointez, lors que le sieur de Massine reprint la possession de la forteresse qui s'estoit reuoltee, & laquelle auoit esté fort long temps en la puissance d'autruy : mais reprise pource que la Dame voyoit bien que ce sien amant recouuré, n'estoit pas si facheux que l'autre, & que sous cestuy elle viuoit en plus grande liberté. Continuans donc leur bal amoureux, & l'Ardizzin n'ayant plus soucy que de resiouïr, ny sa Dame que de caresser & entretenir son amy. Voicy derechef les desirs de sang, & vouloir de voir massacres qui s'esleuent en l'esprit de ceste nouuelle Megere, laquelle aiguillonnee, *Cruelle fantasie de femme.* ne sçay de quelle rage, eut fantasie de faire mourir celuy qui auoit refusé d'occir ce luy mesme que à present elle aimoit plus que soy mesme. Et qui luy eust demandé la raison pourquoy, ie pense qu'elle n'eust sceu la rendre autre, sinon que estant sa teste sans ceruelle, & son esprit sans raison, il luy sembloit aduis que les meschancetez plus segnalees luy estoyent faciles, & que c'estoit rié que d'executer choses si detestables: & s'affermit si estrangement en ses appetits desordonnez, que à la fin elle se causa sa honte & ruyne malheureuse, auec la mort de tel qui se l'auoit aussi auoisinee, en se fiant d'vne telle que celle qui faisoit du vice vertu, & se prisoit & glorifioit en ses follies: ce que vous orrez, lisant au long le discours de ceste histoire. Blanche Marie se voyant en pleine possession de son Ardizzin, delibera le faire le haut executeur du meurtre par elle pourpensé sur le Gaiaz, pour à quoy paruenir, vn soir qu'elle le tenoit entre ses bras, apres l'auoir vn long temps careffé & mignardé fort follaftrement, comme elle en eftoit bonne maiftreffe: à la fin tiffant, & trainant fa trahifon de bien loing, luy dift ainfi: Monfieur, il y a long temps que i'auoye en fantafie de vous requerir vne faueur: mais craignant de vous fafcher, & quant & quant d'eftre efcondite, i'ay differé vous en importuner: & quoy q̃ la chofe vous touche, fi aime ie mieux m'en taire, que fentir vn refus de chofe que vous me deuriez offrir, quand elle vous feroit feulement propofee.

Madame, dit l'Amant, vous fçauez qu'il faudroit que la chofe fuft de bien grande importance, fi ie la vous deuoys, & mefmement que auec voftre intereft, vous dictes que i'y fuis auffi intereffé, & pource, fi ie puis rien, ne m'efpargnez point, & ie m'effayeray de vous fatisfaire de toute ma puiffance.

Or ça Monfieur, dift elle, le Comte de Gaiaz eft il fort de vos amis? Ie penfe, refpond le Valperga, que ce foit des plus entiers que i'aye, & tel, que m'affeurãt de fon amitié, ie ne feroye difficulté de m'employer pour luy, comme pour mon propre frere, eftant en cefte opinion, que fi i'auoy affaire de luy, il ne f'efpargneroit en
rien

rien pour me faire plaisir. Mais pourquoy me faites vous ceste demande? Ie le vous declareray, dist la traistresse, (en le baisant autant amoureusement que iamais il se sentit caressé de Dame) d'autant que vous estes si deceu en vostre aduis, & tant frustré en ceste vostre opinion, comme il est meschant en vous dissimulant ce que plus il a de mauuais en son cœur. Et afin que ie ne vous tienne longuement, vous pouuez vous tenir pour certain que vous auez en luy le plus grãd & capital ennemy qu'autre qui soit en ce monde. Et afin que vous ne pensiez que ce soit quelque fourbe ou legere inuention, ou que i'aye ouy dire à quelqu'vn indigne qu'on le croye, ie ne vous diray sinon ce que luy mesme m'a dit lors qu'il pratiquoit ceans durant vostre absence. Il me iura donc sans me vouloir iamais declarer l'occasion, que iamais il n'auroit ioye au cœur, ny reposeroit à son aise, s'il ne vous faisoit tailler en pieces, & qu'auant que long temps se passast, il vous liureroit vn tel assault, que de vostre vie vous ne seriez en peine de faire l'Amour aux Dames. Et quoy que pour lors ie fusse en colere contre vous, & que vous m'eussieuz donné quelque cause & raison de vous hair, si eut nostre amitié premiere

K

telle force en mon cœur, que ie le priay de
ne mettre point ceste entreprise à fin, tant
que ie serois en lieu ou vous feriez demeu
rancé: pource que ie ne pourrois endurer,
sans ma mort, de vous voir mal traicté, &
moins encor qu'aucun vous ostast la vie:
A quoy il faisoit l'oreille sourde, iurant
tousiours, & protestant, q̃ ou il mourroit en
la peine, qu'il rendroit le monde priué du
Comte Ardizzin: Ie n'osoy, ny pouuoy
pour lors vous en aduertir, obstant le peu
d'accez que les miens auoyent en vostre logis, mais maintenant ie vous supplie de prendre esgard sur vous, & le deuancer en sa malheureuse deliberation:
car il vault mieux que vous luy tollissiez
la vie, que s'il vous fait, ou ioüe quelque
faux tour, & en serez tousiours estimé plus
sage, & luy accusé de trahison, de dresser
embusches contre celuy qui luy vouloit
tant de bien, & s'essayoit de luy plaire en
toute chose. Faictes donc ce que ie vous
conseille, & auant qu'il cõmence, faictes le
massacrer, ce faisant vostre vie sera sans a-
uoir qui l'espie, & vous ferez le deuoir d'vn
bon Cheualier, & si satisferez à la volonté
de celle qui vous en requiert sur tous les
biens, plaisirs, & faueur que luy sçauriez
faire en ce monde. Ie verray à ceste heure

HISTOIRE XX. 74

si vous m'aymez, & qu'est-ce que vous voudriez faire pour la vostre tant affectionnee amie comme ie vous suis, qui ne parle de cecy que la peur que i'ay qu'il vous offence, & que vous ayant perdu ie ne sçaurois plus estre en vie. Accorde moy cela mon grand amy, & ne permets que ceste dolente sorte esconduite de ta presence, & veux tu que ie meure, & que ce superbe, desloyal & infidelle viue pour se moquer de moy, & en faire ses risees? Si la Dame n'eust aiousté ces derniers mots à sa folle harangue, peult estre eust elle induit l'Ardizzin à suiure son Conseil, mais la voyãt si obstinément bastir sa requeste, & y perseuerer ainsi, la concluant par sa querelle propre, il se mit à penser en sa conscience, & mesurer la malice de ceste femelle & l'honnesteté de celuy, de qui elle luy faisoit recit tant desauantageux : aussi qu'il cognoissoit son amy pour homme si rond & peu dissimulé, qu'il ne faisoit pas volontiers ce qui luy poignoit le cœur, & ne se laissoit testonner qu'à bonnes & seures enseignes. A ceste cause il s'asseura que c'estoit vn rapport fait à la poste de sa Dame, laquelle s'essayoit de semer querelle entre deux si bons amis que les Comtes de Gaiaz & Massine : toutesfois pour la tenir

K ij

en haleine, & ne la faire sortir hors des gons, luy promist-il l'execution de sa maudicte volonté, & la mercia de l'aduertissement qu'elle luy auoit donné, & que au reste il se tiendroit desormais sur ses gardes. Et afin qu'elle pensast qu'il allast effectuer sa promesse, il print congé d'elle, pour sen aller à Milan: ce qu'il feist, non pour suiure la volonté abominable de ceste mastine, trop bien afin d'en sçauoir la raison auec son cōpagnon, & se gouuerner ainsi que la chose le meriteroit. Ce qu'il feist, & arriué qu'il est à la cité, chef de Lombardie, il feist si bien, que ayant trouué le Gaiaz, il luy conta de poinct en poinct les propos que la Comtesse luy auoit tenus, & la requeste qu'elle luy auoit faicte apres son rapport.

Ha mon Dieu, dist lors le seigneur San seuerin, qui pourroit se garder des aguets de telles paillardes, si de ta grace tu ne nous tenois la main, & gouuernois les cœurs & pensees? Est il possible que la terre nourrisse vn Monstre plus pernicieux que ceste malheureuse? C'est vrayement la lie des vsures de son pere, & la punaisie de toutes les vilennies de ses predecesseurs: aussi est-ce vne folie que de penser faire d'vn Milan vn Esperuier ou Tiercelet, ceste malheureuse est fille de vilain, sortie de la plus basse race d'entre le peuple, la mere de laquelle estoit plus galäte q̃ chaste, & escorte, que modeste:& ceste en a laissé son mary pour venir dresser des eschaufauts sanglans de tuerie parmy les nobles de l'Italie. Et n'estoit le deshonneur que ie m'aquerroy de souiller mes mains au sang de vne telle corruption que ceste vilaine, ie la tailleroye en cent mille pieces, luy ayant fait au parauant confesser combien de fois, & en quand diuerses sortes elle m'a prié les mains iointes de tüer le seigneur Ardizzin. Ah mon compagnon & grand amy! auriez vous point eu opinion que ie soye si poltron & traistre, que de n'oser dire à tout homme à qui ie porteroye haine, ce que plus i'auray sur le cœur? A foy d'homme de bien, dist l'Ardizzin, mon grand amy, ie seroye fort marry que ma pensee eust baillé seulement attainte à ceste follie, mais m'en suis venu vers vous, afin que ie n'eusse plus ceste chanson aux oreilles. Il reste donc puis que Dieu nous a gardez iusques icy, que nous esloignons l'air de ceste infection, afin que nostre cerueau n'en soit offensé, & que desormais fuyons ces Sansues, escolieres de Venus, veu le bien, proffit & honneur que la ieunesse en retire. Et vrayemét c'eust esté vne

K iij

grand' louange à l'vn ou à l'autre d'entre nous d'occir son compagnon pour le seul passetemps & sotte fantasie de ceste mignonne. Ie me suis repenty cent fois, que lors qu'elle me parla de vous dresser le piege pour vous faire mourir, ie ne luy donnay cét poignalades, afin de clorre la voye par cest exemple à tout autre, qui sessayeroit de bastir de telles ou pareilles boucheries : veu que par cela ie me pouuoye bien asseurer, ayant souuenance de ce que i'auoye dit d'elle, que la haine qu'elle vous porte, ne procede que pour auoir differé de satisfaire à son effrené desir, dequoy ie vous mercie: & m'offre à vous le rendre en toute occurrence en laquelle vous plaira m'employer. Laissons ce propos, dist Gaiaz, car ie n'ay fait que mon deuoir, & ce que tout bon cœur & noble doit à chascun, ne faisant tort à personne, & sessayant d'aider & bien faire à chascun : car c'est le vray pourtrait & marque asseuree de noblesse.

Quant à ceste malheureuse, sa vie propre nous vengera des torts qu'elle sest efforcee de venger sur nous par nos mains mesmes: ce pendant resiouyssons nous, & pensons que les richesses qu'elle a tiré de nous, ne luy feront trop enfler ses bouget-

tes:au reste elle n'a rien dequoy se moquer
de nous, ayant esté bien traictee de nous,
& nuict & iour. Si d'autres la payent d'icy
enauant de meilleure monnoye,qu'elle en
face grand chere : car à nous, à ce que ie
voy,elle a failly. Ainsi passoyent ces deux
seigneurs leur temps, & ne se trouuoyent
en compagnie où la plus grand' partie des
deuis & discours ne fussent dressez sur la
vie trop indiscrette de la Comtesse, tellement que dans Milan ne se parloit que de
ses ruses,& des moyens qu'elle auoit à atti
rer à soy la noblesse, & les ruses pour s'en
deffaire & depaistrer, apres qu'elle en e-
stoit saoulie. Et ce qui plus la tourmenta,
ayant eu le vent de tout cecy, fut quelque
Epigramme Italien, composé à son grand
deshonneur,duquel ie n'ay peu auoir la co
pie, & lequel on disoit auoir esté fait par
l'Ardizzin:car ce fut lors qu'elle pensa perdre toute patience.Et si elle eust eu les cheualiers à son plaisir ie croy qu'elle eust
fait de belles Anatomies de leurs corps
en sa colere : tant y a que l'Ardizzin en
eust eu tousiours du pire,comme celuy sur
qui elle fondoit le plus son maltalent,ayāt
esté le premier qui auoit tenu l'escrime en
chambre close auec elle. Vous n'eussiez
ouy autre chose par Pauie que les Villa-
K iiij

nesques faictes contre les subricitez de
cefte Comtesse, qui estoit cause qu'elle n'o-
soit presque plus sortir en rue: à la fin
print complot de changer d'air & de place,
esperant que tel changement luy pourroit
oster vne partie de son ennuy. Ainsi s'en
vint elle à Milan, où premierement elle a-
uoit eu plus d'honneur, receuant la louenge d'estre publique, viuant le seigneur Hermes, que lors elle n'eust suite pour estancher la soif des alterez, qui puisoyent ordinairement à sa fonteine.

Du temps qu'elle laissa Pauie, arriua à
Milan auec vne compagnie de caualerie
Dom Pietro de Cardonne, Sicilian, frere
bastard du Comte de Colisan, duquel il
estoit le Lieutenant, & le pere desquels e-
stoit mort à la Bicoque. Ce Sicilian estoit
aagé de vingt vn ou vingt & deux ans, vn
peu noir de face: mais au reste, bien formé,
& vn peu melancolique en son regard. Dés
que la Comtesse se fut arrestee à Milan,
cestuy cy s'en-amoura d'elle, & cherchoit
tous les moyens qu'il pouuoit pour se la
rendre amie, & auoir la iouyssance d'elle.
Laquelle le voyoir ieune, & fort nouueau
à telle escrime, comme vn pigeon de pri-
prime plume, delibera de le leurrer, &
s'en seruir en ce qu'elle pretendoit parfaire

Pietro de Cardone Sicilian. Bataille de la Bicoque.

sur ceux de qui elle s'estimoit si outrageusement offensee. Or pour plus attirer à sa fantasie ce ieune seigneur, & l'appaster pour le surprendre, s'il passoit par la rue, & qu'il la saluast, & suspirast à l'imitation de l'Espagnol, faisant la ronde pour sa dame: ceste cy luy monstroit assez bon visage, puis soudain se refermoit, luy laissant vn goust de plaisir entremeslé de l'amertume d'vn souhait qu'il ne sçauroit cōme le mettre à execution. Et de tant plus estoit il moins hardy, cōme iamais il n'auoit courtisé ny seruy dame qui fust de grand maison ou estoffe: qui estoit cause que pensant que ceste cy fust vne des principales de Milan, il se tourmentoit, & affligeoit si estrangement pour l'amour d'elle, que la nuict il ne faisoit que resuer en elle: & de iour il tourdionnoit pardeuant la maison où elle estoit logee. Vn soir que sa gayeté l'empoigna, il s'alla pourmener, menant vn Gentilhomme auec luy, lequel iouoit assez bien du Luth, & voulut qu'il donnast vn reueil à sa Dame, laquelle estoit à la fenestre à vne ialousie escoutant, & le son de l'instrument, & les paroles de celuy qui estoit tant amoureux d'elle. Or chantoit le Gentilhomme ceste chanson:

HISTOIRE XX.

L'Amour auec son dard aigu tranchant
D'vn mal me poingt que oublier ie ne puis:
Et toutesfois ce mal ainsi ie suis,
Que mort sans mort en luy ie vay touchant.

D'vne ie suis l'Amant & seruiteur.
Et si ne sçay si aymé ie suis point,
Tant est qu'à coup ie suis attaint & poinct,
Sans que ie puisse oublier la douleur.

Dame qui as la vie & mort pour moy,
Aide mon cœur, & refais mon effort,
Car sans toy viure est pour moy vne mort,
Et vy heureux si suis aimé de toy.

Puis se mettoit à souspirer aussi efforcement, cōme si desia elle luy eust donné la sentence & arrest diffinitif de son congé, & disputoit auec son compagnon de telle sorte, & auec opinion si asseuree de son mespris, comme s'il eust fait l'Amour à quelque vne des Infantes d'Espaigne. A ceste cause se print encor à chanter fort piteusement ces couplets:

Ce Dieu qui esmeut mon ame
Et sçait le mal que ie sens,
Qui brillonne d'vne flamme
(Qui onc ne s'estaint) mes sens,

HISTOIRE XX.

Voit desia le sentiment
De ma souffrance & martire,
Et entend aussi comment
Ie sens plus que ne peux dire.

Il consent à mon malheur,
Et s'accorde auec la Dame,
Laquelle me paist de l'ardeur
D'vne plus bruslante flamme,

Que ne sont les chaulds souspirs,
Qu'vn Mongibel nous haleine,
D'autant que par mes desirs,
Mon cœur iour & nuit le geine.

Si doncques par ta pitié
Tu n'as esgard & n'allege
Mon mal qui vient d'amitié,
Ie fondray comme la neige.

Au lever d'vn chauld soleil:
Et faudra que ie finisse
Sans auoir repeu mon œil,
Et sans offrir mon seruice.

A toy Dame, qui me fais
Agiter les sens, & qu'erre
Tantost nourry d'vne paix,
Et soudain mis en grand guerre.

Et qui peux à ton plaisir
Alleger le mal qui m'offense,
Me donnant à mon desir
La faueur de iouyssance.

La faueur qui me fera
L'esclaue de ta noblesse
Et qui me desliera
De la fureur qui m'oppresse,

Pour me rendre tout en toy,
Et te faire à moy vnie,
Pour t'immoler, & ma foy,
Et tout l'honneur de ma vie.

Ceste façon tant gentille d'amourachement pleut tant à la Dame, qu'elle feist ouurir sa porte, & introduire le seigneur Sicilian, lequel se voyant fauorit outre toute esperance de sa Dame, & recueilly de si bon œil, & caressé auec si grād courtoisie, demoura aussi estonné que s'il fust tombé des nues, mais elle qui le vouloit apriuoiser pour en faire le ministre de sa vengeance, le prenant par la main, le feist assoir sur vn lict verd aupres d'elle, & voyant qu'il n'estoit encore bien asseuré, quoy que ce fust vn bon soldat, toutesfois se monstra elle plus hardie que luy, & l'assaillit la pre-

HISTOIRE XX. 79

miere de propos, difant. Monfieur, ie vous prie ne trouuer eftrange fi à telle heure qu'il eft i'ay pris l'audace de vous faire entrer en ma maifon, quoy que ie n'aye pas grand cognoiffance de vous que par ouyr dire, mais fuyuant qu'en ce païs nous fommes vn peu plus libres qu'au voftre, encore me plais-ie en ce qu'il m'eft poffible à faire honneur aux feigneurs eftrangers, & les reçoy de bien bon cœur, quād il leur plaift m'honorer par leurs vifitations. Ainfi quād il vous plaira vous ferez le bien venu toutes les fois que heurterez à cefte porte, laquelle à toutes heures ie veux que vous foit ouuerte comme fi c'eftoit mon frere propre, & difpoferez en tout honneur de ce qui eft ceans comme du voftre. Dom Pietro de Cardonne fatisfaict, & content au poſsible de ceſt offre ineſperé, la mercia bien courtoifement, luy fuppliant au refte qu'elle ne trouuaſt point mauuais auſsi, ſil ſenhardiſſoit de luy faire requeſte de fon amour, & que c'eftoit la chofe feule qu'il fouhaitoit le plus en ce monde, que fi elle le receuoit pour feruiteur & amy, elle verroit vn Gentilhomme en luy, lequel ne promet rien à la volee, & que là où la parolle met rien en auant, l'effet n'y manque en forte aucune. Elle qui le voyoit donner attainte ou plus il luy demangeoit, luy respondit en souriant d'vne fort bonne grace. Monsieur i'en ay tant veu de ceux qui font de ces promesses à la volee, & lors qu'ils offrent leur seruice seigneurial aux Dames, que si i'en voyois l'effet, encore ne le penserois ie croire, tant ces promesses seuanouissent tost, & sen vont en fumee. Ma Dame, dist le Sicilien, si ie faux à chose que me commandez, ie veux que iamais ie ne reçoiue faueur ny grace aucune de celles que ie souhaite le plus entre toutes les courtoisies. Si donc, dit elle, vous me voulez promettre de vous employer à vn mien affaire quand ie vous en requerray, ie vous promets aussi de vous accepter pour Amy, & vous donner toute telle priuauté qu'vn loyal amant sçauroit desirer de sa Dame. Dom Pietro, qui se fust sacrifié pour elle, ne sçachant ce qu'elle luy demanderoit, luy iura & promist aussi legerement comme follement depuis il le mist en œuure. Voyla les preparatiues des obseques des premiers Amours, & les arres d'vne couche sanglante. Ceste cy fait prodigue liberalité de son honneur, & l'autre se rend le bourreau de sa reputation, & mect à neãt le deuoir & le rãc qu'il tenoit, & que la maison d'ou il estoit issu luy com-

HISTOIRE XX. 80

mandoit de garder, & entretenir. Ainsi il
demeura celle nuit auec Blanche Marie, laquelle luy feist trouuer si bonnes ses caresses, & embrassemens que iamais il ne se
fust lassé d'estre en sa compagnie. Et la cauteleuse Circé se faignoit tant ardante en
l'amour vers luy, & luy faisoit tant de souplesses, & tourdions de sa maistrise, qu'il
s'estimoit le plus heureux Gētilhomme de
la Sicile, mais bien de tout le monde : &
s'enyura tellemēt de son vin, & fut si estrangement ensorcellé par les mignotises de
sa belle maistresse, que pour luy obeyr, il
eust entrepris l'embrasement de toute la
cité de Milan, aussi bien que Blose de Cumes de mettre le feu dans Rome, si Tibere Grache, seditieux luy en eust donné la
charge.

Blose de Cumes.

Tybere Gracchꝫ.

Ainsi en aduient à la folle ieunesse, laquelle se laisse transporter plus loing que
la raison ne prend sa carriere: c'est ce qui a
ruiné iadis tant de royaumes, & causé le
changement des monarchies : & certainement il fait beau voir qu'vn homme s'aiuiliise apres vne femme publique, & luy
soit plus assuietty qu'il ne seroit plaisant auec vne hōneste & vertueuse Dame, s'il l'auoit espousee. Ce sont les grās soubresauts
des fols de ce monde q̄ de se moquer d'vn

homme qui peult estre se laissera vn peu
trop manier à sa femme legitime & loyale
espouse, là où ce pendant ils seront coiffez si estrangement de quelque paillarde,
que s'il est besoin, & elle le commande, ils
se mettront au hazard de perdre leur honneur, & le plus souuent de seruir d'exemple à tout vn peuple sur vn eschafaut public Ie n'iray rechercher des exemples pl⁹
loin, estant assez satisfait de la folie du Bastard de Cardonné pour complaire à la
cruauté, & malice de ceste furie infernale
la Contesse: Laquelle ayant mignardé, caressé, & ensorcellé par ses mignotises, &
peut estre auec quelque breuuage, son nouueau Pigeon, voyant qu'il estoit temps de
le semondre de sa promesse & se venger de
ceux qui ne pensoyent plus en ses conspirations, & trames traistresses, & aussi que
l'heure approchoit qu'il failloit qu'elle fust
punie & de sa paillardise, & violement de
foy à l'endroit de son espoux, & de ses
meurtres pourpensez, & quelqu'vn mis en
execution: elle (dis-ie) desireuse de voir la
fin de ce qu'elle auoit en pensee, tira vn
iour Dom Pietro en secret, & luy commença ainsi sa harengue.

Ie prens Dieu à tesmoing, Monsieur, si
la requeste que ie pretens faire à present
ne me

ne me procede plus de desir que i'ay qu'on sache que iustemét ie pourchasse le maintenement de mon honneur, que de souhait d'estre vengee: sachant fort bien qu'il n'est rien si precieux, qui puisse reparer l'honneur interessé d'vne Dame tenant le ranc que ie tien entre les plus grandes. Et afin que auec mes propos ie ne cause quelque fascherie à celuy qui s'est offert le iuste vengeur des torts que i'ay receuz, il fault que vous sachiez, Monsieur, que il y a quelque temps que ie me tenoye à Pauie, tenant train, & maison si honneste, que les plus grans seigneurs se contentoyent de mon ordinaire. Aduint que deux assez honnestes, mais grans, & de maison remarquee, & de grand nom, commencerent frequenter mon logis de pareille façon, & auec mesme visage que vous voyez que ie reçoy chascun: lesquels ayans esté honerez de moy, se sont oubliez iusques à là, que sans respecter mon ranc, ny la race & famille d'où ils descendent, ils ont fait essay de denigrer mon renóm, & souiller ma bonne renommee, & n'a tenu à eux que ie n'ay esté diffamee, plus que fem.me qui viue: mais ceux qui me cognoissent ont veu aussi que ce n'estoit que vne pure ca-

L

lomnie: nõ toutesfois que ce recit n'ait demeuré tellemēt en la bouche du vulgaire, que plusieurs, pour me voir ainsi gaillarde, pensent, ayans ouy les discours que ces gallans en ont fait, que ie soye vne paillarde publique: dequoy ie ne veux autre tesmoing que vous, & ma consciēce: & oseray iurer, que depuis que ie suis à Milan, vous estes le seul qui auez sceu vaincre ma chasteté: & si vous estiez absent, ie vous promets que n'y seroye pas vingt & quatre heures, tant ces rustres & infames mesdisans m'ont desgoutee des villes, & me font haïr toute honneste compagnie. Toutesfois ce ne seroit sans auoir pris plustost vengeance du tort qu'ils m'ont fait, que si ie ne puis trouuer homme qui vueille l'entreprēdre, ou ie mourray sur le champ, ou ie verray la fin de ceux qui sont cause que ie ne peux viure à mon aise. Et disant ces motz, elle se mist à plourer auec telle abondance de larmes, qui ruisseloyent le long de ses ioues, & luy descendoyent dans son sein plus blanc qu'Albastre, que le Sicilian, qui n'auoit presque autre Dieu que la Cōtesse, luy dist: Et qui est celuy si hardy, qui a ósé fascher celle qui a en sa puissance vne infinité de Soldats &

gés de bié? Ie fais vœu à Dieu, que si ie puis
sçauoir le nom des paillards, que tout le
monde ne les sçauroit garantir, que ie ne
les taille en autant de pieces comme ils
ont de membres sur leurs meschans & ab-
hominables corps. Pource Madame, dit il
en l'embrassant, ie vous prie ne vous tourmenter plus, & vous reposer sur moy en
cest affaire: dittes moy seulement le nom
de vos galans, & puis apres vous verrez si
si ie mets difference du faire ou dire, & si ie
ne les testonne si gentiment qu'ils n'aurōt
plus affaire de Barbier pour leur accou-
strer les cheueux. Elle, comme resusci-
tant de mort à vie, se mist à le baiser &
embrasser plus d'vn million de fois, le
merciant de son bon vouloir, & luy offrant
tout ce qui estoit en sa puissance. A la fin
luy dist que ses ennemis estoyent les Comtes de Massine & de Gaiaz, lesquels ne
pouuoyent que par leur mort luy reparer
son honneur. Ne vous souciez, dist il, auant
que soit long temps, vous en orrez des
nouuelles, & sçaurez qu'est ce que ie sçay
faire, & comme ie chastie ces testes ecer-
uelees. Comme il le promist, aussi ne faillit
il à l'executer: car peu de temps apres, l'Ardizzin estant allé souper en ville, il fut

L ij

HISTOIRE XX.
espié par cestuicy, accompagné de vingt & cinq hommes d'armes de sa compagnie, lesquels attendirent l'Ardizzin dans vne ruelle, qui va tirant à gauche à la rue ditte de Merauegli, allant vers sainct Iaques, là où falloit que le Comte passast. Lequel s'en venant tout ioyeux auec vn sien frere, & cinq ou six de ses gens, se vid en vn moment assailly de tous costez: & ne sachant que ce pouuoit estre, voulut fuir: mais les chemins & passages estoyent tous clos: se deffendre ne luy seruoit de guere, ou rien, n'ayans que les espees seules; & se voyans au milieu d'vne telle troupe d'hommes armez iusques à la gorge: lesquels en vn rien mirent en pieces toute ceste compagnie. Or quoy qu'il fust tard, si est-ce que le Comte Ardizzin auoit plusieurs fois nommé Dom Pietro, qui fut cause que la nuict mesme il fut empoigné, & fait pri-

Le Duc de Bourbon dans Milan pour l'Empereur.

sonnier par le Duc de Bourbon, lequel feu estãt fuy de France, estoit pour lors Lieutenant pour l'Empereur Charles le quint dans Milan. Qui fut estonné, pensez que le Sicilien ne se trouuoit guere à son aise, & ne fallut le tourmenter ny gesner; car de son bon gré il confessa le faict: mais que c'estoit par l'enforcelement & induction de Blanche Marie, faisant le recit tout tel que vous l'auez ouy cy dessus. Elle auoit desia esté auertie du tout, & pouuoit s'enfuir, & se sauuer auant que la chose alloit plus auant, & attendant que les choses fussent amorties: mais Dieu, qui est iuste, ne vouloit pas que ses meschancetez s'estendissent plus loing, veu qu'ayant trouué si gaillard & volontaire executeur, le Comte de Gaiaz n'eust guere plus demeuré en vie: lequel de bõ heur pour luy, estoit pour lors absent de la Cité.

Si tost que Dom Pietro eut accusé la Comtesse, le Seigneur de Bourbon la feist emprisonner, & estát interrogée, ne faignit de confesser le tout, se confiant en ne sçay de combien de mille escus qu'elle auoit, auec lesquels elle esperoit corrompre ou le Duc, ou bien ceux qui estoyent tenus de la representer, mais, & ses escus, & sa vie allerent par mesme chemin: Car dés l'endemain de son emprisonnement elle fut condamnee à perdre la teste. Ce pendãt Dom Pietro fut sauué, & s'en alla ailleurs par la diligence des Capitaines de l'armee, ausquels le Duc le donna, ne voulant perdre vn tel guerrier, ny le secours de son frere le Comte de Colisan.

L iij

La Comtesse oyant ceste sentence, & ne pensant point que ce fust à bon escient, ne vouloit se preparer pour mourir, ny ne faisoit estat quelconque de demander pardon à Dieu de ses fautes, iusqu'à ce qu'on la tira du Donion du chasteau, & qu'elle se veit mener en la place publique, ou l'eschafaut estoit dressé pour iouer le dernier acte de sa Tragedie. Ce fut là que la miserable Dame commença à se recognoistre, & confesser ses pechez deuant tout le peuple, priant Dieu deuotement qu'il luy pleust n'auoir point esgard à ses demerites, & n'estriuer point contre elle : ou entrer auec elle en iugement, d'autant que si le iugement estoit fait selon son iniquité, ce seroit fait de son salut. Pria le peuple de prier pour elle, & le Comte de Gaiaz absent qu'il luy pardonnast son maltalent, & la traihison qu'elle luy auoit brassee. Ainsi mourut miserablement celle, qui en sa vie n'auoit iamais trouué meschanceté, qui l'est destournee de la suiuir, & ne cogneut iamais rien de mal fait, sinon les choses qui ne luy pouuoyēt seruir d'aise, & passetemps. Beau exemple, pour vray pour toute la ieunesse du tēps present, veu que la pluspart se lancent indifferemment au gouffre de toute debauche, &

se laissent transporter à leurs folles conceptions, sans auoir esgard aux maux qui sen peuuent ensuiuir. Si le seigneur de Cardonne n'eust esté fauorisé de son general, en quelle necessité estoit il tombé pour sestre trop donné en proye à ceste miserable femme, & pour auoir eu plus d'esgard à vne legere, & volage fantasie de celle qui luy seruoit plus qu'il n'estoit son esclaue, sil n'eust bien regardé de pres, qu'à son deuoir, & reputation. Et veritablement ceux là sont bien alienez de leur bon sens, lesquels pensent estre aymez d'vne Paillarde, veu que leur amitié ne dure sinon autant qu'elles en tiret ou prouffit ou plaisir. Et pource que tous les iours presque on en voit des exemples aduenir: ie laisseray ce discours, pour prendre la route vers chose plus plaisante, & ou la recognoissance d'vn plaisir receu, fait resplendir la vertu propre à celuy qui porte le tiltre de Gentilhomme. Ainsi que pourrez voir en continuant la lecture de nostre histoire suyuante. Car le parler tousiours de meurtres, & massacres, fasche l'esprit de ceux qui ont l'ame paisible, & souhaitent de voir quelque fois la bonace, & serenité de la mer appaisee, non moins que le Pilot, &

Similitude.

sage marinier ayant enduré long temps, & couru fortune par les destroits perilleux de l'ocean. Et quoy que la corruption de nostre naturel soit si grande que les folies nous plaisent beaucoup plus que le recit des choses serieuses, & pleines de raison & prudence : si ne pensé-ie point que nos ames soyent tant peruerties, & esloignees de la verité, que quelquesfois n'ayons soucy, & ne cherchions de parler plus grauement que ne font les paysans, & plus modestement que les personnes, la vie desquels porte vne marque d'infamie, & sont segnalees de chascun, pour le seul nõ de leur vocation. Qu'il nous suffise qu'il n'y a histoire tant soit elle pleine de risee, laquelle n'apporte quand & soy de quoy instruire nostre vie, & ne fault estre si scrupuleux que de reiecter quant & quant les escrits ioyeux, pource que la seuerité d'vn Stoique n'y est peinte dés l'entree. Veu que les saincts escrits mesmes nous proposent des personnes vicieuses, & si detestables que rien plus, & les faicts desquelles empunaisit l'air au simple & moindre recit qu'on sçauroit faire. Et bien, est-ce pour cela qu'il fault reietter telle leçon, & fuir ces saincts liures? Rien moins : trop bien fault il mettre diligence de ne ressembler ceux qui ont esté pour exemple, d'autant que soudain apres le peché, s'en ensuit vne grieue & assez soudaine punition. C'est pourquoy i'ay choisi ces histoires, afin que la ieunesse voye que ceux qui suyuent le chemin damnable d'iniquité, ne faillent guere apres les grandes transgressions, & l'execution des pechez plus enormes, de sentir la main iuste & puissante de Dieu, qui salarie les bons de leurs iustices, & s'asprit sur l'iniquité & forfaict des meschans.

Fin de la xx. histoire.

SOMMAIRE DE LA
XXI. histoire.

Nous n'auons icy que faire de discourir des Palais, la sumptuosité & magnificence, lesquels donnent dequoy s'esmerueiller aux hommes, ny de reduire en memoire les effect merueilleux de l'industrie des hommes, à bastir dans la mesme profondeur de la mer, & leur trauail ingenieux à rompre les monts pierreux & roches plus dures, pour bien-aiser les chemins, & donner moyen aux armees de passer par les lieux qui semblent inaccessibles. Seulement pretens-ie maintenant à monstrer les effects de l'Amour, lesquels surpassent toute opinion des choses communes, & se monstrent autant esmerueillables que la construction & bastiment des Collisees, Colosses, Theatres, Amphiteatres, Pyramides, & autres œuures qui seruent de merueille par l'vniuers : veu que le cal endurcy d'vne haine & inimitié de long temps commencee & obstinément poursuyuie, & executee auec estrange cruauté, fust conuertie en Amour, par l'effect d'Amour, & concorde telle que ie ne sache aucun, qui auec moy ne s'en estonne autant qu'il se pourroit esmerueiller, voyant la superbité des Bastimés, où les Roys & grans Monarques ont employé le plus du reuenu de leurs prouinces. Or tout ainsi que l'ingratitude est vn vice le plus à vituperer, que autre faute qui puisse tomber en l'homme: la recognoissance aussi faut que porte le tiltre d'vne vertu tresrecommendable. Et comme les Thebains ont esté accusez de tel crime, pour le respect de leurs grans Capitaines, Epaminonde & Pelopide. Les Platéens au contraire ont esté louangez pour auoir solennellement recogneu le bien faict des Grecs, qui les auoyent deliurez de la seruitude des Perses: & les Sicyoniens ont rapporté le salaire d'vne eternelle louange, pour auoir recogneu les biensfaicts receus d'Arate, qui les auoit deliurez de la cruauté des Tyrans. Et si Philippe Marie, Duc de Milan, merite vitupere eternel, pour l'ingratitude de laquelle il vsa à l'endroict de sa femme Beatrix, la faisant mourir secrettement, ayant eu ses biens & grans thresors, vn Barbare Turc, & Arabe de nation, emportera le los sur luy: lequel ayant esté vaincu par Baudowyn, Roy de Hierusalē, en Arabie: & luy captif & sa femme prise, & thresors tombez en la main de ce bon Roy, souche du sang Lorrain: Neantmoins voyant que le Chrestien l'auoit deliuré, & rendu sa femme, ne voulut estre vaincu en magnificence & liberalité, & moins porter le nom d'vn Prince ingrat: ains estāt vaincu ledict Baudowyn par les Infidelles: & s'estāt retiré dās quelque ville, cest Admiral Arabe, vint à luy de nuict: & luy

Epaminonde.
Pelopide
Les Platéens sās ingratitude.
Les Sicyoniens.
Philippe Marie fait mourir sa femme.
Vn Arabe deliuura Baudouyn Roy de Hierusalem.

HISTOIRE XXI.

declarant le complot de ses compagnons, le mena hors la ville, & le conduit iusques à ce qu'il vid bien qu'il estoit hors de peril. I'ay mis tout cecy en auant, pource que l'histoire que ie preten vous reciter, porte deux exemples non vulgaires: l'vn d'vne grand' amitié:& l'autre, d'vne recognoissance telle, qu'il ne m'a point semblé bon que les François fussent sans sçauoir ceste histoire. Et que ceux seulement eussent le bien de la lire, qui entendent la langue Italienne : ains en redondera le fruict & bien d'icelle par tout le terroir de nostre France, afin que chascun forme sa vie sur ceux qui par les pays estranges & loing de nous ont vescu vertueusement & sans reproche, qui peust souiller ou denigrer leur reputation.

87

ACTE GENEREVX D'VN Gentilhomme Sienois, lequel deliura son ennemy de la mort, & l'autre qui luy feist present de sa sœur, de laquelle il le sçauoit estre amoureux.

HISTOIRE XXI.

EN Siene donc, ancienne & tresnoble cité de la Toscane, laquelle n'a pas lōg tēps, estoit gouuernee par ses Magistrats, & viuoit en ses loix & liberté, comme aussi faisoyent les Lucquois, Pisans & Florentins, auoit iadis deux familles, tresriches, nobles, & les premieres de la Cité, qui s'appelloyent les Salimbenes & Montanins, de la race & tige desquels sont sortis d'excellens hommes en leur Republique, & de bons guerriers pour la conduite de leurs armees. Ceux cy estoyent au commencement si grās amis, & se frequentoyent auec telle amitié & habitude, qu'il sembloit que ce ne fust que

Sienois, Lucquois, Pisans & Florētins rep. libres en Italie. Salimbenes, Montanins.

vn mesme sang & maison, estans tousiours de compagnie, & se banquetans les vns les autres. Mais estant l'Italie de tout temps comme vn Magasin de troubles, & vray marché de seditions, ligues & partialitez, voire de guerres ciuiles par toutes les villes, il falloit que Siene ne fust point la cité seule, laquelle se resiouyst auec sa liberté en la paix & vnion de ses citoyens, & se vantast de ne sçauoir que c'estoit que de discorde particuliere: car de guerres en a elle assez experimenté contre les Florentins, qui de longue memoire ont fait tout ce qu'ils ont peu pour se la rendre suiette. Or la cause de ceste discorde vint de ceux la mesme, qui tenoyent les citoyens en accord, & fut occasionnee par ces deux maisons, les plus fortes & puissantes de leur Republique, & entendez comment. Il n'est aucun qui ignore, que l'antiquité mesme n'ait eu cela de peculier pour la noblesse, que d'addresser les enfans des bonnes maisons à la chasse, tant pour leur donner cœur & accoustumer aux dangers, côme aussi pour les renforcer, & rédre plus vsitez au trauail, & leur oster ceste delicatesse trop grande, qui suit les grâs maisons: veu qu'à la suitte des bestes, les ruses de guerre y sont obseruees, on y dresse vn esca

La chasse, propre exercice pour le Gẽtilhomme.

dron d'abbayeurs, les chiens courans sont aux flâcs pour suyure l'ennemy, & l'hôme à cheual sert de luy donner la chasse lors qu'il se prend à brosser, les trompes n'y manquans point pour sonner le mot, & donner cœur aux chiés qui sont en deuoir: si bien qu'il semble que ce soit vn vray câp de bataille, dressé pour le plaisir & passetemps de ceste ieunesse. Neantmoins sont de la chasse procedez de grans malheurs, & s'en sont ensuiuis de dangereux esclandres. Meleager en perdit la vie, pour la victoire rapportee sur le sanglier de la Callydoine: Cephale y tua sa chere Procris, & Acaste en fut interdit, ayant occis le fils du Roy, qui luy auoit esté donné en charge. Aussi fut ce la chasse d'vn sanglier, qui ensanglâta la ville de Siene du sang de ses citoyens, lors que les Salimbenes & Montanins allerent vn iour de compagnie à l'assemblee, & s'esbatans sur vn grand & fier sanglier, ils le prindrent à force d'hommes & de chiens. La beste estant prise, comme ils beuuoyent & deuisoyent de la gaillardise de leurs Dogues, louans chascun le sien, comme ayant le mieux fait, sourdit vn grand debát entr'eux sur ceste matiere, & proceda la chose si auant, que follement ils commencerent à se piquer de

Meleager.
Cephale tua Procris.
Acaste.

paroles:des propos piquans lon vint à l'effect, & aux mains:mais sçauons comment,
il y fut si bien combatu, que plusieurs estās
blessez, tant d'vne part que d'autre, à la fin
les Salimbenes eurent du pire, & en y demeura vn des principaux des leurs mort
sur la place, qui donna plus d'effroy à tous
les autres, non qu'ils perdissent le cœur, &
moins le desir de se venger en temps & sai
son. Ceste inimitié s'alluma si efforcément
entre les deux parties, que peu à peu a-
pres plusieurs combats & bandes deffai-
tes des vns & des autres, la ruine tomba
sur les Montanins, lesquels auec leurs richesses furent presque reduits à neāt. Qui
fut cause que la rigueur & colere des Salimbenes s'adoucit, n'ayās plus qui leur fist
teste, & oublians les iniures auec le téps:
ceux aussi des Montanins qui restoyent à
Siene, viuoyent en paix, sans que leurs aduersaires leur demandassent rien, ou leur
dressassent aucune querelle:il est bien vray
qu'ils ne parloyent point, ny ne se frequen
toyēt ensemble. Et qu'est-ce qu'ils eussent
querellé, veu que tout le sang, & nom de
Mōtanins estoit demeuré eū vn seul, nommé Charles, fils de Thomas Montanin,
adolescent autant honneste & bien nourry, qui fut pour lors dās Siene, lequel auoit
vne

vne sœur, laquelle ne deuoit rien, fuſt en beauté, grace, courtoiſie & honneſteté, à Damoiſelle quelle que ce fuſt de toute la Toſcane. Ce pauure ieune Gentilhomme n'auoit pas grand reuenu, à cauſe que le patrimoine de ſes predeceſſeurs s'eſtoit eſ-coulé en deſpenſes pour entretenir les ſol-dats durant leurs meſlées & debats, & que auſſi le fiſc en auoit emporté vne bonne partie, Encore du peu que luy reſtoit, ſ'eſ-ſayoit il de ſuſtenter ſa famille, & main-tenir ſon train aſſez honneſtement, viuant ſobrement en ſa maiſon, & tenant ſa ſœur modeſtement en ordre. Ceſte cy ſe nom-moit Angelique, nom pour vray, qui luy eſtoit deu, ſans faire tort à autre, veu que c'eſtoit la meſme douceur, bonté & gen-tilleſſe, & eſtoit ſi bien appriſe, & tant gen-timent eſleuee, que ceux meſmes qui n'aimoyent guere leur nom ny race, ne pouuoyent ſe tenir de la louër & ſouhaiter que leurs filles luy reſſemblaſſent: Voire y eut tel des aduerſaires qui la print en telle amitié, qu'il en perdoit le repos, & le boire & le manger. Ceſtuy auoit à nom Anſeaume Salimbeni, lequel euſt volon-tiers requis ceſte fille pour mariage: mais les differens paſſez luy amortiſſoyent tout auſſi toſt ſon deſir, comme il en faiſoit les

Angeli-que.

M

desseins & complots en son cerueau & fan
tasie. Toutesfois estoit impossible que cest
amour si viuement empraint en son ame
peust estre effacé si legerement, veu que
s'il estoit vn iour sans la voir, il luy sembloit aduis que son cœur sentoit les tourmens d'vne cuisante flamme:& eust voulu
que iamais la chasse du sanglier n'eust cau
sé l'annichilation d'vne si excellente famil
le, afin d'auoir le moyen de s'apparier auec
celle que autre ne pouuoit desplacer de la
memoire du Salimbene : lequel estoit vn
des plus riches & puissans de Siene: Or ce
qui plus bourreloit son cœur, c'estoit qu'il
ne s'osoit descouurir à personne de ceste
sienne maladie amoureuse, & desesperoit
pour l'ancienne & inueteree inimitié des
deux familles, de iamais cueillir ny fleur
ny fruict de ceste affection, presupposant
que iamais Angelique ne mettroit son a-
mour sur celuy, les parens duquel auoyét
causé la deffaite,& ruine de la maison Mõ
tanine. Mais quoy? y a il rien de durable
sous les cieux, ny bien ou mal qui n'ait sa
reuolution sous le maniement des cas
qui aduiennent aux hommes? Les amitiez
ou inimitiez des Rois & Princes, sont elles
si obstinees que bien souuent l'on ne voye
en vn moment celuy amy cordial, qui

n'agueres estoit l'énemy si cruel, qu'il n'aspiroit que à la deffaite de son aduersaire? Voyons la varieté des euenemens des hommes, & lors iugerons à l'œil que c'est grand simplesse que de s'arrester & asseoir certain & infallible iugement sur les occurrences humaines. Celuy qui n'agueres gouuernoit vn Roy, & faisoit tout trembler par sa parole, est soudain demis, & meurt d'vne mort fort ignominieuse. Et d'autre part, l'autre qui ne s'attendoit que de sa ruine, se void remettre en ses estats, & void la vengeance de ses ennemis. Calir Bassa Turc, gouuernoit iadis ce grand Mahomet, qui occupa l'empire de Constātinople, & ne faisoit rien ce fier Monarque que ce que ce Bassa luy cōseilloit: mais en vn momēt il se void desapointé, & dés lendemain estranglé par le commandement de celuy mesme qui l'auoit tant honoré, & qui sans iuste occasion le feist mourir si cruellement. Là où au contraire Argon Tartare ayant pris les armes contre son oncle Tangoder Cani, lors qu'il estoit sur le poinct de perdre la vie pour sa rebellion, & qu'on le menoit en Armenie, afin de l'y executer, il fut rescoux par certains Tartares, seruiteurs domestiques de feu sō pere, & declaré depuis roy des Tartares,

Callir Bassa fut occis par Mahomet Empereur des Turcs.

Argon Tartare. Tangoder Cani.

M ij

Adalede fut mariée à Othon 1. Empereur. Beranger occupateur de l'Empire.

Othon 2. chasse Berangier.

& cecy enuiron l'an 1285. L'exemple de l'emperiere Adalede ne fait moins de foy en cecy que les histoires precedentes, laquelle estant tombée entre les mains de Beranger, occupateur de l'Empire, eschappa sa fureur & cruauté par fuite, & à la fin mariée à Otton premier, veit son iniure vengee par son fils Otton second sur Berangier & toute sa race. Ie vous amene ces histoires pour preuue des mobilitez de fortune, & changement des cas de ce monde, afin que vous voyez que la mesme misere qui suyuit Charles Montanin, le remist sus, & lors que le moins il s'attendoit d'estre rescous, il veit sa prompte deliurance. Or suyuant le fil de nostre histoire, faut sçauoir que pendant que le Salimbene se consumoit peu à peu en l'Amour de son Angelique, sans que elle sceust ny se souciast de ses amours : & encor qu'elle luy rendist humainemēt son salut quand quelquefois surpris de sa rage il la voyoit en fenestre ; ce neantmoins n'eust iamais deuiné les pensees de son amant ennemy. Durant ces entrefaictes aduint qu'vn riche Citoyen de Sienne, ayant vne belle terre auprés de l'heritage du Mōranin, eut desir d'accroistre son patrimoine, & aioindre ceste piece auec la sienne, & sçachant que le ieune Gentilhomme auoit faute de plusieurs choses, le fait semondre à vendre son heritage, luy en presentant mille ducats contant. Charles qui de tout le reste de grandes richesses de ses ancestres n'auoit que ceste ferme aux champs, & vn palais en la cité, & qu'auec ce peu il viuoit honnestement, & entretenoit sa sœur du mieux qu'il pouuoit, refuse tout à plat de se dessaisir de la piece, qui luy renouuelloit encore l'heureuse memoire de ceux, qui auoyent esté les premiers de la republique. L'auare vilain se voyant ainsi esconduit, eut si grand soubre saut de colere contre le Montanin, qu'il delibera à droit ou à tort de trouuer le moyen de luy faire, perdre, & auoir, & vie, voulant imiter l'iniuste Iesabel, qui feit mourir Naboth pour aussi iouïr de son heritage. En ce temps là pour les querelles, & discors communs de toute l'Italie, la noblesse n'estoit guere asseurée par les villes, ains estoient les populaires, & roturiers chefs, & gouuerneurs des principautez, de sorte que la plus part des nobles, au moins les plus puissans, estans chassez, ceste lie de vilennie, & grossiere populace feit vne loy, toute semblable à celle des Atheniens du temps de Solon: Que toute personne de

M iij

HISTOIRE XXI.

Loy inique.

quelque estat, ou condition qu'elle fust, qui praticqueroit par soy, ou moyen d'autre, le restablissement, & rappel pour ceux qui auoyent esté bannis de leur ville, fussent amendables au fisc de la somme de mille Florins, & n'ayant dequoy satisfaire à la condemnation, que la teste y demeurast pour gage. Voyla vne loy fort equitable, & qui resentoit vn cœur vrayement Goth & barbaresque, fermant la porte à l'innocence des personnes dechassees pour les querelles particulieres des citoyens animez les vns contre les autres, & punissant, rigoureusement la courtoisie, & douceur pour vser d'vne cruauté qui n'en peut receuoir de pareille. Ce citadin donc proposa en soy de faire accuser le Montanin d'auoir fait contre la loy, puis que autrement il ne pouuoit venir à son entente, & luy fut assez facile, veu que l'accusation ne fut pas si tost dressee, qu'il eut vne balle de tesmoins, qui deposerent contre le pauure gentilhomme, & luy maintindrent estant confrontez qu'il s'estoit forfait contre les loix du pays, & auoit cerché les moyens d'introduire les bannis en la Cité, afin de massacrer les gouuerneurs, & remettre en cor sus les ligues qui estoyent cause des troubles de l'Italie.

HISTOIRES XXI.   92

Le miserable Gentilhomme ne sçauoit icy que faire, & comment se defendre: sa partie c'estoit la Seigneurie, & procureur du Fisc, les tesmoings qui luy faisoyent teste, & la loy qui le condemnoit. Il est mis en prison, l'on fait son proces, & se voit mené si vistement que presque il n'auoit pas le loisir de penser à ses affaires. Il n'estoit aucun, craignant de tomber en l'indignation des Potentatz, qui osast ouurir la bouche pour parler de son innocence, à se hazarder de moyenner sa deliuráce: & aussi qu'on voit communement que les Amis d'auiourd'huy semblent le Corbeau, qui ne vole que vers les lieux ou il a que repaistre, ny eux visitent les maisons sinon pour y faire prouffit, & reuerent l'amy tát qu'ils le voyent estre en prosperité, c'est ce que le Poëte chante, & dequoy il se plaint, disant.

Ainsi que l'or aux flammes en espreuue
Telle la Foy des amis on essaye
En temps diuers, si vn malheur t'effraie
Chascun s'en fuit, & plus d'amy ne treuue,
Et ne cognoy celuy qui te suyuoit,
Et qui sur tous amytié te monstroit.

M iiij

HISTOIRE XXI.

Et ne faut que les petits compaignons s'en esbahissent, & trouuent mauuais que leurs amis s'en fuyent de telle sorte, veu que les Princes, & grans seigneurs courent le plus souuent vne mesme fortune. Ce grand conducteur des armées Romaines Pompée l'honneur du peuple, & Senat Romain, quel compagnon eut il de sa fuite? ny quel de ses anciens amis le receut pour le celer, & deliurer de la main de son ennemy qui le poursuyuoit? Vn roy d'Egypte, lequel auoit senti, & trouué ce bō Prince Romain courtois & secourable, fut celuy qui le feit mourir, & en enuoya la teste au vainqueur, & insatiable Iule Cesar, faussant la foy promise, & mescognoissant les plaisirs receuz. Entre tous les soulas que ce pauure Gentilhomme Sienois sentoit, quoy que ce ne fust qu'vne trahison maudite, c'estoit que ce desloyal, & maudit Cameleon de Bourgeois, luy presentoit tout deuoir, & s'offroit à luy faire plaisir en ce qu'il auroit puissance. Mais le paillard attendoit l'heure oportune pour luy faire gouster son venin, & luy faire voir par effect combien chose dangereuse c'est que d'estre mal auoysiné, esperant qu'apres la condamnation du Montanin, il cheuiroit à son ayse de la piece qu'il auoit

Pompée laissé de ses amis.

Infidelité du Roy Aegyptië.

HISTOIRE XXI. 93

tant souhaitée. Dequoy il eust bié tost son passetemps, veu que deux ou trois iours estans passez au recolement, & raport du proces, Charles fut condemné à l'amende de mille florins dedans 15. iours,& ce pendant tenir prisons, & s'il failloit à la payer, la seigneurie condemnoit à perdre la teste pour auoir enfraint les loix, & ordonnances du Senat. Ceste sentence fut fort difficile à digerer au pauure Montanin, qui voyoit tout son bien s'en aller pillé,& redigé au fisc,& luy mis ches Guillot le songeur, plaignant sur tout la fortune de sa sœur la Belle Angelique, laquelle depuis l'emprisonnement de son cher frere n'estoit bougee de sa maison, ny n'auoit cessé de plorer, & se plaindre du desastre lequel acheuoit d'accabler leur famille par ceste nouuelle mesaduenture. Las! disoit la belle & courtoise Damoiselle, ne se ra iamais le Ciel appaisé sur l'infortune de ceste famille deplorée,& ne cessera le malheur de nous suiuir de tous costez? N'eust il pas esté plus supportable pour tout ce qui restoit de nostre sang que les dissensions passees, eussent tout faict passer au fil de l'espée, que voir à present l'innocence de cest adolescent en danger d'estre accablee par l'iniustice de ceux qui hayent

Plainte de la belle Angelique.

HISTOIRE XXI.
à mort la nobleſſe, & ſe glorifieront d'en oſter la totale memoire de ce monde?

Et puis allez vous fier au iugement irreuocable de ceux qui iugent en vne cité qu'ils appellent libre, ou vne confuſe multitude a le deſſus, & peut ſur ceux là que Nature a produictz pour gouuerner les autres. Ah cher frere ie voy bien que c'eſt, ſi tu n'euſſe encor ce petit domaine que tu as aux champs, & ceſte ſpacieuſe maiſon en ville, perſonne n'euſt enuié ton eſtat, ny ne t'euſſent chargé de choſe laquelle ie voudrois & que tu n'euſſe pas ſeulement entreprinſe, ains miſe à effet, affin de venger le tort que ceſte vilenaille font ordinairemẽt à la nobleſſe. Mais quelle raiſon y a il que des Marchans & artiſans, ou fils de ceux qui ne ſe monſtrerent iamais autres que vilains, regiſſent republiques? O heureuſes les contrees ou les Roys donnent Loix, & les Princes voyent de bon œil ceux qui les reſſemblent: là ou nous ſommes malheureux d'eſtre les eſclaues d'vn conſeil plus peruerty que la meſme corruption. Et que eſt ce que noz predeceſſeurs ont penſé de cuider eſtablir quelque liberté par la confuſe adminiſtration de pluſieurs en noſtre païs? Nous auous à toutes heures les François à la queuë, ou les gens du grand Eueſque, ou ces cautes-

Les prouinces ſõt heureuſes eſqueles il y a des Roys.

leux Florentins, & sommes comme la proye commune de tous ceux qui veulent prendre de nous leur curee. Et ce qui est encore le pis, c'est que nous mesmes nous rendons esclaues, & nous faisons les serfs de ceux qui deuroyent estre les valetz du moindre d'entre nous. C'est fait de toy, pauure frere, & voy bien que tu n'es pas fait prisonnier que on ne fust asseuré de faux tesmoins contre ton innocence. Au-moins si ma vie pouuoit racheter la tien-ne auec ton estat, & soustien, asseure toy que bien tost Angelique se prepareroit pour estre la proye de ces loups rauissans, qui beent apres ton domaine, & ta vie. Pé dant que la belle Sienoise se tourmentoit en ceste sorte, le pauure Môtanin se voyāt reduit à la derniere extremité de tout ce que iamais il pouuoit esperer, & desirant, comme tout homme fait naturellement, de prolonger sa vie, cognoissant que tout autre moyen luy defailloit pour sa deli-urance, s'il ne vendoit sa terre, tant pour sa tisfaire à l'amende, que pour se preualoir du reste en ses affaires, enuoya vn des gés de la Geole à ce reueréd vsurier, qui estoit cause de son desastre, afin de luy faire offrir sa terre pour le pris & somme de mille Ducatz. Le pernicieux & traistre vilain voyant qu'il tenoit à sa mercy le

HISTOIRE XXI.

Montanin, lequel estoit en eau iusques à la gorge, & ne sçauoit plus que faire, cōme si desia il eust triomphé de sa vie, & tint du fisc la piece tant conuoitée, il luy respondit en ceste sorte. Mon amy, tu diras au seigneur Charles que n'a pas long temps i'eusse volontiers donné vne bonne somme de deniers de sa ferme, mais depuis peu de temps en ça i'ay employé mō argent en autre proffit. Et quand bien ie serois en opinions de l'acheter, ie serois bien marry de luy en auoir donné plus de sept cens florins, asseuré que le prouffit n'est pas si grād cōme l'argēt m'en pourra rapporter toutes les annees. Voyez comme l'auarice est la rechercheuse du gaing le plus abscons & caché, & vn abisme profond de conuoitise, ne desirant que proye rauie d'autruy, pour accumuler le sien, sans que pour cela l'abondance la bienheure, ains est l'Esprit de l'auaricieux plus miserable comme plus ses richesses luy accroissent, n'ayant amitié qu'à son thresor, ny charité qu'enuers ses coffres, lesquels il ne veut dessaisir de ses ioyaux, fust ce pour le rachapt de la vie de son pere propre. Ce detestable vilain ayant offert d'autresfois mille Ducatz à Charles de son heritage, maintenāt n'en veut plus, esperant la ruine totale de la famille Montanine.

Charles aduerty de ceste sentence, & autant estonné comme de l'arrest du Conseil, veid bien que toutes choses luy estoyent contraires, & qu'il falloit mourir à l'appetit de l'auarice excessiue de ce paillard, la malice duquel il sçauoit estre si vehemente, que autre ne s'auanceroit point d'y mettre deniers, puis que ce malheureux en auoit fait difficulté. A ceste cause tout resolu en luy de mourir plustost, que sa sœur pauure & sans moyen de trouuer party, ne voulut onc accorder à ce marché si peu à son auantage, & tant tyrannique du meschant volleur de sa vie : voyant aussi que toute voye de se purger & auerer son innocence luy estoit ostée, ayant desia passé le decret des Iuges sur la fin de sa cause. Pource commença il à disposer de son ame, non sans auoir plustost fait vne complainte de ses malheurs, en ceste sorte:

Que n'a le ciel haineux des aises des humains
Accablé ce mien corps par maux, & trauails mains?
Durant que le discord sanglant de l'aduersaire
Ne cerchoit q̃ mõ mal, & vouloit me deffaire?
Pourquoy l'ingrat destin n'a semons de ce têps

HISTOIRE XXI.

Les trois mains, les fuseaux, & filets differens
Des Déesses qui sont aux enfers filandieres,
Qui ont coupé le fil à nos ayeux, & peres?
Que n'a couru sur moy la hideuse Gorgone
Et vn chef Serpentin de celle Tesiphone
Qui punist aux enfers les ombres malheureuses
Plustost qu'vn tel malheur m'accable par les
   ruses
D'vne enuie mordante, & par le seul desir
D'vn auare, ie sois deffait à son plaisir?
Et lors que quelquesfois i'ay voyagé heureux
Sur les sillons marins, par les flots escumeux
D'vne bleue Thetis pourquoy ce grand Eole
Ce gouuerneur des vens n'a versé la Boussole,
Abbattu le Trinquet, & brisé tous les mastz
De nos nefs par l'effort de ces venteux combats,
Afin que sans sentir vn si cuisant malheur
I'eusse veu, & cogneu ce grãd Palais de pleur,
Ou est painte l'idee, & l'Image dressée
Des malheurs, des dangers, de la race blessée
Laquelle gemira, me voyant la poursuyure
Alors que ie deuois pour l'imiter plus viure?
   Ah ah? puis que mon sort vouloit que ma
   deffaitte
Fust par vn tel decret & tel iugement faicte,
Que ne m'a il permis d'emmener quand & moy
Celuy, qui me liurant, a violé sa foy?
Que n'ay-ie massacré le vilain vsurier
Qui ma lancé, & mis en ce mortel dangier?

Mais que ay ie dit, helas? faut il q̃ ie souhaite
Le mal d'autruy, alors que la voye imparfaicte
De ma vie s'en va recercher son parfaict,
Et laisse pour vn temps icy son imparfait?
Las! il vaut mieux mourir innocẽt, & sans vice
Qu'estre mauldit de tous pour quelque malefice,
Et laisser le renom d'vn homme vallant rien,
Ains plustost emporter l'effaict, & nõ du biẽ.
Dieu regisse ton cœur, tes faits Dieu cõuertisse
Et change en loyauté la trahison & vice
Vsurier, qui me fais mourir par ton enuie:
Car mourãt i'aquerray doublemẽt double vie.
Ie viuray louangé pour n'auoir onc commis
Chose, que seulement mes plus grands ennemis
Ayant fauße iugée, & ma vie sera
Eternisée aux cieux tant que le ciel luira,
Et que l'eternité par supplice, & par dons,
Puñira les meschans, salariera les bons.

  Helas ce n'est pour moy que ces plaintifs ie
   dreße,
Ce n'est pour ce grand nom de vertu, & nobleße
De mes predeceßeurs que de mourir me fasche:
Vn boucon plus amer en mon esprit ie masche,
Lequel rõge, & deffait le plus sain de mes sens,
Et lequel iusqu'au fons de mon esprit ie sens
Borreller ma raison, tenter ma patience.
Et esbranle souuent ma force, & ma constance,
C'est toy, qui n'as tõ pair, ô plaisãte Angelique,
Qui me fais plus resueur, & plus melãcolique

HISTOIRE XXI.

Et qui plus que la mort me donnes de trauerses,
Et plus de pensemens, & passions diuerses.
  O Dieu? aye pitié d'elle, & de moy ensemble,
Et puis que ce malheur ainsi nous desassemble:
Ne permets qu'elle soit autre que iadis-furent
Celles qui ses parens, & qui les miens coceurét,
Qu'elle viue, moy mort, auec l'honeur des siens,
Comme i'ay desiré de ressembler aux miens.
  Helas, la main me faut, & mon esprit ne
    peut
Permettre que l'escrit publie ce qu'il veut
Garder dans le secret profond de la poitrine,
Seule sçachant le tout la maiesté diuine.
Laquelle de mon fait iugera l'innocence,
Et de l'accusateur la fauce conscience,
Effaçant le peché qui me pique, & remord,
Afin que ie ne tombe és lacs griefs de la mort.

Ce complot pris, & estant du tout resolu Charles en son propos de mort, c'estoit grand pitié de voir la belle Angelique se deschirer la face, & arracher les cheueux, voyant qu'il estoit impossible d'oster ceste cruelle deliberation de la teste de son frere: enquoy elle auoit employé tous ses sens, & le beau parler de tous ceux qui luy attouchoyent de sang. Ainsi elle restoit seule pleine de telle fascherie, que peuuent penser ceux qui se voyent priuez des choses qu'il ses qu'ils ont les plus cheres : vne chose vous diray ie bien, que si le malheur eust permis que Charles eust esté deffait, c'estoit aussi le dernier poinct de la vie de la gentille Damoiselle, donnant par mesme moyen fin à la famille & race des Mōtanins. Que faut il tant langager ? voicy venu le dernier iour du delay donné par les Iuges, auquel il falloit, ou bien satisfaire à la condemnation, ou mourir dés lendemain comme rebelle, & ayant commis felonnie contre l'estat de la seigneurie, sans que pas vn de tous les parens du criminel, qui estoyent du costé maternel, feist aucun deuoir de moyenner sa deliurance : Bien alloyent ils voir la belle fille, & la consoloyent sur ceste occurence, l'instruisans comme elle se deuoit gouuerner, prenant patiemment les choses ausquelles tout remede defailloit. Angelique accompagnee de ses parentes, & filles voisines ses compagnes, remplissoit l'air de gemissemens, & crioit comme vne forcenee, laquelle estoit suyuie & accompagnee des pleurs & complaites des autres, qui plaignās la fortune de l'adolescent, estoyent marries de voir ceste fille en danger de tomber en quelque desastre.

Durant ces pleurs, aduint sur les neuf

N

HISTOIRE XXI.

heures du soir, que Anseaume Salimbene, celuy que nous auons dit estre si espris de l'Amour d'Angelelique, estoit du retour des champs, où il s'estoit tenu quelque temps, & passant pardeuant la maison de sa Dame, comme il auoit de constume, il ouyt les voix des femmes & filles, qui aidoyent à faire le dueil du Montanin, fort pressé de la mort: & ce qui plus tost le feist arrester, ce fut qu'il veid sortir des femmes toutes espleurees du Palais de son Angelique. Pource s'arrestant, demanda à vn voisin, quel bruit estoit ce, & si quelqu'vn estoit trespassé en celle contree: auquel l'autre declara le faict tout au long, ainsi que auez ouy par cy deuant. Le Salimbene ayant ouy ceste histoire, s'en alla chez luy, & estant en sa chambre à son secret, se mist à discourir sur cest accident, & fantastiquant mille choses en son cerueau, en fin il pensa que Charles ne se laissoit point ainsi aller, fust il cõuaincu ou innocent du faict, que pour le seul respect de sa sœur, afin de ne la laisser destituee de tout biẽ & heritage, ainsi discourãt diuerses choses, à la fin il dist: Ne suis ie pas bien simple de reposer maintenant en doute, voyant que la fortune est plus curieuse de mon aise, que ie ne le sçauroye souhaiter, & me moyenne l'effect de mes desirs, alors que le moins i'y auoye mis ma pensee. Car voicy le Montanin seul de tous ceux qui ont esté les mortels ennemis de nostre maison, qui perdra demain la teste publiquement comme rebelle & seditieux, qui sera cause que en luy ie seray vengé de ses ancestres, & que la querelle finira d'entre nos deux familles, n'ayant plus cause de craindre vn renouuellement de discorde, par le moyen de ceux qui pourroyent descendre de luy. Et qui m'empeschera de iouyr de celle que i'aime, son frere estant mort, & ses biens estans acquis à la seigneurie, & elle sans support ny appuy que de sa seule beauté & courtoisie? Dequoy se pourra elle preualoir, sinon de l'Amour de quelque honneste Gentilhomme, qui la retire pour son plaisir, & compassionné de la perte d'vne beauté si excellente? Ah Salimbene? qu'as tu dit? As tu desia oublié que le Gentilhomme est pour ceste seule cause respecté sur tout autre, quand il fait resplendir ses fruicts glorieux par sur le lustre de ceux qui s'efforcent de suyure la vertu? N'es tu pas nay Gentilhomme, & esleué en vne maison noble, sorty de parens Gentils & illustres? Ignores-tu que c'est à vn cœur noble & gene-

N ij

reux de se venger des iniures receuës de
soy, sans chercher aide d'autruy, ou bien
les pardonner, vsant d'vne clemence &
courtoisie vrayement Royale, enseuelis-
sant tout desir de vengeance sous le tombeau d'vn eternel oubly ? Et quelle plus
grand gloire peut acquerir l'homme, que
en vainquant soy mesme, & chastiant ses
affections, & transports, se rendre obligé
celuy qui onc ne pensa receuoir plaisir ne
bienfaict de ta main ? C'est chose qui excede l'ordre commun de nature: aussi faut
il que les plus excellens facent paroistre
les effects de leur excellence, & se dressent la voye à l'immortalité de leur memoire.

Iule Cesar loué pour sa clemen-ce.
Ce grand Dictateur Cesar a esté plus
louangé pour auoir pardonné à ses ennemis, & s'estre monstré courtois & affable,
que en subiugant les braues & vaillans
Gaulois & Bretons, ou vainquant les tant
renommé Pompee.

Roderico viuario doux à Dom Pietro Roy d'Arragon.
Dom Roderigo Viua-
rio Espagnol, quoy qu'il peust se venger de
l'infidelité de Dom Pietro Roy d'Aragon,
qui luy voulut empescher son voyage cōtre les Sarrasis, qui estoyent à Grenade, ne
voulut toutesfois le punir, ny le rançon-
ner: ains l'ayant prins en guerre, le laissa aller, sans exiger rien sur luy, ny son

Royaume. De tant plus ie suyuray l'exemple des grans és choses bonnes, ie me rendray admirable en la rarité de leurs hauts faicts. Au reste, quand ie ne voudroye oublier vne iniure m'estant faitte, dequoy me puis ie plaindre du Môtanin? quelle chose a il iamais fait contre moy, ny les miens? Et bien, ses predecesseurs ont esté les ennemis de nostre famille: aussi en ont ils porté la penitence, plus dure que n'estoit le peché. Et vrayement ie craindroye que Dieu ne permist que ie tôbasse en quelque grand malheur, si voyāt vn affligé ie m'eliouyssoye en son affliction, & prenoye en sa deffaite l'argument de mon aise & plaisir. Non non, ce n'est point au Salimbene que ceste sotte imagination doit oster l'affection de se faire vn amy, & gaigner par liberalité & courtoisie celle qui pour sa seule vertu merite qu'vn plus grand seigneur que moy se mette en peine pour elle. M'asseurant que si vn homme n'a despouillé toute douceur & humanité, & mesmement portant l'amour à l'Angelique que ie luy porte, qu'il ne soit marry de la voir ainsi esploree & en tel desespoir, & ne s'essaye de la deliurer de telle fascherie. Car si ie l'aime, comme ie fay, ne faut il pas aussi ai-

N iij

mer tout ce à quoy elle est tresaffectionee, côme à celuy qui maintenāt est en danger de mort, pour le seul respect d'vne simple améde de mille Florins? Que mon cœur dōc face apparoir quelle est l'Amour qui m'a fait tributaire & subiect à la belle Angelique, & que chascun cognoisse que puis que ce fier Amour a vincu les Rois & grās Monarques, ne faut point s'esbahir, si moy qui suis & homme & subiect aux passions comme les autres, me submets au seruice de celle que ie m'asseure est si vertueuse, que la mesme necessité ne la pourroit induire à oublier le bien & maison d'où elle prend son origine. Vante toy donc, ô belle Angelique, d'auoir forcé vn cœur indōptable de soy, & fleschi celuy que les plus braues eussent plustost priué de vie, que osté du chemin de sa generosité : & toy Montanin, pense que s'il ne tient en toy, tu gaignes auiourd'huy vn amy si cordial, que la seule mort sera celle, laquelle separera l'vnion de nous deux, laquelle s'estendra sur nostre posterité: & que ce sera moy qui passeray les tiens en deuoir, monstant le chemin aux plus sages de s'acquerir honneur, & violenter l'esprit animé de ceux qui nous font aduersaires: Aymant mieux perdre le mien vainemēt, q̄ laisser les cōceptiōs vertueuses q̃ sõt desia enracinees en mõ ame.

Apres ces longs discours, voyant que le temps requeroit diligence, il prend mille ducats, & s'en va au receueur des amendes deputé par la seigneurie, lequel il trouua encor en sa boutique & Cabinet, auquel dist: Voyla mille ducats que Charles Montanin faict consigner pour sa deliurance, cõptez les, & luy donnez sa quittance, le faisant sortir dés ceste heure. Le commis pour la seigneurie luy voulut rendre le reste qui excedoit la somme de mille florins, mais le Salimbene refusa de la prendre: ains ayant la lettre de sa deliurance, l'enuoya par vn de ses gens au maistre de la Geole, lequel ayant veu que le payement estoit fait, feist soudain tirer le Montanin de la prison où il estoit, & serté & chargé de gros & biẽ fort pesans fers. Charles pensant que ce fust vn beau pere qui vint pour le confesser, & qu'on luy feist grace de le faire iusticier en prison, sans qu'vne honte publiq̃ acheuast de souiller la memoire de sa race, fut estõné de prime face: mais ayãt desia fait estat de sa mort, loua Dieu, & le pria qu'il luy pleust ne l'oublier point en ce passage tant espouuentable, & où les plus asseurez, bien souuent perdent cœur & constance. Recommande son

N iiij

ame, prie pour ses pechez, & sur tout, supplie la bonté de Dieu, qu'il luy pleust auoir esgard sur sa sœur, & la deliurer de toute infamie & deshonneur. Tiré qu'il est de la Geole, & amené deuant le maistre des prisons, soudain on luy oste les fers des iambes, & luy monstra chascun fort bon visage, sans que personne parlast de chose qui le deust contrister.

Ceste courtoisie non esperée le fait attendre quelque chose de meilleur, & l'asseure de ce qu'au parauant il n'eust osé penser en sorte aucune. Aussi ne fut il poīt deceu de sō attēte. Car le Geolier luy dist: Esiouissez vous seigneur, car voicy les lettres de vostre deliurance. Parainsi c'est en vous de vous en aller en liberté ou bon vous semblera: disant cecy il feit ouurir la Prison, & licencia le Montania, non sans le prier de ne luy sçauoir mauuais gré du traictement, veu qu'il ne luy eust peu faire autre chose, luy estant ainsi enioint de la seigneurie.

Qu'vn chascun donc contemple maintenant si en l'Amour les euenemens ne sont tout autres, qu'es autres passions de l'ame: veu que comment eust le Salimbene deliuré si gratuitement & tant à propos le Montanin, estant l'inimitié enracinée de long temps entre ces deux familles, si quelque cas de grand, & qui n'a point de propre nom en l'Amour: ne luy eust changé le naturel, & effacé son affection mesme? C'est quelque chose de secourir celuy qu'on ne veit iamais, veu que nature nous rend bien faisans à l'endroit de ceux qui nous ressemblent, mais la foy est surmontée là où la mesme inclination naturelle se sent violenter, & voyt rompre ce que auec obstination elle pretendoit tenir en son ame. Les graces, gentilesse, beauté, doux maintien, & attrait d'Angelique eurent plus de force sur le Salimbene, que n'eust eu l'humilité de son frere, quand bien il se fust agenouillé cent fois deuant Anseaume: mais quel est le cœur si farouche qui ne fust rendu traitable & ne s'adoucist en la contemplation d'vne chose si rare que l'exquise beauté de ceste Sienoise, & ne s'humiliast pour aquerir les bōnes graces d'vne si parfaite Damoiselle? Ie n'accuseray iamais l'homme de s'amouracher d'vne belle & vertueuse femme, ny n'estimeray esclaue celuy qui sert obstinément vne modeste Damoyselle ayant le cœur remply d'honnestes affections & l'Esprit de desirs, qui tendent à bonne fin. Trop bien estime vituperable celuy qui

HISTOIRE XXI.
n'ayme que le dehors, & prise seulement l'arbre chargé de fleurs, sans prendre esgard au fruit qui le fait digne d'estre loué, & gardé en estre. La ieune fille ne peut resentir que la fleur d'vn Prin temps iusques à ce que par sa coustance, modestie, & chasteté, elle aye vaincu les concupiscences de la chair, & produit le fruit esperé d'vne vertu, & pudicité non vulgaire. Autrement ce seroit comme le soldart enrollé, de la vaillance duquel sa seule pensée peut tesmoigner, & l'offre qu'il en fait à celuy qui l'enregistre en ses papiers. Mais quand l'effait est ioint à l'attente, & que l'espreuure ne dément en rien la promesse, c'est lors que le Capitaine l'acolle, & le propose comme vn miroir aux Bisongnes pour l'ensuiuir. C'est ainsi des Dames ayāt passé par les assauts, & resisté aux attentats des pursuyuans, lesquelles sont femmes de bien non par force, n'ayant esté requises, ains de leur naturel, & auec l'industrie de leur cœur chaste & inuincible. Mais reuenons à nostre propos, le Montanin deliuré qu'il fut, sen alla aussi tost ches luy pour consoler celle, qu'il estoit plus qu'asseuré estre en grand destresse, & douleur & qui auoit autant de besoin de reconfort, que luy de se reposer. Il

Similitude assez propre.

vient à la porte de son Palais, là où entendu que c'estoit le Montanin, il estoit impossible de le faire croyre à sa sœur, tant les choses que le plus nous desirons nous semblent impossibles d'estre executées, ains estoyent tous suspens comme se fist quand sainct Pierre sortit de la prison d'Herode par le moyen de l'Ange.

Asseurée que l'Angelique fut que c'estoit son frere, les sanglots mis à part, les soufpirs laissez, & les larmes de tristesse conuerties en pleurs de ioye, vint embrasser & baiser son frere, louant Dieu de sa deliurance, & accomptant cecy à vn pareil faict, comme s'il fust ressuscité de mort à vie, veu l'asseurance qu'il leur auoit donné de plustost mourir que laisser à vil pris son heritage. Les Dames ses parentes qui estoyent là demeurées pour tenir compaignie à la fille à demy desesperee, afin que sur ceste fureur elle ne soutrageast & forfist à sa vie, aduertirent soudain leurs maris de la liberté non attendue du Montanin, lesquels vindrent, tant pour s'esiouïr auec luy en sa liesse & bonne fortune, que aussi pour s'excuser de ne s'estre mis en deuoir pour l'oster de telle misere. Charles, qui ne se soucioit en rien de ces benissons de bouche, diſſimula ce qu'il en penſoit, les merciant neantmoins de leur viſitation & bonne ſouuenance qu'ils auoyẽt eu de luy, viſitans & confortans ainſi ſa ſœur, lequel hõneur il eſtimoit autant que ſils l'euſſent employé à l'endroit de ſa propre perſonne. Retirez que leurs parens ſe ſont, aſſeuré que pas vn d'eux n'auoit eſté le payeur de ſa rançon, demeura eſtonné outre meſure, & plus dolent encor pour ne ſçauoir qui eſtoit celuy qui ſans eſtre requis auoit fait vne preuue ſi gentille de ſa liberalité. S'il n'en ſçauoit rien, ſa ſœur en eſtoit encor plus ignorante, d'autant qu'elle penſoit qu'il ſe fuſt raduiſé, & que l'horreur de la mort luy euſt fait changer d'opinion, vendant ſon heritage champeſtre à celuy qui premier en auoit fait offre de l'acheter: mais voyant & l'vn & l'autre qu'ils eſtoyent deceuz en ce qu'ils penſoyent, ſen allerent coucher. Le Moutanin ne repoſa guere toute la nuict, ayant touſiours deuant les yeux l'image non cogneuë de celuy qui l'auoit deliuré, & ne luy ſeruit ſa couche que d'vn long champ, ou quelque grand allee dans vn bois, pour en ſy pourmenant faire des diſcours en ſon eſprit, mettant en ieu tantoſt vn, tãtoſt autre, ſans iamais toucher au blanc, & nõmer celuy qui estoit son liberateur, & duquel il se confessoit estre obligé & redeuable. Et pource, dés qu'il veid qu'il s'adiournoit, & que l'aube auancoureuse du iour semonnoit Apollon à atteler ses cheuaux pour recommencer sa course en nostre Hemisphere, il se leue, & s'en va vers le Carmelinguo, à sçauoir, le commis pour la recepte des amendes de la seigneurie, lequel ayant salué & eu le reciproque de son salut, il pria luy faire tant de grace & faueur, que luy dire, qui estoit celuy si liberal qui auoit satisfaict à l'amende laquelle il deuoit payer au Fisc & thresor de la Police. Auquel l'autre respondit : Autre n'a moyenné ta deliurance, ô Montanin, que l'homme du monde duquel tu deuinerois le plus tard le nom, auquel i'ay baillé la quittance de ton emprisonnemét: mais non celle de la somme, d'autant qu'il m'a donné mille ducats pour mile Florins, sans iamais vouloir reprendre le surplus de la debte, que ie suis prest te liurer auec ta quittance. Ie n'ay affaire de l'argent, dist Charles: seulement vous prie me dire le nom de celuy, qui sans le cognoistre pour amy, m'a fait vne si grande courtoisie. C'est, dist le Carmelinguo, Anseaume Salimbene, qui en a porté le los par sus

HISTOIRE XXI.

tous ceux qui te sont parens & proches, lequel vint icy au soir bien tard porter l'argent, duquel voycy le surplus. Ia à Dieu ne plaise, dist le Montanin, que ie retire ce qu'il a bien mis pour m'oster de peine: & s'en alla auec sa quitance, chargé de pensers infinis sur l'achoison du faict entreprins par le Salimbene.

Estant à sa maison, il fut vn bien long temps detenu en vn bien profond pensement, voulant s'eclarcir la cause d'vne telle generosité procedant de celuy, duquel les peres, & ayeulx auoyent esté les capitaux ennemis de sa race. A la fin comme sortant d'vn grand sommeil, il luy vint en memoire qu'il auoit veu bien souuent Anseaume auoir le regard fiché, & ententif sur Angelique, & qu'en l'œilladāt fort amoureusement, il passoit les iours plusieurs fois deuant leur porte, sans monstrer autre visage q̃ bien vueillant, & auec geste d'Amy, plustost que d'ennemy, saluāt Angelique toutes les fois qu'il luy venoit encôtre. Pource le Mōtanin s'asseura que le seul Amour du Salimbene vers sa sœur auoit causé ceste sienne deliurāce: cōcluāt en sō esprit q̃ quād la passion qui procede de biē aymer se saisit d'vn cœur gentil, & de grand emprise, il est impossible qu'elle ne produise de merueilleux effaits de galantise vertu, honnesteté & courtoisie, & que l'Esprit bien né ne peult tant cacher sa nourriture gentille, qu'il n'en face sortir le feu en euidence, si bien que ce qui semble impossible est facilité, & rendu possible par les conceps, & emprises hault colloquees, & nō vulgaires de l'ame eslongnee de vilennie. Pource Charles afin de n'estre surmonté en honnesteté, & de ne porter la marque d'vn qui mescognoist les biens receuz, delibera d'vser d'vne grād prodigalité à l'endroit de celuy qui s'estoit monstré sous le nom d'ennemy plus loyal amy, que ceux qui faisoyent bonne mine, & qui au besoin s'estoyent esloignez de l'affligé Montanin. Lequel ne sçachant dequoy faire present au Salimbene que de soy, & de sa sœur, delibera le communiquer à Angelique, & puis suyuant sa volonté, parfaire sa deliberation. A ceste cause sçachant que son gracieux aduersaire s'en estoit allé aux champs, proposa en soy de dresser la partie de sa recognoissance durant qu'il seroit absent, afin de l'executer luy de retour à la ville, il appella dōc Angelique à part, & estans eux deux seuls ensemble, luy vsa de tels ou semblables propos.

HISTOIRE XXI.

Harãgue du Mõtanin à sa sœur.

Vous sçauez, ma sœur treschere, que tant plus la cheute est & prouient de haut lieu, de tant la douleur & ruine en est plus dãgereuse, sensible, & qui mieux se resẽt q̃ si l'õ tõbe de quelque lieu pl⁹ bas & moins precipité. Ie dis cecy, reduisant en memoire la condition, grandeur & excellence de nos ancestres, la gloire de nostre race & richesses de toute nostre maisõ, laquelle me contraint bien souuent à souspirer, & espãdre vn grand ruisseau de larmes lors que ie voy les Palais somptueux, qui ont esté la demeure de nos peres & ayeulx, quand ie contẽple de toutes les parts de ceste cité les armoiries, & escussons paints, & entaillez portans la marque de l'antiquité de nostre famille, & lors que i'aduise les superbes tõbeaux de Marbre, & Bronze dressez en plusieurs de nos tẽples pour la memoire perpetuelle de plusieurs Cheualiers, & chefs de guerre sortis de la maison & race Mõtanine, & sur tout ie n'entre iamais dãs ce grand palais, reste de nostre heritage & patrimoine, que la souuenãce de nos grandeurs ne me dõne vn tel trance au cœur, q̃ cent & cent foys i'ay souhaité la mort, afin que moy seul ne sois les reliques du malheur, & desastre tõbé sur le nom, & famille tant nõmée des Mõtanines. Qui est cause que

que i'eſtime noſtre vie malheureuſe, eſtant decheuz de telle felicité, pour ſentir vne miſere tant extreme : mais vne ſeule choſe nous doit contenter, que parmy tant de pauureté, malheur, ruine & abaiſſement, aucun ne nous peult imputer choſe indigne de la nobleſſe & maiſon de laquelle nous ſommes deſcendus, eſtant noſtre vie conforme à la generoſité de nos predeceſſeurs, d'où aduient que quoy que noſtre pauureté fuſt de tous cogneuë, ſi eſt-ce que nul ne peult nier que nous ayons forligné de la vertu de ceux qui ont veſcu vertueuſement en noſtre race. Que ſi nous auons receu plaiſir ou bienfaict d'aucun, il ne fut iamais que par tout deuoir ie n'aye recogneu le bienfaict, ne laiſſant chemin à l'ingratitude de ſouiller la reputation en laquelle i'ay iuſques icy paſſé ma vie. Auſſi y a il tache qui ſouille plus le renom de l'homme, que la mecognoiſſance des biẽs receuz, & l'oubly des plaiſirs qu'on nous aura fait en noſtre neceſſité ? Ie croy que vous entendez, ma ſœur, à quelle fin ie dy ces paroles, ſans q̃ toutesfois vous ſachiez encor la fin de ce que ie pretẽ vous eſclaircir. Vous ſçauez en quel peril de mort i'ay eſté ces iours paſſez par l'accuſation faulſe de ceux qui ne m'aimoyent gueres, & com me presque miraculeusement i'ay esté racheté d'entre les mains de l'executeur de Iustice, & de la cruelle sentéce du peu iuste magistrat, sans que pas vn de nos parens se soit offert pour ma defése, soit de fait, soit de parole. Qui me fait dire ce mot, que i'ay senty ce q̃ iamais ie n'eusse pensé en mes plus proches, & ay gousté vn bié de la part de celuy duquel ie n'eusse onc osé en esperer plaisir, confort, aide, ny soulagement quelconque. I'attendoye deliurance de la part de ceux que ie tenoye pour parens & amis: mais cela s'est aussi tost esuanouy, comme la necessité & peril se sont presentez. Ainsi pressé du mal, & delaissé des miens, i'estoye en crainte que nos aduersaires, pour s'oster toute crainte & soupçõ aduenir, pourchassassent ma totale ruine, & moyennassent la deffaite du nom Montanin en ma mort, & fin prochaine. Mais bõ Dieu, du lieu duquel ie craignoye le danger, i'ay veu sortir la serenité, qui a mené mon nauire au port de salut: & de la main de laquelle i'eusse attendu ma ruine, i'ay gousté la deffiance, & soustien de mon honneur & vie. Et afin que ie parle clairement, ç'a esté Anseaume Salimbene, fils de nos anciens & capitaux ennemis, lequel s'est monstré l'amy tresloyal & sidelle de noſtre famille, & a deliuré voſtre frere, payant à la ſeigneurie la ſomme, non de mille Florins, ains de mille ducats, pour le rachet de la vie de luy qui l'euſt penſé ſon plus cruel aduerſaire. O cœur vrayement genereux, & ame gentille, la rarité des vertus, de laquelle ſurpaſſe tout humain entendement ! Les amis conioincts enſemble du lien d'amitié, rendent le monde eſtonné par les effects, non vulgaires des choſes qu'ils font l'vn pour l'autre: mais cecy ſurpaſſe tout, que vn ennemy mortel, ſans eſtre reconcilié ny requis, ſans demander aſſeurance pour le plaiſir qu'il fait, paye les debtes de ſon aduerſaire, cela excede toute conſideration de ceux qui diſcourent ſur le faict des humains. Ie ne ſçay quel nom donner au faict du Salimbene, & comme ie doy appeller ceſte ſienne courtoiſie : tant y a, qu'il fault que ie die que l'exemple de ſon honneſteté & gentilleſſe eſt de tel effort, & m'a vaincu tellement, que ou ie mourray en la peine, ou ie l'eſgalleray, ſi ie ne puis le ſurmonter en recognoiſſance de ſa liberalité. Or eſtant ma vie engagee à ce qu'il a fait pour moy, l'ayant deliuree du pas d'vne mort honteuſe, c'eſt en voſtre main ma treſchere ſœur, de m'aider à executer

O ij

le complot desseiné en ma pensee, afin que ie sois le redeuable seul de vous, ayant satisfait à la liberalité du Salimbene, par le moyen duquel vous qui ploriez la mort, & liberté perdue de vostre frere, me voyez libre & en santé, n'ayant autre soucy que de m'aquiter vers celuy, à qui & vous & moy sommes grandement obligez. Angelique oyant ainsi parler son frere, & sçachant que le Salimbene estoit celuy, qui auoit surmonté tous leurs parēs en amitié, & soulagement de leur famille, respondit à son frere, disant. Ie n'eusse iamais cuidé voyrement que ce fust de telle part que vostre deliurance deust prendre son issuë. Et que nos ennemis, rompans tout souuenir des anciennes querelles, se souciassent du salut & conseruation des Montanins: pour ce, s'il estoit en ma puissance voudrois-ie auoir satisfait à la courtoisie & gentilesse d'Anseaume, mais ie ne sçay comment y donner attainte, moy estant fille, qui ne puis faire autre chose que recognoistre vn bienfait en mon cœur, sans qu'il me soit loysible de l'en aller mercier, & moins de luy faire offre de chose quelconque, veu le peu d'accez & hantise que i'ay auec les Damoiselles de sa maison, & famille. Toutesfois, mon frere, aduisez en quoy est-ce que ie puis vous ayder, & asseurez vous que, sauf mon honneur, ie n'espargneray rien qui face à vostre contentement.

Ma sœur, dit le Montanin, i'ay long téps discouru sur ceste mienne occurrence, & fantastiqué sur l'occasion qui a peu induire ce ieune gentilhomme à vser de telle & si grande courtoisie en mon endroit : & ayant assez diligemment recherché tout ce qui se peut penseray, veu & cogneu que la seule force d'amour l'a contraint à violenter son affection, & faire eschange de la haine hereditaire qu'il nous portoit en vne amitié qui à grand peine se pourra amortir. C'est le feu couuert qu'Amour a espandu par ses mouelles, qui luy a fait sortir les vrais effaits de sa gentillesse en euidence, & a rompu les concepts d'vn cœur passióné de colere. O grand force de ceste amoureuse alteration, qui en vn rien change ce qui semble impossible à receuoir changement, & muance! La seule beauté & bonne grace de vous, Ma sœur, ont induit nostre gracieux ennemy, esclaue de vos perfections, à deliurer ce miserable gentilhomme abandonné de toute bonne fortune. Ce sont les honnestes façons, & louables coustumes de l'Angelique Montanine qui ont incité Anseaume à faire vn acte si louable, & fait si genereux que de moyenner la deliurance d'vn qui n'attendoit pas voir vn accident de telle consequence: Ah gentil Adolescent que ton Esprit est royal, & ton cœur illustre & magnanime. Las! cőment sera-il possible que iamais ie puisse approcher l'honneste liberalité de laquelle tu m'as rendu ton redeuable: Ma vie est tienne, mon honneur depēd de toy, mes biens te sont obligez, que reste il, sinő que vous ma sœur soyez sans cruauté, n'vsant d'aucune ingratitude à l'endroit d'vn qui vous aime, & lequel pour l'amour de vous a prodigalement offert le sien, pour m'oster de peine & deshőneur. Que s'il est ainsi que ma vie & conseruation vous eust esté si chere, & q̃ pour me voir hors de prison, vous auez voulu consentir que i'alienasse nostre patrimoine, faites à present que ie me puisse reuenger auec vn grand, rare & precieux present, du bien, plaisir & courtoisie que le Salimbene m'a fait en vostre faueur. Et puis que auec les biēs de Fortune, ie ne sçauroye satisfaire à sa largesse, soit vostre personne, laquelle suppléeà ce deffaut, afin que vous & moy puissions estre quittes de l'obbligation, par laquelle nous luy sommes astrains. Il fault que tout ainsi qu'il s'est offert & dőné pour moy en ses deniers, que nous luy facions present de vostre beauté, non vendant le pris de vostre chasteté, mais luy proposant vn contr'eschange de courtoisie, m'asseurant, veu la gẽtillesse & bonnẽ nourriture, qu'il ne fera autrement en vostre endroit, ny n'vsera d'autre plus grande puissance, que celle que la vertu permet à tout cœur genereux & illustre. Ie n'ay autre moyen de satisfaction, ny rançon pour rendre libre ma teste de l'achet que le Salimbene a fait de ma liberté & vie. Pensez, ma chere sœur, quelle resolution vous voulez prendre, & voyez s'il est iuste que ie soye esconduit: vous estes en l'option & chois de nier ou accorder ce que ie vous demande : tant y a, que si ie suis refusé, & pers le moyen par vostre refus de m'aquiter enuers mon cõseruateur: i'aime mieux quitter ma Cité & païs, que viure icy auec le renom d'ingrat, & mescognoissant vn si grand plaisir, Mais las! de quel œil oseroy ie regarder la noblesse Sienoise, si auec vne grand'ingratitude ie passoye sous siléce ceste faueur la plus rare que lon pourroit imaginer? Quel creue-cœur ce me seroit d'estre mõstré au doigt, comme celuy qui auroit oublié de recognoistre par effet le bié receu de ma deliurãce? Nõ ma sœur,

O iiij

ou il fault que vous soyez le repos de mon ame, & l'acquit pour nous, ou bié q̃ ie meu re ou m'ë aille vagabõd par les terres estrã geres, sans iamais mettre le pied en Italie. A ces mots Angelique demeura si estõnee & confuse, & tant hors de soy, comme lon void assoupy en son sens celuy qui se sẽt attaint de quelque estonnement d'Apoplexie: à la fin reprenant ses esprits, & fondant toute en larmes, & l'estomach luy panthelant comme deux soufflets de forgeurs, respondit à son frere en ceste sorte:

Response de la belle Angelique à son frere

Ie ne sçay, mon trescher frere, veu la confusion de mon ame, par quel moyen ie puis se respondre à ta demande, qui me semble & iuste & inciuile: le droict estãt de la part de l'obligatiõ, & l'iniustice pour le respect de ce que tu veux que ie face, Mais estant vn faire le fault, que de deduire mes raisons, & discourir sur ce que tu requiers, escoute moy autant patiemmẽt, comme i'ay raison de me plaindre, & de disputer sur ceste occurrence, la plus grande & difficile à vuyder, qui me sçauroit estre presentee: veu que la vie & exposition d'icelle, n'est rien au pris de ce que ie voy que tu veux que ie metre en vente auec vne trop prodigue liberalité: & pleust à Dieu que la vie y peust satisfaire: asseure toy qu'elle y seroit

aussi tost employee, comme ie t'en fay la
promesse. Helas! bon Dieu, ie pensois lors
que ie veis mon frere hors de prison, &
qu'il fut eschappé du prochain destroit de
la mort, à laquelle iniustement il estoit
condamné, ie pensoy, dis ie, & croyoye fer
mement que la fortune ennemie de nos
ayses eust là vomy tout son venin, & que
se despouillant de sa fureur, & maligne nature, elle rompist ses sanglantes & enueni-
mees saiettes, auec lesquelles elle auoit par
si long temps blecé, & affligé nostre famille, pour en se reposant dōner relasche aux
Montanins de toutes leurs fatigues, & destresses. Mais, ô moy miserable! ie voy &
sens à combien ie suis esloignee de mon
esperance, & deceuë en mon opinion, veu
que ceste furieuse marastre se presente deuant moy auec vn visage plus courroucé,
& plein de menaces, que iamais elle ne
feist, s'aigrissant contre ma ieunesse d'autre
façon que iamais elle ne feit contre pas vn
de nostre race. Que si elle a persecuté noz
ayeulx, & ancestres, si elle les a ruinez, &
deffaitz, c'est à present qu'elle s'essaye d'y
mettre la derniere main, & nous precipiter
en la profondeur de l'abisme de toute misere, exterminant du tout les reliques de
nostre pauure maison, soit par la perte de

toy, mon frere: ou par la mort violente de moy, qui ne puis prodiger ma chasteté, que au pris de ma vie malheureuse.

He bon Dieu, en quelles angoisses est tombee mon ame, & comme ie sens l'effort & impetuosité de ceste fortune aduerse! Mais que dis ie fortune? comme le malheur me suit par vn iugement du Ciel sur nostre race, qu'il faille qu'en aage si bas, & tendre, & vn sexe si foible, & peu fort, ie face choix d'vne chose qui donneroit à penser aux plus sages & experimentez qui soyent auiourd'huy sur la terre? L'esprit me fault, la raison me manque, & le iugement est balancé par continues agitations, voyant que ie suis reduite à l'extremité de deux destroits, tous deux perilleux, & enuironnez d'effroyables dangers: estant necessaire, & viue force, ou que ie sois esloignee, & separee de toy mon frere, que i'ayme plus que ma vie propre, & en qui apres Dieu, i'auois assis, & posé tout mon espoir, & attente, n'ayant autre soulas, consolation, ny support que toy : ou bien en te conseruant, ie sois forcee de donner à autruy, & ne sçay comment ce precieux thresor, lequel vne fois perdu ne peut estre recouuert en sorte quelconque, & pour la garde & conseruation duquel, toute femme de bon iugement, & qui ayme la vertu, deuroit s'expoſer mille fois à la mort, ſi tāt de vies nous eſtoyent donnees, pluſtoſt que laiſſer tacher ou ſouiller ceſte Pierre precieuſe de chaſteté, auec laquelle noſtre vie eſt vrayement, là où au contraire celle qui follement s'en laiſſe deſſaiſir, & deſpouiller, & la perd ſans honneſte tiltre, quoy qu'elle viue, ſi eſt elle enſeuelie au plus obſcur cachot de la mort, ayant perdu l'honneur qui faict marcher les filles hault la teſte leuee. Mais quelle choſe a de bon la Dame, ou Damoyſelle ny en quoy ſe peult elle glorifier eſtant ſon honneur en doute, & ſa reputation denigree par vn renom de peu de chaſteté? Dequoy a ſeruy aux Dames de la maiſon d'Auguſte le nom de filles d'Empereur, puis que auec leur vilennie elles ſe ſont rendues indignes du tiltre de vertueuſes, & chaſtes? Que proufiteroit à Fauſtine la couronne Imperiale ſur la teſte, puis que celle de chaſteté luy auoit eſté rauie par ſa lubricité?

Virginité fleur treſ-precieuſe.

Les Filles de l'Empereur Octauian peu chaſtes.

Fauſtine Emperiere

Quel tort a l'on fait à pluſieurs ſimples fēmelettes de les auoir enſeuelies au tombeau d'vn obſcur oubly, leſquelles par leur vertu & pudicité meritoyent louange eternelle? Ah! Charles, frere treſcher, où est-ce que tu as l'œil de ton esprit, que sans auoir esgard à la renommee des honnestes Dames & pudiques Damoiselles de nostre famille, tu vueilles, que ayant perdu les biens & heritages paternels, ie face par mesme moyen perte de ma chasteté, laquelle i'ay iusques icy gardee auec si extreme diligence? Veux tu frere trescher, que par le pris de ma virginité, Anseaume ait plus de victoire sur nous, que s'il auoit fait passer au fil de l'espee tout ce qui reste de nostre parenté? Ignores tu que les playes & maladies de l'ame soyent plus vehementes que celles qui affligent le corps? Ah! malheureuse fille que ie suis, & quelle malheureté m'est il reseruee, quelle destinee m'a gardee iusques icy pour me presenter comme victime de Venus, à l'appetit d'vn adolescent qui ne desire (peult estre) que les despouilles de ma virginité?

O heureuse la Romaine, laquelle fut occise par les propres mains de son triste Pere Virginie, afin qu'elle ne fust souillee d'infamie par les paillards embrassemens de ce bouc Appie, qui en souhaitoit l'accointance. Las! que ne fait ainsi mon frere, pluftost que d'estre de son gré le ministre infame de ma vie preste à estre violee, si Dieu, par sa grace ne prend ma cause

Virginie fille Romaine, occise par son pere. Val. lib. 6 chap. 1.

en main? Las! mort, que n'executes tu sur moy le plus cruel de tes dards, afin que i'aille accompagner les ombres de mes bienheureux parens, lesquels sentans ceste mienne angoisse, ne seront si vuydes de passion, qu'ils ne gemissent mon desastre. He Dieu! que ne fu-ie aussi tost suffoquee comme ie fu tiree des secrets enlacemens de la matrice de ma mere, plustost que venir en ce malheur; que, ou il me fault perdre ce que i'ay plus de cher, ou mourir auec la violence de mes mains propres? Vien mort, vien, & couppe le fil malheureux de ma triste vie, ferme le pas auec ton dard trenchant aux larmes, lesquelles coulent impetueusement sur ma face, & clos le vent des souspirs, qui ne te laissent vser de ton office sur mon cœur, luy empeschant la suffocation de luy & de ma vie. Ainsi qu'elle acheuoit ces mots, la parolle luy faillit, & deuenant pasle & transie, demeura (tout assise qu'elle estoit) si cōme morte en son siege. Charles pensant que sa sœur fust trespassee, vaincu de douleur, & ne voulant plus viure apres sa sœur, voyant qu'il estoit cause de cest euanouissement, tomba du haut de soy tout plat à terre, ne remuant ny pied ny patte, non moins que si l'ame luy fust partie du corps. Au bruit que feist

HISTOIRE XXI.
le Montanin à sa cheutte, Angelique reuint de pasmoison:& voyant son frere en si piteux estat, & croyant estre deliuree du soucy de sa requeste, & d'estre sans frere, fut si esmeuë, que peu s'en fallut qu'elle ne feist comme Thisbé, voyāt son amy mort: mais repeuë d'esperāce, se ietta sur son frere, maudissant sa fortune, & accusant les astres de cruauté,& sa parole de trop de legereté, & soymesme de peu d'amitié enuers son frere, lequel n'auoit fait conscience de vouloir mourir pour luy conseruer son patrimoine, là où elle refusoit de se donner à celuy qui l'aimoit de si bonne affection. En fin, elle applique tant de remedes à son frere, ores luy iettant de l'eau froide sur le visage, tantost le pinsant, ou luy frottāt les temples & poux du bras, & la bouche auec du vinaigre, que elle le feist reuenir:& voyant qu'il auoit les yeux ouuerts,& qu'il la regardoit fort entētiuemēt, auec la contenance d'vn homme à demy desesperé, luy dist: Puis que ie voy, frere, que le malheur m'est si grand, qu'il ne te chaut en sorte aucune du sort maling qui me lance en l'abisme d'vne mortelle misere, & qu'il fault, à quelque ieu que ce soit, que ie suyue les desseins de tō ame, & obeisse à ton vouloir, lequel est plus gene-

Thisbé.

reux & haut que fuyuant la raifon, ie fuis côtente de fatisfaire à ce que tu veux, & à l'amitié que iufques icy tu m'as porté. Prés courage, & fay de moy & de ce mien corps ainfi que bon te femblera, en faifant don & prefent à qui bon te femblera. Bien te puis-ie affeurer, que tout auffi toft que ie feray hors de ta main, & puiffance, que tu n'auras plus moyen de m'appeller, ou eftimer tienne, & moins l'autorité de m'empefcher de fuyure les côplots de ma fantafie iurant & proteftant le hault Dieu, que iamais hôme ne touchera Angelique, fi ce n'eft en mariage: que fil feffaye de paffer outre, i'ay vn cœur, lequel enhardira mes mains à facrifier ma vie à la chafteté des Dames illuftres, qui ont mieux aimé mourir, que viure en reputation de deshonneftes. Ie mourray le corps fans diffame, & l'efprit eftant fans auoir confenty iamais à ordure qui le puiffe fouiller. Ayant ce dit, fe mift derechef à pleurer en telle abondance, qu'à peu que toute l'humeur de fon cerueau ne fefcoula par la bonde de fes deux yeux. Le Montanin, bien qu'il fuft matry outre mefure, de voir fa gentille & chafte fœur ainfi efploree, fefiouyffoit neantmoins en fon efprit, de ce qu'elle feftoit accordee à ce dequoy il l'auoit

tant requife, ayant ne fçay quoy en l'efprit qui luy difoit & prefageoit le bon heur qui luy aduint depuis pour ceft offre fi liberal: pource, dift il à Angelique: Ie ne fu de ma vie fi conuoiteux de viure, q ie n'euf fe mieux aimé choifir la mort, que te folliciter de chofe qui te peuft tourner à defplaifir & contre-cœur, ou que mettre ton honneur & reputation en branfle & peril d'eftre intereffé: ce que tu as & euffes toufiours cogneu par effect, voire touché au doigt, fi cefte courtoifie, qui ne reçoit poït de comparaifon, & liberalité non vulgaire du Salimbene ne m'euft efbranlé de forte que i'aye ofé te requerir ce que honneftement tu ne peux donner, ny moy demander fans te faire tort, & preiudicier à mon honneur mefme. Mais quoy? La crainte que i'ay d'eftre eftimé ingrat, m'a fait oublier en ton endroit: & la grand honnefteté d'Anfeaume me fait efperer, voire fermement croire, que tu ne receueras autre defplaifir que celuy que tu auras d'eftre prefentee à celuy, que d'autrefois nous auons eftimé comme ennemy mortel: & m'affeure qu'il eft impoffible qu'il vfe de vilennie à l'endroit de celle qu'il a aimé fi ardemment, qu'il n'a craint de defplaire à fes parens, & ne feft defdaigné de fauuer
celuy

celuy, qu'il haïssoit, & duquel il pouuoit prendre vengeance. Et d'autant, ma sœur que le visage est celuy le plus souuent qui donne signe & indices des affections du cœur, ie te prie ne te monstrer aucunemēt triste en la presence du Salimbene, ains rassereine ta face, & fais secher l'abondance de tes larmes, afin que te voyant ioyeuse il soit plus esmeu à continuer ses courtoisies, & vser de son honnesteté, se contentant de ta liberalité, & de l'offre que ie luy feray de nostre seruice. Qu'on voye icy l'extremité de deux choses diuerses, le deuoir bataillant auec la hôte, la raison estāt en contention auec soymesme : Angelique cognoist, & confesse que son frere fait ce qu'il doit, & qu'elle est liee à ceste mesme obligation, & d'autre part le rane qu'elle tient, & sa virginale pudicité rompent les desseins de ce deuoir, & la rebutant de faire ce que elle iugeroit estre iuste. Neātmoins se prepare elle à suyure, & l'vn & l'autre, & en s'aquittant de ce qu'elle doit à son frere, dresse le moyen de rendre son frere absouls de ce qu'il est redeuable à son bienfaicteur, en deliberation toutesfois de mourir plustost que villainement elle se forface, ou perde la fleur qui la faisoit reluire entrr les pucelles de sa cité,

P

HISTOIRE XXI.
& que sa bonne renommee fust denigree par l'effet d'vn acte vilain. Mais la rarité d'vne grande vertu fut plus singularisee en cecy, que ne fut la continence du roy de Perse, qui craignant d'estre forcé par les attraits de la beauté excellente de la pudique Pantee, ne voulut iamais qu'elle luy fust menee en sa presence, afin que surmonté de ses fols appetits, il ne forçast celle, qui ne pouuoit par autre moyē estre esbranlee à rōpre les sainctes loix de mariage, & foy promise à son espoux. Car le Salimbene ayāt en sa presence, & à son commandement celle qu'il aymoit sur toutes choses, tant s'en fault qu'il abusast de son pouuoir, que sa generosité se monstra d'autre force & efficace, que celle du Roy susnōmé ainsi que verrez lisant le succez de l'histoire. Apres q̄ le Montanin & sa sœur, eurent tenu plusieurs autres propos sur ce qu'ils auoyēt affaire en leur deliberation, & que la belle se fut appaisee en ses douleurs, attendant l'issue de ce qu'ils alloyent commēcer: Anseaume reuint des champs, ce que sçachant Charles, feit sur les deux heures de la nuict aprester sa sœur, & ayāt pour toute compagnie vn seruiteur portant vne lanterne, s'en vindrent au logis du Salimbene, le seruiteur duquel voyāt

Cyre roy des Perses

Documents manquants (pages, cahiers…)
NF Z 43-120-13

Exemplaire incomplet numérisé en l'état.

demnation, il falloit que la vie satisfist, & suppleast à l'amende pecuniaire. Ie ne pouuoye souffrir la deffaite de celuy qui est le frere de la chose q m'est au mõde la plus chere, & laquelle n'ayant point, encore estoy-ie en soucy de la perdre sans aucune esperance, ainsi ie payay la somme, & luy deliuray, ne sçay par quel moyen, ny cõmēt il a deuiné que ceq i'en ay fait soit procedé de l'honneste amitié & affectionnee seruitude de laquelle ie suis lié aux bonnes graces d'Angelique. Tant y a, que se ressentant de ma courtoisie, il m'a vaincu auec vne prodigalité, estant venu ce soir, & n'a pas deux heures en ma maison, auec sa sœur ma maistresse, se donnãt pour mõ esclaue, & me laissant sa sœur, pour en faire comme de chose qui est du tout en ma puissance. Voyez, mes bons seigneurs, & vous mes dames & cousines, auec quelle recognoissance ie satisferay à present si precieux, & don de telle consequence, veu que tous les deux sont tels qu'vn bien grand Prince & seigneur se tiendroit pour satisfait, voyant vn deuoir si liberal, & le prix inestimable des choses offertes. Les assistans estoyent là, ne sachans que dire, car le discours leur mettoit de fantasies diuerses, & opinions contraire en leur esprit, voyans que cela meritoit bien que ou penſaſt à la matiere auāt que la vuyder trop legeremēt: mais ils ne ſçauoyent pas la deliberation de celuy qui les auoit appellez, plus pour teſmoigner de ſon faict, que pour iuger ſi la choſe ſe deuoit faire, ou ſi l'on la pourroit empeſcher. Il eſt bien vray que les Dames, voyans la gracieuſe contenance de la Mōtanine, euſſent iugé pour elle, ſi elles n'euſſent craint d'eſtre refuſees de celuy à qui la choſe touchoit le plus. Lequel, ſans guere arreſter, eſclaircit à tous ce qu'il auoit entreprins de faire, diſant: Puis que vous penſez ſi longuement ſur vne choſe deſia aduiſee & arreſtee en mon cerueau, ie veux que vous ſachiez que ayāt l'honneur deuant les yeux, & deſirant ſatisfaire à l'honneſteté & du frere & de la ſœur, ie me delibere de prendre Angelique pour femme & legitime eſpouſe, vniſſant ce qui a eſté ſi long temps ſeparé, & faiſant de deux corps, iadis mal vnis & accords, vne meſme & pareille volonté: vous priant tre ſtous que ioyeuſement vous acceptiez ce mien vouloir, & vous eſiouyſſez en ceſte alliance, laquelle ſemble plus eſtre œuure du Ciel, que effect ſortant du Conſeil, & induſtrie des hōmes: Auſſi les mariages,

veu

veu leur conſequence, & Dieu en eſtant l'auteur, & celuy qui les a inſtituez, ſont eſcrits au liure infallible de ſa preſcience, afin que rien ne tombe qui ne ſoit ſouſtenu de la main toute puiſſante de ce Seigneur Dieu des merueilles, lequel vrayement a ouuré ſur toy, frere treſaimé, te faiſant tomber en deſtreſſe, & au peril de mort, afin que mon Angelique eſtant le moyen de ta deliurance, fuſt auſſi cauſe de l'vnion que i'eſpere, ſera d'icy en auant entre deux ſi illuſtres maiſons que les noſtres. Ceſt arreſt comme il eſtoit contre l'opinion, & outre ce que les parens d'Anſeaume l'euſſent eſtimé, ne fut ſans leur donner autant deſbahiſſement, comme de ioye, & plaiſir, ſentans ne ſçay quelle allegreſſe nō accouſtumée en leur eſprit pour ceſte vnion, & alliāce: & bien que les biēs foſſent ineſgaux, & que le douaire d'Angelique, n'approchaſt en rien aux grandes richeſſes du Salimbene, ſi l'eſtimoyent tous treheureux d'auoir rencontré vne pucelle tant vertueuſe, la ſeule modeſtie & integrité de laquelle meritoit qu'elle fuſt apariée à quelque grād ſeigneur. Auſſi quād l'homme reſpecte ſeulement la beauté ou richeſſes en celle qu'il doit auoir pour cō-

Q

pagne, il n'eschape guiere souuent le malheur qu'vn esprit de dissension ne le brouil
le parmy leur mesnage, & que le plaisir se-
uanouissant auec l'aage qui fait flestrir la
naïueté de la couleur, & la femme hauç-
ant le cœur pour se voir plus auancée en
biens que son espoux, veut auoir le dessus
en toutes choses, d'où auient que de deux
choses caduques & fresles le bastiment
qui a si peu ferme fondement ne peut a-
uoir durée, estant l'homme nay pour commander, & ayant qui le veut maistriser,
quoy qu'il soit le chef, & seigneur de la
femme. Or le Salimbene afin de paracheuer l'effect de sa courtoisie, donna la belle
moytié de ses biens tant meubles que im-
meubles en faueur de mariage, adoptant
par mesme moyen le Montanin pour frere, auec substitution en tous ses biens, en
cas qu'il decederoit sans hoir de son corps,
& où il y auroit des enfans, l'instituoit heritier de l'autre moytié qui restoit de la
donation faicte à Angelique sa nouuelle
espouse. Laquelle il espousa solennellement le Dimanche suyuant, au grand contentement & merueille de toute la cité, laquelle auoit esté long temps affligée par
les dissensions ciuiles d'entre ces deux mai
sons. Mais quoy? telles sont les varietez

des succez mondains, & de tant fait quelquefois le malheur aux hommes, que ce que l'honnesteté n'aura peu gaigner, soit surmonté par la disgrace, & desastre d'vn temps calamiteux. Ie n'ay icy affaire d'amener ceux d'entre les Romains, lesquels d'vne grand inimitié se sont iadis reconciliez, faisans vne aliance indissoluble, veu que les dignitez, & honneurs de leur cité en a induits les vns, le proufit particulier a chatouillé les autres, & pas vn n'y est venu de telle gaillardise que ceux cy, l'vn desquels a esté vaincu du feu d'vne passion amoureuse, laqlle forçât la mesme nature, luy a fait effectuer ce que les hômes n'eussent iamais sceu ny peu mettre en leur fantasie. Et puis vous accusez l'Amour, & le paignez des couleurs de rage folle & enragée forcenerie. Non non, l'Amour est le vray subiect en vn cœur gentil, de vertu, courtoysie, & modestes mœurs : chassant toute cruauté, & vengeance, & nourrissant la paix entre les hommes. Que si quelques vns violent & profanent les sainctes loix d'Amour, & peruertissent ce qu'y est de vertueux, ce n'est la faute d'vn si sainct subiet, ains de celuy qui le suit sans en sçauoir, ny cognoistre la perfection, comme aduient en toute operation

Q ij

de soy honneste, laquelle est diffamée par
ceux qui en pensans vser, en abusent lourdement, & font que les grossiers condamnent vn bien, pour le mal de ces volages.
En l'autre est paint vn cœur tellement vuide de ce sanglant & abhominable peché
d'ingratitude, que si la mort eust deu estre
le remede & moyen de satisfaire à son
obligation, il n'eust fait conscience de soffrir librement & franchement au pas effroyable d'icelle. Voyez quelle est la force
d'vn cœur gentil, & bien nourry, de ne
vouloir point estre vaincu par courtoisie,
& liberalité. Ie vous fais iuges, vous qui
versez en la cognoissance des causes amoureuses, & qui auec vn iugement sans passion, ny affecté à partie quelconque, discourez sur le fait & occurrence des choses
qui suruiennent aux hommes. Ie vous fais
(dis ie) iuges lequel des trois emporte le
pris, & à le plus obligé son compaignon
par l'acte de sa liberale & non forcée courtoisie. Vous voyez vn ennemy mortel se
douloir de la misere de son aduersaire,
mais y estant sollicité par la force non equitable de l'Amour, & qui en fin a moyenné sa deliurance. L'autre marche auec la
gloire d'vn present si exquis, qu'vn grand

Monarque l'euſt accompté à vne grand faueur & liberale prodigalité. La fille ſauance, faiſant le tiers ranc auec vne amitié ſi ferme, & charité tãt admirable enuers ſon frere, qu'eſtant en aſſeurée ſi celuy à qui elle ſ'offroit ſeroit auſsi modeſte que courtois, elle ſe preſente à la boucherie de ſa pudicité. Le premier fait encor eſſay de ſe faire vainqueur par le mariage, mais ne diminuant rien de ſa grandeur luy faut cercher d'ailleurs le pris de ſa victoire : A elle le deſir de ſ'occir ſi les choſes ſuccedoient côtre ſon deſſein, luy pourroit fermer le pas de ſa plus grand gloire, ſi la virginité n'eſtoit plus à garder que la vie propre. Le ſecond ſemble y aller à demy contraint, & comme par maniere d'acquit, & n'eſtoit l'affection qui le fait rendre eſclaue de ſon conſeruateur, ie diminueroye ſa louange. Mais d'autant que le pitoyable accident de deux pauures amans, me ſemond de ne taire leur meſaduenture, & que la raiſon veut que leur loyauté ſorte auſsi bien en lumiere, que la courtoiſie de ces gentils Sienois: ie me rapporte aux Gentils hommes & courtoiſes Damoyſelles qui liront ceſte hiſtoire ſur le ingemẽt & preference de gloire de l'vn de ceux que

Q iij

HISTOIRE XXI.
ie vous ay discouru cy deuant afin que ayant l'heur de sçauoir combien acortement ils vuydent telles controuerses, ie suyue mes brisees, & continue le pris, auquel, pour leur donner plaisir, ie suis entré auec verité d'histoire, laquelle i'embrasse tant plus amoreusement comme
la ieunesse y peut prendre &
instruction & contentement à son
honneste
desir.

Fin de la xxi. Histoire.

SOMMAIRE DE LA
XXII. histoire.

IL n'est chose tant bonne & salutaire soit elle, laquelle ne puisse tourner au dommage de celuy qui la reçoit: & qu'il soit ainsi, les andes saines à tout estomach, estans gloutement auallées, engendrent telle indigestion, & crudité que ce qui estoit bon de soy, se convertist en mauuaises humeurs, & corrompt le sang le plus pur qui soit és corps des hommes. Les sains escritz sont vrayment la pasture de l'ame: mais si vn Esprit malin, & sens reprouué les manie, ilz tournent à la ruine de l'homme. Ainsi est-il de l'amour, les effectz duquel suiuis auec raison, laquelle doit regir toute action humaine, sont necessaires & honorables à nostre vie, si sont autrement disposez qu'en bonne part, & si aueuglement l'on se lance és precipices d'vne folle fantasie, n'est rien tant pernicieux qui approche de la ruine que telle folle passion apporte à la vie des hommes. Et vrayement ces estourdis & infortunez Amans, s'ilz ne sont du tout sans ame qui ayt mouuemens de quelque intellect, deuroyent se saisir d'vn peu de sens, & se monstrer plus attrempez en leurs façons de faire: s'aydans des erreurs & ruines d'autruy pour receptes

Q iiij

HISTOIRE XXII.

de leur ecervellement & frenesie, par lesquels estans transportez, il volent au lieu le plus dommageable qui peut aduenir aux hommes. Mais quoy? les indiscrets en Amour ressemblent ceux, lesquels ayant vescu en larcin, & voyant leur compagnon sauter par le pendant, continuent neantmoins leur detestable, & malheureuse vie. Ainsi les amans, qui ne font gloire que du plus imparfait qui soit en l'Amour, laissans la constance, auec vne friuole loyauté, vaincuz de desespoir ou assotez de trop d'aise, donnent fin à leur mal-aise, auec le commencement d'vn malheur plus durable, que la peine d'amour n'est briefue aux esprits qui s'y façonnent selon la raison. Et tout ainsi qu'vne trop grande douleur peut tellement clorre la force des Esprits vitaux en l'home, que la vie defaillat il faut que l'ame laisse le corps sans force pour le soustenir: pareille vigueur a le trop de ioye lors que le sens occupé au pensement de ce qu'il luy est heureusement auenu, n'est capable de si grand chose, ains succombant au fardeau se laisse escouler, comme la chandelle luy defaillant la cire ou suif, pour bailler matiere au feu, afin d'eclairer. De cecy auons nous des exemples és liures des Histoires du temps iadis, l'vne des femmes des enfans du grand prestre Hely, oyant reciter la mort de son espoux, & la prise de l'arche du seigneur,

Apte similitude

La belle fille d'Hely mou-

HISTOIRE XXII.

deliura d'vn enfant, & soudain trespassa de douleur, estant aduenu le mesme a son beau pere pour la ruine & fuite des enfans d'Israel deuãt les infideles & incircõcis. Les histoires profanes nous mentionnẽt d'autres qui sont morts de ioye excessiue, & en riãs, si cõme Diagore Rhodiot, & Chilõ Philosophe, lesquels oyãs dire q̃ leurs enfans auoyent gaigné le pris aux ieux Olympiques sentirent vne telle esmotion de rate, qu'ils estouferent de rire, & vne folle Romaine ayãt ouy dire que son fils auoit esté tué en la bataille, supporta la chose plus constamment, que lors qu'elle le veit sain & sauf reuenant de la guerre, car la ioye luy estoupa tellement les arteres & pommons, qu'en l'embrassant elle finit sa vie. Sur quoy i'ay pris l'argument d'vne folie trop grande de ceux qui prennent tant les matieres à cœur, que sans raison ils se laissent defaillir, & ne voyant qu'ils sont les meurtriers de leurs ames. Et quelques excuse qu'on vueille pretendre pour coulourer ces vices, si ne puis-ie appeller cecy qu'vne espece de manie procedant à vn humeur trop melancolique, & d'vn cerueau qui estant guidé d'vn mauuais genie ouure des faits propres à la folie qui le conduit. Et ne loueray iamais ceux qui auec vne impatience desesperée donnent fin & violentent leur vie, quelque beau tiltre de constance que ces res-

rut de tristesse.

3. Des Roys. 4. Diagore Rhadiot. Chilon Philosophe moururẽt de ioye. Baptist. Fulg. liu. 9. Valer le gr. liu. 9.

HISTOIRE XXII.

aucuns philosophes ayent donné iadis à ces furieuses actions. Mais laissans ces discours, & raisons peu valables, venons à l'effet de la fin malheureuse & pitoyable d'vn beau couple d'amans, lesquels moururent en mesme heure, l'vn de ioye, & l'autre surpris d'extreme douleur, chose assez esmerueillable & plaisante pour la nouueauté, si prenez la patience de lire ainsi amyablement ce qui s'ensuit, comme accortement aurez pensé au vidange du doute qui vous est proposé en l'histoire precedente. Or
escoutez donc
le cours de
nostre
fait.

DE DEUX AMANS, LESquels se trouuans la nuit ensemble, l'un meurt de ioye, & l'autre le suit suffoqué de trop de douleur.

HISTOIRE XXII.

Du temps du Pape Alexandre sixiesme, surnōmé Borgia, aduint à Cesenne ville du patrimoine, laqlle estoit pour lors suiette a Cesar Borgia fils du pontife, l'occurrēce des choses que ie pretens vous reciter. Il y auoit donc à Cesenne vn iouuencean, nommé Liuio, lequel estoit demeuré seul auec vne sienne sœur, le nom de laquelle estoit Cornelia, à ses parens ia decedez: & non gueres loin de luy demeuroit vn autre citoyen assez riche, & bien aisé, lequel se nommoit Regnier, ayant aussi vn fils nōmé Claude, & vne fille appellée Camille. A cause du voysinage,

Alexandre vi.
Cesenne ville du Patrimoine.

& ayant eu quelque nourriture ensemble les deux filles estoyent si familieres l'vne à l'autre, que presque tout le iour elles ne bougeoyent d'ensemble. En quoy Regnier & sa femme prenoient vn singulier plaisir, à cause que Cornelie estoit estimée vne des mieux aprises, & plus accortes filles de toute la ville: & estoit ceste familiarité plus facile à continuer à Camille pour l'absence de son frere, lequel ordinairement trafiquoit à Romme. Claude, fils de Regnier, portoit, ne sçay pourquoy, & luy mesme ne l'eust sceu dire, vne haine secrette à Liuio, qui estoit cause que Camille en sa presence, luy faisant mauuais visage à Cornelia, ne frequentoit guere sa compagne tant aimee, mais dés que son frere estoit party, les filles qui s'aimoyent parfaictement, ne pouuoyent durer si vn iour passoir sans qu'elles se fussent entreuisitees: & pource que plus librement leurs petites folies & priuautez se faisoyēt au logis de Cornelie, que de Camille, qui auoit pere & mere, les filles voisines s'y trouuoyent le plus souuent, & y dressoyēt leurs petits banquets de cōfitures & fruict les apresdinees, iouans à mille ieux, & ysans de toutes les priuautez accoustumees entre les filles de tel aage, lesquelles seur estoyent plus plaisantes que ne sont les delices & pompes aux Princesses & grands Dames respectees, seruies, honorees, & souuent amouraischees par vne bonne trouppe de Gentils hommes. Durant ceste pratique, Liuio, qui souuent voyoit entrer & sortir la gentille Camille en la chãbre de sa sœur, commença à humer le venin d'Amour en la voyãt, ny plus ny moins que feist iadis Didon, baisant Cupidon, sous la figure & semblance du petit Ascanie fils du vaillant Enee: & ne peut estre si fort & constant à rechasser ceste premiere apprehension, que sans voir quoy ny comment, il se laissa tellement transporter à ses appetits, & vaincre à son affection, que du premier assaut & sans resistence, il liura la forteresse à celuy qui luy liuroit la guerre. Et fut si surprins de ceste libre & volontaire frayeur, & tellement enlacé és liens de ceste frenesie, qu'il ne pensoit, disoit ny respiroit rien plus que ce que Amour luy permettoit, transporté tellement de passion, que sans sçauoir s'il auroit partie qui luy fust reciproque, il se tourmentoit à credit, & prenoit plaisir en ses doleances, & se repaissoit de ses fantasies. Il eust semblé auoir quelque raison, si la frequentation de sa Camille luy eust allumé ce brasier en

Cupidon sous figure d'Amour, trõpe Didon.

son ame, & s'il eust tenu propos auec celle de qui il estoit si sauuagement idolatre. Mais quoy ? despuis qu'vn homme commence à folier ce luy seroit grand simplicité s'il ne parfaisoit de fonds en comble le proiet de ses sottises. Ce ieune Pigeon à plume follette couuoit en son ame ce qu'il n'osoit éclorre, & prenoit singulier plaisir à fantasier l'aise qu'il desiroit, & à faindre Camille faicte tele en son endroit comme il estoit l'esclaue forcé, & enchesné de sa bonne grace. De sorte qu'estant seul, il monstroit l'effet de son transport lors que absent de sa Deesse, il luy dressoit sa harengue en ceste sorte. Quel est ce Dieu, lequel priuant mon cœur de sa liberté, fait transport de mes pensees sur l'image de ta diuine beauté, fille la plus accomplie que les cieux regardent, & que nature ayt mis en essence? D'ou prouient la force laquelle forçant le plus fort de ce qui est en moy, fait plus forte l'imagination pour renforcer le desir à souhaiter ce que l'œil contemple en la celeste beauté de toy l'vnique maistresse de mes affections? Mais d'ou procede ce changement de moy en vn second, transformant ma liberté en vne seruitude qui m'est plus agreable que si i'estois seigneur de tout le patrimoine? Las! ie pense que cecy estant sur naturel, a non moins de nom que l'estre des puissances celestes: tellement que ie voy bien Camille, mais le vray effect de ce qui est parfaict sous ce voile corporel ne peut estre contemplé que par l'idée, & forcé de l'imaginatiue, laquelle rauissant mes sens, me fait l'esclaue de celle qui viuant sans subiection, se moquera (peut estre) de ma peine, & mesprisera mon affection. Aussi que me sert il d'embrasser l'ombrage, ou le corps s'esloigne & de ma vie & de mon attouchemét? Ie semble le Cameleon viuant de vent, & me repais des seules faueurs que ie me fantastique en mon ceruean. O que heureux sont les esprits que le Ciel a fait naistre si grossiers, qu'ils ne peuuent en sorte aucune receuoir les impressions d'Amour, là où nous sommes desastrez, & sans felicité, ayás l'ame si molle & l'esprit trop genereux, pour prendre, comme plaisir supreme, ce qui nous tourmente sur toutes les peines qui affligent les mortels. Ah! sotte & peu accorte nature des hómes, comme follement tu rassortes apres les passions que de toy, en toy tu plátes, sans voir q̃ en ta puissance de chasser ces indiscretiés! Mais qu'ay-ie dit? Est il bien en la puissance de l'hóme de semá-

ciper de l'Amour, & esteindre son feu lors
que viuement il en enflamme nos mouelles? Las? c'est bien loing de mon compte:
car d'vn million qui tombent en ses lacs,
ie n'en voy pas vn qui dispose de sa pensee
autremēt qu'il plaist à l'obiect dressé pour
triompher de nos seruices. Et quel mal est-
ce aussi que d'aimer les choses belles, puis
que le beau est tellement conioinct au
bon, que s'esgarant le bon, ce qui est beau
perd soudain son parfaict & excellence?
Non, ie t'aime Camille, & t'aimeray: &
quand le malheur guidera de tant ma vie,
que ie soye frustré de mon attente, si auray ie ceste gloire en mon penser, que d'a-
uoir loyaument serui celle, laquelle ingra
te d'vn tel honneur, aura refusé mon seruice. Mais que dy ie refusé? Non non, Camille est trop honneste pour se mocquer,
& bien apprise pour reietter celuy qui l'aime auec amitié tant honneste. Ah, ah mon
Dieu, & comment satisfera elle à ceste
mienne vertueuse seruitude, puis que mon
tourment est caché, & le luy bien secret ce
que ie desire, & cele à chascun le poinct
ou i'aspire, pour le comble glorieux de
mes ailes, & fin de mes penibles trauaux?
Courage Liuio, & ne t'arreste en si beau
chemin: fais l'ouuerture de ta cause, afin
d'en

*Le bon &
le beau,
faut que
soyent
ioints en
Amour.*

d'en auoir arreſt, & declare ta maladie pour en receuoir ou prompte guerison, ou le dernier Sirop, lequel l'enuoye iouyr de ioye plus accomplie en l'autre monde.

Ainſi print il ſon complot d'araiſonner ſa Camille, mais dés auſſi toſt qu'il la voyoit, c'eſtoit vne extaſe, qui le ſaiſiſſant par meſme moyen, l'empeſchoit de luy faire part de ſes doleances, qui eſtoit cauſe que de iour à autre il alloit diminuant & perdant la fraiſcheur de ſon beau taint, ne reſſemblant plus ce premier Liuio, qui eſtoit le bien venu par tout, à cauſe de ſa gallardiſe, & ioyeux propos en toute bonne compagnie, veu qu'il eſtoit deuenu reſueur, penſif & melancolique, & tellement ſolitaire, qu'il eſtoit impoſſible l'attirer en aſſemblee aucune où la ieuneſſe ſ'aſſemblaſt pour diſcourir ainſi que de bonne & louable couſtume vſent ordinairement les enfans de bonne maiſon par les villes d'Italie. Les Damoyſelles meſmes qui frequentoyent ſa ſœur, ne ſe taiſoyent point de ceſte non vſitee façon de viure de Liuio, les vnes l'accuſans de peu de diſcretion, & ſauuage nature: les autres touchans au blanc, & deuinans ce qu'eſtoit, referans ce changemēt tant ſoudain aux bleſſures mortelles & ineuitables du cruel fils de la belle

R

HISTOIRE XXII.
Cypris, Cornelia faschee, tant de la solitaire vie de Liuio, que de l'opinion qu'elle voyoit que chascun auoit conceuë de telle façon de faire, vint vers luy vn soir, & apres plusieurs propos l'arraisonna en ceste maniere: Vous trouuerez, peut estre, estrange que outre ma coustume ie vien à heure telle vers vous,& viẽ vous parler de chose de laquelle vous mesmes deussiez esclaircir à ceux qui vous aiment, afin que s'il y a moyen de vous oster de telle resuerie, l'on le poursuyue: & là où la chose ne meritera que l'on s'y trauaille, que ce soit vous seul qui dechassiez ces nuages de vostre fantasie. Car ie vous asseure mon frere, que ie suis tant honteuse d'ouyr les cõptes que chascun fait de vos resueries & estrangetez, que si ceste continue prend plus long cours,ie me delibere vser de mesme que vous, & m'enfermer de telle sorte que personne plus n'aura moyen ny de me parler,ny de me voir. Aussi quand i'oy qu'on mesprise, & met en tout propos, lors que i'enten que chascun vous estime hagard, morne, mal-plaisant & fantastique,ie vous prie penser quel contentemẽt i'en reçoy, qui par cy deuãt me grorifioye d'auoir vn frere accort,gaillard,ioyeux,& bien venu en toute bonne compagnie,

pour la recreation que par ses galantises il donnoit à ses compagnons. A ceste cause ie vous prie mon frere, me faire tant de faueur & bien pour vous mesme, que me dire l'occasion de ceste vostre solitude & tristesse, & de mesme si i'ay quelque puissance pour vous y aider: vous asseurāt que au pris de ma vie, ie m'efforceray d'y remedier d'aussi bon cœur comme ie desire vous voir priué de telle fascheuse contenance, & esiouy en vous voyant iouyr de vos aises, & participer en la ioye de ceux qui vous sont affectionnez, & lesquels sont contrains de se contrister, voyās le peu de ioye qui vous accompagne. Liuio oyant sa sœur luy parler si gracieusement, & auec telle affectiō luy promettre ce qu'il n'eust osé luy requerir, respondit en souspirant. Comment ma sœur, est-ce chose contre nature que voyr vn homme ioyeux changer sa complexion auec les mœurs d'vn melancolique? Il faudroit estre Ange, ou bien du tout sans passion, ou sans sentiment comme les insensibles, si selon les occurrences la liesse, ou tristesse ne se paignoyent en nos visages. Il est biē vray que ceux la sont plus accomplis en perfection lesquels supportans constamment leurs trauerses dissimulent deuant tous ce qu'ils en pensent, afin qu'eux seuls discourent le mal & cerchent le moyen d'en depestrer leur fantasie. Mais ie ne suis point si parfait, & ne sçaurois l'estre, & l'occasion de ma fascherie ne se couure pas si facilement, que tousiours le visage n'en donne vraye signifiance : & mon mal est si noble qu'il ne faut point se hontoyer de le faire apparoistre en face de tout le monde, encore que ie n'en descouure point la cause principale : Or pour ne vous tenir point longuement en suspens, il faut que ie vous confesse que tout le mal que i'endure & le changement de mon visage, & façons de vie, ne procedent d'ailleurs que de trop aymer. C'est ce tyran Amour, ma sœur, qui tirannise mon ame, & trauaille mon cœur, & lequel me priuant de toute liberté, m'oste aussi la contenance ioyeuse que vous requerez en moy, laquelle ie ne puis reprendre sans l'asseurance de ce que ie desire, qui est de la grace de celle à qui ie suis seruiteur. Ce n'est pour peu de chose que ie m'attriste, ny pour subiect de neát que ie resue, ou souspire, las c'est pour la mesme beauté que ie souffre, & c'est la modestie, & bonne grace de la mesme gracieuseté, qui me contraint d'oublier moy mesme pour penser à la perfection de celle qui a changé Liuio, & l'ayant rauy, l'a aussi osté de soy, le transformant en vn homme nouueau, & tel qui ne cognoit, voyt, pense ny desire que celle qui est viuement caracterée en son ame. Cornelia oyant le iargon par elle mal entendu de son frere, ne se peut tenir de rire, & soudain plourer de compassion, voyant le pauure amant tout perplex, & rauy en contemplation pour l'extase ou ces propos precedans l'auoyēt mis. Afin de l'en destourner donc, la folle honteuse & peu versée en tel mestier luy dit. Et bien mon frere, c'est assez resué sur ceste diuine Deesse, de laquelle vous estes ainsi Idolatre, & à laquelle vous dressez vos deuotions. Dictes moy qui elle est, afin que pour l'amour de vous ie luy porte honneur, & vous n'osant luy presenter vos requestes, i'vse de l'office d'intercesseur & la prie pour vostre allegeance.

Ah ma sœur, dit l'Amant, vous riez, & ne sçauez que c'est ce que ie souffre: si est-ce que ie prens à bonne faueur, ce que venez de me promettre, veu que vous auez grand credit à l'endroit de celle, qui me tient ainsi en langueur. Mais qui est elle, dit Cornelia, n'oseriez vous la nommer? auez vous crainte que ie la vous rauisse, ou

que i'en deuienne amoureuse, pour puis
apres vous en empescher le plaisir,& iouis
sance?Ce n'est pas cela ma sœur, replique
l'Amant, mais ie voudroy que vous m'asseurassiez de me secourir apres que ie
vous l'auray nõmée. Vous suffise, dit elle,
ma parolle,& confortez vous sur moy,car
à quelque pris que ce soit si ie la cognois,
ie luy feray le message.Liuio lors embrassant sa sœur de bon cœur, & la merciant
tresaffectueusement luy dist. C'est Camille voitre compaigne, celle mesme qui a
rendu captif voitre Liuio,& luy a fait chãger de façons,& de parolle. C'est à elle que
ie vous prie, ma sœur, que faciez entendre
ma peine,& luy declariez le tourment qui
me tient ainsi oppressé, l'asseurant que si
ie n'ay allegeance de sa parolle, & ne suis
receu en son seruice, comme son loyal &
fidelle amy, il est impossible, que ie viue
plus longuement. Bien mon frere, dit Cornelia, ie feray mon deuoir, & ne tiendra
point à ma diligence, ny parolle que vous
ne soyez allegé de voitre martyre: seulelement vous prie vous resiouyr, & changer ceste estrange solitude, reprenant voitre ancienne gayeté, afin que voitre amye vous voyant ainsi, que aye dequoy ses
iouir, & ne penser point qu'vn resueur,

& mal-plaisant luy face l'amour pour la caresser auec ses grimaces, & tristesses. A ce que ie voy, ma sœur, vous estes fort peu experte és choses de l'Amour, les delices duquel sont larmes, souspirs, gemissemés, langueurs, & complaintes, & ceux qui sont les plus constans & loyaux, monstrent aussi plus les effets de telle fermeté par l'indice vehement paint en ces douleurs, souspirs, & harangues larmoyantes.

Aussi ceux qui s'y monstrent si gays, declairent, par mesme moyen le peu d'affection qu'ils ont vers la chose desirée. Voyla de belle Philosophie dit Cornelia, i'ayme mieux estre sans amour, que tourmenter mon esprit auec ces sottes passions, & dessechant mon cerueau par trop de larmes, ne mettre en danger de deuenir ainsi frenetique comme ie vous voy, priué de tout soulas, & esloigné de contentement. Esloigné dictes vous, respond Liuio, i'ay plus d'aise en mon pensement, lors que ie voy des yeux de l'ame les perfections de ma maistresse, que vous n'auez estant sans apprehension de ceste libre contraincte que me donne l'Amour. Viuez en vos aises, dit la fille, & contemplez à vostre plaisir les Idées de vostre saincte: quant à moy i'ay plus chere vne heure de repos, &

R iiij

ayme mieux m'endormir dés que i'ay la teste sur le cheuet, que bastir des chasteaux en l'air, & me peindre des chimeres, lesquelles m'empeschent le sommeil, & puis chanter que ce sont les ayses des amans & la gloire de leurs pensemens colloquez au ciel de la déesse des Amours. C'est fort pauure pasture pour vn estomach mal repeu, que se saouler de souhaits, & rassasier de telles & si simples contemplations. Bié bien, ma sœur, dit Liuio, l'experience vous fera vn iour parler autremét, allez, & n'oubliez à tout le moins vostre promesse, Pensez seulement, dit elle, aux bonnes graces de Camille, & demain ie verray si elle est ferree de mesme que vous. Ainsi se retira, laissant son frere plus ioyeux que de coustume, pour l'asseurance que sa sœur luy auoit donnée de parler pour luy à la Camille. Voyla le premier traict de la follie de Liuio, que de faire sa sœur la Dariolette de ses amours, & apprendre à ceste grand' ieunesse le chemin de la volupté, lequel nous est assez defriché par la corruption de nostre propre nature, sans que il faille y vser d'art pour parfaire ce qui semble y defaillir. Mais l'aueuglement est si grand és choses de ceste follie, que iamais nous n'y voyons goutte, iusques à ce que le dōmage nous tombant sur la teste, nous fait sentir à veuë d'œil la lourderie de nos fautes: & encore est-ce vn grand bien de quelquefois cognoistre que on a erré, & non point consommer son temps en defendant sa forcennerie.

Lendemain donc que Cornelia eut fait promesse à son langoureux frere de parler à Camille, aduint que la fille de Regnier vint seule voir la sœur de Liuio, laquelle, voyant l'occasion tant à propos, ne voulut la laisser escouler, sans donner attainte à ce que elle auoit en son courage: & luy aduint si bien, que Camille, apres quelques petits deuis, luy demanda la cause pourquoy Liuio estoit si estrangé des autres, & que l'on ne le voyoit plus, ny à masquer, ny aux assemblees du reste de la ieunesse. A qui Cornelia respondit ainsi: I'en estoye en pareil desir que vous, & me faschoye sur toute autre fascherie, le voyant ainsi resueur, de sorte que ne pouuant plus supporter ses angoisses, luy en ay demandé la cause, laquelle prouient de vous, ma grād' amie, & estes vous la seule qui nourrist ces soings & trauaux en l'ame de mon triste frere, I'en suis cause, dist la simple Camille, comment se peut faire cela? veu que iamais ie ne luy fey offence, & ne sache de ma vie auoir parlé à luy de chose qui luy doiue tourner à contrecœur & desplaisir, & seroye bien marrie qu'il eust prins aucun mescontentement en moy. Le mal de mon frere, dist Cornelia, est tout diuers à ce que venez de dire : car le trop de contentement & plaisir qu'il a prins en vous voyant, a occasionné ceste sienne peine & toutesfois de son mesme malheur (comme l'on dit du Scorpion) il tire son soulagement & liesse. Voyla d'estrange cas, dist Camille, & si vo' ne m'espluchez autremēt vos obscuritez, ie suis taillee, pour n'y entendre que le haut Allemant. Et c'est ce qui me fasche le plus, replique la sœur de l'amant: car si vostre ame auoit quelque commune passion auec l'esprit affligé de mon frere, vous cognoistriez ce qu'il faut que ie vous declare, & y remedieriez, sans qu'il fust besoing que ie fusse de la partie. Encore moins, dist Camille, pource, ma grand amie, parlez clairement, & s'il est en moy, ie satisferay à vos demandes, ou, à tout le moins, vous rendray telle raison, que n'aurez cause de vous plaindre de mes responses. Mon frere Liuio, dist l'autre, est tellement espris de vostre amour, que s'il n'est asseuré de vous, & ne l'aimez en contreeschange de la seruitude qu'il vous porte, auec le mal qu'il souffre, vous le verrez finer sa vie autant desesperément, comme tristement & en secret il demene le cours de son aage:& d'autant que ie luy ay promis vous en porter la parole, ie vous prie, m'amie, en excusant mon indiscretion, faire quelque chose pour moy, & ayant pitié de ma tristesse, consoler Liuio sur le mal qu'il souffre pour trop vous aimer. Aduisez quelle est l'extremité en laquelle ie suis reduite, que moy simple fille, sans experience de ces choses, suis cõtrainte neārmoins à vous bastir des harangues peu conuenables à mon estat, & encore moins honnestes à mon aage : mais l'amour de sœur vers son frere, portera l'excuse quant à soy, pour purger Cornelia du deuoir auquel elle se met, pour cõseruer la vie à son Liuio. Qui eust iamais pensé (respond Camille esprise d'vne iuste, & feminine colere) qu'vne Damoiselle si saige que vous se fust de tant oubliée que pour la folle affection d'vn Adolescent elle eust voulu seruir de messagere si peu hõneste, &en cas indigne & de vous & de moy : à qui l'ambassade s'adresse? Et cuidez vous, ma grand amye, que toutes les foys que la ieunesse se fait des transes, douleurs, spames, & gemisse-

mens que ce soit l'Amour qui les geine,
& vn honneste desir qui les esmeut ? Non
nom les larmes sont seulement le signe
& declaration de desir, mais pour cela ne
meritent elles point salaire, veu que souuent l'ame qui desire, fonde sa pretente
sur chose que la raisõ ne sçauroit ottroyer.
Et que se doit soucier la vierge si l'Amant
se laisse miner à la douleur à credit, pourueu qu'elle conserue sa chasteté, & garde
le nõ de fidele, & pudique ? Ie n'ay affaire
qu'on m'amouraische, & ne veux qu'aucun croye que ie luy porte faueur, n'ayant
ma seule pensée en ma puissance, & estant
priuée de volonté, laquelle gist & repose
en la seule fantasie de mes parens. Que
les amans gemissent, & pleurent leur sin
saoul, cela ne m'empeschera point le sommeil, & leurs larmes ne feront eclypser le
serain de mes risées : & nous serions bien
sottes de nous rendre malheureuses auãt
le temps. Et quand tout est dit, que pensez
vous que soyent les plaintes des amans &
leurs faictes larmes que des amorces pour
surprendre ceste simple, & delicate ieunesse d'entre nous filles, desquelles ils se moquent apres les auoir attirées en leurs rets
& filets & s'esloignent d'elles, voyant que
si soudain l'on preste l'oreille à leurs char-

mes & parolles pleines de sucre fiellé. Si Liuio se faint des Amours, qu'il embrasse ses propres imaginations, & carresse l'ombre de sa fantasie, car ie me contente de vous aymer, & cherir nos compagnes, & que les ieunes hommes dressét leurs yeux ailleurs, concluant que ie ne veux ny desire que luy ny autre me facent la court, ou pensent que ie les ayme: que si i'en oy parler d'auantage, asseurez vous que ce sera pour la derniere: vous priant, ma grand amie, n'entreprédre plus telles charges; veu que outre la perte du téps, & peu de proufit que vous y aurez, vous perdrez de mesme ma compagnie, & si ne gaignerez pas grand louange, vsant de requestes si peu ciuiles à celles qui frequentent en vostre maison. Cordelia estonnée non seulement de la resolution de laquelle elle se tenoit desia pour toute asseurée, mais du desdain & courroux de sa compaigne, ne sceut que luy respondre, estant surprise d'vne honte virginale, & qui ne sçauoit encor de quelles repliques sçauent vser ceux qui sont stilez en la court de l'enfant de Venus: à ceste cause ele s'excusa le mieux qu'elle peut, & promit à Camille de ne luy tenir plus tel langage, la suppliant de ne discontinuer de la venir visiter comme de coustume, ce que l'autre luy promit assez facilement, voyant la nayue bonté de Cornelie, laquelle auoit ce fait, induite par l'importunité de son frere. Lequel tout aussi tost que sa dame fut retirée, s'adressa à sa sœur, pour sçauoir ce qui luy estoit plus nuisible que la mesme ombre de la mort, & la voyāt toute pensiue, & ayant les yeux baignez en larmes du despit qu'elle auoit d'auoir esté ainsi au vif touchée par sa cōpagne, deuina soudain qu'elle auoit esté esconduite, & que Camille s'estoit aygrie contre elle, trouuant estrange l'ouuerture de telles amours, & pour-ce arraisōna il sa sœur luy parlant ainsi. Et bien ma sœur, à ce que ie voy, vostre Camille est aussi douce en vostre endroit, comme ployable en mes angoisses: & a aussi peu escouté vostre embassade, comme fait compte du tourment que i'endure pour l'aimer plus que moy mesme. La fille qui voyoit son frere changer de couleur, & que à sa contenance il ne promettoit rien de ioyeux, luy chāta autre chose que Camille ne luy auoit respondu, l'asseurant que ses propos n'estoyent point trop refroidis, & que ses responses n'estoyent point sans quelque esperance, quoy qu'elle se fust aigrie de prime

HISTOIRE XXII. 136

face sur la desloyauté & fiction des amãs, & que au reste il ne deuoit s'arrester en si beau chemin: ains prenant cœur, se deffaire de ceste solitaire & peu plaisante vie. Liuio, croyant tout ce que sa sœur auoit feint, luy dist, s'il seroit possible de luy parler: à quoy la fille, quoy que estonnee, respondit, qu'il n'estoit pas encore saison de tant s'auancer, mais qu'il pouuoit luy escrire, & que en temps & lieu, elle luy ayant baillé la lettre, acheueroit d'en tirer la resolution: le frere trouua fort bon son aduis, & delibera de suyure le conseil de sa sœur quoy que ce qu'elle en faisoit, n'estoit que pour gaigner temps, & le distraire de ses fantasies, mais c'estoit en vain: car il estoit si auant precipité en l'abisme du goulphe amoureux, que tout l'effort des Pilotes qui sont à l'Arsenal à Venise, n'eust sçeu les retirer. A ceste cause, luy qui se mesloit quelquefois de faire quelques vers Italiẽs, luy escriuit vne Elegie, côtenant ceste substance, d'autant que ie n'ay peu auoir les vers de son vulgaire i'ay suyui le sens exprimé au discours de ses peu heureuses & pitoyables amours.

ELEGIE DE LIVIO
à la belle Camille.

SI peine mesme, & si pareil desir
Estoyent mon bien,& ton plus grād plaisir,
Si sous vn feu bruslant de mesme flamme,
Estoyent espris & ton cœur & mon ame,
Si d'vn vouloir esgal estions tous deux
Vniz, & faicts l'vn de l'autre amoureux,
Pas ie n'aurois cause d'ainsi me plaindre,
Et de forcer ma main, afin de paindre
Sur le papier ce que dire ne puis,
Si quelque fois en ta presence suis.
Pas ne serois affligé par tourment,
Lequel ie souffre en seruant loyaument.
Lequel me tue, & lequel me martyre,
Ne te pouuant tout à mon aise dire
Ce que tu fuis, & ce que ie pretens,
Ce que ne veux,& que le plus i'attens.
    Mais puis que seule as le bien de n'entendre
L'aspre rigueur qui tien sans tien fait rendre
Mon pauure cœur, & qu'à l'aise tu passe
Et nuit & iour, alors que ie trespasse
Nauré de toy,& pris de ta beauté,
Et affligé, las! par ma loyauté
Il faut que mort sans mot ie te declaire
Le plus du mal qui accroist mon affaire,
Et que tu scache auant que ie finisse
Ta cruauté,& mon loyal seruice.
Que ton cœur soit asseuré de ma foy,

Comme

HISTOIRE XXII.

Comme le mien de ton courroux sur moy:
Courroux qui faict que l'amant n'ose voir
Ce qui le tient en vie, & en pouvoir
De voir le Ciel & de chanter encore
Celle qu'il craint, qu'il ayme & qu'il honore.
 Mais pourquoy suis icy tant inutile,
Que loing sois de moy, de ma Camille,
Et que mon cœur s'estant fuy de moy
Pour habiter & se loger en toy,
N'ose attirer le corps en ta presence
Pour luy donner quelque peu d'allegeance,
Pour luy bastir vn logis plus plus plaisant
Que ce courroux n'est grief & desplaisant?
Ah cœur! le cœur de deux tant defferens,
Rentre dans moy, & acheue ton temps
Sans aucun pris, de ma vie presente
Pour y reuoir vne Ame plus dolente.
Que ne fut onc le sonneur de la Thrace
Lors que Pluton luy feit reuoir la face
De son Espouse & soudain il perdit
Son bien, sa femme, & du tout le credit
De la veoir plus. Rentre cœur dans mon corps,
Et voy quels sont les effraiz & discords
De mes esprits, en ceste passion
Laquelle vient de trop d'affection.
 Las las! Camille, est il determiné
Qu'vn serf loyal se voye exterminé
Pour te seruir, & qu'vn seul bien ie n'aye
De ta beauté! fault il que l'on m'effraye

S

HISTOIRE XXII.

Par le recit obstiné de ton dire,
Qui n'as soucy de moy, ny mon martyre?
Es tu plus rogue, & discourtoise, & fiere
Que la Camille arrogante guerriere,
Laquelle vint liurer guerre auec Turne
Aux beaux Troyens, qui en l'effroy nocturne
Vindrent laissant liurer aux murs tresfors
Ou Turne estoit effrayé pour les morts
De son party? Helas ouy, ie pense:
Et n'as soucy de pleur, ny de souffrance
Que souffert i'aye, & qu'encore i'endure
Tant tu es fiere & arrogante & dure.
 Mais que ay-ie dit? c'est là deu & office
De toute fille, ainsi faire au seruice
Premier offert de ceux qui la pourfuyuent,
Et qui sans cœur en leur presence viuent,
Ainsi en font afin d'esprouuer l'or
Plus precieux de l'Amoureux thresor,
Afin de voir le merite ou le vice
Du desloyal, & du loyal seruice.
 Voy quel ie suis aduise ma constance
Et si auec longue perseuerance
Ie ne m'arreste à te seruir tousiours,
Sois-ie frustré du bien de mes amours,
Et esloigné de tout ce que desire
Pour viure ainsi dolent & en martire:
Soit Cupidon esmeu d'vne grand rage
Contre mon chef, soit aussi ton couraige
Tousiours felon despit & irrité

Contre mon cœur, soit la seuerité,
La peine seure ou mes malheurs finissent,
Et que tes yeux mes offences punissent.
Mais estant tel qu'vn vray amant doit estre,
C'est à toy belle, à toy c'est de cognoistre
Ma loyauté, & me rendre salaire
Comme tu vois toute autre ainsi le faire.
Que si ie dois par mon malheur durable
Seruir d'exemple à tout cœur miserable,
Que pour le pris deu de ma loyauté
Ie soye payé d'vne grand cruauté,
Vienne la mort accourcir le fil triste
De mes ans longs, & ce qui me contriste
Qu'elle le porte au fleuue sans pitié,
Ou vn oubly efface l'amitié
Que ie te porte, & que tu viues telle
Que sans douleur, sans passion mortelle
Ta vie soit conduitte en grand liesse
Au cours plaisant d'vne gaye vieillesse:
Tant seulement te souuiendra vn iour
Que ie suis mort poursuyuant ton amour,
Et que ton cœur impatient d'aimer,
M'a fait sentir ce boucon tres-amer,
Lequel, sans toy, me fait faillir la force
De plus parler, & si plus ie m'efforce
Descrire, plus la honte & la frayeur
Fermant le pas à ma vie, à mon cœur,
Pour te laisser belle en ceste pensee,
Que i'ay en moy la mienne ame offensee,

HISTOIRE XXII.
Laquelle en toy mourra, si n'ay confort,
De toy vivra, mesme au pas de la mort.

Pensez que l'infortuné Amant ne paracheua point son Elegie, sans espandre vne infinité de larmes & souspirs, & sans en mouiller bien auant son papier, afin que sa Dame iugeast de la passion qui le tenoit saisi lors qu'il estoit rauy en ceste contemplation: laquelle faisoit assez foy de sa folie, & monstroit le peu de cerueau qu'ont ceux qui sont coiffez de pareil bonnet de nuict, que celuy qui tenoit embeguiné le Cesenois Liuio. Lequel lendemain ne faillit de donner son Elegie à sa sœur, afin que elle en feist part à la belle Camille. Cornelia d'vn costé, estoit fort marrie de voir son frere en telles alteres, & si pressé de passion, & eust bien voulu que s'amie luy eust donné quelque allegeance, d'autre part, elle craignoit de la fascher, & plus encor de la perdre, si elle luy parloit plus de ses folastries. Mais la simplette n'estoit point encor maistresse en Amour, pour cognoistre son cœur mesme, & que quelque mine que les filles facent, si ont elles vn singulier contentement quand on leur fait seruice, & ne trouuent pas si mauuais que elles feignent les propos, ny lettres que leurs seruiteurs leur addressent. Ainsi elle differa quelques iours à luy donner l'escrit de l'Amant, craignant ce qui aduint depuis, que si elle luy en faisoit ouuerture, Camille se colereroit, & la refusant par mesme moyē, Liuio seroit au desespoir, en danger, ou de mourir ou de tomber en quelque grande maladie.

A la fin voyant que Liuio la pressoit de trop pres, & la sollicitoit auec trop grande importunité, elle se resolut de franchir le sault, & de sçauoir de quel cœur Camille receuroit ceste seconde embassade. L'apresdinee que les filles se voyāt ordinairemēt, Camille vint seule voyr Cornelia, & s'estās quelque temps deduictes à compter leurs menus affaires, la sœur de Liuio tira la lettre de son sain, & tout riant dit à sa compaigne. Lisez vn peu cecy, ma grand amie, & verrez quelles sont les folies des amās. Ie l'ay trouué à ce matin ainsi que ie descendois les degrez pour m'en aller à l'Eglise. Camille qui estoit finette, se douta aussi tost de quelle part venoit ceste Embassade, pource luy respōdit. I'entens assez ou tout cecy tend, mais si ce n'estoit pour vous faire plaisir, & aussi que ie n'ay point peur d'estre enchantee par les charmes contenues dans ce billet, i'en feray sur le chāp cent mille pieces. Que s'il y a rien qui me vienne à contre-cœur, asseurez vous que ie vous tiendray ma promesse. Ie ne sçay que c'est, dit Cornelia, tant y a que homme viuant ne m'a enchargee de vous presenter lettre ny Embassade: pource ne seroit bien fait que ie portasse la penitence d'vn peché, duquel ie ne serois point coupable. Bien bien, dit Camille, lisons le discours de ces amourettes, ainsi mal-fondees comme peu receuës à l'endroit de celle à qui elles s'addressent. Et ayant leu d'vn bout à l'autre l'elegie, quoy qu'elle y print vn singulier plaisir, & commençast à sentir les traitz d'Amour en sa tendre poitrine, sauourant l'amertume d'vn desir auquel lon n'ose satisfaire, si est ce qu'vsant de sa sagesse accoustumee, & forçant ce qu'elle souhaitoit le plus, auec vn visage plein de desdain, vsa de tels propos à sa compagne. Ie croy bien Cornelia que le trop de patience qui est en moy, auec la facilité à ouyr vos embassades, vous ont encor fait entreprendre de continuer ceste peu sortable pratique à vne fille de telle maison que vous estes: & ne fault coulourer icy les choses d'autre vermillon que de leur naturel, veu que ceux à qui vous auez affaire cognoissant bien mouche en laict, & voyât ou telles ruses tendent, & à quelle fin le tout se fait. Pource direz à vostre frere que plustost que le mal empire, ie suis d'auis qu'il guerisse sa teste, afin que le cerueau estant en son entier, il ne soit cause de la ruine de tout ce qu'il a de bõ: car ie ne suis point resoluë de faire autrement que ie vous dis la derniere fois que me parlastes de ces folies. Et quãt à vous ce seray moy-mesme qui seray punie de mon indiscretion, & peu d'auis, me priuant de la compagnie où i'auois le plus de plaisir, & contentement. Vous disant à Dieu iusqu'à ce qu'vne meilleure occasion nous ouurira le pas pour recontinuer nos visitations tant familiaires. Le faire, & le dire ce fut tout vn, car si elle eust attendu responce de Cornelia, elle se voyoit en danger de succomber au faix, & de prester l'oreille à sa compaigne, qu'elle laissa aussi esplouree, comme elle s'en alla transie, & pleine de diuers pensemens: & ce fut lors qu'elle cõmença à mesurer l'affection de Liuio, & voir que telle continuation ne se faisoit point sans que l'amour ne fust & loyal, & vehement: pource delibera que s'il aduenoit qu'on luy en parlast d'auantage, elle changeroit d'auis, & choisiroit Liuio pour celuy qui seroit vn iour son loyal espoux, & à qui elle fieroit ses plus secretes pensees.

En cecy se cognoist le peu d'arrest du cœur des hommes, & sur toutes choses de l'Amour, veu que ce qui estoit n'agueres arresté & asseury à ne receuoir aucune partie, & de chasser toute impression d'Amour, est en vn moment changé. Et prenant autre auis, fait vn tableau de son cœur, ne ayant que le simple crayon, afin que les affections s'y paignent en telle diuersité, que les occurrences amoureuses & les seruices de l'Amant luy en donneront occasion. Encor estoit-ce assez sagement fait, veu les lourdes fautes qui aduiennent de iour à autre à ceux qui dressent telles parties, lesquels se fourrent indiscretement en l'abisme de trop aimer, sans sçauoir ny le merite des personnes, ny comme les choses leur peuuent succeder : D'où aduient que tant d'hommes ont finy miserablement leurs vies, & ont laissé l'exemple d'vn malheureux desespoir, pour nous apprendre que en toutes choses il y fault garder mesure, & n'est raison de s'engloutir tellement que les conduicts en soyent estouppez, & que lon en sente vne fascheuse & dommageable suffocation. Comme aduient à ces atuiastres, lesquels pour se voir desfauorisez de leurs dames, conçoiuent vn mal, qu'ils ne sçauroyent nommer, & s'en laissent telle-

mét miner, q̃ lors qu'ils veulēt s'en distraire, & cherchēt le moyen de s'en deliurer, il
est impossible, ou à tout le moins fort diffi
cile d'y remedier, ainsi qu'il en aduint à Liuio, lequel, asseuré de la responce de sa
Dame, tant par sa sœur, comme en ayant
ouy luymesme vne partie, & mesme l'en
ayant veuë aller auec tel desdain & courroux, comme elle se faignoit, tomba en
vne maladie si estrange, qu'ayāt perdu som
meil & tout appetit, il laissa les medecins
au bout de leur rollet, lesquels ne sçauoyēt
autre chose dire, sinon que si le patient ne
s'esiouyssoit, c'estoit faict de sa vie, à cause
que son mal ne procedoit d'ailleurs que
d'vne trop grāde tristesse. Mais qu'eussent
ils fait, veu que le mal d'Amour est diuers
à toute autre indispositiō. Il y a des destres
ses, ausquelles on baille encor quelque allegement par certaines drogues, induisans
le cœur à ioye : mais en ceste passion, les
drogues y sont inutiles, & les herbes n'y
sont d'aucun effect ny profit, y pouuant
pl^9 la seule parole d'vne simple fillette, que
toutes les ordonnances des plus experts
medecins qui iamais sortirent de Paris,
Padouë, ny de Montpellier. Comme en Liuio, lequel alloit de iour à autre en empi-
rant, & fondoit sous l'ardeur du feu amou-

reux, qui luy brufloit les entrailles, ne plus ne moins que lō void la neige fefcouler & fondre, fentāt les ardentes flāmes d'vn foleil à plein midy. Cornelia, voyant l'amortiſſemēt de fon frere, & en fachāt l'occaſiō, eſloignee de tout moyen pour luy dōner remede, à cauſe q̃ fa Camille ne la venoit plus viſiter, print telle melancolie en la cōtinuë angoiſſe de fon frere, que ne pouuāt plus fupporter la douleur qui la rongeoit interieurement, elle fe fentit furpriſe d'vne grand'fieure, laquelle en fin la contraignit de tenir & la chābre & le lict. Or eſtoit fa chābre ioignāt celle de Liuio, n'y ayāt rien qui les feparaſt, qu'vne feparation faite d'ais, aſſez bien ioincts, mais fi deliez, que facilemēt lō entēdoit ce qui fe difoit & faifoit de l'vne chābre à l'autre, qui fut cauſe que Liuio entendant fa fœur eſtre arreſtee au lict, fut en danger de paſſer le pas, fi le remede ne luy fuſt aduenu miraculeufement par le mal mefme de fa fœur, ainfi que orrez prefentement.   Camille eſtoit toute eſtonnee, qu'elle ne voyoit plus Cornelia ny à l'Egliſe, à la porte, ny à la feneſtre, pource fenquiſt tant qu'elle fceut comme Liuio eſtoit malade iufqu'à la mort, & que Cornelia en auoit pris tel creue-cœur, qu'il feroit grand miracle, fi elle ne suiuoit de bien pres, estant elle aussi attainte d'vne telle fieure qu'elle ne bougeoit du lict y auoit quelque temps. L'Amie de Liuio ne peult plus dissimuler ny l'Amour secrette qu'elle portoit à son Liuio, ny la tristesse qui l'affligeoit pour le mal qui tenoit Cornelia en telles destresses, sans le faire voir par vne grand' abondance de larmes accompagnees de tant de sanglots & souspirs, qu'il sembloit qu'auec ce vent elle voulut mettre l'ame hors, pour aller ailleurs faire penitence du mal, duquel elle seule se confessoit estre l'occasiō. Or estant seule en sa chambre touchee au vif des saiettes d'Amour, & espoinçonnee de douleur, se print à se plaindre, & accuser sa rudesse, & cruauté, vsant de telles, ou semblables parolles. Las quelle est ceste passion tant demesuree, laquelle peut ainsi accabler la force des plus constans, & annichiler la constance des saiges, auilissant le cœur de ceux qui és autres perils se monstrent inuincibles? Est il possible que ce que ie pensoye estre fiction en ce gentilhomme peu heureux, soit vn vray effet de la puissance de ce qu'on appelle Amour au cœur des hommes! Ah Liuio Liuio, comme ie sens l'effort de ce que ie ne sçay nommer que force sans contraincte,

& douleur sans occasion de plainte! Ie sens vn mal qui me plaist bien, & experimente vne peine, sans laquelle ie pense que l'estre des hommes ne sçauroit demeurer en essence, & toutesfois ie suis tellemēt voylee, que ie n'ose declairer ce que ie voudroye que tu sceusses pour ton soulagement, & ma descharge. Mais quoy? I'ay si grād peur que le renom de mon honnesteté se esuanouisse en ses deliberations, que i'ayme plus cher choisir la mort, que donner occasion tant soit elle simple aux hommes de moins estimer ma vertu: d'autant qu'à la perte de toute autre chose lon peult remedier, mais la renommee estant en doubte, & le bon bruit desrobé, il n'est aucune satisfaction qui puisse couurir telle faute. Mais ou est la faute, puis que la fin d'vne chose est selon la vertu, & honnesteté? N'est ce pas bien fait que de conseruer la vie à celuy, qui meurt pour porter trop d'affection à celle qui le mesprise? Est-ce peché que de satisfaire par mutuelle affection à celuy qui nous ayme pour le respect d'vne saincte liaison de mariage? Non Cornelia tu ne perdras point ton frere, ny moy vne si bonne amie par faute de respondre en vouloir reciproque à celuy, qui ayme mieux mourir que esuenter la cause de sa tristesse,& l'argument de sa ruine.Ah constant & loyal amant, s'il estoit loysible à Camille de te parler,& descouurir son secret,tu ne viurois si long tēps en langueur, mais la honte estant l'empeschement qui clost ma bouche, fais fais l'office d'vn bon requerant,& tu verras si ie suis hagarde ny retifue à cognoistre l'honneur que tu me fais,t'offrant pour mon seruiteur, & ne plaignant ta vie à l'execution de ce que l'amour te commande. O fort Amour, & qui est celuy, qui puisse resister à ton effort? & moins qui ayt la force de vaincre les soldats que tu mets en campaigne? ie confesse que ie suis vaincue, & qu'il fault que suyuāt tō char ie sois menee én triomphe deuant celuy qui estant mon serf, m'a faicte aussi l'esclaue de ses importunes requestes,pour auec opportunité me rendre sienne. Que mon cœur ne dissimule plus ce qu'il souhaitte,& que l'ame ne se faigne sans passion,au milieu des flammes qui la tourmentent, & les yeux ne fuyent plus de voir celuy qui leur estant plus aggreable,cōme ils ont de peine à retirer la veuë de luy.Allōs mes pieds, & portez ce corps vers le lieu ou son cœur a prins nouueau domicile.Ayant ce dit, se leua toute deliberee,non d'arraisonner Liuio, trop bien de luy accorder son amour, si par cas elle en estoit de luy requise. Ainsi s'en alla elle voir Cornelia, qu'elle trouua fort affoiblie dans son lict, & l'ayant consolee au moins mal qu'elle peut, Liuio, qui sentit la presence de sa maistresse, & entendit la voix de celle qui le faisoit mourir en si grand langueur, demãda à sa sœur, qui estoit auec elle, laquelle luy dist que Camille seule luy tenoit compagnie: luy r'enforcé de la moitié, reprint cœur, & se resolut de sçauoir la sentence finalle de sa mort ou de sa vie, pource cõmẽça à discourir de ses Amours, à celle qu'il ne voyoit point, & solliciter Camille presente, absente auec telle ou semblable harangue: Il est desormais tẽps, Madamoiselle, de voir si la cruauté aura plus de place en vostre endroit, que la courtoisie deuë à vne si belle, excellente, & gentille fille que vous, qui auez tellement aliené mon esprit, que n'estant plus seigneur de moymesme: ains viuant en vous, suis icy en danger de finir ma vie, pour estre sans, soustien de vous, de qui elle depend. Ce n'est plus saison de dissimuler la douceur ou la rigueur, veu que par le chois de l'vn ou de l'autre, il est en vous de me guerir, soit par la mort, soit par le viure, m'asseurant de vostre grace, ou me debiant du tout voſtre courtoiſe faueur. Il n'y a riẽ qui vous force, que voſtre propre volonté, ny qui vous eſguillõne qu'vne eſtincelle d'Amitié s'il en y a encor en vous quelque ſouuenance: Voyez icy voſtre infortuné Liuio ſans eſprit, ſans cœur, & ſans eſpoir, attendant que vous luy rendez la vie, & le renforçant luy donniez quelque eſperance par la promeſſe que vous l'acceptez pour voſtre: autrement c'eſt fait de moy, & n'eſt moyen qui puiſſe rappeller mon ame du tombeau que la ſeule parolle fauorable de ma Camille, ie ne puis plus iargonner, l'eſprit me delaiſſant, & ayãt les forces ſi affoyblies, qu'il eſt impoſſible que la langue obeiſſe d'auantage aux deſirs du cœur. Et voulant encor dire quelque choſe la parolle luy faillir, qui fut cauſe que les deux filles penſans qu'il euſt paſſé, accoururent à la chambre du patient, lequel elles trouuerent outré de douleur, mais qui reſpiroit encor, quoy que ce fuſt auec aſſez de difficulté. Ce fut là que Camille oublia toutes ſes fictions, & mit à part les diſſimulations, deſquelles iuſques alors elle auoit vſé pour eſprouuer la patience de ſon amant, car ne ſçachant cõme le faire reuenir, ne fait conſcience de couler ſes leures freſches & coralines ſur la bouche amortie du transi Liuio, lequel pour ceste faueur inesperee fut tellement remis, que les sens esgarez, & l'Esprit presque prest à laisser le corps reprindrent leur premiere place, & luy vsant de sa bonne fortune, embrassa fort amoureusement sa Camille, sans y espargner vne infinité de baisers, qu'il luy rendoit à l'vsure, & en eschange de ceux qu'elle luy auoit prestez durant sa defaillance. Camille qui estoit autant saige, & chaste que belle & gracieuse, ne voulant point que son amant accomptast cecy à quelque legere faueur, & qu'il feit son proffit de ceste courtoisie, luy parla doucement en ceste maniere.

Seigneur Liuio, ne pensez que la compassion que i'ay eu de vous en ceste vostre pasmoison, diminuë rien qui soit de l'integrité de Camille: car tant que ie viuray, mes embrassemens, en quelque lieu qu'ils s'addressent, seront saincts, & sans reprehensiõ, & mes baisers pudiques, & tels que doiuent estre ceux d'vne fille de bon lieu, & à qui l'honneur est en recommandatiõ. Qui est cause que ie suis contente de croire vos paroles, & penser que ie suis bien aimee de vous, dequoy ie suis aurãt ioyeuse, comme ie croy aussi que l'amour que vous me portez est chaste, & tédant à bonne fin:

ne fin:car si ie sçauoye qu'il fust autre, & qu'vn vouloir desordonné guidast vos passions, i'auroye plus cher vostre mort & la miéne ensemble, que perdre ce qui me fait marcher, sans rougir deuant tout le mōde. Ie vous aime Liuio, & vrayement ie vous ayme, non d'vne amour qui se perd apres que les fols ont iouy de leurs desirs & folles pretentes : mais comme les filles doiuent fauoriser ceux qui leur font l'Amour à bonne fin, & en intention de mariage. Pource vsons sagement des choses qui peuuent estre prises & en bonne & en mauuaise part, afin que Dieu n'y estant point offensé, nous gardions nostre honneur & reputation deuant tout le monde. Si donc vous m'aimez, comme ie pense que faites, & est vostre affection tant vehemente que me l'auez declaree iusques icy, monstrez en les effects, & me faites demander à mon Pere pour espouse, lequel ie pense ne vous refusera le don, veu le lieu d'où vous estes issu, & la reputation de vostre honnesteté. De moy, ie me rapporteray tousiours à sa volonté, & ne failliray à vous satisfaire auec autant d'affectiō & bōne volonté, comme ie voy que vous estes ardemmét espris pour vostre Camille. Guerissez vous donc pour l'amour de moy, & re-

T

HISTOIRE XXII.
seruez ceste vostre ieunesse à meilleure
chose qu'à ces trauerses & passions, qui
sont dommageables au corps, & ruinent
de mesme l'ame. Afin que vous guerissant,
vostre sœur, qui tant vous aime, reprenne
son en bon poinct, & moy, par la volōté de
mes parens, aye vn espoux tel que le desire, & duquel ie suis asseuree, i'ay le cœur &
amitié. A ces paroles Liuio, comme sortāt
d'vn profond sommeil, haussa les mains au
Ciel, & louant Dieu de sa bonne fortune,
baisa celles de sa Camille plus de cent
fois, luy respondant en ceste sorte: Madamoiselle, si tout l'heur qui peut aduenir à
vn homme bien fortuné estoit mis ensemble pour feliciter ma vie, encor ne sembleroit il rien au pris de celuy que ie sens par
ceste vostre response, laquelle seule aura le
pouuoir de rappeller ma vie, qui desia e-
stoit appellee pour s'en voller auec mon
esprit sur les ondes sans clairté, où le
vieux Nocher Charon fait sa demeure: &
pensez que tout aussi tost que ie pourray
me tenir debout, ie n'ay garde defaillir à
visiter vostre Pere, pour, en obeissant à vostre commandement, causer en moy l'accomplissement du plus grand aise que ie
sçauroye desirer. Vous merciāt toutesfois
du bien & honneur qu'il vous a pleu m'

faire, visitant ce pauure affligé, & luy portant le remede tant propre que vostre presence. Ie ne pourroye, respond Camille, moins faire que de vous secourir en ceste extase, tant pour l'hōneste amitié, que m'asseure me portez, comme pour alleger la peine que ie voyoye souffrir à ma compagne, à laquelle vous estes redeuable vrayement de ma venue: car l'honneur ne m'eust permis vous venir voir, encor que le desir m'eust aiguillonnee à vous rendre quelque courtoisie, pour la seruitude qui vous a tant lié à vostre Camille. Excusez moy, ce pendant, si ne peux vous tenir plus longue compagnie, & croyez, que le corps estant esloigné, vous auez l'esprit qui tousiours vous sera proche. Ainsi l'ayant baisé fort amoureusement la belle amante, se retira, & disant le bon soir à Cornelia, se retira chez son pere. Liuio ayant receu le Cataplasme propre pour sa playe, ne demeura long temps à se guerir, & estant quelque peu renforcé ne peut auoir la patiēce d'attēdre d'auātage sās enuoyer quelques vns de ses plus proches parens, pour aller vers Regnier pere dē Camille, afin de luy faire ouuerture du mariage de sa fille auec Liuio, qui l'en requeroit par eux auec grād instance, comme celuy, qui

T ij

ne souhaitoit rien plus que d'auoir son accointance. Le bon homme se voyant requis de chose si iuste, & ressortante à son
honneur, cōme celuy qui n'ignoroit point
que celuy qui vouloit estre son gendre e-
stoit sorty de gēs de bien, & bien aysé pour
les grās richesses qui luy estoyent escheuës
en son patrimoine, voyant ainsi le peu de
charges de sa maison, ny ayant qu'vne fille à marier : & sur tout, que Liuio estoit
bien renommé pour sa gētillesse, courtoisie, & honnesteté, & duquel le renom n'e-
stoit taché par aucun vice, fut ioyeux de
ceste capitulation, & dit que le party luy
plaisoit bien, & que Liuio seroit le premier refusant en cas qu'il voudroit marier sa fille, toutesfois qu'il ne pouuoit don
ner responce finale, & ne vouloit rien conclure que son fils ne fust de retour, lequel
estoit allé à Rome, qu'ils eussent vn peu de
patience, pource qu'il sattendoit que dans
trois ou quatre iours son Claude seroit de
retour à Cesenne. Camille, sachant la
responce de son pere aux parens de Liuio,
sasseurant desia du mariage, comme s'il
eust esté conclud, commença à monstrer
plus de familiarité à son amant que de
coustume, & le print en telle affection, que
si auparauant il l'auoit aimee, ce n'estoit

rien au pris de l'ardeur amoureuse qui la tenoit desia pour son pretendu espoux & asseuré amy, lequel aussi ne diminuoit tāt sen fault, ses affections, ains alloit en croissant & augmentant, comme lon void le matin le soleil en se leuant accroistre les rayons de sa splendeur celeste. Tellement qu'vn iour estant Camille au logis de Liuio auec Cornelia, le gentil Liuio tenant vn Luc en sa main, chanta la chanson qui sensuit, comme faisant foy de leur passion reciproque :

Ayant enduré mille assaux,
Et souffert autant de trauerses :
Estant repeu de plusieurs maux,
De peines, D'angoisses diuerses :
 Ayant sans support
 Approché la mort :
Apres que l'Amour sans appuy
A eu epoinçonné ma vie,
Et qu'auec vn fascheux ennuy
Il a ma liberté rauie,
 Tout seul me laissant
 Triste languissant.
Le mesme dard qui me blessa
Seruit de guerison soudaine
A mon cœur, & l'ame laissa
Sans dueil, sans soucy & peine,

T iij

HISTOIRE XXII.

Quand de mon espoir
　L'effect me feist voir.
La mort desia me tenoit
En ses las, & loin de ioye
Ma vie posée auoit
Ou plus ie la desiroye
　Pour n'auoir moyen
　D'auoir autre bien
Que le desir, que le souhait
Que le penser, & que l'enuie:
Mais las! ce bien est imparfait
Et sans plaisir est telle vie
　Ou le cœur ne peut
　Ce que plus il veut.
Mais quand la splendeur & beauté
De ma belle dame Camille
S'est monstree sans cruauté
Et que de bon cœur ceste fille
　A son amant veu,
　Pour sien l'a receu,
L'ennuy, les peines, & la mort
Ont laissé mon cœur, & à l'aise
l'embrasse mon bien & support,
Et mes desirs d'amour i'apaise,
　Voyant le parfait,
　De tout mon souhait.
Ie ne quiers plus que de iouyr
Du fruit, que manger ie m'asseure
Et ne veux rien sinon ouyr

La voix qui mon esprit bienheure.
Acceptant la foy
Et d'elle, & de moy.
Escoute Amour ce mien desir
Et nos souhaits viens à parfaire.
Parfaits le bonheur & plaisir
Puis que l'entree y as sceu faire,
Commencer n'est rien,
Qui n'a tout le bien.

Camille print fort grand plaisir en ce chant, & plus encor au suiet, voyant bien à quoy tendoit la conclusiõ, qui luy eust esté autant on plus aggreable, qu'à son Amant, veu que de iour à autre ceste frequentation leur augmentoit d'auantage le desir, & leur sembloit que l'Amour ne pouuoit porter ce tiltre de parfaicte affection, si le desir cessant, l'effait de ce qui estoit souhaité n'accomplissoit l'imparfait de ce qui n'auoit point son accomplissement, estant encor les choses traictées par la seule parolle. Car ce n'estoit que le simple crayon sur vne table d'attente en laquelle le paintre expert ; delibere d'exprimer quelque chose de consequence estant cest Amour nud, & sans effect, autre que de quelque baiser, qui seruoit plus à allumer que estaindre le feu, lequel brusloit les cœurs

T iiij

passionez de ces deux amans. Lesquels durāt que Claude frere de Camille demeura plus qu'on ne pensoit, prindrent tant de priuauté ensemble, qu'ils se promirent mariage par parole de present, esperans que tout seroit accepté des parens, veu la promesse de Regnier, mais que Claude fust de retour, & que lors ils donneroyent allegeance à leur desir tourmenté pour vne si longue attente, & satisferoyent aux peines & trauaux endurez à la poursuite de cest aise tant esperé, & longuement poursuyuy. Mais c'est en quoy consiste le malheur des hommes, & d'ou lon peult prendre l'argument de leur infelicité: car lors qu'ils se pensent estre au dessus de Fortune, & tenir le desastre sous les pieds, pour iouyr du bien qu'ils estiment incertain, c'est lors que la roue se tourne, & que ce qui apparoissoit doux & plaisant, se conuertist en vne telle amertume, que la mort est quelquefois plus supportable, que les trances qui aduiennent apres ces flateries de la Fortune. Laquelle, non sans cause, les poëtes & paintres ont feint estre aueuglee, & assise sur l'inconstance d'vne boule, veu les diuersitez des cas humains, & comme aueuglement nous conduisans en nos affaires. Celuy qui n'agueres pen-

soit iouyr du bien d'vn peuple infiny, se
void alors que moins y pense accablé de
douleur, & perdant son honneur, estre chas
sé de ses estats, & en fin perdre sa vie. Ainsi aduint à Quint Cepion, homme Con- *Val. liu. 6*
sulaire, lequel, ayant eu la Fortune à com *chap. II. 4.*
mandement, elle luy tournant le derrie- *Quint Ce*
re, seruit à la fin d'espouuentement à tout *pion.*
le Senat, lors qu'on veit son corps deschiré
seruir de pasture aux oyseaux, & bestes rauissantes. Radegase roy des Goths, quel- *Radegase*
que grand force & armee inuincible qu'il *Roy des*
semblast auoir, si fut il accablé par ceste *Goths.*
inconstance de l'heur humain, estant vain- *Fulg. li. 6.*
cu, pris, & occis ignominieusement par
Stilicon general de l'armee, au nom de *Stilicon.*
l'Empereur Honorie. Et tant d'autres que
il n'est ia besoing remplir le papier d'exem
ples, veu que nos domesticques & voysins
nous font assez de foy de ce que venons
de dire. Et estans sur le propos de Liuio, &
sa Camille, encore qu'ils ne fussent ny roys
ny grans chefs, & conducteurs d'armees,
lesquels estans en vn demy Paradis de
delices, & se promettant le reste de l'accomplissement de leur aise, si veirēt en vn
momēt bouleuerser leur succez auec tout
son heur, & changer les choses en autres
& diuers desseins que ceux qu'ils auoyent

fait fur leur mariage futur. Auſſi eſt-ce vne folie que de ſ'aſſeurer ſi obſtinément és choſes qui dependent de la volonté d'autruy, & deſquelles l'iſſue eſt plus qu'incertaine, d'autant que les autres ont les conſeils tous diuers à nos imaginatiõs, & ne ſe ſoucient ſi ce qu'ils iugent eſtre equitable eſt par nous eſtimé inique, veu qu'ils ne dependent en rien de noſtre fantaſie. Ainſi en aduint il à ces deux Amans, car Claude frere de Camille eſtant de retour, & n'aymant guiere Liuio, quelque ſemblant qu'il luy monſtraſt, feit tant par ſes menees qu'il deſtourna le bon homme de ſon pere de ce mariage, ameinant ne ſçay quelles raiſons pour y donner empeſchement. Le bon vieillard qui ne voyoyt que par les yeux de ſon fils, quoy qu'il fuſt marry de ceſte aliance rompue, ſi diſt-il aux parens de Liuio ce que ſon fils & luy en auoyent reſolu, les priãs toutesfois ne le trouuer eſträge, & qu'il mercioit Liuio de l'honneur qu'il luy auoit offert en pourſuyuant ſon accointance. Le couple infortuné des Amans auſſi toſt que ces piteuſes nouuelles leur furent deſcouuertes, ne fault douter que ne tombaſſent en vne grande triſteſſe, & laquelle les euſt du tout accablez, ſi vn peu d'eſperãce ne les euſt ſoulagez; & auſſi qu'ils voyoyent qu'à la longue il faudroit que Regnier paffaft par là, veu ce qui feſtoit paſſé entr'eux,& la promeſſe qu'ils feſtoyent fait l'vn à l'autre.

Camille voyant la malice de ſon frere, & cognoiſſant que ſans occaſion qui fuſt iuſte il auoit empeſché l'execution de ce qu'elle ſe faiſoit forte de paracheuer, demoura ſi hors de ſoy, que peu ſen fallut qu'elle ne forfeiſt en ſoymeſme, & que ſon Liuio ne demeuraſt ſans Amye, tant la haine de l'vn,& l'amour de l'autre, & le deſpit de ſa perte auoyent ſaiſi ſon ame. A la fin accompagnee d'vne ſienne fille de chambre en qui elle ſe fioyt fort, eſtant ſeule en ſa chambre, lors que tous les autres eſtoyent à prendre leur repos apres auoir trauaillé tout le long de la iournee, elle ſe mit à laméter, & plaindre, maudiſſant l'heure de ſa naiſſance, & ſur tout la venue de ſon frere, & le peu de cœur de ſon pere, en diſant ainſi.

Mais pourquoy eſt le Ciel ſi cruel & iniuſte, que de nous donner vn cœur libre pour choiſir, & aimer celuy qui ſimboliſe auec nous en pareille volonté,ſi de meſme il ne nous eſt permis d'vſer du priuilege de ceſte liberté,parfaiſant ce que nature aura cõmencé en nous par la communication de nos pensees? Est il raisonnable que le corps soit plus respecté que l'esprit, & que l'ame eslise, & l'esprit choisisse, sans que le corps, qui leur est subiect, puisse suyure les instincts & affections de l'ame? D'ou vient ceste loy tant iniuste, que vn pere, pour son plaisir, & sans equité quelconque, force la iuste & naturelle inclination de ses enfans, sans qu'il pense à ce qui leur est bon, necessaire & aggreable? Ne suffist il pas aux parens que nous leur facions seruice, qu'ils sont secourus de nous, & que nous n'entreprenions rien, sans les en aduertir, sans que encore ils ne nous tyrannisent, & nous colloquent au lieu qui est du tout contre nostre choix & volonté? Quoy? le mariage, ne fault il pas que soit vne volontaire conionction, dependant de l'vnion des deux parties? & qui est l'homme qui puisse entrer en l'esprit de Camille, s'il est ainsi que Liuio ne soit l'espoux & mary de sa femme? Ah! Tyran Amour, que ne voyoys tu auant que nous ioindre si estroictement, si ceste liaison pourroit attaindre à son parfaict, & si les parties vnies en l'esprit, auroyent le moyen pour hōnestemēt & sans peché, lier les corps ensemble? Mais ie suis bien folle d'entrer en cause equitable auec celuy qui est sans au-

cune raison,& duquel les entreprises sont
si soudaines, qu'il n'a aucun loisir de penser ny à l'equité ny au succes des choses
encommencees.

L'Amour est nud & vollage, vuyde de iugement,& leger en tous ses affaires:aussi se
met il au cœur de ceux qu'il void les mois
occupez és choses de grande importance.
Ah! frere, frere, que ta malice a couué longuement en son estomach & inique &
sans amitié! Que t'auoit fait ta miserable
sœur, que tu l'ayes ainsi priuee du bien
que le plus elle desire? En quoy t'offensa
onc le gentil Liuio, si ce n'est pour estre
plus honneste, accort & mieux venu que
toy en toutes cōpagnies? Et s'il ne te plaist
point,pourquoy fault il que mon affectiō
soit liee à la tienne, & que mon aduancement depend de ton seul vouloir? Suis-ie
l'esclaue de celuy qui n'a rien sur moy,
sinon qu'il est l'aisné des enfans de mon
pere?Quoy pour cela?la loy le fait il Roy,
ny gouuerneur de ma fantasie?Riē moins,
Mon pere m'a accordee à Liuio: mais c'est
sous condition, cest article n'en reçoit
point,si ce n'est à ceux qui pretēdent quelque preiudice. Mais quel preiudice ne
profit peult auoir Claude, si Liuio est mon
espoux: C'est à mon pere à me donner tel

douaire que bon luy semblera, & à Liuio à luy en quitter la iouyssance, tant qu'il sera en vie. Ah! pere peu hardy & de bas cœur, de te laisser ainsi gaigner par ton fils, sans qu'il t'ait sceu rendre raison vallable pour empescher nostre conionction. Faites tout ce qu'il vous plaira, cherchez vn autre espoux pour Camille, si vous iuré-ie par la haute puissance d'Amour, q̃ iamais autre, que celuy que i'ay fiancé, ne iouyra de la chaste accointance de ceste infortunee fille. Liuio est à moy, ie suis sienne, ce que l'accord mutuel de nos volontez vnies a assemblé, ce n'est à vous, par vostre tyrannie, à le desassembler & disioindre. Voy, mon loyal espoux, le tort fait à nostre vertueuse amitié: & ne te plains plus de ta Camille, laquelle ne refuse rien, que ce que son sort luy denie pour paracheuer le malheur commencé de toy mon amy, & de celle, qui sans toy, est impossible q̃ viue. A peine eut elle acheué ces dernieres parolles, qu'elle se laissa choir du haut de soy, & estant deuenue blesme, froide, & les yeux ternis, la pauure seruante pensoit qu'elle fust morte, mais voyant qu'il y auoit quelque signe de vie, & qu'elle remuoit encor, la mist sur le lict, & l'ayant faicte reuenir, la consola auec tant de parolles & gra-

HISTOIRE XXII. 152

cieux deuis, pleins de toute esperance, que Camille se mit au lict, ou elle reposa assez sobremēt, aiāt tousiours en teste lors qu'elle veilloit, l'estrange façon de son frere, & en sommeillant se representoit l'image à my morte & effroyable de palleur, & ternissement de son Amy Liuio, qui luy donna tel esbahissement que de toute la nuict elle ne feist que se plaindre. Aussi en auoit elle bōne raison, car ce songe, mais plustost vision, estoit la signifiance, & presage certain du malheur qui luy aduint peu de tēps apres, ainsi qu'entendrez acheuans de lire ce qui sensuit. Et ne fault trouuer estrāge que telles apprehensions en dormant puissent signifier, ne predire ce qui nous est à venir, veu que les histoires aucunes nous recitent bien que Brute celuy qui fut vaincu és champs Pharsaliens, fust qu'il veillast, ou assommé de sommeil, veit en sa tente la figure effroyable de quelque esprit qui luy predit sa deffaicte. Ie confesse bien que l'impression d'vne grand'crainte, & le desir des choses paignent bien souuēt en l'ame (le corps estant en rapos) les images de ce qui est aymé, ou crainct, toutesfois l'Esprit vuide de passion, ou qui est prochain de quelque desastre, voit souuentesfois en son sommeil ce qu'il ne souhaite

Songes seruent quelque fois de vision & presage.

Brute veit vn esprit en sōmeillant.

point qui luy aduiéne. Camille ne defiroit point la mort de fon Liuio, & neantmoins ne tarda long temps que le voyant expiré, elle ne luy tint compagnie auffi bien au tombeau, comme à la couche, tefmoin de leurs nopces peu heureufes. Ce pendant Liuio ne dormoit point de fon cofté, ains ayant fantaftiqué & difcouru mille complots en fa fantafie, qui feruiffent à fon entreprife, fe refolut de ne fe plus tourmenter, ains attendant la fortune, tafcher par tous moyens de gaigner ce frere, qui reftriuoit fi eftrangement & empefchoit qu'il ne vint à but de fon deffein, & à la iouyffance de fes amours. Mais ne pouuant plus fupporter fa paffion, ny l'ardant defir de voir & fentir l'aife qu'a vn loyal amant venant à la fin heureufe de fes fouhaits, efcriuit vne lettre à fa Dame, qu'il luy enuoya par vne feruante de fa fœur, qui alloit ordinairement au logis de Camille pour les affaires que les filles auoyent l'vne auec l'autre : cefte chambriere trouuant Camille feule, apres luy auoir donné le bon iour de la part de Liuio & de Cornelia, luy prefenta auffi la terre, la teneur de laquelle eftoit en cefte forte.

Ma Damoyfelle ie ne puis voir la caufe qui foit affez iufte pour laquelle vo' confentiez que tiez que vous viuiez sans contentement, & que ie languisse sous l'aspreté d'vne douleur qui n'a point pareille. Si vous desirez ma mort, il ne faut que continuer ceste vie, que si mon bien vous est aggreable, & la peine qui occupe mon esprit, vous vient à contrecœur, il est en vous de pouruoir au tout, contentant vostre cœur mesme, & satisfaisant à l'honneste amytié que ie vous porte : Vous sçauez ce qui s'est passé entre nous, & le peu de respect que les vostres vous portent. Contemplez, auec vostre bon iugement qu'est-ce que vous deuez faire, & moy requerir, & si auec honnesteté vous me pouuez refuser le plus de mon desir, puis que nous sommes tellement vnis, que la tirannie de l'vn, ny le peu de cœur de l'autre d'entre ceux qui empeschent mon bien, ne sçauroyent faire que ie ne vous soye mary, & vous ma femme legitime: s'il est ainsi que le consentement face le mariage. Voyez donc quelle response vous voulez me donner, afin q́ que suyuant vostre conseil & volonté ie me gouuerne en ceste si grande extremité, que ie ne sçay lequel m'est le plus profitable ou l'attéte ou le desespoir, l'vn estant la voye la plus breue pour sortir de ce tourment, & neantmoins peu honorable : l'autre

V

HISTOIRE XXII.
m'appreſtant vne mort de tant plus cruelle, comme plus longuement i'auray attendu en vie, pour iouyr de celle qui tient en ſa main l'heur & deſaſtre de ce

Voſtre treſ obeiſſant ſeruiteur

LIVIO.

Camille, qui ne deſiroit pas moins les embraſſemens de ſon mariage, diſt à la ſeruāte, que ſur l'apreſdinee elle iroit voir Cornelia, & que là de bouche elle donneroit reſponſe à Liuio de ſa lettre, pource qu'elle craignoit que quelqu'vn ne ſuruint ce pendant qu'elle ſ'amuſeroit à eſcrire. La ſeruante feiſt entendre cecy à Liuio, lequel ne ſachāt le malheur que Fortune luy ourdiſſoit, eſtoit tellement tranſporté de ioye, que quatre ou cinq heures luy ſembloyēt durer mille ans : & toutefois l'aiſe moderoit ſi bien la faſcherie de l'attente, que tout ce matin il ne feit que chanter, reſſemblant, comme l'on dit, le Cigne, lequel pronoſtique ſa mort par la douce Muſique de ſa voix. Et en l'aiſe de ſes plaiſirs, & attendant la venue de la fauorite, il chanta ce mot ſur l'accord reſonnant de ſon Luc, qui fut le dernier qu'il chanta de ſa vie.

CHANSON DE Liuio.

Amour, qui m'as hauſſé au feſte de ma gloire
Et qui fais que ie vy heureux en mon mal heur:
Achewe les deſirs & ſouhaits de mon cœur,
Et donne moy ſur toy & ſur les tiens victoire.

Si tu veux que mon cœur puiſſe deſormais croire.
Que le feu eſt plaiſant, & que douce eſt l'ardeur
Qui l'embraſa, & feiſt qu'en ſentis la vigueur,
Comme encore i'en ay preſente la memoire.

Que ie meure, embraſſant ma gẽtille moitié,
Et que la mort teſmoing ſoit de mon amitié,
L'atteſtant aux enfers, aux ombres bien-heu-reuſes,

Que deux ſoyons vnis à la mort, à la vie,
Qu'en finans doucement, l'vne l'autre conuie,
Parfaiſons l'vnion de deux ames ioyeuſes.

Ainſi qu'il ſe ſoulaçoit en ſes penſemés, & eſiouyſſoit en la gloire de ſes conceptions, faſſeurant que ſamie ne luy vſeroit deſormais d'aucune rigueur ne luy refuſeroit faueur quelconque, veu l'aſſeurãce de

V ij

leur promesse,& qu'il ne restoit au mariage que la solennité & publication, quoy que les parens en feissent difficulté, mais il se faisoit fort de faire si bien qu'il iouyroit de sa Camille,en despit de Claude,qui se monstroit tant son aduerse partie. Or sur le midy, voicy venir Camille auec sa fille de chambre, laquelle sçauoit tout ce qui s'estoit passé entre elle & son amant, & laquelle il vouloit faire cognoistre à Liuio afin qu'il ne se deffiast point d'elle, si par cas ils dressoyent quelque secrette partie, où ne voulussent pas beaucoup de tesmoings. Dieu sçait si les embrassemens furent oubliez, & si l'on feist espargne de mille sortes de baisers,& diuersité de caresses: Tant y a, que estans les deux amans en ces alteres, transportez d'aise & hors d'euxmesmes,tant ce plaisir les tenoit rauis: ils cōmecerent à complotter l'effect de ce qui le soir mesme meist fin & à leurs amours, & à leur vie, car voicy que dit Camille, Puis qn'il est ainsi que nous sommes mariez, & que ce qui est fait ne peut estre deffait sans preiudice de nostre conscience: ainsi mō frere ne sçauroit faire que tousiours ie ne demeure vostre, qui fait penser qu'il seroit bien fait, pour oster toute occasion d'offense, & moyen à mon frere de

continuer ses folies, que nous acheuions
ce qui a esté si bien cōmencé. Liuio, voyāt
l'ouuerture de ce qu'il vouloit requerir, l'ē-
brassa & baisa fort amoureusemēt, luy iurant, que plustost il souffriroit mille morts
ensemble, qu'il endurast qu'on luy ostast
celle qui estoit sa vie, contentement & support: & la pria que ce qu'elle luy venoit de
dire fust plustost qu'il luy seroit possible,
veu que les choses d'amour sont d'autre na
ture que toutes autres occurences : car en
l'Amour, le delay & longue consultation
causent souuent desplaisir aux cœurs ferus
de ceste playe, là où le reste des faicts humains requiert vn meur, & long conseil, a-
fin que ce qui est premedité auec vne grāde & longue preuoyance, se paracheue pl⁹
sagement, & auec plus de felicité. Sça vous
que vous ferez, dit Camille, ce soir biē tard
ceste fille, qui sçait nos affaires, vous fera
entrer en ma chambre, tandis que ie deui-
seray auec mon frere, & puis chascun estāt
retiré, nous aduiserons à ce qui sera besoin
de faire. Mais entendez il faut venir par
l'huis du iardin, car par autre lieu l'entree
vous seroit par trop perilleuse, y ayāt tousiours en sentinelle quelque vn des gēs de
la maison. Ne vous souciez, dit Liuio, i'espere me gouuerner si sagemēt, q̄ personne

V iij

ne se sentira du ieu que nous qui serons les
premiers à la dance. Et vrayment il dança
vn branfle fort piteux, & elle vint à la cadence aussi miserable, comme ordinairement ces amoureuses pratiques reussissent
au dommage de ceux qui en sont les in-
uenteurs, & quoy que ce fût à bonne fin, &
sous pretexte de mariage, si est ce que Dieu
permit que l'offence qu'ils faisoyent aux
parens de se marier ainsi clandestinement,
fut punie, & la penitence en fut notoire à
tous ceux qui habitent à Cesenne.

Liuio, venuë l'heure de son assignation,
n'eut garde de faillir à sa promesse: ains
dispost comme vn basque, & legerement
comme celuy qui n'auoit soucy qui luy
chargeast le cœur, s'en vint à la porte du
iardin, où il trouua la guide de ses larcins
d'Amour, laquelle il embrassa de bō cœur,
tant pour le seruice qu'il en tiroit, que s'i-
maginast l'idee de celle q̃ puis apres il embrassa trop pour son profit & aduentage
de sa compagnie. Apres que tout le monde fut retiré, Camille s'en alla en sa chambre auec toute telle deuotion que sçauent
ceux lesquels ont fait pareil essay pour aller iouyr de la chose aimee, & de long
temps souhaittee. Si tost qu'elle y fut, le
temps ne fut point employé ny en haran-

HISTOIRE XXII. 156

gues ny en reuerences, ains se despouillans hastiuement, se coucherent l'vn aupres de l'autre, la où Liuio tenant embrassee sa chere Camille, luy vsa de tant de caresses & folastries, disant de paroles sottes & pleines de follie amoureuse, que peut imaginer celuy qui s'est trouué en semblable meslee. A la fin il s'eschauffa tant en son harnois, & print si grand & exorbitant plaisir à cueillir la prime fleur de la pudicité de sa Camille, que soit que la ioye luy suffoquast le cœur, & ne permist l'interieur, que les parties exterieures iouissent de leur aise, & participassent à ce desiré contentement, ou bien que trop gouluëment il se fust ietté sur la viande, & s'estant desnaturé, il eust perdu toutes ses forces, ainsi que en aduint iadis au Roy cruel des Huns Attile, lequel la premiere nuict de ses peu heureuses nopces, estant en Hongrie s'efforça tellement, que le sang, luy estant desbōdé par tous les conduits, il fina sa vie autant miserablement, comme cruellement il auoit affligé celle de tout le reste des hommes. Telle peut bien estre la fin de ce miserable Liuio, lequel s'enyurant de son vin mesme, comme si ce fust esté vn bancquet fait vne seule fois en la vie, soit qu'il se desnatutast, ou que la ioye extre-

Mort du roy Attile

Bapt Ful. liu. 9.

V iiij

me de se voir aux prises & parmy des embrassemens de sa favorite, il trespassa, & fut suffoqué entre les bras de Camille. Laquelle, sentant que son espoux estoit immobile, & que desia il commençoit à s'appesantir & roidir auprés d'elle, se douta de ce qui estoit, pource appella sa chambriere, laquelle portant de la clairté, feist soudain voir la claire experience de la mort certaine du peu fortuné Liuio. Camille, à ce nouueau spectacle, meuë & de la cōpassion de celuy qu'elle aimoit plus que soy mesme, & craignant le scandale qui en pouuoit aduenir, sentit vne esmotion telle, que le cœur en estant saisi, la langue ne pouuant exprimer vne seule parole, tant la douleur a fermé le pas à l'office des membres, instrumens de ce qui est sensible, les yeux perdirent leur effort, & ne pouuant plus supporter ny la douleur ny la crainte, la pauure fille suyuit en vn instant par sa mort la fin de celuy qu'elle ne pouuoit laisser au trespas mesme. Heureuse maniere de mort, si l'on n'auoit à cōsiderer que l'aise de l'vnion de ceux qui s'entr'aiment, & qui n'ont point moyen d'effectuer leur amour, ou en ayant iouy, continuer le plaisir de iouyssance: mais puis faut dresser sa veuë plus loing, & que l'ame void son preiudice tant manifeste, & l'honneur & interests de son integrité, il faut confesser que ceste mort est la plus miserable, qui pourroit aduenir à l'homme, d'autāt qu'vne bestiale, & effrenee volupté est celle qui priue l'homme de sens, & luy ostant la force, le fait vuide d'ame, & le priue de l'office que l'esprit doit auoir en nous. Et n'en desplaise à ces resueurs qui font des contemplations sur les causes de l'Amour, & desirent de mourir sur ceste belle, & lubrique liaison des deux moytiez, si les saiges leur quittent tel aduantage: car à dire la verité le choix est facile à faire, estant plus à priser la vie, que si deshonneste mort, & la suite de ce qui vient apres que l'ame est separée du corps est plus à craindre que les angoisses, peines, & trauaux que souffrent ces amās eceruelez à la poursuite de leurs resueries amoureuses. qu'ils y finēt s'ils veulent leurs iours, qu'ils y cerchent leur ayse, & accusent de desloyauté ceux qui font le cōtraire, ie ne peux appeller cela que brutalité, & leur opinion qu'vne folie maniacle. Mais reuenōs à nostre histoire. La folle seruante voyāt ce mistere sans parler, & que la Tragedie ayāt pris si farouche cōmencement, cogneut aussi tost qu'elle seroit de la partie, veu les destresses esquelles elle estoit tombee: ainsi iouant à quitte ou double, toute effroyee de se voir pres de deux corps trespassez, & esprise de douleur extreme, se print à crier si effrayément, qu'elle esueilla tous ceux de la maison à sa cõplainte. Et le premier qui acourut à ce cry, fut le cruel Claude, qui par sa malice & enuie estoit cause de tout cecy, lequel entrant en la chambre de sa sœur, vit ce furieux & pitoyable spectacle des deux amans, & ayant recogneu Liuio mort aupres de Camille outrée, en lieu de recognistre sa faute, & se douloit sur la perte de ce beau couple de trop loyaux amans, il vint en telle furie, que volontiers il se fust acharné sur les corps ia trespassez, mais cognoissant qu'ils n'auroyent aucun sentiment de sa colere, il la passa sur la pauure seruãte, luy donnant trois ou quatre coups de dague, en disant. Et par Dieu vous en mourrez, fauce paillarde, puis que c'estoit vous qui donnoit l'entree ceans, à celuy qui deshonorant nostre maison, a causé sa ruine auec la mort de ma miserable sœur. Ayant fait ce coup s'en alla, donnant grand esbahissement à son infortuné Pere, voyant sa maison pleine de morts, & son fils ayant gasté encor le tout par son cruel massacre. Las! disoit le bõ hõme, que c'est vn miserable thresor que d'vne fille pleine de sa volonté, & combien les peres doiuent tenir l'œil dessus ceste glissante ieunesse: Ah Camille, ma fille, comme vous auez oublié le ranc que vous teniez, & la reputation en laquelle on vous auoit par tout Cesenne. Liuio Liuio, est ce l'amytié honneste que vous portiez à ceste malheureuse, que de luy auoir rauy sa pudité, pour estre le bourreau de vostre vie, & de l'honneur de nos maisons? C'est moy qui ay le plus de tort d'auoir donné tant de liberté à ma fille, & permis qu'elle allast plus loing que ne s'estendoit ma veuë, Voyez peres, voyez vn exemple de grand creue cœur, & aprenez par moy à tenir vos filles sous la garde plus estroite que la mienne. Las! i'ay donné empeschement à vn mariage, pour voyr la ruine de ma maison, & rendre ma vieillesse sans support, & mes biens sans heritier sortant de moy, l'vn estant desia mort, & l'autre valant autant pour auoir meurtry ceste fille.

Voulant continuer, la parole luy vint à faillir, & estant consolé par ses voisins, l'on feist visiter les playes de la seruante, laquelle ayant fait le recit de tout ce qui s'estoit passé, fut cause que Regnier print plus la matiere à cœur, & cuida desesperer de tristeſſe. Mais voyant qu'il n'y auoit plus de remede, il feiſt faire les obſeques fort ſolennellement, & furent enterrez les deux amās en l'egliſe S. François, en vn meſme tōbeau, comme morts en meſme temps, & pour meſme occaſion, au grand regret de toute la ville. Or y eut maints Epitaphes faicts à l'entour de leur ſepulture: entre leſquels i'ay tiré ceſtuy cy, que i'ay eu d'vn Italien qui le gardoit comme choſe autentique: la ſubſtance de l'Italien eſt telle que ſenſuit.

Cy giſent les deux corps, leſquels n'eurent qu'vn coeur,
  Pareils en loyauté, & eſgaux en nobleſſe:
  A meſme inſtant outrez, ô Dieu, quelle deſtreſſe!
L'vn treſpaſſa de ioye, & l'autre de douleur
A ce les amena l'enuieuſe fureur
  D'vn frere ſans pitié, & la douce promeſſe
  D'vn futur mariage, & parmy ceſte preſſe.
  La vie s'y perdant, entier en fut l'honneur.
Ne deſirez donc plus, paſſionnez amans
  Ces baiſers ſi ſoudains, ces grans embraſſe-
  mens,
  Puis que la mort prouient d'vne ioye exceſ-
  ſiue.
Pleurez icy Linio, & pleurez ſa Camille,

Pleurez vn bon amant, & vne chaste fille,
Desquels la mort ne mord sur leur memoire
vine.

Tous furent si compassionnez du triste accidét aduenu par ces amás, q̃ il n'estoit du plus grád iusques au moîdre, qui n'accusast la cruauté de Claude, qui fut cause q̃ Dom Ramire Cathalan, qui gouuernoit Cesenne sous le nom de Cesar Borgie, feist informer du tout: & ayant interrogé la seruante (laquelle mourut deux iours apres le coup) il feist tant que Claude fut prins, auquel il feist trancher la teste dans le chasteau de Cesenne, craignant l'esmeute des parens, qui ne trouuoyent guere equitable ceste si aspre poursuite. Mais estant le lieutenant tel que le seigneur, qui fut vn des plus terribles & cuels hómes de son téps, fallut que los parens du iustició prinssent le tout en patience, voyans aussi que Claude auoit causé la mort à deux tels iouuenceaux, que à grád' peine sen trouuoit en la contree qui les secondast, tant s'en faut, qui peust les surpasser. Voyla la fin de la vie & des amours des deux Cesennois, que ie mets deuant les yeux de la ieunesse, afin q̃ regardant chascun à ce qu'il doit & peut, ne tombe en tels & si louds accessoires. Il

Ramire
Cathalá.
Cesar Borgie, homme cruel.

HISTOIRE XXII.
me suffist que l'homme bien accort contemple que l'Amour est vne rage, à laquelle il fault pouruoir auec raison, & en fuyāt les occasions qui sans trauail affoiblissent l'ame, & à la fin menent le corps à mesme ruine, & qu'il fault attremper si sagement les plaisirs desquels nous iouissons, que l'imprudēce nous aueuglant, nous facions plus de compte d'vn plaisir qui passe aussi tost que le vent, que de l'honneur qui dure à iamais, & du repos eternel de l'homme. Mais laissons ce
propos, voyons ce que le
Chastelain de Nocere
pourra alleguer
sur le discours
de ses cru-
autez.

Fin de la xxij. Histoire.

HISTOIRE XXII.
SOMMAIRE DE LA XXIII. histoire.

A furieuse rage d'vn mary qui se sent offensé en la chasteté violee de son espouse, surpasse toute autre occasion, & cause de s'aigrir contre quel que ce soit des hommes. Car s'il est ainsi que l'homme genereux ne peut souffrir qu'vn autre luy face quelque brauade, encore moins qu'il l'offense en son corps, cõme endurera il qu'on luy interesse l'honneur, & touche viuement en la partie qui luy est aussi proche cõme son ame mesme, puis qu'il est ainsi que l'hõme & la femme ne sont qu'vn corps & mesme volunté? En quoy ceux qui ont le iugement rassis, ne peuuent receuoir l'opinion d'vn tas de bons compagnons, qui disent que l'honneur d'vn braue homme ne dépend point de la faulte d'vne folle femme: veu que s'il estoit vray ce qu'assez legerement ils en disent, ie voudroye leur demãder, pourquoy sont ils si animez contre ceux qui leur font porter le cimier, & les ornent de la corne d'abondance de cocuage? Et vrayement nature a si bien pourueu en cela, que les bestes mesmes cõbattent & souffrent la mort pour telle honeste ialousie. Ie ne veux louër, ains accuse sur toute faute ceux qui deuiennent si vmbrageux, que toute chose fasche leur esprit, &

HISTOIRE XXIII.

sont ialoux de la mesme ombre des mousches qui volettent à l'entour de leurs femmes : car ceste sottise mōstre assez, l'imperfection de leur esprit & le peu de constance de leur fantasie, posans asseurance, ou le doubte, voire l'opinion cōtraire y est la plus profitable, auant que se donner peine de chose qui tourne à si peu de contentement. Mais ou la verité est cogneue & le vice descouuert, ou le mary se void endommagé en la plus saine partie de ses meubles, c'est raisō d'y aduiser plus tost auec meure deliberation & sagesse de conseil, qu'auec vne furie precipitée & sans premoyāce, laquelle, auec la perte de l'hōneur, pourroit amener la ruine & des biens & de la vie mesme. Et tout ainsi que la foy & loyauté du lict & couche sans souilleure, a esté de tout temps louée, aussi, quiconque l'a prophanée, en a porté la penitēce par l'infamie de son nom. *Porcie* fille de Caton, & femme de Brute, sera louangée à iamais pour l'honneste & inuiolable amitié qu'elle porte à son mary, iusques à se faire mourir oyant la mort certaine de son espoux bienaimé. La pudicité de Pauline, femme de Seneque, apparut aussi en ce qu'elle s'essaya de mourir du mesme genre de mort, duquel estoit violentemēt decedé son mary, par l'iniuste commandemēt du cruel & detestable Empereur Neron. Mais les paillardes, qui ayās les maris hōnestes, les parēs bien nommez, ont abandōné leur corps, & prodigé

Porcie femme de Brute.

Pauline s'essaie d'inuiter la mort de son mary.

digé de leur bonne renommée, si elles ont eschapé la main du magistrat, ou euité l'ire d'vn mary offencé de son iniure, si laissent elles le nō immortel de leur vie malheureuse, afin que la ieunesse aprēne aussi biē à les fuir, cōme à suiure les chastes & vertueuses dames. Or de ce mespris que la femme fait de son mary sortēt bien souuēt de scādales fort remarquables, & esquels est painte vne insigne cruauté: enquoy il faut autāt moderer son feu, & adoucir sa colere cōme chastier modestement la faute: d'autant que l'ire, & courroux excessif estaignēt en l'hōme la lumiere de raison, & le font semblable en ses trāsports à la fureur enragée des bestes sans raison. C'est raison de se colerer, les choses estans autrement faites que le droict & equité ne requierēt: mais l'attrēpance & modestie est necessaire en toutes occurrences, soyent elles prosperes ou d'vne fortune cōtraire. Que si le cōtregarder en ces choses son courroux, est cas difficile: il faut aussi pēser, q̄ tāt plus il y a de difficulté en l'operatiō & effect de quelque bōne chose, de tant la gloire en est plus grande à celuy qui vaincq ses affections, & maistrise les premiers mouuemēs de son ame, lesquels ne sont pas si impossibles à gouuerner & soubmettre à la raison, cōme plusieurs estimēt. L'homme sage dōc ne s'oubliera de tant, que de se laisser transporter hors les limites & bornes de la raisō, & desmouuoir son ame du siege de sou attrempāce,

X

HISTOIRE XXIII.

afin qu'apres auoir mis de l'eau en son vin, il n'ait dequoy se repẽtir, & voulãt reparer sa faute, il n'augmẽte son peché: estant le pecher en l'hõme si attrayãt, qu'vne faute, qui se peut couurir auec quelque iustice, & coulourer de quelque loy ou cause equitable, fait souuẽt tõber l'homme en des vices si detestables, & pechez, tant cõtre la douceur & modestie des hommes, que les tyrans mesmes ont en horreur la detestatiõ de telles meschancetez. Et afin que ie n'aye peine de vous alleguer vne infinité de passages seruans à ce propos, ny vous la fascherie de fueilleter tant de liures, me contenteray pour le present vous mettre en auãt vne histoire autãt prodigieuse en cruauté, cõme l'occasiõ en estoit raisonnable, si l'on ne consideroit le deuoir en l'vn & en luy mesme encor le trãsport sur autres qu'il offença, lesquels n'estoiẽt en riẽ coupables du fait qui le touchoit de si pres. Et d'autant que ce sont matieres d'Amours, ne faut que le lecteur s'ẽ offence, & trouue mauuais que nous ayõs tousiours ce subiet en maĩ, car nous n'y cerchõs poĩt les mignotises, & ne taschons d'instruire la ieunesse à folier apres les delices chatoilleuses de la chair: trop mieux proposõs ces exemples afin qu'on desaccoustume l'adolescence du tẽps present de la poursuitte de folies pareilles, lesquelles peuuent engendrer de simblables effects, que ceux que nos histoires racontent, & desquels vous serez informez lisant le discours qui s'ensuyt.

*DES GRANDES CRVAV-
tez aduenues pour l'adultere d'vn des
seigneurs de Nocere auec la femme du
chastelain au fort de ladite cité.*

HISTOIRE XXIII.

IL vous faut donc entendre que du temps que Bracchio Montone, & Sforza Attendule florissoyent en Italie, & estoient chefz de la gendarmerie Italienne, il y eut trois seigneurs freres, lesquels tenoient sous leur main, & seigneurie Foligno, Nocere, & Treuio villes du duché de Spolete, lesquels gouuernoyent si amiablement leurs terres ensemble, que sans rien partager ils se maintindrēt en leur estat, & viuoyēt en cōmunauté fraternelle. Le nō de ces trois seigneurs estoient Nicole, qui estoit aisné le second Cesar, & le dernier Conrad : hommes

Bracchio Mantone & Sforza Atēdule grands Capitaines.

X ij

gentils, accorts & bien aymez, tant des seigneurs leurs voysins, que des Citadins des villes de leur obeissance, lesquelles monstrerent à la fin plus de loyauté enuers eux qu'vn qui leur auoit iuré la foy, & qui viuoit à leurs gages, ainsi qu'entendrez poursuyuãs de lire. Aduint donc que l'aisné des trois allant souuent de Foligno à Nocere, & logeant tousiours au Casteau, il regarda vn peu trop lasciuement la femme de son Chastelain, qui estoit là commis auec bon nombre de mortepayes pour garder la forteresse, & reprimer les citoyens, si par cas, comme aduient en ces nouuelles erections de seigneuries, ils s'essayoient d'attenter quelque chose contre leurs seigneurs.

Or estoit ceste Damoyselle belle, & de meilleure grace, & qui se plaisoit singuliement à estre œilladée, qui occasionna que le seigneur Nicole s'aperceuant de ceste guaillardise, & du bon vouloir de la Chastelaine, à ne refuser point vn bon party, delibera de poursuire sa pointe, & iouyr de celle, les beautez & bonnes graces de laquelle l'auoyent blecé au plus profond de son ame. En quoy s'il oublia son deuoir, ie le laisse à penser à tout homme de bon iugement: tant y a qu'il me semble que ce ieune seigneur deuoit pluftoft careffer le Chaftelain qui luy gardoit loyaument fa Roque, & forterefle, que luy drefler vne fi traiftreffe embufcade: Et s'il eft ainfi qu'il l'euft accufé de felonnie, mefprifon, & mefchante trahifon, fi au moindre pourparler il euft liuré fa fortereffe à vn autre, il deuoit de mefme confiderer que le Chaftelain fe fiant en luy, auoit iufte caufe de fe plaindre, s'il luy rauiffoit l'honneur en la perfonne de fa femme, laquelle il deuoit aymer fans paffer iufqu'à l'affection qui brife la faincte loy d'amité, & qui rompt tout deuoir de feruiteur à l'endroit de fon feigneur. En fomme ceft amant aueuglé n'ayant donné aucune refiftance à l'amour & fotte apprehenfion qui altere le fens des plus fages, fe laiffa tant transporter à fes appetits, qu'vn iour que le Chaftelain fe pourmenoit par la forterefle, & faifoit reueuë (pour donner plaifir à celuy, qui cerchoit les moyens de luy defplaire) de fes foldats & morte-paies, il s'adreffa à la Damoyfelle femme du Capitaine, à laquelle il vfa de tel langage.

Ma Damoyfelle, vous eftant fi accorte & de gentil efprit, qu'vn chafcun fçait, n'eft befoin que ie vous vfe de plus longue ou mieux palliée harengue, d'autant que vous

cognoissez sans que ie le vous declare, à
mes contenances, souspirs, & affectionnées
œillades l'amytié que ie vous porte, laquel
le si pouuoit receuoir comparaison, ie serois marry que la similitude se print sur au
tre que sur moymesme. Par-ainsi n'ayant
grand loisir de vous en dire d'auantage, il
vous plaira me faire tant de faueur, que
ie sois receu pour celuy, qui ayant part au
meilleur endroit de vos bonnes graces,
iouisse de mesme de celle priuauté que me
rite vn tel, & si loyal amant que me cognoi
strez s'il vous plaist m'accepter pour vostre. La Chastellaine qui s'estimoit heureuse d'estre amourachée de son seigneur &
qui prenoit plaisir en cest auantage, quoy
qu'elle desirast de luy faire sentir ce qu'elle luy vouloit de biē, si vsa elle de quelque
dissimulation, luy respondant ainsi. Vostre
maladie, Monsieur, est soudaine, puis qu'en
si peu de temps vous en auez senty les ex-
ces, ou bien faut que ce soit vostre cœur,
qui pour estre trop tendre a receu legerement le trait qui en sortira aussi tost que
vous aurez passé la porte. Ie suis bien aise
que vous ayez ou passer vostre temps, &
employer vos railleries plustost que si de-
meuriez morne & sans soulas tandis que
vous estes icy à visiter vos subiectz, & vo-

stre maison. C'est tout autrement respōdu, dit il, car y estant entré, comme maistre & seigneur, ie suis deuenu seruiteur & esclaue, & ne parle plus qu'à bon escient, & de tel transport que si n'auez pitié de moy, la maladie que vous appellez soudaine, non seulement prendra son accroissement, ains causera ma mort & finale ruine de mon cœur. Tout beau, Monsieur, dist la Damoyselle, vostre mal n'est pas si enraciné, que la mort soit si presente à le suyuir, & luy à quitter la place: mais ie voy que c'est, vous voulez que ie serue de risee à vostre cœur, lequel ne peut viure en oisiueté, & sans s'employer à quelque gaillardise. Vous auez touché au but, respond l'Amant, car c'est vous pour vray, qui seruez à mon cœur de ioye, & matiere de ris & passetemps, car au trement toutes mes gayetez s'en iront à neant: & vous estant sans tel seruiteur: causerez la perte de moy, qui m'esiouys pour vous auoir choisie telle. Et comment repliqua elle, me pourroy ie asseurer de tout ce que venez de dire, veu la desloyauté grande qui accompagne auiourd'huy les hommes autant inseparablement, comme l'ombre suit le corps quelque part qu'il aille? La seule experience, dit il, vous fera cognoistre quel ie suis, &

X iiij

HISTOIRE XXIII.
si le cœur sesloigne en rien de la parole: tant y a, que s'il vous plaist me faire ce bien que de me receuoir pour vostre, vous pourrez vous vanter d'auoir vn Gentilhōme autant loyal pour amy, comme ie vous estime discrette, & comme ie desire vous faire sentir l'effect de mon affection par quelque honneste deportement. Mōsieur, dist elle, c'est donc à bon escient que vous en parlez, & que vous taschez en vous abaissant par trop, de rendre vne pauure Damoyselle & deshonoree, & en peril de sa vie. Ia Dieu ne plaise, respond le seigneur Nicolle, que io soye cause d'aucun scandale, car i'aymeroye mieux mourir que vous donner vne seule occasion de vous mescontenter: seulement vous prie auoir pitié de moy, & vsant de vostre courtoisie, satisfaire à ce que ma seruitude & loyale amitié vous astraint & oblige pour le soulagement de celuy qui vous ayme plus que soy mesme. Nous en parlerons, respond la Chastelaine, vne autrefois plus à nostre aise, & lors ie vous diray quel est mon aduis, & quelle resolution i'auray prins sur ceste vostre demande. Comment, Madamoyselle, dist il, auriez vous bien le cœur de m' laisser vuyde de tout espoir, pour me fair languir sous la continue d'vne chose tan

doubteuſe, que les deliberations qui prennent long traict à l'Amour? Ie vous ſupplie me dire le faict ou failly, afin que puniſſãt mon cœur d'auoir tant entreprins que de vous aimer, ie chaſtie auſſi mes yeux, leur oſtant le moyẽ de iamais plus voir ce que plus me contente, & où giſt mon ſoulas, laiſſant mon ame pleine de deſirs, & le cœur ſans arreſt ſur le plaiſir qu'on puiſſe eſlire. La Damoyſelle, qui ne vouloit perdre vn ſi bon & accomply ſeigneur, la preſence duquel luy plaiſoit deſia ſur toute choſe, & qui volontiers luy euſt accordé ſa requeſte par le ſeul ſigne de ſes geſtes & œillades, luy diſt en riant d'vne fort bõne grace: N'accuſez point mon cœur de legereté, ny mon eſprit d'infidelité & trahiſon, ſi pour vous complaire & obeir i'oublie mon deuoir, & forfay la promeſſe faite à mon eſpoux: car ie vous iure Dieu, Monſieur, que i'ay plus forcé ma penſee, & violenté mes appetits il y a aſſez long temps, diſſimulant l'amour que ie vous porte, que ie n'ay eu d'aiſe me ſachant eſtre aimee à l'eſgal de mon affection. A ceſte cauſe vous voyez icy la Damoyſelle du mõde la plus preſte à vous obeir, qui viue, & qui pour vous complaire, ſacrifiera vn iour ſa loyauté à la furie ialouſe de ſon mary. Ia n'aduienne, dist le ieune seigneur, car nous serons si discrets en nos entreprises, & les communiquerons à si peu, qu'il sera impossible que pesonne s'en apperçoiue: que si le malheur le vouloit, & que quelque desastre descouurist nos trafiques, i'ay assez de moyens pour pallier le tout, & de puissance pour clorre la bouche aux plus hardis, qui s'entremettroyent de nous passer par langue. Ie n'ignore rien de tout cela, Monsieur, dist la Damoyselle. Mais c'est grand' simplicité, en telles choses, de fier en sa grandeur, & de permettre que chascun soit abbreuué de ses folies. Au reste, ie veux tout ce qu'il vous plaira, moyennant que ce soit sans scandale: car i'aimeroye autant mourir, comme si quelqu'vn nous surprenoit en nos princes & secrettes folastries. Contentons nous du plaisir que l'aise de iouyssance nous pourra ottroyer, sans que ce contentement no' mescontente par le denigrement de ma bonne renommée. Concluãs donc le iour de leur nouuelle accointance, qui estoit lendemain sur le midy, que le Chastelain alloit en ville, ils cesserent leurs deuis pour la suruenue du mary, lequel faisant la reuerence à son seigneur, luy dist qu'il sçauoit vn sanglier, s'il luy en plaisoit auoir le passetemps. A quoy Nicole feignit prester l'oreille fort amiablement: toutesfois ce fut à son grand regret, veu que ceste chasse luy feist encor differer quelques iours la iouyssance pretendue & asseuree de sa fauorite. Mais elle qui estoit autant ou plus esprise du feu enragé & insupportable d'Amour, que luy, trouua bien tost les moyens de venir aux prises auec son Amant, où il fut si bon maistre, & tant donna de secousses à sa douce guerriere, qu'il la mist dessous, & iouant le dessus, fut neantmoins, apres plusieurs rufes, contraint de quitter la partie, & differer le reste à vne autrefois. Ce commencement si plaisant de lutter, allicha si bien le seigneur de Nocere, que sous pretexte de la chasse, il n'estoit semaine qu'il ne vint visiter la Garenne de sa Chastelaine, & que souuent il n'y mist le furon dedans, & dura long temps cest aise, que personne ne soupçonna seulement vn brin d'affection, tant ils se gouuernoyent discrettemēt à la poursuitte de leur aise. Et dressoit le seigneur Nicole l'esbat de la chasse & vne infinité d'autres exercices, cōme la lutte, la course de la bague, & le ieu de palle-maille, nō tāt pour auoir moyē de iouyr de sa Dame, cōme pour ne donner occasion au mary de deuenir, ialoux d'autant que c'est vn vice assez familier à tout Italien que de se coiffer d'vne si mal-plaisante coiffure, & s'affubler d'vn si facheux manteau. Mais

Comparaison. quoy? tout ainsi qu'il est difficile de tromper vn vsurier sur le cõpte de ses deniers, luy veillant tousiours, & dormant sur les liures de ses raisons & cedules: aussi mal-aisément deçoit on le cœur d'vn ialoux, &

Fable d'Argus. sur tout quand il s'asseure de ce dequoy il a mal à la teste: veu que iamais Argus ne fut si clair voyant, ses cent yeux sur la ienice bien-aimee de Iupiter, que sont les maris, desquels l'opinion est mal affectee sur la chasteté de leurs femmes. Aussi qui eust esté le lourdaut, lequel voyant vne si indiscrette priuauté des deux amans, leur familiere habitude, sans nul tesmoing, & les desrobees pourmenades à heure indeuë, & quelquefois les embrassemens trop estroicts deuant les seruantes, qui ne se fust doubté de ce qui passoit plus secrettement? Il est vray que en France, ou la liberté est si honnestement gardee, que la solitude ny priuauté ne donnent aucun soupçõ, cela eust esté supportable: mais en Italie, où les parens mesmes sont tenus pour suspects, s'ils ne touchent de bien pres

cefte familiarité du feigneur Nicole auec
la Chaftelaine, excedoit les bornes de raifon, d'autant que la commodité qu'ils a-
uoyent eu de iouyr de leurs amours, fans
que on fen doubtaft, fut caufe que depuis
ils vferent trop librement, & fans difcre-
tion, de leur familiarité & longue hantife,
qui caufa que la Fortune, laquelle ne laiffe iamais les aifes des humains, fans leur
donner quelque forte alarme, eftant enuieufe du contentement reciproque de ces
deux amans, feift tant que le mary fe commença à doubter de ce qu'il euft voulu dif
fimuler, fi l'honneur fe pouuoit aufsi ayfe-
ment perdre fans reproche, comme le fang
eft efpadu fans mener la vie en peril: mais
eftant la chofe fi claire que la faute d'vne
moytié à l'endroit de ce qui luy eft propre,
le Chaftellain auant que rien entreprendre, & que declairer ce qu'il en penfoit, vou
lut auoir le cœur efclarcy de ce qu'il n'a-
uoit veu qu'é nuage, & par opiniõ: par ainfi
il alla fi cautement & fagement en befoi-
gne, & fut fi fubtil efpion, qu'vn iour que
les amans eftoient aux prifes, & au plus e-
ftroit, & fecret embraffement de leur lutte,
il les veit accouplez d'autre leffe qu'il
n'euft point fouhaité, & collez plus eftroi-
tement que la raifon ny honnefteté ne per

HISTOIRE. XXIII.
mettoit, ny à l'vn ny à l'autre. Il veit sans estre veu en quoy il sentoit, quelque contentement, s'asseurant de leur dresser vne partie plus mal-plaisante puis qu'ils ne s'estoiét point apperceuz de sa descouuerte. Et pour vray il eust esté plus supportable, & à moins de crime pour le Chastelain, si sur l'heure il eust executé sa vengeance, & puny les deux amans de leur meschanceté, qu'vser de la cruauté de laquelle despuis il tacha sa renommée, & souilla ses mains par vn transport enragé du sang innocent, qui ne pouuoit plus de sa folie, & moins du tort qui luy auoit esté fait. Or le Chastelain quelque dissimulation qui luy feit couurir son mal talent, & quelque chose qu'il couuast en son cœur de felonnie & trahison contre son seigneur, qu'il ne vouloit encor faire sortir en euidence, si ne pouuoit plus de là en auant parler si amyablement à luy, ny auec tel respect qu'il faisoit au parauant : qui fut cause que la Dame dist à son amy. Monsieur ie me doubte que mon mary ne se soit apperceu de nostre trop grande priuauté, & qu'il n'en ait pris martel en teste. Veu sa contenance, & peu d'accueil & bon visaige qu'il vous monstre, pour ce serois d'aduis que vous retiriez à Foligno pour quelques iours : ce

pendant ie verray bien à la longue, si c'est pour nous qu'il resue ainsi, & que son visage a pris ce nouueau changement, dequoy ie vous donneray aussi tost aduertissement, afin que vous pouruoyez au salut de vostre fidelle, & obeissante amye. Le ieune seigneur, qui aymoit la Damoyselle de tout son cœur, sentit vn trance si grād en son cœur, & vn tel sursaut, oyant ces piteuses nouuelles, que s'il se fust senty le pl⁹ fort, il eust sçeu du Chastelain la cause de sa mine si mal plaisante, mais voyant l'ouuerture que sa Dame luy faisoit, s'arresta sur icelle, & luy promit en vser tout ainsi qu'elle le trouueroit bon. A ceste cause faisant trousser bagage, feit venir le Chastelain luy disant: Capitaine, ie pensois encor passer icy quelques iours, mais ayant ouy dire, que le Duc de Camerin vient à Foligny pour dresser partie auec nous, ie suis contraint m'en aller, & vous prie auoir le tout pour recōmādé, & s'il aduiēt quelque chose de nouueau, nous en aduertir tout soudain.

Monsieur (dit le Capitaine) ie suis marry q̄ maintenant que le plaisir de la chasse vo⁹ peut dōner recreatiō, vo⁹ nous laissiez ainsi, toutefois puis que c'est vostre bō plaisir, no⁹ surserrōs la poursuitte des Sāgliers

iufqu'à voftre venuë : ce pendent ie tiendray les cordes preftes pour les y empieter, afin que vous venant, rien ne manque pour l'equipage de noftre chaffe. Le seigneur Nicole voyant son Chaftelain en propos si ioyeux, & tant efloignez de colere, ou fantafie ialoufe, s'affeura que quelque autre tintamarre luy auoit troublé l'Eprit, que le foupçon des baifers qu'il donoit à fa Dame: Mais le cauteleux mary ne cerchoit que les moyens de fe venger d'autre forte qu'en tuant feulement celuy par lequel il fe fentoit intereffé, & eftoit plus fin à entreprendre, & hardy à l'executer que les amans n'eftoyent aduifez à fe contregarder de fes rufes & cautelles. Et quoy que la Damoyfelle, apres le depart de fon amy, feffayaft de tirer de luy quelque chofe, faifant à ce qu'elle en penfoit, si ne peut elle iamais cognoiftre que fon mary euft aucune mauuaife opinion de leurs amourettes : car toutes les fois qu'on parloit du feigneur Nicole, il hauffoit fes louãges iufques au Ciel, & le prifoit plus que tous fes freres: & tout cecy afin de tromper les mefmes deffeins de celle qu'il voyoit rougir, & changer fouuent de couleur, oyant parler de celuy à qui elle eftoit
plus

plus affectionnee que non à son mary, auquel elle deuoit la foy & l'integrité de son corps. Aussi estoit ce le vray piege pour surprendre ceux qu'il auoit en fantasie d'oster de ce monde, afin d'oster par mesme moyen de deuant ses yeux le vitupere d'estre cocu, sans s'essayer de venger l'iniure faite à sa reputation. La Chastelaine voyāt que son mary (comme il luy sembloit) ne s'estoit en rien apperceu de ses folies auec son adultere, desirant de continuer le plaisir aggreable à deux, & qui faisōit mourir le tiers de frenesie, escriuit au seigneur Nicole la lettre qui s'ensuit:

Monsieur, la crainte que i'auoye que mō mary se fust apperceu de nos Amours, m'a fait vous prier ces iours passez de discontinuer vn peu la frequentation de vostre propre maison, non que ie ne soye faschee outre mesure, qu'il faille que contre mon gré ie soye priuee de vostre presence, laquelle m'est autant plaisante comme ie me voy caressee à contre-cœur, par mon fascheux mary, lequel ne parle que de vos honnestetez & louables parties qui sont en vous, & est marry de vostre depart, pour ce qu'il craint de vous auoir offensé en quelque chose: ce qui luy seroit, dit il, autāt insupportable que la mesme mort. Pource

Y

HISTOIRE XXIII.

vous prie, Monsieur, que s'il est possible, &
vos affaires le permettent, i'aye le moyen
de vous voir, afin de iouyr de vostre douce presence, & vser de la liberté que nostre bō heur nous a preparee par le peu de
ialousie du Chastelain, lequel, ie croy, ne
sera long temps sans vous prier, tant il a
desir de vour donner le plaisir de la chasse en vostre terre mesme. Ne faillez donc
à venir, s'il vous en prie, & lors nous auiserons à gouuerner si bien nos affaires,
que les mieux voyans n'y sçaurent dōner
attainte. Me recommandant tres-humblement au meilleur endroict de vos bonnes
graces.

 Ceste lettre fut baillee à vn petit laquais, pour la porter au seigneur Nicole, &
non sans que le Chastelain ne s'apperceust
aussi tost de la fourbe, d'autant qu'il estoit
tousiours en aguet pour trouuer le moyen
de se venger du tort qu'il se voyoit faire:
pource, afin de battre le fer tandis qu'il estoit chauld, & d'executer son dessein auant que sa femme se donnast de garde, &
qu'elle sentist ses entreprises, veu qu'elle
auoit essayé en diuerses manieres de sonder son cœur, & sentir s'il auoit quelque
maltalent contre le seigneur son amant.
Dés lendemain qu'elle eut escrit à son

amy, il despescha vn de ses gens vers ses trois seigneurs, pour les supplier de venir lédemain voir le passetemps du plus beau & mieux miré sanglier, que long temps on eust veu és forests voisines de Nocere, quoy que le pays fust beau pour le deduit, & que souuent on y fait de beaux rencontres. Mais ce n'estoit pas pour cela qu'il bastist ceste partie, ains afin d'enlacer sous mesmes lacs & cordes les trois freres, qu'il auoit deliberé d'immoler à l'autel de sa vengeance pour l'expiation du forfait de leur aisné, lequel auoit souillé le lit nuptial de son seruiteur. C'estoit le sanglier qu'il s'attendoit d'enferrer, & en donner curee à son insatiable & cruel appetit. Si la faute eut esté de tous les trois, il eust eu quelque raison de leur faire courir pareille fortune, & les enueloper dans vn mesme filé pour se garder de plus estre offencé, & afin de chastier l'insolence des grands, lesquels pour le seul respect de leur grandeur ne font estat, ny conscience de faire tort en l'honneur de ceux la reputation desquels leur doit estre en aussi grande recommandation que leur honte mesme: En cela faillit le bon Prince des Iuifs, Dauid, lors *Meurtre* que pour vser sans soupçon de sa Bersa- *de Dauid* bee, il feit occir le bon Vrie, en lieu de le *sur Vrie.*

Y ij

salarier pour son bon seruice & diligence à executer ses commandemens. Plus abusa de cecy le fils du Roy Superbe, lequel commandoit en la cité fondee par Romule, lors qu'il viola celle Lucresse, de laquelle les histoires ont fait si grand compte, & la chasteté de qui les escrits des sçauās ont tant recommandee. C'estoit sur tels que la vengeance se deuoit executer, & non pas ensanglanter ses mains au sang des Innocens, ainsi que feirent à Rome les parens de la defuncte Lucresse, & ce Chastelain à Nocere sur le frere de celuy qui l'enuoya en Cornuaille sans passer la mer. Mais quoy? le courroux procedant d'vne telle iniure, surpasse toute frenaisie, & excede tout limite de raison: & est l'homme si esperdu en soy, ayant veu la tache de tel diffame sur la teste, qu'il ne pense plus que chercher le moyen de nuire, & desplaire à celuy qui luy souille sa renommee. Toute la race des Tarquins pour mesme fait fut chassee de Rome, & le seul nom fut encor cause que le mary de la belle violee fut contraint de vuider le lieu de sa naissance. Vn seul Paris viola la couche de Menelas roy Lacedemonien, mais en la vengeance de la Greque rauie fut enuelopee, non la seule gloire, & richesse de la superbe Troye,

Le fils de Tarquin viole Lucresse.

Plusieurs souffrent pour la faute d'vn

ains la plus part de l'Asie, & Europe, s'il fault adiouster foy à ce que les anciens nous en ont escrit. Aussi en ce fait du Chastelain le seul Nicole auoit souillé son lict, mais la vengeance du cruel s'estendit plus loin, & la fureur alla si auant que les Innocens furent en grand danger d'en porter la penitéce, ainsi qu'entédrez suyuāt le discours de l'histoire. Le Chastelain donc ayāt fait sa despesche, & s'asseurant de sa deliberation, cōme si desia il eust tenu les freres entre ses mains, & eust esté sur le poinct de les accoupler auec sa femme, afin de les enuoyer visiter les loyaux Amans, qui discourent de leurs amourettes en l'autre monde auec Didon, Phillis, & telles autres, qui sont plus mortes de desespoir que pour l'Amour, il feit venir à soy en vn lieu à part, tous les soldats qui estoyent en la forteresse, & desquels il s'asseuroit qu'il se pourroit preualoir, ausquels auec vne triste contenance, & non sans espandre quelques larmes, il parla en ceste sorte.

Mes compaignons & amis, ie ne doute point que ne soyez esbahis de me voir à present tel en vostre presence que ie suis: asçauoir esploré, triste, & pantelant de soupirs, & le tout contre ma coustume, & autre que ma constance & ranc ne le requierent,

Harāgue du Chastelain à ses soldats.

HISTOIRE XXIII.

mais quand vous aurez entendu la cause pourquoy, ie suis asseuré que ce qui vous semble estrange sera par vous estimé iuste & equitable, & de mesme parfournirez à ce en quoy ie vous veux employer. Vous sçauez q̃ le premier poinct que l'hõme genereux a de regarder ou il fault qu'il dresse sa visee, ne cõsiste seulemẽt à repousser l'iniure qui se peut faire au corps, ains est besoin que le cõbat cõmence par la defence de son honneur, qui est vne des choses qui se voyent en l'ame, & resortẽt au corps, qui est l'instrument pour effectuer ce que l'esprit desseigne. Or cest hõneur pour la cõseruation duquel l'hõme de bien, & qui a le cœur bõ, ne craint de s'exposer à tout peril, & danger de mort, & perte de biens, se refere aussi à la garde de ce qui nous touche, comme à nostre mesme reputation: de sorte que si le bon Capitaine souffre son soldat estre meschant, pilleur, larron, & exacteur, il en souffre le deshonneur, quoy qu'en tous ses actes il se gouuerne d'homme de bien, & ne face rien qui ne soit digne de son estat. Mais quoy ? luy estant vn chef vny à tels membres, si les parts de ce tout sont viciees, & gastees, il fault que le chef s'en resente, & porte la tache du forfait de ce qui se raporte à son tout. Helas! dit il en souspirant, quelle partie plus proche, & chere pour auoir l'homme que celle qui luy est donnee à la mort, & à la vie, & laquelle luy est conioincte pour estre os de ses os, & chair de sa chair, & pour respirer, vn mesme esprit, & penser d'vn mesme cœur, & pareille volonté. C'est de la femme que ie parle, laquelle estant la moytié de son mary, ne fault sesbahir si ie dis que l'honneur de l'vn est le repos de l'autre: & l'vn estant infame, & meschant, l'autre sent les trauerses de telle meschanceté, de sorte que la femme estant prodigue de son honneur, le mary est foulé en sa reputation, & indigne de los, s'il souffre que telle marque le chatouille sans en prēdre vengeance. Il fault mes compagnons, & bons amis que ie descouure icy, ce que mō cœur voudroit tenir secret à soymesme s'il estoit possible, & que ie vous raconte chose qui me fait aussi tost tarir la parolle en la bouche, comme l'esprit sessaye de me forcer à vous en faire l'ouuerture, laquelle ie ne ferois, n'estoit que ie me promets tant de vous, que vous estans liez à moy d'vne amitié inseparable, me donnerez confort & ayde contre celuy, qui m'a fait vn outrage tel, que si ie ne m'en venge sur luy, il est necessaire que ie sois l'executeur

Y iiij

de telle vengeance sur moymesme qui ne
veux point viure auec vn deshonneur, lequel me serue de tourment, & de ver qui
ronge ma conscience tout le temps de ma
vie. Pource auant que passer outre ie voudrois sçauoir de vous, si ie me peux autāt
fier de vous pour auoir secours en ce mien
affaire, comme en tout autre, ie me ferois
fort que ne me laisseriez iusques au dernier souspir de vostre vie. Car sans telle
asseurāce, ie ne suis point deliberé de vous
faire entendre ce qui tant me presse, ny le
mal qui me point de si pres, que le disant
sans espoir de support, i'ouurirois le pas
mortel, qui me feroit mourir sans auoir allegé mon desir, punissant celuy duquel
i'ay receu vne iniure la plus sanglante que
homme me pourroit faire. Les soldats qui
aymoyent le Chastelain comme leur propro vie, furent marris de le voir en tel
estat, & plus d'ouyr parolles tant estranges
que celles qui ne resentoyent que fureurs,
vengeāces, & massacre de soymesme, pour
ce tous d'vn accord luy promirent main
forte enuers tous, & contre tous, pour l'effect de ce qu'il pretendoit leur requerir.

Le Chastelain asseuré de ses gens, print
cœur, & continuant sa harangue & propos
deliberé sur l'occision & deffaire des trois

Trinicieus freres (car tel estoit le surnom des seigneurs de Foligno) il poursuyuit en ceste maniere. Sachez donc, mes compagnons & bons amis, que ça esté en ma femme que i'ay enduré la blessure & interests de mon honneur, & elle est la partie touchee, & moy celuy qui en suis le plus offensé Et afin que ie ne vous tienne plus en suspens, & que trop longuement celuy vous soit celé, lequel m'en a fait l'outrage, il fault qu'entendiez que Nicole Trinicie, aisné des trois seigneurs de Foligno & Nocere, est celuy, qui contre tout droit & equité, a suborné la femme de son Chastelain, & a souillé la couche de celuy duquel il deuoit estre le defenseur & vray rempart de ma reputation. C'est de luy, mes bons amis, & des siens, que ie pretens prendre telle vengeāce, qu'il en sera parlé à iamais, & ne s'enhardira onc seigneur de faire tort à vn mien semblable, sans se souuenir que lon doit vser: & non abuser, de l'honneste seruice d'vn gentilhomme estant à sa suitte. C'est à vous à me tenir, & la main, & vostre promesse, afin que Nicole, se mocquāt de moy, il ne semble se penser fort par la mesme force que i'ay de vous, à qui ie me recommande. Les soldars, irritez au possible de la mal-versation du seigneur, & du

Trinicie surnō des seigneurs de Nocere

tort à celuy de qui ils prenoyēt soulde, luy iurerent de rechef de le seruir en toute chose, & qu'il ne tiendroit à eux que les Trinicies ne fussēt saccagez, s'ils les pouuoyēt auoir vne fois entre leurs mains, qu'il falloit trouuer moyen de les attirer, afin d'en depescher le mōde. Le Chastelain, rassereinant son visage, & se monstrāt fort ioyeux d'vn tel succes, apres auoir remercié ses soldats, & embrassé fort amiablement les plus apparens, leur feist ouuerture de la partie qu'il auoit dressee, & qu'il esperoit les auoir bien tost à son commandement dans la forteresse, veu le lacquais qu'il leur auoit enuoyé, & que sa femme aussi, sans y penser, estoit de la partie, à laquelle il s'attendoit donner vne si viue attainte, q̄ iamais plus elle ne luy planteroit si hautement les cornes qu'elle auoit sous l'ombre de traicter humainement son ribaud. Ils n'auoyent pas bonnement acheué de tenir le conseil, qu'il eut nouuelle, que dés l'endemain matin les Trinicies bien accompagnez d'autre noblesse, viendroyent à Nocere, pour chasser ce porc si furieux, duquel le Chastelain leur auoit faict si grand feste. Cecy ne pleut guere au Capitaine, d'autant qu'il craignoit de ne pouuoir effectuer son complot, si la compagnie estoit si grande: mais quand il eut pensé que les seigneurs seuls prenoyẽt leur logis au fort, il se conforta, & s'arresta sur sa premiere deliberatiõ. Les Trinicies, ce pendant, vindrent le iour d'apres assez tard, à cause que le seigneur Berard de Varano, Duc de Camerin, voulut estre de l'assemblee, & aussi que les deux freres attendoyent Conrad, lequel estoit à vne feste de nopces, & ne peut asister à la Tragedie qui fut iouee à Nocere, à son grand bien & profit. Ainsi ceste trouppe vint à Nocere sur le tard, & ayans souppé en ville, le seigneur Nicole & le Duc de Camerin allerent coucher à la forteresse, demeurant Cesar, frere du Trinicie, auec la troupe, pour loger à la ville. Attendez icy, mes gentilshommes, qui poursuyuez les larcins secrets de vos Amours, afin de ne vous fier iamais tant à la fortune, que ne vous teniez tousiours sur vos gardes, afin de n'estre surprins au lieu que sans tesmoing vous assaillez, & en l'acte où vous ne desirez l'assistéce de personne. Voyez la cruauté Barbaresque du Chastelain, qui aima mieux occir son corriual en sang froid, que se venger sur luy, lors qu'il le veid aux prises auec sa femme, afin que l'exemple de sa furie fust plus recogneu, & que d'vn

Berard de Varano.

HISTOIRE XXIII.
scandale secret sortissent vne infinité de malheurs, & massacres. Sur la minuit donc q̃ toutes choses estoyẽt en repos sous l'obscur silence de la nuict, le Chastelain vint à la chambre de Nicole, accompagné de la pluspart de la garde, & ayant coffrez les valets dudit Nicole, il empoigna aussi son compagnon de couche, auquel de prime face, & pour luy faire esprouuer sa courtoisie, il fait couper les membres & parties honteuses, luy disant auec vne aigre moquerie. Tu ne mettras desormais ceste lance en arrest pour auec icelle abatre l'honneur d'vn plus hõme de bien que toy. Puis l'ayant transpercé de part en part, luy arracha le cœur du ventre, disant. C'est ce malheureux cœur, qui a fait les complots, & a basty les desseins de ma honte, pour rendre cest infame sans vie, & sa renommee sans louange. Et non content de ceste cruauté, il fait tout ainsi du reste du corps que feit iadis la fuyarde Medee de celuy de son frere innocent, pour sauuer sa vie, & celle de son amy Iason, car il le mit en cent mille pieces, donnant à chascun membre son mot de risee & mespris du pauure massacré. Ne deuoit il pas suffire au Tyran mary de s'estre vengé de sa honte, & d'auoir occis celuy qui l'auoit diffamé, sans vser d'vne si

Grand' cruauté.

furieuse Anatomie sur vn corps mort, & auquel n'y auoit plus de sentiment? Mais quoy? l'ire estant demesuree, & le courroux sans frein ny raison, ne fault s'esbahir si en tous ses actes le Chastelain outrepassa la iuste mesure de vengeance. Plusieurs trouueroyent bon le meurtre commis sur Nicole, mais la iustice d'vne offense, ne doit tant laisser ouurer vne iniure, ains faire s'en sentir sur l'heure, afin que le creuecœur de se veoir ainsi trahy couure par son soudain trãsport, & pour le peu de raison qui est és premiers monumens de l'ame, la faute commise en la deffaite de son semblable. Autrement n'y a rien qui puisse coulourer tel vice, veu que la loy punist esgallement tout homme, qui sans l'ordonnance du Magistrat prend la puissance de venger le tort qu'il pourra auoir reçeu d'vn autre. Mais reuenons sur nos brisees, le Capitaine tout sanglant & vermillonné du sang espandu, vint en la chambre du Duc Camerin, lequel auec tout le reste de ceux qui estoyent estrangers dans le Chasteau, il logea, sans luy mot dire, dans vne profonde & obscure prison. Voyla le repos que celle nuict apporta à ceux qui estoyẽt venus pour courre le sanglier, car sans aller gueres loing, ils furent attrapez par l'ingenieufe chaffe, & foubs les cordages du furieux Chaftelain. Lequel dés que l'Aube peinte d'vn clair vermillon commença à poindre, lors que tous les veneurs fe mettoyent en deuoir & appareilloyēt leurs couples, & faifoyēt fortir leurs abbayeurs pour fortir en cāpaigne: voicy vn des cruels miniftres du Chaftelain, qui vint appeller Cefar pour venir parler au feigneur Nicole fon frere, qui le prioit de ne tarder à venir vers luy & le Duc, qui luy vouloyent monftrer quelque gaillardife. Cefar, qui n'euft iamais foupçonné la moindre des malheuretez ia aduenues, ne fe feift prier d'auantage, ains fen alla à la boucherie comme vn aigneau, & en la compagnie des loups mefmes, qui fappreftoyent de le tuer. Or ne fut il fi toft en la court du chafteau, que fept ou huict paillards le troufferent, & fes gens auffi, & le menerent en la chambre tout lié comme vn larron en laquelle eftoyent les membres defchiquetez de fon miferable frere, lefquels eftoyēt encor yeautrez en leur fang. Si Cefar fut efbahy fe voyant lier & conftituer prifonnier, il fut plus eftonné encor quand il aperçeut ce corps ainfi defmembré, & qu'il ne cognoiffoit point encore. Las dit il, & quel fpectacle eft cecy? eft ce le fanglier que tu nous as fait venir courre dās noſtre fort meſme? Le Chaſtelain ſe leua tout ſaigneux, & le viſage auec la voix qui ne promettoyent rien de bon au miſerable adoleſcent, auquel il dit. Voy Ceſar le corps de Nicole adultere & infame paillard, & remarque ceſte teſte, à ſçauoir ſi ce n'eſt pas la ſienne. Pleuſt à Dieu q̃ Conrard fuſt encor icy, afin que tous trois fuſſiez aſſis à vn bāquet ſi ſomptueux que celuy que ie vous auois apreſté, ie te iure que ce ſeroit auiour d'huy le dernier pour la race de Trinicies, & la fin de vos tyrannies & meſchācetez. Mais puis que ie ne peux auoir tout ce que mon cœur deſire, ie ſoulageray mon ame en ce que la fortune me permet. Que les nopces de Treuio ſoyent maudites qui m'ont oſté vne ſi belle occaſion & le moyen de faire vne deſpeche de telle conſequence que la ruyne de tant de tyrans. Ceſar à ceſte ſentēce demeura auſſi immobile que feiſt iadis la fēme de Loth voyāt *La femme* ſa cité foudroyee & miſe en cendre: car dés *de Loth en* qu'il veit ce furieux ſpectacle, & qu'il ſceut *ſtatue de* que c'eſtoit ſon frere Nicole, la pitié & la *ſel.* peur luy fermerent ſi bien les conduits de la parolle que ſans ſe plaindre ou former vn ſeul mot, il ſe laiſſa couper la gorge au Barbare Chaſtelain, qui le ietta à

HISTOIRE XXIII.

demy mort sur le corps de son frere, afin que le sang de l'vn & de l'autre criast aussi haute vengeance que celuy d'Abel, occis par la trahison de son plus proche. Voyla les commencemens effroyables d'vn cœur transporté en sa furie, & de l'esprit de celuy qui ne resistant à ses fols appetits, execute tout ce qui luy vient en teste, & postposant la raison à sa fantasie, fait appareil de ruine, telle que la posterité a dequoy se mirer en tels exemples. De cruauté pareille vsa Tiphon à l'endroit de son frere Osyris, deschirant son corps en ving & six pieces, d'où sen ensuyuit sa ruine, & de tous les siens, par Orus, que les autres surnommerent Apollon: & falloit il que le Chastelain en esperast moins du frere de deux occis, & des parés du Duc qu'il tenoit prisonnier? Mais il estoit si aueuglé de fureur, & peult estre conduit d'ambition & desir de se faire seigneur de Nocere, qu'il ne se contenta point de venger sa honte sur celuy qui l'auoit offensé, s'il ne s'essayoit de massacrer tout le sang Trinicien, d'autant que l'heritage leur appartenoit, & afin de venir à bout de son entreprise, ce Neron Italien, non content de tant de meurtres, y adiousta nouuelle trahison, & s'essaya de gaigner les citoyens de Nocere pour les inciter à rebellion

Diod. Sic.
liu. 1.
Tiphon
occist Osy-
ris.
Orus ven-
ge la mort
d'Osyris.

rebellion les ayant fait assembler deuant la forteresse, ausquels du mur auant il fait ceste ou semblable harangue.

I'ay iusques icy, messieurs, dissimulé le peu de plaisir que sentoit mon cœur voyāt tant de bons citoyens assubiettis sous la volonté & effrené plaisir de deux ou trois Tyrans, lesquels ont aquis puissance sur nous plus par nostre sottise, & peu de cœur, que par la valeur, vertu, & iustice ny d'eux, ny de ceux qui ont priué ce pays de son ancienne liberté: Ie ne veux pas nier que les principautez qui ont pied & fondement de longue main, & qui viennent par vne succession hereditaire, n'ayent quelque espece d'equité, & que les seigneurs, bien viuans : ne doiuent estre obeys, defendus & honorez. Mais ou l'inuasion, & saisie est cōtre le droit, ou le peuple est foulé, & les loix violees, ce n'est plus là qu'il fault estre si consciencieux que de souffrir tels monstres de nature. Les Romains du premier aage l'ont assez monstré lors qu'ils chasserent de leur cité la race superbe du tiran Tarquin: & sessayerent d'exterminer toute racine de cruauté, & tirannique puissance. Nos voysins les Siciliens iadis en vserēt de mesme sorte sous la conduite de Dion contre la desreiglee fureur,

Harāgue du Chastelain aux citoyēs de Nocere.

Romains, Siciliens, & Atheniens Ennemis des Tyrans.

Z

HISTOIRE XXIIII.
& exorbitante cruauté de Denis Tyran de Saragoſſe:& les Atheniens contre les enfans de Piſiſtrate. Et vous qui eſtes ſortis de la ſouche de ces Sannites, qui tindrent le temps paſſé teſte ſi longuement aux forces Romaines, ſerez vous point tant accouardis & intimidez pour le reſpect du nom de ſeigneurie, que n'oſiez auec moy attenter vn eſſay gaillard pour vous remettre en liberté, & chaſſer toute ceſte vermine de tyrãs, qui formillent par toute l'Italie? Serez vous ſi eſtonnez & auilis que l'ombre ſeule d'vn fol & volage adoleſcent vous tienne en bride,& vous tire cõme vn buffle par le muſeau? Ie crains que ſi vous voyez mener vos femmes & filles pour ſeruir de paſſetemps à ces tirans, & pour raſſaſier la paillardiſe de ces boucs plus lubriques que paſſereaux, encore n'oſeriez vous faire ſeulement ſigne que la choſe vous tournaſt à deſplaiſir. Non non, meſſieurs de Nocere, il eſt deſormais tẽps de couper les teſtes à l'hidre, & le ſuffoquer en ſa cauerne, la ſaiſon eſt venue qu'il ſe fault monſtrer homme, & non plus diſſimuler ce qui nous touche de ſi pres. Aduiſez ſi voulez ſuyure mon conſeil, & reprendre ce qui eſt voſtre, à ſçauoir la franchiſe de laquelle vos ance-

Sannites a preſent ſõt ceux du Duché de Spolete & de Bene-uent.

stres se sont tant glorifiez, & pour laquelle ils n'ont craint d'exposer ny leurs biens, ny leurs vies. Ce sera à bon marché que i'espere vous la faire rauoir, & sans peril d'espandre le sang de vos citoyens. I'ay senty l'effect de la tyrannie Trinicienne, & la rigueur d'vne iniuste puissance, laquelle ayans commencé sur moy, ne failliront si lon ne les chastie d'estendre aussi sur vous qu'ils estiment comme leurs esclaues. Aussi ay-ie le premier fait essay de reprimer ceste audace, & de m'opposer à leurs insolences, & si vous voulez y entendre il sera facile de parachever le reste, veu le temps qui vous offre vne telle opportunité, & l'ouuerture que desia ie vous y ay faicte, & sachez que pour l'exploit de mon dessein, & pour vous remettre du tout en liberté, i'ay fait prisonniers les deux seigneurs Nicole, & Cesar, attendant que la fortune m'ameine encore l'autre, pour le payer de pareille monnoye, & que vous soyez libres, & mon cœur satisfait du tort que i'ay receu par leur iniustice. Croyez messieurs que ce que i'ay faict n'est sans grand occasiõ, ny sans auoir receu l'iniure telle, que le taisant, i'en creue & si ay honte de la declarer Ie la tairay neátmoins pour vous prier de prendre esgard à vous mes-

Z ij

HISTOIRE XXIII.
me,& de voir que si au verd on met la coignee, & le feu, que le sec ne doit rien esperer de bon, ny allegeance. Aduisez ce que vous auez à me respondre, afin que suyuāt vostre aduis ie prenne aussi resolution à mon fait sans preiudice que de ceux à qui plus le cas appartient.

Durant tout ce discours le paillard Chastelain cela l'homicide qu'il auoit perpetré, pour tirer le ver du nes aux Nocerins, & voir quelle deliberation ils voudroyent prendre, afin que sur icelle il se reiglast & suyuist le temps selon ses occurrences: Qui eust veu les citoyens de Nocere apres ceste seditieuse harangue, eust iugé ouyr vn pareil bruit que font les abeilles lors que sortans de leurs rusches elles bourdonnent parmy vn beau vergier decoré & embelly de fleurs diuerses: car ce peuple estant vny, & assemblé, commença tout bas à discourir sur l'emprisonnement de leur seigneur, & trahison commise par le Chastelain, trouuans fort estrāge que luy, qui estoit seruiteur domestique, eust pris la hardiesse de s'attaquer à ceux ausquels il deuoit tout honneur & reuerence, & vous asseure bien que s'il eust aussi bien esté en bas que sur le parapet de la muraille, qu'ils l'eussent taillé en autant de pieces.

Belle similitude.

comme il auoit fait de morceaux du seigneur de Nocere : mais voyans qu'ils ne pouuoyent le tenir, s'essayerent de moyenner la deliurance de ceux qu'ils pensoyent encore en vie, luy faisans parler par vn des principaux de la cité au nom de tous, lequel luy respondit brieuement, & dist ainsi.

Si la malice ne se descouuroit plus emmiellee & traistresse cōposition de vostre parolle, Chastelain, il seroit presque aisé à vn peuple leger, & qui desire choses nouuelles à ouyr & executer ce q̃ vn tel pipeur que vous luy propose. Mais n'ayās iusques icy rien enduré des Triniciens, qui resente tyrannie, cruauté, ny excez, nous serions accusables autant de felōnie comme vous estes coulpable de desloyauté de saisir ainsi les personnes vos seigneurs, lesquels en vous agrauissant se voyēt traistreusement diminuez en ce qui concerne leur reputation & grandeur. Nous sommes gens de biē, & subiects fidelles, qui ne voulōs estre meschans & malheureux tout à la fois, & qui sans occasion ne voulons chasser les chefs de nostre republic. Quand ils auront fait les meschancetez de ceux que vous auez amenez pour exemple, ce sera lors qu'à nouueau faict nous pren-

Response des citoyēs au Chastelain.

drons conseil sur l'occurrence. Au reste, n'y a qu'vn mot & qu'il serue, vous nous ferez plaisir de mettre en liberté nos seigneurs,& si ferez que sage, vsant de vostre deuoir, & satisfaisant à vn peuple, lequel n'endurera facilement qu'vn subiect face tort à ceux à qui il doit obeissance. Et ne craignez point d'en estre mal d'eux, ny d'en sentir aucune trauerse: car nous ferons tant, par toute voye honneste, que vous aurez pardon de vostre faute, quelque greue qu'elle semble estre. que si vous continuez en vostre erreur, asseurez vous que Conrad en sera aduerty, & que de tout nostre pouuoir nous nous efforcerons,en le secourant, de vous faire sentir que la trahison a cela de naturel,que tousiours elle paye le premier celuy qui l'a inuentee.

Le Chastelain, quoy qu'il fust esbahy de telle response, & qu'il commençast à voir qu'il n'y feroit guere bon,s'il ne remedioit & donnoit ordre à ses affaires, tant pour la suruenue de Conrad, que du frere du Duc de Camerin, respõdit aux citoyẽs, que dans trois ou quatre heures il leur donneroit finale resolution sur ce qu'il auoit entreprins de faire,& que,peult estre, s'accõmoderoit il à leur volõté, & deliureroit ceux qu'il tenoit en prison. La douceur de ceste responſe n'empeſcha en rien les citoyens de parfaire ce qu'ils auoyent en penſee, cognoiſſans auſſi que le galand n'auoit pas commencé ceſte farce qu'il ne euſt d'autres concepts en ſon ame, que ce qu'il leur auoit dit. A ceſte cauſe, ils feirent aſſemblee, & ſonner pour le conſeil, où fut conclud que l'vn d'entreux ſen iroit trouuer Conrad, le tiers & reſte des freres, afin qu'il vint pouruoir à ſes affaires, & deliurer Nicole & Ceſar, que le Capitaine du fort tenoit en captiuité. Les Nocerins vſerent de ceſte courtoiſie, non qu'ils n'euſſent bien voulu ſaffranchir, mais ils voyoyent le chemin mal deffriché, tant pour ne ſe fier au Chaſtelain, qui ne leur ſeroit non plus doux & fidelle qu'il ſe monſtroit loyal à ſes maiſtres: que auſſi d'autant que Conrad eſtoit bien aimé des ſeigneurs voiſins, & ſur tout du Duc priſonnier, & de ſon frere Braccio Montone, qui auoit la gendarmerie Italienne à ſa poſte, & les ſeigneurs, qui ſe fuſſent employez à ſon ſecours. Par ainſi le plus beau & meilleur pour eux, c'eſtoit de ne ſe partialiſer point, & en n'eſcoutant vn traiſtre, ſaſtraindre leur ſeigneur auec vn deportemēt & deuoir tel, que le plus ingrat homme

Z iiij

du monde s'essayeroit encor de recognoistre, veu la consequence d'vn tel affaire. Le
Capitaine seditieux d'autre part hors d'e-
sperance, & enragé plus que iamais, persista en sa folie, non sans penser aux moyés
de se sauuer, qu'il auoit assez accortement
trouuez, si Dieu ne luy en eust accourcy
la voye, & ne luy eust fait payer l'vsure
de ses meschancetez, par la diligence mesme de ceux en qui il se fioit, & entendez
comment. Tout aussi tost qu'il eut laissé le Conseil des citoyens, & pensé vn
peu à son affaire, il feist venir à soy deux
ieunes hommes, desquels il se fioit sur
tous autres, ausquels il donna tout son
or, argent & ioyaux, afin de les transporter hors de la iurisdiction de ses seigneurs,
& que incontinent qu'il se verroit pressé,
il se peust retirer la part ou ces galans luy
auroyent dressé son equipage, & les ayans
bien montez, les feist sortir par la fausse
porte, qu'on appelle du secours, les priant
qu'aussi tost ils l'aduertissent de tout, &
que soudain il leur enuoyeroit ses enfans
& le reste de ses meubles, leur disant qu'il
fioit sa vie & biens entre leurs mains, &
que en téps & lieu il recognoistroit ce que
maintenant ils faisoyent pour son seruice.
Les deux commis pour son sauuement,

HISTOIRE XXIII. 181

luy promirent monts & merueilles: mais tout aussi tost qu'ils eurent perdu la veuë de leur maistre, ils feirent vn autre complot, & se resolurent de rompre la foy à celuy qui estoit pariure, & qui n'auoit fait conscience, non seulement de se reuolter, ains encor d'occir cruellement & furieusement ses seigneurs: qu'il valoit mieux s'en aller à Treuio vers Conrad, & luy reciter la fin piteuse des siens, & l'emprisonnement du Duc de Camerin, que chercher repos pour celuy que Dieu ne permettroit se sauuer, veu la greueté de ses fautes, & ce qu'il desseignoit encor d'executer sur sa femme.

Quelque diligēce que les Nocerins feissent, si furent les gens du Chastelain plus tost à Treuio qu'eux, & ayans remply l'oreille de Conrad d'estonnemēt, les yeux de larmes, l'ame de tristesse, & l'esprit d'vn desir de se venger, ainsi que Conrad vouloit monter à cheual auec quelque suitte qu'il auoit, voicy ses citoyens qui arriuent, luy comtans l'emprisonnement de ses freres. Ausquels Conrad respondit: Pleust à Dieu, mes amis, que le Tyran se fust contenté du peu que me venez de dire, car i'eusse trouué le moyen d'accorder les parties, sachant leur different: Mais las! il a fait pis, & a occis brutalemét mes freres. Mais ie iure Dieu, que si ie ne meurs bien tost, i'en prendray telle & si cruelle vengeance, que tous ses semblables auront vn miroir en luy, pour y voir la punition d'vne faute si execrable. Allez, mes amis, allez, & mettez bonnes gardes à l'entour du chasteau, afin que le traistre ne se sauue : & ie vous asseure que ceste vostre amitié ne sera que ie ne la recognoisse, & aurez en moy, non vn tyran, ainsi qu'il dit, ains vn tel seigneur, & meilleur encor que ne m'auez iusques icy experimenté. Si Conrad n'eust esté pressé, il eust chanté de belles chansons contre la trahison du Chastelain, & n'eust laissé d'accuser l'indiscretion de son frere, qui se fioit en celuy duquel il auoit suborné la femme, & qu'il sçauoit bien qu'il s'en estoit apperceu. Mais quoy? l'affaire meritoit autre chose que paroles, & aussi est ce vne folie que de s'attaquer ny aux morts, ny aux absens, mesmement où l'on peult se venger par effect, & ou les moyens sont ouuers pour chastier la temerité de l'absent, & venger l'iniure faitte à celuy qui n'est plus.

Tuderte, ville du duché Spoletin.

Conrad donc print son chemin vers Tuderte, où estoit pour lors le seigneur Braccio, qui en estoit seigneur, & qui auoit sous sa main Peruse, & plusieurs autres citez de l'Eglise: & qui auec la dignité de grand Connestable du royaume de Naples, estoit ausi Prince de Capue. A cestuy le Trinicié, tout esplouré, & transporté de colere & mal-talent, vint demander secours pour se venger du forfait de son Chastelain, disant: Quelle asseurance, Monsieur, pourrõt desormais auoir les Princes ny grans seigneurs, puis que leurs seruiteurs mesmes s'esleuent, & violentans leurs maistres, font essay d'occuper les seigneuries, où ils n'ont rien à quereller. Est-ce venger son iniure, que pour vn en occir deux, & encor souhaiter le tiers, pour depescher le monde de nostre race ? Est-ce poursuyure son ennemy, que de s'attaquer à celuy qui ne sçait rien de vos differens, & luy en faire porter la peine? Mes deux freres sõt morts, nostre germain le Duc est en prison, ie suis icy sans ioye deuant vous qui estes touché, non si viuement que moy, mais auec pareil deshonneur. Allons, Monsieur, allons visiter ce bon hoste, qui traicte si rudement ceux qui le visitent, & portons luy dequoy se sentir de nostre venue. Allons auant qu'il se sauue ailleurs, afin qu'auec moins de trauail, & sans en fascher d'autres, ce ribaud soit puny, qui par son exé-

Harãgue de Conrad au Duc Braccio.

HISTOIRE XXIII.
ple, s'il vit encore, pourroit donner cœur
& aux seruiteurs & aux subiects de se reuolter sans conscience contre leurs chefs
& gouuerneurs. C'est cas de trop d'importance, & qui doit estre poursuyuy auec tou
te rigueur, & ne fault iamais supporter,
conforter, ny fauoriser celuy qui aura fait
le moindre effort de se reuolter ou armer
contre son Prince, ou aura violenté celuy
qui luy est seigneur. En quelques occurrences lon cherist le traistre, & caresse lon
celuy qui faulse sa premiere foy, mais
tousiours la trahison & pariure sont dete-
stees comme vices execrables. En ce fait,
ny la chose ny celuy qui l'a commise ne
peuuent porter marque d'excuse, veu les
forfaicts, & la cause pour laquelle le tout
est mis à execution. Baste, Monsieur, il n'est
plus temps ny question de discourir, il ne
fault decider la matiere qui parle assez de
soy, sans qu'ō la deduise. Voyez icy le Trinicien sans freres, sans ioye, & sans fort à
Nocere, d'autre part, considerez le Duc de
Camerin prisonnier en grand' destresse, &
en danger de faire le saut de mesme que
mes freres. Allons, s'il vous plaist, deliuret
le captif, & vengeant les offensez & homi-
cidez, remettre ma cité en franchise, que
ce paillard tasche à me voller. s'estāt essayé

de faire reuolter mes subiects, & de leur mettre les armes au poing, pour chasser nostre maison de son siege. Ainsi que Conrad parloit, & auec vne grãd grauité & constãce, & auec signifiance de la douleur, le Connestable de Naples, marry au possible de nouuelles si peu aggreables, & plein de mal-talent & colere contre le traistre Chastelain, iura à l'ouye de tous, qu'il ne reposeroit iamais de bon sommeil, tant que ceste querelle fust vuydee, & qu'il auroit vengé l'outrage fait à Conrad, & l'iniure qu'il sentoit en soy pour la prison du Duc de Camerin. Ainsi les despesches sont faites, & soldats s'assemblent de toutes parts des terres du Connestable, pour aller sur la fin de la semaine contre le fort de Nocere. Les Citoyens de laquelle cité auoyent ce pandant mis gardes par toutes les aduenues, afin que le Chastelain ne s'enfuist, lequel, sans en rien festõner, se delibera auec ses gens de tenir bon, & tenter la Fortune, se faisant à croire qu'il auoit bon droict & iuste cause de faire teste à ceux qui auroyent le cœur de le venir assaillir en sa forteresse. Le Connestable ce pendant enuoya vn trompette à Nocere, pour sommer le Capitaine à se rendre, & dire la cause de sa reuolte, & à

HISTOIRE XXIII.

l'incitation de qui il auoit commis vne si detestable trahison. Le Chastelain tout asseuré desia,& affermy en sa meschanceté, respondit qu'il ne s'estoit pas fortifié pour se rendre à si bon marché,& pour faire si peu de pris de sa reputation : au reste, qu'il n'estoit de si peu d'esprit que de n'oser attenter vn tel faict sans le conseil d'autruy, ains que tout ce qui s'estoit passé iusques icy, estoit de son inuention seule, & que pour venger le tort faict à son hôneur par Nicole Trinicie au violemêt de la chasteté de sa femme, il auoit cômis les meurtres qu'on auoit recitez au Braccio, estant bien marry que toute la race tyranne n'estoit entre ses mains, afin de deliurer son pays, & mettre les citoyens en liberté, encor que sottement ils l'eussent refusee, comme indignes d'vn tel bien, & dignes que les tyrans les tallonnassent à leur aise, & les feissent encor plus esclaues. Le trompette le semond encor à rendre le Duc, comme n'estant point de la partie : à quoy le Chastelain entendit aussi peu q̃ aux premieres demandes, qui fut cause que la compagnie arriuee à Nocere, & ayant entendu le Connestable le peu d'estat que le Chastelain faisoit de sa semôce, fut ordonné que lon battroit la place dés le iour mesme, ce qui fut fait auec tel tonnerre & son espouuentable de Canons, que les plus asseurez des mortes payes commencerent à festonner : mais la hardiesse & peu de crainte de leur chef, leur remist le cœur au ventre. La bresche estant faite de rechef, le Connestable, qui craignoit de perdre le Duc en la fureur de ce Chastelain, feist semódre ceux de dedans de prédre compositiõ tandis que les choses estoyent là, que le sang espandu n'animoit encore le soldat à cruauté : mais aussi peu gaigna il à ceste lutte, qu'à la premiere. Qui causa que le iour d'apres l'assaut fut donné, où s'il fut bien assailly, ce ne fut sans trouuer gaillarde resistence. Mais que pourroyent trente ou quarante hommes contre les forces de tout vn pays, & où le chef estoit vn des vaillans & sages capitaines de son temps, & qui estoit suyuy de la fleur de la Fanterie Napolitaine? L'aussaut dura quatre ou cinq heures, mais à la fin les mortespayes ne pouuans soustenir l'effort des assaillans, quitterét la bresche, & taschãs à se sauuer, le Chastelain se retire dans le Donion de la forteresse, où sa femme estoit prisonniere dés le iour que les deux freres furent occis. Pendant que ceux de dehors entroyent pesle-mesle dans le fort auec les deffendans, le Duc de Camerin auec ses gens trouua moyen de se deliurer de la prison, & de mesme se mit à chastier furieusement les ministres du Capitaine desloyal, lesquels furent en peu d'heure tous taillez en pieces.

Conrad estant dedãs, trouua le Pere du Chastelain, sur lequel il commença l'exploit de sa vengeance pretenduë, le tuant de sa main propre. Et non content de cela, transporté de colere, & hors de soy tant il estoit furieux, le feit mettre à morceaux, & en donna curee, & pasture aux chiens. Estrange façon certes de vengeance, si l'effect de la cruauté Chastelaine n'eust attenté semblable inhumanité: en somme c'estoit à l'enuy que les massacres se faisoyent durant ceste meslee. Car de ceux qui auoyent suyuy le party du Chastelain qui furent prins, lon en print la plus estrange & cruelle vengeance que homme sçauroit imaginer & n'estoit que ie ne veux en rien desmentir l'auteur, & moins laisser ce qu'il a escrit sur la fin miserable de ceux qui auoyẽt seruy de ministres & seruiteurs de la tyrannie Barbaresque du Chastelain, ie passerois outre, & tairoy ce qui ne merite d'estre proposé que pour en fuir l'exemple, lequel n'est pas nouueau, estant de

Grãs massacres dãs le fort de Nocere.

tour temps tellement enuieillie la cruauté d'vn cœur vindicatif en la nature des hômes, que les tourmens qui semblent incroyables se sommettent à la foy, tant pour ce qu'en lisons és hystoires anciennes, que ce qu'en auons receu par l'ouye, & qui est aduenu de nostre temps. Celuy qui ayant eu le dessus de son ennemy, ne se contenta de l'occir, s'il ne mengeoyt à belles dens le cœur desentraillé de son aduersaire, estoit il moins furieux que Conrad faisant ainsi anatomiser le corps du pere du Chastelain? Et celuy qui meit Galeaz Fogace à la bouche d'vn Canon ayant la teste liée aux genoux, & ainsi le feit porter par l'impetueuse force de la poudre dans la ville d'ou il estoit sorty pour corrompre quelques vns de son armée, se monstra il plus courtois, que pas vn de ceux cy? Laissans à part les passez pour toucher la fin calamiteuse, par laquelle Cõrad feist payer le dernier tribut aux soldats du Chastelain Or d'entre eux les vns estoyent liez aux queuës des cheuaux indomptez, & trainez par des hayes & buissons, & par le precipice des hautes roches, les autres furẽt tenaillez, & puis apres bruslez en grand martyre: les vns diuisez & partis en quatre quar-

Galeaz Fogace mis à la bouche du canon.

Terribles & cruels supplices.

AA

HISTOIRE XXIII.

tiers tous vifs, les autres cousuz nuds dans vn cuir de bœuf, & ainsi enterrez iusques au menton, falloit que finassent leur vie auec vn effroyable gemissement. Voulez vous dire que le Taureau de Perille, ou les cheuaux de Diomede, fussent supplices plus cruels que ceux cy? Ie ne sçay que vo⁹ appellez cruauté, si ces actes peuuent porter tiltre de modestie: tant y a, que le tout proceda d'ire & desdain d'vne part & d'autre, l'vn estant desdaigné que son seruiteur luy feist teste, & l'autre courroucé, que son seigneur s'essayast de luy tollir ce que son deuoir luy commandoit de luy garder. Conrad trouue mauuaise la trahison du Chastelain, lequel est marry sur toute marrisson, que Nicole l'ait fait confrere de l'ordre de Vulcan, & l'ait enregistré au rolle des maris qui sçauent ce qu'ils n'osent dire. En somme, l'vn a droict, & l'autre n'est sans quelque raison : & toutesfois, tous deux surpassent les bornes de la douceur deuë à l'homme. L'vn deuoit se contenter (ainsi que i'ay dit) d'auoir vengé son tort sur celuy qui l'auoit offensé: & l'autre des meurtres faicts durant la bataille, sans monstrer vn indice si sanglant de sa cruauté, & la monstre si euidente de tyrannie si

Le Taureau de Perille. Les cheuaux de Diomedes.

quelqu'vn des siens luy faisoit quelque offense. Qui fut cause que le Chastelain, ayāt veu son pere mort en tel martyre, & ses gens tourmentez si estrangement, vaincu de colere, & desespoir & impatience, quoy qu'il n'eust guere grand desir d'offenser sa femme, si fut il alors surmonté de rage, tellement, que l'ayant prinse, & luy liant & pieds & mains, quoy qu'elle luy criast mercy, & requist pardon à Dieu de ses fautes, il la precipita du haut de la tour du Donió sur le paué de la court du Chasteau, non sans les pleurs & esbahissement d'vn chascun. Ce que voyans les soldats, meirent le feu à la tour, & contraignirent par le feu & fumee, le Chastelain de sortir, & par mesme moyen faire le saut & luy, & son frere, & enfans que la femme auoit fait naguere. Cōrad feit soudain getter ces corps pour seruir de pasture aux Loups, & autres bestes rauissantes, & aux oyseaux viuans de proye, faisant aussi enterrer honorablement ses freres & la Damoyselle, laquelle auoit porté la penitence digne de son forfait. Telle fut la fin malheureuse des Amours les plus miserables, & maltraitees que ie pense homme ait iamais trouué par escript, & lesquelles ont assés clairement fait voir qu'il n'est plaisir si grand que fortune changeant, & tournant sa roue, ne face plus amer cét fois que le desir de iouyr de tel ayse ne donne de contentement. Et vaudroit mieux (outre l'offence qu'on fait à Dieu) ne voir iamais telles femmes, que les aborder pour en faire sortir de tels scandales & faits, qui ne peuuët estre racontez, qu'auec desdain des escoutans, ny escrits qu'en faisant contrister ceux qui s'amusent à les lire. Tant y a que tant le bon que le mauuais est presenté à nostre vie pour l'informer, & instituer, afin que l'vn euite la paillardise, & volupté du corps, d'autant que c'est la peste la plus mortelle & pernicieuse qui puisse aduenir & la santé du corps, & à la reputation, & à l'integrité de l'Esprit des hommes. Ioinct que puis qu'vn chascun doit posseder son vaisseau, & que personne n'a droit d'eniamber sus le bien d'autruy, il est mal seant de soliciter la femme de son prochain, & causer la disionction, & deffaire d'vne saincte liaison telle que le mariage, lequel est vn tresor si precieux, & apporte si grãd marrisson à celuy qui le voit violé, que nostre seigneur pour en monstrer la grauité fait comparaison de son courroux contre ceux qui courent apres les dieux estranges, & donnent l'honneur qui luy est deu à celuy qui ne le merite auec le iuste desdain, & equitable colere d'vn mary ialoux, & despit de se voir despouillé de la saisine, & possession à luy seul donnee, & non suiette à autre quel que ce soit. Aprenez aussi maris à ne voler d'vne si legere esle, que de vouloir vous venger de vostre autorité, sans craindre les folies, & scandales qui peuuent s'en ensuyuir, vostre douleur est iuste, mais il faut que la raison soit la guide de vos fantasies, & bride vos passions trop soudaines, afin que puis apres ne venez au repentir comme feit ce fol, qui ayant fait plus qu'il ne deuoit, & ne pouuant se retirer qu'auec sa ruine, se getta luy mesme en l'abisme & gouffre de perdition. Et mettons trestous cecy en nostre memoire, que iamais le tourroux desreiglé, & colere transportee, ne fut sans apporter la ruine de celuy qui se laisse ainsi aller, & qui pense que tout ce qui est naturel en nous est aussi raisonnable: comme si nature estoit si parfaïcte ouuriere qu'en la corruption que nous sommes elle nous feit Anges, ou demidieux, ses passions desquels fussent sans vice. La nature qui suit l'instinct de ce qui est naïf

HISTOIRE XXIII.
en nous ne fesgare guere, mais cela est donné à peu, & ceux que Dieu ayme, & choisit, & qu'vne grand vertu font si rares qu'il est presque impossible d'imiter ceste perfection,& afin de dire en bref ce que ie veux conclure auec lauteur de la presente histoire:

Ire est briefue fureur à qui vaincre la sçait,
Mais est long le transport à qui ne la sur-
    monte,
Rendant l'homme souuent confus, & plein
    de honte
Sans repos sans honneur, sans vie tout à
    fait.

Fin de la xxiij. Histoire.

SOMMAIRE DE L'HI-
STOIRE XXIIII.

D'Autant que la cruauté plus que bestia-le racontée en l'histoire precedente, auroit peu donner quelque degoust à l'esprit de ceux qui sont courtois, humains, & affables de leur naturel, & aussi que qui vse tousiours d'vne mesme viande, fust elle delicate extremement, y prend à la longue desdain, & la reiette, ie chan-ge à present de subiect, & laissant pour quel-que temps les meurtres, massacres, desespoirs, & accidens tragics aduenus, soyent en l'Amour, ou la ialousie d'vn aimāt ou d'vn mary, ie tour-ne mon stile à chose plus plaisante, & laquel-le peut autant seruir pour l'instruction des grāz à suyure la vertu que ce que i'ay desia escrit, peut profiter pour se donner garde de ne tomber ẽ fautes si lourdes que le nom & los de l'hom-me en soit denigré, & sa reputation amoindrie. Si donc les contraires sont cogneuz par ce qui est de diuerse nature à eux, la vilenie d'vne grā-de cruauté se verra par la gentillesse d'vne gran de courtoisie, & sera condemnee la rigueur, lors que auec douceur les grand s'essayerõt gaigner le cœur, seruice & deuotion affectionnee de ceux qui sont naiz en petitesse. Aussi la grādeur de l'homme constitué en dignité, & qui a puissan-

AA iiij

HISTOIRE XXIII.

ce sar autruy, ne consiste point à se monstrer dur & espouuentable : car c'est à faire aux tyrans, & aussi que celuy qui est craint, est par conse-quent hay & mal voulu, & à la fin, laissé de tout le monde. Qui a esté cause iadis que les Princes qui ont aspiré à grandes conquestes se sont fait voye à icelles, plus par leur benignité & courtoisie, que par la fureur des armes, esta-blissans les fondemens de leurs seigneuries, par ce moyen plus fermes & durables, que ceux qui auec fureur & cruauté ont saccagé les villes, ruiné les citez, depopulé les prouinces, & engres-sé les terres des corps de ceux qu'ils ont fait pas-ser au tranchant de l'espee. D'autant que le gou-uernement & authorité sur les autres, emporte plus de subiection que de puissance. C'est pour-quoy Antigone, l'vn des successeurs de ce grād Alexandre, qui feit trembler tout le monde sous le recit de son nom, voyant que son fils se maintenoit arrogamment, & sans modestie en-uers vn sien subiect, il le reprint & tença : & entre plusieurs paroles de chastiment & remon-strance luy dist: Ne sçais tu pas, mon fils que l'estat d'vn roy, est vne noble & illustre ser-uitude ? Parolle vrayement Royale, veu que le Roy, quoy que tous luy facent reuerence, qu'il soit reueré de chascun, & que tous luy obeissent, si est il pourtant le seruiteur & ministre du public, qui ne doit moins de respect au subiect

Antigo-ne re-prēd son fils d'in-solence.

HISTOIRE XXIIII. 189

pour le defendre, que celuy qui luy est assubiecty d'honneur pour luy obeir. Et tant plus le Prince s'abbaisse, de tant sa gloire prend plus de pied & accroissement, & se rend admirable à chascun. Qui a plus haussé la gloire de ce Iule Cesar, qui le premier abbatit l'estat du gouuernement des Senateurs à Romme? Sont-ce les victoires gaignées sur les Gaulois & Bretons, & depuis sur le Romain mesme, qui estoit à la suitte de Pompee? Tout cela y a seruy: mais le plus grand lustre est venu de sa clemence & courtoisie: d'autant que il s'est monstré doux & fauorable à ceux mesmes qu'il sçauoit ne l'aimer autrement qu'on est affectionné à vn mortel ennemy. Ces successeurs, comme Auguste, Vespasien, Tite, Marc Aurele, & Flauie, ont porté tous ce tiltre mesme de clemence. Toutesfois n'en voy-ie pas vn qui approche de la grandeur de courage & gentillesse accompagnee de grand' courtoisie, de laquelle vsa Dom Roderigo Viuarie Espagnol, surnommé Cid, à l'endroit de Pierre d'Aragon, luy donnant empeschement de courir sur les Mores de Grenade: car ayãt vaincu ledict Roy, & prins en bataille, tant s'en faut qu'il se vengeast du tort receu, qu'il le laissa aller sans rançon, & sans luy oster vne seule forteresse, estimant plus grand cas de gaigner vn tel Roy par courtoisie, que porter le nom de cruel, en le faisant mourir, & se saisissant de

Iule Cesar clement & courtois.

Princes Rommains qui ont esté affables. Roderigo Viuarie.

ses terres. Mais d'autant que la recognoissance enuers les pauures, & l'aggrandissement des petits est plus à recõmander en vn Prince, que lors qu'il se monstre benin à ses semblables, i'ay colligé ces discours, & faict du Roy Mansor de Marocque, aux enfans duquel a succedé par sa cauteleuse & feinte religion, le Cherif, le fils duquel tient pour le iourd'huy les Royaumes de Su, Marocque, auec vne partie des Isles qui approchent de l'Ethiopie. Le recit de l'histoire que ie preten vous deduire, fut fait par vn Italien, nommé Nicolo Baciadonne, lequel, lors que cecy aduint, estoit en Affrique, pour trafiquer en la terre d'Oran, laquelle est posee sur la mer du Midy, & où les Geneuois & Espagnols font grand' trafic de marchandise, veu que le pays est beau, bien peuplé, & où les hommes, pour estre le pays barbare, viuent assez ciuilement, vsans de grande courtoisie aux estrangers, & departans largement de leurs biens aux pauures, vers lesquels ils sont si affectionnez, qu'ils font honte aux Chrestiẽs par leur liberalité & pitoyable largesse, ayans grand nombre d'hospitaux où ils reçoyuent & traittent beaucoup plus doucement, que ceux qui par la loy de Iesus Christ sont tenus à charité enuers leurs freres. Auec ceste courtoisie & humaine douceur ces Oraniens sont gens qui se plaisent à rediger par escrit les succes des choses qui aduiẽ-

Mansor, roy de Fez.

Nicole Baciadõne rapporte le faict à l'auteur.

Barbarés, soigneux de escrire l'histoire

HISTOIRE XXIIII. 190

nent de leur temps, & en sont fort soigneusemēt des memoires, qui fut cause que ayans enregistré en leurs Croniques (lesquelles sont en caracteres Arabiques, comme la pluspart de ces pays en vsent) l'histoire presente, ils en feirent part aux marchans Geneuois, duquel l'auteur Italien confesse auoir eu la copie, la cause pourquoy ce Ganeuois fut si diligent à faire ceste recerche, fut à cause d'vne grand cité de celle prouince, laquelle a esté bastie pour l'occurrence de ceste histoire, & laquelle s'appelle en leur langue Cesar Elsabir, qui vaut autant a dire que grād palais, & d'autāt que ie m'asseure que les esprits courtois, se plairont en effets qu'ils executent, i'ay discouru cecy, quoy que le subiect ne soit de grand importence, & que plusgrans choses & exemples de courtoisie ont esté effectuez, par nos Roys, & Princes, mais quoy? ie le trouue rare, à cause des personnes & du pais, ou guere iamais la courtoisie ne feit sa demeure, & ou la nature a produit plus
de monstres que de choses dignes de
grand lou-
ange.

DE QVELLE COVRTOISIE vsa le Roy de Marocco enuers vn pauure pescheur, sien subiect, qui l'auoit logé, le Roy s'estant esgaré à la chasse.

HISTOIRE XXIIII.

LE grand Roy Mansor donc estoit non seulement seigneur temporel du païs d'Oran & Marocco, ains aussi (comme l'on dit du Prete Iean) Euesque en sa loy, & Prestre Mahometiste, ainsi qu'est pour le iour d'huy celuy qui domine sur Feze, Sus & Marocco. Or ce Prince aimoit, sur tout autre plaisir, le deduit de la chasse, & s'y oublioit tellement quelquefois, qu'il luy falloit dresser des tentes par le desert, pour y passer la nuict, afin, que le iour venu, il recomençast sa queste, & ne laissast point ses gens en oisiueté, n'y les bestes en repos : & cecy apres qu'il auoit fait iu-

Roy Barbare, iuste

stice & escouté les plaintes de chascun qui venoit pour luy faire ses doleances: à quoy il auoit aussi grand contentement, comme nos Magistrats s'essayent d'en tirer proffit, duquel ils sont plus friãs que ne sont desireux de satisfaire au lieu où ils sont colloquez, & rendre à chascun ce que de droict luy appartient. Aussi pour ceste leur corruption & famine d'argent, sont auiourd'huy les Rois mal seruis, le peuple tortionné, & le meschant sans crainte, à cause qu'il n'est tache si vilaine soit elle, qui ne se laue à force de presens, & ne soit effacee par le sacre infusion, auec laquelle les Poëtes feignent que Iupiter corrompit la fille d'A-crise, enfermee dans la tour: & qui est celuy qui resiste à ce qui subiugue les plus hautes puissances? Or reprenons nos erres, ce grand Roy Manfor, vn iour dressa l'assemblee vers les palus, qui estoyent iadis non guere lointains de la cité d'Asela, que les Portugais tiennent à present, afin d'auoir plus libre leur chemin à aller aux Isles Moluques, de la plus part desquelles leur Roy est seigneur. Ainsi qu'il estoit en-tétif à poursuyure vn Ours, & qu'il s'y plaisoit le plus, le temps se commença à obscurcir, & se leua vne grand' tempeste & telle qu'auec vn brouillas & vent impe-

Iupiter en rousee & pluye d'or.

Asela, cité d'Afrique Isles Moluques sont aux Portugais

tuex, la suitte du Roy s'esgara d'vn costé, & le Roy de l'autre, sans sçauoir quel chemin tenoit, ny en quel lieu il pourroit se retirer pour euiter cest orage & pluye, la plus forte qu'il eust senty de sa vie. Il eust voulu estre aussi bien accompagné que fut le Troyen Enée, lors qu'estant en pareil acte, & effroy il fut contraint d'entrer dans vne Grottesque auec sa Royne Didon, où il paracheua les ieux de ses nopces peu heureuses. Mais Mansor estant sans compagnie, & sans Grotte voisine, alloit errant par la campaigne, aussi soigneux de sa vie, pour la crainte des bestes farouches qui repairoyent en ces deserts, que les courtisans estoyent marris d'ignorer la retirade de leur Prince. Et ce qui plus donnoit de fascherie à Mansor, estoit que estant seul, & sans guide, quoy qu'il fust bien monté, il n'osoit passer outre, craignant de se noyer & perdre parmy les marests & palus desquels la contree estoit toute pleine. Il auoit d'vn costé les esclats de tonnerre, qui canonoyent dru & souuent, & les esclairs qui continuellement luy offusquoyent la veuë, de l'autre, le hurlement des bestes, l'espouuentement du chemin, qu'il n'eust sceu cognoistre s'il ne vouloit se plonger par les torrens, que faisoyent ruisseler ces

playes orrageuses. Ne faut doubter que
ses oraisons & prieres à son grand prophete honoré à la Meque, fussent oubliees, &
qu'alors il ne fust plus deuotieux que quád
il alloit le Vendredy à la Mosquee. Il se
plaignoit de son desastre, accusant la fortune & plus encor sa folie que de s'adonner tant à la chasse, insqu'à s'esloigner peut
estre, en terres estrangeres. Quelquefois
s'aigrissoit il, & vomissoit son courroux côtre ses gentils hommes, & domestiques, &
menaçoit de mort ceux de sa garde. Mais
puis apres mettant la raison en parade, il
voyoit que le temps, & non leur paresse, ou
peu de soin causoit ceste disgrace. Il pensoit que son Prophete luy enuoyast cest
orage pour quelque sien peché, & l'eust
redigé en telle & si dangereuse extremité
pour ses fautes. A ceste cause il leuoit les
yeux au ciel, & faisoit mille simagrees Ma
hometanes, mais ainsi qu'il tenoit les yeux
fichez en haut venoit vn esclair si vif, & ardant qui luy faisoit autant abaisser la veuë
que fait vn ieune enfant repris de son
maistre. Il fut encor plus estonné voyant
la nuit laquelle auec l'obscurté de son man
teau sombre, luy ferma le pas, & moyen,
pour reprendre sa route, & le mit en

telle perplexité que volontiers il eust quitté & chassé & cōpaignie de seruiteurs, pour
estre hors de ce danger. Mais Dieu, qui a
soucy des ames bonnes, de quelque loy
qu'elles soyent abreuuees, & qui fait luire
son Soleil sur les iustes, & sur les iniustes,
luy appareilla vn moyen pour le sauuer,
ainsi que pourrez entendre. Estant le Roy
Africain en ce trance, & desnué dē tout espoir, la necessité, qui est la plus clair voyāte
q̄ rien qui soit, luy feit diligemment obseruer s'il verroit, ou pourroit ouyr quelque
personne, afin de sçauoir les moyens de se
sauuer. Ainsi qu'il s'affermissoit pour espier
de toutes parts, il veit non gueres loin de
luy vn peu de clarté qui esclairoit par vne
petite fenestre. Il approche encore vn peu
& recognoit que c'est vne petite loge au
milieu des palus, esquels il s'estoit embatu
durant la tempeste. Il s'esiouist, ainsi que
pouuez penser, & s'il eut quelque sursaut
de plaisir ie le laisse à iuger à ceux qui ont
essayé pareilles trauerses. Tant y a que ie
croy que ceux qui sont sur mer n'ont point
plus d'aise que sentit le Roy de Marocco,
lors qu'apres vne grand fortune ils voyent
la clarté d'vn sainct Herme à la prore de
leur vaisseau, car ils se voyent hors de peril de naufrage. Et cestuy ayant eu l'assaut
des

des vens, pluye, gesle, esclairs, & esclats de tonnerre, enuironné de Marets & torrens impetueux des petites riuieres qui ruisseloyent le long de son chemin pensa auoir trouué vn Paradis, s'estant embatu sur la cabane rustique. Or estoit ceste loge, la retraicte d'vn pauure pescheur, lequel viuoit, & sustétoit sa féme & enfans des Anguilles qu'il prenoit le long de ces grans marescages. Mansor, approché qu'il eut l'huis de ce grand palais couuert de roseaux, appella ceux de dedans, lesquels de prime face ne respondirent rien au Prince, qui faisoit la sentinelle à leur porte, il rappelle de rechef, & à plus haute voix, qui fut cause que le pescheur, pensant que ce fust quelque viuandier de ceux à qui il vendoit sa prise, ou bien quelque estranger qui se fust esgaré, sortit soudain de sa loge, & voyant le Roy bien monté & richement vestu, quoy qu'il ne le print pour son seigneur, si eut il opinion que c'estoit quelqu'vn des Courtisans. Pource luy dist : Quelle aduenture vous amene, seigneur, en ces lieux si deserts & solitaires, & tels que ie m'esbahis que ne vous soyez noyé cent fois par les precipices & abismes de ces palus & marest. C'est le grand Dieu, respond Mansor, qui a eu soing de moy, & n'a voulu que ie

BB

perillaſſe ſans faire plus de bien que iuſques icy ie n'ay fait. Il ſembloit pronoſti-
quer ce qui aduint depuis, veu que lon iugeroit que Dieu euſt enuoyé ceſt orage
pour le bien du peſcheur, & pour le ſoula-
gement de la contree, & que l'eſgarement
du Roy fuſt vne choſe deſtinee pour faire
vuyder ces palus, & repurger la contree de
toutes immondices. Semblables accidens
ſont aduenus à d'autres Princes, comme à
Conſtantin pres ſa nouuelle Rome, quand
il feiſt auſſi deſſecher certains palus, pour y
faire baſtir vn tẽple, & beau & ſomptueux,
en l'honneur & memoire de la vierge bien
heuree, qui enfanta le ſalut du mõde. Mais
dy moy, bon homme, adiouſta Manſor, ne
me ſçaurois tu pas enſeigner le chemin de
la Cour, & le lieu où le Roy ſe retire, car
volontiers ie voudroye, s'il eſtoit poſſible,
m'en y aller. Vrayement, diſt le peſcheur,
vous ne ſçauriez aller au logis du Roy
qu'il ne fuſt pres de iour, veu qu'il y a d'icy
au Palais plus de dix lieuës. Puis que tu
ſçais le chemin, replique Manſor, fais moy
ce plaiſir que de m'y conduire, & raſſeu-
re que outre l'obligation par laquelle ie
demeureray aſtraint, ie te contenteray encor courtoiſement, & ſelon ta volonté, de
tes peines. Monſieur, diſt le Contadin, ie

Conſtan-
tin feiſt
baſtir vn
temple à
la vierge
pres Con-
ſtantino-
ple.

voy que vous estes de bonne sorte, pource
vous prie de mettre pied à terre, & passer
la nuict icy, veu qu'il est tard, & que le chemin de la ville est fascheux à tenir. Non
non, dist le Roy, si faire se peut, il faut que
i'aille la part où le Roy se retire, pource
fais moy ce plaisir q̃ de me seruir de guide,
& verras si ie suis ingrat à ceux qui s'em-
ployent pour moy. Si le Roy Mansor, dist
le pescheur, estoit icy en personne, & me
feist pareille requeste que la vostre, ie ne
seroye si sot ny presomptueux d'entrepren
dre de le mener à telle heure sans danger,
iusques à son Palais. Pourquoy cela? dist
le Roy. Pourquoy, dites vous, à cause que
les palus sont si dangereux, que de iour
mesme, si l'on ne sçait bien les chemins, il
n'est si fort cheual qui ne soit en peril d'y
demeurer pour les gages. Et ie seroy marry, si le Roy estoit icy, qu'il tombast en dãger, ou eust quelque fascherie, & m'estimeroye malheureux, si ie n'empeschoye
qu'il n'endurast quelque mal ou encom-
brier. Mansor, qui prenoit plaisir au iargõ
de ce bon hõme, & qui vouloit sçauoir la
cause qui l'esmouuoit à en parler de telle
affection, luy dist. Et que te soucie tu de la
vie, salut, ny conseruation de nostre roy,
quel affaire as tu auec luy, que tu te donne

BB ij

HISTOIRE XXIIII.

peine s'il s'esgare ou s'il est à sauueté: Oh oh, dit le bon homme, dittes vous que ie me soigne pour mõ Prince! Ie l'ayme pour vray cent fois plus que ie ne fais ny moy-mesme, ny femme, ou enfans que Dieu m'ait donnez:& quoy, Monsieur, n'aymez vous pas nostre Prince! Si fais mon amy, replique le roy, mais i'ay plus d'occasion que toy, qui suis souuent en sa compagnie, qui vis à ses despens, & suis entretenu de ses gages. Mais toy qu'en as tu à faire, tu ne le cognois point, & si ne te feit iamais bien ny faueur, ny n'en peux encor esperer grãd auantage: Quoy, dit le pescheur, faut il aymer son seigneur pour les biẽs qu'on en reçoit plustost que pour sa iustice, & de-bonnaireté? Ie voy qu'êtrevous Messieurs les courtisans les bienfaits des roys sont plus estimez, & les dons qu'ils vous font plus agreables que la vertu & grandeur qui nous les fait admirer: & beez plus a-pres l'argent, honneurs & estats qu'apres le salut du Prince pour ce seul respect qu'il est nostre chef, & que Dieu l'a fait tel, pour nous tenir en paix, & se soucier de nos af-faires. Pardonnez moy, si ie parle si hardi-ment en vostre presence. Le roy qui pre-noit vn singulier plaisir à ceste Philoso-phie rurale, luy respondit. Ie ne trouue riẽ

Gentille responſe du peſ-cheur.

mauuais, d'autant que tes paroles approchent assez de la verité. Mais dis moy quel bien fait as tu receu de ce roy Manſor, duquel tu fais tant d'eſtime, & que tant tu aymes, car ie ne ſçaurois penſer que iamais il t'aye fait bien ny faueur, veu ta pauureté & le peu que ie voy en ta maiſon, au pris de celles de ceux qu'il ayme & fauoriſt, & auſquels il ſe monſtre familier, & bien faicteur. Or dites moy monſieur, repliqua le bon homme, puis que vous faictes ſi grans cas des faueurs que les ſubiects reçoiuent de leurs Princes, comme auſſi certainement ils doiuent faire, quel plus grand bien, richeſſe, ny bien fait dois ie eſperer, ou ſçaurois-ie receuoir de mon roy, eſtant tel que ie ſuis, que le profit, & vtilité que nous tous qui luy ſommes ſubiectz receuons de iour à autre en la iuſtice qu'il fait rendre à chaſcun, ne permettant que le fort & riche foule le foible, & celuy qui eſt deſnué des biens de fortune : que l'égalité ſoit maintenue par les officiers qu'il commet au gouuernemét de ſes prouinces, & le ſoin qu'il a que ſon peuple ne ſoit mangé par exactions & tributs inſupportables: i'eſtime plus ſa bonté, & clemence, & l'amitié qu'il porte à ſes ſubiects que ie ne fais toutes vos delicateſſes ny les ai-

BB iij

ses que vous auez en suiuant la court, l'admire & reuere mon Roy en ce que luy esloigné de nous, fait neantmoins que sentons sa presence, comme l'image d'vn Dieu en la paix & vnion en laquelle nous viuons par son moyen, & iouissons sans destourbier d'aucun du peu de bien que la fortune nous distribue. Qui est celuy, si ce n'est le roy, qui nous preserue, & deffend des incursions & pillages de ces voleurs, & assassineurs d'Arabie, lesquels font la guerre à tout leur voisinage, & n'ont amy auquel ils ne facent desplaisir, s'il ne se tient accortement sur ses gardes?

Ce grand seigneur, qui se tient en Constantinople, & se fait presque adorer des siens, ne tient pas si bien les Arabes en bride, que fait nostre Roy: sous la protection & sauue garde duquel, moy qui ne suis qu'vn pauure pescheur, ie iouy de ma pauureté en paix, & sans crainte des voleurs ie nourry ma petite famille, m'amusant à la pescherie des Anguilles qui sont en ces palus: lesquelles ie porte aux villes prochaines, & les vends pour le soustien & nourriture de ma femme & enfans: & m'estime bien-heureux, qu'en m'en retournant à ma Cabanne & loge rustique à mon plaisir, en quelque desert que soit ma demeure, quoy que esloigné de toute autre habitation, par le bienfait & diligence de mon Prince, ie ne trouue iamais qui empesche mes voyages, ou qui m'ait onc offensé en sorte quelconque. Qui est cause (dit il, leuant les mains & les yeux en haut) que ie prie Dieu & son grand Prophete Mahomet, qu'il luy plaise conseruer nostre Roy en vie, & luy donner autant d'heur & contentement, comme il est vertueux & debonnaire, & que ses ennemis s'en fuyans deuant luy, il demeure tousiours victorieux, nourrissant son peuple en paix, & ses enfans à leur aise, & en sa grandeur. Le Mansor voyant ceste deuotieuse affection du païsant, & cognoissant que elle estoit sans fard, ou hypocrisie, se fust volontiers descouuert : mais voulant se garder à meilleur opportunité, luy dist : Puis que tu aimes tant ton Roy, il est impossible que ceux de sa maison ne te soyêt aussi aggreables, & que pour l'amour de ton Mansor, tu ne voulusse faire séruice à ses Gentils hommes. Il vous doit suffire, replique-il, que mon cœur est plus au Roy, que ne sont les affections de ceux qui le suyuent pour s'aggrandir. Or estant si affectionné au Roy, pensez

BB iiij

que ses domestiques ont puissance de me commander, & moy bonne volonté de leur obeir. Mais il me semble que vous n'auez point besoin de tant deuiser icy sur la porte, estant mouillé & trempé comme vous estes, pource vous plaira me faire tãt de bien, que entrer en ma maison, qui est vostre, & y heberger pour ceste nuict, où ie vous traitteray, non selon vostre merite, mais du peu que Dieu & son prophete eslargissent à ma pauureté, puis demain matin ie vous conduyray à la ville, où est le Palais Royal de mon Prince. Vrayement, respond le Roy, quand la necessité ne m'y semondroit point, encore ton honnesteté merite bié que lõ en face cas, autre que d'vn simple païsan: & pense plus auoir profité en bien t'oyant parler, que escoutant les babils mal fondez d'vn tas de causeurs qui sont en Court, & qui ne font que corrompre les aurelles des Princes. Quoy? Monsieur, dist le païsan, pensez vous que ces pauures habits & ceste basse loge soyét peu capables pour couurir les preceptes de la vertu, l'ay ouy quelque fois dire, que les sages du temps passé, fuyans les villes & troupes des hommes, se retiroyent aux deserts, pour là vacquer à la contemplation des choses celestes. Tu n'en sçais que trop, replique Manfor, allons, puis que tu me fais la courtoisie que d'eſtre mon hoſte pour ceſte nuict. Ainſi le Roy entre dãs la loge ruſtique, où en lieu des tapis velus de Turquie, il void les filets & oultils du peſcheur, & pour les riches lambris des maiſons des Sangeas & grands ſeigneurs, il aduiſe les cannes & roſeaux, qui ſeruoyent, & de lambris & de couuerture. La femme du pauure homme ſe rue en cuiſine, tandis que Manfor ſe ſert luy meſme d'eſcuier, & penſe de ſon cheual que le peſcheur n'euſt oſé approcher: d'vne choſe eut il bon traictement, & qui luy eſtoit preſque la plus neceſſaire, à ſçauoir de feu qui ne luy fut point eſpargné, nõ plus que le poiſſon, mais le roy qui eſtoit aſſez delicat, & qui ne prenoit grand gouſt à telles viandes, luy demanda ſ'il ne pourroit point luy fournir quelque peu de chair, à cauſe que ſon eſtomach eſtoit offencé de la ſeule odeur des Anguilles. Le païſan, qui comme auez peu cognoiſtre par les diſcours precedens, eſtoit vn gauſſeur, & ſe plaiſoit à appreſter à rire, auſſi bien que meilleures viandes, dit au roy. Ie ne meſbahis plus ſi nos rois ſaident des gens nourris aux champs pour les ſeruir en guerre, veu la delicateſſe & peu de force de ces courtisans damerets, Nous quoy que la pluye nous aye toût le long du iour restonné les perruques, & le vent assailly de toutes parts, tous crotez & mouillez, ne noº souciôs ny du feu, ny de la couche, ains nous paissons de la premiere viande qui nous est offerte, sans y cercher sauce pour accroistre nostre appetit: Aussi nous voyla gaillards, sains, dispos, iamais malades, ny desgoustez, la où vous sentez tant de destoyements d'estomach que c'est pitié, & est on plus empesché à vous remettre en goust, qu'à dresser le souper de toute vne armée. Le roy, qui rioit à gorge desployee oyant ainsi parler son hoste, l'eust encor mis d'auantage en propos, n'eust esté que l'appetit le sollicitoit, & que l'heure estoit desia bien tarde: pource luy dit. Ie t'accorde tout ce que tu voudras, mais fais ce que ie demande, puis nous satisferons au surplus. Bien monsieur, replique l'hoste du Roy, ie voy que ventre affamé ne demande point de Chansons, i'ay vn cheureau, qui est encor apres sa mere, ie vois vous l'a prester, car en meilleur endroit, comme ie pense ne sçauroit il estre employé. Ce souper auec la courtoisie de l'hoste fut passé en mille ioyeux propos que le pescheur mettoit en auant pour recreer son hoste,

HISTOIRE XXIIII. 198

lequel il voyoit se plaire en telles sornettes, & sur la fin de table il dist au roy. Or ça Monsieur ce bãquet n'est pas si somptueux que ceux qui se font ordinairement à la court de nostre Prince, si pense ie que vous dormirez encor d'aussi bon appetit, comme vous auez mangé sans trop vous amuser à discourir durant vostre repas. Mais dequoy sert d'employer le temps ordonné à se repaistre à ne sçay quels deuis, qui ne seruent que de gaigner temps, & faire plus d'aproche à son dernier iour en chose qui se doit plustost prendre pour sustenter nature, que pour donner des allichemens à ceste chair foible & caduque. Vrayment dit le roy, ta raison est bonne, & suis d'aduis de quitter table, & aller passer ce peu qui reste de la nuit à me reposer, pour m'é aquiter aussi bien, que i'ay fait à me repaistre, & te mercie de tes bõs aduertissemés. Ainsi le roy se couche, & ne tarde trop à sendormir, & feit vn sommeil iusqu'au matin qu'au leuer du soleil, le pescheur vint l'esueiller afin de le conduire au chemin de la court.

Ce pendant les gentilshõmes de la suite du Roy estoyét en queste, & tracassoyét de toutes parts pour trouuer sa maiesté, faisans des cris & huees, afin qu'il les en-

redist, & print son addresse hors des palus
vers le son de leurs voix. Le Roy leur vint à
l'encontre, & si ses gens furent resiouys, ce
fut le pescheur qui s'estonna merueilleuse-
ment, voyant l'honneur que les courtisans
faisoyent à son hoste, dequoy le courtois
Prince, s'apperceuant, luy dist: Mon amy,
tu vois icy ce Mansor, duquel hier au soir
tu faisois si grand compte, & que tu me
dis auoir en si grande amitié. Asseure toy
que tu as fait courtoisie à celuy, qui auant
long temps s'en reuenchera de telle sorte,
que à iamais il en sera souuenance. Le bon
homme, qui s'estoit desia mis de genoux,
pour supplier le Roy qu'il pleust luy pardonner du peu de traittement & de la trop
grand' priuauté qu'il auoit prins auec luy:
mais Mansor, le faisant leuer, luy comman
da de s'en aller, & que en peu de iours il auroit de ses nouuelles. Or, en ces Marests le
Roy auoit desia fait bastir des chasteaux &
loges pour s'y retirer estant à la chasse, pour
ce delibera d'y faire bastir vne belle ville,
ayant plustost fait escouler les eaux des palus: ce que il feist faire aussi soudainement.
Et ayant fait enuironner le circuit du lieu
desseigné de bonne muraille, & profonds
fossez, donna des immunitez & priuileges
à ceux qui voudroient s'y retirer pour la

peupler : d'où aduint que en peu de temps, elle fut reduitte en vne belle & riche cité: laquelle est cellela que nous auons appellee par cy deuant, Cesar-Elcabir, c'est à dire, Le grand Palais. Ce beau chef d'œuure estant ainsi parfait, Mansor feist venir son hoste, auquel dist: Afin que desormais tu ayes le moyen de receuoir plus honorablement les Roys en ta maison, & puisses les traiter auec plus de somptuosité, pour accompagner le traitement auec ta courtoisie & propos recreatifs: voicy la cité que i'ay bastie, laquelle ie te donne pour toy & les tiens à perpetuité, n'y retenant rien que la seule recognoissance, afin que tu cognoisses & saches que l'esprit du gentilhomme s'abbrutist en villenie lors que oubliant vn bienfait, il encourt le vice d'ingratitude. Le bon homme, voyant vn tel & si bel offre, & vn present digne d'vn tel & si grand Roy, mist le genoil en terre, & baisant le pied du Roy, auec toute humilité, luy dist: Sire, si vostre liberalité ne parfournissoit à l'imperfectió de mó merite, & ne parfaisoit ce qui manque en moy, pour attaindre telle grandeur, ie m'excuseroye de la charge qu'il vous plaist me donner, & à laquelle, pour n'y estre accoustumé, ie me sen peu idoine. Mais puis que les gra-

Grand' courtoisie du Roy Mansor.

HISTOIRE XXIIII.
ces de Dieu ny les dons des Roys ne doiuent iamais estre reiettez, en acceptant le bien, & remerciant la clemence de vostre royalle maiesté, ie demeureray le serf & esclaue de vous & des vostres. Le Roy, l'oyant parler si sagement, le leua & l'embrassa, luy disant: Pleust à Dieu & à son grand Prophete, que tous ceux qui se meslent de regir les citez, & gouuerner les Prouinces, eussent le naturel si bon que ie mesure le tien, ie m'asseure que les peuples seroyent mieux à leur aise, & les Monarques sans grande charge de conscience pour le mauuais deportement de leurs officiers. Vis mon amy, vis à ton aise, maintiens ton peuple, fais obseruer nos loix, & accrois la beauté de ta ville, de laquelle, dés àpresent ie te fay le possesseur. Et vrayement le present n'estoit à mespriser, veu que c'est pour le iourd'huy vne des plº belles citez qui soyent en l'Afrique, & es terres de noirs, & tels que ceux q̃ les Espaignols appellent les negres, aussi n'est elle guere distante de l'Isle qu'ils nõment terre de Negres. Elle est fort abondante en iardinages, ayans grãd abõdãce d'espiceries portees des Moluques à cause des marchez & foires là instituees. En somme Mansor mõstra en ce present quelle est la force d'vn

Cesar elcabir pres de l'Isle des negres.

cœur gentil, qui ne peut endurer qu'on le vainque par courtoisie, & moins souffrir qu'vne sotte oubliance luy face perdre la memoire d'vn bien receu. Le Roy Darius iadis pour vn petit accoustremét receu en don par Siloson Samien, le recompensa lors qu'il eut acquis le nom & dignité royale, de sa cité mesme: & le feit seigneur souuerain de la cité, & isle, de Same. Et quelle plus grande vertu peut plus illustrer le nom d'vn grand que de recognoistre ceux qui de leur honte, & debaissement naturel, n'oseroyent contempler la maiesté de leur grandeur? Dieu voit quelquefois d'œil plus humain les presens d'vn pauure que les grasses, & riches offrandes de celuy qui est opulent. Aussi vn bienfait de quelque main qu'il sorte, ne peut estre qu'il ne produise les fruits de la liberalité de celuy qui donne, afin qu'en vsant de largesse, il sente aussi le mesme par celuy, pour qui il se sera employé, ou à qui il se sera monstré liberal. De ceste magnificence a vsé iadis la seigneurie de Venise à l'endroit de Françoys Dandalo, lequel apres auoir enduré de grandes indignitez par le Pape au nom de toute la cité, luy estant de retour à la ville de Venise fut en recognoissance de sa souffrance, & pour oster de luy

Darius donna la cité de Samos à Siloson Samien.

François Dandalo Duc de Venise.

HISTOIRE XXIIII.

ceste turpitude, fut dis-ie, auec vne heureuse, & vnanime acclamation de tous les estats esleu, & fait Prince, & Duc de la republique. Louable certainement est celuy, qui par quelque plaisir s'oblige vn autre à sa courtoisie, mais quand vn grand recognoist comme bienfait ce que vn subiet luy doit de deuoir & seruice, c'est ou la louāge ne peut assez donner d'atteinte. C'est pourquoy, i'ay proposé à nostre noblesse l'histoire du Roy Barbare Masor, afin que nos gentilshommes nourris & esleuez ciuilement, s'essayent de surmonter par leur douceur, & ciuilité, la courtoisie de ce Prince, lequel nous laisserons pour reprendre nos erres & rentrer sur le progrez des histoires tragiques, que i'auois discontinué, tant les cruautez du Chastelain auoyent esmeu, mon cœur, & estonné mes sens sur le
discours de telle
felonnie.

Fin de la xxiiij. Histoire

SOMMAIRE DE
l'histoire xxv.

Il ne seroit ia besoin d'auoir tant de recours aux escrits des anciens, & s'enuieillir sur l'histoire de ceux qui ont passé toute memoire, si nous estions si soigneux & diligés rechercheurs de ce qui se fait entre nous, côme nous admirons les faicts quelque peu rares, desquels l'antiquité & babillarde & glorieuse fait si superbe parade auec la gloire de son bien dire. Les Grecs, & les Romains, ayás manié les armes, ont fait aussi à croire auec la plume quel auoit esté l'effort de leurs mains, & hardiesse de leurs courages, & discourants de la vertu, nous ont fait penser qu'ils en estoyét les seuls maistres, & que ce qui se fait entre nous n'est qu'vne ombrage de leurs faits heroyques. Mais il fauldra que nous disons comme feit le Spartain contre les Atheniens, que tels gazoilleurs sçauent mieux dire qu'ils n'executét point, non qu'ils n'ayét esté rares en leurs perfections, mais non tels que de nostre temps la porte soit tellement close aux exemples de vertu, & supreme modestie, que ce siecle n'ayt aussi bien dequoy se glorifier, comme iamais eut cella saison que les Brutes Catons Camilles, & Scipions regissoyent la police & estat de la cité de Rome, ou qu'vn Pericle, Temistocle, ou Aristi-

Paresse des anciens François à escrire.

Reproche d'vn lacedemonien aux Atheniens.

CC

HISTOIRE XXV.

de polissoyent la florissante cité d'Athenes. Et certainement qui voudroit discourir sur le faict des armes, & chercher ou prendre instruction pour la discipline militaire, ne seroit ia besoin qu'vn Hannibal, Marie, Pompee, Sertorie, Cesar, ou Alexandre nous fussent offerts pour le patrō de nostre vie, veu que ce tēps a foisonné nostre Europe de si excellēs Capitaines, que si ces grans saccageurs d'entre les Grecs & Romains estoyent maintenāt en cāpaigne, & s'essayaßēt de forcer leurs armees, ce ne seroit plus vn Metelle, ny les Gaulois sans armes, ou les Perses effeminez, & l'Italie espouuentee qu'il faudroit dompter, ains auroit on affaire, auec la fiere caualerie Françoise, le vaillant Espagnol, & accort, & sage Italien, & seroit besoing tenir teste au puissant Alleman, & à la furie Angloise. Ie ne veux m'occuper à la louenge particuliere de nos guerriers, ny à la gloire de ceux qui se meslent de bien escrire, ou babiller dans vn senat, en quoy nous n'en pensons guere deuoir à l'antiquité: Ie laisseray à part les Paintres, & tailleurs, l'art desquels pour leiourd'huy ne cede en rien à vn Appelle, Lisippe, ou Pigmalion, ains pense que si le temps n'auoit vsé les chefs d'œuure des passez, que ceux cy leur donneroyent à penser auec la diuinité des tableaux, statues, & Medalles que sortent de leur boutique, lesquels

Nostre siecle heureux en excellens hōmes de guerre.

Toutes sciences & arts, sōt venuz à leur perfection.

HISTOIRE XXV. 202

seruent d'ornement, & merueille à cest aage heureux pour estre doué de telles raritez.

Mais laissans & armes & sçauoir, & arts qui concernent la main, fault que ie me plaigne de nostre paresse, & louë soudain la curieuse diligence des anciens à illustrer la memoire de ceux qui d'entre le peuple mesme meritoyent renom, pour s'estre plus mostrez amis de la vertu que le reste des hommes. Et d'autant que les hommes ont de toute memoire tenu côme supprimé le los des femmes vertueuses, aguisans leur langue, & adoucissans le miel de leur langage, pour blasonner celles qui donnoyēt quelque faux bond à leur reputation, ie ne seray à present ingrat à la chasteté, vertu, attrempance, & force de l'esprit de celles qu'vn peu de recit faisoit seulemēt cognoistre en quelque coin de ville, sans que la troupe de nos Damoiselles les veissent marcher en rue auec la marque de leur pudicité & honte feminine painte sur le front, ayans le corps coulouré & taint de sang, l'estomach ouuert, & la face chargée de palleur, en signe de la force receuë, plustost que souiller leur ame d'vne charnelle vilennie. Les Grecs ont louangé iusques au Ciel, & à bō droit, celle Hippo, laquelle estāt cōfree dās les nauires des ennemis de son païs auec le reste du butin, fait au sac de sa côtree, voyant le danger auquel elle estoit pour sa pudicité,

Les hommes enuieux du los des femmes.

Hippo se gette en la mer de peur d'estre violee.

CC ij

HISTOIRE XXV.

aima mieux enseuelir le corps dans le ventre des poissons, & consacrer son integrité aux ondes, que sentir l'effort d'vn paillard luy blesser l'ame à mort, & luy tollir l'honneur que tous les Rois du monde ne sçauroyent rendre à la femme, qui vne fois en est dessaisie. N'ont oublié v-

Fait courregeux d'vne Beotienne.
ne dame des Thebes Beotiennes, laquelle, ayant esté forcee par vn soldat de la suitte du Roy Macedonien, apres auoir dissimulé sa destresse, & feignant de se plaire en tel plaisir, occist celuy qui l'auoit violee, & soudain (quoy que follement) elle luy tint compagnie à la mort. Les

Lucresse romaine
Romains ont tousiours en bouche vne Lucresse, & ne cessent de la hausser iusques au cercle de Mars, & la poser au Ciel auec la chasseresse Diane. Mais nostre Chrestienté, comme estât plus pure en ses loix, & diuine en l'œuure, a veu aussi des exemples de pareille, voire plus grande continence & chasteté. Qu'on voye Iphigenie,

Iphigenie fille du Roy Ethiopiē.
fille du Roy d'Ethiope, laquelle aima mieux sentir les dangers d'vne mort violente, qu'estre iointe à vn lascif adolescent, apres auoir voué sa virginité à l'espoux de la syncerité de nos ames: & mille autres exemples que ie pourroye vous deduire sur ce propos, aduenus parmy les femmes: lesquelles au commencement que nostre religion fust fondee, y poserent les pierres de purité par la conseruation de leur vie, sans auoir

iamais cognoissance d'homme. Suyuant toutesfois l'enuieillissement du temps en toute chose, & sur tout en la continuation de bien viure, estant les hommes corrompus sur la mesme corruption,& le malheur courant si impudemmẽt par le monde, que le vice est loué, receu & caressé plus que la vertu mesme: ne fault s'esbahir si lon ne void plus des exemples de si rare perfection, que ceux que les anciens nous racomptent. Tant y a que nostre saison n'est pas tant depraueé,& les racines de vertu n'en sont pas si profondement arrachees, qu'il ne se trouue encore auiourd'huy des filles, qui ont suiuy l'exemple trop hardy des trop courageuses dames, que l'antiquité nous a tant recommandees. A ceste cause,pour venger les dames de l'iniure de ceux qui n'ont plaisir qu'a mesdire de leur sexe, i'ay recueilly de l'Italien vne histoire,quoy que triste,qui effacera neantmoins la tache que les lubriques mettent sus à l'honneur du sacré sexe feminin de celles qui sont chastes, par le recit d'vn fait autant emerueillable, comme le discours donnera de compassion au cœur des hommes bien naiz, & departira des larmes aux yeux des Damoiselles, qui sont plus amoureuses de la bonté, que les amans sans ceruelle ne sont passionnez, pour vne beauté qui se passe & flestrit comme la rose iournaliere. Et est de tant

HISTOIRE XXV.

La vertu fault que soit familiere aux grands.

plus à noter l'exemple comme la personne est de bas lieu en laquelle le fait est aduenu, d'autant que tant plus la Dame est hault colloquee, sa vertu & pudicité fault qu'apparoisse plus à cler, & serue de miroir à toutes les autres. Puignez donc filles ce tableau en vos cœurs, & l'engrauez en vos pensees, pour imiter la chasteté de celle que ie veux vous amener, & vous fortifier contre les piperies de ces oyseleurs, qui bataillent sous l'enseigne d'vn enfant volage, voire vont à la guerre de leur esprit, sous la guide de folie, sans toutesfois que ie vous incite à suyure sa fin, laquelle surpassoit trop le commencement de son cœur : ainsi que pourrez entendre, lisans en patience ce qui s'ensuit.

MORT PITEVSE DE IV-
lie de Gazole, laquelle se noya de despit, pour se voir violee.

HISTOIRE XXV.

Gazuolo, comme chacun sçait, est vne ville assise au Duché de Mantouë, assise sur la riuiere nommee l'Oglio, laquelle est vis à vis du pere des fleuues, que les anciens ont appellé Eridan, & à present, il porte le nom de Po, arrousant par ses embrassemens presque toute la terre d'Italie. En celle ville y a eu de nostre temps vne fille nommee Iulia, que le Ciel deuoit faire naistre Princesse, ou grand'Dame, afin que le nom de sa vertu estant publié, eust serui de torche & flâbeau à toute nostre ieunesse. Le pere de laquelle estoit vn pauure hōme, lequel pour toute richesse n'auoit que ses bras, à la peine desquels il s'essayoit de se sustenter &

Gazuolo.

L'Oglio, fleuue.

Po, anciēnemēt dit Eridan.

Iulie, fille chaste.

nourrir sa femme, & deux filles, que Dieu luy auoit donné pour lustre de sa grã de pauureté. Car quoy que la necessité induise souuent l'homme à faire choses, & contre l'honneur & vertu & reputation, si y a il des esprits si biē naiz, que au milieu de leur grand disette monstrent les vrais effects de leur bonté, & la rare singularité de leur gentillesse. Ce qui s'est assez declaré en ceste nostre Iulia, laquelle comme elle fust plus gaillarde, courtoyse & bien apprise, que ne sont celles ordinairement, qui sortent de pareille maison que la sienne, augmenta de tant plus sa louenge par sa chasteté, que elle estoit abbaissee de sang, & peu cogneue par le nō de ses ancestres, lesquels elle a tous enrichis par la gloire de sa vie chaste & mort glorieuse. Et ce qui faisoit encor plus admirer ceste belle Contadine, c'estoit vne singuliere & rare beauté, laquelle surpassoit toutes les filles de Gazuolo, non moins par sa bonne grace, & lineamēt de corps, que la rose les moindres fleurs durāt la primeuere. Et à dire le vray, quiconque la voyoit, ou l'escoutoit parler, à grand peine l'eust il prise pour fille de si bas lieu, tant elle estoit asseuree en sa contenance modeste, en ses gestes, & courtoise en parolle, respõdant si à propos

HISTOIRE XXV. 205

à ce qu'on luy demandoit, que veu le peu d'aage (elle n'ayant que quinze ou seize ans) elle eust fait honte aux plus escortes Damoyselles qui se nourrissoyent pour le temps, d'adonc és maisons des grans seigneurs d'Italie, & l'eust prise en son seruice Ma Dame la Duchesse de Mantouë, si l'accidēt que i'espere vous compter ne luy fust si tost aduenu. Or ceste fille estoit esleuee en trauail, fuyuant la vacation de son pere, & alloit ordinairemēt à iournee, ores à sarcler, tantost à sarmenter : en somme poursuyuant tous les exercices qu'vsent continuellement les bonnes gens és villages, & petites villes, de sorte que iamais on ne la voyoit oysiue, ny perdre vne seule minute de temps que elle n'employast à faire quelque chose, sçachant fort bien que l'oysiueté est celle laquelle esbranle par sa faineantise la chasteté des femmes les plus accortes qu'on sçache trouuer, & que les hommes qui sont sans occupation tombent facilemēt és lacs de folie, & meschanceté. C'est pourquoy le Poëte s'enquerant de la cause pour laquelle Egisthe estoit deuenu adultere, respond tout soudain disant.

Oysiueté nourrice de paillardise.

La cause est prompte, il estoit paresseux.

HISTOIRE XXV.

Ceste belle Mantouane les iours des festes suyuant la coustume du pays, s'en alloit auec ses cōpaignes s'esbatre & passer le temps auec telle honesteté, & modestie que l'aage & le sexe le requierent, sans que vilennie ny fols propos souillassent ny l'Esprit, ny l'oreille de celles qui se posoyent en parade pour manifester la liberté de leur vie, laquelle ne demandoit aucune retraitte pour parfaire ses ieux. Et quand tout est dit la pucelle, qui cherche les coins des chambres, & les lieux esgarez pour deuiser, tant soit elle chaste ou modeste, si donne elle dequoy parler aux langues mesdisantes, & occasionne vn mauuais pensement à ceux mesme, qui ne soupçonnent pas trop à la legere. Qu'a affaire aussi la fille vertueuse de se retirer loing des compagnies pour parler, puis que sa parolle fault que se conforme à la vie: si elle vit comme elle doit, & parle comme elle passe sa vie, il n'est ia besoing que les lieux secrets soyent les seuls tesmoings de ses discours. Si plusieurs exemples de mauuaise digestion n'estoyent sortis de telle boutique, ie ne feroy aucun arrest sur cecy, me contentant de louer Iulia, laquelle parloit comme elle viuoit, & estoyent ses mœurs conformes à sa parolle. Passons

Fille ne doit parler en secret aux hommes.

toutesfois outre, contens que l'effect apprend les meres trop peu foigneufes à ne
laiffer caqueter leurs filles, fans côtrolleur
de leurs deuis. Les cours des Princes & *Les cours
maifons des grands feigneurs ont eu pain- des Prin-
te la chafteté fur le frontifpice de leurs ces iadis
Palais,tant que cefte raifonnable captiui- efcole de
té a tenues les filles en bride: mais de- chafteté.*
puis que fans garde ny conduitte les Da-
moifelles ont parlé en fecret, & ont eu des
cachettes pour faire & receuoir refponfes,
Dieu fçait les beaux coups qui ont efté
ruez,& combien de Dames ont efté pre-
iudiciees en leur honneur & reputation.
Mais continuons noftre propos, & fuyuós
Iulia, qui fuyuant les amorces d'Amour,
tomba és laqs d'vne pire pefte,& fut enuelopee és filets du defir d'vn amoureux
lafcif, & plein de fon vouloir, & paillard,
& defordonné. En ce temps là eftoit E-
uefque de Mantouë le feigneur Loys Gon *Loys Gonzague,frere du Marquis, lequel fe tenant zague E-
le plus fouuent à Gafuolo, ne fault douter uefque de
qu'il n'y euft vne belle & hônefte fuitte de Mantoüe.*
Gentilshommes, & autres qui eftoyent
de la maifon de ce Prelat illuftre. Entre
lefquels eftoit vn Ferrarois, qui feruoit de
valet de chambre, & qui, fans l'acte qu'il
commift, ainfi que entendrez, pouuoit

paroistre entre les plus gentils compagnons de ceux qui viuoyent aux gages de l'Euesque: mais quoy? vne petite tache gaste souuent vn fort beau acoustrement. Ie vous ay desia dit, que la coustume du pays porte, que les festes lon dresse le bal, ou les ieunes filles peuuent se soulacer en veuë de tout le monde. En ces dances se trouua le Ferrarois, & voyant dancer autruy, apprint vn bransle, qui fut la fin pitoyable de celle sur qui il façonna ses mesures. Or quoy qu'on vueille dire de l'art de dancer, si ne pense-ie point qu'il soit sorty d'autre escole que de celle de Satan, veu les effects que de tout temps il a apporté au monde, laissant neantmoins à part les exemples qu'on peult colliger les histoires tant diuines que prophanes, sur la detestation de la dance, me contenteray de ce seul mot que le sage Romain a dit: Que iamais homme, ayant sain le cerueau, ne dança, tant les gestes des danceurs se rapportent aux contenances d'vn fol & maniacle. Ce valet de chambre episcopal, ayant regardé ententiuement Iulia, qui dançoit à l'enuy, & sans mal penser auec ses compagnes, estonné de sa galantise, & rauy pour ceste & exquise beauté, attiré à la voir plus, à cause de la gaillardise & bonne grace qu'elle auoit au

La dance sortie de l'escole de Satan.

bal, en deuint en vn moment si amoureux que sans penser autre chose, il se delibera de la poursuyure, & de essayer d'en auoir la iouissance. A ceste cause, afin de sentir d'elle mesme si tel ieu luy viendroit à gré: il la vint prier d'vn bransle, ce qu'elle ne refusa point, estãt autãt bien apprise, pour son calibre, comme elle estoit & belle & vertueuse. Dés que le valet de chambre sentit la douceur de ceste main delicate, quoy qu'elle trauaillast tous les iours, si ne sentoit elle rudesse de la peau d'vne paysante: il se veid encor brusler le cœur à petit feu, & experimentoit vne guerre en soy, de laquelle il n'auoit encor fait iamais l'apprentissage. Durant ceste premiere dance, il ne feist que fantastiquer mille moyens pour soster ces apprehensions d'amour de sa ceruelle: il failloit, en ce que la voyant, il pensoit amortir les flãmes ia allumees en son cœur, c'estoit à luy à sagement s'absenter de l'obiect de sa peine, & fuir le mal auant qu'il se fust viuement enraciné en ses entrailles, estant impossible d'approcher le feu des estoupes, sans que sa vehemence ne les consomme. Aussi vn amant se voyant surprins, ne fault que pense d'esteindre l'ardeur de ceste rage, qu'en s'esloignant de ce qu'il a trop pres de soy: estant l'œil de la femme vn vray attrait pour surprendre celuy qui de soymesme se rend vaincu par son transport & affection mal bastie. Ainsi en aduint il à ce beau amoureux, lequel à la seconde dance commença à s'emāciper, & ayant fait le muet, reprint cœur & parole, tenant quelques legers propos d'Amour à sa nouuelle maistresse, luy disant, qu'il ne sçauoit d'où est-ce que pouuoit venir ce foudain changement en son esprit, que luy qui iamais n'auoit voulu assubietir sa liberté au seruice de femme du monde, maintenant void la chanse tournee, & deuint amoureux d'elle, auec tel transport, que si elle n'auoit pitié de luy, il estoit en grand danger de sa vie. Toutesfois estimoit il son amour bien employé, s'estant addressé à vne fille si belle, qu'il esperoit qu'vne beauté telle ne sçauroit estre sans la compagnie d'vne grād' douceur & courtoysie. La fille, qui estoit vn vray miroir de chasteté, luy respondit sagement, & sans beaucoup s'esmouuoir, disant: Ie ne sçay qui vous fait tenir ce langaige en mon endroit, veu le peu de cognoissance que vous auez de moy, qui ne sçay & ne preten sçauoir que c'est que d'Amour, n'estant guere bien seant à fille de mon estat, de prester l'oreille à telles folies: ie suis d'aduis que vous vous addreſſiez à vos pareilles, qui peult eſtre cognoiſſant voſtre perfection, vous eſcouteront & ſatisferont à vos requeſtes:car à moy auez vous failly, qui vous declare dés à preſent, q̃ telle pauure que ie ſuis, i'aimeroye mieux ſouffrir la mort, que donner la moindre attainte que ſoit à mon honneur, duquel ie ſuis auſſi ialouſe, comme vous voulez par vos paroles m'en faire prodigue. Le Ferrarois, l'oyant ainſi parler, ne perdit cœur pourtant, reuenant à ce prouerbe, q̃ pour vn refus, ne faut ceſſer de heurter à la porte:ains eſtant le bal finy, luy diſt tout bas:Mamie, penſez bien à ce que ie vous ay dit, & ne ſoyez cauſe de la mort de celuy qui vous ayme ſi ardemment, afin que ne vous en faille rendre compte deuant Dieu. C'eſt le moindre de mes ſoucis, diſt elle, que ce compte, eſtant reſoluë, que vous obeiſſant, ie ſeroye plus coolpable, que ſi vous mouriez par voſtre folie. Pource, ne laiſſez de pourſuyure ailleurs, car ie mourray pluſtoſt qu'endurer tel deshonneur, & donner diffame à la vertueuſe pauureté de mes parens. Il ſ'eſtōna de ceſte reſponſe, & cogneut bien qu'il ſeroit bien difficile de faire breche à muraille ſi forte, & ſi chaſtement cimentee, mais ne laiſſa pourtant de

la suyure, pour sçauoir le logis de Iulia, laquelle allant & venāt des champs, trouuoit souuent ce beau amoureux, lequel auec ses importunitez ne cessoit de luy recommander sa cause, sefforçant de reschaufer par ses prieres le cœur glacé de la chaste Contadine: mais il gaignoit autant que s'il se fust occupé à compter le sablon menu qui couure les Deserts de l'Arabie deserte, d'autant qu'elle luy dist. C'est assez gazouillé pour perdre temps. Ie vous prie que ce soit la derniere fois, car tant que l'ame me battra dans le corps, ny vous, ny autre vous vanterez de mon amitié, seulement l'aura celuy à qui Dieu voudra que ie sois conioincte par mariage: & vrayemēt voyla vne bien grād hōnesteté, que les gens de nostre Euesque, au lieu de nꝰ inciter à vertu, soyent les ministres de toute ribaudise. Allez prescher celles qui sont de paste pareille à vos charnels pensemens, & ne courez plus par les chāps apres les filles, lesquelles aymās Dieu, & soigneuses de leur hōneur, sessayent de gaigner leur vie à la sueur de leur cors, & labeur continu de leurs mains. Vous ferez bien de me laisser en paix, & de donner repos à vostre esprit mesme, veu l'asseurance que ie vous donne derechef, que tant que ie viuray homme lascif ne se
vantera

vantera d'auoir eu le deſſus à mon vouloir, de ma virginité, & chaſteté iuree. L'amant qui n'eſtoit plus autre que l'eſclaue de folie, & le cœur duquel eſtoit inceſſamment rongé d'vn fol deſir de iouiſſance, tāt plus Iulia ſe monſtroit fiere & retifue de tant ſenflammoit il d'auantage, la pourſuyuant auec plus d'importunité que iamais, la priant d'vne affection ſi grande, & auec tant de larmes & ſouſpirs, que toute autre fois que le parangon de chaſteté ſe fut laiſſee emporter par l'aſſaut d'vn aſſaillant ſi rude, & qui touſiours eſtoit aux eſcoutes. Mais quoy? qui eſt l'homme tant ſoit ſi bien diſant, caut, ny fin qui puiſſe eſbranler le cœur de la femme aſſeuree en l'amour de Dieu, & ſoigneux de la reputation, & gloire d'vn nom immortel? Les ſainctes vierges, deſquelles la Chreſtienté ſe glorifie, n'ont elles pas ſenty de tels & ſemblables guerriers de leur renommee? Et toutesfois auec leur imbecilité, elles ont vaincu ceux qui ſe faiſoyent forts de les vaincre, & leur oſter la couronne touſiours floriſſante de leur virginité. Que les meſdiſans apprenent icy, que les femmes vertueuſes ont autant de forces pour reſiſter, comme les hommes laſcifs de ruſes pour tenter leur pudicité &: ſi quel-

Le cœur vrayemēt chaſte, ne peult eſtre eſbranlé.

DD

qu'vne par fois s'oublie, ne fault l'imputer au sexe, ains à la folie priuee de celle qui fait tort à la constance des chastes. Autrement pour vn voleur, larron & assassineur, il faudroit encoffrer au destroit d'infamie tout le reste des hommes. Nature certes a produit tout en l'estat de bonté, & veut que le tout soit contemplé en sa perfectió, que quelque partāt de ce tout s'abastardit, ne faut pourtant tirer en consequence que le tout soit taché de telle imperfection, & souillure.

Nature a tout produit en bonté.

Il n'est aucun qui ignore que tout ainsi que le vice s'est emparé de l'homme, il n'ait couru sur celle qui luy est donnee pour cōpaigne, mais ne fault tant astraindre la femme sous la laideur de faute, qu'elle soit plus subiette à estre esbranlee que luy, d'autant que nous les voyons plus longues en haleine, & qu'auec plus de constance elles font effort aux appetits sensuels qui sont en nous, que ne font les hommes, leur liurans telles alarmes. Et fault que ie die que l'hōme qui poursuit est plus vituperable que la femme qui à la longue se laisse surmōter, d'autant que luy s'est laissé transporter au premier mouuement de sa folie, là ou la femme a enduré l'assault plusieurs fois, & à la fin n'ayant plus dequoy

Les femmes plus constantes que les hōmes.

se defendre, a rendu la place que volontiers elle eust defendu. Non que i'excuse celles qui faillēt quelque importune poursuitte que lon leur face, d'autant que la vertu ne peult porter ce tiltre, si elle ne perseuere iusqu'à la fin. De cecy me fera foy la constance inexpugnable de nostre Iulia, laquelle tant plus le Ferrarois sollicitoit, prioit, & suyuoit, c'estoit lors qu'elle estoit plus farouche. Qui fut cause que luy, voyāt que de soy, & par ses prieres il ne pouuoit abbatre ce rampart tant accortement gabionné de la pudicité de ceste fille, s'adressa au commun moyen duquel vsent les ieunes esuentez pour deceuoir la simplicité des filles: s'addressa dis-ie à la peste commune de la ieunesse, & à la ruine des bonnes mœurs, c'est asçauoir à vne Maquerelle. Or auoit dans Gazuolo vne vieille bigotte, telles que sont à Paris ordinairement ces vendeuses de chandelles, & celles qui ieusnent à credit pour de l'argēt, suyuant toutes les Eglises & Cimetieres de la cité. Ceste vieille marmotte de qui ie vous parle, estoit si hypocrite, & dissimuloit si accortement sa meschanceté, sous le pretexte de ses longues oraisons, & ieusnes faits deux ou trois fois la semaine, que les plus fins n'eussent sceu descouurir le

Maquerel le peste de la ieunesse

Paris biē garny de telle dērée.

DD ij

mestier duquel elle se mesloit. Mais dequoy est-ce que vn amant ne se puisse aduiser pour paruenir à ses desseins & pretentes? Le valet de chambre de l'Euesque Mantouan cogneut aux façons de faire de ceste saincte n'y-touche, qu'elle estoit de celles qui vōt faire requestes ordinaires pour ceux qui estoyent touchez de pareille maladie que la sienne: à ceste cause il s'addresse à elle, la coniure de tenir secret ce qu'il luy vouloit dire, & au reste, qu'elle luy donneroit secours, si c'estoit en sa puissance. La vieille, plus meschante qu'vn vieux Singe, qui voyoit à quelle fin tendoit le pauure languissant, feist quelque difficulté de promettre, sans sçauoir quoy, d'autant que si la chose estoit contre sa conscience, qu'elle aimeroit mieux mourir que offenser son Dieu, & blesser son ame. L'amāt, qui sçauoit biē que l'ame de telles gēs est autant subiette à corruption comme l'hypocrisie, de qui le voile est detestable, & comme l'esprit des amans est plein de folie, luy dist en peu de paroles ce qu'il pensoit, & la prie de ne rien dissimuler en son endroit, qui sçauoit comme elle estoit pratiquee en ce dequoy il luy faisoit requeste. Et d'autant qu'il sçauoit bien que tels Monstres & coffres d'iniquité n'ont autre

Dieu que le gaing, & que pour l'argent elles ne voyent rien qui leur soit impossible, luy fait couler dans la main deux ou trois pieces de monnoye, qui fut la clef laquelle feist ouurir le cœur sanctifié, de ceste belle coureuse de stations, laquelle luy dist: Mon fils, ie ne sçay que tu m'as fait, & auec quel charme tu as ainsi gaigné mon cœur, tant y a, que tu es le premier qui m'a induite à faire vn mestier, duquel ie ne suis guere bien stilee. Mais puis que ie te l'ay promis, asseure toy que i'y feray tout mon deuoir, & de telle sorte, que si elle n'a le diable au corps, ie la rendray tellement tiéne, que tu auras dequoy te contenter de moy. Vy seulement en esperance, & te resiouys, car i'espere te faire possesseur de celle que tu aimes si ardemment. Mais sur tout, donne toy garde de ne manifester à personne ce que i'en fay pour t'alleger: car ie ne veux qu'on sache que ie me soye tant oubliee, que de faire mestier si mal propre à ma vocation & aage. Bien bien, dist le Ferrarois, ne vous souciez de ce, ie suis aussi soigneux de vostre honneur, comme ie desire d'estre allegé par vostre moyen du tourment qui afflige mon ame: faites seulement vostre deuoir, & vous verrez que ce n'est pour ingrat que vous aurez employé voſtre bien dire, vous aſſeurant que ie vous ſatisferay ſi bien, qu'il ne ſera iour de voſtre vie que ne vous en ſentiez, principalement ſi ie puis iouyr vne fois de ma belle Iulia. Repoſez vous en ſur moy, diſt la vieille, car ſi femme ſe peult vaincre par ruſe & cautelle de autre femme, ie m'aſſeure que ceſte cy n'eſchappera point que ie ne luy face dancer vn braſle, qu'elle n'apprint encor de ſa vie. L'amant demeura tout ſatisfait & plein d'eſpoir, attendant la reſponſe de ſa meſſagere & vieille Dariolette, laquelle ſen alla trouuer Iulia à ſa maiſon, qui y eſtoit demeuree ſeule, ſes pere & mere eſtans au labeur : & apres longues & bien fardees digreſſions, pleines de ſophiſtiquee ſainteté & maudite hypocriſie, elle continua

Harãgue de la vieille à Iulia.

ſon propos, en diſant : Et bien m'amie, eſt ce bien fait, que en l'aage que vous eſtes, & auec vne telle beauté, vous ſoyez blaſmee d'arrogance, & cruauté, ne ſçauez vous pas que la plus grand louange que puiſſe gaigner vne fille deſpend de ſa douceur & courtoyſie, & que ordinairement celles ſont fuyes comme peſte, la nature hagarde deſquelles ne peut compatir auec perſonne ? Le point en nous qui eſt le plus recommandable, c'eſt l'amitié lors que reciproquemēt nous careſſons, & fauoriſons ceux qui nous ayment, ne pouuans moins faire que leur rendre la pareille de telle affection. Penſez vous que Dieu ayt creé la femme pour eſtre vn animal farouche, & cruel comme les Lyons, Onces, & Tigres, certainement ceſte contenance douillette, & mignarde qui eſt painte en voſtre face mōſtre tout le cōtraire, & veut que le cœur ſoit auſſi doux & courtois comme la face eſt belle, & les yeux attrayans. La force deſquels ne fault qu'ignorez eſtre de telle efficace, que leur rebat reuerberé ſur l'homme fait changer leur ſeuerité en paſſion ſeruiable enuers vous. Pource ne fault que trouuiez eſtrange ſi les ieunes hommes vous font la court, ſ'ils vous ſuyuent, & ſ'eſſayent de gaigner par humble ſeruice, ce que voſtre ſemonce leur ſemble promettre, & à quoy nature les eſguillonne pour ſ'apparier ſelon l'obiet repreſenté à leur ame, par l'influence d'vne telle beauté que la voſtre. I'ay veu n'agueres telle fille aymee, & veneree d'vn ieune gentilhomme, laquelle ayant meſpriſé ſon accointance, eſt depuis tombee és lacs d'amour, & ſ'eſt affectionnee de tel que d'autresfois elle n'euſt daigné fauoriſer d'vn ſeul clin d'œil, tant il eſtoit de mauuaiſe

HISTOIRE XXV.

grace. Cela procedoit de la iuste vengeance, que le Dieu qui inspire les gentiles amitiez, prenoit de ceste fille mal-aduisee. Ie sçay bien que vous estes aymee sur toutes les pucelles de ceste vie : & que celuy qui vous est si affectionné vous prise, & honore, & n'est rien sous le ciel qu'il ne fist pour aquerir vostre bonne grace, qui est cause que ie m'esbahis, que vous le cognoissant pour tel, ne faciez plus de compte de son merite, & ne prenez pitié de vous mesme, ayant vn martyre en vous lequel vous n'osez declairer, & qui ce pendant afflige la tendreur de vostre courage. Si vouliez croire mon conseil, il n'en seroit pas ainsi, ains iouyssant de vos aises, soulageriez par mesme moyen la necessiteuse pauureté de vostre maison, ayant acquis vn soustien si ferme, & vn si bon amy, qu'il vous sera facile de vous passer de tous vos voisins, & d'estre gorgiase, & viure delicatement. Iulia oyant le pernicieux ramage de ce hibou infernal & maudite marmote, la regardant d'vn œil qui demonstroit assez sa colere, & le peu de plaisir qu'elle auoit pris en ceste harangue luy respondit. Est ce tout le bon conseil que sçauez donner aux filles, & la saine instruction auec laquelle vous leur aprenez le chemin de ver-

Responce de fille à la vieille.

tu? Estimez vous aise, ny plaisir à la vie de celle, laquelle a l'ame souillee de vilennie, & le corps pollu par paillardise? Non non, il fault que vous pensez, que quelque pauureté que Dieu nous ait enuoyé, si ay-ie, par sa grace, vn cœur si content, & l'ame tất rassasiee, que pluſtoſt le corps me faillira par mort & defaillance, que ma chaſteté soit violee par ceſte folle lubricité q̃ vous appellez amour, de laquelle ie n'ay affaire d'experimenter les mignotises. Pource vous prie d'aller ailleurs pour vendre vos denrees, & employer le fard de vos malheureuses exhortations, car ie ne puis aiouſter foy à vos menſonges, ny croire vn conseil si deteſtable que le voſtre.

Ce beau galant qui vous enuoye monſtre bien qui il eſt, & combien il eſt soigneux de mon honneur, & quelle eſt l'amitié qu'il me porte. Il eſt amy du corps, & ennemy du bien de mon ame, & vous le bourreau pretendu du tout qui eſt en moy pour peruertir ce qui m'eſt reſté de plus riche pour l'ornement de ma vie. Il me suffit de vous faire cognoiſtre, que Iulia eſt fille de bien, & vous vne fauce bigotte, qui sous couleur de deuotion, venez icy tacher la ruine de ma chaſteté, & que le galand, qui pense faire marchãdise de mon corps, est indigne d'estre aimé, ny fauorisé en sorte quelconque, pour le peu de respect que il porte à ma reputation: de laquelle ie suis aussi soigneuse, que celles qui sont de plus grand maison, & la richesse desquelles les rend ainsi admirees. Allez vieille, allez, & vuydez d'icy, si ne voulez que ie vous traitte selon la valeur & excellence de vostre embassade: & n'y reuenez plus, & ferez que sage, La vieille, quelque belle prescheuse qu'elle fust, ne voulut plus se fier au plat de sa langue, pour tramer quelque excuse, & bastir encor nouuelle amorse pour surprendre la pucelle: ains craignant ou d'estre chargee d'appointement, ou d'estre diuulguee pour telle quelle estoit, se retira tout bellement, laissant Iulia fort côtente & ioyeuse d'estre ainsi eschappe de la gueule de ceste vieille Megere, estant resoluë de ne luy plus tant prester l'oreille, tant pour ne donner espoir à l'amant de iouyssance, elle parlementant si familieremét, que aussi elle craignoit que à la longue ceste enchanteresse ne luy charmast tant les oreilles, que à la fin elle perdist le moyen de luy contredire. Ce qui estoit sagement fait, veu que la femme qui preste si souuent & volontairemét l'oreille au caquet de celuy qui tasche à

corrompre sa chasteté, est à demy vaincue,
& ne fault guere grand batterie pour gaigner la forteresse, le chef de laquelle demande à parlementer. Mais laissons cecy,
& reuenons à nostre valet de chambre, lequel, ayant entendu la response de sa Iulia,
à peine qu'il ne desespera, voyant que la
maquerelle n'y auoit peu rien profiter: de
laquelle il auoit eu telle opinion, que la
fille seroit bien accorte qui se garderoit de
ses mains : toutesfois ne voulut il encor
laisser son emprise, ains se delibera d'essayer en aimant, & requerant & perseuerāt
en son seruice d'amolir le cœur si fier &
dur de sa maistresse, luy semblant impossible que à la longue il ne vint à fin de ce
que le plus il pretendoit. Mais il contoit
sans son hoste, d'autant que de iour à autre
elle se môstroit plus farouche que au commencement, & dés qu'elle le voyoit,
c'estoit alors qu'elle se cachoit, fuyant sa
presence comme le regard venimeux d'vn
Basilique & coc Royal. A ceste cause, le
Ferrarois voyant que les prieres seruoyēt
de rien, & que son embassade auoit esté re-
iettee auec sa courte honte, pensa que les
dons & presens pourroyent parfournir à
ce que la parole ne sçauoit attaindre. D'autant que les Poëtes ont feint vn Iupiter,

corrompant la fille d'Acrise par la rousee d'or, qu'il feist plouuoir en la tour d'araia, & que aussi il n'est cœur si ferme, que la conuoitise ne puisse esbranler. Mais quoy? celle qui n'auoit contentement que en sa vertu, ny estimoit richesse, que celle laquelle faisoit l'ame contente,& ne pensoit la femme digne de vie,sinon celle, qui faisant preuue de sa foy,se rendoit autant admirable en sa chasteté, comme les hommes s'estonnent d'vne beauté fresle, & qui passe soudain, fut aussi peu esmeuë par l'vn que par l'autre. Le galand garda la force pour la derniere main,si par cas(comme il aduint) les autres attentats ne parfaisoyēt son entreprise. La vieille bigotte est de rechef en campagne, & marche hardimēt, pensant à ce coup emporter la forteresse, & iouyr du pillage precieux qui estoit dans la place qu'elle esperoit conquerir. Elle s'en va auec quelques ioyaux de la part du Ferrarois vers Iulia, bien instruite de paroles propres à son personnage: mais dés aussi tost qu'elle eut estallé sa marchandise,& qu'elle se prepara pour ourdir sa fable, & donner commencement à sa harangue,la fille, qui ne vouloit point recommencer l'estour passé, & essayer encor vn coup l'effort de son courage, print le present & le ietta au milieu de la rue, iettant par mesme moyen par les espaules la vieille guenõ hors de sa maisonnette, auec grand' menace, que si elle sauenturoit plus de luy venir faire ces embassades, qu'elle le feroit entendre à Madame la Marquise, laquelle hayssoit à mort ces pestes & ruine de la ieunesse: luy disant au reste, que le Ferrarois n'estoit que vn sot, & qu'il deuoit assez cognoistre, que si elle eust voulu faire la folle, il ne luy eust fallu vser de tãt de langage. Qu'il se contentast du tort que il luy faisoit, sans experimenter quelque chose de pire. La Bigotte voyant que c'estoit le dernier appreft, & qu'il estoit hors d'esperance de gaigner Iulia, sen reua vers son Ferrarois, auquel elle dist: Mon fils, ie suis d'auis que vous ostiez vostre fantasie de l'amour de ceste sottelette, veu que tant plus vous l'aimerez, & plus y ferez de perte: aimez de par Dieu, quelque fille de bon lieu, laquelle ait l'esprit de recognoistre vos seruices, sans plus vous amuser à ces bestes, lesquelles ayans quelque beauté, & se voyans estimees & cheries, ne font estat que de leur volonté & sotte fantasie. Ceste cy, adiousta elle, encor ne peut estre gaignee par courtoisie ny douceur, & moins par present qu'on luy face, ie pense que ce soit quelque roc conuerty en telle & si grande beauté, pour le tourment des hommes les plus raisonnables: car à voir sa contenance, & ouyr ses raisons, il semble que la mesme eloquence seroit empeschee à luy faire rien changer de ses deliberations. Laissez la viure en sa bestise, & ne vous tourmentez plus, pensant acquerir son amitié. Bien bien ma mere, respond le dolent amoureux, s'il est en ma puissance ie suyuray vostre conseil, tãt est, qu'il me fait bien mal d'estre ainsi mis en arriere, sans que la ferme amitié que ie luy porte soit recompensee que de rigueur & cruauté. Au fort ie m'armeray de patience, attendant que la fortune adoucisse la fierté de son courage, & me face sentir le calme de la rigueur de mes detresses. Or quoy que vostre amant dist, si ne prenoit il point pour argent content ce qu'il sentoit, & ne pouuoit se contenter sur les cartes, estant le ieu mal party: pource n'ayant peu gaigner sa guerriere par aucune composition, se resolut de l'auoir d'vne autre lutte, & de la forcer, à quelque peril que la chose luy deust tourner. Or sçauez vous que les grandes entreprises, à quelque fin qu'elles tẽdent, soit que la vertu les guide, ou que le vice en soit le conducteur, n'

HISTOIRE XXV. 216

sortent leur effect sans qu'vn tiers pour le moins, y soit appellé, afin de parfaire les desseins de l'inuenteur, à cause que chascū le plus souuent se trompe en ses propres fantasies: & pour ceste fin le Ferrarois affermy en son propos, conclud de le communiquer à vn estaffier de l'Euesque, qui luy estoit amy, cōme celuy q̃ estoit de mesme païs, & ville, lequel il sçauoit estre bon bateur de paué, & homme qui ne faisoit non plº d'estat de mal faire, q̃ celuy qui se tenāt sur le mont Cenis, fait mestier de deualiser les pauures voyageurs, & marchans. A ce galant espadacin nostre loyal amant s'adressa, & le tirant en grand secret, luy descouurit & sa passion, & tous les moyens desquels il auoit vsé pour gaigner le cœur de Iulia: en fin le dur courage d'elle, & l'opiniastre fermeté en sa deliberation pour iamais ne condescendre à faire chose qui luy tournast à deshonneur. Et bien dit l'estaffier au valet de Chambre, qu'est il de faire puis qu'elle est si esloignee de ta volonté? Ie ne sçay dit l'aueuglé amoureux, mais tant y a qu'ou il faut que i'en iouisse ou que la mort donne fin à mes peines & desirs. Voy les moyens, dit l'autre, & si ie puis quelque chose, tiens toy pour asseuré que i'y mourray ou tu auras le comble

HISTOIRE XXV.

de ce que plus tu desires. Il n'y a qu'vne voye, respond l'amãt desesperé, pour parfaire nostre entreprise, laquelle consiste en la seule force, car c'est temps perdu que d'vser de mignotises, & moins la penser gaigner ny flechir, par aucune courtoisie. Il me fault l'auoir à viue force, & ainsi rassasier la faim de mon ame, car il ne me chaut de mourir, pourueu qu'auec vne telle brauade ie me sois vengé de l'ingratitude de ceste sorte, & aye par mesme chemin assouuy mes desirs:& peut estre qu'ayant gousté du fruict des poursuites d'Amour, elle ne sera pas du tout si farouche, & que ce qui luy sembloit au parauant si difficile, apres que le chemin sera deffriché luy rendra vn vouloir de continuer ceste course.

Aussi sçais tu bien que le commencement en toutes choses, semble apporter quelque difficulté: mais depuis qu'on y a mis le pied, toute impossibilité s'esloignãt, rien n'apparoist ou lon ne s'asseure de donner attaite. L'estaffier, quoy qu'il cogneust la meschanceté estre grande, & qu'vn tel forfait tiroit quand & soy vne grand consequence, si ne voulut il donner fascherie à son amy, ains luy promit tout secours & confort & en cest affaire, & en tout autre: dequoy le Ferrarois asseuré cõme si desia
il eust

il eust esté au milieu de ses aises, tascha à se resiouir, & n'auoit autre soing, que d'espier l'heure que la belle Iulia sortiroit de Gazuolo pour aller aux champs sans compagnie, car seule la falloit il surprendre, afin de ne gaster tout son tripotage : tant feist il la ronde à l'entour du logis de sa douce ennemye qu'à la fin il la veit aller seule aux champs, remply de ioye, tant très porté d'aise va querir son compagnon, & vous suit la trace de Iulia, qui point ne se doubtoit de ce qui luy estoit aduenir. Qui a veu le Renard aller dans la court ou les poules repairent pour y prendre son repas se cacher par les buissós au moindre bruit que les passans sauroyent faire? Ainsi estoit le Ferrarois poursuyuant son aduersaire, car de pas à autre il se deuoyoit de son chemin, & qui eust bien pris garde à sa contenance, eust soudain cogneu, que son voyage estoit d'autre effet que pour le seruice de son maistre. Ayant attaint sa proye, ne s'amusa à vser d'ambages, ains luy dist tel ou semblable propos. C'est assez, ce me semble, Iulia, abusé de l'honneste affection que ie vous porte, sans ainsi cótinuer vne rigueur indigne de moy, & peu sortable à fille de vostre calibre. Il est temps desormais de flechir sous le ioug, & d'adou-

Comparaison.

EE

car ceſte trop rigoureuſe façon de faire, de laquelle vous auez vſé en mõ endroit: l'ay trop ſouffert de maux à vous pourſuyure, il eſt ſaiſon que i'en ſente la fin, & le commencement de mon ayſe par voſtre courtoiſe liberalité. A qui Iulia eſtonnee au poſſible de ſe voir ainſi ſurpriſe, reſpondit: C'eſt en vous, de mettre fin à vos importunitez, & laiſſer en paix celle, qui n'a affaire de telles façons de faire: ſi vous eſtes affligé, l'affliction prouient de voſtre trop peu de diſcretion, aymant en lieu, qui n'eſt de voſtre qualité, & vous affectionnant à celle la volonté de laquelle eſt autant immuable comme vous penſez que nos affections ſe changent. Pource ie vous prie de me laiſſer telle que ie ſuis, & ne vo' tourmentez plus tant apres moy, qui ſuis reſoluë de mourir pluſtoſt qu'endurer choſe qui puiſſe denigrer ma reputation. Ces paroles dictes, ſe doubtãt de quelque malheur, que la fiere contenance du Ferrarois luy ſembloit preſager, & predire, & que le cœur la menaçant, luy diſoit, commença à ſen aller au petit pas, lequel quelque fois elle redoubloit, comme aduient à ceux qui n'oſent courir, où le plus ils deſirent de ſeſ loigner. L'amant, qui ne vouloit pas qu'vn ſi bon morceau luy fuſt oſté de la bouche, ſans en raſſaſier ſon appetit, feignit auec toute douceur & courtoisie de la vouloir accompagner iusques à la ville. Or quelque excuse qu'elle sçeust amener, si fallut il qu'elle passast par là, & qu'escoutant les plaintes de son amant, elle print le chemin de son malheur, & tel le peux ie bien dire: car le meschant paillard, voyant qu'elle marchoit tousiours, sans luy dire vn seul mot, & taschoit par tous moyens de se sauuer, sans luy faire bonne ny mauuaise responce. Se voyant esloigné de toute compagnie, loing de la ville, & en lieu où la solitude le rendoit plus hardy, comme estant au milieu des bleds, qui estoyēt hauts & espais, tels que sont sur la fin de May, & pource luy dist: Et quoy, la belle, pensez vous eschapper à si bon marché, & vous mocquer tousiours de celuy qui vous aime plus que soy mesme? Et par Dieu il ne sera pas ainsi, ains ferez ce que ie veux, à quelq́ pris que ce soit. Ce disant, vous l'ēpoigne, & la baise, elle resiste de tout son pouuoir, & se met à crier, au meurtre & à la force. Mais voicy le ministre d'iniquité, qui accōpagnoit le transsi amant, lequel, peut estre, se fust addoucy aux douces requestes de la Iulia, lequel vous l'empoigna, disant: Tout beau, tout beau m'amie, c'est trop braué pour vne dame de vostre sorte, pen-

EE ij

fez vous qu'on soit icy venu pour s'amuser à vos doleances, & moins à vostre crierie? Elle prie qu'on la face mourir, & que la mort luy sera plus aggreable que le faict qu'elle se voyoit desia appresté,& par où il luy falloit passer. Mais le galand respond, qu'il n'estoit point là venu pour vser de saccagement ou massacre, seulement pour secourir son amy, duquel la vie dependoit de ceste seule iouyssance. C'estoit pitié d'ouyr les piteux regrets de la miserable pucelle, & les hauts cris qu'elle enuoyoit en l'air pour tesmoignage de son innocence:& plus encor, qui eust veu sa triste contenance, lors que les paillards craignans qu'elle ne fust à la longue entendue, la baillonnerent autant cruellement, comme iniquement le Ferrarois rauit d'elle le pris & fleur de sa virgité. Ce qu'ayant fait, s'essaye de l'appaiser, disant: Quoy ma mignonne, ne voulez vous pas laisser ces façons de faire tant farouches, desquelles iusques icy vous auez tourmenté ma vie? Ne voulez vous point amollir la durté de vostre courage, pour iouyr de l'aise d'vne ferme amitié que ie vous porteray tout le reste de mes iours? Non non, reiettez tout soucy & pensement, & asseurez vous sur moy, qui suis deliberé, si le trouuez bon,

HISTOIRE XXV.

de vous entretenir deformais, & vous fournir toutes choses necessaires. Auez vous faute d'arger, en voicy, disoit-il, luy monstrant vne bourse, ne pensez que à faire bonne chere, & vous donner du bon temps. Que si il vous prend desir d'estre mariee, ie vous y tiendray si bien la main, & vous y secoureray de telle sorte que vous aurez dequoy vous contenter.

Elle estant desia desbaillonnee, le regardant d'vn œil tant felon, que peut celle qui se sent blessee iusques au plus sensible de son cœur, luy respondit: Ah chien infait, & bouc infame, i'aurois vn beau appuy sur vn si meschant & detestable que tu és: va auec ton argent, & ne pense que si meschâment, & auec violence tu as eu de moy l'effait de tes lascifs desirs, que pour cela tu ayes corrõpu le cœur, ny la chasteté de Iulia : car chaste mourray-ie pour m'aller plaindre de ta vilennie deuant le Iuge qui voit & cognoit toutes choses. Est-ce à toy à me cõtenter qui m'as osté ce que tout le mõde ne sçauroit me restituer? Nõ nõ, c'est à Dieu qui me cõtetera, punissant les deux bourreaux de la virginité d'vne fille malheureuse. Le Ferrarois s'essaioit encor de la consoler, & la rendre quoye par ses parolles & caresses, mais elle le regettant luy dit.

FE iij

HISTOIRE XXV.

Te suffise, homme brutal, d'auoir fait à ton plaisir de moy, & auoir rassasié ton desordonné appetit, ie te prie de grace que tu me laisse aller en paix, car te voyant le cœur me creue, & t'escoutant ie pers toute patience. A quoy le galant obeit, craignant que quelqu'vn ne suruint, lequel oyant les plaintes de la fille, & oyant le discours de son rauissement, n'en allast faire le recit à l'Euesque qui haïssoit à mort ces vilennies. Allez que les galans s'en furent, la fille violee se commença prendre à ses beaux cheueux, & fondant toute en larmes se print à dire Helas! bon Dieu est il possible que la rigueur de ta iustice se soit tant asprie sur moy, que pour mes fautes passees, i'aye enduré vne penitence si dure? Ah pere eternel, & de quel œil oseray-ie regarder mes parens, apres auoir perdu ce qui me rendoit honoree en toute compagnie? Ie ne sçaurois dissimuler ce que couurir ie ne pretens, ny faindre ou la chose me touche de si pres. Il faut effacer ceste tache par le moyen de ma mort, laquelle sera aussi soudaine, comme la trahison du meschant a esté cruelle pour massacrer ma chasteté, & continence. Ainsi tout aussi tost qu'elle eut dit ce mot, elle se recoiffe : & ayant essuyé ses yeux, s'en va à la ville, en la maison de son pere, lequel de malheur, estoit encor absent. Là elle se vest de ses habits plus precieux, s'attiffe, & mignotte, cōme si elle fust allee à la feste, & prenant sa sœur plus ieune que elle en sa compagnie, ayant fermé la porte de la maison, s'en alla chez vne sienne tante, femme sage, & discrette, laquelle gisoit au lict fort malade. A ceste cy auec souspirs, sanglots, & larmes, la pauure fille racompte tout le fait, & luy declaire les poincts de son desastre.

Ce fait, entrant en vn extase, & transport d'Esprit, à demy desesperee, cesse de plourer, gemir, & souspirer, disant aīsi. Et quoy, est-ce maintenant qu'il se faut plaindre quand le cœur est besoing que monstre le plus de sa force? Ia Dieu ne plaise que celle la demeure en vie, laquelle a perdu l'honneur, lequel seul luy causoit le desir de viure. Et quelle vie est celle, où l'ame est assaillie de mort, & l'esprit affoybli par infamie? Non non, iamais homme ne me monstrera au doigt, pour celle Iulia, que le paillard infame auroit corrompu, sans que elle punisse d'elle en soy mesme la faute: Ma fin donnera à cognoistre à chascun, & fera foy à tout le mōde, que ç'a esté par force q̃ le corps est pollu & violé, demeurant tousiours mō esprit entier & sans aucune ta

EE iiij

HISTOIRE XXV.
che de consentement à telle paillardise. C'est à vous, ma tente, à declarer à mes tristes parens ceste malheureuse desconuenue, & à dire à chascun que Iulia a perdu l'honneur en ce qui est apparoissant, mais que sa conscience sen va tesmoigner au Ciel son integrité, & la cruauté barbaresque du malheureux, qui causant la perte d'vne partie en moy, fait que volontairement ie vay immoler ma vie aux ondes pour lauer les souilleures du corps, lesquelles i'ay receuës en moy par la paillardise du voleur de ma vie. Ayant dit cecy, elle ne voulut attendre la responce ny remonstrances de la sage dame, qui s'apprestoit de la desmouuoir de ceste fiere entreprise, ains sen alla tout droit vers la riuiere d'Oglio, & estant sur le bord d'icelle, elle sescria, disant, Reçoy, mon Dieu, en tes mains celle qui ne peut viure, ayant perdu la cause de sa vie, & soudain se lança en l'eau, la teste la premiere, là où ne fut guere sans donner le signe de sa mort, estant absorbee & engloutie par les ondes. Sa sœur, voyant cas si piteux, se mist à crier & lamenter, preste presque à la suyure par trace, si le peuple ne fust suruenu, lequel aduerty du fait, le feist soudain entendre à l'Euesque. Dieu sçait en quel trouble fut tou-

te la ville pour la nouueauté du faict, & de
quelle peine on euſt eſtreiné le galand,
cauſe de ce deſaſtre, ſil euſt eſté attrappé:
tant y a, que le ſeigneur Loys Gonzague
feiſt peſcher le corps & le feiſt enterrer en
la place commune de la ville, ne la voulant
mettre en terre ſaincte, à cauſe de ſon deſeſpoir, eſperant auec le temps d'y faire
eſleuer en marbre ou bronze vn tombeau
digne de la louäge & vertu d'vne ſi vertueu
ſe fille, le corps de laquelle fut accõpagné
des larmes & pleurs de toutes les dames de
la ville: leſquelles honoroyent la chaſteté
violee de celle qui fait honte aux folles, leſ
quelles font plus de parade d'vn maſque
d'integrité, que ceſte-cy de la meſme perfection requiſe aux plus accomplies que la
terre porte, & qui neantmoins ne peuuent
reſiſter à la ſimple apprehenſion des aſſauts
d'amour: tant ſen faut, qu'il y faille vſer
de force. Apprenez donc, filles, non à vous
noyer, ny forfaire à voſtre corps: mais à reſiſter aux charmes & piperies des amans,
& à ne donner occaſion de pourſuitte par
les ſignes attrayans & œillades peu diſcret
tes: deſquelles la ieuneſſe ne fait que trop
ſon profit. La force de chaſteté ne conſiſte point à reſpondre doucement, à repliquer accortement, à reietter les demandes

HISTOIRE XXV.
inciuiles des pourfuyuans. Ce font des amorces que ce parlementer, ce font des traicts d'Amour que ces hantifes, & le feu de Cupidon que toutes ces delicateffes. Fuyez, comme Iulia, les approches, & euitez la parole de celuy qui ayme plus en vous la beauté exterieure, que celle qui vous fait l'ame refplédiffante, & qui painct l'honneur fi viuement en vos faces, & l'engraue tellement en vos cœurs, que à la mort & à la vie ceft immortel renom fait viure la memoire de voftre integrité.

Fin de l'hiftoire xxv.

SOMMAIRE DE L'HI-
STOIRE XXVI.

IL me semble que assez souuent, & en diuerses manieres nous auons espluché quelle est la force d'Amour, & quels en sont les effets, depuis que les hommes sont abreuuez de la poison plaisante, que l'appetit sensuel leur verse, au preiudice bien souuent de ceux qui se paissent de telles folies. Et n'est besoin de reduire en memoire ce qui est desia assez deduit des forces que ceste sotte passion a au cœur des hommes, lesquels s'y assubiettissans, comme s'il estoit impossible d'y resister, font des folies si segnalees qu'vn Tribulet seroit assagi s'il en faisoit de moindres. Et faut croire que ceste infection est venue plus du peruertissement de la nature des hommes, que de la perfection d'icelle: quoy que l'on se vante que l'Amour a naissance du plus parfait qui soit en l'Esprit des humains. Mais ie ne sçay ou ces discoureurs ont trouué ceste belle Philosophie, & sur quel plan ils bastissent le fondemét de leurs raisons: car ie ne voy rien qui puisse recommander ceste passion, qu'vne indiscrete façon de vie: par laquelle les amans se monstrent les singuliers sur tout ceux qui folient en ce monde. Et d'autant qu'il me fasche d'Employer le temps sur argument tant notoire, & de le diuersifier auec infinité d'exemples, ie me consenteray

Amour prouient du degat de nostre nature.

HISTOIRE XXVI.

de vous amener vne histoire aduenue de nostre temps, par laquelle vous colligerez, à veuë d'œil si ce que i'ay dit des effets desordonnez des amans, est veritable. Et si celuy a dit verité, lequel estime la maladie d'Amour semblable à la fureur de ceux qui sont saisis du malin Esprit. Aussi à dire le vray, ce monde est vne propre cage remplie d'vne infinité de fols, & de nyais de diuerses especes, tellement que ceux qui pensent estre les plus sages, donnent par leurs œuures, le tesmoignage seur de leur aueuglemẽt & folie, laquelle est de tant plus excessiue, comme ils se persuadent de bien faire, lors que suiuans le conseil de leur pensee, ils tombent en des perils & dangers, desquels puis apres il leur est difficile de se depestrer. Et afin que ie ne vous detienne trop longuement, il faut que ie vous recite comme l'Amour feit folier vn gentilhomme Millannois pour iouyr de sa Dame, & en quel dãger il se mit pour vn plaisir de si peu de duree, le nom duquel est celé par l'auteur, seulement l'appelle Cornelio : afin de le discerner d'auec les autres intriduits en la presente histoire, laquelle estant veritable vous donnera du plaisir, par la diuersité ioyeuse de ses succez.

DIVERS ACCIDENS AD-
uenuz à vn Gentilhomme Milannois
pour l'amour d'vne sienne fauoritte.

HISTOIRE XXVI.

APRES la deffaite & routte des Suisses, entre sainct Donat & Melignan, faite par la vaillance & bonne conduite de ce grand Monarque des Gaules, François premier du nom, vray pere & instaurateur des bonnes lettres, & que Maximilian Sforce eut par son mauuais gouuernement perdu l'estat & seigneurie de Milan, aduint que le seigneur Iean Iaques Triuulse, feist tant que la faction des Gibelins fut du tout chassee de la terre Milannoise, de sorte que les Lombards Gibelins se retirerent pour la plus part à Mantouë, leur ayant permis ceste liberté le seigneur François Gonzague, Marquis de Mantouë. Or ces bannis s'attendoyent de

Deffaite des Suisses par le Roy François. I. du nom.
Maximilian Sforce, chassé de Milan.
Iaques Triuulse chasse les Gibellins à Lombardie.
François Gonsague

*duc de Mātoüe.
Maximiliā Emp. rebouté de deuāt Milan par Charles de Bourbon Connestable de France.*

recouurer leurs biens & païs par le moyen de l'armee de l'Empereur Maximiliā, mais il aduint tout autrement: car la maiesté estant venuë iusques aux portes de Milan, s'en retourna auec sa courte honte, & sans gueres s'arrester en son païs d'Allemagne, estant pour lors dans Milan ce grand Capitaine Charles Duc de Boubon, au nom & comme Viceroy de François Roy de France, la courtoisie duquel fut si grande, que la plus part des bannis retournerent en leurs maisons, & iouyssans de l'aise de leur liberté: d'autres s'en allerent à Trente, sous l'ombre & faueur de François Sforce duc de Bary: les vns à Romme, les autres au Royaume de Naples, ainsi que la Fortune les guidoit, & comme plus ils se voyoyent caressez des Princes & seigneurs des villes esquelles ils se retiroyent. Entre ceux qui prindrent la routte de Mantoüe, fut ce Cornelio que ie vous ay dit, & pour lequel ce discours est basti, homme, gentil, accort & beau, & autant bien nourry que Gentilhomme qui fust en Milan: au reste, vn des plus riches & mieux aisés de toute la cité. La mere duquel auoit si bien fait par ses menees, que les biens & patrimoine de son fils luy auoyent esté donnez, quoy qu'il fust de la ligue des Sforces, voire des principaux de ceux qui taschoyẽt à chasser les François de Milan. Cornelio, auant partir de sa cité, auoit tant pratiqué que par sa courtoisie, bonne grace & long seruice, il auoit acquis l'amour, & faueur d'vne des plus belles damoyselles de la riche cité, nouuellement mariee, & qui estant de grand' maison, l'auteur n'en a voulu dire le nom, se contentant aussi de la nommer Camille : l'absence de laquelle luy estoit beaucoup plus dure à supporter, que le bannissement qui le tenoit esloigné des siens, d'autant que outre la grand' ieunesse de sa dame, & la beauté singuliere qui la recommandoit entre les Milannoises, il se sçauoit estre reciproquement aimé : tellement qu'il n'y falloit que la cõmodité, le temps & le lieu, pour accomplir ce que le plus les amans pretendent par leurs poursuittes, dequoy il n'auoit eu rien que la parole, & icelle assez froide, & quelques lettres qui ne pouuoyent autre chose que allumer vn feu, & faire estinceller les braises qui sembloyent assoppies au cœur & estomach de l'vn & l'autre des deux amans, lesquels se paissoyent du vent de quelque esperance. Or la plus grande pratique de leurs amours, eux ne pouuans parler ensemble, vint par le

HISTOIRE XXVI.

moyen du Cocher & charton qui la conduisoit lors qu'elle alloit s'esbatre, lequel d'autresfois auoit setuy la mere de Cornelio. A cestuicy le Gentilhomme amoureux asseuré par les œillades de sa maistresse, qu'il n'estoit esloigné de sa grace, & qu'elle brusloit de mesme desir, donna vn iour vne lettre pour bailler à Camille, la teneur de laquelle estoit telle que s'ensuit.

Lettre de Cornelio à Camille.

Si la gentille nourriture ne nous incitoit plus que les plus grossiers d'entre le peuple à nous aimer & caresser, ie penseroy, Madamoyselle, que la passion que souffrent ceux qui aiment, fust vn chastiment que Dieu enuoye sur la gaillardise de nos pensees: mais voyant & cognoissant à l'œil, que nature nous semond à aymer la perfection de beauté telle que celle qui reluit en vous, & d'honnorer celle grande vertu qui vous fait admirable, auec les graces, hõnestetez & courtoisie dont le Ciel vous a foisonnee, ne faut s'esbahir si ie suis le captif de vostre beauté, & l'esclaue de vostre douceur, qui vous prie par la presente, ne pouuant la langue faire son office, que ayant esgard à mon amour loyal, à ce que
ie

je souffre au merite de ma fermeté & con
stance,vous me faciez ce biē que ie puisse
sçauoir par vos lettres,si ce que les regards
me font esperer,& les œillades presque croi
re,me peut esseurer de mon esperance,qui
est que ie pense estre l'aimé & fauorit de
la plus belle & honeste damoyselle de l'e-
stat Milannois.La où si mon bon heur veut
que ie soye celuy tant aimé du Ciel,& caressé de fortune,que vous auez choisi pour
seruiteur vous pouuez asseurer que iamais
gētilfemme ne fut mieux seruie,ny Dame
plus obeye que vous serez de moy:qui at-
tēdant l'arrest,& sentence de vostre bonne
volonté,baise les mains de vostre douceur
en toute humilité.

La Damoyselle qui estoit au vif nauree
de l'amour de Cornelio,& qui voluntiers,si
l'honneur luy eust permis, eust commencé
la partie,fut plus que satisfaicte en son Esprit,& bien heura l'heure que son cœur
auoit prins le complot d'aimer,veu les bō
nes parties desquelles Cornelio estoit
doué entre tous les gentilshommes Mi-
lannois.Or quoy que la hōte luy defendit
d'escrire, & sa reputatiō luy clouist la bou
che pour ne faire cognoistre si tost à l'amāt
l'affectiō par laquelle elle luy estoit vouee,
si ne peut elle tant commander à soy mes-

FF

HISTOIRE XXVI.
me,& refifter à l'Amour,que fur l'heure oubliant deuoir, regectant la honte compagne ordinaire des Dames de fa forte, & obeiffant à fon cœur qui l'efguillonnoit de contenter Cornelio par la correfpondance de volonté en Amour luy refpondit, & efcriuit en cefte forte:

Lettre de Camille à Cornelio.

Monfieur, quoy que ce foit grand fimpleffe à vn ieune homme de faire fon profit de quelque coup d'œil getté à l'efgaree par vne Damoyfelle, qui ne penfe à rien moins,qu'a fe laiffer maiftrifer par la tyrannie d'Amour,fi eft ce que ie veux nier, afin de vous gratifier en quelque chofe que mes œillades,n'ayent efté plus efprifes & affifes fur vous que les communs regards,que nous affeons fur toutes perfonnes, & que ie n'aye eu vn certain inftinct de vous careffer, & vouloir plus de bien qu'à tout autre:mais ie ne veux pour cela que vous tiriez ces faueurs en confequence,& que me voyant fi prompte à vous œillader, vous penfiez foudain que quelque tranfport me le face faire,eftant telle que ie fuis,& ayant vn mary, à qui l'honneur me commande de donner mon cœur,le rapport de mes affections. Ie vous mercie des louanges que me donnez, & les acompte à tout bien, venant d'vne personne tant honneste, & d'vn gentilhomme si vertueux que vous, & ne desdaigne point l'Amitié que me portez auec tout tel respect que le ranc que ie tiens me commande: qui est cause que ie me resens de vous accepter pour amy, & vous tenir pour celuy, qui ne voudriez rien attenter, qui peust preiudicier à l'honneur d'vne Damoyselle. A tant vous suffise, d'estre aymé sur tout autre. Et contentez vous du mot que ie vien de dire, lequel me fait rougir de honte, pour parler plus que mon deuoir ne me commande. Le present porteur sera desormais le fidelle messager de nos affaires, sans qu'il faille vser de lettres, lesquelles pourroyent causer la ruine de nous deux. Priāt Dieu vous donner l'accomplissement de vos desirs, auec le contentement de celle qui vous aime pour vos vertus, gentillesse & courtoisie.

Ceste lettre donna cœur au Milannois de poursuiure sa pointe, & auoit si bien besoigné auec le Cocher, que leurs affectiōs estoyēt si correspondantes, qu'il ne falloit

HISTOIRE XXVI.

plus que le temps opportun & le lieu propre pour effectuer le complot de leurs desseins. Mais vous sçauez combien les aises des hommes sont durables, & si la Fortune (si Fortune se doit appeller la vicissitude & changement des choses) laisse longuement en plaisir celuy qui semble iouyr de ses caresses. Il ne faut qu'vne bouffee de vent à faire cheoir d'vn arbre les fruicts les plus beaux qui seruent d'embellissement & parure à tout vn verger: aussi vn peu de disgrace, vn soudain desastre aneantist & met à bas en vn rien la grandeur, richesses & aise des hommes: & lors qu'on pense bastir le fondement asseuré de sa prosperité, c'est en ce temps que tout se change & est peruerty l'ordre de nos conceps en vn desordre & confusion non attendue, ainsi qu'il aduint à Cornelio lors que moins il s'en doutoit. Cornelio donc estant sur le poinct de iouyr de sa dame, voicy les François qui s'aperçoiuent des menees de ceux qui estoyent de la ligue Sforcienne, de laquelle ie vous ay desia dit que ce Gentilhomme estoit l'vn des chefs, qui fut cause qu'il luy fallut vuyder & ployer hardes sans trompette, autrement il ne luy alloit pas moins que de la vie. Ce depart luy fut aussi fascheux, comme des-

Cornelio s'enfuit de Milan.

plaisant à sa Camille, laquelle outre l'ennuy de l'absence de son amy, la crainte qu'elle auoit qu'il ne fust surprins par les chemins, ou trahy par quelqu'vn auquel il se seroit fié, luy donnoit autant d'estocs au cœur, comme elle bastissoit de pensemens sur ceste occorrence. En ces passions de l'esprit & alterations de son cœur, la ieune damoiselle sentoit vn ne sçay quoy qui n'a point de nom en l'Amour, qui luy ardoit & consommoit les parties plus sensibles de l'ame, la faisant se nourrir de souhaits, & desirer ce que d'autresfois elle eust fait conscience d'octroyer à son amant: auquel elle parloit absent, comme si elle l'eust veu en sa presence, disant: Et quoy, seigneur Cornelio, faites vous si peu de cas de vostre Camille, que de l'auoir ainsi laissée pleine d'ennuy & chargee de tristesse, sans l'auoir confortee d'vn simple à dieu, auant que partir pour aller commencer vostre exil? Est-ce la ferme amitié que vous vantiez tant me porter, que de refuser la parolle à celle qui ne faisoit aucũ estat de sa vie pour veu que ce fust pour conseruer la vostre? Ie voy bien que lors que nature a produit les femmes, elle leur a aussi engraué vn esguillon de vehemence d'Amour au cœur, afin qu'elles estant coiffees de l'amour de

FF iiij

quelqu'vn, les hommes eussent dequoy se
venger de leur rigueur, lesvoyant si folement affectiōnees, Mais de quelle rigueur
ay ie vsé enuers vous, que ie n'en aye senty
les premieres apprehensions, & qu'en forçant mō vouloir ie n'aye plus eu d'esgard
à vostre vie qu'à mon honneur & gloire?
Quel moyen ay-ie eu iusque icy de recognoistre celle amitié, de laquelle vous châtiez les passions en vos lettres, & m'en faisiez entendre les discours par le commun
messager de nos amourettes? Las! si faute
y-a, elle doit estre imputee à vostre peu de
soin, ou à la feinte amitié de vostre ame, &
non à moy, qui sens à present que vaut l'absence de ce que l'on ayme, & quelles sont
les trauerses qu'endurent ceux qui sont faisis de ceste douce frenaisie, laquelle m'a priuee de ma liberté pour me conuertir toute
en vous ô Cornelio, qui tenez si peu de cōpte de vostre Camille. Mais que ay ie dit?
quelle occasiō ay-ie d'accuser celuy que la
mesme necessité a forcé de laisser ses parens, païs, biens, amys s'il ne vouloit rassasier le courroux de ses ennemis par le pris
de sa teste? Non non Camille, tu as l'heur
d'vn costé, & le desastre de l'autre, q̄ animēt
& amortissēt par interualles tes aises& lyesses. Heureuse certes suis-ie d'estre aymee

d'vn tant honneste, beau, & courtois gentil homme que mon Cornelio, & malheureuse le voyant ainsi esloigné de moy au tēps que ie pensay iouyr du bien de nostre accointance, côme les choses humaines sont entremeslees de douceur & amertume, & de quels apasts sont façonnees les tables qui sont proposees à nos cœurs pour le rassasiemēt de nos plus grans desirs. Quoy q̃ ce soit, i'ay vn amy, auquel, à quelque pris que ce soit, ie feray sentir la force de mō amitié, & le desir que i'ay qu'il voye qu'il est le gentihomme seul aimé de moy, & duquel, sans autre, ie desire la grace, comme aussi (si ie ne me deçoy) ie pense estre seule en luy, pour seule ainsi apparier les deux cœurs, les corps desquels sont separez par l'inclemence des hômes, & deffaueur de nostre mauuaise fortune. Cornelio, qui estoit fugitif à Mantouë, estoit en aussi grād soucy pour ceste mesme cause que pour son salut, & s'asseuroit, côme de mourir, du malaise & peu de plaisir de sa Dame: ce qui le faschoit d'autāt plus, n'ayāt personne à qui se fier pour luy enuoyer de ses nouuelles: pource se plaignoit-il à part soy, disant en telle sorte: Pourquoy m'a fait la Fortune experimenter l'heur d'vn amour reciproque pour sur le poinct de la fin de mes peines, me faire entrer en l'abisme profond de tant de douleurs que ie me voy appareillees? Mais dequoy nous seruent les grandeurs ny les faueurs des Princes, puis que vne seule bouffee de vent, qui soit contraire, nous fait courir vne fortune si estrāge? Si i'estoye vn simple marchant ou courtisan, l'ennemy n'auroit affaire de se soucier de mes faicts ou pratiques, & moy encor moins de soing des menees qui se font parmy les grands. Las! faut il que pour l'appetit d'autruy ie soye chassé de mon païs, priué de mon bien, & esloigné de ce que i'aime? Ouy: car l'honneur symbolisant auec nos cœurs, & estant graué en nos pensees, nous fait aussi suyure ce qui rend nostre nō honoré, & la memoire de nos faits recommandée: autrement il seroit meilleur pour nous d'estre bergers & bouuiers que Gentilhommes, si le seul plaisir gouuernoit ou deuoit regir la vie de l'homme. Et que n'est morte la conuoitise aussi bien que la purité, & que chascun, content du sien, cessast d'enuahir le bien d'autruy, afin que les Rois fussent seurs en leurs throsnes, & les Princes en leur Palais, plustost que voir desheriter les seigneurs de leurs estats, & les Princes de leurs gouuernemens? S'il estoit ainsi, ie ne viurey sans

HISTOIRE XXVI. 229

toy, ma Camille, & tu n'aurois cause de gemir le desastre de tō seruiteur, lequel pour estre fidelle à son seigneur, ne peut ausi vser de son deuoir enuers toy, qu'il aime, honore & prise sur toutes les choses de ce monde. Mais quel dommage pouuoit faire la presence d'vn seul homme aux François qui sont dans Milan, eux estans saisis de tout ce qui est fort & muny en la cité? Las! c'est quelque enuie secrete de l'Amour mesme, qui ne veut que ie iouysse des graces de celle qui merite vn seruiteur plus riche, grand & honneste que ie suis : toutesfois si l'Amour n'estoit que nud, & que vn aueuglement & legereté n'accompagnassent point ceste nudité, ie me feroye fort d'emporter le pris sur tout, veu ma constance & fermeté, laquelle est montee au feste de sa perfection, telle que ie sache homme sous le Ciel, qui me puisse deuancer en constance & loyauté, & que l'on prise tant qu'on voudra ceux qui sont par imagination seulement louangez de telle vertu, laquelle ne consiste point en la seule Idée de ceux qui descriuent les amours de ceux qui ont iadis fait professiō de biē aimer. Au fort, me contēteray-ie en ce mien malheur de reuerer l'image de ma Camille peint en mon ame, & en ma soumenance de la tenir si chere, que autre ne pourra donner si viue attainte à mō cœur, que d'y buriner le nom d'autre que de ma maistresse, & moins y planter affection autre que celle qui se rapporte à ma Camille la memoire de laquelle enflamme de plus viues & ardentes estincelles mon cœur, que ne faisoit presque la presence, me lançant les eclairs de ses yeux estincelans. Aussi estant famelique comme ie suis, ne faut s'esbahir, si esloigné de la viande propre & tāt desiree par les appetits de mes desseins, i'ē suis en plus de peine, & si la iouissance perdue me donne ce creuecœur, & la peur de n'y attaindre me fait languir, saisissant mō ame de telle sorte, que si ie n'ay quelque allegement, i'ay grand peur de ne donner iamais aucune fascherie à nos ennemis par mes menees. Cornelio menant telle vie, & se tourmentant pour sa Dame, ne cessoit pourtant de frequenter les compagnies, & ne ressembloit point ces amans ombrageux, lesquels nourris en l'escole d'vn Romant de Tristan, ou Amadis, veulent feindre le personnage d'vn Lutin solitaire, qui fantastiquant ses amours en l'air, se plaist és solitudes, & voudroit trouuer vne roche pauure, ou q̃ quelque Ange de bōne nouuelle luy portast la fin de ses douleurs: mais telles gens ne sentent en rien la planette qui regist & conduit les amãs, la complexion desquels doit estre gaye: ains sont guidez de l'eccruellement & refroignée complexion d'vn Saturne mal-plaisant, ne souhaitans que les ombres, & desireroient volõtiers que leurs dames fussẽt de ces Nymphes que les Poëtes feignẽt habiter par l'espesseur la plus secrete des boys, afin que persone qu'eux, ne iouyst de leur veuë. La où le loyal amãt fait preuue de sa loyauté és lieux ou il a moyé de monstrer les vrais effets de sa cõstãce, cõme feit Cornelio: lequel frequẽtant tout bon lieu dans Mantouë, fut regardé de bon œil d'vne Dame Mãtouane, laquelle en deuint si extremement amoureuse, que oubliant ce que l'hõnesteté commande aux femmes, & la hõte qui leur doit voiler les yeux, & refrener les appetits, elle feit ce qui est plus propre & mieux seãt à l'hõme, à sçauoir requerir l'amour & faueur de la partie souhaitee. Il est biẽ vray que ce fut vne vieille amye de ceste Damoyselle, laquelle s'adressant à Cornelio, dans vne Eglise, luy vsa de telles ou semblables parolles: Il n'est gueres bien seant à gentilhomme si beau que vous, & la courtoisie duquel est tant recõmãdee, de faire autrement que le renom ne le porte, & de feindre pour puis apres laisser

vn goust d'vne extreme amertume. Le gen
tilhomme fut fort esbahy d'ouyr ainsi par
ler ceste Dame sienne voysine, & pour-ce
luy respondit. Ie ne sçache, ma Dame, auoir
de ma vie dementy ma parolle par vn fait
contraire de ce qui me sera vne fois sorty
de la bouche, & moins auoir vsé d'aucune
sotte façon de faire en descourtoisie, au
moins que ie m'en sois peu aduiser. Que si
sans y penser telle faute m'est aduenue, il
me semble qu'elle me doit estre pardōnee,
estant le peché plus erreur commun de no
stre nature quand il est fait par ignorance,
que malice, ny corruption qui soit en l'Esprit. Pour-ce vous plaira me dire en quoy
ie me suis tant oublié, afin que par vn deuoir contraire à ma faute ie satisface à ce
que i'ay commis par inaduertence. La Dame l'oyant si bien parler, le prisa fort en
son cœur, & l'estima (comme il estoit) digne
de la faueur de quelque grand & belle Da
me, à ceste cause luy commença à descouurir de point en point l'affection de ceste
nouuelle amante, luy remonstrant la valeur, beauté & courtoisie d'icelle, qui n'e-
stoient en rien cellees à nostre amoureux:
mais il estoit si simple en ses loyautez,
qu'il luy sembloit que le cœur d'vn bon
compagnon ne fust capable que de l'ima-

ge d'vne seule belle, & ne s'apercevoit point que nos desirs sont ny plus ny moins qu'vn miroir, lequel reçoit toutes impressions ombrageules, sans en laisser trace apres la veuë, & pour-ce faut que l'homme accort ne refuse iamais son aduenture, au moins si elle est digne que l'ō en face quelque cōpte, sans s'imaginer ses fermetez qui ne seruēt que d'embellir vne histoire, & de donner occasion aux clers-voyās de se moquer de telles resueries. Cornelio donc qui estoit de ces amās les plus rares, & q pour leur constance & loyauté mettēt à fin les aduētures les plus estranges, oyant parler ceste bonne messagere, luy respondit fort courtoisement, & auec vn souspir, lequel tesmoignoit assez de la peine qu'il se dōnoit, & de la violence qu'il faisoit à ses plus secrettes pensees, & lesquelles il eust effectué n'eust esté qu'il craignoit que le raport estant fait à Milan de ses amours, il perdist l'esperance qu'il auoit de venir à bout de sa Camille. Il parla donc en ceste sorte: Ie ne sçauroy par quel moyen, ny en quelle sorte me reuencher de l'honneur & faueur, qu'il plaist à ma Dame de me faire, auec l'offre si honneste & gratieux de son accointance, voyant que nul merite mien, ny seruice que luy ont occasionné

de me faire presenter ceste grace. Qui est
& sera cause, que tant que ie viuray, attédu
l'obligation par laquelle ie me côfesse son
redeuable en contreschâge de son Amour,
il n'est bié, vie ny honneur, que volontiers
ie n'employe pour luy complaire, & pour
monstrer ce que ie voudrois faire pour son
seruice. Tant y a qu'estant priué de ma liberté comme ie suis, & mon cœur asseruy
en lieu deu, il est impossible que ie le retire, si la vie ne suit incontinent les affectiós
de l'ame: il vous plaira luy faire trouuer
bon, mon impuissance en ce que me demá-
dez, & le peu que i'ay pour me preualoir
enuers vne si belle, honneste & courtoise
Dame que celle dont me parlez, Et pleust à
Dieu que mon cœur fust aussi libre, comme elle merite d'estre seruie, & que mó a-
me n'eust d'autres impressions que celles
qui communémét agitent les hommes. Asseurez vous qu'elle seroit satisfaite, & moy
hors de soupçon de peu de courtoisie, ne
pouuant accepter, ce qu'vn plus grand que
moy voudroit poursuyure, auec toute diligence.

Et ia à Dieu ne plaise, que ie m'oublie
iusques à la que de mespriser vn si rare &
precieux don, & que ie moins estime, madame, pour ce que vous auez fait ea mon

endroit, seulement la supplie me pardonner si ne peux luy obeir, & que en autre chose elle m'éploye de toute telle obeissance que iamais dame receut d'hõme qui luy eust voué seruice & vie. Plus honnestemēt, respond la dame, ne pouuiez vous refuser chose que d'autres voudroyēt auoir acquise auec tout seruice, auquel le Gentilhõme pourroit faire voir à sa Dame la deuotion par laquelle il luy seroit astraīt. Et ne puis penser que vous soyez si courtois comme l'on vous fait, ou que l'Amour ait iamais prins place en vostre cœur: puis que tenez si peu de cõpte de celle, qui par son honnesteté merite que les plus grãds s'abbaissent pour contempler les perfections qui sont en elle. Et qui est l'homme, s'il n'est du tout desnaturé, qui voyãt vne beauté telle, & se sentãt souhaitté, voire poursuyui instāmēt par fēme de tel calibre que celle qui vous prie, voudroit quitter son aduēture, & laisser eschapper la Fortune tãt fauorable d'être ses mains. Vous dictes q̃ vous ne mesprisez point vn si rare & precieux don que l'amour de Madame: & qu'est-ce donc que vous faictes? cõmēt a nõ ce refus? De quel œil oserez voº desormais regarder celles q̃ la ressēblent, ayãt fait si peu de cas d'elle, q̃ vous ne meritez sinon pour la priuauté qu'elle vous donne. Cuidez vous q̃ vostre

beauté soit telle qu'elle face mourir les damoyselles pour la conuoiter ? & que en la tenant chere, vous vsiez de telle dissimulation, afin d'accroistre voftre gloire par l'exploict de si grande cruauté? Allez vous mirer, & faictes comme vn Narcisse, afin qu'en deuenant amoureux de vousmesme, vous payez l'vsure du tort que vous faictes à celle qui merite autre recompense pour vous trop aimer, qu'vn refus si mal appresté. Madame, dist Cornelio, vous me punissez trop plus rigoreusement que ma faute n'est extrauagante, m'accusant de peu d'amour & d'inciuilité, là ou le mesme Amour est celuy qui me fait vser de descourtoisie enuers moymesme, pour me punir en ce que ie ne puis satisfaire aux cōmandemēs de celle dōt me parlez, d'autāt que i'ayme vne dame à Milan, à laquelle ayāt dōné ma foy, & cōsacré mon cœur, ie seray Salemādre bruslant és viues flammes d'amour, & bourrelant ma propre pensée plustost que outrepasser vn seul poinct de ma loyauté. Estes vous, dist elle, de ces sots là, qui bastissent l'arc des loyaux amans, & font gloire d'vne chose autant requise en Amour, comme la couardise aux affaires de la guerre? Estimez vous qu'vne femme de bon esprit tienne compte de ces eceruelez, qui
pour

pour l'opinion d'vne ne sçay quelle pretendue loyauté, laissent escouler la bonne fortune qui leur est presentee? Non non, toute dame, quoy qu'elle souhaitte d'estre aimee, caressee & estimee, & que seule elle desire le cœur de son amant, si trouue-elle mauuais qu'il refuse le bien qui luy est offert, mesmement, où le present merite, que on en face cas, afin que par ce moyen l'amant sache le poinct où consiste l'affection de sa Dame. Le cœur est vrayement dur, & l'esprit peu gentil qui ne peult estendre sa pensee qu'en vn lieu, ny employer son art qu'à l'endroit d'vne. Mais biē soit ceste loyauté tant louable que vous la faictes, & la foy en amour digne d'estre gardee : ie vous demande en conscience, estes vous asseuré d'vne pareille volonté de vostre dame Milannoise au trop d'affection que vous luy portez? sçauez vous pour certain que seul vo⁹ estes aimé, & qu'en vostre absence, sans grand espoir de retour elle vous est si fidelle, comme vous vous monstrez trop peu sagement esclaue de son image? Non nō, laissez ces resueries, & croyez que la femme qui est suiette à aimer, voyant l'obiect de son amitié hors de sa presence, ne pouuant viure sans que son inclination n'effectue ses desirs, fault que vn autre

GG

entre en lice, & supplee au defaut de celuy qui deuſt ſe tenir fortifié en la place conquiſe. Les femmes ſont femmes, & ſuiettes aux meſmes paſſions que les voſtres, & peult eſtre auec plus de vehemence, & ſur tout là où l'effect n'a point ſuyuy la parole, lequel lie plus eſtroittement la volonté que l'appaſt de l'œil ou douceur du langaige : car ou la iouyſſance ſen eſt enſuyuye, i'oſe bien confeſſer qu'il fault vſer de loyauté, & ne quitter point ſa partie, luy gardant vne foy pareille côme voſtre deſir en requeroit la pareille de la choſe aimee. Mais aimer en l'air, & ſans eſperance de voir l'aſſouuiſſement de ſon aiſe, outre la paſſion qu'en ſent l'eſprit pour trop attendre l'hôme qui d'ailleurs ſeroit eſtimé ſage & accort, emportera le tiltre de mal-aduiſé & indiſcret. Pource, mon gentilhomme, changez de conſeil, & prenez la Fortune lors qu'elle ſe preſente, laquelle eſtãt chauue par le derriere, ne pourra eſtre priſe lors que vous la ſouhaitterez. A vous voir, vous me reſſemblez les Eſperuiers, leſquels ſ'amuſent à becqueter leurs gets lo long du iour, ſans moyenner la fin de voſtre martyre. Faites de par Dieu, comme le reſte de la ieuneſſe, & arreſtez vos yeux & affections en lieu qui recognoiſſe voſtre

merite:& satisfaisant à la volonté, donnez
par mesme moyen fin à tant de langueurs,
qui affligent vostre ame pour tant aimer.
La gloire de l'amour ne se rapporte point
aux desirs de l'ame, ny à la simple poursuitte, ou à l'imagination ombragee de
celle qu'on reuere en sa pensee. Il fault
passer outre, & voir la consommation de
l'œuure, sans laquelle l'Amour n'est que
vn simple desir, & la table d'attente ou le
paintre peult effigier tout ce que bon luy
semble. Celuy aime pour vray, & tel se
peult dire, lequel iouyt de ce qu'il a desiré:
& comment aimeroit-il aussi ce qu'il n'a
point, & la force dequoy luy est incogneuë? Cecy me fait dire que l'affectiõ que
vous portez à vostre dame, est plustost frenaisie qu'amour, & opinion que vray effect: & me semble qu'il vous seroit mieux
seant de vous arrester à celle qui s'offre
si liberalement, que beer ainsi à credit
apres vne chose incertaine, comme font
les mastins, qui de nuict abbayent à la
Lune. Cornelio tout estonné du sermon
amoureux de ceste vieille, prenoit si grand
plaisir à l'ouyr deduire ses propos, que
si elle n'eust si tost acheué, il n'eust eu
garde de luy interrompre, mais voyant
qu'elle ne disoit plus mot il luy respon-

GG ij

dit en ceste sorte. Combien que vos raisons ayant quelque iustice, & qu'vne partie de vostre sexe soit taché de l'inconstance que vous m'auez peinte, & se plaise autant au changeant comme d'autres, s'arrestent sur la constãce, & fermeté; si est-ce que mõ cœur ne peut croire que celle que ie sers s'oublie iamais en son honnesteté, & moins qu'elle mette à nonchaloir son fidelle Cornelio, & quoy que ie n'aye onc cueilly le fruit tant souhaité; & requis par ceux qui ayment, si me fais fort d'estre autant bien aymé que gentilhomme qui viue: & ne peux receuoir pour veritable, l'experience me faisant voir le contraire, que ceste mienne poursuyte ne soit digne de porter le nom d'amour, plustost que de desir, veu que ie suis conuerty en ma Dame, & elle me possede entierement: d'ou aduient que elle m'ayant pour sien, & moy iouissant que l'aise que ie sens estant possesseur de son cœur, ne fault que ie desire, puis que i'ay partie de mon souhait, lequel se parfera, lors que les corps accompaigneront l'vnion indissoluble de nos volontez par l'accomplissement du vray effait d'amour. Pour ce vous supplie ne m'a parler plus de l'inconstance de ma maistresse, laquelle ie sçay estre si ferme, qu'il n'est homme tant

Inconstance vice fort familier aux femmes.

beau, sage ny accort soit il, qui puisse me priuer de mon heur, & me frauder de l'espoir de mon aise.

Au reste ie suis resolu en mon opinion que tant que ie pourray faire pour ceste belle Dame, qui m'offre son amitié, ie le feray, sauf le respect de la loyauté que ie dois à la Dame de mon cœue & pensee, vous merciant de vos aduertissemens, & elle de l'honneur qu'il luy a pleu me faire, me choisissant entre tant d'autres qui meritent mieux ceste faueur que ie ne fay. La vieille voyant que ce seroit en vain que elle espandroit ses paroles, pensant gaigner le Milannois passionné, s'en alla vers la Mantouane, à laquelle elle feist rapport de tout ce qu'elle auoit discouru sur le fait d'Amour auec Cornelio, l'asseurant qu'il estoit lié ailleurs, & tellement captif, que la mesme loyauté n'estoit plus loyalle que il se monstroit à sa fauorite. Or quoy que ceste belle dame fust marrie, confuse & estonnee de ce refus, & que vn desdain la feist quelque peu aigrir contre la descourtoisie du Milannois, à la fin neantmoins, mesurant son affection selon ce qui est le plus requis & desiré en amour, elle fait de necessité vertu, & s'appaisant sur son desastre, loua beaucoup en son cœur la fermeté

GG iij

de celuy qu'elle fouhaita de tant plus sien, cōme elle le iugeoit digne d'eſtre fauorit par la cōſtance, tellemēt q̃ amortiſſant peu à peu l'ardeur de ce feu d'amour qui la bruſloit, elle conuertiſt ceſte paſſion demeſuree en vne amitié chaſte & fraternelle, tellement que Cornelio la frequentoit ſouuēt, & elle le careſſoit auec l'honneſteté toute telle que fait le proche parent celle qui luy eſt liee de conſanguinité. Durant ceſte pratique, la belle Camille, qui n'auoit non moins oublié ſon Cornelio, que luy effacé de ſa memoire les beautez de ſa Dame, eſtoit en ſoucy de le voir, & le ſatisfaire de tant de trauaux qu'il enduroit pour elle, & recompenſer de la ferme, & à nulle ſeconde loyauté, qu'elle ſçauoit luyre en l'amie, & és deſirs de ſon bien aimé Cornelio. Elle luy eſcriuoit ſouuent, & receuoit auſſi de ſes lettres: mais tout cela, au lieu de donner quelque refrigere à l'ardeur de leurs cœurs paſſionnez, ſeruoit de meſme que fait l'eau qu'on iette ſur les charbons ardents de le forge, lors que le forgeron donne façon à ſa beſoigne : & toutesfois & l'vn & l'autre allegeoyent en ſe paſſionnant le plus, qu'ils pouuoyent l'alteration de leurs ames. Vn iour entre autres, Cor-

nelio escriuant a sa Dame, mist ces couplets à la fin de sa lettre:

Estrangement tourmenté
De Passion amoureuse,
Ne suis en rien contenté
Que de peine douloureuse:

Estant loing du sainct obiect,
Lequel bienheure ma vie,
Et sans lequel mon proiect
A mort bien tost me conuie.

La presence a peu naurer
Le cœur, qui tousiours desire:
Mais l'absence deliurer
Ne le peut de ce martyre.

Ains faut que le corps ait lieu
D'où le cœur onc ne desplace,
Et qu'esteignant ce mien feu
Auec le doux de ta face.

Ie soye vny par effect
Au subiect qui tient mon ame
Enclose dans le parfaict
D'vne viue & saincte flamme:

Laquelle en vie me tient

Pour me conseruer, & faire
Que toy, d'ou mon bon heur vient
Pouruoyes à mon affaire:

Afin que loing i'aye l'heur,
Me souuenant de mon aise
D'appaiser la grand' chaleur
De ceste amoureuse braise,

Laquelle esteindre ne peux
Tant ie me play en la peine
Que souffrir pour toy ie veux,
Quoy que mon ame elle geine:

Aimant mieux ne viure plus
Que perdre ce que desire,
Que ne voir les biens voulus,
Ausquels plus mon cœur aspire.

Camille ayant leu cecy, entendit tout aussi tost le iargon de son amant, & cogneut à quoy tendoit ceste belle Philosophie, elle estant menee de desirs semblables, & ne souhaitant moins l'accointance du Millannois exilé qu'il faisoit embrassemens de sa mieux aimee. A ceste cause trauua elle le moyen de luy escrire la lettre suyuante:

HISTOIRE XXVI.
Lettre de Camille à Cornelio.

Vous voyez monsieur, comme Fortune addoucit sa rigueur, & se monstre amie de nos desseins, nous offrant la commodité tant desiree pour nous entreuoir sans danger de personne, d'autant que mon mary s'en va ces iours cy aux champs pour quelque temps, s'il estoit possible & que vostre commodité le peust souffrir ie voudroye que fussiez par deça, afin que communiquans ensemble de nos affaires, ie peusse vous satisfaire plus priuément vous estant present, que ie n'ose vous les descouurir par lettres, ayant des choses de telle consequence à vous dire, que c'est vous seul qui en pouuez estre le secretaire, vous pen serez à vostre fait.

La toute vostre Camille.

Combien ces nouuelles despleurent au gentil Cornelio, ie le laisse penser à vous loyaux amoureux, qui sans esgard d'honneur pareil, ny dommage vous lancez dãs l'abisme de tout plaisir, & enuoyez auec peu de loisir les paunres mariez en Cornouaille, sans que pour cela il leur faille humer l'air de la marine. Dieu sçait comme vous glorifiez & haussez iusques aux cieux vos glorieuses & hardies entreprises, sans oublier d'y enclore le los de celles, qui pour satisfaire à leur folie, & vos importunitez, ne font cōscience de souiller leur renommee, & denigrer les maisons de leurs espoux, & la gloire de leurs ancestres: chargeant de vilenie le nom de leurs enfans, desquels elles deussent estre plus soigneuses que de leur plaisir & de la fole poursuitte de vos amours. C'est pouquoy pour le iourd'huy les enfans font si peu de cas de leurs peres pretēdus, & que les freres ont si peu d'amitié ensemble, d'autant que la couche estant foulée, le sang meslé, & le los de mariage aneanti, l'affection ne peut mentir, & ne sçait l'enfant respecter celuy que nature luy apprend n'estre point son pere. Mais i'en parle plus auant que ie n'auoye point entreprins. Tant y a, que ie me fay fort que les femmes de bien ne trouueront riē d'estrāge là où la verité marchera ayant l'enseigne du tesmoignage de ce que nous mettons en euidence.

Ayant donc Cornelio, receu cest aduertissement, & entendant bien de quels affaires sa Camille vouloit communiquer auec luy, fut tout confus, & perplex: d'vn costé, l'amour le forçoit d'obeir à sa volonté, & satisfaire au desir de sa Dame: de l'autre la crainte de mourir, & l'honneur qu'il pouuoit perdre faisant ce voyage, luy estaignoit ce desir tout ainsi qu'il luy naissoit en la pésee. La raison batailloit auec la partie sensuelle, & l'appetit sessayoit de surmonter ce que le deuoir commande à tout homme de bon iugement. Il ne sçauoit en quoy se resoudre, la mort luy estoit asseurée allāt à Milan, s'il estoit cogneu par ceux de la ligue françoise. Et s'il laissoit escouler ceste occasion, il se voyoit en danger de perdre sa maistresse, se voyant ainsi mesprisée de luy. A la fin moitié resolu d'aller, & en partie dissuadé, s'en alla trouuer vn sien amy nommé Delio, hōme qui de nostre temps a assez gentiment illustré par ses beaux escrits la langue Italienne, lequel aussi estoit de ce temps à Mantouë, & qui sçauoit tous les affaires de ce ieune amoureux, lequel estant deuant son Delio, luy donna la lettre de Camille à lire, & par mesme luy requeroit conseil sur son aller, ou demeurer. Delio, qui auoit d'autresfois fait pratique de l'amour, & qui sçauoit bien combien valoit l'aune de telles folies, s'apperceut assez tost de la deliberatiō de l'amāt, & que quelque cōseil qu'il demādast, si auoit-il resolu de faire le voyage, pource faisāt l'office d'vn vray amy, sessayé de luy oster de la fantasie

Harãgue de Delio à son amy Cornelio.

disant telles ou pareilles parolles: Cõbien que ie sache que ceux qui sont attains du mal d'aimer sont de mesme que tout autre maladie, & que toutes choses nuisibles & defendues, leur sont les plus cheres, si ne laisseray-ie pourtant à faire l'office d'vn bon medecin, ordõnant ce qui sera le plus necessaire pour vostre maladie, afin que selon vostre bon iugement, & gentil Esprit, vous regardiez à ne vous mettre en danger auãt que le mal soit du tout deploré, & sans espoir de guerison. Et d'autant que ie voy que vous voulez que sans passion le conseil de vostre fait soit appliqué à la partie offensee, qui est l'ame, ie serois d'auis que vous le premier changiez d'affection auant que ie passe outre à consulter la matiere & debatue, & resolue en vostre esprit. Ie sçay, & ie cognoy à vos contenances que vous n'auez autre complot ny desir que d'aller voir Milan pour iouyr de la beauté rare & exquise de vostre Camille. Tout ce discours est beau & aggreable, si la suitte ne temperoit, voire n'estaignoit tout à coup l'aise auec vne infinité de perils & dangers, qui s'offrent en plus grãd nombre, que ne furent les ombres infernales au fils d'Anchise lors qu'il print la routte d'enfer, guidé de sa Sibille. Vous sçauez trop bien, que vous estes banny de Milan comme rebelle & attaint de crime contre la maiesté, & que tout aussi tost que on vous y sçaura estre, tout le monde ne vous sçauroit garantir de mort. Au reste que vous ne faites ny dictes chose de tant peu d'efficace soit elle, qui ne vienne aux oreilles de vos aduersaires, or pensez maintenant que nous sommes sur les feries de Caresme-prenant, si les espies trottent en pris pour sçauoir vos allees & venues, & si vous le sçaurez faire si secrettement que la fumee n'en sorte. Par ou sçauriez vous passer que ne soyez recogneu pour tel que vous estes? Prenez le chemin de Cremone, de Soncin, Pizzioghiton, ou Lodi, côment eschaperez vous qu'on ne vous cognoisse? Et quand tout cela n'y feroit rien,& que sans peril vous irez iusques à Milan, quelle asseurance auez vous de la volonté de vostre Camille? Et que sçauez si elle vous a escrit plus par la difficulté du fair, & voyāt l'impossibilité de tout moyen, que de desir qu'elle ait de donner allegeance à vos douleurs & martyre? Voulez vous qu'vn plaisir fugitif, & de si peu de durée soit la ruine de vostre honneur & vie, laquelle vous vendez au pris d'vn aise ennuyeux, & d'vn plaisir plein d'amertume? S'il falloit mourir pour le seruice de son Prince, ou en executant quelque beau fait, oultre le los que vous y acquerriez, voftre ennemy feroit contraint de louer & voftre hardiesse & la loyauté de laquelle auriez vsé à l'endroit de celuy à qui voftre foy eft astrainte. Mais pour chose si peu honneste que faire tort à celuy qui vous aime, & fouiller la couche d'vn homme de bien, la mesme vie en eft vituperee: pensez si le mourir en ce combat apporte quelque bonne & louable reputation à celuy qui s'y pert de son gré, & lors vous verrez qu'il vault mieux attendre en endurant, que hafter pour perdre son temps & renommee. Employez de par Dieu, employez ce hault cœur en chose de meilleure conscience, & l'effect desquelles vous face plus recommandé que la turpitude du nom d'adultere. Que si la chair vous demange tant, & conuoitez de faire l'Amour, n'allez point si loing querir voftre malencontre, veu que icy le pouuez faire à moins de frais, & sans que vous hazardiez ny reputation ny vie.

Cornelio presque vaincu des raisons de son amy, & voyant qu'il ne pouuoit luy repliquer, tant eftoit iufte la cause de Delio, luy respondit que la nuict luy donneroit conseil, & que peult estre suyuroit il son conseil, tant il luy auoit amené de choses qu'il deuoit craindre, & desquelles aueuglé d'Amour & transporté de desirs, il ne s'estoit apperceu iusques à present, le merciant au reste de ses aduertissemēs: lesquels il prenoit de luy comme du meilleur, plus loyal & fidelle amy qu'il eust en ce monde. Ainsi plein de pensemens, il se retira en son logis, & passa la nuict sans sommeil, fantastiquant mille occurrences sur ce que le Delio luy auoit remonstré : mais à la fin vaincu de sa sensualité, & faisant plus d'estat du plaisir de la chair que de sa vie, il proposa à quelque pris que ce fust de tenter le gué, & d'experimenter si la Fortune luy seroit aussi fauorable comme il se la promettoit, esperant de iouyr de sa Dame, & de se retirer sans peril. Ainsi l'endemain matin, il alla trouuer son grād amy: lequel ayant salué, il luy dist en ceste sorte: Seigneur Delio, ie vous dis hier que la nuict me dōneroit cōseil sur ce que i'aurois à faire, maintenant que ie voy que les choses succedent comme à mon souhait, il n'est peril ou danger quel que ce soit qui me puisse garder que ie ne parfournisse aux conceps de mon esprit. Par ainsi ie partiray dés demain, & prendray la rotte de Cremone & de la à Lodi, & à Zurlesco ou ie logeray chez le cheualier Vistarin, puis sur le tard i'entreray dãs Milan. Si la fortune veut que ie meure, il ne m'en chaut, aussi bien si mon heure est venue i'ay beau fuyr: car Mãtouë me pourra aussi bien seruir de tombeau comme Milan ou Cremone. Et si ie iouys de ma Camille, y a il amant sous le Ciel, qui puisse sesgaller à ma felicité, ayant eu les despouilles d'vne des plus parfaictes de toute l'Italie? Si la chose aduient contre mon esperance, à tout le moins Camille cognoistra que la seruitude qui me rend son esclaue, est esloignee de toute dissimulation, & que s'il y a loyal amant au monde ie luy peux estre esgallé, faisant ce que plusieurs, qui se glorifient de constance à bien aymer, n'oseroyent entreprendre. Aussi quãd tout est dit, la gloire de mes pensemens est si hault colloquee, que la peur ny espouuentement de la mort, n'y sçauroit donner attainte pour l'oster ou demouuoir du feste de sa beatitude, m'estimant bienheureux si en ceste poursuitte, il fault que ie perde la vie. C'est à present dit Delio, plus que iamais que ie voy & sens, que les amoureux extrauaguent en leurs desseins, & que l'amour est l'espece de folie cent fois plus estrange

estrange & moins raisonnable que la forceneriere, l'effait en monstrant l'experience. Quelle folie plus grande pourroit faire vn maniacle, que se lancer dans le feu, ou parmy des glaiues trenchás & espees toutes nues? Vous faictes le mesme, estant esclairé de tous, & vous allant ietter entre les bras des François qui vous feront passer les appetits & desirs de iouyssance, amortissans par l'effusion de vostre sang ces viues flammes d'amour, la fumee desquelles offusque les yeux de vostre entendement. N'en parlons plus respôd Cornelio, ie n'en feray autre chose que ce que i'en ay desia deliberé: que si le chemin estoit paué de rasoirs, & que les hayes fussent des Canons prests à tirer sur moy, encor fault il que i'obeisse aux aduertissemens de ma Dame. Voyez icy vn des miracles de la rage amoureuse, & l'effait du peu de raison & sens, qui accompaignent celuy qui se donne en proye à sa propre sensualité: car de dire que l'amour soit quelque essence hors de nous, c'est se moquer de la verité mesme, veu que ce malheur sort de no⁹, & se nourrist en la corruption plus peruertie de nostre naturel, auilissant en l'ame ce qui est intellectuel, & offusquant l'esprit, afin qu'il ne puisse voir le droit sen-

L'amour est vne espece de manie.

Amour n'est rien que le fol appetit de nostre sensualité.

H H

tier de deuoir & honnesteté. Voyez vn paillard plus prompt à executer les desseins de vne femme folle, voire au pris de sa vie, là ou s'il eust esté marié, il eust fait conscience de se hazarder pour la conseruation de sa legitime espouse. Oseroit on dire que ceste façon de faire ait le nom & tiltre de loyauté? Ouy bien, si le degast de l'ame & la ruine du corps se peult honnestement ainsi nommer: mais les amoureux baptisent leurs folies de tels noms que bon leur semble, pour ce les laisserons folier, pour suyure le droit fil de nostre histoire commencee. Cornelio donc lendemain ainsi qu'il l'auoit dit, se mit en chemin, ayant chãgé de seruiteurs, que le Delio luy auoit baillé qui ne le cognoissoyent que pour gentilhomme Mantouan, & feit si accortement qu'il vint à Milan sans estre cogneu de personne, là ou il vint loger non chez sa mere, estant le lieu esclairé de trop pres, ains chez vn siẽ amy, nommé Messer Ambroise, chez lequel il fut introduit sur le tard, & logea en vne chambre basse & separee des autres, afin qu'il ne peust estre descouuert. Puis feit venir vn cousturier par le moyen duquel il receuoit les lettres de sa Dame, lequel esbahy au possible de le voir, & ioyeux pour le contentement de Camille, l'asseura du depart du mary de sa maistresse. Qui fut cause que le fol amant qui vouloit employer son temps en autre chose que deuis, & pourmenades, manda par vn petit mot d'escrit à Camille sa venuë la priant qu'il luy fust loysible luy parler sans tesmoins & en secret de chose de grand consequence. La Damoiselle bien qu'elle ne souhaitast rien tant que la presence de son amant, & que sur tout elle se resiouist de le voir, si fut elle toute esperduë, le sçachant à Milan, pour la crainte qu'elle auoit qu'il ne fust descouuert aux François, qui ne failloyēt semaine aucune de visiter les logis de ceux qu'ils sçauoyent estre amis de Cornelio. Or l'autre point qui la contristoit prouenoit de la faute de sa lettre laquelle estoit dattee à faux, tellement qu'ayant failly au iour du depart de son mary, elle ne pouuoit gueres iouyr de son seruiteur. Comme que la chose allast, elle rescrit vn cartel à son amant, par lequel luy mandoit que le soir sur les vingt & deux heures il la vint voir masqué, & qu'elle l'attēdroit sur la porte de son palais, luy enseignant certain signe auec lequel elle le discerneroit d'auec les autres q̃ masquoyēt par la ville. Pensez si Cornelio fut paresseux à ce commandement,& si en temps tant opportun il oublia sa hardiesse, voire temerité plus propre à vn amant,que n'est le haut cœur à vn bon soldat. Ie croy que si le cãp Frãçois eust esté en la rue, que encor eust il esté si fol,que d'aller voir sa mort, pour iouyr de la simple & seule veuë de sa grand amie: laquelle l'attendoit à l'heure mesme sur sa porte, parlant auec quelques Gentilshommes qui s'estoyent là arrestez pour arraisonner celle qui auoit le nom d'estre la plus courtoise des Gentilsfemmes Milannoises. Ces Gentilshommes voyans ce masqué bien monté,& emplumaché cõme vn Espagnol, s'arrester deuant Camille, & qu'elle de sa part luy faisoit bon visage, iugeans la chose comme elle estoit, qu'il vouloit parler à la Damoiselle, sans tesmoings, comme bien apprins qu'ils estoyent, & ne voulans empescher par leur ennuyeuse presence le profit ou plaisir d'autruy, prindrẽt congé de Camille, laissans le camp & place à celuy qu'ils ne cognoissoyent point : & duquel l'ayans cogneu, eussent (peult estre) pourchassé la deffaite. Cornelio, se voyant seul en la presence de sa Dame, en lieu de luy tenir quelque propos, qui feist à sa cause, perdit & parole & contenãce, estãt tout hors de soy, pour se mirer en icelle beauté extreme, qui le priuant de soymesme, l'auoit fait l'esclaue d'aueuglement & folie, & quelque beau discoureur qu'il fust, si essaya il pour lors ce qui se dit communement, que le cœur qui ayme bien, lie la langue, & l'empesche de discourir, qu'à grande peine la passion que l'ame souffre par les elancemens de diuerses pesees que l'amour met en la fantasie de ceux qui sont ioug à telle resuerie. A la fin rompant ce sot silence, auec vn souspir, qui sortant du plus profond du cœur, tesmoignoit l'alteration de son ame passionnee, il vsa de tels ou semblables propos: quel plus grand preuue vous pouuoy-ie faire de ma loyauté, & ferme amour, qu'en oubliant, pour vous, tout ce qui me tient en estre, ie suis venu icy auec tel dangier, que d'heure à autre ie ne sçay ce que ma destinee me prepare? Tant y a, ma Damoiselle, que ie penseray ma fin bienheureuse, si en la gloire de mes pensemens, & en la consommation de mon aise, la mort vient pour ne me laisser voir autre douleur que celle que ie pourray sentir, sur le poinct de son passage. A quoy Camille respondit. Ie n'estois que trop asseuree de vostre fermeté, & me tenois pour satisfaite qu'vn si accomply gentilhomme que vous fut l'amy & aymé

de Camille, sans que pour moy il fallust se
mettre en tel peril & danger d'vne mort
ignominieuse, laquelle aduenant causeroit
par mesme moyen ma deffaicte, qui ne
sçaurois viure vn moment si tel desastre
vous estoit aduenu. Au reste vostre venue
ne vous apportera guere grand contentement, à cause que mon mary ne sçauroit
guere tarder qu'il ne reuienne. Comment
cela replique l'amant, & voyla la lettre que
i'ay receu n'a que deux iours, qui fait mention de plus longue demeure. Elle l'ayant
veuë respondit, qu'elle s'estoit deceuë au
iour, & qu'au reste il vint la nuict sur les
quatre heures, qu'elle s'essayeroit de luy
payer l'vsure de tant de mauuaises nuicts,
qu'il auoit passé en songeant en ses beautez, & perdant le sommeil pour s'en voir
absenté. Que si le mary estoit de retour v-
ne de ses filles seruantes, qui sçauoit leurs
affaires, diroit certain mot à la fenestre qui
respõd sur la rue par lequel il cognoistroit
qu'il fault prendre party ailleurs. Cornelio
quoy qu'il fut marry outre mesure de ce
trop soudain retour du mary de sa Dame,
fut neantmoins fort ioyeux de ceste assignation, ainsi faisant la reuerence à sa Dame se retira iusqu'à l'heure assignee, qu'il
s'arma de laque & manches de Maille, &

ainsi equippé print le chemin de sa felicité, comme il cuidoit. Mais le grand plaisir qu'il attendoit, fut refroidy par vn accident qui suruint tandis qu'il attendoit que
ou luy ouurist la porte. D'autant que non
loing de luy il ouyt vn grand bruit, & maniment d'armes, & meslee d'hommes, s'en-
trebatans, de sorte qu'vn de la compagnie
s'en fuyant crioit qu'il estoit nauré à mort,
& de fait sur le point que la fille ouurit
la porte à Cornelio, ce pauure homme
blecé, tomba tout roide mort deuāt l'huis
de Camille, sans que Cornelio sceust que
c'estoit. Or quelques vns des voisins e-
stoyēt sortis aux fenestres durāt la meslee,
virent entrer Cornelio, auec l'espee au
poing. Qui fut cause que Cornelio eut l'a-
larme que entendrez cy apres : or entré
qu'il fut, la fille le mist dans vne petite gar
derobe, attendant que les seruiteurs se fussent retirez : la pluspart desquels, d'autant que c'estoit durant les sottes & malheureuses desbauches que les Chrestiens
font durāt le Carneual, s'en allerēt coucher
hors de la maison : ainsi la Damoiselle, a-
pres que le reste fut couché, descēd en bas
auec sa Dariolette, & mena son amy en sa
chambre : ne pensant alors qu'à se donner
du bon temps, & planter vn beau Cimier

HH iiij

HISTOIRE XXVI.

de cornes à son mary absent. Mais pour ce coup, elle en fut destournee, & perdit l'appetit de la viande apres laquelle elle hennissoit le plus. Car sur l'heure qu'ils commençoyent à se caresser auec mille sortes d'embrassemens & baisers, desquels ils n'auoyent encor prins possession ny l'vn ny l'autre, ainsi qu'ils pensoyent mettre la main à l'œuure pour l'execution du dernier poinct d'Amour, qu'on appelle le don d'Amoureuse mercy: voicy vn grand bruit en la rue des gens du guet & des chefs de la iustice, qui ayans trouué ce corps deuāt la porte de Camille, commencerent à enquerir des voisins qui auoit commis ce meurtre, d'autant que celuy qui gisoit là mort, estoit des gens du seigneur Galeas Sanseuerin, qui pour lors estoit grand Escuyer du Roy Treschrestien: il n'y eut aucun qui sceust rien dire de la meslee, trop bien y en eut vn qui dist qu'il auoit veu entrer vn grand hôme dans le logis de Camille, tenant vne espee nuë au poing.

Galeas Sāseuerin, grand Escuyer.

Le Capitaine du guet soudain fait frapper à la porte fort lourdement: la Damoiselle oyant parler François en la ruë, & que c'estoit à son logis qu'on en vouloit, se douta que les Fráçois n'eussent descouuert son Cornelio, luy dist: Helas! Monsieur il est

HISTOIRE XXVI. 245

téps d'vser d'autre accueil que de baisers, voyla le chef de la iustice, le seigneur de Momboyer, qui vous cherche. A ce mot Cornelio eust voulu estre à Mantouë auec son Delio: & pourtant ne perdit cœur ny conseil, ains aidé des femmes, monta dans le manteau de la cheminee, s'y tenant tout debout sur vne barre de fer fichee en la muraille, ressemblant vne de ces statues de Iupiter, tenant les foudres en main (d'autant qu'il auoit son espee nuë encor entre les mains) pour de son Ciel fumeux foudroyer ceux qui voudroyent chasser les grillons, qui de nuict craquent és creuasses des cheminees. Camille ayant pourueu à la vie de son amant, & oyant le bruit que faisoit la garde en la rue, descend en bas auec les clefs de son logis: & ouurant la porte, dist assez hardiment au Capitaine du guet: Qu'est ce que vous cherchez céās à heure induë, est ce en la maison d'vn tel homme que mon mary, qu'il fault vser de telles façons, mesmement en son absence? Madamoiselle, respond le Capitaine, vous nous pardonnerez s'il vous plaist de la facherie que nous vous donnōs: car c'est contre nostre volonté, que mal gré que en ayons faut que visitions vostre logis, à cause qu'vn homme a esté occis n'agueres en

Le sieur de Mōboyer, chef de iustice à Milan.

la rue,qu'on dit auoir esté tué par vn qui s'est sauué ceans.

Monsieur,dit elle, lon vous a dõné mal à entendre, d'autant que mon mary estant absent i'ay fait serrer mes portes sur le venir de la nuict, toutes-fois vous feray-ie ouurir toutes les chambres, & estres de la maison,afin que perdiez l'opinion, que on voulust celer ceans aucun malfaicteur. Or pensez en quel estat se trouuoit l'amant,qui faisoit la sentinelle en la cheminee,quand il ouyt les François dans la chãbre ou il estoit si bien logé: Ie me fais fort qu'il donnoit au Diable, & amour & ses pratiques, & confessoit en son cœur que Dieu le vouloit punir pour estre là venu souiller le lict, qui n'estoit dedié que pour les chastes embrassemẽs du mary,& de son espouse.Il n'y auoit lit,ny couchette, banc ny coffre qui ne fust visité, le pauure transi qui bribonnoit plus d'oraisons à Dieu,que iamais il n'auoit basty de requestes à sa Dame,n'attendoit que l'heure que quelque Roart de ceux du guet allast donner de la halebarde dans la cheminee, mais Dieu eut encor compassion de ce pauure amoureux,la peine duquel estoit plus grãde que le plaisir: & m'asseure qu'il n'auoit guere grand appetit d'esteindre l'ardeur de sa passion amoureuse, ains ses souhaits s'estendoyét plus loin: toutesfois son malheur fut encor plus grand, & sa penitence plus dure, qu'il ne pensoit, quand il sentit les gens de iustice vuider le Palais de sa favorite. Car le guet n'estât guere esloigné du logis, & Cornelio pensant descédre de son pauillon fumé, pour aller embrasser sa Dame plus blâche que luy. Voicy le mary qui arriua, lequel trouuât son Palais ouuert, & tât de gés par les rues, & le desordre de tout, dés l'entree fut tout esbahy, n'ayant encor iamais veu telles algarades en son Palais. Camille voyant son mary, fut cét fois plus estonnee que lors que le guet la surprint tant à l'improuiste, & plus morte que viue: feit neantmoins de necessité vertu, disant à son espoux: Voyez, Monsieur, en quel estat les gens du guet, ont mise vostre maison, ce disant le print par la main, & le mena tout droit en la chambre où estoit esleué le corps du passionné Cornelio, pour rendre les responses & oracles à ceux qui seront feruz du traict poignant de Cupidon. L'amant tout gelé & morfondu oyant la voix du mary, peu s'en fallut qu'il ne feit vn sobre saut du haut en bas, tant il fut saisi de douleur, & estonnement, ne voyant moyen aucun pour se sauuer & sortir de

HISTOIRE XXVI.

ceste froide prison. Dieu sçait si le lieu estoit propre pour ses pensemens hault colloquez d'vn loyal amant, veu qu'il les pouuoit faire euaporer iusqu'au Ciel par le trou de son temple, ainsi que les Poëtes faignent du Dieu Terme, qui ne vouloit ceder à Iupiter: au reste l'air froid, & la gelee attrepoint, & faisoyent moins ardentes les flammes amoureuses qui au parauant luy auoyent bruslé le cœur, & les mouelles. La belle Camille faisoit tout cecy, afin que son amant ne s'offençast point, si elle le laissoit la trop longuement, veu que son mary present, il falloit qu'elle luy tint compagnie iusqu'à ce qu'il seroit couché.

Terme Dieu an-[ci]en des Romains.

Le mary ayant fait fermer les portes, se retira en sa chambre pour reposer: ce pendant deux des seruiteurs s'estoyent retirez en la chambre des ardeurs froides de Cornelio: ce que voyant Camille, voulut les faire desloger: mais le mary dist que pour ce soir il falloit auoir patience. Cornelio voyoit son mal aller de pis en pis, craignãs que ces valets morfonduz ne meissent le feu de plus pres qu'il n'eust peu souffrir à l'autel sur lequel il estoit posé. Mais la Damoiselle l'ayant defendu, il fut exempt de ceste peine: de laquelle il fut deliuré de la sorte que ie vous diray tout maintenant.

ayant cōpassion d'vn si loyal amāt, & marry que la fermeté fust recompensee d'vn traitement si peu sortable à son espoir. Cependant faisoit il ses discours de souffrir le plus patiemment qu'il pourroit la douleur qu'il sentoit aux pieds, tant du froid q̃ pour estre en lieu trop estroit, & où la plante n'eust sçeu saffermir que à grand peine: & toutesfois l'espoir qui iamais ne laisse les plus affligez, luy faisoit attendre quelque chose de bon, puis que desia deux fois il estoit eschappé à la furieuse meslee de Fortune. Mais voicy le tiers assaut plus violēt que les deux premiers, & la derniere emeute plus dāgereuse que toutes les autres: car celuy des voisins qui auoit dit & confessé auoir veu entrer vn hōme auec l'espee nuë dās le Palais de Camille, en default qu'on n'auoit rien trouué, fut mené (cōme sachāt quelque chose du crime) deuāt le seigneur de Momboyer, lequel soustint & iura auoir veu entrer vn homme tout ainsi qu'il l'auoit deposé. Qui fut cause que le chef de la iustice commāda derechef au guet d'aller visiter la maison de Camille. Ce nouueau bruit estonna ceux du Palais, & sur tout l'image de la cheminee, qui pensoit pour vray estre descouuert: & ce qui cōferma plus son opinion, ce fut que désque le

guet fut dedans,& pendant que le seigneur
du logis s'habilloit, entra dãs la chãbre des
loyaux amans, & de malheur, les gens du
seigneur qui y estoyent couchez auoyent
quelque baston long, & vne harquebouse,
qui donna occasion au Barigel de les faire
prédre & lier, pour les mener au chasteau
en prison: & ce qui plus occasiõna la prise
& le soupçõ, fut que l'vn des seruiteurs, n'a-
uoit gueres, estoit sorty de prison pour a-
uoir battu quelque hõme, & pource le mai
stre du guet luy dist : C'est à present que tu
payeras ceste faute, & la premiere que n'a-
gueres que tu as faite. Le seigneur du logis
oyãt le bruit, ne fut paresseux à descendre,
fort estonné d'vn tel accidēt: mais dés que
le Capitaine le veid, il l'empoigna, disant:
Mõsieur, ie vous cõstituë prisonnier de par
le Roy. Le pauure hõme pensoit bastir ses
excuses, mais ce fut en vain : car & luy &
presque tous ses seruiteurs furent empoignez & coffrez au chasteau, sans qu'on luy
voulust dõner aucune audience, ainsi qu'est
la coustume ordinaire de ces ministres
d'enfer, plus prests à mal-faire en lieu où
l'innocēce est apparente, que à vser de Iustice où les voleurs leur sont descouuerts.

L'espouuenté Corneliõ, ne sçauoit que
penser de tous ces rauages, ny à quel sainct

HISTOIRE XXVI. 248

se vouer, disant en soymesme. Et faudra il que ma Camille endure quelque honte pour l'homme du monde qui desire le moins de la voir affligee? Que ne suis ie plustost mort par les chemins, que causer vn si grand mal à ceste maison, ou tout le monde est en peine pour couurir celuy qu'ils ignorent? Au pis aller tout ira bien si ie puis rechapper d'icy sans mort, m'asseurant tant de ma diligence, que celuy sera gentil côpagnon qui me fera plus dancer vn bransle si mal plaisant. O Dieu aye compassion de moy, & ne permets qu'en si ieune aage ie sois celuy qui rassasie la fureur de mes ennemis pour la querelle de mon Prince. D'autre costé se côtristoit Camille voyant emmener son mary, mais ceste marisson auoit deux grandes occasions de s'appaiser, d'autant qu'elle s'asseuroit de l'innocence de son mary, & puis que contre toute opinion elle se voyoit en voye pour iouyr de son amy, la deliurãce duquel luy estoit plus aggreable que la prison du mary ne luy apportoit de desplaisir, disant à par soy, qu'elle pensoit que Dieu fust soigneux des affaires des amans, & qui les fauorisoit en leurs entreprises, puis qu'ẽ tẽps si peu esperé, elle voyoit l'approche de ses aises. Et que fortune n'estoit plus à nom-

mer furieuse, ny enuieuse, puis qu'en vn tel
desespoir, elle auoit tourné teste, fauorisant, contre sa coustume ceux qui estoyent
les plus affligez en ce desastre.

S'estant donc resoluë de porter cecy en
patience, & prendre tout auec son Cornelio en bonne part, s'en alla en la chambre
des sacrifices d'amour, ou son amy seruoit
de haranc à bouffir pour le prochain Caresme, & ou il attendoit sa venue en plus
grande deuotion que ne font les Iuifs celle
de leur Messiah à venir. Camille auant
que parler à son amy essuya les grosses larmes, qui luy couloyent le long de sa belle
face pour la peur passee, & s'approchant du
Pauillon des plaisirs de Camille, luy dist
auec vn visage riant, & contenance fort
ioyeuse. Et bien monsieur mon amy, vous
auez eu vostre part du plaisir, & affres que
i'ay endurees plus pour l'amour de vous,
que d'autre chose qui soit aduenuë.

Vous voyez comme Dieu permet souuent que des scandales aduiennent pour
quelque plus grād bien, veu que si mō mary n'eust esté conduit en prison, vous estiez
taillé de demeurer plus longuement au
cler de la Lune que ie n'eusse voulu, &
qu'il n'eust esté necessaire à vostre santé.
Pour ce descendez, & venez chasser la peur
qui

qui nous a aſſaillis auec autant de violence que i'en ſentis de ma vie. L'Amant, qui ne croioit preſque ce qu'il oyoit & voioit, ne ſe feit prier à deſcēdre, aidé de Camille, & de la fille de Chābre, ne ſçachāt preſque encor que dire à ſa Dame, tant il eſtoit eſperdu & eſtonné, & ne pouuoit nō moins ſe remettre que ceux qui allans de nuit ſe font à croire auoir eu quelque rencontre d'eſprits, tant il eſtoit hors d'haleine.

L'accorte damoyſelle voyant l'eſtonnement de ſon amy, quoy qu'elle euſt eu ſa part de la peur, ne ſe peut tenir de rire, tant pour les fourbes paſſees, que pour voir Cornelio auſſi blanc qu'vn de ces ramonneurs de cheminees qui viennent de la terre Bergamaſque. Penſez, amans, qui quelquefois auez receu l'eau benite qu'on donne à telles gens que vous, lors que contrefaiſans le luttin, allez aux eſcoutes pour auoir quelque ſimple faueur de vos dames. Si Cornelio auoit honte d'eſtre ſi beau fils en la compagnie de ſa Dame, & ſ'il eſtoit ſi hardi parleur cōme il ſ'eſtoit monſtré courageux à faire le voyage: tant y a, que il cōpta pour vne, non toutesfois qu'il quittaſt le plaiſir qu'il ſe voyoit appreſté par le deſplaiſir du ſeigneur qui tenoit priſon par la faute par autruy commiſe. Le malheur, di-

II

soit il, n'est iamais si fascheux qu'il n'apporte le plus souuent quelque bon heur pour mitiguer sa rigueur & rudesse. Aussi le voyageur ayant passé par quelque leger peril, est rendu plus accort pour le reste de son chemin, euitant les plus grandes surprises. Nous auons experimété ceste nuict vne infinité de dangers, afin que l'aise de nos amours fust plus grand apres ceste tépeste. Et qui sçait que c'est que de delices, si premierement il n'a gousté l'amertume d'vn mal-aise & mauuais traitement? Amour n'est iamais sans fiel, & le miel de ses douceurs est le plus souuent confict en l'amer de destresse. Mais quoy? l'espoir auec la force d'vne loyauté inuincible fait adoucir ceste amere saueur, & appaise le courât de tant de peines. Loué soit Dieu, que tout cecy n'ait esté qu'vn aduertissement pour estre plus sage pour l'aduenir, d'autant que tant plus les entreprises sont dangereuses, de tant l'issuë en est louable, si l'on en sort à son honneur. Bien bien, Monsieur, dist Camille, laissons toute fascherie à part, & employons le temps, puis que la Fortune s'est offerte si fauorable: Et deuinez si le mary estoit plus à son aise au chasteau, que Cornelio estant le lieutenant de sa couche, & qui iouyssant des embrassemens de sa chere espouse, se mocquoit de l'infortune du pauure oiseau de cage, le ramage duquel n'estoit si plaisant que le fredon de ces deux passereaux, qui se payerent tout le reste de la nuict des mal-aises qu'ils anoyent senty durant toute la vesprée. Or Camille, quelque diligence qu'elle feist pour son honneur, de deliurer son mary ne peut tant faire qu'il ne tint prison six ou sept iours, afin de prouuer qu'à l'heure que le meurtre fut commis, il n'estoit encor reuenu de Nouare, où il fallut enuoyer pour la preuue de sa iustification : & sembloit que le malheur de l'vn fust l'occasion du plaisir & l'autre, & que Fortune s'estudiast à bienheurer les larcins amoureux du passionné iadis, & ores iouyssant Cornelio. Mais comme les aises ny malheurs ne sont tousious durables, il fallut que Cornelio quittast son ieu, pour faire place au mary deliuré de captiuité : & regaignant le haut, il se contentast du bien receu pour le premier en ses heureuses amourettes.

Ainsi luy sortant de sa felicité, le mary entra en quartier, & reprint la possession de celle q ne luy bailloit q le corps, estant le cœur en la saisine d'vn autre, q luy estoit pl⁹ cher, & mieux à souhait. Cornelio n'auoit

HISTOIRE XXVI.

encor assez experimenté les inconstances de Fortune, si apres auoir fraudé l'esprit de son Amante, & paré son logis d'vn beau champ de cornes en la teste du Milannois, il n'eust senty vn assaut plus dur pour luy faire passer son rire causé de trop d'aise: car l'endemain qu'il fu sorty du logis de son Alcine, on luy vint porter nouuelles que le seigneur de Momboyer auoit esté au Palais de sa mere, comme asseuré que Cornelio estoit en ville, & y auoit amené toute la garde pour l'y surprendre. Qui fut cause que l'amant saoulé de caresses & rassasié des fruitz d'Amour, trouua moyē de sortir de Milan, & prenant la routte de Bergame & Bresse, se retira à Mātouë, nō sans louer Dieu d'estre sorty de tels & si dangereux naufrages, & en feist le compte plusieurs-fois à son Delio, qui se mocquoit de la folie si aueuglée des amans. Laquelle pour vray est telle que tout l'Hellebore qui sortit iamais d'Anticyre n'en sçauroit guerir la moindre estincelle. Car quel sens reste il à vn amāt, puis que pour l'exploit de sa lubricité il oublie son deuoir, & mesprisant les commandemēs de Dieu, & l'ordre d'vne police bien instituée, il ne fait estat de corrompre son ame auec l'ordure d'vn adultere abhominable, peché autāt desplai-

Anticyre fort recommandé pour le bō Hellebore qu'on en portoit.

fant deuant Dieu, comme il eft plaifant à la folle peruerfité des hommes. Et d'autant que le commencement de la iouyſſance de Conelio porte painte ſur ſon front la malheureté du faict, & le peu de iugement de ceux qui ſe plaiſent à eſtre nōmez loyaux amans en l'endroit où la loyauté ne ſçauroit auoir place: & que les efforts qu'il endura à la pourſuitte de ſes aiſes, teſmoignent de ce qui ſen fuſt enſuiuy, ſil n'euſt prins la garite, il nous ſuffira de dire que iamais le peché ne fut qu'il n'apportaſt quand & ſoy vn repentir, ou la penitence ſoudaine de la faute commiſe, principalement en ce crime, qui offenſe & Dieu & le prochain & ſoymeſme, & qui peruertiſt l'ordre inſtitué pour l'eſtabliſſement des Royaumes & Republiques. Laiſſans donc à part ces lubricitez & vies de Boucs & Satyres, reuenons à nos hiſtoires Tragiques, reprenans la fin piteuſe de ceux qui conioincts par la ſaincte liaiſon de mariage, furēt moins heureux que Cornelio ny Camille lors qu'ils eſtoyēt enlacez en eſtroits embraſſemens d'vn amour non permis & illegitime, ainſi que pourrez voir liſans ce que le diſcours ſuyuant vous en pourra apprendre.

Fin de la xxvi. Hiſtoire.

SOMMAIRE DE L'HI-
stoire XXVII.

Il n'est chose soit elle comprise sous le nom, & effet du mesme vice, qui ne puisse quelquefois tourner à quelque profit, qui a esté cause du commun prouerbe tant vsité en France que le malheur redonde souuent à profit, & auantage. Or que l'amour ainsi qu'il est pratiqué ne soit vne peruersité, & corruption d'vn bon naturel, il n'est homme de bon sens, qui ne le confesse, y estant contraint par la verité, qui en monstre l'œuure à l'œil, & dequoy tant d'exemples seruent de preuue assez euidente. Et toutesfois de ce mal tant cogneu sont sortis de merueilleux effets d'attrempance & chastiment d'vne vie mauuaise: qui me fait iuger que ceste passion estant naturelle, est comme vn poison qui sert de contrepoison à vn autre venin, & ressemble le Scorpion, qui porte en soy, & de soy la blessure, & guerison, la mort & la vie. Non que pour cela ie vueille inferer vne necessité de s'assuiettir legerement, & à la volee à ceste bonne malice, & libre prison, trouuant meilleur vn Esprit, qui commence à se corrompre, que celuy qui est tout gasté. Or le posans entre les choses indifferentes pour ce coup, d'autant que l'amour fut sans aueuglement, & trop grand folie en l'endroit de ceux que nous voulons amener par nostre histoire, uous dirons, que ce que nous appellons Amour est vne passion conformant en quelque chose auec l'Amitié, & qui se raporte encor à ce vice que les Grecs ont nommé Philautie, & nous l'appellons amour, & flaterie de soymesme, quãd quelqu'vn est si amy de ses faits, qu'il en oublie toute autre chose, & en laisse tout deuoir. Et de fait quelques idees de vertu, courtoisie, & debonnaireté que les amans paignent en celles, qu'ils seruent, & qu'ils raportent leur seruitude à ces honnestetez, comme à la cause mouuante de ceste amitié, si est ce que leur but & pretente vise ailleurs, & se consome en l'obiet d'vn plaisir, causé par vne grande beauté exterieure. Aussi oyez moy les harangues de ces beaux orateurs, & les discours qu'ils font lors que leur Esprit occupé en la contemplation de leurs maistresses, fait gazioller à la langue les louanges des perfections de leurs Dames: Que mettent ils le premier en dance, qu'vne rare, & admirable beauté, & la contenãce asseurée, vn graue maintien, & vne parolle affable? Tout cela est il des vrays appennages de l'ornement de l'ame, & le pourfil ou la perfection de vertu est cogneue par les delineamens de son œuure, & absolue actiõ?

Mais laissans à part ceste philosophie, & ne nous soucians pas beaucoup, (pour le peu de cõpte que nous faisons de ces folies amoureuses) si Amour est corruption naturelle, ou si c'est quelque partie de vertu, l'effet de laquelle procedãt de

Ll iiij

HISTOIRE XXVII.

l'intellect, espand ses forces és sensibles, & parties exterieures, nous contenterons que quelque chose que ce soit, si ouure il souuent de choses qui semblent impossibles aux autres passions qui sont en l'ame commune, qui agite tout ce qui est en nous. Car quelle plus grand force se trouue en l'homme que celle qui violente, & fait changer vne coustume, qui estoit presque changee, & conuertie en naturelle habitude en l'homme, en faisant vn corps nouueau transformé en vn esprit tout diuers à ses premieres conceptions. Ie ne di cecy sans cause, & ne traite cest argument sans occasion, d'autant qu'entre tous les vices, qui souillent la vie de l'homme, ie n'en veux excepter la paillardise, il n'en y a pas vn qui plus tiéne esclaue l'homme à son peruertissemet que fait le ieu: de sorte, qu'il seroit presque autant possible de changer la cruauté d'vn loup en quelque grand douceur, & apriuoisement, que d'oster le desir du ieu à celuy, qui y a pris son apprentissage dés son enfance: chose autant perilleuse pour la ieunesse, come blasmable en tous estats, veu les scandales, meurtres, larcins, & apauurissemens qui en adviennent de iour à aut. L'Amour toutesfois eut telle efficace que le plus grand & desbauché ioueur qu'on sceut deuint bon mesnager: mais la pitié fut, que sur le point qu'il commençoit à produire les fruits de son changement, il veit la fin de son heur & de sa vie, ainsi que pourrez lire en l'histoire presente.

Le ieu vice fort dommageable à l'hōme.

D'VN IEVNE HOMME
Napolitan, lequel la nuict de ses nopces couché auec sa femme, fut foudroyé, apres auoir souffert beaucoup pour celle qu'il espousa.

HISTOIRE XXVII.

Aduint, n'a pas long temps, en la belle & riche cité de Naples, que entre toute la ieunesse gaillarde qui ordinairemét y est nourrie, il y eut vn enfant d'vne bonne & riche maison, lequel ayant esté esleué trop mignardement & auec plus de licence qu'il ne faut en donner à cest aage, trop licencieux & volontaire de soymesme, monstra, ayant perdu pere & mere, combien le naturel bon se gaste par l'institution & nourriture mauuaise. Ce ieune homme s'appelloit Antoine Perille, riche plus que de besoing, à cause que la succession abondante le tenoit sans soccuper, qu'à faire bonne chere: & estant laissé en liberté sans curateur qui suruueillast à ses folies, donna bien tost le signe trop clair de ses desbauches. Car quoy que le pere viuant il aimast le ieu, & frequentast les lieux ou le Berlan se dressoit pour telle expedition, si est-ce que les deniers luy manquans, il ne pouuoit guere monstrer ce qu'il couuoit en son cœur de desir d'exploiter ses denrees en ce passetemps oisif de faire courir les trois compagnons de basle sur la table, ou dancer les rois sur vn tapis. Il y auoit si bien apprins, n'estant que spectateur en la farce, que peu s'en trouuoit qui le surpassassent en disposition subtile à bien manier vn dé, ou aigue contemplation de remarquer les quartes, & toutesfois ne sceut estre si bien stilé en son art, ny tant bien pratiqué en sa vacation, que le plus souuent il n'y laissast du sien, & ne payast l'escot de toute la compaignie. Or estant cogneu pour ioueur, ceux qui auoyent frequenté son pere decedé, le commencerent à tencer, & luy remonstrer sa faute, disans que le chemin de vertu, & preud'homie ne commençoit point par vne sente si vicieuse que le ieu, & que peu d'hommes ayans consumé leur aage en ce malheur estoyent mors riches, que c'estoit

HISTOIRE XXVII. 254

la vraye boutique de toute meschanceté, que le ioueur ne falloit à estre blasphemateur, pariure, larron, gourmand, paillard, & à la fin tout luy defaillant, volleur & assasineur, vray moyen de seruir vn iour de spectacle sur vn eschafaut à tout vn peuple: luy mettoyent encor en auant, qu'il eust esgard à la reputation de ses ancestres, & à la memoire encore assez fresche des bonnes parties de feu son pere: d'autāt que c'est grand infamie au fils d'ouyr louā ger ses parens, & neantmoins aller la teste leuée auec le bruit de ne pouuoir ou vouloir suyure la saincte trace de ses ancestres. Que toutes les compaignies qui se faisoyent en la cité, ne tenoyent autre propos que de la vie mal-seante à homme de bonne part, en laquelle Perille s'occupoit. Par ainsi qu'il cessast de se gaster, & de consommer du tout ce qui luy restoit de Patrimoine. Luy qui ne prenoit point plaisir qu'on le pinsast de si pres, comme est la coustume de toute ieunesse addonnée à sa voulonté & folle fantasie, leur repliquoit, qu'il n'auoit à leur rendre compte de sa vie, & que les compagnies qu'il frequentoit, estoyent telles que les plus grands ne desdaignoyent bien souuent de s'y trouuer, & de les caresser en leurs Palais & maisons. Au reste, qu'ils se souciassent de

Vices esquels rōbe vn ioueur

HISTOIRE XXVII.

leurs enfans, car quant à luy, il n'estoit pas si ieune qu'il ne sçeust bien comme il luy falloit gouuerner & son bien & sa vie. Auec ceste belle & arrogāte response, le peu sage Perille en r'ennoya ceux qui ne demādoyent que son bien & aduancemēt. Mais ce que ceux cy ne peurent luy faire apperceuoir, le mesme aueuglement des hommes luy ouurit les yeux, & luy feist recognoistre sa faute. Ce fut l'Amour, qui combien que on le paigne enfant & aueugle, donna raison & cognoissance à cestuicy, quoy que les plus sages vaincus de ceste passion, deuiennent brutaux, & perdent la force de l'intellict, laquelle seule nous fait apparoistre autre que les choses animees, qui ne sentent rien plus que la terre.

Or le moyen du soudain changement de Perille fut tel. Il y auoit pour lors dans Naples vn tresriche marchand, le nom duquel estoit Pietro Minio, lequel outre ses grandes richesses auoit vne des plus belles filles de tout Naples, appellee Carmosine. Nostre beau ioueur ne fut pas si deuotieux aux ruses du ieu, ny tant Mercurial à l'apprentissage de cest exercice, que encor il ne s'enrollast au liure des loyaux amoureux, si bien qu'il deuint si amoureux de Carmosine, que hors du ieu il ne pensoit à

Vn vice corrige vne autre faute.

Carmosine.

autre chose. La fille, qui estoit ieune & simplette, voyant ce ieune homme qui estoit beau & de bonne grace, & qui s'habilloit fort proprement, chose que les filles d'auiourd'huy contemplent pluftost que la vertu des hommes, s'enamoura pareillement de luy, sans que pour cela il en aduint autre chose, pource que mal-aifement se pouoit-il faire qu'ils parlaffent ensemble, à cause que les filles y sont tenues vn peu plus de court que ne font en France: mais d'y estre plus chastes, ie m'en rapporte à l'experience. Perille se sentant ainsi touché au vif, & sauourāt vn goust duquel iamais il n'auoit experimenté la force, se print à resuer & songer creux sur les moyens de faire entendre son affection à Carmosine, afin que asseuré de la volonté d'elle auec plus d'asseurance il la peust demander au pere, duquel il ne se pensoit point deuoir estre refusé, pour se voir de bille pareille, & que l'autre ne le surpassoit point en degré d'estat ny en sang: mais il oublioit le meilleur, & qui pour le iourd'hy est le plus mis en-auant, à sçauoir, les richesses, desquelles, cestuicy auoit fait vn beau amoindrissement par le moyen de son ieu, & encor moins prenoit-il garde au mauuais bruit qu'il s'estoit acquis par ceste maniere de

HISTOIRE XXVII.
vie. Aueuglé donc en sa fantasie, & ladre d'esprit, comme ne sentant point son mal, il s'essaya de tenter le gué, & sonder le cœur & volonté de la fille du Minio, à laquelle il trouua moyen d'escrire vne lettre, & luy faire atteindre par vne vieille qui auoit la charge & gouuernement de Carmosine: la teneur de laquelle estoit telle que s'en suit:

Lettre d'Antoine Perille à la belle Carmosine.

Ia n'aduienne que iamais ie consente que le cœur ayant voué son pensement à vostre excellence, ie destourne le corps à s'employer és choses que le penser desseigno, mesmement és choses de tel effect cõme est l'Amour, lequel ayant rauy ma liberté, m'a tellement rendu vostre, que si vous n'auez pitié de moy, & ne contemplez ce que ie souffre pour alleger auec vostre douceur ma souffrãce, ie ne sçay si le corps aggraué par les peines de l'ame se pourra preualoir pour se tenir en estre: & d'autant que le but de mõ affectiõ, ne gist qu'ë la sainte liaison de mariage, ie voudrois vous supplier me faire ce bien, & hõneur de m'accepter pour vostre amy, & ser-

viteur, afin qu'eſtant aſſeuré de voſtre bonne volunté ie marche plus hardiment à
vous demander à voſtre pere pour eſpouſe. Vous ſçauez qui ie ſuis, & quelle eſt la
maiſon d'ou ie ſuis ſorty: & quand tout cela ne pourroit vous eſmouuoir, voyez ma
ſeruitude, & paſſion, meſurant en voſtre a-
me ce que peut endurer celuy qui ayme
loyaument, & qui ſ'adreſſe en ſi bon lieu
comme ie fais, aymant celle, qui ne doibt
auoir en recommendation que l'homme,
l'Eſprit duquel ne demeure pour animer
le corps, ſinon pour ce ſeul reſpect, qu'il
penſe que le receurez & tiendrez pour le
plus humble, & l'vnique en affectionnée
deuotion à vous faire ſeruice, & qui attendant l'heureuſe nouuelle de voſtre conſen-
tement à ſa iuſte demande, baiſe vos blan-
ches mains en toute humilité,

      Antoine Perille.

 La fille qui n'auoit pas accouſtumé
de receuoir de ſemblables embaſſades,
fut toute eſbahie de voir la lettre, mais non
pas faſchee d'eſtre certaine que Perillo
l'aymaſt, de qui auſſi elle eſtoit fort attainte, & amoureuſe. Auſſi, ſans ce vice
du ieu, il eſtoit vn des adoleſcens des
plus gentils, & mieux apris qui fuſſent en
la royale cité tant celebre, pour les châge-

mens aduenus en icelle. Pource Carmosine esguillonnée par sa gouuernãte à suyure ses desseins, & aymer vn tant honneste ieune homme, quoy qu'il ne luy failloit grand esperon pour luy faire couurir telle carriere, & aprinse par la mesme à luy escrire, luy respondit en ceste sorte.

Lettre de Carmosine à Perille.

Seigneur Perillo, i'ay veu la lettre qu'il vous a pleu m'enuoyer par ma gouuernãte, & cogneu la bonne volonté que me portez: dequoy outre que ie m'ē tiés pour heureuse, ie vous mercie treshumblement de l'honneur que me faictes, m'aimãt pour vn si bon & honneste respect, & ne sera iour de ma vie que ie ne me resente de ceste voftre honnesteté & courtoisie. Tant y a que n'est à moy à donner responfe sur ce dequoy la volonté ne gist, & ne depend que de mes parens, ausquels ie dois seruice & obeissance. Il est bien vray, que veu vostre bonne affection, & estant le premier qui onc me feit telle ouuerture, i'aimerois bien mieux que ce fust vous que mon pere choisira pour mon mary qu'autre qui viue, esperant que ceste amitié seroit tousiours durable, & ayant pris vn si
bon

bon commencement, ne pourroit estre
que la fin n'en fust heureuse. A ceste cause
suis d'aduis qu'en parlez à mon pere, lequel sçachãt qui vous estes, & cognoissant
quels ont esté vos parens, pense ne refusera vostre accointance. Autremẽt ie ne puis
aimer, veu que ce seroit peine perdue que
mettre son affection en chose impossible.
Attendant cecy ie prie Dieu vous tenir en
sa saincte garde.

Vostre bonne amie Carmosine.

Antoine ayant eu ceste responfe, pésoit
desia estre au Paradis de ses aises, & fantasioit en soy les plaisirs qu'il receuroit és secrets embrassemens de sa Carmosine, sans
que pour cela il cessast sa pratique du ieu,
en laquelle il continua si lourdement qu'il
ne luy demeura presque rien des grãdes ri
chesses que son pere luy auoit laissé en heritage. Nonobstant aueuglé d'Amour, &
mescognoissant soy-mesme, ne laissa de
s'addresser au Minio pere de la fille, auquel
il proposa l'Amour qu'il portoit à Carmosine, & le desir qu'il auoit d'estre son allié,
& de viure tousiours en son amitié & par
son conseil. Auquel le bon homme respondit: Seigneur Antoine, ie suis marry que
vous estant sorti de parens si biẽ renõmez

KK

& tant riches, faille que oyez de ma bouche deux choses qui vous fascheront, eu esgard au bon zele qui vous cōduit à demāder ma fille, laquelle afin que ne vous rompiez la teste, ny affligiez le cœur à la poursuite, ie ne la veux donner à homme, qui n'ait dequoy l'entretenir, & qui ne soit attentif à ses affaires, accroissant plustost son patrimoine, que le gastant en folles despenses, & plaisirs sans nul profit : & d'autant que vous auez le bruit & l'effect le monstre, d'auoir despēdu follemēt & ioué trop prodigalement presque tout vostre heritage: ie suis d'aduis que auant q̃ vous marier vous en regaigniez d'autre, afin tant de sustenter vostre famille, que de auoir esgard aux incommoditez de vostre vieillesse, si Dieu vous fait la grace quelquefois d'y aduenir. Si vous eussiez suyui la trace des vostres, & que cōtent de ce que vos parens auoyent gaigné, n'eussiez fait que viure de vos rentes, sans passer outre: i'eusse estimé ma fille bienheureuse d'auoir vn tant honneste homme pour mary : mais estant la chose comme elle est, ie ne veux estre cause, pour vostre plaisir, du malheur de celle

dire que ce soit Amour qui vous incite: car
si vous aimiez Carmosine, vous aimeriez
de mesme son aise & auancement: mais
c'est vn plaisir qui vous guide,& vn fol appe
tit qui vous fait poursuiure ce que la raisõ
vous deuroit aussi tost effacer en l'esprit
comme la pensee sy presente. Perille oyãt
vne si dure & non attendue responce, & se
voyant esconduit tout à plat,& sans espoir
d'y iamais plus rien attenter, à peine qu'il
ne trespassa sur le champ, ou qu'il ne perdit le sens, tant les parolle du Minio luy
entrerent en l'esprit, & luy blesserent les
parties plus saines de son ame. Comment
disoit il estant chez soy, est ce la pauureté
qui me rend ainsi contemptible, & me
priue du bien que ie pensoye desia auoir
acquis en bien aimant? Est ce le ieu qui em
pesche que le Minio mesprise mon alliance,& ne veult ouyr parler du mariage de
moy auec sa fille? Sera il dit q̃ Perille soit
refusé pour sa maluersation & desbauche?
Iamais ne soit ny dé ny carte pour moy: ia
mais le ieu ne soit le plaisir de mon cœur
& le repos de mes tristesses: Iamais ne soit
l'oisiueté la cause de mon peu de soing, &
la ruine & degast de mon patrimoine. Ah!
malheureux que ie suis, ie voy bien à present, mais c'est bien tard, que ceux qui me

KK ij

HISTOIRE XXVII.
desconseilloyent le ieu, estoiét les vrays a-
mys de mon profit, & les conseilliers de
mon honneur, & auancement. Ie voy & co
gnoy combien la ieunesse est effrenee &
folle, & a besoin des admonnestemens, &
conduite de ceux qui sont meurs d'aage, &
pleins de bon sens, & prudéce. Hé que i'ay
esté bien aueuglé que plustost ie ne sois de
uenu amoureux, afin que ma perte ne fust
si grande comme maintenant ie l'apercoy.
Au fort il ne reste que voir pour l'aduenir,
& pouruoir à la garde & entretenemét du
peu que i'ay, afin que par mon soin & labeur i'efface la premiere tache de ma repu
tation, & par mesme moyen, ie recoiue partie du mien, sans me retirer paresseusemét
sur mes pertes, & getter (comme l'on dit)
le manche apres la coignee. Peut estre que
mon changement en mieux, fera changer
ausside cœur & volonté du Minio, & que
par ma peine ie conquerray celle, l'Amour
de laquelle m'a fait voir clairement, quoy
que l'on die que les amans n'y voyent gou-
te, & que l'Amour estant aueugle cause vn
mesme aueuglement en ceux qui le suyuent. Conclud qu'il a son changement, il
met la main à l'œuure, & laissant du tout sa
premiere vie, & quittant berlan, & dés &
cartes, fuyant encor ses anciennes cognois-

fances, vend vne partie de ce qui luy reſtoit, & tire vne bonne ſomme de deniers d'aucuns de ſes parens, qui le voyans ainſi changé, luy faiſoient bon viſage, & ſoffroient à le ſecourir ſ'il vouloit ſuiure quelque meilleur train, & ainſi ayant la main garnie, delibere de ſadonner à la marchandiſe, & de prodigue ioueur deuenir marchand bon meſnager. Ce complot eſt pris auec quelques autres marchans, qui de bõ heur dreſſoient le voyage de leuant, & ſ'en alloiẽt en Alexandrie, ville iadis baſtie par Alexandre le grand en Ægypte, & qui pour le iourd'huy eſt l'vne des plus marchandes de tout l'Orient, & ou ſe fait le plus grand apport de toutes drogues, & eſpiceries qu'ẽ autre qu'on ſache, qui eſt cauſe que tant Venitiens, Geneuois, Florentins, & autres nations d'Italie, ont là leurs Magaſins, & diſperſent la marchandiſe par toute l'Europe. Le pauure connerty Perillo, eut le deſaſtre plus grand qu'il ne penſoit, d'autant qu'ils ne furent pas preſque ſi toſt embarquez, à tout le moins leur nauire n'eſtoit point encor cinquante mille en haute mer, quand voicy les vents qui ſ'eſleuent auec telle impetuoſité, que les Pilotes, & Mariniers ne pouuans plus ſupporter le dur effort du

Alexandrie en Ægypte la plus marchande ville de l'Orient.

kk iij

vent, ny obuier à l'orage, furent contrains de s'expofer à la mercy des vents & des vagues, laiſſans courir fortune à leur nau. Ils fouffrirent cefte tépefte trois iours & trois nuits, à la fin ceſſant la fureur du temps ils fe veirent fur la cofte de Barbarie. Penfez fi cefte ferenité appaifa leur crainte, & fi fortis du peril de naufrage, ils monftrerēt figne d'eſiouiſſance, & s'ils louerét Dieu de l'auoir efchappee fi belle. Mais voicy fortune qui eſtoit en aguer, & qui vouloit du tout auilir & mettre à bas l'Amy de Carmofine, qui tourna leurs allegreſſes, & chās de ioye en pleurs, & gemiſſemens. Car cōme la nuit commençaſt à couurir la terre du māteau de fon obfcurité, voicy vn Corfaire More, qui auoit les iours paſſez couru mefme fortune, qui ſembatiſt fur eux auec quelques Galeres, lequel les aſſaillit fi viuement, que les pauures gens qui eſtoiēt encore tous eſtonnez de la tourmente & demy morts du paſſé peril, ne peurent endurer l'effort du Corſaire, par ainfi fans grand effufion de fang tous ceux de la nau furent pris, & menez prifonniers à Tunis, pour feruir d'efclaues à cefte canaille de Barbares. Perillo, outré de douleur ne fouhaitoit que la mort, tant pour fe voir hors defperāce de rachapt, ayāt perdu tout ſon

Perillo pris fur mer par vn Corſaire.

bien en ce sac & pillage, fait par la troupe barbaresque sur la nau, qu'aussi le peu, ou nul moyé de iamais reuoir sa Carmosine. La Cadene, la prison de nuit, le mauuais traitemét, le labeur sans cesse que son maistre luy faisoit endurer, voire les coups de baston qui assez souuét plouuoient sur ses espaules, ne luy dónoiét tant de peine, que l'absence de sa Carmosine, & que le desespoir de reuoir iamais son païs. Las! disoit il souuét à part soy. Quelle penitence plus griefue me pouuoit-il aduenir pour mes fautes que ceste absence sans espoir, & ceste prison doloreuse en laquelle faudra que ie fine ma vie? N'eust il pas esté meilleur pour moy de continuer mes aises & paracheuer de despendre mon bien en viuant ioyeusement, que le perdre tout à coup, & me voir coffré auec mes richesses? Ah desir d'auoir, cóme tu aueugles les hómes, & en quelles destresses tu les plonges pour l'esperance qu'ils ont d'emplir leurs bougettes, & de laisser la memoire de leurs folies apres eux pour auoir sceu aquerir de grádes richesses. O que heureux sont ceux là qui contéts d'vne mediocre fortune ne vót point talonner les flancs d'vn nauire, pour se voir d'heure à autre à trois doigts de la mort, & en danger d'estre enseuelis dans le

Desir d'auoir aueugle les hómes.

ventre des poiſſons, ou d'eſtre gettez ſur quelque riuage pour ſeruir de paſture aux beſtes farouches. Las! ne me ſuffiſoit-il pas d'auoir experimenté à mon grand regret & confuſion l'inconſtance de l'amour, ſans m'expoſer encor ſi legerement à la meſme mobilité de Fortune, ſur l'element plus muable que n'eſt variable le cours de la Lune. Ah! belle Carmoſine, ie ſçay bien que tu ſeras marrie que ton Perille ſoit tombé en telles deſtreſſes, & que cherchãt les moyés de t'auoir à femme, il ait eſpouſé des ceps & fers, & iouyſſe de la couche d'vne puãte & obſcure priſon. Aumoins ſi ie pouuoye eſperer de te reuoir, i'auroye quelque allegeance, & endureroye en attendant, le mal & martyre que ie me voy appreſté pour le paſſetemps & exercice de ma tendre ieuneſſe. Le Corſaire More n'eut pas preſque auſſi toſt trouſſé nos voyageurs Napolitains, que les nouuelles en furent portees à Naples, non ſans le pleur & gemiſſement de pluſieurs qui ſe ſentoyent intereſſez en telle perte: toutesfois faiſans de neceſſité vertu, & ſ'attendans qu'auec rançon ils pourroyent racheter les captifs: la douleur s'appaiſa auec le trait du temps, lequel à la longue ne laiſſe faſcherie ſi grande ſoit elle, que il ne diminue & amoliſſe. Mais Car

mofine sçachât que son amy estoit du nô-
bre,& que tout son bien estoit perdu,qu'il
ne luy restoit rien plus pour se remettre,&
moins pour se racheter:fut en deliberation
deux ou trois fois de se forfaire, & l'eust
mis a effect,n'eust esté sa gouuernante,qui
arriuant sur le faict,la tança fort aspremēt,
& soudain l'appaisa auec tant de raisons,
que la pauure fille conuertit ceste furieuse entreprise en vn grand ruisseau de larmes,qui luy couloyent le long de son clair
visage: souspirant par interualles,comme
celle qui estoit saisie de grand douleur : à
la fin rompir son silence en parlant ainsi:
Las!ma chere mere, est-ce sans iuste cause
que ie suis ainsi tourmentee ? puis que
ie voy que c'est moy sans autre qui suis
cause de la ruine de l'homme du môde qui
m'aimoit le plus : & qui esmeu par les rudes paroles de mon pere , s'est abandonné
à vn estat, qui luy a porté le profit que
vous voyez. Ah! auarice, comme tu tiens
saisis les courages & desirs de ceste insatiable vieillesse! Mon pere est-il si peu sage,
qu'il ne sache bien qu'en peu de temps les
mœurs se changent aux hommes,& que ce
luy qui trauaille,n'est iamais sans trouuer
les moyēs de passer hōnestement sa vie : &

que luy chaut-il tant si apres son trespas ses enfans seront pauures ou riches? Emporte-ra-il auec luy le soucy de nostre auancemēt, puis qu'il ne peut emporter les richesses? I'eusse mieux aimé mon Perillo tout nud, que autre qu'il sçauroit me presenter auec toutes les richesses du royaume. Et que seruent tant de biens au cœur qui est esloigné de son plaisir & aise? Non non, qu'il face ce qu'il voudra, si ie puis, mon amy sera deliuré, & luy donneray moyen de se mettre sus: ce que pendant ie l'attédray pour l'espouser: ie suis encor fort ieune, & n'ay point haste de me marier. Non ma fille, dist la dame qui la gouuernoit, par-ainsi prenez bon courage, & ne vous tourmétez point: car i'espere que vous verrez encor vostre Perillo, & lors nous mettrōs ordre à le remonter, ainsi que venez de dire. Me promettez vous, dist la fille, que vous m'aiderez pour dōner moyen de trafiquer encor vn coup s'il sort de la main des Mores? Ouy, ie vous l'asseure, dist la vieille dame: ie sçay encor où il y a des ducats qui ne veirent, y a long temps, ny Soleil ny Lune. Confortez vous en sur moy, & laissez ces pleurs, afin que vostre pere ne s'en apperçoiue, & ne prenne quelque mauuaise opinion sur ceste tristesse. Ainsi passerent quelques iours que Carmoisine ores triste tantost ioyeuse, attendoit l'occasion pour voir son amy hors de la main des Mores: qui luy aduint au bout de l'an de sa prison par le moyen que ie vous vay dire. Pietro Minio pere de ceste fille auec sa richesse & desir d'acquerir, auoit de bonnes & louables parties en luy, estant fort charitable,& homme qui ne laissoit aller vn pauure de deuant luy auec les mains vuydes. Outre ce encor il exerçoit sa pitié sur les pauures captifs qui estoyēt detenus par les Mores, faisant tous les ans vn voyage en Barbarie d'où il ne reuenoit sans racheter dix ou douze esclaues Chrestiens: ausquels, s'ils estoyēt riches,il se faisoit rendre le prix de la rançou, se contentant d'auoir causé leur deliurāce: mais les pauures, il les deliuroit souz l'esperāce que Dieu le recōpenseroit, & que les deliurez en souuenance de tel bien fait,l'auroient tousiours en leurs prieres. Vous auez peu de tels riches pour le iourdhuy, veu que la peruersité du monde est montée iusques à la, qu'au lieu que les anciens s'exerçoyent és œuures de charité, & auoyent soing de l'indigēt,nos gouffres de richesse luy despoillent encor le peu qui luy reste de son indigence:si bien que l'aumosne est si peu cogneuë entre les hōmes,

HISTOIRE XXVII.

que ceux qui secourent le pauure, le font plus pour condemner la barbarie de leur prochain, que de compassion qu'ils ayent de la necessité du pauure: estant l'hospitalité si esloignée des cœurs des Chrestiés, que si nos predecesseurs n'auoyent doué & enrichy les hospitaux, & laissé dequoy susten ter les necessiteux, il faudroit que les pauures membres de Iesus Christ demeurassent nuds & à descouuert, pleins d'vlceres, affoiblis de faim, tous herissez de froidure à la porte du mauuais riche, auec le seul desir sans effect de rassasier vn peu leur faim des miettes, qui tombent de la table de l'auare. Soit dit cecy en passāt, afin qu'ō voye que ceux qui nous ont deuancez en aage, ont aussi porté au Ciel auec eux la charité qui est morte au mōde par l'effect, & preschee plus que iamais par ceux qui ne font rien moins que charitables.

Reuenons donc à nostre propos, Minio, l'annee de l'emprisonnement de nos Napolitains ne pouuant faire le voyage, donna charge à ses facteurs de deliurer dix captifs de sa nation: ou s'il n'en y auoit, qu'ils fussent à tout le moins faisans profession de la saincte loy du Christianisme. Ce qui fut fait, & alla la chose si bien, que Antoine Perillo fut du nombre des rachetez,

HISTOIRE XXVII. 163

sans que toutesfois pas vn le recogneust, tant pource que ils ne l'auoyent guere hãté, & que la barbe luy estoit creuë en la prison: en laquelle aussi le mauuais traitement l'auoit rendu si hideux, que à grand peine ses plus familiers l'eussent sceu remarquer ny cognoistre. Mais qui sçauroit tromper l'œil d'vn amant, & de celuy qui est attaint au vif des traicts de l'archer inuisible, & duquel les marques ne s'effacent qu'auec la mort? Ou bien qui sçauroit celer à vne amante la face de celuy qui est assez empraint en son cœur, & la memoire duquel elle ne pourroit oublier? Carmosine, qui auoit l'image de son Perillo gardé au plus pur de l'intellect, ne l'eut si tost veu, qu'elle le recogneut pour celuy qui luy auoit donné tant de peine pour les maux qu'elle s'asseuroit estre soufferts par le ieune amant. Pource ioyeuse au possible, & son amy tout reconforté, voyant son bien deuant ses yeux, & s'apperceuant de la cognoissance que par signe elle luy auoit fait, feist tant auec sa gouuernante, qu'elle parla en secret auec son Perillo, auquel elle dist: Combié que la Fortune vous ait plus couru sus que vostre gentillesse ne le meritoit, & que vous soyez abbaissé sur toute malheureté, si est-ce mon amy,

HISTOIRE XXVII.
que Carmosine n'a point effacé la bonne volonté qu'elle vous porte de long temps: ains en lieu que d'autres eussent oublié le peu d'affection qui auroit esté d'elles auec quelque ieune hôme deffauorisé de Fortune, me voicy plus ferme en amour que iamais:& qui vous veux faire voir q̃ si pour l'amour de moy vous auez changé de vie, & de mesme perdu ce qui vous restoit de patrimoine, ie m'essayeray aussi de vous recompenser auec vne amitié reciproque. Et si mon pere, à cause de vostre pauureté, vous a refusé pour gendre, ie feray de sorte que vous estant pourueu de deniers suffisamment, pourrez encor recommencer vostre trafic: où ayant fait quelque profit, ie pense que mon pere ne vous dedaignera plus comme il a fait. Au reste ie suis deliberée, vous le trouuant bon, de n'auoir iamais autre mary que vous: aimant mieux l'aise & contentement de mon esprit, que toutes les richesses de ce monde. Perillo ne sçauoit que respondre, tant il estoit esbahy d'vne nouuelle tant inesperee, & saisy de plaisir, la langue luy demouroit nouee, comme s'il eust esté surprins de quelque Apoplexie. A la fin la merciant de tout son cœur, luy promit tout deuoir, & recognoissance tout le temps de sa vie, comme à cel-

le qui apres Dieu seroit cause de son auancement, si quelqu'vn luy en pouuoit aduenir. Que seruiroit icy tant de langaige? elle luy met en main vne bonne somme de Ducats, tant pour payer le pris de sa rançō aux facteurs de son pere, comme pour se remettre sus, & dresser encor quelque voyage. Ce qu'il feit auec vn heur si grand, qu'ayant nauigué en Leuant, l'affaire luy succeda tellement, qu'estant de retour à Naples, on ne parloit que du bon mesnage de Perillo, & du gaing qu'il auoit fait auec la trafiq̄, si biē qu'il auoit bruit de pl⁹ grandes richesses que lors que son pere deceda, d'autant qu'outre sa marchandise, il auoit fait, absent, rachepter tout ce que il auoit vendu durant les folies de sa desbauche. Cecy pleut grandement à sa Carmosine, & plus encor, entendant que son pere loüoit fort les façons de Perille, & le souhaitoit autant, que iadis il l'auoit mesprisé. Le ieune homme aussi qui ne vouloit point faillir à sa promesse, & qui de iour à autre deuenoit plus espris de l'amour de sa fauorite, pensa en soy que le Minio, n'auroit à present aucune occasion de luy refuser sa fille, veu ses richesses, & que sa famille ne cedoit en rien à la race de celuy qu'il souhaitoit pour son beau pere. Pource luy

HISTOIRE XXVII.

feit demãder Carmosine pour femme par vn sien oncle, celuy, qui auoit mené ses affaires tandis qu'il estoit en Alexandrie, le Minio voyant que par le seul respect de sa fille Perillo auoit chãgé de façons, & estoit deuenu riche, & bien nommé, s'accorda facilement à telle accointance, & alla la chose si bien qu'il l'Espousa, au contentement sien, & grand plaisir de la fille, auec la ioye commune de tous les parens, laquelle ne fut de longue duree, veu le grãd malheur, & piteux accident qui leur aduint le iour mesme que la feste des nopces se faisoit en la maison du pere de Carmosine. C'estoit sur le mois de Iuin, que les chaleurs sont assez vehementes, & lesquelles causent pour les grandes exhalations de la terre, des tonnerres & tempestes en terre fort espouuentables. Aduint ainsi que les deux amans estoient dans le lict, deuisans de leurs fortunes, & des assauts qu'il auoyent enduré durant leurs amours, qu'il s'esleue vn orage tempestueux, le plus effroyable qu'homme sçauroit penser, meslé d'esclats & esclairs si frequens qu'il sembloit que tout fust en feu, tant les esclairs suyuis du tonnerre & foudre rendoyent la nuict lumineuse. Les amans se tenoyent embrassez de peur de ceste tempeste, laquelle

HISTOIRE XXVIII. 265

quelle darda sur ce beau malheureux cou- *Mort pi-*
ple vn coup de la foudre, finissant le plai- *toyable des*
sir de leurs nopces, auec les derniers sous- *deux a-*
pirs de leur vie. Ainsi celuy qui estoit es- *mans ma-*
chappé du naufrage sur la mer, & auoit *riez.*
esté deliuré de la tyrannie des Barbares,
ne peut euiter la fureur du Ciel, & l'inclemence de son destin:il eut vn heur qui a-
doucit sa mal-aduenture, c'est de mourir
entre les bras de celle qu'il aimoit plus
que soy-mesme,& d'auoir pour compagne
en sa mort celle que viuant en ses angoisses ne l'auoit accompagné que par songe
& imagination. Telle fin eut son Amour:
& en cela si l'Amour estoit quelque essence, seroit à reprendre pour son iniustice,
d'autant que ceux qui luyuans, les appetits d'vne volupté desordonnee,sont fauorisez en leurs larcins amoureux, & en sortent sans peril quelconque, là où ce malheureux, loyal, non meu d'appetit sensuel,
aimant legitimement son espouse,est foudroyé & occis autant cruellement,comme
sa vie auoit esté diuersifiee en plaisirs &
fascheries.Ceste mort non vulgaire donne
grand estonnement aux parens de tous les
deux costez,& cause de pleur à toute la cité de Naples,pour l'occurréce nouuelle, &
pour les trauaux endurez par l'espousé

LL

HISTOIRE XXVII.

qui en estoit satisfait auec la fureur ardente d'vn esclat de tonnerre. Qui fut cause que estans Perillo & Carmosine enterrez honorablement dans vn mesme tombeau: lon mist plusieurs Epitaphes à l'entour, tãt Latins que vulgaires, d'entre lesquels i'ay tiré cestuy cy en telle substance:

Amans qui iouyssez en repos & heureux
  Du fruict de vos amours, contemplez nos douleurs,
  Et voyez si munis de pareilles rigueurs
  Onc en rediret vn plus que moy malheureux.
Nous voicy entassez, dedãs vn reth tous deux,
  L'espousé & l'espouse, esprouuans les aigreurs
  Du sort & du destin, apres que mille erreurs
  I'eschappay voyageant plein d'espoir langoureux.
Mais las! lors que l'espoir sa fleur me demonstroit,
  Et que pour la cueillir mon esprit s'auançoit,
  Ie perdy & le fruict, & l'arbre & la racine:
Car vn lupin tonnant au milieu de mes aises,
  Brusla de son esclair, cõsomma dans ses braises
  Les corps de Perillo & de sa Carmosine.

Fin de la xxvij. histoire.

SOMMAIRE DE
l'histoire XXVIII.

Qvi est celuy de ceux qui ont la Religion en quelque reuerence, & à qui le salut des ames soit à soin, qui ne sçache bien, que l'argument le plus grand que les aduersaires de l'Eglise ont pris pour assaillir la Bergerie du Seigneur, a eu la plus grand asseurance de son fondement de la meschanceté, & corruption de vie de ceux qui se disent les oincts du sainct, & qui pour leur preeminence, marchant les premiers parmy les fidelles? Ie ne veux ny ne pretens flater aucun, & dissimuler ce qui est trop manifeste aux yeux des moins voyans, sans que pour cela ie pense donner occasion aux malueillans, & aduersaires du nom du ministere d'accuser l'estat, ains plustost de condēner ceux qui auec leur vilennie font tort à la saincte vocatiō, à laquelle ils se sont introduicts sans y estre appellez, & y traictēt les choses sainctes, desquelles ils se sçauent indignes. Aussi bien seroit ce vouloir defendre l'iniustice, pour en fin establir le regne d'iniquité, & pallier la meschāceté pour la couurir du voile de quelque honneste gaillardise. C'est bien fait d'auoir en recommandation le ministere & vocation des vrais Pasteurs & Prelats, & de reuerer en general tout l'ordre de ceux qui sont appellez au sātuaire, mais c'est

L'heresie a prins fō dement du desordre des Ecclesiastiques.

Les meschās sont indignes de toucher ce q est sainct.

LL ij

HISTOIRE XXVIII.

s'abuser de croire que ceux là meritent quel[que]
honneur desquels la vie est plus deshonneste [&]
infame que du plus vil & sale Ruffian, qui [vi]-

Dissolu- ne de Cuchilladeur à la plus renommee Cou[rti]-
tiõ de plu sanne de Rome. Et vrayement c'est vn beau
sieurs pre- nement de l'Eglise de Dieu de voir vn pr[elat]
lats de allant par la ville, outre l'incapacité de son s[çavoir]
nostre & peu de sagesse pour l'aage, allant dis-ie, su[perbe]
temps. comme vn Satrape, plus attiffé, dorlotté, p[ein]-
pigné, & crespé, qu'vne anciēne idole de Ver[us]
& sentant plus le musc, & ambre qu'vn v[ieil]
bouc ne sent sa sauuagine. C'est vn exemple [no]-
table pour le peuple de voir ces reuerends s'a[mu]-
ser plus à courtiser les Dames, qu'à feillete[r les]
sainctes lettres, & plus adonnez à corrom[pre]
& suborner la femme de leur prochain, qu'à [vi]-
siter leurs Dioceses, Paroisses, & Abbayes, p[our]
suruciller sur le troupeau, & prendre garde [que]
le Loup qui y est entré ne parachene de deu[orer]
le reste du bretail sur lequel, pour nos pech[ez]
il a desia fait vn si piteux carnage.

C'est vn pauure chemin de ramener les [four]-
uoyez au chemin de salut, que de voir vn E[ues]-
que, vn Abbé, & autre tel plus ribleur, yu[ron]-
gne, paillard, voire rauisseur, que ceux qu[i ne]
font estat que la saleté de leur vie. I'ay h[onte]
d'en parler ainsi, & suis marry qu'il me fa[ille]
taxer si aigrement ceux à qui pour l'ordre ie [dois]
respect & reuerēce: mais quoy? ce que nous v[oyons]

HISTOIRE XXVIII. 267

plus que tous les iours nous fait tenir ce langage: & le peu de chastiment, nous contraint d'oublier ce deuoir, pour les faire rougir, se voyans pinser sans rire, par les exemples qui se lisent de leurs actes lascifs & vie desordonnee, comme i'espere vous faire voir si lisez l'histoire suyuante que le Bandel vous a redigé en son Italien, & que ie recite, pour n'auoir voulu laisser cest exemple en arriere, qui merite d'estre sceu, & à la confusion de tels paillards, que celuy qui est introduit en ceste histoire, & à la gloire d'vne pucelle gentille, laquelle aima tant son honneur, que la mort luy sembla plus souhaittable & plus chere à choisir, que se submettre à la volonté d'vn homme d'Eglise, plus bouc que Chrestien. Aussi que i'ayme mieux qu'vn autre traite l'insolence de nos Prelats François, que moy, qui ne prens guere grãd plaisir à dresser satyres, ny vomir mots picquans : ains prie Dieu qu'il luy plaise conuertir la voye de ceux qui se desuoyent de sa saincte loy, & diuine ordonnance. Escoutez donc le fil, & cours de ce que le Bandel vous chante.

LL iij

ACTE MESCHANT D'VN Abbé Napolitain, voulant rauir vne fille, & le moyen comme elle se deliura des mains du paillard.

HISTOIRE XXVIII.

Naples ba-sty sur la Tyrrhene

IL y a peu d'hommes de ceux qui ont visité ce qui est de beau & singulier en l'Italie, qui ayant veu Naples, ville bastie sur le bord de la mer Tyrrhene, ne la confesse estre vne des plus belles, riches & plaisantes citez, qui soyent guere en toute l'Europe, tant pour la beauté & fertilité du pays & contree voisine, superbe plan de la cité, que gaillardise & courtoises façons des habitans de ladicte Cité, L'on peult voir à l'entour vne belle & spacieuse campagne, laquelle outre le plaisir de la veuë sert de pourmenade à la noblesse du pays, & de forteresse à la villieu sulfuré d'ou procedent les bains tant necessaires pour la santé des hommes, & le trou de la Sibylle Cumee, la où le Poëte Mantouan faint estre l'embouchement des enfers, par ou il dit que Enee descendit au regne de Pluton, pour parler à son Pere. Il luy apparoistra encor le Laberinth tant artificiel & inexplicable de Dedale, & les loges admirables du somptueux Romain Luculle, auec les ruines merueilleuses de son Palais à si grand nombre de fenestres, ensemble les maisons, & Eglises, qu'vn tremblement de terre feit iadis submerger dans les ondes, sans y oublier vn si bon & beau nombre de Grottesques naturellement cauees dans la profondeur des roches, qu'il est impossible que homme puisse souhaitter plus de plaisir, & aise que lon peut prendre à l'entour, & dans vn si beau paysage. Or vous ay-ie fait ce discours, afin que chascun cognoisse qu'il est plus aisé en lieu si plaisant, qu'es terres dures, solitaires, & mal plaisantes que l'hōme seffemine, & suyue la molesse de la chair, & qu'estant chatouillé par la veuë, & nourry comme vn oyseau en cage, il est impossible qu'il n'oublie le deuoir, & ne face chose plus charnelle, que resentant la diuinité de l'esprit.

La grotte de la Sybille.

Le laberinth de Dedale.

Le Palais de Luculle.

lieu sulfuré d'ou procedent les bains tant necessaires pour la santé des hommes, & *La grotte* le trou de la Sibylle Cumee, la où le Poë- *de la Sy-* te Mantouan faint estre l'embouchement *bille.* des enfers, par ou il dit que Enee descendit au regne de Pluton, pour parler à son Pere. Il luy apparoistra encor le Laberinth *Le labe-* tant artificiel & inexplicable de Dedale, *rinth de* & les loges admirables du somptueux *Dedale.* Romain Luculle, auec les ruines merueil- *Le Palais* leuses de son Palais à si grand nombre *de Luculle.* de fenestres, ensemble les maisons, & Egli- ses, qu'vn tremblement de terre feit iadis submerger dans les ondes, sans y oublier vn si bon & beau nombre de Grottesques naturellement cauees dans la profondeur des roches, qu'il est impossible que hom- me puisse souhaitter plus de plaisir, & aise que lon peut prendre à l'entour, & dans vn si beau paysage. Or vous ay-ie fait ce discours, afin que chascun cognoisse qu'il est plus aisé en lieu si plaisant, qu'es terres dures, solitaires, & mal plaisantes que l'hô- me seffemine, & suyue la molesse de la chair, & qu'estant chatouillé par la veuë, & nourry comme vn oyseau en cage, il est impossible qu'il n'oublie le deuoir, & ne fa- ce chose plus charnelle, que resentant la diuinité de l'esprit.

HISTOIRE XXVIII. 269

Auſſi ſuyuant le cours de l'hiſtoire, lon pourra voir & ſentir que noſtre ſiecle n'eſt pas ſi deſnué de la vertu, que la purité n'y reluiſe ſi clairement, que les anciens n'ont guere dequoy nous faire rougir, pour ne les pouuoir ſuyure par trace. A Naples dōc y eut vn Abbé de fort grand maiſon, & bien eſtimé par le royaume, nommé Genſualde, ieune trop plus que la vocation ne le requeroit, & qui en ceſte ieuneſſe, ſuyuāt la couſtume de tous nos prelats, ne faiſoit que ſuyure les compagnies de la nobleſſe, plus entẽtif au bal, mommeries, & à la chaſſe, qu'à la reformation de ſes moynes, & eſtudes des ſainctes lettres. Ce ieune fol d'Abbé pour mieux viure à ſon aiſe, ſe tenoit à Naples, frequentant les ſeigneurs & Barons du pays, qui ſe plaiſoyent auec luy, pour ce qu'il tenoit table, & les appelloit ſouuent, choſe qui leur eſt commune auec l'Eſpagnol d'eſtre ſobres en leur maiſon, & de viure en Allemāt parmy les compagnies eſtranges, n'vſans de ceſte grande ſobrieté, laquelle les fait apparoir ſi ſeueres imitateurs de l'antiquité, en leurs chiches, & ſobres feſtins. Pour venir donc au comble de noſtre propos, ceſt Abbé alloit tᵒˢ les iours ſe pourmener par Naples à faire la court aux Dames, & ſe ſouciait

Gẽſualde Abbé.

peu de l'opinion qu'on conceuroit de ceste sienne legereté, & mal seance, de voir vn prelat resentir plus l'homme d'armes, ou courtisan desreiglé, que le ministre de l'Eglise, ains faisoit gloire de ce qu'il n'imitoit point ceux qui veulent auec leur simplicité suyure la vie des peres anciens.

Ce ieune moyne sans reigle allant vn iour comme de coustume en housse par ville, veit de fortune vne fille des plus belles, & de gentille contenance qu'il en eust encores contemplé dans Naples: & la regarda d'vn œil si lascif, & auec tel transport de son sens, qu'il sentit en son cœur vn mal que iamais il n'auoit encor experimēté, & vne douleur en l'ame que les aucuns estiment gaillardise, & les autres appellent passion d'Amour. Et fut attaint si viuemēt de ceste rage, ce peu sage amant, que lors que la fille fut esloignee de sa veuë, il luy sembla qu'on luy rauit le cœur, ou que le Vautour qui bequete le foye à Promethee, rōgeast le plus secret de ses entrailles, tant le trait luy auoit penetré auāt dans le plus profond de l'ame. Or estoit la pucelle, fille vnique d'vn orfeure, aymee extremement de ses Pere & Mere, tant pour son extreme beauté & gaillarde contenance, que pour voir reluire en vne si grande ieu-

Le Vautour de Promethee.

HISTOIRE XXVIII. 270

nesse vn rayon tel de vertu que peu de filles de son temps la pouuoyent esgaller, & moins la surpasser en bonnes mœurs,& vie honneste. Et quoy qu'elle fust de bas lieu, & que la noblesse de ses ancestres ne la peult recommander, ou faire cognoistre, si est ce que la petitesse du rác ne diminuoit en rien la grandeur de son courage,& l'obscurté de la race ne luy empeschoit point qu'elle ne se feist voir clairement pour la mieux conditionnee des autres qui pensent pour estre de race illustre, suffire au renom, sans y adiouster l'action de vertu, laquelle seule annoblist, & fait reluire les maisons que nous voyons les plus excellentes. Et vrayement les filles sages ne se vanterót iamais tant de la richesse de leur famille, ou grandeur des ancestres, ou pour leur beauté extreme, comme elles s'esiouiront, que leur nom est sans tache, & leur vie tant louee, que les mesdisans n'y sçauroyét donner aucune attainte. Reuenós à nostre Gensualdo enamouré de la fille de l'orfeure: lequel se voyant pris à bon escient, & ne pouuant, ou ne voulant se deporter de ceste folie, comme celuy qui se plaisoit en ses songes, & se baignoit dans le lac de ses folies,& qui à son aduis voyoit impossible le moyen de se retirer de telle emprise, non

La seule vertu fait reluire les familles.

moins que qui voudroit enclorre toute l'eau de l'Ocean dans vne Phiole, delibera à quelque pris que ce fust de faire cognoistre à la fille l'ardeur du feu qui luy estinceloit dans l'ame, & le consumoit peu à peu en son cœur, à celle fin qu'elle voyant, & cognoissant ceste vehemence d'Amoureuse affection, se monstrast ployable à ses prieres, & le contentast auec vn vouloir reciproque. Voyez si le poëte est menteur en ce qu'il dit, que les Amans se faignent des songes, & se promettent en leur fantasie les choses mesmes qui à vn autre sembleroyent impossibles: veu que cestuy-cy est pris d'vne seule veue, & se promet le gaing, & conquest de la proye contre laquelle il n'auoit encor dressé aucune embusche. Il commence donc à faire la ronde tous les iours par la rue où son cœur estoit captif, & ne failloit en passant par deuant la maison de l'orfeure de ietter l'œil ores à la porte, tantost aux fenestres, afin de voir celle de qui il desiroit tant l'amitié & iouissance. Et quand son heur vouloit qu'il la veist, ne pouuant luy parler, à tout le moins s'essayoit-il par ses gestes, lascifs regards, & contenance passionnee de luy faire cognoistre ce qu'il enduroit pour elle, & que l'Amour seul luy tenoit tellemét

Les amás se faignét des songes.

lié le cœur, & serue la pensee qu'il ne pensoit ou conuoitoit rien plus que d'acquerir sa bonne grace. Il feist tant qu'il sceut les Eglises où la mere alloit le plus souuēt faire ses deuotions, c'est là où ce bon Abbé s'en va : & feignant vne grande affection au diuin seruice, en lieu de regarder l'autel où la Messe estoit celebree, c'estoit la fille de l'orfeure la saincte à qui il mōstroit d'addresser ses vœux & prieres, faisant de la maison d'oraison vn magasin de puterie : ainsi que pour le iourd'huy on void obseruer par toutes les villes de France, au grand scandale de nostre persuasion, & mespris des choses sainctes. Et certes les Ethniques, Turcs & Infidelles ont en plus de reuerence leurs Mosquees où Dieu est blasphemé, & son fils Iesus Christ abiuré, que n'ont les Chrestiens les saincts temples ordonnez pour administrer les sacremens, & y publier la volonté certaine du Seigneur. Et est pourquoy l'abomination y est entree, afin que celuy qui est ord, soit encor plus sale. Mais Dieu est si pur, & les choses sainctes si nettes, que la vilenie de tels boucs n'y sçauroit rien souiller, que celuy qui de soymesme s'infecte. Laissons ce propos, & suyuons Gensualde en ses visitations d'Eglises & saincts autels, & qui

Les Eglises seruent de pourmenades.

Les Turcs reuerent leurs Mosquees.

Les meschans ministres ne sçauroyēt souiller l'Eglise.

HISTOIRE XXVIII.

estoit deuenu plus deuotieux courtisant les Dames à Naples, qu'il n'estoit en son Abbaye. La fille aimee, voyant la diligente suitte de ce reuerend, les œillades pleines de folle affection & attraits lascifs, les gestes peu asseurez du fol Moine, cogneut bien tost quel estoit le trait duquel Gensualdo estoit feru, & à quel sainct il addressoit ses chandelles & oblations. Pource se mocquant de ses façons de faire, quelquefois pour plus luy mettre martel en teste, le regardoit assez mignardement : puis tout soudain retiroit sa veuë comme surprise de honte entremeslee de quelque petite colere : toutefois sa deliberation estoit de plus tost fuir sa voix & presence, que le récontre de quelque beste venimeuse, ne trouuant point bon que vne simple pucelle se fie tāt en sa pudicité, que de prester l'oreille aux charmes d'vn amant transporté, & qui n'a autre soucy que de gaster l'integrité d'vne fille, laquelle semble la rose matutinalle : la beauté de laquelle est souhaitee de chacun, tant que sa nayueté luy dure, mais depuis que le chauld du iour luy a osté sa frescheur & fené son vermillon, il n'est aucun qui se soucie plus de la cueillir : celle aussi qui a vne fois perdu la fleur de sa virginité, quelque caresse que lon luy face, est

Vne fille cōparee à la rose.

neantmoins mesprisee de celuy à qui elle
aura fait si prodigue offre de ce qu'elle a
de plus precieux. Par ainsi la fille aimee de
Gensualdo aimant plus l'honneur & reputation de chaste, que le bruit d'estre accorte & gaillarde, & qui sçauoit bien gouuerner les compagnies: cognoissant que ce fol
se laissoit aueugler de plus belle de iour
à autre, fuyoit tous les lieux ou elle pouuoit penser que l'Abbé la peust voir, &
quelque deuotion qu'elle eust, si fuyoit elle
à son possible, d'aller aux Eglises, sinon à
l'heure que les compagnies en estoyét toutes hors, non sans espier diligemment si
l'amant esuenté feroit encor la sentinelle,
en quelque coin du téple pour la surprendre & luy declarer son martyre qu'elle tenoit pour assez cogneu pour certain. Que
sil aduenoit qu'elle le veist en rue, & qu'il
la saluast, elle feignoit ne le voir point, faisant autant de compte de luy que du plus
estrange homme qui eust peu venir des regions lointains. Ces façons de faire despleurent de sorte à l'abbé, & s'en trouua si
fort estõné, q̃ peu s'en fallut qu'il ne fust en
voye de quelque desespoir, ou de tomber
en quelque greue maladie, voyant que l'amitié si vehemente qui le rendoit esclaue
de ceste fille estoit recópensee d'vne si fiere

cruauté & d'vn mespris si hagard, qu'il ne sçauoit plus à quel sainct se vouer, ny de quel bois faire flesches, veu qu'il ne voyoit moyen aucun pour faire entendre à sa cruelle maistresse la passion de son ame, & luy declarer la perfectiõ de l'Amour pour lequel il luy estoit loyal & affectionné seruiteur. De luy escrire, estoit autant ou plus difficile, veu que à grand peine la fille s'esloignoit iamais du costé & presence de sa mere, qui estoit d'autant soigneuse de ce precieux gage, cõme elle s'en voyoit chargee: & aussi n'ayant autre soulas de sa vieillesse, que ceste belle & chaste pucelle. Pour ce Gensualdo estoit à donner de la teste contre le mur, pour ne luy pouuoir enuoyer quelque embassade par escrit, ou vne Dariolette qui desguisast aussi bien les matieres, comme sans faute il estoit espris du feu d'Amour & follie de la rage de ses appetits. Mais ne pouuant mettre à part ceste vehemence, & esperant contre son espoir mesme, se promettoit à la longue ce qu'il ne deuoit en sorte aucune attendre ny se promettre. Qui fut cause qu'il escriuit vne lettre pour enuoyer à sa fauorite & non fauorisante, de laquelle la substance estoit telle:

Lettre

HISTOIRE XXVIII.
Lettre de l'abbé Gensualdo à sa Dame.

Madame, combien me seroit plus profitable, ou de iamais ne vous auoir veuë, ou d'estre mort il y a long temps, que de souffrir la passion qui me tourmente, & experimenter l'effect de vostre cruauté, & le peu de pitié que vous auez de celuy qui meurt pour vous, & qui par vo˚ seule peut demeurer en vie. Il faut que i'accuse vostre cruauté en cela, que vous ayant par la gentillesse & accortise de vostre bõ esprit assez bien cogneu l'amour que ie vous porte, n'auez daigné seulement satisfaire à ma peine par la douceur d'vne œillade ou salaire d'vn simple geste amoureux. Las! combien de temps il y a que si i'eusse peu trouuer le moyen, ie vous eusse fait entédre de bouche, ce que vaincu de passiõ, ie suis contraint vous escrire, afin que vous voyez vn Gentilhomme tant vostre estre en danger de mort, si de vostre grace il ne vous prend pitié de sa mesaduenture : Que si celles qui sont de hault lieu sont encor obligees de satisfaire par quelque honneste deportement aux seruices que leurs inferieurs leur font, aduisez que vous deuez faire en mon endroit, qui suis tel que chascun sçait,

& qui estant vostre esclaue, ne laisseray deuoir ny seruitude ou ie puisse m'employer pour vous complaire. D'vn seul point ie vous prie, c'est la requeste seule que ie vous fay, qu'il soit permis à ce languissant & triste amant de vous pouuoir parler en secret, pour vous dire plus amplement les concepts de son cœur, desquels ie n'ose faire participant le papier, se contentant que ce soit sa pensee, & la vostre qui tesmoignent de chose de telle & si grande consequence. Ie ne vous estime de si dure & cruelle complexion, que sachant combien loyaument ie vous aime, & qu'est-ce que ie voudroye faire pour vous, qu'oubliant ceste rigueur, vous ne recognoissiez & mou affection & amour vers vous : & par mesme moyen ne donniez quelque allegeance à mon cœur plus passionné que si i'estoye au milieu des flammes que le Mongibel vomist, ou qui se voyent par les cauernes de Pozzuolo. Afin donc que ma langueur finisse, & vostre rigueur laisse sa rudesse, plaise vous me mander le iour & le lieu qu'il vous plaira que ie vous voye & parle: ce pendant feray fin, ayant salué vos bonnes graces de mes affectionnees recommandations.

  Le vostre plus que sien, Gensualdo.

Ayant ainsi escrit, il fut plusieurs fois sur le point de despecer le papier, faisant conscience de se fier à quelqu'vn de ses gens, qui ne sceust bien parfournir à son message. Puis reprenāt cœur, s'accusoit de couardise & peu d'esprit, & se faisoit accroire que ce commencement estoit bon, & pour reüssir à bonne fin, puis que le parler luy est interdict, pour estre la fille ignorante de ses deliberations, & que ses œillademens n'estoyent pas les indices si necessaires qu'il pensoit pour exprimer la vehemence d'vne passion amoureuse, que la parole n'y fust encor plus requise, comme celle qui monstre l'effect, & deduist ce que le geste paint en la face: & ainsi la lettre tenant le lieu de la langue seroit, peut estre, quelque ouuerture au cœur de celle qu'il ne sçauoit si elle estoit douce ou cruelle, n'ayant fait aucune experience de sa rigueur ou douceur, seulemēt l'estime cruelle, pource que elle ne luy a monstré doux semblāt, lors que par sa cōtenāce il pensoit luy faire sentir & cognoistre son martyre. Ayant donc complotté ainsi en son esprit, il fait venir à soy vn sié valet de chambre, auquel il dit. Iusque icy tu te peux vanter d'auoir esté le plus fauorit de mes seruiteurs, veu que outre ce que me suis sié par cy deuant en toy, i'ay deliberé encor t'encharger d'vne chose, ou & ta diligēce & bō esprit sont requis plus q̃ iamais. Ie ne sçay si t'es donné garde (peult estre qu'ouy) de mon changement d'humeur & de la gayeté perduë, laquelle me faisoit apparoistre entre toute la noblesse de ce pays : Ie croy bien que tu penseras que c'est l'Amour qui m'a ainsi changé, & non à tort, mais de qui ie suis l'esclaue, ie m'asseure que toy ny autre n'en auez la cognoissance. C'est le secret que ie te veux maintenant dire, & te prier de faire tant pour moy de faire atteindre ces miennes lettres à celle qui en me vainquāt ne m'a encor daigné donner vn regard gratieux pour le salaire & soulagement de mes peines. Cecy discouru, il luy specifia le nom de la fille, & la rue ou elle se tenoit, luy enioignant ne cesser tant qu'il eust trouué moyen de luy parler, & bailler sa lettre. Le seruiteur qui ne demandoit que d'obeir à son seigneur, & luy faire quelque seruice aggreable, luy promet son deuoir, & l'asseure de sa diligence : au reste le supplie d'auoir bon cœur, disant qu'il n'y auoit ville si forte qu'à la longue ne fust emportee par assaut.

L'Abbé assez flatté par ses propres desseins se cōforte sur les propos de son valet,

HISTOIRE XXVIII.

lequel ne faillit à tant espier, & chevalier la fille, qu'vn iour il ne la trouuast seule, faisant ses deuotions, à laquelle il se presente auec plus d'asseurance que n'eust fait son maistre, qui estoit trop transporté d'Amour, & de sa folle passion : & apres luy auoir fait la reuerence luy dist. Ma Dame, vous ne trouuerez point estrange, si ayant si peu de cognoissance que vous auez de moy, ie suis si hardy que de vous accoster auec telle & si grande priuauté, toutesfois en m'excusant, vous accuserez le trop d'Amour qu'vn Gentilhomme mien seigneur vous porte, pour auquel obeir ie vous supplie, en luy donnant quelque allegeance, vouloir lire ce qu'il vous mande, n'ayant eu le moyen de vous parler par ceste missiue : Ce disant tira la lettre, & l'ayant baisee la presenta à la chaste fille. Elle qui recogneut ce valet, comme l'ayant plusieurs fois veu en la compagnie de Gensualdo, respondit auec vne grand colere. Et quoy, mon amy, vostre maistre est il si sot, qu'il ne congnoisse point le peu de compte que lon tient de ses folies ? Pense il que ie sois quelque folle fille & publique, qui me laisse ainsi aller à la volee, & sans resêtir que c'est que d'honneur, aussi bien que les illustres & riches? Non non, dictes luy que ie n'ay

MM iij

affaire ny de luy ny de ses lettres, & que
ce n'est pas à moy à qui il doit enuoyer
telles embassades, qui ne peux aymer autre
que celuy à qui mes parens me donneront pour espouse. Qu'il aille employer ses
lettres & messages à celles qui aussi peu
curieuses de leur honneur, comme il est
de son estat s'abandonnent à tout le monde. Voyla vn beau masque de saincteté
que de couurir vne vilennie si grande, sous
vn acoustrement de simplicité. Allez, mon
amy, allez, & si voulez faire que sage n'at-
tentez iamais plus telle folie, si ne voulez
estre payé selon le merite de vostre œuure.
Le valet voyant le peu d'accueil qu'elle
luy faisoit, & la rigueur dont elle vsoit, le
regettant ainsi, & ne voulant seulement
getter l'œil sur les lettres, s'essaya de continuer son propos, mais elle le laissant tout
seul, se retira toute despite & colere en la
maison de son Pere, sans toutesfois dire
rien de tout ce succez à pas vn de ses parens, ayant telle confiance en Dieu, auec le
desir qu'elle auoit de viure en fille de bien,
qu'elle ne seroit point delaissee de la grace du ciel. Aussi elle craignoit que si elle en
eust parlé à son pere, que quelque scandale
ne s'en fust ensuyuy, & que le bon homme
voulant parler auantageusement du tort

qu'on luy faisoit, ne fust taillé d'autre & plus rude façon que la fille n'eust desiré, seruant d'exemple aux filles qui se trouuerōt en pareille destresse, d'vser de mesme modestie.

Le Valet de monsieur l'Abbé de retour qu'il est à son maistre, luy compte le peu de compte qu'elle tenoit de luy, & que de la poursuiure c'estoit autant de peine perdue, qu'il seroit mieux fait d'oublier tout cela, & se donner du bon temps, ou s'employer au seruice de quelque autre qui recognoistroit mieux son merite que ceste sotte fille d'vn artisan, & simple mercadant. Ah mon amy, dit Gensualdo, ie voy bien que tu ne sçais point encore quelles sont les forces de l'Amour, & combien difficile est d'extirper la racine de ses traitz qu'il a vne fois planté dans le cœur d'vn pauure passionné. Ie voy bien que tout ce que tu me dis est plus que veritable, & les femmes sont le subiect de toute imperfection : Ie sçay aussi que leur peruersité est telle, que lors que nous les venerons seruōs & caressons, c'est alors qu'elles nous fuyent, & se moquent de nostre martyre, mesprisans le seruice qu'on leur fait, iaçoit qu'elles en soyent du tout indignes. Et puis que vous sçauez tout cela, dit le seruiteur, qui empefche que ne quittez celle qui vous met à nonchaloir, & ne regrettez l'affection d'vne qui se mocque de vos paſſions? Ne t'ay-ie pas dit, refpond l'Abbé, que la force d'aymer eſt d'autre naturel, que le reſte des paſſions qui ſont en noſtre ame: & qu'elle nous fait defirer ce qui nous fuit, & aymer les meſmes choſes qui nous haiſſent. Comment cela, diſt le valet? D'autãt dit l'Abbé, que ie voudroye bien vſer de ton conſeil: mais i'ay en moy vn ne ſçay quoy qui force ma volonté, & quelque deſſein que ie face de m'oſter ceſte entrepriſe, ſi fault il touſiours que ie reuienne là, que ou il eſt de neceſſité que ie meure, ou que ie iouyſſe de celle qui fait ſi peu de cas de moy, qui luy ſuis ſeruiteur tant affectionné & amy plus que ſeruiable. Ie cognoy à ceſte heure ce que tant de ſages hommes m'ont dit eſtre veritable, que l'Amour eſt vn mal neceſſaire, côtraint & volontaire, en tant que ſans aimer, l'on ne ſçauroit demeurer en repos, & prouenant des premieres affections de noſtre volonté, lors qu'elle en eſt captiue, nous force de ſuyure nos appetits, quelque reſiſtence ou conſeil que l'ame ſeſſaye de donner ou faire à ceſte contrainte, qui naiſſant en nous, conduit nos affections hors de

Amour eſt mal neceſ-ſaire.

HISTOIRE XXVIII. 277

nous, pour les poser en diuers subiects, encor que la force de ce pensement ne conduyse la chose desiree aux mesmes concepts que ceux qui s'esmeuuent en nostre esprit. Ie n'enten point ceste philosophie, dist le valet, seulement aduisez ou ie pourray m'employer pour le soulas de vostre peine: car ma vie n'y sera point espargnee, pourueu qu'auec la perte d'icelle ie puisse vous oster de tourment. En temps & lieu, dist Gensualdo, ie te semondray de ta promesse, & feray essay de ta fidelité, & du deuoir auquel tu voudrois te mettre pour mon soulagement. Sur ceste deliberation, il passa quelques iours forçant son vouloir, ne passoit plus par deuant la porte de son ennemie, & s'il sçauoit qu'elle fust en quelque lieu ou Eglise, il n'y alloit plus faire ses offrandes & pourmenades. Mais tous ses essais estoyent autant d'amorces pour l'attirer à la follie que depuis il s'essaya d'executer. Car la nuict estant rauy en ses pensemens, & forcé tant de ses appetits sensuels, que de la souuenance de l'exquise & rare beauté de sa cruelle, pensant qu'à l'aduenir elle se mocqueroit de luy, si pour si petite deffense il s'estoit retiré, sans dōner pluftost assaut à la place qu'il desiroit conquerir: & aussi qu'il auoit ouy dire que les femmes, quelque desir qu'elles ayent de soulager vn amant, prennét neátmoins plaisir, & desirent d'estre contraintes & aucunement forcees: conclud de l'auoir, bon gré mal gré qu'elle en eust, s'il la pouuoit trouuer en lieu où il peust luy donner le dernier assaut pour la surprendre: esperant que auec ceste petite force il l'induiroit à continuer la dance que iamais elle n'auoit dancé, ny ne desiroit dancer, si ce n'estoit en mariage. Et d'autăt que celuy qui aime, s'il est aueuglé en ce qui est de la raison, si a il les yeux plus clairs voyās que celuy à qui les Poëtes ont feint cent lumieres pour la garde de la vache à Iupiter, en ce qui touche leur folie, qui fut cause que l'Abbé espiant de iour à autre sa cómodité pour surprédre sa guerriere, feist si bonne diligéce, qu'à la fin il sçeut qu'elle deuoit aller bien tost en la compagnie de son pere, en vn petit lieu & ferme, qu'ils auoyent assez pres de la cité. Icy Gésualdo pense que soit le gaing de sa cause, & que ce voyage estoit le vray moyen pour amortir la fureur du feu d'Amour qui le tenoit en cest aueuglemét. Ainsi surmonté d'vn desespoir endiablé, sans penser à la tache par laquelle son honneur seroit noircy & denigré: ny au ranc qu'il tenoit entre les grands, & la vocation qu'il suyuoit, delibera de la rauir au pere par les chemīs, & la violer, si de bō gré elle ne cōsentoit à sa volōté desordōnee. Voyez, vous qui faites si grand cas de l'amour, qui luy donnez place entre les vertus plus parfaictes & Heroïques, qui faites sortir de son escole toute douceur & courtoisie, si les effects de sa rage ne sont coustumierement plus vicieux que modestes, & si le nombre des fols en Amour n'est plus grād que de ceux qui s'exercent à quelque chose prudente, & qui contens de la vertu, oublient la chair & ses delices. Mettez, ie vous prie, à part vos particulieres affections, & iugez à la verité, si ce que vous appellez amour, & voulez qu'on luy attribuë puissance plus qu'humaine, n'est plustost vne brutale passion en l'ame, sortant de ceste partie que nous auōs cōmune auec les bestes en ce qui touche le sensuel : & si l'homme qui est vaincu par ceste folie n'est plus desesperé & maniacle, que raisonnable & vsant de son sens. Amnon fils de Dauid, lors qu'il viola sa propre sœur, de quel esprit estoit il conduit que de forcennerie ? Et toutesfois il est dit qu'il en estoit amoureux iusques au mourir: neantmoins ce bel amour luy feist executer ce

Amour n'est chose indifferente, ains purement vice

Amnō viola sa sœur. 2. des rois 13.

que peult estre vn mortel ennemy n'eust daigné entreprendre, ayant en horreur le peché si detestable, & en reuerence la pudicité d'vne pucelle. Le fils du Roy de Sichem fut fort attaint de l'amour de la fille de Iacob, se contente il de l'aimer? s'arreste il en vos feintes courtoisies & imaginees loyautez? Non: il fait ce que vous feriez, si la rigueur des loix ne vous en descourageoit, & si l'incommodité n'empeschoit vos desseins. Il la rauit & viola, d'ou aduint sa ruine, & deffaite de tous ses subiects. En somme si vn amoureux fait quelque bel acte, pensez qu'il n'est point saisi iusques à l'extremité, & que son ame n'a que la superficie des folies de telles passions: en quoy ie ne compren point la saincteté des volontez vnies, lesquelles ont leur liaison tendant au sainct accouplement de la couche sans macule, veu que ie pense & croy que telles affections sont du Ciel, & que Dieu les appreuue. Mais ie parle de ces desirs qui ne tendent qu'au don que vous appellez d'amoureuse mercy, & desquels la fin n'est autre que la iouissance en estant l'assouuissement vn plaisir qui n'est non plus durable que la sagesse qui accompagne ceux qui font telle poursuitte. Voyez vn beau exéple en ce maistre Abbé,

Dina conuoitee par le prince de Sichē. Gen. 34.

Vn amoureux touché au vif, fait tousiours quelque sottise.

qui de pasteur deuient Loup, & d'homme d'Eglise se chãge en brigand & assassineur, laissant la douceur & cortoysie naturelle à l'homme noble, pour se vestir de la furie, & façons d'vn Barbare & homme sans cognoissance de Dieu, ny de loy quelconque. Cestuy ayant fait son dessein, & s'estãt arresté sur la iouyssance, ne voulant laisser eschapper son oportunité, appella celuy de ses valets qui auoit fait le message à sa cruelle maistresse, auquel il dist. Tu as assez cogneu de combien ie me fie en toy, t'ayant declairé le plus grand de mes secrets. Or reste il que tu accomplisse la promesse que tu m'as faicte, de t'employer en tout pour le soulas de ma peine. A cela ne tienne, respond le valet de chambre, seulement monsieur, dictes que voulez que ie face, & lors verrez que ie ne mets aucune difference entre le faire & le dire. Ie t'ay desia dit, respond Gensualdo, que, ou il faut que ie meure, ou que ie iouisse de celle que tu sçais estre la maistresse de mes pensemens: or s'en va elle vn de ces iours iouer aux chãps auec ses Pere & Mere: i'ay deliberé de l'enleuer, & en iouyr à quelq̃ pris que ce soit, & ne faut m'amener des raisons au cõtraire, car il fault que ma volõté s'accomplisse: pource voulois te prier, que

tu gaigne tes compagnons, afin que quād
ce viēdra au besoin, ils ne faillent point, &
tu cognoistras combien i'auray pour aggreable vn tel & si grand seruice. Mōsieur
dit le seruiteur, le cas est de grand consequence, & ne nous ira pas de moins que
de la corde, si la iustice s'en entremet, de
moy vous en pouuez disposer comme ie
vous ay dit, & gaigneray mes cōpagnons
encore pour vous contenter: mais si fault il
que m'asseuriez de prendre nostre cause en
main, & de nous donner le moyen de nous
sauuer, si par cas quelq̄ poursuyte en estoit
faicte. Ne te soucie, dit l'Abbé, ie souffriray
plustost tout deshonneur que i'endure que
vous en soyez en peine. Tel le maistre tel
le valet, car ceste conclusion prinse, ce galant s'en alla haranguer ses compagnons,
& ioua si bien du plat de la langue, leur
promettant de si belles choses, que le plus
conscientieux de la troupe, se faisoit fort
de mener luy seul la chose à fin. Ainsi est
resolu le rauissement de la pauure fille, qui
pensoit que Gensualdo eust oublié ses a-
mourettes, & que sa passion estant amortie, il se fust retiré en son Abbaye, veu qu'il
y auoit assez long temps qu'elle ne luy a-
uoit veu faire ses pourmenades accoustumees par les rues de la Cité.

HISTOIRE XXVIII. 280

Le iour donc estant venu que l'orfeure deuoit partir pour aller s'esbatre, dom Gesualdo sort de Naples auec ses estaffiers, s'allant mettre en embusche, en vn lieu assez escarté, par où il falloit que ceste pauure compagnie de citadins print son chemin, laquelle ne pésoit qu'au plaisir qu'elle pourroit prédre aux lieux champestres, sans rien soupçonner de la traitresse menee qu'on leur batissoit, ne pensans en sorte quelcōque que personne leur deust dōner empeschement à leur voyage. Monsieur l'Abbé sentant l'approche de celle qui tenoit son cœur si saisi, encouragea de rechef ses gens à se porter vaillamment en ceste emprise, & ne laisser pour rien à executer ce pourquoy ils estoyent venus : bien les pria il que personne ne mesfist à la fille qu'il poursuyuoit pour la caresser, & non pour luy forfaire. Or pres de Naples court vn petit fleuue, lequel descend des Collines auoisinees de la cité, & arrouse les vallees d'icelle, le nom duquel est Sebethe, tant chanté par Sannazar en son elegante & docte Archadie, comme celuy, qui non guere loin des murs de Naples, se partit en deux bras, l'vn desquels se cachāt par des conduits souterrins, sert aux plaisirs, vsages, & commoditez de la cité,

Sebethe fleuue pres Naples. Sānazar Poëte Napolitain.

HISTOIRE XXVIII.

l'autre s'espand par les campaignes fertilles, arrousant les prairies & champs voisins auec la clarté, & gazouillis de ses Argentines ondes, & en fin va rendre le commun tribut que toutes rivieres doiuēt à la grand Thetis, s'engoulfant fort doucemēt dans la mer, qui le reçoit auec vn embrassement digne de tel voisinage. Du costé que ce ruisseau coule par la campaigne voisine, & que le fleuue tant fameux compagnon & amy de l'Arethuse Siciliāne, embellist le terroir de l'ancienne fee Parthenope, y a vn pont que les paysans appellēt le pont de la Magdaleine. Ce fut là que l'Abbé brigand auec sa furieuse troupe rencontra sa belle amie, laquelle plus gaillarde & legere que ses pere & mere, alloit plus grand pas qu'eux, & les alloit deuançant auec mille petites follastres parolettes. Et d'autant que le chauld du iour & le trauail du chemin luy auoit fait monter la couleur au visage: elle ayant encor ses cheueux blonds & crespelus, vollans sans ordre sur le front & le long de ses ioüés, lesquels estoyēt couuerts d'vn beau & gentil chapeau à la mode de Piedmōd & Prouence: elle apparoissoit cent fois plus belle que lors que vne simple blancheur à demy ternie la faisoit sembler belle parmy les

Arethuse fleuue de Sicile.
Naples iadis nommée Parthenopée.
Le pont de la Magdaleine.

rues ombrageuses de la ville: & pour la gayeté qu'elle monstroit estant à la campagne, elle auoit ses yeux estincellans non moins que font les estoilles plus claires lors que le Ciel est plus serain, semblant que en iceux se iouast & Amour & les graces qui accompagnent la deesse des larcins amoureux: la gaillardise de la fille si elle plaisoit au bon homme de pere, qui voyoit bien que toutes ces folastries estoyēt pour luy donner passetemps, & luy faire oublier l'ennuy du Chemin: ce n'estoit rien toutesfois au pris de Gesualdo, qui la voyant telle, & si gentiment accoustrée, ressemblant vne de ces Nymphes, que les Poëtes faignent accompaigner la Deesse Diane a'lant à la chasse, si auparauant il en auoit eu la puce à l'oreille, & s'estoit deliberé de la conquerir, c'est à present que le desir luy croist d'auantage, & iure en son cœur de mourir plustost, que endurer qu'vne telle proye luy eschappe d'entre les mains. Qui vit iamais vn Lyon se herisser, & estendre la queue, voyant de loing le Thaureau, s'aprester au combat? Tel estoit Gensualdo, voyant venir ceste troupe sans armes, car il s'asseuroit bien que quoy que le pere fut sans deffēce, & la mere sans effort, si se mettroiēt il en deuoir de sauuer leur fille. Ainsi

Similitude.

NN

esmeu de diuerses affections, & tendant neantmoins à la fin ia deliberee, donna le signe de l'assaut à ses soldats. Entreprise vrayement digne d'vn si excellent chef & capitaine: & assaut party selon le cœur des assaillans. Cinq ou six hommes armez aller courir sus à vn viellard non experimenté à telles choses, & à deux simples femmelettes, la fraieur desquelles estoit plus aisee à cognoistre, qu'on ne sçauroit imaginer leur hardiesse. Les valets ayans eu le commandement du Moyne, sortent en campagne, & ayans l'Espee au poing enuironnét la fille en rond, s'aprestans à luy mettre la main dessus, & l'emmener à leur maistre. Les miserables parens voyans qu'on leur rauissoit le baston de leur vieillesse, & pensans bien que cela ne se faisoit sans entreprise de plus grande consequence, se mirent à crier si effrayement que peut penser celuy qui pert chose si chere que son enfant, sans auoir moyen d'y mettre remede, ny de le rescourir. Les voleurs leur crient à la mort, les menacent, & en fin leur portent l'Espee à la gorge, lesquels crians mercy, priant ces Barbares qu'ils prissent d'eux tout ce qu'ils voudroyent, seulement que la fille s'en allast en liberté: mais c'estoit chanté aux sourds, car c'estoit à elle à qui on se vouloit attaquer. Le pere tenoit sa fille embrassee, la mere ne la pouuoit desemparer, la fille crioit au meurtre, les volleurs retentissoient de telle crierie, mais cependant tout cela augmentoit de plus en plus la fureur des assaillans, & le desir de l'abbé de se saisir de s'amie. Qui est le cœur, qui se paignant ce debat en son Esprit, ne soit esmeu d'vne grāde compassion, voyāt le pere enroué de force de crier, & la mere toute esperdue de crainte, & la fille asseuree plus que tous demeurer là, preste à focir si le malheur la faisoit tomber és mains du bourreau de sa pudicité. Ie m'asseure que les chastes Dames & pudiques Damoiselles, ne liront ce trait sans detester l'infame paillardise, & vouloir desreiglé de ce malheureux pillier d'Apostasie, ny sās pleurer de compassion, voyans que la virginité de ceste fille ne tenoit plus quà vn filer, si Dieu n'y eust mis la main, & puis fiez vous en ces vestus d'vne simplicité, lesquels sous le pretexte de longues oraisons deuorent les venfues, & sessayent de suborner les femmes plus chastes.

Retournans à nostre histoire, dés que la fille veid que Gensualdo s'approchoit d'elle

NN ij

HISTOIRE XXVIII.
ses parens estans saisis par ses valets, cognoissans qu'elle seule estoit la cause de cest inopiné malheur, & que à la longue il seroit impossible de se deffendre de telle force: vsant de sa bonne fortune, & ne voulant perdre le temps en vain, auec vn cœur & constance d'autre effort que d'vne fille de si bas lieu qu'elle estoit, se tourna vers l'Abbé, auquel auec vn visage asseuré & ioyeux, elle dist: Monsieur, ie vous prie que ce soit moy qui chastie la rigueur de mon pere, lequel rassottant de vieillesse & ne sachant que c'est d'honnesteté & courtoisie, a iusques icy donné empeschement à l'amour que me portez, & au desir que i'auoye de satisfaire à vostre desir & au mien: vous asseurant que si ce n'eust esté sa fascheuse vie & mauuais traitement qu'il m'a fait, il y a long temps que par le consentement de ma mere i'eusse satisfait à vostre vouloir. Que voulez vous que ie face, dist l'Abbé ausi addoucy que vn aigneau. Dónez moy, dist elle vostre espee, afin que auec icelle ie chastie la sotte vieillesse de ce refueur, lequel d'auiourdhuy ne fera que crier apres nous. Et de fait, le bonhomme voyant que sa fille parloit si familierement auec Géiualdo, pésoit qu'elle seule fust cause de ce rencontre, pource luy crioit & la

Ruse de la fille.

menaçoit fort rigoureusement, la chargeant d'vne infinité de mots picquans & iniures poignātes, ne sachant point à quoy tendoit la ruse de sa pudique fille.

L'Abbé qui oyoit le pere tancer sa fille, & elle qui luy parloit si doucement, sans se soucier des parolles du vieillard, plein d'esbahissement & grand ioye, comme celuy qui fut aussi leger à croire la fourbe de son ennemie, que meschāt à bastir vn tel aguet, obeit à la demande de celle qui ne souhaitoit rien moins que la mort de son pere, & la vie de l'Abbé. Lequel met son espee nue au poing de la fille hardie & couragause: laquelle ne l'eut si tost en son pouuoir, que s'addressant à Gensualdo, qui desia la commençoit à caresser comme s'il l'eust conquise, luy dist: Retire toy moyne, & n'approche point: car ie te iure la foy que doy à Dieu, que si tu fais signe de m'accoster, que ce sera ton espee qui me vengera de ta meschāceté. Puis s'addressant à son pere demy mort de courroux, pensant auoir perdu sa fille, gaignee de sa propre volonté, luy dist: Ia ne plaise à Dieu, mon Pere, que tu ayes engendré vne fille qui te face rougir par sa lubricité, & qui auance ta mort par le mauuais renom de sa vie: ains toy auec tō glaiue, & moy de ceste espee conquise sur no-

Hardiesse de fille.

stre ennemy, deffendrons nostre honneur
côtre la force de ces voleurs, qui veulēt rauir le meilleur de ma reputation. Ayant ce
dit, se mist à tourner çá & lá, maniant l'espee de si bonne grace, & auec telle dexterité, qu'il sēbloit q̃ iamais elle n'eust fait autre mestier que manier les armes. Ce qui
donna telle ioye & cœur au bon homme,
qu'il se resolut plustost mourir que quitter
ainsi sa fille: laquelle ne laissoit approcher
aucun de soy, tant furieusement elle s'apprestoit à deffendre sa pudicité. Gensualdo
escorné & marry de sa sottise, & de s'estre ain
si laissé tromper à celle qu'il pouuoit penser ne luy porter faueur ny amitié, conuer
tit sa douceur en fureur: & soudain commanda à ses gens que l'espee fust ostee à ce
ste nouuelle guerriere: deffendant neantmoins qu'on ne luy feist outrage, si autrement la chose pouuoit estre faite. Il faisoit
beau voir ceste Amazone s'escrimer contre
ceste race monacale, & estonner auec ses
coups ces vaillans soldats, nourris au cul
d'vne cuisine: & n'eust esté la consequence
du faict, c'estoit plaisir que ceste fille ressemblant la Camille Vergiliane, feist a-
haner sept ou huict puissans paillards à luy
tollir les armes conquises finement sur le
peu caut & accort Gensualo. Les tristes &

esplourez parens, voyans la magnanimité
de leur fille, l'aidoyent selon leur foible &
debile force, resistans à l'effort de ceste canaille. Mais quoy? la partie estoit trop mal
faite, & n'eust tant duré le conflit si l'Abbé
eust permis que les forces de ses gens fussent desployees. A la fin voyãs que c'estoit
à bon escient, & que obeissans à l'Abbé, ils
se mettoyent en danger ou de mort, ou d'e-
stre blessez par la fille, qui ne vouloit tomber en leurs mains, commencent à ne rien
respecter, & oublient l'amour que l'Abbé
portoit à sa belle ennemie. Pource assail-
lent plus rudement & la fille & les parens,
qu'ils blesserent si bien que la pauure vieil
lesse demeura terrassee & cõme morte des
coups, & la fille fut aucunement blessee: laquelle voyant que la force n'estoit pas sienne, & que à la fin elle seroit prisonniere du
rauisseur Apostat, se delibere de mourir, &
nõ sans iouër quelque bon tour à son amãt
auant que finit la vie. A ceste cause s'appro-
chãt de luy, la Fortune luy fut si fauorable,
que Gesualdo ne se dõnant garde, elle luy
dõna vn grand coup d'espee sur la face, luy
faisãt vn abreuoir à mousches au beau néz
de Mõsieur le moyne: ce qu'ayãt fait, tenãt
tousiours l'espee au poing, & inuoquãt l'aide du Tout-puissant, luy recommãdant &

NN iiij

HISTOIRE XXVIII.

La chaste fille se precipite dãs l'eau.

sa vie & le salut de son ame: se ietta de dessus le pont dans les claires & courantes ondes du beau Zebete, aimant mieux eslire son tombeau dans le ventre des poissons, que permettre qu'vn Bouc lascif & paillard infame souillast la fleur de sa virgité. Mais Dieu, qui ne vouloit qu'vn tel miroir de vertu laissast si tost le monde, luy dõna force de se soustenir en haleine, iusques à ce que quelques vns, qui auoyent ouy le bruit de telle meslee, y estans accourus, saillirent en l'eau: & nouans fort bien, sauuerent celle qui meritoit mieux de viure, que le volleur Abbé: lequel blessé & mocqué, s'enfuit en son Abbaye, sans oser desormais se mõstrer à Naples, ny venir faire pennader ses genets d'Espaigne pour l'Amour des Dames. L'on porta à la ville, & les pere & mere, & la fille, non sans l'ebahissement de toute la cité, louans ores la beauté, la generosité & haut cœur de la pucelle, & sur tout estoit magnifiee sa grande chasteté, d'auoir mieux aymé hardiment se lancer dans les ondes, que brusler és flammes d'vn feu de paillardise auquel elle se voyoit destinee par l'infame Gensualdo. Et certes c'est à telles filles qu'il faut eriger statues, & peindre tableaux, non à vn tas de folles, qui outre la beauté n'ont eu iamais rien qui les ayt

recommandees. Apprenez icy Damoyſelles vn exemple rare de chaſteté, & le fait
autant courageux en vne fille qu'au plus
aſſeuré ſoldat qui viue: & vous glorifiez
non en la gloire de ſa chaſteté, mais en imi
tant ſa force, & vainquant les delices de la
chair, pour ſeruir ſeulement celuy, qui dōne conſtance, & effort à celles qui ſont cha
ſtes à bon eſcient, & la pudicité deſquelles
ne giſt ſeulement en mines exterieures,
ains eſt burinee parfaictemēt en leur cœur
comme en l'Eſprit de ceſte cy que venez de
voir deliuree d'vn tel danger, comme
l'hiſtoire vous a peu fai-
re cognoiſtre.

Fin de la xxviij Hiſtoire.

SOMMAIRE DE L'HIstoire XXIX.

PVIS que l'Abbé Gensualdo a commencé nous faire eslargir la conscience pour vituperer sa paillardise, & accuser la vie trop dissolue non seulement de la folle ieunesse, laquelle de nostre temps fait plus deshonneur à l'Eglise, que ne sert d'ornement à l'Espouse du tout puissant, ains encor de la vieillesse mesme de plusieurs prelats, qui sur leurs ans cassez, & tenans vn pied dans leur tombeau, menant encor vn train si deshonneste qu'il n'est point de merueille si les ieunes viuans mollement, & n'estans reprins, ny chastiez d'aucun, les suiuent par trace, & se façonnent à leur mode. Ne faut s'esbahir si nous faschez de telle difformation condamnons le vice du ministre, gardons toutesfois le respect & reuerence qui est deue au ministere. Et d'autant que ça esté l'auarice qui a causé iadis la plus part des malheurs aduenus au monde, & qui encore occasionne les troubles qui esbranlent la nacelle, ou Iesus Christ estant le Pilote aucun ne peut estre submergé, des fidelles lauez de l'eau de regeneration, ne voulant aucun oublier rien de ce qui touche à sa conuoitise, ny suiure la simplicité tãt embrassee iadis par les saincts Apostres, suiuie fidellement par les vrays tesmoins de la parolle, qui en la confession du nom

Auarice cause de tout mal.

de Dieu ont espandu leur sang, & exposé leurs vies: chascun abhorrant le nom & effect de pauureté, vraie, & fidelle compagne des saincts de l'Eglise primitiue: ne faut trouuer mauuais si on abhorre la nature cruelle & inhumaine de ceux qui se vantent estre oinctz du Seigneur, sans vouloir departir de leur gresse au pauure necessiteux: ny estrange quand on criera contre l'auarice de ces galans qui contre toute loy diuine & police des Princes Chrestiens, vendent les dons de Dieu, & font trafic de ce que gratuitement ils doiuent au peuple. Car ce n'est pas pour la beauté d'vn cheual ou d'vn bœuf qu'on le nourrist, & mignote, ains pour en tirer seruice au temps de necessité. Aussi n'ont les anciens tant departy de bien aux Eglises, ny assubietty leurs terres, suiuant la loy de Dieu, aux dismes pour le Prestre, sinon afin que sans viure en oysiueté il repaisse le troupeau de la parolle, administre les saincts dons, sans pris, ny marchandise, & s'exerce aux œuures de pitié, suyuant l'exemple des peres iustes, que l'vn & l'autre testament recommande pour leur bonne vie. Et d'autant qu'ē tre toutes les vertus la charité a rendu le Chrestien admiré sur tout autre, celuy qui luy est suruetllant, s'il faut à monstrer l'effect de compassion sur les indigens cause vn grand scandale de foy, & mespris de sa vocation, mesme

Symonie des gens d'Eglise.

Pourquoy les biēs ont esté donnes à l'Eglise.

HISTOIRE XXIX.
ou n'est besoing d'espandre sinon vn peu de tēps, & quelque legere peine, & diligence. Tel honneste departement se fait à l'endroit des morts, la sepulture desquels a iadis esté tāt recōmādee, que Tobie laissoit son repas, & oublioit son repos pour rendre ce deuoir à ses freres. Mais bon Dieu, nous sommes venus à telle corruption, & nos gens d'Eglise sont si infectez de ce venin maudit d'Auarice, que l'on a veu de nostre tēps les corps demeurer sans sepulturee, à faute que les decedez, n'auoiēt laissé dequoy satisfaire à l'auarice insatiable d'vn Curé plus Tyran, & deuastateur, que surueillant & pasteur appellé par l'Euangile. Mais si l'on en chastioit deux ou trois de la façon que le Duc de Milā en accoustra vn en sa ville, il ne faudroit les prier tant pour seruir à leur office, ny ne monstreroient l'appetit d'emplir leurs coffres si euident qu'ils le manifestent. Mais escoutant ce que s'ensuit, cognoistrez si le Duc Milannois oublia en rien le traictement aux Auares.

Tobie charitable vers les corps des trespassez. Tob. 1.

ACTE IVSTE, MAIS trop cruel, de Iean Maria Duc de Milan, à l'endroit d'vn curé trop auare.

HISTOIRE XXIX.

 E A N Maria Viconte, fils de Iean Galeaz, à qui Ladiflas Empereur donna le tiltre & nom de Duc de Milan: fut celuy qui fuccedant à l'eftat & dignité de Duc, fe feift aufsi cognoiftre & renömer fur tous les Princes de fon téps, non pour fe monftrer plus vertueux que les autres, ou en furpaffant l'heur du bon Galeaz fon pere, lequel ne feift ie penfe iamais autre faute remarquee, que lors qu'il laiffa fur terre vne telle & dangereufe pefte que fon fils: & ne fut non plus heureux en fucceffeur pour les Milannois, que iadis le Monarque Romain Marc Aurele, laiffant pour heritier de l'Empire ce boucher & gladiateur Commede, vray exem-

Iean Maria fils de Iean Galeaz.
Milan erigé en Duché par Ladiflas Emp.
Peres malheureux en fucceffeurs.
M. Aurele pere de Commede

HISTOIRE XXIX.
ple de cruauté & vilenie. Et certes son païs peut bien presager son malheur, en ce que Iean Maria estant appellé à la dignité Ducale, ce fut lors que l'Italie veid l'origine des guerres ciuiles tant chantees des historiens, & qui ont tant auily les forces Italiennes, & abbaissé la gloire de ce qui leur restoit des reliques eschappees à tant de Barbares & estrangers, qui auoyent foulé aux pieds l'honneur de ceste belle Prouince. Car ce fut lors que les Guelfes & Gibelins sespandans par tout, ne laisserent coing de l'Italie qui ne fust teint du sang des pauures citoyens, & ne fut esperdu pour voir la noblesse chassee & vagabonde: n'estant aucun qui ne se sentist de ceste tempeste, & qui ne sceust la vehemence d'vn orage si furieux: de sorte que toutes les nations de l'Europe auoyent leur tour à faire des courses eu Italie, & y piller les citez & les campagnes fertiles, appellees ores par l'vne, tantost par l'autre des parties. Or ce Duc a esté renommé pour le plus cruel & inhumain que iamais la Chrestienté ait nourry: & croy que vn Busire, Phalaris, ou le Roy Tracien, qui appastoit ses cheuaux des corps des morts, ne le surpasserent onques en cruauté. Et combien que ses predecesseurs eussent esté Princes fort doux,

Italie affligee par les partialitez.

Iean Maria cruel sur tout autre.

HISTOIRE XXIX. 288

courtois & affables,& que par leur modestie ils fussent paruenus au feste de telle preeminence: si est-ce que cestuy oubliant le ranc qu'il tenoit, & forlignant du sang de ses Ancestres, despité pour estre, que Fortune luy estoit autre que n'auoit esté à l'endroit de cest excellent Iean Galeaz son pere, & de Valentine, qui fut fême du Duc d'Orleans, celuy qui fut tué à Paris par les gens du Duc de Bourgoigne. Il s'acharna tellement, qu'il faisoit deuorer en sa presence par des Dogues nourris à telle fin, ceux qui luy desplaisoyent pour la moindre occasion qu'il se formoit en sa fantasie: ayant pour ministre de ses cruautez, & qui luy seruoit de Preuost de Mareschaux, vn Gentilhomme appellé Squarce Girame, aussi courtois que son seigneur, & lequel aussi à la fin fut payé de mesme monnoye que son seigneur, estás tous deux occis aussi cruellement comme sans pitié ils s'estoient acharnez sur le miserable peuple de Milan. Durant le temps donc que ce Diable incorporé faisoit ses ieux, & iouoit les actes tragiques & detestables de sa cruelle vie, aduint ce que maintenãt ie suis deliberé vous reciter, afin que voyez deux grandes extremitez de vices, d'Auarice en vn Prestre l'vne, & de cruauté au

Valentine mariée au duc d'Orleans.

Squarce Girame ministre es cruautez du duc.

HISTOIRE XXIX.
Duc Iean Maria cheuauchant vn iour par ſa cité, comme ſouuent auſſi il faiſoit, non ſeulement pour voir les fautes de ſes ſubiets, mais pluſtoſt pour eſcouter ſi quelqu'vn ſ'aſpriſſoit par complainte contre ſes façons deteſtables de vie, & ſon dominer trop ſuperbe & tyran, afin qu'il ſemblaſt auoir quelque raiſon de tourmenter celuy, qui ſe plaignoit ſans cauſe de ſon ſeigneur qui encor ne luy auoit donné aucune attainte. Ainſi qu'il faiſoit ſes pourmenades, il entend d'aſſez loing vn grand cry, & la voix d'vne femme ſoy complaignant, & qui battant les mains faiſoit voler ſa plainte bien haut, penſant que Dieu fuſt ſourd, & qu'il ne cognueſt nos neceſſitez ſans telle huerie. Il enuoie vn de ſes eſtaffiers pour ſçauoir la cauſe d'vn cry ſi effroyable, lequel ſe trouua à la porte d'vne pauure femme, à qui le mary eſtoit nagueres decedé, & qui ſ'eſcrioit ainſi, tant pour la perte de ſa compagnie, que pour n'auoir le moyen de le faire porter en terre. Las? diſoit la femme (demy deſeſperee) où eſt-ce que les pauures auront recours, puis que l'Egliſe meſme leur denie les deuoirs à quoy elle eſt obligee? A qui me pourray-ie adreſſer n'ayant dequoy ſatisfaire au glout deſir de mon curé inſatiable, & non iamais content
de

de gaing qu'il face? Faudra-il que ce corps sans ame me demeure pour heritage seul de tous les biens que m'a laissez mon consort en ce monde! Ou bien, si ie veux qu'il soit enterré, sera-il besoing que ie vende ce qui me reste de meubles, pour puis apres ne sçauoir dequoy subuenir à mes enfans? Ah faux pasteur! ie prie Dieu qu'il punisse par quelque grande persecution, & toy & tous ceux qui te ressemblent. Ce disant auec les cris, pleurs, sanglots & gemissemens, elle ne pardonnoit encor ny à ses cheueux ny à sa face: ains deschirant l'vn, elle arrachoit les autres, se battant l'estomach, & faisoit plusieurs autres signes de femme transportee. L'homme du Duc voyant telles façons de faire, s'addressa à la femme, luy disant: Quel tort est-ce que l'on vous a fait, m'amie, & pourquoy menez vous si grand dueil? dictes le moy? afin que i'en face le rapport à Mon seigneur, qui m'a cy enuoyé pour en sçauoir la cause: & asseurez vous, q̃ si quelqu'vn vous a offensee, il vous en fera telle iustice, que vous en estant contéte & satisfaicte, les autres auront dequoy y prédre exéple, & serõt destournez de faire iiure aux pauures, en vne ville mesmement où le seigneur veult que le droit soit gardé à chacun.

OO

HISTOIRE XXIX.

La femme qui cogneut à la liurée que c'eſtoit des gens du Duc, quoy que telle preſence ne luy fut guere agreable, ne couräs guere tels milans que pour ſurprédre quelque proye: toutesfois ne craignant pire aduenture que la ſienne, ny fortune plus mal heureuſe que l'eſtat ou elle ſe voyoit, & auſſi que la mort luy euſt pour lors ſemblé vn grand ſoulas : ioignant auſſi que l'eſtaffier luy auoit parlé ſi doucemẽt, luy reſpondit en ceſte ſorte: Helas! ſeigneur, voyez là le corps treſpaſſé de mon mary, que le Curé de ceſte paroiſſe a refuſé d'inhumer, pour ce que ie n'ay le moyen de le ſatisfaire de ſa peine, & le contenter pour les funerailles. C'eſt dequoy ie me tourmente, ne ſachant comme ie pourray oſter le corps, la memoire ſeule duquel me donne aſſez de dueil & faſcherie, ſans qu'il m'en faille laiſſer vn tel obiect deuant les yeux. Le Duc ce pendant attendoit pour ſçauoir l'occaſion de tel cry : auquel ſon homme eſtant de retour, diſt: Mon ſeigneur, en ceſte maiſonnette que voyez eſt vne pauure femme enuironnée de petits enfans, à laquelle le mary eſt mort à ce matin, elle a prié ſon paroeſſien d'inhumer le corps du defunct, mais il n'y veult point entendre, ſi elle ne luy paye l'enterrage, & frais des funerailles, c'est pourquoy elle crie, n'ayant pas la maille pour y fournir, & au reste, si elle vēd de ses meubles, n'aura plus dequoy subuenir à ses petits enfans.

Iehan Maria oyant parler d'vn faict si vilain, & auarice si detestable, se mit à sousrire, mais ce ris estoit pronosticq du pleur de quelcun, puis se tournant à ceux de sa compaignie, il dist: Vraiment ce monsieur le Curé est trop peu charitable, & addonné à son profit, d'ainsi denier son ministere à ceux qui l'en requierent, veu mesmemēt que c'est son deuoir, & qu'il est renté pour ce faire. Il fault que nous luy monstrons le chemin, & exerçons nostre charité en cecy, faisans inhumer ce corps defunct, & puis ferons l'aumosne à ceste femme, qui larmoye tāt pour sa perte, que pour se voir chargée d'enfans, & ne sachant dequoy les entretenir. Ne sera ce pas bien faict ? dist-il à ses gentilshommes. Vrayement, Monseigneur, respond l'vn de la suitte, cest acte sera autant loué que bon œuure que sçauriez faire en ce monde, & mesme quand lon sçaura que vostre excellence, oubliant sa grandeur, se sera abaissée sée iusques là, que d'accompagner les plus pauures en terre, & de secourir leurs vœuues, sans que iamais ils vous ayēt fait aucun seruice. Ayons dõc (dist le Duc) le Curé, peut estre que pour l'amour de moy il fera ce deuoir de son estat. Au reste, ie le salarieray si bien de sa peine, que de sa vie il ne s'en plaindra. Cecy disoit-il esperant si bien chastier monsieur le Prestre, que de là en-auant il ne feroit plus de tel refus. Il commande donc à celuy mesme qui auoit esté le premier au logis de la vœuue, qu'il allast dire au Curé qu'il vint parler au Duc, pour chose de grand' consequence.

Monsieur le Chapelain, qui ne pensoit riẽ moins qu'à la faute qu'il auoit faite, & ne se souuenoit plus du trespassé, le corps duquel demeuroit sans sepulture, s'en vint soudain au mandement de l'excellence: lequel dés que le Duc l'eut contemplé, le voyant frais, gras, bien en poinct, & vestu en riche Prothenotaire, ne s'esbahit plus du refus qu'il auoit fait à la pauure femme, tant pour la mine qu'il monstroit, que vne heure de plaisir luy estoit cent fois plus aggreable, que mille ans de seruice: & que aussi pour nourrir vn tel ventre il falloit plus de gaing que sa cure ne portoit, ayant son visage plus la figure d'vn Roger bon temps, que de celuy qui veille à l'estude des sainctes lettres. En somme, ce Curé ne démentoit en rien la plus-part de ceux qui pour le iourd'huy, au grand dommage du troupeau Chrestien, sont engraissez du bien du Crucifix: lesquels pensent auoir bien satisfait à leur deuoir en faisant le Dimanche vn Prosne, tellement quellement gazouillé, sans se soucier au reste de leur ministere, ny voir ceux qui sont indigens pour leur secourir, selon les statuts & ordonnance des saincts Canons ordonnez és Conciles sacrez & generaux: leur estant bien aduis, à ces ventres paresseux & chiens muets, que le seul nom de Curé leur doibt seruir d'ombre, & doibt suffire, sans qu'il soit besoing qu'ils mettent la main à l'œuure, & satisfacent par effect à ce à quoy ils sont appellez.

Nostre Curé donc hardi & asseuré, se presente à Iean Marie, disant: Mon seigneur, il a pleu à vostre excellence me mander venir vers vous, il vous plaira aussi me dire en quoy voulez m'employer, en quoy ie vous obeiray, côme celuy qui ne demâde qu'à vous seruir & complaire. Le fin & caut seigneur voyant la courtoisie pipeuse & propos doux du Messire, se mist à sousrire, & se mocquant de sa gloire, & detestant son impudente auarice, luy respôdit: Ie vous ay ennoyé querir, afin que vous faciez mettre en terre ce poure qui est vn de vos paroissiens, & ie vous feray donner le pris & salaire que meritez: n'estant iuste ny equitable que tel homme que vous soit employé sans recompense. Pardonnez moy, mon seigneur, dist le Curé, vostre seul cōmandement me suffist, & vostre grace tient le lieu de toute satisfaction. Bien bien, dist le Duc, i'accepte tout ce que vous dictes, & croy que voudriez faire beaucoup pour moy, ce que ie voy à present, vous voyant si prest à vostre deuoir en cest affaire: pour ce allez vous apprester, car ie veux assister aux obseques: vous asseurant que serez recompensé auant que ie parte, ainsi que i'en ten, & selon vos merites.

Monsieur le Chapelain, qui pensoit desia estre couché en l'estat d'Aumosnier du Duc, sen alla tout gaillard & deliberé vers son Eglise, ou il se mist en ordre, & appelle bonne troupe de prestres, & autres de ceux qui seruent ordinairement aux Eglises, afin d'aller auec plus grand pompe & honnestement accompagner le corps, pour lequel le Duc se mettoit en tel deuoir: Mais le miserable prestre ne voyoit pas quelle estoit la trainée que fortune luy ourdissoit, & combien il estoit prochain de l'heure en laquelle il luy faudroit payer les arrerages de sa vie passée, & sur tout ce grand & vil peché de cruelle auarice, par vne autre cru auté la plus estrange que homme sçauroit imaginer. Et m'esbahis cōme il fut si hors de son bon sens, que voyant la faulte qu'il auoit commise, & cognoissant le naturel de son seigneur, mesme l'ayant ouy parler si ambiguement, & auec mots resentans plus leur colere que douceur, comme il osa reuenir & se presenter encor deuant la face si furieuse de son Prince. Mais quoy? il estoit si aueuglé d'auarice, & beoit tant apres le denier, que tout visage luy sembloit courtois, & toute parole douce, pourueu que le mot de gaing & recompense marchassent en cāpagne. Le malheureux auoit oublié que le Duc pour moindre chose que sa faute faisoit demembrer à ses chiens hōmes, femmes, & petits enfans, sans qu'il print garde à sexe ny aage, tāt il estoit desnaturé, & plein de felonnie. Que deuoit il esperer de plus doulx & humain qu'vn nōbre infiny de citoyens Milannois, la mort desquels auoit seruy de passetemps à la rage de ce cruel Prince? le pensoit-il plus religieux en son endroit, que iuste enuers ceux que l'inocence mesme rendoit indignes de tout supplice? Las! quoy qu'il eust rendu Boloigne la grasse au Pape, & qu'il s'humiliast fort au siege apostolique, si est

Coustume cruelle du Duc Milannois.

OO iiij

HISTOIRE XXIX.

Iean Marie rendit par crainte au Pape Boloigne la Grasse.

ce que cela ressentoit plus sa couardise & imbecillité, que l'affection qu'il eust aux choses sainctes. Aussi vn si cruel & Barbare Tyran, il est impossible qu'il eust honneur ny reuerēce à Dieu, ny qu'il recognoisse rien de ce qui touche le respect de la religion. Tesmoing en a esté iadis ce Denys le Tyran de Sicile, lors qu'ē se moc-quant & adioustant sacrilege à sa cruauté, ne faisoit conscience de piller & desrober les temples. Ces mocqueurs feignent toute douceur, dissimulent auoir l'ame pleine de deuotion & sainctété: mais à l'effect vous voyez à quoy tend ceste simplicité, & si c'est l'honneur & crainte de Dieu qui les aiguillonne & esmeut à quelque reuerence. Laissons ces discours pour venir à nostre Curé, lequel feist prendre la plus belle & riche croix de son Eglise, ordonnant des clercs pour porter le corps, & y vsant d'aussi grande diligence comme si c'eust esté le plus riche vsurier de tous les Banquiers de Lombardie, n'oubliāt point de faire carillonner toutes les cloches de son Eglise.

Le Duc oyant ce tintamarre & bruit de cloches, ne peut se garder de rire, disant: Par Dieu, monsieur le Curé, vous mōstrez bien quel est le glout appetit de vostre aua rice: mais puis que les charoignes vous desplaisent sans gresse, ie vous en dõneray tãt qu'il en sera memoire d'icy à cent ans. Ses gens, à ces mots, entendirent biẽ q̃ le Duc ioueroit quelq̃ passedroit au Curé, & l'asseurerent, veu sa cõtenance, que le Prestre valoit autãt que mort. Voicy le Chapelain auec ses gens qui viennent, & chantent les vigiles à l'Ambrosiane deuant la porte du defunct, à quoy le Duc assista, & escoutoit auec patiéce, & grãd deuotion, l'office chãté pour le mort qu'on voyoit, & pour vn autre qui luy tint bien tost compagnie. Ce pendant il fait commander aux fossoyeurs qu'ils feissent la fosse fort profonde & spacieuse, sans dire pourquoy: à quoy il fut obey plus-tost qu'il n'eust sceu le commander, tãt il estoit redouté en sa terre, plus de crainte de sa cruauté, que pour amour que pas vn de ses subiects eust vers luy. Aussi est-il vray ce qui se dit coustumierement, que lon hait celuy duquel on a crainte. Le seruice estant acheué en l'Eglise, voicy la põpe funebre, qui sert pour aller au Cimitiere acheuer les obseques: là encor auãt q̃ le corps fust mis en terre, on chanta des Pseaumes, & autres prieres accoustumees à dire en tel cas, & où le Curé obseruoit telle grauité & reuerence en ses ceremonies, qui presque luy-mesme se faschoit du plaisir qu'il receuoit à son bien faire: mais voicy le dernier acte de la Tragedie. Ainsi que tout fut finy, & que le Prestre ayāt laué de l'eau sacree le corps du trespassé, laissoit l'office de le mettre en terre à ceux qui en auoyent la charge, lesquels l'enleuoyent desia pour luy donner le denier à Dieu. Voicy le Duc qui leur dist qu'ils attendissent, & que toutes les ceremonies des funerailles n'estoyent point parfaites, d'autant qu'il vouloit honorer le mort autrement qu'ils ne pensoyent. Si chacun fut estonné voyant ce nouueau acte du Duc, le fut plus encor quād s'addressant au Curé auec vn visage flamboyant de colere, & vne voix ressentant sa fureur, luy dist: Chapelain, si ton auarice ne te rendoit plus infame que le reste de ta vie hypocrite ne te donne de bon renom, i'auroye quelque occasion de dissimuler ta faute, si tu en vsois seulement enuers ceux qui ont dequoy satisfaire à ton appetit, & sustenter leur mesnage. Mais sachant comme l'ayant veu à l'œil, que tu es plustost vn loup rauissant, qui ne demandes que les despouilles du troupeau, ie te veux payer tout presentement selon le merite de ta charité. Ce qu'ayant dit, se tourna vers ceux qui vouloyent mettre le corps dans la fosse, ausquels il vsa de telles ou semblables paroles: D'autant que cestuicy viuant ne voulut accompagner ce mort iusqu'au tombeau, ie veux que vif & mort il luy tienne compagnie iusques au iour de la grand' resurrection. Pource prenez le & le liez auec ce corps, & les mettez tous deux ensemble, afin que la presence du Curé ainsi en poinct comme il est, face peur aux Diables lors qu'ils passeront par les chambres d'enfer. Tout le monde (comme ie vous ay dit) estoit si abbruué des mœurs inhumaines, & grande cruauté du Duc, que les fossoyeurs obeissans à son commandement, empoignerent le Curé, & le lierent estroitement vis à vis, & bouche contre bouche auec le corps du trespassé. Cruauté veritablement trop grande, & detestable, quoy que le vice du malheureux hôme d'Eglise fust punissable. Et aussi que ce n'estoit de ceste façon, ny de mort qu'il falloit punir ceste faute. Mais qu'eust on fait auec celuy qui ne cognoissoit autre equité que celle qui estoit fantasiee au côcept de son esprit meschant & tyrannique? Quelle raison penseroit on de celuy qui detestant toute loy, & ne se souciant d'aucune bonne remonstrance, n'auoit loy que son cerueau,

Extreme cruauté du Duc.

ny douceur, que celle qui se finoit par cruelle boucherie? n'ayant plaisir non plus qu'vn Caligule, qu'à voir massacres, ruines & effusion de sang. Quand le reste du clergé veit traiter le Curé de telle sorte, craignant chacun d'eux que la fureur du Duc poursuyuroit la suitte, c'estoit à qui laisseroit la croix, l'aspersoir & l'eau beneite, sans se soucier du luminaire pour gaigner au pied, & se sauuer de la rage du Tyran: lequel les voyant arpenter le Cimetiere, sans cordeau ny mesure, ne se peut tenir de rire, quoy que de l'autre part il ouyst les voix douloureuses du miserable Chapelain qu'on alloit mettre tout vif en terre. Las! disoit-il, Mon seigneur, ayez compassion de ce malheureux, qui vous requiert pardon si humblement de sa faute, & qui auec promesse de n'y r'enchoir plus, recompensera la vœuue pour le deu de cõpassion que i'en ay eu. Tu n'y r'encherras voirement plus, dist Iean Maria, si tu n'es encor impitoyable parmy les ombres de ceux qui errent pres les ondes de mort & oubliãce. Et ne sois en soucy pour la vœuue: car i'y ay desia mieux pourueu que tu n'as à tes propres affaires. Pource, dist-il aux autres, qu'on se despesche, & que ce beau chanteur cy ne me rompe plus les oreilles. Tout à coup commença lon à enleuer les deux corps pour les ietter en terre, quand le Prestre cria: Las! Monseigneur, si n'auez pitié du corps, qu'à tout le moins le salut de l'ame vous en soit en recõmendation, & ne permettez que ie meure sans faire confession de mes fautes deuant quelque ministre de Dieu, selon l'institution de l'Eglise.

Va va, dist le Duc, tu auras plus-tost appaisé le portier d'Enfer auec tes harãgues, que tu ne sçaurois recouurer à present vn Prestre, qui s'en sont fuiz de toy, te voyans desia accoustré en Esprit de nuict, pour espouuenter les enfans au tẽple Aussi tant de terre que l'on te mettra dessus, auec l'absolution que tu as donnee à celuy que tu embrasses, pourra seruir pour l'allegeance du pesant fardeau de tes offenses. Auec telles railleries, le Prince inhumain feit ietter ce couple d'hommes dans la fosse, auec autant d'estonnement de tous, que de chose qu'ils eussent iamais peu pourpenser: & n'eussent estimé que le Duc se fust allé aduiser d'vne telle & si bestiale maniere de faire mourir les hommes. Mais ils n'auoyent pas leu la detestable vie de l'Empereur Macrin, lequel vsoit de pareille façon de faire, & donnoit plus de peine que

Macrin Empereur.

cestuy cy ne feit, veu que le Prestre fut accablé & suffoqué, tant par la pesanteur du corps trespassé, que de la terre qui luy fut iettee dessus, estant la fosse tres-profonde. Là où l'Empereur sans pitié faisoit tellement lier ceux qu'il condénoit, auec les charongnes, qu'à l'air, & sans estre mis au tombeau, il les laissoit là iusques à ce qu'ou de peur, ou de la puanteur du corps trespassé, & assaillis de la vermine ils trespassent cruellement. Plus courtois ne fut Maximin, lequel faisoit inhumer ceux qu'il haïssoit dãs le corps desentraillé d'vn Boeuf iusques à la teste, là où ils desinoyét mangez de vers, & pourris par le sang corrompu de la beste. Toutesfois la Barbarie excusoit ces galans, qui estans Païens, & sans cognoissance de Dieu, ne faut s'esbahir s'ils faisoyent les oeuures selon les desirs du diable qui les guidoit, lequel est homicide dés le commencement. Mais vn Chrestien, vn Prince sorty de bon estoc, nourry entre gens de bien, demeurant en vne terre assez ciuile, c'est ce qui doit rendre cas encor plus estrange. Qui est cause que tout ainsi que la terre cria vengeance iadis à Dieu de Cain pour auoir violé le droit de consanguinité en tuant le iuste Abel son frere : aussi ie pense que pour cri-

Actes de Maximin

me si pernicieux Iehan Marie fut peu de temps apres occis par ses citoyés mesmes. Et ne pensez-vous, qui de nostre temps auez faict le sacrifice des oreilles & autres membres, & qui comme vn Diomede auez faict seruir les corps humains de mageoire à vos cheuaulx: ne pensez que Dieu laisse telles cruautez impunies: il attend, & est patient en son attente: mais à la fin il vous fera sentir combien est greue la pesanteur de sa main, & à craindre l'ire effroyable de son iuste courroux.

Iean Marie occis par les Milannois.

Or à propos, le Duc ayant acomply ces tragiques & espouentables funerailles, depescha soudain l'vn de ses gens vers la maison du Curé, d'où il feist enleuer tous les meubles, & les donna à la pauure vœuue, femme du defunct, auquel le Curé tenoit compagnie au Cimitiere. Ceste derniere sentence estoit autant iuste, comme la premiere est inique, cruelle & exorbitante: veu que c'estoit bien raison que celuy là fust puny en ses biens, qui pour auarice, & aueuglé du denier, oublioit soymesme, & le deuoir requis à homme public tel qu'est le pasteur d'vne Eglise. Ne soyez point scādalizez (vous qui portez les vases sacrez) de ce que ie dy, ains prenans exemple sur la fin miserable d'vn de vostre estat, pen-

HISTOIRE XXIX.
sez que les persecutiõs que Dieu vous enuoye, & les maux que vous endurez procedent de vostre ambition, auarice, ignorance & paillardise. Bien vous diray-ie que ie suis marry que l'aduersaire de l'Eglise s'attaque aux gens de bien,& buffete ceux qui meritent d'estre honorez, là où les fols euentez,ignorans & paillards sont sans guere sentir telle pointure. Toutesfois Dieu qui est bon,vous appelle,& nous aussi par telle attente à repentance, afin que recognoissans vos fautes vous viuiez mieux, & que l'Abbé Gensualdo,
& que ce miserable auaricieux,
traicté si cruellement par
le plus detestable Tyran que l'Italie
eust veu
de-
puis que les Lombards
donnerent le nom
à sa ter-
re.

Fin de la xxix. histoire.

SOMM-

SOMMAIRE DE
l'histoire XXX.

IL semblera aduis à plusieurs que nous n'ayōs autre argument qu'à traiter les amours mal poursuyuies, & plus malheureusement parachenees de ceux qui aueuglés de leur fol appetit, ont oublié ce qu'ils deuoyent, & à l'honneur, & à la grandeur de leurs ancestres. Ausquels ie satisferay par ce petit mot, que volōtiers ie traite ce subiect, non pour y reciter, & apprendre les ruses d'vn paillard, & les cautelles d'vne femme publique, & eshontee, & les aguets de quelque ouuriere de meschanceté, qui par ses parolles miellees deçoit la moins accorte ieunesse. Ie laisse cela aux Comiques qui sont les peintres ordinaires de tableaux de telle sorte. Bien est vray qu'estant ce vice l'vn des plus frequēs, & duquel lon se donne le moins garde entre toutes nos fautes, il m'a semblé qu'il est aussi raisonnable que chascun sçache le malheur qui en aduiēt par la variable diuersité des occurrences qui en succedent, ioint que ce peché est le plus souuens masqué du voile d'vn sainct deuoir, & office. D'autant que les vns s'essayent de couurir ceste faute par l'instinct que nature infue à toute espece d'animaux, & se contentent de s'arrister seulement, comme brutaux, au desir que chascun a de s'aioindre à son pareil. Mais vous

La cause de ces histoires & discours d'amour.

PP

HISTOIRE XXX.

laisserons ces ames bestialisees se veautrer en la boue de leur vilennie, & se pourmener parmy les auges des pourceaux du voluptueux Epicure. Il nous reste ceux qui sous couuerture d'vn grand bien, & pretexte du sainct nœud de mariage, abusent & de l'amour, qu'ils appellent vertueux, & de la pudicité d'vne fille modeste. Non qu'en cela ie vueille excuser la folie de celles qui se laissent aller si legerement, car s'escoulans pour si peu, & estans vaincues par vn tel assaut, c'est signe que le plaisir les domine plus que la raison, & que honte de se abandonner sans mariage les fait ainsi vser plustost que la chasteté engrauee en leur esprit. C'est de ce mal que ie prens l'argumēt de mes discours, non pour traiter l'amour, ou deduire les moyens de telle poursuitte, ains plustost pour aduertir la ieunesse de ne s'abuser tant en ses follatries, ny se fier és promesses d'vn amant transporté, afin que pareil malheur ne leur aduienne, à celuy de deux amans contenuz en ceste histoire.

EMILIE DAMOISELLE Romaine, tua Fabio son amy, afin qu'il n'en espousast vne autre qu'on luy auoit donnee, puis elle mesme s'occist sur luy.

HISTOIRE XXX.

DV temps donc que Iule second tenoit le siege de Rome, & faisoit flamboyer tout l'vniuers en armes par les guerres par luy suscitees par toute la Chrestienté, comme celuy qui voyant les clefs sainct Pierre estre trop foibles pour son ambition & tyrannie, vouloit s'aider du cousteau sainct Paul, afin que l'Eglise veist en lieu d'vn Euesque simple & debonnaire vn Capitaine cruel, & qui ne demandoit que guerres & massacres. Peu de temps apres que cestuicy eust à l'aide d'autruy chassé de Boloigne la Grasse, Les seigneurs Bentiuoglies qui s'en estoyent saisis, aduint là pi-

Iule secõd Pape guerrier.

Bentiuo-glies chassez de Boloigne par le Pape.

PP ij

HISTOIRE XXX.

teux accident que ie preten vous racompter, si prenez la patiéce de lire ce qui sensuit: En ce temps donc que la fureur papale apprenoit aux hommes la guerre plustost que la paix, & la vengeance que la patience, & endurer les iniures au nom de Iesus Christ, estoit à Rome vn riche Gentilhomme, n'ayant qu'vn seul fils, le nom duquel estoit Fabie, lequel de malheur, & à sa grande confusion s'en-amoura d'vne fille nommee Emilie, d'autant que telle amour causa la mort de l'vn & de l'autre des amans. Il n'est aucun qui ignore que si iamais il y eut nation sous le Ciel subiette à

Italie theatre de diuisions. diuisions & partialitez, que les Italiens ont esté presque les principaux à susciter faction & partialitez en leurs terres : de come feront foy les seigneurs Turrians, Vicontes de le Scale, d'Este, & de nostre téps les Adornes & Fregoses à Genes: les Stroz-

Noms des ligues en Italie. zes & de Medicis à Florence, & les Colonnois & Vrsus à Romme: oultre vn nombre infiny de particulieres querelles, qui de tout temps ont couru par les citez Italiennes, de mesme sorte que le chancre n'estant empesché, s'estend par le corps hu-

Rome du tout abastardie. main. Or comme Rome a esté iadis le chef de l'Empire bien policee, siege de paix & chastiment de meschanceté : aussi depuis auec l'autorité de commander sur le monde, elle a esté deuestue de toute police & bon ordre, n'y residant que guerre & sedition, haines, & toute impunité de vices, de sorte que sur toute autre des villes d'Italie, ceste cy a cōserué son droit d'estre la nourrice de diuision & partialité. Qui fut cause que les Peres de ces deux enfans, Fabie & Emilie, estans affectez à diuerses parties, & par consequent ennemis l'vn de l'autre causerent le scandale que entendrez cy apres. Fabie, quoy qu'il sceust bien la mortelle inimitié qui estoit entre son pere & celuy de s'amie, si ne laissa il pourtant à se donner en proye à son affection, & se laisser transporter aux desirs de son ame, aimant de tout son cœur la fille de son ennemy : & quoy qu'il ne peut luy parler, tant pour la coustume farouche du pays, où les filles sont plus serrees que les Religieuses en France dans leur cloistre, que aussi y obstant la discorde de leurs parens, neantmoins par ses signes & amoureuses œillades il donnoit assez à cognoistre à la fille, qu'il ne luy estoit si ennemye que volontiers il ne se fust employé à luy faire quelque aggreable seruice. La fille qui n'estoit ny de marbre ny de fer, pour ne sentir point vne pareille flam-

HISTOIRE XXX.

me,& qui estant bien nourrie & esleuee, ne sentoit sa cruelle & mal gracieuse, cognoissant l'affection du ieune amant,& que c'estoit à bon escient qu'il estoit espris,se mist aussi à le regarder d'aussi bon œil comme elle se voyoit œilladee : & le voyant tous les iours faire la ronde à l'entour du logis de son pere, cogneut facilement que c'estoit pour trouuer le moyen de luy parler & faire entendre sa passion. A ceste cause elle se monstroit plus que de coustume à la fenestre respondant sur vne petite rue non guere frequentee, par où passoit souuent Fabie,esperant y trouuer l'opportunité de faire ce que plus il desiroit. L'Amant dés qu'il veid que sa fauorite sembloit aider à son emprise, & qu'elle commençoit à sentir les pareilles flammes,desquelles son cœur brusloit incessamment, persiste en ses pourmenades, si bien qu'vn iour passát sous la fenestre ia ditte, Emilie estant à vne ialousie, luy laissa tomber vn bouquet de fleurs sur la teste. Or pensez si telle faueur despleut vn brin à ce nouuel amant, veu qu'en Italie c'est vn des plus grands signes d'Amitié & affection qu'vne Damoiselle amoureuse ne pouuant accoster son seruiteur,puisse luy monstrer. Fabie estant en vn paradis de delices,comme il luy sem bloit, dist tout bas à la fille, qui s'estoit desia monstree à la fenestre: Las! Madamoiselle, si mon bō heur par vostre grace comméce à florir, faites q̃ par cy apres i'en puis se tirer le fruict autant souhaitté, comme j'ay plaisir au present de si bōne nouuelle. Emilie, soit qu'elle voulust esprouuer sa perseuerance, ou que de vray quelqu'vn fust en sa chambre, luy feist signe qu'il passast outre, & que pour le present elle ne luy sçauroit tenir propos. Luy à demy content, pour vn si bon commencement, luy obeit, ne voulant causer quelque scandale à celle qu'il aimoit plus que la clairté de ses yeux: & pource s'en alla auec son bouquet en sa chambre, lequel il mist au plus beau lieu de son cabinet, le gardant auec si solennelle garde, que si c'eust esté le tresor de Venise: s'estimant le plus fortuné Gentilhomme de Rome, qui estoit aimé & caressé d'vne des plus belles, accortes, & mieux apprises de la Cité, chef de toutes les autres. Ainsi prenāt cœur, & asseuré de estre aimé, ne faisoit plus conscience de la saluer, la voyant seule, ce qu'elle luy rendoit autant modestement cōme à la desrobee, ne voulant point qu'on s'apperceust de leurs amourettes. Ce qui enflammoit de plus le cœur du Romain amant, & luy plā-

PP iiij

HISTOIRE XXX.
toit plus viuement les enseignes d'Amour en ses entrailles, tellemēt que presque toutes les festes sur le tard, il prenoit son Luth, & s'en alloit donner des serenates à sa maistresse, passant toutesfois outre, sans guere s'arrester deuāt la fenestre, ou il sçauoit que reposoit le corps sainct à qui ses deuotiōs estoyēt addressees. Et vn soir entre autres, outré de passion, se print à chāter quelques couplets, desquels la substance estoit telle:

L'espoir qui florist en mon cœur
Ne peut croistre par autre humeur,
Ny s'animer d'autre influence,
Que par le regard gratieux,
Par l'aspect plaisant des clairs yeux
De la belle en qui mon cœur pense.

Ceste fleur quand bourgeonnera,
Las! le fruict quand en sortira
Pour accomplir l'heur de ma vie?
C'est à toy belle à y penser
Pour ton seruant recompenser,
Qui de ce seul bien a enuie.

Tous les thresors, tant soyent exquis,
Ie ne voudroye auoir acquis
Pour perdre le fruict que desire:
Tout autre plaisir me desplaist,

HISTOIRE XXX.

Ie n'ay rien plus en mon souhait:
A autre qu'à toy ie n'aspire.

Ma mort & ma vie tu tiens
Mes desirs mes souhaits sont tiens,
Mon espoir de toy prend essence:
Anime donc ce mien espoir,
Et fay moy le parfait test voir.
De mon desir par iouyssance.

Il chantoit ce mot auec telle douceur, & souspirant si profondement que Emilie estant à la fenestre escoutant sa chanson, ne peut se tenir de luy respondre auec vn haut souspir, puis que la parole ne pouuoit satisfaire à la passion qui se couuoit en son ame. Fabie rauy, oyant le souspir de sa dame, & cognoissant qu'elle n'osoit parler pour le regard de ceux qui estoyent auec elle, adiousta encor à sa chanson:

O ventz espars qui soyuement
Causez mon plaisir & tourment
Et esmouuez en moy les flammes
D'vn Amour, qui me brusle assez,
Et vous & moy recompensez
Vnissans deux pareilles ames.

Emilie craignant d'estre descouuerte, se

tenant la longuement, pource que la paſſion la commençoit à ſurmonter, ſe retira, peſant toutesfois les mots de la chanſon ſonnee par ſon Fabie, ſur le Luth. Et pleine de tranſport d'amour, & affligee de ce penſement, ſe coucha quoy que l'appetit de dormir luy fut du tout interdit, ains tournant tantoſt ſur vn coſté, ores ſur l'autre, ne faiſoit que reſuer, & ſonger ſur les occurrences de telles amours, fantaſiant ce qui en pourroit aduenir, non ſans ſe plaindre, & ſouſpirer à tous propos. Qui fut cauſe que ſa gouuernãte laquelle l'auoit nourrie dés le berceau, luy demanda qu'eſt-ce qu'elle auoit, & ſi elle ſe trouuoit point mal, veu qu'elle ſe plaignoit ſi fort, & outre ſa couſtume. Mais Emilie faignit le dormir, deliberant toutesfois en ſoy, que l'endemain elle declaireroit le tout à ſa nourrice: & ſur ce complot elle ſ'endormit. Le matin venu, Emilia voulant commencer ſa harangue pour deſcouurir le ſecret de ſon cœur à ſa nourrice, ſe trouua auſſi eſtõnee que celuy qui ſe voit ſurpris en quelque grand forfait, & changeant ſouuent de couleur, begueyant en la parolle, & n'ayãt les propos guere arreſtez, dõna ſoupçon à la vieille de pẽſer que le ioueur de Luth qui auoit ſonné le ſoir precedant eſtoit la puc-

HISTOIRE XXX. 302

qui empeschoit Emilie de dormir. Pource comme femme rusee, & qui sçauoit tout ce qui peut estre de finesse en l'amour, luy dist. Et bien m'amye que vous semble de la chanson qu'on chantoit hier au soir en ceste rue? estoit elle pas faicte & chātee de bonne grace? Vrayement ma mere, respód la Damoiselle, à ce que i'en puis iuger, celuy qui la chantoit doit auoir belle maistresse, & luy affectionné sur tout autre, puis qu'il exprime si à propos ses affectiós. Ouy vrayemēt dit la vieille, & pense, oyāt la suitte de son chant, qu'il ne pensoit estre guere esloigné de sa Dame, veu les mots de sa chanson. Mais dictes moy par vostre foy, qui a causé outre l'accoustumé que la nuict se soit ainsi passee sans que vous ayez presque reposé vn quart d'heure, despuis que ce sonneur vous eut donné le salut de son doux chāter? Ne pensez me dissimuler rien en telles affaires, car à grand peine, quand ie veux, me sçauroit ou deceuoir és choses de l'amour. Las! ma mere, dit Emilie, pour Dieu ayez pitié de moy, qui suis au vif attainte de celle mesme maladie que venez de nommer: & n'accusez ce que nature fait, & à quoy elle me cōtraint, puis que i'ayme celuy duquel ie suis seure que la volonté est vnie auec la mienne, & qui quoy que ne m'aye onc parlé, m'a monstré assez quel est son desir, & combien ie me puis asseurer de sa loyauté. Voire m'amie, dit la nourrice: depuis quand en ça auez vous apris à tenir ce langage? ou en quelle escole auez vous esté pour estre si tost instruite à si bien disputer des choses amoureuses? & causer ceste impression sur l'effait de nature? La cause mesme dit la fille, qui vous a fait voir en moy ce changement d'humeurs. Et l'experience que i'en ay, ayant senty par la veue d'vn gentilhomme combien peut l'amour en vn cœur gentil, & quelle est la force, tombant en l'ame capable de sa diuinité. Vous y voyla bien sçauante, adiouste la vieille: mais faites que ie sache qui est celuy si honneste, vertueux & sage, qui a sçeu gaigner le cœur de mon Emilie, afin que ie l'aime & caresse: & que s'il est tel qu'il doit estre, ie vous serue d'allegement & à l'vn & à l'autre. Car il ne suffist pas de dire la maladie au medecin, si par mesme moyen il n'en sçait la cause & les symptomes d'icelle, afin d'y donner remede. I'ay beau sçauoir que vous estes amoureuse, veu que si vostre amant m'est incogneu, vous aurez le mal sans rien plus, & sans moyen aucun d'allegeance, vous bruslerez à petit feu, ne sa-

HISTOIRE XXX. 303

chant trouuer de vousmesmes le soulagement de vostre martyre. Ie voy bien, dist Emilie, que non sans cause les vieilles gens sont recommandees de sagesse & meur conseil : car quoy que i'eusse deliberé de vous declarer mon secret, si est ce que si vous n'en eussiez fait la premiere ouuerture, ie demeuroye sans parler, pleine de pensemens, & chargee de fascherie. Sachez donc que mon cœur est tombé en grand' destresse, aimant & estant aimee d'vn, que à grand' peine ie pourray iamais auoir à mary, quoy qu'il soit de maison & race telle qu'vne de plus grand lieu que moy s'en tiendroit pour heureuse, & contente de l'auoir pour espoux. Mais il y a vn malheur qui resiste à nos volontez, & empesche le contentement de deux volontez si vnies que les nostres. Dictes moy seulemét, respond la vieille, qui il est, & puis nous penserons au reste, & y pouruoyrons auec raison : asseurans qu'il n'y a chose si difficile, que si elle n'approche du tout de l'impossibilité que l'esprit accort ne puisse faciliter. Emilie alors pleurant & souspirant auec vne voix basse & entreronpue, tenant les yeux vers la terre de honte, luy dist : Celuy qui m'ayme & que ie ne puis hair, est Fabie, que mes parens ne peuuent

aimer pour l'ancienne inimitié des deux
familles. La nourrice oyant ce mot, demeu
ra toute eftōnee, & euft volontiers reprins
aigrement Emilie, n'euft efté qu'elle la
voyoit fi tranfie & outree, qu'elle craignoit
la faire tomber en plus grand' acceffoire:
pource la confolant, luy dift: Emilie, quoy
que la chofe ait grand' difficulté en foy:
toutesfois le temps à la longue appaife
toutes querelles : parainfi pourra aduenir
que l'alliance de vous deux prendra telle
fin que defirez : toutesfois vous voudrois
ie bien prier que vfiez de diffimulation, attendant quelque occafiō meilleure, laquelle parfourniffe à voftre intention. Et quoy,
refpond la fille, voulez vous fil me parle
que ie le renuoye, & que ie perde, par ma
fottife & defcourtoifie celuy que ie fouhai-
te eftre mien, & que ie defire fur tous les
hommes du monde ? Eft ce tout le confeil
que me donnez, & l'allegeance que ie peux
efperer de vous en cefte mienne deftreffe?
Non m'amye, refpond la vieille, mais ce
qui fe fait meurement, & auec prudence,
n'eft iamais qui porte à fa queuë vn repentir de fon fait. Aduifez en quoy ie vous
puis aider, & verrez combiē ie vous ayme,
& fi ie voudrois que le feigneur Fabie fuft
l'efpoux de mon Emilie. Ie veux donc, dit

elle, que s'il vous salue, vous luy faciez bon visaige, afin que par ce moyen il vous die son concept, & que ie sache à quelle fin il tend, & pourquoy est ce qu'il m'amourache. L'accord est ainsi faict entre elles, & le complot pris pour donner ouuerture à Fabie d'atteindre au but pretédu, pour l'allegeance de ses passiõs. Et ne voyoyét moyē pour ce faire autre que la fenestre mesme ou la fille se presentoit pour voir son Fabie, laquelle encor estoit treillissee, si elles ne faisoyent de sorte d'auoir la clef d'vne petite porte du Iardin, q respõdoit sous la chãbre d'Emilie. Ce qui fut assez aisé, tant à la vieille qui n'auoit seconde en finesses, comme à la fille qui se fust mise en hazard de mort pour parler à celuy, qu'elle auoit desia viuement empraint en son ame. Or de fortune ceste nourrice ce mesme iour alla pour quelques affaires par ville, & se rencõtrant auec Fabie, fut recogneue pour celle qui auoit charge d'Emilie: pource l'Adolescent la salue fort courtoisement, à qui la vieille rendit la pareille, luy monstrant vn si bon visage que Fabie s'asseura qu'il auroit en elle vn bon secours pour paruenir à bout de ses desseins. Or auoit il la nuict mesme apres auoir chanté deuant la fenestre de sa Dame, escrit vne lettre pour enuoyer à Emilie, & ne sachant par qui luy mander, veit que tout luy succedoit comme à souhait, s'approcha de la nourrice, luy disant. Si vous auiez autant d'esgard au bien que ie desire à celle que vous auez en charge, comme ie souhaitte, en luy obeissant faire chose qui tourne à vostre contentemēt, quoy que ie n'aye autre cognoissance ny priuauté auec vous, si m'aideriez vous en vn cas, ou guere autre que vous ne pourroit me donner allegeance. Mon gentilhomme, respond la vieille, ie m'esbahis, veu les parens d'ou vous estes yssu, comme vous daignez tenir propos à pas vn de ceux qui se reclament de la maison Nicole Crescentio (car ainsi s'appelloit le pere d'Emilie) les affections de mes parens (dit-il) n'empeschent point la bonne volonté que i'ay de faire seruice à ceux que i'ay pris en amitié, d'autant que sils ont quelque particuliere chose sur leur estomach, qui les enflāme de courroux, & haine, ie n'ay point humé auec le lait de ma nourrice, les querelles ny les desirs de vengeance, comme dans l'esprit de mes parens. Pource vous prie me faire vn plaisir, que ie recognoistray en temps & lieu. Vrayement, dit elle vous parlez si saigement, que si cela se peut faire sans l'interest de l'honneur d'aucun,

cun ie m'eſſayeray à vous complaire, voyāt que vous le meritez autant que Gentilhomme qui viue. Ie ſeroy marry replique Fabie, de cauſer deshonneur à ceux deſquels la reputation m'eſt autant recommandee, & plus que ma propre vie. Ce que ie vous requiers c'eſt de porter ceſte lettre à ma Damoiſelle Emilie, vous iurant Dieu, qu'il n'y a rien que ce que lon doit eſperer d'vn Gentilhomme deſirant viure ſans tache, & mauuais bruit. Bien Monſieur dit elle, ie vous en croy, pource en vous obeiſſant ie vous aduertis, que ſi venez de ſoir ſous la feneſtre, comme feiſtes la nuict paſſee, ie vous diray voſtre reſponſe. Fabie la mercia vn million de fois, l'aſſeurant que pluſtoſt ſe feroit il tailler tout en pieces, qu'il faillist a ſy trouuer. Ainſi ſen va bien content, laiſſant la vieille fort ioyeuſe d'auoir dequoy contenter & reſiouir ſon Emilie. Vers laquelle eſtant de retour, & elles retirees ſeules, luy feit tout le diſcours des propos qu'elle auoit tenus auec Fabie, luy louant l'honneſteté, gentilleſſe & courtoiſie du Romain, en fin elle luy dit en riant: Et afin que ne penſiez point que ie vous veux dōner la baye, voicy vn preſent qu'il m'a prié vous offrir de ſa part, auec promeſſe de vous venir de ſoir donner vn reſ-

Q Q

œil pareil à celuy de l'autre nuict. La fille toute honteuse rougit de telles nouuelles, & dist à la vieille. Commét auez vous esté si hardie de parler si priuément à luy, & prendre si tost chose qu'il vous presentast? Ho ho dist la nourrice, estes vous encor si enfant iusqu'à là, que de me prier d'vne chose,& puis trouuer mauuais ce que i'ay fait pour vous obeir? Asseurez vous que ce sera le dernier que ce seruice,en tel affaire. Ne vous courroucez point ma mere,dist la belle en l'embrassât,ce que ie dis n'est que pour rire, mais voyós ce paquet, afin que s'il y a quelque charme vous en soyez aussi bien prise que moy. Ce n'est à moy respód la nourrice, à qui les enchantemens sont addressez,veu que la fin vous en est reseruee. Deuisans & rians ainsi ensemble, Emilie ouure la lettre ou elle trouue ce qui sensuit.

Lettre de Fabie à Emilie.

Madamoiselle; si ie pensoye que l'inimitié de nos parens deust aussi bien se trouuer en vous cõme l'amitié est en moy enracinee, i'aymeroye mieux mourir pour vous donner contentement, que viure estant hay & mal veu de ce celle que i'aime & honore sur toutes les filles qui viuent.

Mais voyant & cognoissant qu'vne telle beauté que la voſtre ne ſçauroit auoir le cœur ſi impitoyable, que de ſouhaiter mal à celuy qui deſire vous faire ſeruice, & que la grace & douceur de vos œillades me promettent que mon ſeruice ne vous ſera deſaggreable: i'oſe vous prier auoir tant d'eſgard à voſtre courtoiſie, & compaſſion de ma peine, que pour accroiſtre l'vn & donner diminutiõ à l'autre, i'aye ce bien & faueur de vous, que de vous pouuoir parler en ſecret, afin de vous faire entendre mes deſſeins, & le bien & auancement que ie vous deſire: Vous iurant que la ſeule gentilleſſe de laquelle ie vous ay ouy louer, & bonnes parties qui ſont en vous, accompagnees de telle beauté & bonne grace que chaſcun ſçait, m'ont fait enhardir de vous aimer: eſperant que ne le trouuant eſtrange, ſatisferez à mon honneſte affection par quelque faueur qui ſoulage mon deſir, & vous oſte le tiltre de cruelle. Remettez donc en force celuy qui ſans vous eſt ſans effort, & qui attendant deuotieuſemét voſtre reſolution ſur ſon bien ou malheur, ſalue vos bonnes graces de ſes treshumbles recommandations: Priant Dieu vous donner l'aiſe que deſire pour ſoy.

Voſtre tres-hobeiſſant ſeruiteur Fabie.

HISTOIRE XXX.
Emilie qui iusques alors auoit aimé comme à credit, & sans trop grande asseurance des desseins de son amant, ne se peut tenir de larmoyer, & en souspirant dist: Las Dieu, que tes iugemens sont admirables! est il possible que de deux familles tant ennemies se puisse faire l'vnion par le mariage de ce gentilhomme auec moy, qui ne souhaite autre bien en ce monde? Ie sçay bien & m'en ose asseurer, que mes parens n'y feront guere grande resistence, sachans la bonté & vertu du Iouuenceau: mais son pere est si fascheux & tant mal affectionné à nostre maison, que à grand peine souffrira-il iamais telle alliance. Mais sotte que ie suis, & que sçay-ie si Fabie, incité par les siens, dresse ceste partie pour me donner quelque cassade, & puis se mocquer de moy en toute bonne compagnie, comme d'vne qui met si legerement son amour en homme duquel elle n'a cognoissance? Et vrayement ce seroit bien se venger de son ennemy, que luy interesser le plus beau de sa vie, qui est l'honneur. Non non, ie seray sage, & pouruoiray si bien à mon affaire, que la mort fera plustost la deffaite de ma vie, que ie soye autre que la maison d'où ie suis sortie requiert, & que le nom de fille semble me

commander. Comment, dist la vieille, penseriez vous Fabie si meschant qu'il vouluſt vſer de telle trahiſon? ou ſi peu amant, que oubliant l'honneſteté dont il eſt tant recommandé, il daignaſt faire tort à vne ſimple Damoiſelle, pour exploiter quelque vengeance ſur voſtre maiſon? Non non, ie feray foy pour luy, & m'aſſeure qu'il vous aime ſi fermement, & eſt tant voſtre, que ſi vous luy commandez, il n'eſt parent quelconque qu'il ne laiſſe pour vous obeir. A ceſte heure cognoy-ie bien que vous ignorez les forces d'Amour, quoy que ces iours paſſez vous en parlaſsiez auec grand' experience. L'Amour eſt le bien, qui vniſt les volontez les plus diſioinctes, & appaiſe les querelles qui ſemblent eſtre immortelles, addouciſſant la rigueur des cœurs, que autre que ceſte paſsion douce ne ſçauroit appaiſer. Au reſte, la ieuneſſe eſt ſi ſubiette à telles apprehenſions, que pour obeir à vne maiſtreſſe & fille aimee, le ieune homme ne fera eſtat de ſe mettre en peril: & ſ'il eſt beſoing ſacrifiera ſa vie au plaiſir & ſouhait de celle à qui il ſera affectionné: vous en auez tant ouy reciter d'exemples en ceſte cité, qu'il n'eſt ia beſoing vous en refreſchir la memoire. Au fort ſi vo' ſoupçonnez ainſi Fabie, donnez luy congé, afin que quittant ceste pratique, il se pourvoye ailleurs,& que vous viuiez contente, sans sentir telles algarades & trauerses en vostre ame. Las! ma mere, dist Emilie, que vo9 parlez à vostre aise,& cōseillez celle qui ne peut receuoir conseil en cest affaire. Si ie doute, ie n'ay point de tort, veu les malheurs qui sont aduenus en pareilles occurrences: & neantmoins i'ayme tant Fabie que ie ne sçauroye l'oublier, & moins l'estrāger de moy,& luy defendre de me plus poursuyure. Ie n'ay point mauuaise opiniō de luy,& croy ce que vous dites touchāt sa loyauté: mais excusez ma foiblesse,& pensez que l'honneur que i'ay en grāde recommendation, & non autre chose, m'a fait tenir ce langaige. En somme ie sçauray ce qu'il veult dire, & selon ses propos suyuant vostre bon conseil, ie me gouuerneray en cest affaire: seulement voyez ce que luy voulez dire ce soir, puis que si hardiment luy auez l'heure assignee. Laissez moy faire, dit la vieille, & ne vous souciez que de reposer, car ie feray si bien la sentinelle, que vous n'aurez garde d'estre surprise. La nuict venue que fut, ainsi que presque tous estoyent assoupis en la profondeur du sommeil, Fabie qui auoit la puce en l'oreille, prēd sa cappe, & espee, & Luth, & s'en va

au lieu ordonné par la nourrice, ou dés
qu'il est paruenu, afin qu'on fust aduerty
de son arriuee, se prit à iouer de l'instrument, & chanter la chanson suyuante.

En vn moment ie vaincs
Le mal duquel me plains
Voyant que de ma peine
Ie voy sortir l'effet
D'vne ioye certaine
Qui mon aise parfait.

Et quoy que mon espoir
N'ait eu l'heur que d'auoir
Encor la deliurance
Du cœur emprisonné,
Toutesfois ma souffrance
Soulas y a donné.

Soulas qui content fait
Le desir, & souhait
Par l'attente d'vn aise
Qu'autre ne peut sçauoir,
Que celle qui appaise
Et moy & mon espoir.

O heureuse beauté,
Qui de ma loyauté
Le merite contemple

HISTOIRE XXX

Au pris de sa douceur:
Au milieu de ton temple
I'offre mon loyal cœur!

Afin que le voyant
Ioyeux & languissant
Tu appaises de grace
Son dueil, & tout soudain
En luy le trop efface
D'vn desir qui est vain.

L'escrit te soit tesmoing
De mon cœur: & le soing
Qu'ay de faire seruice
A ta grande douceur,
Te face plus popice,
Ployable, & sans rigueur.

Le serain de la nuict
Lors que la Lune luit,
Que tout autre repose,
Ie pers l'obscur sommeil
Pour voir la belle chose
Qui me sert de Soleil.

Espans donc tes clairs rais
Et reuiure m'en fais,
Afin que la mort sombre
N'empesche tout mon heur,

Et que voilé de l'ombre
En clairté soit mon cœur.

Emilie qui estoit aux escoutes auec sa nourrice, oyant la gaillardise du chant, & la douceur de la voix de son amant : se fust volontiers mõstree, si la vieille ne l'en eust empeschee, disant, quoy ma fille, voulez vous monstrer si peu de grauité à l'endroit de celuy, qui vous poursuit auec telle & si grande reuerence ? Ce n'est ainsi qu'il y faut proceder, veu que les caresses si soudaines que vos semblables monstrent aux hommes, les desgoustent plus que vous ne pensez, & leur engendrent des opinions en teste, qui ne s'effacent si tost que lon voudroit. Et à vous dire le vray, encor qu'vne Damoiselle eust intention de donner quelque faueur à celuy qui la courtise, si fault il luy faire trouuer bon, luy donnant mainte trauerse, à celle fin que la peine estãt longue, le plaisir luy semble plus grand, & que demeurant en haleine, il persiste en sa seruitude, & deuotion enuers sa Dame. Laissez moy faire seulemẽt, & ie l'appasteray de l'amorce qui luy est necessaire pour le present, vous apprestant neantmoins plaisir, & contentement pour l'aduenir. Excusez ma folle ieunesse,

HISTOIRE XXX.
dit la fille, & vsant de vostre sagesse, faictes
que ie m'apperçoiue de ce que vous sçauez faire pour l'allegeance des passionnez,
car à ce que ie voy, le Ciel vous a reseruee
pour estre le moyen de mes aises, & l'allegement de ce gentilhomme, que vous
pourriez trop faire attendre. A ce que ie
voy, mamie, dit la vieille, vous n'estes si
cruelle, que ie vous pensois, veu que vous
plaignez Fabie pour auoir fait la ronde vn
quart d'heure autour de vostre maison,
vous en auriez bien plus de compassiō, s'il
y passoit la nuict, cōme font les Loups ga-
roux d'amoureux, qui toute la nuict beent
à la Lune, pour voir vne seule fois le mois
leurs fauorites à la fenestre. Ie ne voudrois
voyremēt, respōd la fille, qu'ils languissent
si longuement, ains sans songer tant, leur
ferois entendre mon intention, soit pour
le reffus, ou pour leur allegeance. Mais ne
causons pas tant, afin que Fabie ne pense
qu'on se moque de luy. La vieille qui prenoit vn singulier plaisir à voir Emilie ainsi
esmeuë, & qui volontiers se fust coleree
contre sa nourrice, faignoit n'y vouloir
aller si tost, disant : Et certes cest amoureux aura bon marché de mes faueurs,
puis qu'à si bon compte & en si peu de tēps
ie me laisse voir à heure tant indeuë : tou-

yesfois puis que c'est vn faire le faut, ie m'é-
vay, plus pour luy satisfaire, que de desir
que i'aye de luy faire plus grand caresse.
Emilie fut lors contrainte de rire, voyant
que la bonne Dame faisoit tout cela pour
la mettre aux champs, puis luy dist. Allez
de par Dieu, & ne luy departez aucune de
vos faueurs, laissez moy ceste charge, à
laquelle ie me gouuerneray aussi bien,
comme i'espere que vous ferez à ceste premiere charge, & rencontre. Ainsi sen va la
nourrice à la fenestre ou estant elle veit
Fabie qui se pourmenoit tout pensif, & à
grand pas, à ceste cause elle toussit: luy soudain saddressa à la fenestre, & voyant la
vieille voulut commencer à parler, mais
elle luy dit tout bas, Monsieur allez vous
en à la premiere porte que trouuerez le
long de ce iardin, & là ie vous diray toutes
nouuelles. Le Gentilhomme, soit qu'il pensast y voir Emilie, ou desireux d'ouyr la
responce de sa lettre, sen y vola : & n'y eut
esté guere longuement, quand voicy la
messagere d'Amours qui ouurit la porte, &
estant Fabie entré dans le iardin, se mirent
à pourmener sous vne treille q alloit vers
la chambre d'Emilie. La vieille lors commença à parler au ioueñceau, disant. Ie ne
sçay Monsieur, comme ie pourray couurir

HISTOIRE XXX.

les fautes que ie commets à l'encontre du seigneur de ceans, faisant entrer à telle heure des hommes en sa maison, & tels que s'il en estoit aduerty, tout le monde ne me sçauroit garentir de mort, & sollicitant encor sa fille par vos lettres à vous aymer, sans sçauoir ou tendent vos affections, ny ou aspire la fin de vostre attente. I'ay monstré vos lettres à Emilie, laquelle les a leuës, & n'en a tenu grand compte à cause de l'inconstance & legereté qui se voit ordinairement és hommes de vostre sorte: Bien est vray que si l'effect respondoit à la parole, ie pense que facilement elle s'accorderoit à vous aymer auec tout tel respect qui est deu à fille de telle maison qu'elle est. Comment ma mere, dit Fabie, estimeriez vous que ie fusse trompeur, ny que ie voulusse vser de trahison à l'endroit de ma damoiselle, asseurez vous, que pluftost ie mourray, que d'oublier son amitié, ny quitter son alliance s'il luy plaist me faire tant de faueur que de me receuoir pour sien. Ce que ie luy feray mieux entendre de bouche, s'il vous plaist me faire tant d'honneur que de permettre que ie luy parle. Il est hors de ma puissance pour le present de satisfaire à vostre requeste, sçachât bien qu'elle ne le trouueroit pas bon,

& aussi que pour ceste heure cela ne se peut faire sans que fussions bien tost descouuerts. Mais venez demain au soir à telle heure que maintenant, & ie vous promets de vous faire parler ensemble, & de moyenner tout ce qu'il me sera possible pour vous côteter tous deux, sçachāt bien, (il fault que ie le vous confesse,) que si vous estes espris de l'amour d'Emilie, que elle ne vous en doit rien de retour. Au reste ne portez plus de Luth, afin que les voisins ne s'aperçoiuent de nos menees, que ie croy vous voulez tenir secrettes, tant pour vostre profit mesme que pour ne scandaliser vne qui ne merite point d'estre mal nōmee. Ia ne plaise à Dieu, replique Fabie, que soyez desobeye ny en cela ny en plus grande chose: seulement ayez souuenance de moy, qui attendant l'heur que me promettez, viuray aussi content que les plus auares ne sont, assouuissans leur cœur par la veuë de leurs grands & riches thresors: se donnans le bon soir, se retirent l'vn en sa maison, & l'autre en la chambre de l'Amante, qui estoit encor debout expres pour sçauoir des nouuelles du parlement fait entre ces deputez de leurs tristes & infortunees amours. La nourrice retiree que fut auec Emilie, luy recita de poinct en poinct ce qu'elle auoit fait auec Fabie, luy mettant deuant les yeux son honneur & la reputation de la maison d'où elle estoit issuë: luy disant qu'elle ne fust pas si legere ny tant sottement transportee de ses affections, que de se laisser aller, & obeir à la volonté de son amant, sans auoir bonne asseurance de leur mariage ensemble: veu que les promesses ne coustent rien à ceux qui veulent iouyr, & que comme dit le Poëte:

Iupiter du haut de ses Cieux
Se rid des sermens amoureux.

Adioustoit encor que ceux qui le plus y perdent sont les filles: lesquelles demeurans deshonorees, ont vn long & fascheux repentir qui les suit & accompagne par tout, pour les reprendre & faire rougir en elles mesmes de leur trop grãde legereté. Souuienne vous ma fille, des exemples pitoyables que vous auez ouy compter à ce mesme propos, & quels malheurs sont aduenuz à celles, qui guidees de la seule folie d'amour, se sont souuenues du mariage apres le coup fait, non de desir d'vne si sainte liaison, ains pour couurir ce qu'elles ne craignoyent point, tant pour le respect de la conscience, que de la honte du monde. Ayez en memoire quelle fin eut la Neera de Castrignã pres d'Otrante: qui se-stant abandonnee à son amy Leontio, sans autre asseurance que espoir de mariage, se desespera à la fin, voyant que son amy l'auoit laissee pour en espouser vne autre. Bien est vray que Neera estoit trop simple, n'estant que fille d'vn homme de basse estoffe, de penser que Leontio Gentilhomme de bonne part, à la fin saoul des delices de amour, la print pour espouse: là eu vous estes esgalle en biens & race à celuy qui vous poursuit. Mais ie vous aduertis de ne luy octroyer rien sans asseurance. Ie ne me deffie point de vostre vertu & constance: mais m'amie, les hommes sont si subtils, & nous si foibles & aisees à deceuoir, que les plus accortes, pensans auoir fondé le plan de leur chasteté, & donner la baye à quelque ieune amant, c'est lors qu'elles se sentent surprises, au grand deshonneur de leur renommee, & regret perpetuel qui leur ronge la conscience. S'il vous promet mariage, i'y veux estre presente, afin qu'il le vous iure deuant moy, & puis auec le temps nous pouruoyerons au reste.

Emilie escoutoit fort entetiuemẽt la leçon de sa gouuernante, luy promettant se

Neera de Castrignã en la Pouil le se tuase, voyãt laisee.

HISTOIRE XXX.

gouuerner selon son conseil qu'elle trouuoit fort bon, & sortable pour le respect de sa pudicité: mais toute son asseurance, ny les sermens de l'amant qui estoit sous puissance d'autruy, ne peurent empescher le malheur auquel & l'vn & l'autre des amans estoyent destinez, ainsi qu'orrez par cy apres. Le lendemain Fabie n'oublia point sa promesse, & moins l'heure ou lieu de son assignation, ains s'en vint seul à la porte du iardin, ou il trouua la vieille, qui l'ayant bien-viéné luy dist qu'il l'attendist sous la treille, & que bien tost elle viendroit à luy, auec le remede pour luy esteindre le desir ardant, qu'il auoit de parler à sa Dame. Fabie qui n'estoit venu à autre effect que pour prier Emilie de l'accepter pour amy, & gaigner tant sur elle que de la faire siéne à iamais, ne voulut employer le temps en longues harangues, seulement pria la nourrice, que puis qu'elle auoit donné commencement à son bon heur, qu'il la prioit de continuer en ce deuoir, voire de parfaire vne chose qu'il esperoit vn iour reussir à tant de bien qu'elle seroit à iamais honoree d'auoir esté le moyē d'assoupir les querelles, & debats d'entre les deux familles, qui estoyent pour l'heure en guerre. Emilie voyant sa nourrice n'osa luy
demander

demander si son Fabie estoit venu, tant elle se sentoit surprise, soit d'aise, soit de honte qu'il fallust se trouuer en lieu, où iamais elle n'auoit accoustumé d'aller. A la fin, la vieille luy dist: Ma fille, c'est iusques icy que i'ay obey à vos volontez & fantasies, sans auoir esgard à mon deuoir, ny au tort que ie pourroye faire à vos parens qui se fient tant de moy, que de laisser en ma garde le gage le plus precieux qu'ils ayent en tous leurs meubles. Il faut que desormais vous aduisiez quel chemin vous voulez prédre, afin que par le choix de vostre vie ie voye la miéne, ou la fin d'icelle par vne mort calamiteuse. Ne vous souciez, dist la fille, ie ne feray rien que ce ne soit par vostre consentemét, pource suyuez moy, afin que vous soyez tesmoing, & de mon faict & de ma parole. Ainsi s'en vont de compagnie trouuer l'Amant, qui se pourmenant par les allees du iardin, ne trouuoit lieu assez spacieux pour cóprendre son aise, tant estoit transporté de plaisir, ayant ouy venir sa fauorite: laquelle estant sous la treille, fut saluee de Fabie, auec autant de contentement que d'estonnement, se voyant deuant celle qu'il honoroit en son cœur. Et s'il fut soudain à parler, ie le laisse à iuger à vous amoureux, qui vous estes trou-

RR

HISTOIRE XXX.

uez quelque fois en la compagnie de vos dames: tant y a que i'ose asseurer que Fabie ne harengua pas si longuement que font ceux qui feignent les passionnez, sans qu'ils ayent asseruy leur volonté à femme quelconque. Mais à la longue, craignant le Romain, ou que sa dame l'eust en opinion de sot & peu hardy, ou de celuy qui n'estoit guere saisi de passion, luy dist: Madamoiselle, il y a long temps que i'ay desiré ce bié-heureux iour, auquel i'eusse quelque moyen de vous faire entendre, que si iamais pauure amant a rien souffert pour s'estre asseruy à l'amour de quelque dame, que i'en pense emporter la gloire, qui depuis vn an en ça qu'il y a que ie vous suis seruiteur, ay demeuré esclaue en la prison d'Amour, priué autant de liberté, comme i'estoye plein d'aise, ayant addressé mon cœur en si bon lieu, que vers vous que i'ay deliberé aimer & seruir tout le temps de ma vie. Que si ie n'ay fait le deuoir de mō estat, si mō seruice n'a fait apparoir ce que le cœur souffroit, il en faut accuser mon desastre, qui m'a fait naistre en la saison où la discorde ayant chassé la paix de ceste cité, m'a aussi empesché vn fort long temps de vous faire cognoistre le desir qui ainsi me fait vostre. Pource vous supplie, Madamoiselle, suyuant ce que vous ay escrit, m'accepter pour celuy, qui tant que l'ame luy residera au corps, sera l'esclaue de vostre courtoisie. La fille de Crescenzo, escoutant son amy parler, non sans grande alteration, & qui en peu de paroles auoit descouuert l'affection de son cœur, le prenant par la main, le mena dans vn cabinet de Lauriers là prochain, où s'estãs assis, luy respondit fort gracieusement en ceste sorte: Seigneur Fabie, quoy que vostre hõnesteté me face presque assez de foy de ce que venez de dire, si est-ce que le peu de constance de plusieurs vos semblables, me fait presque douter de la plus grande partie de vostre discours. Toutesfois ayant leu vos lettres, & veu vos promenades en nostre rue, escouté vos chansons, quoy que contre mon deuoir, ie vous ay fait la faueur que voyez, pour sçauoir qui vous mouuoit d'vser de telles façons de faire, veu l'inimitié mortelle qui est entre nos parens, & le peu d'occasion que nous auõs de nous entre-aimer l'vn l'autre. Comment Ma-damoiselle, dist Fabie, qui s'estoit desia reuenu à soy, Pensez-vous que ie despende de la colere assez legerement conceuë par nos peres, & que leur appetit me commande en chose si honeste que l'Amour? Ie doy obeiſſance à mon pere, ie le cõfeſſe: mais il ne me ſçauroit faire haïr ce que j'aime de ſi bonne & franche affection, comme ie me confeſſe eſtre voſtre ſeruiteur: Vous iurant, que ſi c'eſt voſtre plaiſir, iamais autre n'aura puiſſance ſur Fabie que vous, que deſ-àpreſent ie ſay Dame & maiſtreſſe de mon cœur. Ce quayãt dit, & Emilie n'y faiſant que peu ou point de reſiſtence, ſe print à baiſer ſa Dame en tant de ſortes, qu'vn amant tranſporté en ſes plaiſirs pourroit ſouhaiter. Et eſtant enyuré de ceſt aiſe, voulut paſſer outre, & mettre la main au lieu, qui eſt dedié pour celuy ſeul, qui eſt lié par mariage auec quelle que ce ſoit des Damoiſelles: Emilie, comme eſueillee d'vn profond ſommeil, & eſpriſe de quelque petite colere, repouſſa Fabie, en diſant: Quoy, Monſieur, vous oubliez vous ſi lourdement? ſachez que quelque amitié que ie vous porte, que ie ne veux vous nier, ſi eſt-ce qu'il ne vous ſera permis autre faueur de moy que le baiſer, que ie n'aye foy & aſſeurance de vous, que me prendrez pour voſtre femme & legitime eſpouſe: car autrement il eſt impoſſible que Emilie laiſſe entrer ſon Fabie ceans, & luy accorde ſeulement la parole, aimant mieux bruſler à petit feu dans l'ardant brasier d'Amour, que d'obscurcir tant soit peu de son honneur, & reputation de ses ancestres. Que si ie vous ay donné licence de venir si priuément me voir, i'ay aussi puissante de vous en fermer la voye, & empescher vos aises, & par mesme moyen me chastier de la faute que i'ay commise, d'ainsi vous y faire venir. Et pensez que puis que ie vous pren en amitié, ce n'est pas pour vn iour, ou quelque bref espace de temps, ou que ce soit estant esmuë du chatouillement voluptueux de la chair. Non, non, Monsieur, c'est pour iamais, que i'enten que l'amitié soit durable, & aux fins d'vne vertu & liaison que homme ne puisse ny vituperer, ny dissoudre. Fabie oyant la iuste raison de sa Dame, luy respondit: Pardōnez moy, ma Damoiselle, si i'ay failly en cest endroit: & croyez, que iamais ie n'eu autre desir, vous ayant souhaitee, que d'estre vostre loyal & legitime espoux, si pour tel il vous plaist me receuoir. Au reste, voyez q̃ est ce q̃ voulez que ie face, car ie vous obeiray d'aussi bō cœur, cōme aussi ie souhaite d'estre associé auec vous, que i'aime plus q̃ ma propre vie. Voyez icy vn peu la faute de ces aueuglez amans, tous deux subiects à pere & mere, mineurs d'ans, osent

RR iij

contracter mariage au desceu de leurs parens, & sans se soucier des solennitez & ceremonies instituees en l'Eglise de Dieu, pour la preuue & public tesmoignage de telle vnion, se contentent qu'vne sotte vieille soit leur curé, qui reçoyue leur foy, & les accouple par parole de present. Comment appellerez vous cela, qu'vne singerie & vray maquerelage fait soubs l'ombre du sainct & sacré mariage? Aussi la fin ne dementit en rien vn si sot & mal fondé commencement. Ie veux, dist la sotte amante, que deuant ceste femme qui est ma nourrice, vous me promettiez la foy, de iamais n'en espouser d'autre que moy, & ie vos feray pareille promesse. Non seulement cela, dist Fabie, (qui pour iouyr d'vn tel aise, eust quitté tous les biens de son pere, voire eust fait banqueroute à sa loy) ains dés-à present vous iure deuant Dieu, & ceste cōpagnie qui sera tesmoing de mon serment, que ie vous pren à femme & espouse, sans que iamais, vous viuant, i'en aime ou espouse d'autre: & s'il vous plaist ie consommeray le mariage dés-apresent. La vieille ayant receu les sermens d'vne part & d'autre, & qu'ils eurēt receu l'anneau de sa main, leur dist, qu'ils estoyent si bien liez, qu'il estoit impossible de disioindre ceste vnion, que par la mort. Ce que oyant Fabie, dist à sa femme: Et bien ma Damoiselle, qui empesche, que nous ne iouyssions du droit de nostre alliance, & ne consommions ce qui est si sainctement & heureusement commencé? Elle quoy que desirast autant l'accointance de son amy, comme luy de s'accoupler auec elle, faisoit toutesfois la retiue, & feignoit ne sçay quelles excuses sur le consentement de ses parens. Mais la pierre estoit iettee, pource sa nourrice luy dist: Il n'est plus saison de feindre vostre aise, ny differer ce que deuez. Fabie est vostre mary, & vous sa femme, pourtant ne luy pouez ou deuez denier ce que vostre promesse luy permet en vostre endroit.

Ainsi s'en vont en chambre, & entrent au lict paracheuer ce qui donna l'entree de leur cōmun desastre. Ie pense que les chantres qui chanterēt leur epithalame & chāt nuptial, furent des hiboux, & chauuesouris, annonçans leur mort miserable pour l'occurrence d'vn fait tant hors de propos. Aussi la pompe de leurs nopces estant clandestine & secrette, causa que leurs obseques pitoyables, donnerent pour leur nouueauté esbahissement à toute la cité de Romme, ce que vous cognoistrez facile-

RR iiij

ment par le discours suyuant. Ces deux
amans ioyrent de leurs aises amoureux vn
an ou d'auantage, attendans d'heure à autre les moyens de pouuoir viure ensemble en liberté, qui ne se pouuoit faire que
aduenant la mort du pere de Fabie, lequel
estoit la partie principale, & plus difficile à
gaigner en ceste cause. Et lequel lors que
les amans estoyent au plus fort de leurs
plaisirs, leur liura vn assaut si fort, qu'eux
n'estans assez remparez, ne peurent endurer sans quitter la place, & entendez comment. Le bon homme se voyant desia sur
l'aage, & que peu à peu il defailloit, desirãt
de pouruoir ains que mourir ce seul fils
Fabie, l'appella vn iour en secret, & luy vsa
de tel langage: Tu vois, mon fils, que nature me commence à faillir, & que la vieillesse me suit de si pres, que ie sen bien souuent de telles defaillances, que par là ie
peux cõiecturer ma fin n'estre guere loing
de moy. Tu peux penser quel plaisir ce me
seroit si ie te voyois marié, & pourueu selon ton ranc, & au contentement de moy
qui suis ton pere, & qui ne preten espargner rien à t'auancer, pourueu que tu
prennes femme telle que ie te la delibere
donner: pource pense à tes affaires: car de
moy i'en suis là logé, que ie n'auray iamais

ioye au cœur que ie ne voye mon fils en estat de susciter semence à nostre race, & allié de telle maison de laquelle il se puisse preualoir en ses affaires. Fabie estonné de telle harangue, comme celuy qui s'asseuroit bien que le party que son pere luy apprestoit, ne seroit ia celuy qu'il s'estoit deſia choisi, ne luy respõdit que des espaules: & à sa contenance il monstroit assez que le ieu ne luy plaisoit guere. Le pere, qui l'aimoit, pour ceste fois ne luy tint autre propos, ains se vint addresser à quelques siens parens, lesquels il pria de faire trouuer bon à son fils certain party qui se presentoit à son grand auantage. Ce qu'ils font, luy remonstrãs l'obeissance qu'il deuoit à son pere, le contentemét que le bon homme auroit de le voir bien pourueu, & que au reste c'estoit le moyen pour le tenir en bride, & qu'il ne se courrouçast contre luy, s'il le voyoit refuser chose qu'il pretendist luy commander. A ceux cy nostre amoureux respondit, que s'il eust eu deuotion de se marier, que c'estoit à son pere, & non à autre, à qui il eust declaré son vouloir: mais le peu d'aage & experience des choses & affaires mondains le dispensoyét pour le present de se lier en mariage, voulant viure en liberté ce peu qui luy restoit du temps de son adolescence. A ces paroles, les autres cogneurent bien que le iouuēceau estoit seruiteur de quelque dame qu'il ne vouloit point laisser : pource en feirent le rapport au pere, l'admonnestans de tirer les vers du néz à son fils, & sentir quelle estoit celle qui le tenoit ainsi enchesné, que de l'empescher de prendre party. Ce que le pere executa tout aussi tost : car ayant appellé Fabie, il luy dist : Sçais tu qu'il y a Fabie, ie suis saoul d'entendre tes delais, & excuses sur le mariage que ie t'ay moyenné d'vne bien belle, honneste, & riche fille, laquelle ie veux que tu espouses, afin que plus content ie laisse ce siecle pour aller iouyr d'vne vie meilleure en l'autre monde. Toutesfois ne pense pas que ie soye pere si cruel & difficile, que si tu as mise ton affection ailleurs, pourueu que ce soit sortable à la maison d'ou tu es issu, que volontiers ie n'y entende, ne desirant autre chose auec mon plaisir, que ton contentement. Pource, dy moy qui est celle que tu aimes le plus, & que tu voudrois choisir pour ta femme & espouse. Fabie voyant son pere, comme il luy sembloit, en bons termes pour le tirer à sa poste, se print à souspirer : & baissant la veuë, soit de honte, soit de crainte que son pere se faschast, n'osoit luy respondre, la conscience le poignāt, & luy mettant deuant les yeux la faute qu'il auoit commise, d'espouser femme contre la volonté de ses parens, & laquelle son pere n'accepteroit iamais pour belle fille, comme assez tost il sapperceut, lors que le vieillard luy dist: Et bien, mon fils, n'auray-ie autre response que souspirs de toy? quelle contenance est ceste cy, il semble que l'on te tire l'ame du ventre. Ie voy biē que tu es amoureux: mais dy moy de qui, afin que si faire se peult, l'on saccommode à ta fantasie. Le ieune homme cognoissant que c'estoit à bon escient que le ieu deuoit estre departy, iouant à quitte ou double, respondit à son pere en telle sorte: Monsieur, iaçoit que veu le peu d'aage que i'ay, ie n'eusse guere grand appetit d'estre allié ny ioinct à femme, si est-ce que puis qu'il vous plaist que ie soye marié, & qu'il faut que vous obeisse, comme aussi i'y suis tenu, s'il vous plaist, ie n'en espouseray poīt d'autre, qu'Emilie, fille de Nicole Cressenzi. A peine eust le vieillard ouy le nom du pere d'Emilie, que enflammé d'ire, & plein de maltalent auec la voix mal asseuree, tāt il estoit surprins de colere, oyant nommer son capital ennemy, il dist à son fils: Quoy?

paillard, as tu le cœur si vil, & poltron, que de t'affectionner & faire l'amour à la fille de l'homme de ce monde que tu dois hair le plus ? est-ce le respect que tu portes à ta race, que de vouloir mesler nostre sang auec ceux qui iamais n'ont que moyéné nostre mal & deshonneur ? Est-ce la bonne opinion que ie peux cōceuoir de ta future preudhommie, que d'oublier les iniures & torts receuz par ceste race, que tu dois autant detester, cōme si c'estoit la torche qui s'apprestast à bruller toute ta famille ? Ah! cruel & ingrat enfant, ie voy à present que tu ne souhaites riē plus que ma mort, pour auec mes richesses te mocquer de moy, en iouyssant des embrassemens de la fille de mon ennemy. Non non. Par Dieu il ne sera pas ainsi: ains il fault ou que tu espouses celle que ie veux, qui est d'autre estoffe que celle que tu as choisie, ou que tu sois chassé hors de ma compagnie, & priué de tout ce que pourrois esperer de moy pour l'aduenir, veu que ie n'ay rien du bien de ta mere: ains ay acquis le tout, rachetant ce qui auoit esté confisqué par les dissentions passées. Ie n'auray point faute d'enfans pour me seruir & obeyr, si tu refuses de faire ce que ie te commande. A ceste cause, va, & pense bien à tes affaires : & fay que

dãs deux iours au plus i'aye resolutiõ de ce
q̃ tu as deliberé de faire, afin q̃ par mesme
moyen ie pouruoye à mes deliberations.
Fabie s'excusa le plus honnestement qu'il
peut, & pria son pere qu'il pleust luy pardõ
ner, disant que l'Amour n'a esgard à passiõ
quelcõque, & que d'autres d'vne plus grãd
inimitié que la sienne estoyent deuenuz
bõs amis par telles alliances. Au reste, qu'il
n'estoit nay que pour luy obeyr, & que tou
te affection postposée, quoy qu'à grand regret, il s'essayeroit de satisfaire à son vouloir, ou de mourir en la peine. Or penses y
(dist le pere encores tout esmeu) car ie
n'en feray autre chose, qui veux estre maistre du mien, & obey de ceux que Dieu &
nature ont faict naistre pour me seruir, &
faire ce que ie leur commande. Ayant ce
dit, s'en alla, laissant Fabie tãt cõfus en son
esprit, qu'il ne sçauoit que faire, ayãt deux
obiects si grãs, que l'obeissance deuë à son
pere, & la perte de son heritage : & d'autre
part la ferme & loyale amytié qu'il portoit
à son Emilie, ioincte la foy & promesse de
mariage qu'il luy auoit faicte, d'ou s'en e-
stoit ensuyuie la consommation. Vne fois
il deliberoit de laisser plustost tous les biẽs
de ce monde à l'abandon, que quitter sa
loyale espouse. Puis contemplant le peu de

HISTOIRE XXIX.

moyen qu'il auroit de l'entretenir, & de paruenir à la tirer de la maison de son pere sans son grand preiudice & totale ruine, il estoit prest à donner de là teste contre le mur, & se fust volontiers nazardé vne bonne heure, tant il estoit surpris de passion,& si peu il voyoit de moyen pour y donner ordre. Emilie de son costé n'estoit guere plus constante, ayant desia entēdu comme lon estoit apres à marier son Fabie, Dieu sçait quels regrets & plaintes elle faisoit,& comme elle accusoit son peu de sens & esprit,de s'estre ainsi fiée aux parolles d'vn amant,qui,cōme elle auoit soupçonné dés le commencement,auoit (peut estre) basty à son aduis ceste partie,pour dōner ce croc en iambe à leur race. C'estoit icy que la vieille auoit assez affaire, non seulement à la consoler,ains de l'empescher de se forfaire, veu qu'à toute force elle vouloit punir la faulte,par la violence qu'elle pretendoit faire à sa vie en se tuant. Et certainement dés l'heure elle eust mis fin à la tragedie, si son amant ne fust suruenu: lequel la voyāt en si piteux estat,ne fut lōg tēps sans deuiner la cause & motif de ceste si grande alteration. Pource la prenant entre ses bras,& la baisant fort amoureusement,luy disoit : Et quoy, ma grande amie, est-ce la

fiance que vous auez en voftre amy, que de
vous ainfi tourmenter fans fçauoir pourquoy, & vous affliger fans que l'occafion
vous foit encor donnée? Eftes vous fi peu
affeurée de mon amitié, de pēfer que ie face chofe quelcōque fans vous en aduertir,
& fans endurer vne extreme force? Non,
non mamie, quel i'ay efté ie le le fuis encor, & le feray toute ma vie. Et l'ayāt quelque peu appaifée, luy cōpta tout les propos
que fon pere luy auoit tenuz, & la colere
en laquelle il eftoit, fans oublier luy dire la
refolution qu'il auoit prinfe de le desheriter, fil n'espoufoit celle qu'il auoit entreprins luy donner. Pource ma damoyfelle,
difoit-il, ayez compaffion de voftre amy, &
luy permettez qu'il obeiffe à fon pere, afin
que ne perdant vn fi beau patrimoine, il ait
vn iour moyen de vous traicter felō voftre
merite, & l'extreme amour qu'il vous porte. Mon pere ne fçauroit guere plus viure,
luy decedé, ie vous affeure que celle qu'il
me donnera ne luy furuiura long temps,
ains l'enuoiray bien toft luy tenir auffi bōne compagnie en l'autre monde, comme
la sienne me fera ennuyeufe & fafcheufe,
me caufant quelque efloignement de voftre prefence, qui ne fera toutesfois fi grād,
que fouuent ie ne me trouue en voftre

compagnie, comme de celle qui est ma legitime espouse, n'acceptant l'autre que cóme ma paillarde. Vous dictes vray, seigneur Fabie, respondit lors Emilie, en souspirant, que vous ne sçauriez auoir femme à vos costez, moy exceptee, qui ne soit paillarde, & vous adultere: qui faulsant vostre foy, oubliez le gaige qu'auez pris de moy, pour me laisser mocquee & sans honneur. Ce n'estoit à moy à qui il falloit s'addresser pour iouer vne telle trahison, ce n'est le loyer que meritoit l'honneste amitié que vostre femme vous porte. Que si i'ay onc fait chose qui vous ait agreé, contentez à-present mon esprit, le despouillant du pesant & fascheux fardeau de ce corps lassé de viure, puis que par la desloyauté vostre, il faut que ma loyauté soit salariee d'vn si impitoyable refus. Autrement asseurez vous, que ce sera moy qui feray l'office que ie vous requier, aimant mieux mourir que voir deuant mes yeux, qu'vn autre iouysse de celuy qui est mon espoux legitime. Fabie & la nourrice furent bien empeschez à appaiser la fille desesperee, qui desia couuoit en son cœur l'exploit de la vengeance qu'elle executa bien tost apres. Pource feignant de prendre en gré les excuses de son mary, luy dist qu'elle est contente

tente qu'il obeist à son pere, pourueu qu'elle fust tousiours asseuree de son bon vouloir, & que le vieillard decedé, il enuoyeroit bien tost sa nouuelle espouse entre les bras de Lucifer. Puis disoit en soy-mesme, & ie te iure Dieu que ce sera moy qui marcheray la premiere, non toutesfois sans te faire payer les arres de ton infidelité. Fabie luy promet & iure tout ce qu'elle voulut, ioyeux au possible de la voir remise en son bon sens: car quand il vint, elle sembloit forcenee. L'édemain Fabie vint vers son pere, auquel il dist que toutes les fois qu'il luy plairoit, il estoit prest d'espouser celle qu'il luy auoit choisie, & non sans cause, car il prendroit nouuelle curee: & s'asseuroit d'auoir deux lieux plaisans, & à souhait, où il pourroit esbatre sa ieunesse. Le pere ioyeux au possible, l'embrasse fort amiablement, & ayant fait passer l'accord du mariage, fait conuier tous ses parens, pour estre le Dimanche apres à la feste des nopces malheureuses de son fils, lesquelles furent autant plaisantes à toute ceste famille, comme elles apporterent de dueil & creuecœur à la dolente & miserable Emilie. Laquelle forcenant de rage, & saisie de desespoir, cómeça à s'aigrir cótre Fabie, & parler en ceste sorte: Ah! cruel & traistre

SS

HISTOIRE XXX.

amant, sont-ce les sainctes adiurations sur
noſtre mariage, que de quitter ta legitime
eſpouſe pour chercher nouuelle alliance?
N'auois-tu point autre ny meilleure excu
ſe que l'obeiſſance que tu dois à ton pere?
Ce n'eſt pas cela qui t'eſloigne de moy,
ains l'appetit deſordōné de ta beſtiale pail
lardiſe. Eh que tu monſtrois bien n'aguere par tes propos le peu d'amitié qui eſt en
toy, menaçant de mort l'innocente que tu
eſpouſes, & qui, ſi l'on n'y pouruoit, expe-
rimentera auſſi bien ta cruauté, comme ie
fay ta felonnie! Et penſes tu, meſchant &
pariure, que iamais ie péſe me fier en toy,
ayant tant de fois ſouillé ton ame auec le
violement de ta foy, & rauiſſement de la
chaſteté de tant de filles? Eſtimes tu que
Emilie ſoit quelque paillarde eshōtee, qui
vueille receuoir les embraſſemens d'autre que de ſon mary? & quel ſerois tu deſor
mais en mon endroit, m'ayāt laiſſee, pour
en eſpouſer vne autre publiquemēt & en
face de tout le monde? Vn adultere pourroit-il porter le iuſte titre de mary en mō
endroit, qui ſuis deceuë & trompee pour
auoir trop aimé le plus meſchant d'entre
les hommes? Si c'eſtoit quelque eſtranger
qui euſt eſté le voleur de ma renommee
& rauiſſeur de mon honneur, ie n'auroye

si grande occasion de me plaindre, non plus qu'eut Hisiphile se voyant abandonnee par le conquereur de la toison d'or. Mais Dieu! c'est vn citoyen de Romme, c'est mon mary, c'est luy qui a iuré la foy, que sainctement tout homme de bien doibt garder, qui m'a ainsi circonuenue: c'est de luy que ie reçoy ces durs & diuers assauts, lesquels faut que soyent la fin de ma miserable vie. Ayant ce dict, ne laissa coing de sa chambre où elle ne iettast l'œil, esperant y voir quelque glaiue, auec lequel elle violentast sa vie, qui ne luy seruoit plus que de fascherie. Mais voyant que sa nourrice la suyuoit par tout, & que mal-aisément en sa presence elle pourroit executer ses desseins, elle luy dist: Pensez vous, ma mere, que mon dueil soit si grand, ny mon desespoir si outré, que i'aye intention de me forfaire? Non, non: ce regard si peu constant que voyez, ne visite autre cas que les lieux, où ce pariure a iouy de mes plus secrettes caresses. Au-moins si ie pouuoye continuer mes aises, i'auroye quelque occasiõ de m'esiouyr, & contenter en ces miseres.

Mais, malheureuse que je suis, ie voy biẽ q̃ mõ cruel, ayant prins nouueau party, se-ra si enyuré des embrassemẽs de sa dame,

HISTOIRE XXX.

là où ie suis demeuree seule, sans espoir de trouuer soulas en mes angoisses, qui ne peux faire, (l'honneur & la conscience me le defendaut) comme celuy qui m'a iuré la foy, aimant ailleurs, & m'abandonnant entre les bras d'autres que de mon seul espoux. Et que ne sçay-ie vser des arts & sciences de la sage Medee, pour en reseruant mon Fabie pour moy, me venger du tort que me fait le vieillard de son pere, & sur luy, & sur celle qui iouyst de ce qui est mien, & que i'auoye sceu acquerir, si la force n'y fust suruenue ? Asseurez-vous, ma mere, que i'empescheroye bien le bal, & feroye si bien que iamais nopces ne furēt si tristes. Au fort, si ie voy que mon espoux me laisse du tout, pour gouuerner sa ribaude, i'ay desia appresté dequoy satisfaire à mon vouloir, & dequoy venger le peu de discretion, duquel i'ay vsé, me laissant ainsi aller sous titre de bonne foy. Prenez exemple en moy vous filles qui voyez les hommes vous caresser, & ne leur donnez si facile audience, afin que par vostre credulité ne tombiez és lacs de desespoir esquels ie me voy precipitee, si Dieu n'a pitié de moy, & si ie ne recouure ma perte. Tout cecy disoit elle peur trōper sa nourrice, afin qu'elle ne pensast plus au desir

Medee grande enchanteresse.

qu'Emilie auoit de s'occir, & se venger de celuy qui l'auoit si vilainement trahie. La vieille, qui pensoit que la fille s'appaiseroit par douces paroles comme de coustume, luy met au deuāt la promesse de Fabie, & que bien tost elle en verroit la fin, qu'elle prinst seulement courage, s'asseurāt que Fabie ne demeureroit trois soirs sans la venir visiter. Ce sera donc (disoit Emilie entre ses dents) à sa malle auēture, & à mon contentement, puis à la vieille. Ie seroye biē aise que ce fust desia, afin de sçauoir de luy la bōne grace de son espouse, & la contenance qu'il a sceu tenir, ayant la consciēce qui luy tesmoignoit la foy qu'il auoit faulsee. Mais faites le venir le plustost que pourrez, afin que ie puisse appaiser aucunement la douleur qui me tient saisie. Ce que la vieille feit: & quelque iour apres le miserable amant vint voir celle qui ne respiroit rien plus que menaces & massacre, laquelle le voyant, luy feit si bon visage, que & luy & la nourrice pensoyent que ceste seule visitation auoit esteint tout le mescontentement d'Emilie: laquelle s'enquist de mille petites ioyeusetez sur l'effect des espousailles de son Fabie, non sans y entremesler des mots piquās, qui eussent fait cognoistre à vn autre qu'à vn sot amāt transporté de sa folie que l'insensee fille auoit d'autres cõplots en l'ame que d'embrasser celuy, qui par son pariure sestoit rendu indigne de faueur.

Si est-ce pourtannt que pour mieux l'amorcer, elle luy permist de se coucher auec elle: mais lors qu'il cuida continuer la course que d'autrefois auoit cõmencé au mesme lieu, elle luy dist auec vn ris qui ne sentoit riẽ de ioye: Quoy, seigneur Fabie, pensez vous que sans amẽde ie vous quitte ainsi de la faute qu'auez commise en mon endroit, & que ie vous permette d'abuser ainsi de ma priuauté? Non, ie vous asseure: contétez vous ie vous prie du tort que ie me fay en vous octroyant encor ceste faueur, iusques à ce qu'ayez satisfait à l'offense qu'auez cõmise. Fabie, soit qu'il ne voulust la fascher, ou qu'il fust las du trauail des autres nuicts qu'il auoit couché auec sa nouuelle amante, luy obeit, auec protestatiõ toutesfois de ne partir ainsi (sans coup ferir) de sa cõpagnie. A quoy elle s'accorda pour le matin: & deuisans de plusieurs choses, en fin le malheureux ieune hõme s'endormit du dernier sommeil. Car l'enragee fille le voyãt au profond de son sommeil, se leue tout bellement, & prenant la dague de son pariure mary, se mist à pleurer & souspirer si estrangerement, qu'il sembloit que l'ame luy deust partir du corps. A la fin saisie de fureur & desespoir, descouure le pauure endormy, & luy asséne vn coup si profód au lieu du cœur, qu'elle le fait aller en l'autre monde, sans presque sentir son depart. Va, dist elle, traistre & desloyal, tenir compagnie aux enfers à ceux qui te ressemblent, où bien tost ie te poursuyuray, pour me plaindre encore és lieux sans clairté de la trahison auec laquelle tu as abusé de ma simple ieunesse. Ayát ce dit, elle cueille la vieille qui couchoit là aupres en vne garderobe, laquelle luy voyant la dague seigneuse entre les mains, & la fureur de son visage, se douta de ce qu'elle apperceut aussi tost, & pource se voulut elle mettre à crier. Mais Emilie toute escheuelee, furieuse & desesperee, la saisit à la gorge, disant: Attens attens la fin, & puis crie à ton aise, tu sçais ce qui s'est passé entre ce paillard & moy, & l'occasió qu'il a eu de trahir ainsi sa loyalle compagne: Ie l'ay puny voirement de sa faute, & par mesme moyen ie vengeray sa mort sur celle qui en est la cause. Le faire & le dire fut tout vn: car aussi tost elle se passa la dague par sa blanche & delicate

Emilie occist son amy Fabie.

HISTOIRE XXX.

Mort d'E-milie.

poitrine, ne pouuant plus dire en tombant qu'vn triste à Dieu à sa nourrice, laquelle voyant vn mystere si piteux, sans auoir esgard au peril qu'elle s'apprestoit, se mist à crier si effrayément, que tous ceux de la maison vindrent au cry. Le pere d'Emilie voyant vn spectacle si tragic, autant estonné que chargé de dueil, pour la perte de sa fille, demeura vn long temps aussi immobile, que la statue du pasquille qui est à Romme.

A la fin, rompant ce silence, Dieu sçait quels cris, pleurs & gemissemens sortoyēt de l'estomach de ce bon vieillard, qui se voyoit priué de ce seul enfant qu'il auoit pour vn iour luy succeder. Moins n'en feit l'endemain le Pere de Fabie, estant le faict diuulgué par les citerains cognoissant qu'il estoit cause par sa rudesse de tout cecy, accusoit sa cruauté: & detestant toute querelle, vint vers le pere de la fille, pour se consoler en son malheur, auec celuy qui ne pourroit receuoir consolation aucune. Voyez amans, à quelle fin tendent les amours qu'vn plaisir volage plāte dans vos cœurs, & quel est le fruict d'vn arbre si mal cultiué. Aduisez comme Dieu punist les enfans, qui sans conseil ny permission

HISTOIRE XXX.

de leurs parents contraitent clandestinement mariage ensemble. Et certes les choses où le conseil est precipité, apportent le
plus souuent l'effect d'vn fascheux repentir, qui a esté cause que i'ay escrit ceste histoire, afin que le peril de ceux cy serue de
miroir & exemple à ceux qui pensent
estre trop sages, & qui secouans
le ioug d'obeissance, cherchent le chemin de
leur ruine, & le
sentier qui
les
conduit à perpe-
tuelle infa-
mie.

Fin de la xxx. histoire.

SOMMAIRE DE
l'histoire XXXI.

IL n'est rien qui tant doyue chastier l'homme subiect à quelque imperfection, que le peril auquel il verra vn autre tōber pour faute semblable. D'autant que comme chacun soit aueuglé en son fait propre, il est admonnesté de son deuoir, voyant l'exēple d'autruy luy seruir & de miroir & d'instruction. Or n'est-il aucun, au moins de ceux qui lisent les histoires, qui ignore cōbien les Romains iadis se tenoyēt forts du grand nombre des serfs & esclaues qu'ils auoyent en leurs maisons, aussi de combien ils se fioyent en tel genre d'hommes, & toutesfois ne sentirent ils onc guerre plus espouuētable, apres celle qu'ils ont eu contre les Gaulois, qui leur ait donné plus d'affaire que la reuolte des esclaues, qu'ils ont appellé la guerre Seruile, en laquelle, Dieu sçait combien de milliers de soldats, & de citoyens Romains y ont perdu la vie. Ie sçay bien que plusieurs de ceste lie d'esclaues ont esté si loyaux que d'exposer leur vie pour le salut de leurs seigneurs, comme le serf de Tibere Gracche, qui ne peut souffrir de voir son maistre mort, ains mourut sur le corps d'iceluy: ou bien ont vengé le tort & iniure faite à leurs maistres, comme se list de l'esclaue qui tua le capitaine Carthaginien Asdrubal en Espaigne,

Les Romains iadis se plaisoyēt d'auoir nōbre d'esclaues.

La guerre Seruile.

Asdrubal tué d'vn Esclaue.

vengeant la mort de son seigneur, que ce grand Colonal auoit fait tailler en pieces. Ie n'oublieray icy la fidelité de deux esclaues d'vn Perse, nommé Gezagian, lequel estant esleué en estat, & grands honneurs en la court du monarque des Indes, fut en fin, soit par l'ennie des courtisans, ou que sa fortune ne pouuoit plus durer, accusé, & condéné à tort. Gezagian depesché qu'il est, le roy fait venir les serfs, pour s'enquerir des thresors de leur maistre: mais quoy, les pauures Barbares voyans vn si piteux spectacle, & ne pouuans dissimuler leur passion, sans penser en quel hazard de mort ils lançoyent leur vie, ils se iettent sur le roy, & le tuent, consacrans son sang pour tribut & satisfaction à l'ombre de leur seigneur decedé, auquel encor ils tindrent compagnie. Mais c'est oiseau bien rare qu'vn esclaue si loyal, ou bien il faut dire que du tout il change de nature, principalement estãt d'vn pays, ou la foy ne fut iamais trop asseuree. Et à qui n'est-il plus que certain que l'Afrique tousiours nourrit quelque chose de monstrueux, & que la vertu des Aphricains a esté si escoulante & glissante, que bien peu de nations ont eu affaire auec les moirs de ce pays là, sans en sentir la meschanceté & trahison. De cecy me fera foy vn grand seigneur Espaignol, qui l'an 1559. experimenta la foy & loyauté des Aphri-

Gosagi ã occis est vengé par les Esclaues.

Afrique nourrice de choses monstrueuses.

Le Côte d'Alcondot trahy par les Aphricains, l'ã 1559.

HISTOIRE XXXI.
tains pres le royaume d'Argiere, trahy &
circonuenu par le roy More de Maroque. Et
puis que sommes tombez en ce propos, il faut ve
nir là, que si les grans seigneurs de ce païs sont
si meschans, si leur foy est si peu ferme, & leur
loyauté si desloyale: quels doyuent estre ceux qui
estans de bas estat, ont encor le malheur d'vne ca
ptiuité, qui accroist le desir de vengeance pour
s'oster de la Cadene? En somme, il faut confesser ce que quelques anciens ont dit, parlans de
tels esclaues, qu'autant de serfs qu'vn homme
possede, autant a-il d'ennemis domestiques: &
pour vous en faire plus certain, ie vous en
reciteray vne histoire, aduenue n'a pas
longs temps és Isles d'Espaigne,
si prenez la patience d'escouter le Bandel, qui vous
en a fait le re-
cit.

327

VN ESCLAVE MORE estant battu de son maistre, s'en vengea auec vne cruauté grande, & fort estrange.

HISTOIRE XXXI.

EN l'vne des Isles Baleares, appellee pour le iourd'huy Maiorque, aduint n'a pas long temps, qu'vn bon Gentilhôme pensant estre mieux seruy d'vn esclaue More, que de quelqu'vn de ceux qui se louënt à pris pour seruir par l'Isle, ou qui de Catheloigne passe la mer pour trouuer quelque soulas à sa pauureté, acheta vn serf natif de la Barbarie, & vrayement Barbare, côme assez il feist cognoistre par effect. Or s'appelloit ce Gentilhomme Dom Riuieri Eruizzano, hôme outre sa gentilesse fort riche & puissant, tât en possessiôs, bestail, qu'en or & argêt, que aussi en belle lignee, que Dieu luy auoit

Maiorques & Minorques, iadis dites Baleares.

Dom Riuieri Eruizzan.

donnée de sa femme, assauoir, trois beaux
enfans, qui du téps que ce mechef aduint,
estoyent encor fort bas d'aage. Dom Rinieri qui aimoit la chasse (comme font cou
stumierement tous gentilshommes) se tenoit la plus part du temps en vne siéne ferme assez pres de la mer, là ou il s'exerçoit à
toute espece de venerie, ne laissant plaisir
qu'vn cueur gentil puisse receuoir en la solitude des champs. Car vn iour le craintif
lieure se voyoit trompé en ses ruses par les
chiens couräs, qui le faisoyët mourir à force: vn autre le connil n'estoit point asseuré
en la plus grande profondeur des rochers,
sans qu'il n'experimëtast la diligence & du
furon & des chiens, qui le faisoyät tomber
dans les pâtes & filets téduz pour sa ruine.
Quelquefois le serf se voyoit poursuiuy
d'vne mute de chiens, qui à la fin luy ayans
fait rendre les abbois, donnoyent loysir au
picqueur de döner le passeteps au seigneur
de telle prise. En somme l'aise qu'ont ceux
des villes, n'est que chagrin au pris de l'hö-
neste passeteps qu'ont ceux qui esloignez
de toute ambition, passent ioyeusement
leur vie à voir cultiuer les champs, à quoy
ce seigneur insulaire estoit si accoustumé,
qu'il ne faisoit plus d'estat de se retirer
aux villes, quoy que la plufpart de la no-

blesse de ce païs là face son seiour és villes & forteresses, à cause des courses côtinuelles des Mores & Barbares de la coste d'Afrique. Pour à quoy obuier, Dõ Riuieri auoit fait bastir vne tour, ioignant la mer, sur vn escueil, afin q̃ s'il auoit nouuelles de quelques Corsaires, il s'y peust retirer à sauueté auec sa femme, enfans & meubles. Mais celuy qui se fortifioit côtre le More estranger, ne fut assez sage pour se garátir de l'ennemy qui estoit auec luy, & qui viuant à ses despés, luy tailla tant de besongne en vn iour, q̃ de sa vie il ne fut sans auoir dequoy où employer son industrie & bon sens, à penser les moyens d'euiter à se fier des hommes qui ne nous sont ny cogneuz, ny doyuent estre bonnement fideles. Or entre vne bõne trouppe d'esclaues qu'il auoit, & desq̃ls il se seruoit en ses besongnes & affaires plus vils, il en estoit vn More, qui auoit si bien seruy au-parauant, qu'il n'estoit plus à la chesne, ains libremẽt alloit & venoit à la suitte de son seigneur, peult estre ne pensant point à la meschanceté que depuis il executa. Aduint vn iour que ce sommier de bastonnades & More feist quelque faute au Gentilhomme, lequel luy donna l'estrapade de si bonne grace, que si le More eust esté bien en-

chesné à la chiorme, ie pése que le Comite l'eust traité aussi doucement ou plus. L'esclaue se voyant caresser si amiablement, & sentãt les accolades qu'on luy donnoit, crioit pardon, & remonstroit à Dom Riuieri, qu'il luy estoit plus honneste de se deffaire de luy, & le vendre, que non pas vser de telle cruauté sur vn pauure homme assez affligé de sa seruitude & captiuité: le suppliant le cõdemner plustost à toute autre peine qu'il supporteroit de meilleur courage. Quoy chien circoncis, disoit l'Insulaire, cruel de nature, penses tu auoir esgal traitement auec moy, cõme si tu estois ou de mon païs ou de ma religion? Non, non, ie te feray sentir à quelle fin i'achete les oiseaux de tõ plumage. Ainsi il deschargea tellement sa colere sur le pauure bazané, qu'il ne garda rien en son estomach qui luy feist penser au change que son esclaue luy rendit. Lequel estant guery de ses blesseures, se remist à seruir de plus belle, & le sembloit faire de tel cœur & gaillardise, qu'homme n'eust iamais pésé autre cas de luy, sinon qu'il vouloit regaigner la grace de son seigneur. Leql voyãt son esclaue si diligét, & prõpt à tout faire, se fioit plus en luy, qu'il n'auoit encor fait de sa vie. Et mal pour luy, car le paillard
ne fai-

ne faisoit qu'espier tous les moyens pour se venger des coups qu'il auoit reçeuz à trop peu d'occasion. Et veritablement c'est grand simplesse à vn homme ayant seruiteurs, d'estre si leger qu'à la moindre mouche qui le pique il faille acharner sur celuy qui se doit chastier par parolle, où qui n'escoutant l'admonition, faut chasser de la cõpagnie: les hommes ayans raison doiuent estre autrement gouuernez que les bestes, lesquelles sans le frein, bastõ, ou esperõ, ne sçauent que c'est que d'obeir. Que si Dom Riuieri vouloit si biẽ estriller son esclaue, il ne deuoit puis apres luy fier rien qui luy fust cher, d'autant qu'estant voisin du Barbare il n'ignoroit point que le More se tueroit plustost qu'il ne se vengeast d'vne iniure receuë. De cecy fait foy l'Abbé de sainct Simplician à Milan, lequel ayãt seulement donné vn soufflet à vn sien More, la nuict ensuyuant le Barbare, qui auoit seruy Monsieur l'Abbé plus de trente ans, luy coupa la gorge, lors qu'il estoit au plus profond de son sommeil. Et puis allez vous fier en telle canaille, & vous charger de denree si dangereuse. Bien-heureux pour vray le païs de France, ou la liberté est seule recogneuë, & où les esclaues sont remis en leur pleine deliurance. Aussi tels exem-

L'Abbé de sainct Simplitiã à Milan occis par vn esclaue

Seruitude n'a lieu en France.

TT

ples n'y aduiennent guere souuent, si ce
n'est à l'endroit de ceux qui n'estans de
nostre nation, vsent de pareille cruauté
que cestuicy, à l'endroit de ceux qui les seruent. Ce ribaut More donc, qui tenoit caché son venin dans le creux de son cœur,
ne faisoit qu'espier le temps pour se venger autant cuellement, comme legeremét
il pensoit auoir esté batu de son maistre.
Comment, disoit il à part soy, faut il que
i'endure sans vengeance, qu'vn paillard
Chrestien m'ait ainsi traité, fouété, & batu
comme vn enfant? me sera il reproché par
mes compagnons, que moy, qui ay d'autrefois esté estimé bon & vaillant soldat, sois
ainsi mastiné apres vn long seruice fait à
ce villain, & cruel Marrane? Pas ainsi ne sera, & ne se vantera, sans contre-change, d'a-
uoir touché si viuement vn Mahometiste
sans sentir quel-esprit ont les Africās pour
chastier les Espaignols qui les tiennent en
leur puissance. Au fort il vaut mieux mourir en se vengeant que viure auec ce continuel elancement de cœur, ayant tousiours
ceste iniure deuant les yeux sans en auoir
pris condigne vengeance. Ainsi complotta
il de se venger, mais comment, il ne s'en
estoit auisé encores, toutesfois l'occasion se presenta bien tost, & en la fa-

çon que ie vous diray, fuyuant noftre propos. Côme vn iour le gentilhomme fuft allé à la chaffe, ayãt prefque emmené tous fes gens auec luy, aduint que la Dame fen alla pourmener auec tous fes trois enfans (l'aifné defquels auoit à peine atteint l'an feptiefme) dans la forterefse qui refpondoit fur la marine, afin de voir les Galeres & autres vaiffeaux, qui couroyent Fortune le long de celle Plage. Le More ayant veu cecy, pourpenfa foudain vne trahifon la plus deteftable que homme fçauroit imaginer, à fçauoir la ruine de cefte compagnie qui eftoit entree en la forterefse. Et afin que le long difcourir ne luy empefchaft fon deffein, ou par la repentance d'vn fi grand forfait, ou par la furuenue de fon maiftre: il delibera d'effectuer ce qu'il auoit defia ordonné en fon efprit pour parfaire. A cefte caufe il prend vne corde propre à fon deffein, & fen va vers la tour en laquelle dés qu'il eut entré, il ferma la porte & loua le pont, pour afin qu'aucun ne peuft venir au fecours de la Dame Oyez la defloyauté du paillard & traiftre More: Tout auffi toft qu'il eft dans la tour, il vous vient empoigner la Dame, la liãt à vn gros coffre qui eftoit en vne falle baffe pres vn lict verd: & l'ayant ainfi liee, luy dift

TT ij

Desloyauté du More.

d'vne voix mal asseuree, & qui ressentoit la cruauté qu'il vouloit exercer. Ie loue le grãd Prophete Mahometh, qui m'a si bien guidé en mes affaires, que de vous auoir trouuee à ce iour tant à propos, que ie peux à mon aise parfaire ce à quoy il a lõg temps i'aspiray, & ne pouuoye mettre à execution selon mon desir. Mais ores que le temps & oportunité me vient de telle sorte, il faut que vous sachiez que c'est ce que ie sçay faire, & pourquoy ie vous ay mise en tel estat. La pauure Damoiselle se voyant ainsi prise, crioit à l'ayde, & menaçoit le More fort aigrement, disant que son seigneur sçauroit bien le punir de telle mesprison & felonnie. Vostre mary, repliqua le Barbare, fera ce qu'il poutra, & se vengera sur celuy qui sera sous sa puissance: tant y a que vous serez couuerte de ma race. De toy que ie soye accointee, dist l'honneste Gentilfemme, Monstre infect & traistre desloyal: plustost souffriray-ie d'estre taillee piece à piece. He Dieu, cõment endurez vous qu'vn si meschãt paillard viue en la cõpagnie des hõmes qui vous cognoissent & reuerent? C'est bien harangué, dist le More, & c'est Dieu qui le veut ainsi, afin ie me venge en vn coup, & par ce moyen de tous les torts que de ma vie i'ay receus

de vostre mary: lequel ie feray akaner auāt
que la nuict vienne, de dueil, despit & destresse. Ce disant, il vous empoigna la Dame, laquelle auoit les mains liees derriere:
& quelque resistence qu'elle feist, ne pouuant s'aider que des pieds & des dents, le
Barbare la viola, & foula tout à son loisir
& si souuent qu'il voulut la couche de son
maistre. C'estoit vn piteux, & triste spectacle de voir la Damoiselle s'escrier comme
forcenee, & ses enfans l'oyans ainsi plaindre, imiter son cry, & braire à gorge desployee, & auec tel effroy, que les moins
misericordieux eussent eu compassion &
d'elle & de ceste trouppe innocēte, qui sembloit sentir le malheur, qui bien tost apres
mit fin à leur vie. Ceux du village estoyēt
la aupres, pensans entrer pour sçauoir la
cause de tel bruit, mais voyāt le pont leué,
& le More en fenestre, & oyans la Dame
qui se plaignoit, ne sçeurēt à qui recourir,
sinon qu'vn d'entre eux courut annoncer
ces piteuses nouuelles à Dom Riuieri, qui
ne pensoit rien moins que ceste desconuenue. Ce pendant la pauure Dame violee
crioit, disant, failloit il q̄ i'eusse iusques icy
esté si soigneuse gardienne de ma chasteté
pour seruir maintenant de passetēps à ce
chien More, qui en a abusé à mon deshon-

TT iij

HISTOIRE XXXI.

neur, & grãd mespris de mon loyal espoux? Helas! mon amy, quel creuecœur vous sentirez, sçachant que vostre loyalle espouse a esté ainsi villainement traitée. Ha que n'estes vous icy pour punir le paillard de sa temerité, & le chastier selõ ses dessertes. O mõ Dieu & seigneur Iesus Christ, aye compassion de ceste malheureuse, qui endure force au corps, sans que (comme tu scais) l'esprit y ait donné nul consentement. Deliure moy seignr de la gueule de ce Loup, & me rends entre les mains de celuy, à qui tu as voulu que ie fusse conionte. Appelle & inuoque ton Christ, dit le More, si pense ie qu'auant qu'il vienne i'auray beau loisir de faire d'autres choses que i'ay entrepris pour mon contentement. Ha chien infait, dit la pauure Gentilfemme, acheue acheue bien tost d'occir ce corps, puis que tu as donné vn tel commencement, auilissant l'honneur que tant i'ay eu en recommandation. Tu ne sçaurois si tost t'acharner sur ma vie, que ie ne sois preste à receuoir la mort, laquelle ne me peut estre qu'aggreable, ayãt perdu le gaige que tant i'estimois, & qui me faisoit apparoistre honnorable par toute l'Isle. Las! monsieur, & que direz vous, sçachant que ce voleur a ainsi abusé de vostre femme. Il le prendra aussi bien en patience comme vous, respond le More, qui aucunement eschauffé de colere, comme celuy, qui auoit despouillé toute humanité, & qui rassasié des embrassemens qu'il auoit donné par force à sa maistresse, cõmençoit à la desdaigner, luy vsa de menaces si elle ne cessoit de luy crier ainsi aux oreilles. Fais, fais, dit elle, le pis que tu pourras, tue moy, deschire moy, & me tailles en pieces, aussi bien est ce tout ce que ie desire pour le seul soulas de mes peines. La mort repliqua le Barbare, n'est point à ton choix, ny eslite, c'est à moy à te la donner quand bon me semblera, & te tourmenter en despit de ton mary, qui gouuerne si doucement ceux qui sont à son seruice. Alors la Dame cogneut bien si Dieu ne luy enuoyoit secours ceste heure, & iour seroyent les derniers termes de sa vie. A ceste cause leuant les mains au ciel, prioit Dieu pour le salut de son ame, faisant confessiõ de ses fautes auec vne grãde contrition, & battant sa poitrine. Dequoy le Barbare Atheiste ne faisoit q̃ se moquer luy disant, qu'elle ne cessast de bribõner tãt q̃ son Messie luy fust venu dõner secours.

La Damoiselle tournant sa veue sur les petits enfans, fondãt toute en larmes, & souspirant de telle sorte, qu'il sembloit que

HISTOIRE XXXI.

le cœur luy voulut saillir du ventre, disoit: Ha mes enfans, combien i'ay esté peu curieuse de vostre salut, de vous mener icy comme au dernier supplice, & au lieu de vostre ruine, qui deust estre le passetemps de vous tous, lors que par nostre decez, eussiez iouy de nos richesses. Ce sera le Tyrã, à ce que ie voy, qui vous cõduira par mort à l'heritage du Ciel, plus precieux certes que le terrestre, mais las! non selon nos desirs, qui pensions vous reseruer à autre fin, qu'à seruir de subiect de vengeance à ce maudit chien ennemy de la religion Chrestienne. Las! ce ne sera pas moy, qui vous esleueray d'icy en auant auec si grãd soing que ie pensois, pour vous auancer en la court des grãds Princes. Aussi ne serez vo9 pas le support de ma vieillesse, & le plaisir de vostre pere lors que l'aage l'aura debilité. O fortune ennemie de tout aise, comme tu cours sus aux innocens, & annulles le plaisir des gens de bien, pour bien-aiser les meschans & traistres: c'est roy qui sans loy te gouuernant, & cheminant sans ordre as ainsi mis à bas l'estat de nostre maison, me faisant captiue de mon esclaue, & tellement serue que la mesme pudicité a senty la violence de telle seruitude. Pauures enfans, au moins si par ma mort la colere & cruel courroux de ce Barbare pouuoit s'appaiser, & que content de ma deffaite, il vous laissast aller en liberté, volontiers ie luy tendrois le gosier, afin que tout à vne fois, il meit fin & à mes soucis & à ma vie. Mais bon Dieu, c'est la chose ou le moins il pense, ains croy, que vous & moy aurons tous pareille issue, & mesme traitemet. Ce disant, elle baisoit ses enfans, auec telle douleur, & detresse que peuuent penser toutes Dames qu'elles feroyent si le desastre les conduisoit à semblable infortune. Les enfans crioyent à l'entour de la mere, & luy sautans au col, luy essuyoyent ses larmes, puis luy tenans compagnie à se plaindre, faisoyét tel bruit dãs la tour, que ceux qui estoyent dehors ne se pouuoyent tenir de pleurer de compassiõ. Si la pauure Dame n'eust esté liee, elle se fust mise en deuoir d'empescher que le More n'eust ainsi ioué ses ieux: & l'eust estranglé auec autant de force & constance feminine, auec laquelle iadis les femmes des Cymbres combatirent contre l'armee des Romains, où se fust occise plustost que souffrir que sa pudicité luy fust rauie, comme iadis feist Mommie Milesienne, estant associee par force au lict nuptial du grand Roy Mithridate. Mais saisie comme elle fut, elle auoit

Les Cymbreñe scõtre les Romains. Mommie Milesienne.

dequoy se glorifier, d'autant que celuy ne viole point, lequel forçant le corps, laisse l'esprit sans auoir consenty à meschanceté quelconque. Et voila pourquoy la Romaine Lucresse n'a pas tant merité de louange en son faict, que le soldat Virginie, tuant plustost sa fille que d'endurer qu'elle seruist de paillarde à vn des principaux seigneurs de Romme. Mais reuenans à propos, ainsi que ceste bonne Damoiselle s'angoissoit pour la ruine prochaine & d'elle & de ses enfans, voicy Dom Riuieri qui vint auec toute telle fureur que peut imaginer celuy qui sçait sa partie estre en peine, & qui void ses enfans en captiuité, il venoit par les chemins detestant sa simplicité, d'auoir laissé ce Paillard seul en sa maison, & qu'il pouuoit bien penser que telle quenaille ne pense iamais qu'à meschanceté; & sur tout lors qu'ils se pensent auoir receu quelque iniure. Hh! traistre mastin, disoit le pauure mary, si ie te peux vne fois tenir, i'en feray vne punition si greue, qu'à iamais les Esclaues seront admonnestez de ne se iouër à leur maistre. Or pensoit il en venir tout soudain à bout, & luy faire ouurir la porte, sans qu'il eust iamais pensé que le More eust eu la hardiesse de mettre la main ny fur fa femme ny fur fes enfans : mais il conta fans fon hofte, ainfi que pourrez entendre. Arriué donc qu'il eft deuant la tour, plein de maltalét, & tout bouillant de colere, fe mift à menacer Monfieur la garde de fa forterefse, difant: Asseure toy, paillard, que auant que la nuict foit close, ie t'apprendray à vfer de telle façon de faire à l'endroit de ton feigneur. Eft-ce à moy à qui il falloit apprefter vne telle algarade? Ie te iure Dieu, que ie te feray brancher fi haut, que les autres Mores te verront de vingt mille loing dans leurs galees & nauires. Fais toft, & me viens ouurir la porte: autremét s'il faut que i'vfe de force, tu cognoiftras qui ie fuis, & ce que ie fçay faire. Plufieurs autres paroles difoit le Gentilhôme fi hors de foy, que de grád' colere, il ne fçauoit prefque proferer les mots qu'en beguayant : & plus encor fut il efmeu, voyant la brauade du maudit efclaue, qui en fecouant la tefte, & fouriant d'vn ris d'hoftelier, comme celuy qui fe moquoit du transport de son feigneur, luy refpondit : Tout beau, tout beau, appaifez vn peu voftre colere : Mais dictes moy beau fire, qu'auez vous tant à crier, dequoy vous fentez vous fi fort offenfé ? Penfez vous que ie foye vn tronc ou pierre fans nul sentiment, qui n'aye bien memoire des coups que me donnastes si desmesuré-mét pour vne faute assez legere? Non non, ie vous feray voir & sentir que i'ay cœur & moyen de me venger de ceux qui m'offensent, quelque serf ou esclaue que Forty ne m'eust rendu de vostre tyrannie. Et afin que vous sachiez le desir que i'ay de vous gratifier en rien qui soit, sachez que si ie vous tenoye aussi bien en ma puissance comme ceux que ie tien icy enfermez, ie vous feroye sentir quel profit que de battre vn esclaue. Mais puis qu'il est impossible de me venger sur celuy qui m'a offensé, & rassasier mô cœur sur la cruauté d'vn seigneur sans pitié, ce seront ceux que ie tien qui porteront la patiēce dequoy vous auez commis le peché: & mourrōt tes enfans en satisfaction du tort que tu m'as fait. Quant à ta femme, pour te laisser vn perpetuel creue-cœur, i'en ay fait à mon plaisir, pour en me vengeant sur son corps te laisser deshonoré de ceste tache de cocuage, & te faire passer sans bateau en Cornoaille. Le Gentilhomme oyant ce mot, à peine qu'il ne perdit toute patience, & se frappoit le visage, pour n'auoir le moyen de tenir le galant pour le punir à son aise. Ah! malheureux, disoit il, est il possible que

ce chien maudit ait abusé de ma loyale cōpagne & espouse? & que t'es bien vengé de
moy, quād ie ne receuroye autre perte ny
desplaisir de ta felonnie. Mais si Dieu me
fait la grace de te mettre la main dessus,
iamais homme n'embla telles alleures que
ie te donneray pour estre bon cheuau-
cheur. Comme il pensoit continuer ses doleances & menaces, le More plus endiablé
que ne fut Hercule lors qu'il occist sa fem- *Hercule*
me durant sa fureur, luy dist: Riuieri, ce *furieux.*
n'est rien que le passé, au pris de ce que ie
t'appreste: car ie veux tāt faire pour te tour
menter, que la vie mesme te soit desplaisan
te pour le seul respect de ce q̄ tu vis pour
voir si grandes ruines & malheuretez adue
nir en ta maison. Ayant ainsi parlé, il print
l'aisné des anfans, & le ietta par les fenestres, si doucement, que tombāt sur le roch,
il fut plustost en pieces qu'il ne vint iusques au fossé, en la veuë & presence de son
triste pere. Ce fut lors que la dolente mere
s'escria à haute voix disant: Ne te suffisoit il
pas, Tyran abominable, d'auoir villainement honnie & deshonoree la mere, offencé le pere, si de rage, & forcennerie surpris,
tu ne faisois vn carnage si piteux de ces innocentes creatures? Vien chien affamé,
vien, & rassasie ta rage sur ceste miserable,

HISTOIRE XXXI.

Damoiselle, qui ne demande plus que la cruauté de tes mains, pour ne plus sentir vn tel bourrelemēt en ses entrailles, voyāt la piteuse deffaicte de mes enfans. Le More ne faisoit que rire, & se moquer de ceste requeste, qui fut cause que la mere perdit patience, crioit & brayoit comme vne Lyonne enchesnee, voyant emporter ses faōs. Et pense que iamais la femme du roy Troyen ne mena plus grand dueil voyant le sac de sa ville, & le meurtre cruel de ses enfans, que faisoit ceste pauure Dame, aduisant cōme ce malheureux precipitoit ces aignelets, q ne sçauoyēt autre chanson que les pleurs, qu'ils auoyent apris dés le vētre de leur mere. Dom Riuieri, ayant veu le saut espouuentable de son aisné, ne peut estre si constāt, que le cœur ne luy faillist, & ne tōbast à la réuerse. Ses gens le secourēt cōme ils peuuēt & sçauēt, & sont tant qu'il reuient à soy: ce que voyant le More, luy escria: & quoy Dom Cheualier, est ce le chemin de prēdre vne forteresse, d'ainsi faillir de cœur au premier rencontre, & dés que vous en voyez vn par terre? Non non, ce n'est encor rien, vous en verrez bien d'autres si la corde ne rōpt. Le Gentilhōme soigneux du salut de sa fēme, & de ce q restoit encor d'enfans, reprint cœur, & s'essayant

Hecube Royne de Troye.

HISTOIRE XXXI. 338

de gaigner le paillard asseuré en ses côceptions & desir d'effectuer ce que si meschamment il auoit encommencé, auec douces & attrayātes parolles, il l'arraisonna en ceste sorte. Te suffise More, ce q̃ tu as fait iusque icy, & ne vueille te venger à toute outrāce d'vne faute que i'ay cōmise en tō endroit, t'asseurāt que ie te l'amēderay ainsi q̃ bon te semblera, & tout aussi tost que voudras le cōmāder. Aye pitié de la pauure Damoiselle q̃ est la haut, laquelle ne te fut iamais que douce & paisible, & ne t'aspris sur elle, qui est innocēte & sans coulpe: laisse ces petits enfans, qui ne sçauent que c'est que de malice, & qui iamais ne te feirent desplaisir. C'est moy, mon amy, c'est moy, qui suis cause du tout, c'est moy, qui satisferay à ton courroux, seulement appaise toy, & ne t'acharne point sur ce qui reste. Voy ce qui est de plus precieux en ma maison, or, argent, ou autres meubles, prens tout & l'emporte ou bon te semblera, donne seulemēt la vie à ma femme & enfans qui restent, & ie te pardonne de bon cœur ce que tu as fait defia en ma presence. Voyla vn gentil oyseleur, si ne me prendras tu pas ainsi à la pipee. Pense tu que si i'eusse voulu consentir à ce que tu dis, & me fier en tes parolles, & viure encor en ta maison, que i'eusse entrepris, ce que ie pretens paracheuer, ains que partir de la place? Non ie t'asseure, fais bonne chere, & contre fortune bon cœur, car ie te feray voir le reste de la Tragedie, autant gaillardement comme tu m'as veu y donner entree. Ah More dit le Gentilhomme, est il possible que la misere d'vn pere, & mary si affligé que ie suis ne t'esmeuue en rien? és tu plus cruel qu'vn Tigre, ou Lyõ, ou plus affamé du sang que n'est le Loup de la mort du troupeau? Souuienne toy que tu és homme, & que ie suis celuy qui t'ay nourry long temps sans te fascher, veux tu qu'on die que pour vne seule faute tu aye esté si cruel que de n'auoir voulu faire vne grace à ton maistre? à grãd peine si tu estois en autre lieu, & que ie fusse en necessité, me voudrois tu faire quelque faueur, puis que tu me la denies pour ceux qui onc ne te feirent desplaisir.

Le paillard Barbare, & endiablé Tyran, faignant d'estre gaigné par ces parolles tãt pleines de commiseration, & douleur, luy dit. Vous voulez que i'adiouste foy à vos miellees parolles, & que ie m'endorme sous la douceur de vostre chant; mais si vous voulez que ie face ce dont, vous me priez, il faut en premier lieu que m'accordiez vne requeste, autremẽt soyez asseuré,

que

que ces deux enfans (les monstant sur la fenestre) iront tenir cōpagnie au premier, tant par vous regretté, & plaint par vostre femme. Le miserable pere qui se fust volontiers sacrifié pour rachepter le reste de son sang, voyant que le More condescendoit à son vouloir, & s'adoucissoit comme il pensoit, par la supplicatiō de ses prieres, & abondance de larmes, qu'il espandoit, luy respondit. More mon amy, que-est que tu veux de ce dolent pere & mary, pour le rachapt de sa femme & enfans? Asseure toy qu'il n'est rien si cher en ce monde, que ie ne face pour les sauuer, pourueu que tu ne me failles point de promesse, apres que i'auray fait tout ce dōt tu me veux requerir. Vous faillir de promesse, dit le pariure Africain, ie n'ay garde, ains vous proteste de faire ce que vous dis. Demāde dōc (dit Riuieri) & tu verras combien i'ay chers les gaiges que tu tiens en ta possession. Il faut dōc adiousta le More, que sans delay aucun vous vous coupiez le nez, car c'est le soul moyē d'oster vostre femme du peril, & vos enfans de la mort, autrement i'en feray pareille boucherie que de celuy qui gist dans le fossé.

Si le Gentilhōme fut estonné d'vne requeste tant inciuile, ie le vous laisse péser:

VV

HISTOIRE XXXI.
tant y a que voyant deux maux si proches, & l'vn desquels il ne pouuoit euiter, se delibera de choisir le moindre, pensant que le More, voyant sa debônaireté,& les sermés qu'il luy auoit fait de ne luy rien demander, vseroit de pareille courtoisie. Mais le peu caut & transporté Pere, esmeu d'affection digne d'vn des meilleurs maris & des plus courtois peres qui furent onques, oublia que puis que le More auoit donné entree à son faict auec vn si piteux spectacle que le precipice de l'enfant, & qu'il continuoit le ieu par la mutilation des membres du Pere, qu'il ne cesseroit ia sans mettre à fin tout le discours de la Tragedie. Qui fut cause que postposant toute chose à l'amitié qu'il portoit aux siens, il se feist porter vn couteau bien trenchant, & le tenant entre les mains, auec vn geste plein de constance, & qui resentoit sa noblesse, il dist au More : Or dy moy, si tu faudras à ce que tu m'as promis, si i'effectue ta requeste? Ie vous iure le grand Dieu, dist l'infidelle esclaue, que la premiere promesse que ie vous ay faite, sortira aussi tost son effect, comme vous aurez satisfait à mon vouloir. Dom Riuieri, ne se souuçoât plus que la premiere promesse du Barbare, estoit de parencheuer l'occision ia commen-

Pieté de Dom Riuieri.

cee, qui fut cause qu'au grand estonnemēt de tous les assistans, il se couppa le nez, & fut le bourreau mesme de sa beauté. Dés que le cruel Barbare eut veu ce qu'il souhaitoit, se prīt à rire à gorge desployee, & se mocquant du pauure seigneur, luy dist: A ce que ie voy tu n'auras plus affaire de mouchoir, puis que si gentiment tu as dolé ton visage. Que pleust au grand Prophete Mahom, eusses tu aussi bien outré ton cœur, comme mutilé ton visage: car ce seroit lors que ie me tiendroye pour content, ayant occis ta race, & voyant deuant moy mort de sa propre main, celuy auquel i'ay dressé tout cecy pour l'exploit de ma vengeance. Puis donc que tu as si hardiment enduré que ta main ait besongué sur toy-mesme, tu souffriras plus constammēt à voir sauter le reste de tes enfans, qui irōt tenir compagnie à tes predecesseurs en l'autre monde. Le faire & le dire fut tout vn: car aussi tost il print les deux enfançons par les pieds, & leur donnant de la teste cōtre le mur, leur escarbouilla le test, puis les getta par la fenestre. Ce fut icy que Dom Riuieri commença à perdre patience: & ne fust-esté que les assistans, qui estoyent accourus à vn si cruel spectacle, l'empescherent, il eust donné le passetemps

Detestable fureur du More.

VV ij

HISTOIRE XXXI.

au More de sa mort auec sa main propre, afin que rien ne restast au comble d'vne si grāde calamité. Mais estāt empesché d'executer son horrible dessein, & ayāt quelque peu recogneu sa faute de se vouloir forfaire, conuertit ceste rage en gemissemens & plaintes si piteuses, qu'il n'est cœur d'homme ayant quelque douceur, qui n'en fust esmeu à compassion. Que si le Roy des Medes eut iadis pitié du tyran des Lydiēs, lors qu'il deploroit ses calamitez, estant sur le bucher prest à mourir, ie m'asseure qu'il fust tout fondu en larmes, oyant les propos & doleances de ce pere à demy desesperé. Toutesfois ce n'estoit rien au pris de l'infortunee Damoiselle, laquelle estant dans la tour, auoit ouy que son mari s'estoit deffiguré, cuidant deliurer par son malheur ceux qui luy attouchoyent de si pres: & entendu, reuenant de pasmoison, la mort cruelle du reste de ses enfans. A ceste cause, ne pardonnant ny à cheueux ny à visage, quelque beauté que Dieu luy eust donnee, crioit comme celle à qui toute esperance deffaut, & qui plus n'attend que l'arrest de sa ruine. O Dieu! disoit elle, quel orage est auiourd'huy tombé sur ceste miserable maison, & a accablé toutes les testes qui sont en icelle. I'estoye

Cyre eut compassiō de Croase Roy de Lydie.

à ce matin femme d'vn riche & beau cheualier, mere de trois beaux enfans, & dame de toute vne famille, & maintenant suis hors des mains de mon espoux, priuee de ma lignee, & assubiettie à vn meschant esclaue: lequel, comme ie pense, ne sera point plus doux en mon endroit, qu'il a esté des enfans qui onc ne luy messeirent. Helas! mon Dieu, ie ne sçay à qui auoir recours, sinon à toy, qui es le soustien des miserables, & consolateur de ceux qui sont affligez. Aye souuenāce de moy ta pauure creature: que s'il faut que ie passe le pas auec mes enfans, donne moy, pere de misericorde, cœur & constance pour endurer patiemment: & me pardonnant mes offenses, reçoy l'humilité de mon cœur en satisfaction de mes demerites, que ie supplie effacer au sang de ton fils Iesus Christ nostre Seigneur. Plusieurs autres paroles disoit la bonne Dame, quand tout le peuple qui voyoit le Gentil-homme demy mort de courroux & tristesse, & oyant les cris & piteux gemissemens de la Dame, commença à crier contre le More, & le menacer fort asprement, luy disant vne infinité d'iniures : mais le paillard, asseuré cōme vn meurtrier qu'il estoit, & deliberé en ses fantasies, ne leur respondoit que

VV iij

risees,& se mocquoit d'eux trestous, sachāt bien que sans canon il estoit impossible de le forcer, estant la tour enuironnee de la marine. Et qu'auez vous à abboyer, disoit le Barbare, mastins Chrestiēs? Vous semble-il grand nouueauté qu'vn homme de loy contraire à la vostre, vse de pareille vengeance sur les vostres, que vous faites sur ceux qui tombent à vostre mercy? Allez, allez à vostre besongne, & ne vous donnez soucy de ce que ie fay : car quand vous deuriez creuer, si ne feray-ie autre cas que ce que mon esprit me conseille:& vous monstreray tout à mon loisir la crainte que i'ay de vos menaces, & le peu de compte que ie fay de celuy auquel vous dictes que ie doy tant de respect & reuerence.

Comme ceste confuse multitude bourdonnoit de colere & maltalent contre l'esclaue, & consultoyent tous ensemble le moyen de l'auoir & le punir selon ses demerites. Le more print la Damoiselle, ainsi liee qu'elle estoit, & la mettant sur la fenestre, se mit à crier aux assistans en disant. Quelle plus grande folie, sçauroit on imaginer que la vostre, qui voyez vn homme hors de vostre puissance, affermy en ses opinions, iniurié au possible, & qui n'espere

HISTOIRE XXXI. 349

plus de salut, & pensez toutesfois, ou l'attirer par vos douceurs, ou l'intimider par vos menaces. Criez, vrlez, & menacez tout voſtre ſaoul, ſi faut il que ie paracheue mon deſſein:& puis ſi vous pouuez m'empoigner, ie vous pardonne tout le mal, & tourment que me ſçauriez bailler. Le Gentilhomme voyant ſa femme en lieu ſi proche de la mort, euſt voulu le rachepter au pris de quelqu'vn de ſes membres, voire y euſt employé vne bonne partie de ſa vie: mais cognoiſſant la faute qu'il auoit faite, ſe fiant aux paroles du Barbare, attendoit la fin de tout auec vn pareil eſtonnement que ſi c'euſt eſté luy meſme qu'on euſt mené au ſupplice. De prier le tyran eſclaue n'y auoit plus de raiſon ny cauſe, & ſe tourmenter d'auantage, c'eſtoit temps perdu: & auſſi qu'il eſtoit ſi attenué de ſe douloir, & plaindre que le corps ceſſant de monſtrer par l'exterieur la force de ſa triſteſſe laiſſoit l'office du tout à l'ame, laquelle affligee outre meſure, rendoit ce pauure homme ſi extaticq, qu'il reſſembloit preſque celuy que les Poëtes feignent auoir eſté iadis mué en vne pierre de touche. La Damoiſelle eſtant ſi pres de ſa fin, ſe print à arraiſonner ſon eſpoux, & l'inciter à patience, puis que c'eſtoit le

Batte mṗ en vne pierre de touche.

VV iiij

plaisir de Dieu de tenter ainsi son esprit, pour & auec vne affliction si estrange: l'admonnestant au reste de ne plus se fier en ceste maudite race d'esclaues, ains plustost salarier honnestement ceux qui volontairement seruent parmy ceux qui sont de nostre Religiõ. C'estoit icy la pitié de toutes parts, painte auec la couleur diuersifiee de tous les spectateurs selon les affections de chacun, estant tout le voisinage plus esmeu cent fois de voir ceste belle & vertueuse Dame preste à faire le sault de de la tour, que lors que le Mahometiste detestable auoit immolé les petits enfans au desir de sa vengeance. Le peuple plouroit & crioit contre l'Africain, & le mary se plaignoit à son espouse de n'auoir le moyen de la sauuer, & elle resolue en ce qu'elle ne pouuoit euiter, consoloit l'vn, & asseuroit les autres de l'aise que attendoit en l'autre vie, endurant si patiemment ceste infortune comme elle faisoit, suppliant son espoux de ne prẽdre tant les matieres à cœur que sa santé en empirast, & que la douleur surmontant ses forces, ne causast en luy quelque estrangement & diminution de son sens. Constance admirable certes, tant pour apparoistre au cœur d'vne ieune & foible Damoiselle, que pour estre mise en l'esprit d'vne qui n'estoit point instituee en autre escole, que celle que vn bon naturel luy auoit engraué en son ame. Celles qui iadis, tant en Grece comme en la cité fondee par Romule, ont donné quelque signifiance de la force de leur esprit, sont à louër grandement: mais non à l'esgal de ceste cy, d'autant que leur pays abondoit en doctrine & exemple de tout'espece de vertu, là ou ceste cy viuoit en vn pays insulaire, & qui ressent assez (n'estoit la Religion) son terroir sauuage & Barbare. Et quoy que par force elle ait souffert les assauts d'vne mort violente & cruelle, si est ce que sa patience & allegresse se presentant à la mort, est plus à louër & recommander, que la cruauté de celles qui sont outrees, & de leur gré desesperans de leur salut, se sont volontairement occies. Harmonie fille du tyrans Sicilien est louee pour tel effect, lors que sans contrainte, & se pouuant celer à celuy qui la cherchoit pour occire, se presenta hardiment: & quoy qu'à la fin elle eust esté trouuee, si est sa mort glorieuse, entant qu'elle ne se forfist point: & si se descouurit pour telle qu'elle estoit, estant en son pouuoir d'euiter pour ce coup telle furie. A telles Dames faut que l'histoi-

Harmonie Princesse Sicilienne.

HISTOIRE XXXI.

re donne immortalité, & que les hommes sçauans attribuent louange, afin que la ieunesse se forme par si diuins exemples.

Ceste bonne Damoiselle cuidant continuer sa harãgue, sentit le cousteau du More qui luy couppa la gorge, & soudain la precipita par la fenestre, laissant tout le mõde esbahy de si estrange & abominable cruauté: d'autant que sur l'instant que lon veid la Dame iettee en bas, le cry se leua si grand parmy ce peuple, que le More, qui iusques alors ne s'estoit estõné de rien, commença à voir l'impossibilité de se sauuer, & la fureur qui croissoit d'heure à autre de ce peuple irrité outre mesure. Pour ce voyant que le bruit cessoit quelque peu, & qu'il n'auoit plus d'execution à faire, il se mist à la fenestre: & faisant signe de la main, dist à son seigneur Riuieri : Il est temps desormais que ie te contente aucunement, & satisface à la douleur que tu souffres pour ta perte, & par mesme voye ie me deliure de tes mains: esquelles si ie tomboye, ie sçay bien que tous les tourmens qu'on sçauroit excogiter, seroyent essayez sur mon corps pour rassasier ton courroux & furie. Mais tu ne te vanteras de ta vie de m'auoir eu à ton commandement, pour véger l'iniure que ie t'ay faite, en vengeance du tort receu de toy. Ce sera moymesme, qui auec mon contentement de t'auoir mescontenté, puniray celuy qui t'a offésé, afin qu'en ce plaisir il meure, d'auoir si bié chastié vn espagnol, que iamais il ne se mouchera, qu'il ne luy souuienne combien est dangereux de traiter si mal vn pauure esclaue, comme tu m'as estrillé vne fois en ta vie. Ie ne suis point marry de mourir, mais me desplaist plus q̃ la mort, que ie ne t'ay fait passer par le chemin que tu as veu faire à ta femme & enfans. Mais vn autre satisfera à ce à quoy i'ay fait telle faute. Ayant dit ces parolles, il se tourna vers la fenestre qui respondoit sur la mer: & contemplant les ondes, & la plage d'Afrique, se print a dire hautement: C'est à ces vagues sans pitié, que ie consacre & ma vie & mes cruels desirs, puis qu'auec mon aise il faut que ie quitte la cõpagnie de celuy que ne peux trainer auec moy, afin qu'il tint compagnie à tant de morts qui ont à ce iour finy leur vie en sa maison. Disant cecy se ietta la teste la premiere en bas, & tombant sur vn escueil, se rompit le col, & alla le corps dans le plus profond des Abismes, & l'ame vers les ombres sans pitié, ou Satan traite les traistres voleurs & assassineurs de douleurs, & grincement

Le More se precipite en mer.

HISTOIRE XXXI.
de dens: la où ce pédant Dom Riuieri demeura heritier d'vn trance & creuecœur perpetuel, tant pour la ruine des siens, que pour n'auoir eu le moyen de se venger de son esclaue, qui le preuint en se precipitāt, & ne voulut qu'il se glorifiast d'auoir salarié ses beaux faits, ains se contenta d'en estre luymesme le remunerateur, tout ainsi que par sa malice il auoit esté l'executeur d'vn si estrange malefice. Et oseroye bien affermer que iamais le Monarque Grec, à qui ses ennemis auoyent mutilé le nez, ne se moucha si peu souuent sans faire mourir quelqu'vn de ceux qui auoyent coniuré contre luy, comme eust fait Dom Riuieri pour auoir occasiō de renouueller les tourmés sur cestuy, qui luy auoit dōné dequoy se douloir & tourmenter tout le temps de sa vie. Voila vn exéple notable pour ceux qui se plaisent tant en nouueauté, & qui se fient en ceux qui sont esloignez d'eux & de façons & de persuasion: d'autant qu'il est impossible que celuy soit loyal és choses qui sont du corps, l'esprit duquel est estrangé de vos cōceptiōs. C'est pourquoy l'hōme saige fera choix de ceux qu'il veut que luy soyent loyaux, & essayera leur preud'hōmie, auant que de sy fier si tost, & sans l'essay de chose tant necessaire. Nous auōs

Iustinian surnommé le ieune.

Ne faut tenir homme de diuerse religion auec soy.

tant veu de Maistres trahis, vendus, & occis de leurs seruiteurs mesmes, que ie m'esbahis comme il est possible qu'aucun fie sa vie à autre qu'à soy mesme: mais l'homme accort verra auec sa sagesse à qui il s'attaque, & pouruoyra par sa discretion qu'il ne donne tant d'accez à son valet, que facilement il ne se depestre de luy s'il luy semble facheux au traitement, & haineux quand on luy commande quelque chose. Aussi est ce autre cas de celuy qui sert sans contrainte, & pour salaire, & de celuy qui y est astraint, côme vn bœuf & cheual, qui sont liez à la charruë, au plaisir de celuy qui en a esté l'acheteur: d'autant que l'vn doit estre chastié de parole, & chassé pour peu d'occasion. L'autre est subiect sur la mesme seruitude, & est lié par la loy au plaisir de celuy qui le possede. Mais ce sera assez discouru sur la pitoyable deffaite de la mere & des enfans, & sur la dolente vie de Dom Rinieri, afin qu'vne autre histoire change le goust du lecteur, & luy adoucisse la faueur, pour le degoust d'vne telle & si exorbitante cruauté que celle que venez d'ouyr en cette histoire amplement de-

SOMMAIRE DE L'HIstoire XXXII.

PLusieurs en tous temps trōpez de leur folle opinion, se sont efforcez par art de violenter les effects mesmes de nature, pensans par ce moyen ou d'immortaliser leur memoire, ou bien d'en tirer quelque grād profit. Or entre vn grād & infiny nombre de sortes de folie, esquelles les hommes souffrent que tombent leurs esprits: il en y a deux qui les attirent le plus à l'essay de ce que ie vien de dire, & à faire par l'effect de leur labeur plus que nature ne peut leur permettre. Et afin que lon cognoisse plus sensiblement la vigueur de telle folie: la vieillesse qui se refroidist à la poursuitte de toute autre action, & quitte les armes à tout plaisir, suit neantmoins l'espoir sans effect de ces deux especes d'alienatiō de sens que ie vous nommeray, afin de ne vous tant tenir en suspens, à sçauoir, l'Alcumie & la Negromance: la premiere desquelles, quoy que vn million de fois elle ait deçeu celuy qui s'y a dextre, si l'affriādist elle de telle sorte, que iamais l'art n'y est accusé, ny la science recogneue pour imposture: ains si l'effect ne s'ensuit en la transmutation ou accroist des metaux, soudain les drogues, ou le charbon, ou le fourneau sont accusez: de sorte que la vie & les biens de ces chercheurs de quinte essence, s'en võt auec la Lune & Mercure en fumee, & reste leur renommee pleine de

Deux arts remarquez de singuliere folie.

Alcumie & Negromance.

mespris, & chargee d'infinis reproches. L'autre de soy est abominable, & ce qu'elle promet plein d'impieté, quelque couuerture qu'on luy vueille donner, & qu'on la pallie de l'inuocation du haut & espouuentable nom de Dieu, & que les superstitieux la rendent admirable auec leurs ieusnes, astinences, & autres exercices de sainteté, veu que l'Ange tenebreux se change souuent en celuy de lumiere, afin de tromper les esprits des simples, & les attirer à la condemnatiō qu'il souffre pour sa mescognoissance & rebellion. Et d'autant que la ieunesse plus curieuse que la loy de Dieu ne permet, s'emancipe bien souuent à l'experience de ce qui est meschant pour en tirer ses aises, & que quelques vns allichez d'vne esperāce de s'enrichir, ont pésé que par le moyen & assistence des esprits malings par la voye d'enchantement ils iouyroyent de leurs amours, ou retrouueroyēt les thresors cachez és plus profonds cachots de la terre. Afin de les en destourner, ie pourray leur alleguer les passages de l'escriture, qui deffendent expres ceste impieté & idolatrie. Mais ie me contenteray du malheur qui aduint à vn escolier amoureux, qui par ceste voye de charmes & inuocatiōs pensoit venir à bout d'vne Damoiselle, de laquelle estant mesprisé, il se faisoit fort de gaigner la bonne grace. Et pensez vous qui prestez l'oreille à ces pestiferes seducteurs & annonciateurs de diables,

Negromāce n'a rien que impieté.

Abus des sciences obscures.

que Dieu est si ialoux de son honneur, qu'il ne veut point son aduersaire pour en estre le trôpette: & si ne peut vouloir que sa saincte parole serue de bastelerie du ministere de telles impietez, d'autant qu'elle a esté annoncee par son fils vnique Iesus Christ nostre Seigneur, par les Prophetes & Apostres parmy le monde, non pour attirer les ames à peché, & solliciter les femmes à paillardise: ains afin que chascun se retirast de sa vie mauuaise, & laissant celuy qui ne cherche que nostre ruine, nous recognoissiôs nos aises & richesses estre au Ciel, & q̃ par plusieurs maux, angoisses & tourmens, il nous faut gaigner la couronne de gloire. Ce ne sont pas les liures de Zoroast, ny Porphyre, non la Clauicule de Salomon, ny la Philosophie cachee d'Agrippe, ny l'Art d'Albert le Grãd, ou du Roy Alfonce, qui ne nous apprennẽt la voye du Ciel: ains plustost nous cõduisent auec leur folie & vanité au chemin de perdition, mettans les ames en la compagnie des ombres malheureuses, qui sont tourmentées en enfer, & les corps priuez de sentimẽt, & moyen, en recognoissans leurs fautes de faire penitence en ce monde. Ie deduiroy la mort calamiteuse & espouuentable d'vn Magicien que i'ay veu mourir en Gascoigne: mais ce pauure escolier transporté d'amour, & curieux de choses indignes d'vn Chrestien, me rappelle au discours de l'histoire qui s'ensuit.

VN

Zoroast.
Porphyre.
Clauicule de Salomon.
Agrippe.
Albert le Grand.
Le Roy Alphons.

345

VN ESCOLIER A Boloigne pensant faire quelque enchantement, mourut de peur, estant dans vn tombeau au Cimetiere.

HISTOIRE XXXII.

Evx qui font profession du droict, louënt l'Vniuersité de Boloigne la Grasse, pour l'vne des plus fameuses qui soyent guere dela les Monts, tant pour le grand nombre d'escoliers qui y abondent de toutes parts & natiōs de la Chrestienté, comme aussi pour les hōmes de grād sçauoir: sous lesquels la ieunesse est instituee en la cognoissance des Loix & ordonnances des Anciens, tant Preteurs que Princes souuerains de l'Empire de Rōme. Et outre l'estude de telle sciēce, encore sy void-il ordinairement vne bonne trouppe de ieunes hommes, lesquels à heures certaines s'assembleor les festes,

Vniuersité fameuse de Boloigne la Grasse.

XX

pour passer le téps à mille disputes ioyeu-
ses, & autres especes de passetemps: esquels
l'homme honneste & studieux profite autant que s'il fueilletoit les liures, sans que
pas vn d'eux engendre vn brin de melancolie: ains s'arraisonnans l'vn l'autre de plu
sieurs choses, font à la fin esclaircir la verité, en deuisant mieux que les maistres és
arts ne font auec leurs crieries litigieuses
& babil sans raison, lors que opiniastre-
ment ils s'aheurtent contre les syllogismes
fallacieux de leur patron Aristote. Or parmy tant de bons esprits & d'hommes de
tant de sortes, il est impossible que quelqu'vn ne soit plus leger & simple que les
autres, & qui auec les simplesses sert de pas
setemps à la compagnie: & sur tout si l'A-
mour se mesle parmy ceste legereté de cerueau, qui est comme vn propre en la ieunesse. Ie dy cecy, d'autant qu'entre tous
ces escoliers qui s'assemblent ainsi à Boloigne, en y auoit vn assez gentil, & de bon e-
sprit: mais soit que l'opinion de soymesme
le trompast, ou que sa complexion y incli-
nast ainsi, n'estoit point des plus rusez que
la terre porte. Cestuy cy ietta vn iour l'œil
sur vne Damoiselle Boloignoise, assez belle: mais trop chaste pour luy, ou plus que
escorte pour se laisser prendre à vn tel pi-

geon:& fut si sot ce pauure ieune homme, qu'il s'enamoura de telle sorte de ceste femme, qu'elle n'eust sceu aller en lieu, où tousiours l'ombre de l'escolier ne luy eust tenu cōpagnie de bien pres, sans que pour cela il osast luy tenir le moindre propos de la passion vehemente qui l'affligeoit: seulement parloit-il par signes & œillades, iusques à ce que vn sien compagnon l'enhardit, & luy conseilla de luy escrire, afin de sçauoir au vray sa volonté. A quoy le seigneur Iean (ainsi s'appelloit l'Amoureux) obeit facilement : & par ainsi prenant encre & papier, luy escrit vne lettre, contenant telles ou semblables paroles:

Lettre de l'Escolier à sa Dame.

Ma Damoiselle, si le Ciel m'auoit fait naistre si parfait que ie peusse par mon seruice meriter ce bien q̃ de gaigner vos bōnes graces, ie ne pense point, qu'il y ait homme au monde qui peust s'esgaller en heur auec moy, qui seulement en ce m'estime & repute biē-heureux, que ie ne sçay quel sort, ou destin m'a fait seruiteur tresaffectionné de vostre beauté & courtoisie. Or pensez si vne seule image de bien, & ombre de plaisir me rēd ainsi vostre escla-

XX ij

ne, quel ie feroye, si de grace il vous plaisoit m'accepter pour voftre feruiteur, & me fauorir de tãt qu'é fecret ie vous peuffe parler, afin que la parole tefmoing des cõcepts de l'ame vous tefmoignaft plus à plein de ce que le penfant bien ie ne peux exprimer, tant la chofe me femble haute, & indigne qu'vn peu de papier en foit le tableau, où si faincte image foit effigiée. Vous plaife donc en ayant pitié de moy, ouyr ma requefte, & m'acceptant pour voftre, penfer que n'aurez iamais feruiteur plus affectiõné, que celuy qui auec fes treshumbles recommandations à vos bonnes graces, prie Dieu vous donner ce que voftre cœur defire.

Cefte lettre fut portee par vne vieille meffagere d'amours, telle que f'en trouue affez par toutes villes, où la frequence des eftrangers fait, & rend cachee la vie des citoyens. La Damoifelle receut la lettre fans autrement fe colerer, fe moquant au refte du pauure Amãt, & difant qu'il eftoit trop foible pour porter vn si grand faix que les trauerfes que l'Amour donne à ceux qui font afferuiz fous le ioug de fes mobilitez. Et foit qu'elle euft quelque autre plus accort qui la courtifoit, ou que ceftuy luy femblaft trop peu apte à fon feruice, pour lettre ou embaſſade que le ſeigneur Iean luy enuoyaſt, elle ne reſpondoit que riſees & moqueries: dequoy l'eſcolier d'Amour perdoit toute patience: & neantmoins tāt plus il ſe voyoit rechaſſé, meſpriſé & refuſé, c'eſtoit lors qu'il ſ'opiniaſtroit d'auantage à luy eſcrire, & enuoyer gens qui luy portoyent parole de ſon affection. Mais elle, qui eſtoit faicte au badinage, & qui voyoit bien que la teſte de ſon ſeruiteur n'eſtoit guere biē faicte, ne luy faiſoit autre reſponſe, ſinō qu'elle ne pouuoit point entendre à tels amouraichemens, eſtant liee à vn mary, auql elle deuoit telle loyauté que chacun ſçait. Qu'elle eſtoit marrie au reſte, qu'vn homme de ſi bon eſprit que luy, ſe laiſſaſt ainſi guider par ſes paſſions, & qu'il falloit amortir ceſte flamme du tout, ou bien chercher autre partie. Ce meſſer ſachant auec quelle douceur elle reſpondoit à ceux qui la ſollicitoyḗt pour luy, ne pouuoit croire qu'elle le deſdaignaſt du tout: ains vſoit de telles diſſimulations, pour eſprouuer ſa cōſtance, & voir ſi à la longue il continueroit ſon ſeruice. A ceſte cauſe il l'œilladoit de plus belle, & preſque tous les iours luy mandoit de ſes nouuelles. Or ce galant, en lieu de fueilleter les liures de Iuſtininian, ne faiſoit

XX iij

HISTOIRE XXXII.
plus que lire vn Petrarque ou Bocace, & autres qui ne traitét que de l'Amour, & employoit son argent en pareilles folies, que font la pluf-part de ceux qui vont sous pretexte d'ouyr les docteurs, voir les sales des festes, les Balladins & escrimeurs. Il vous composoit des sonets, stanzes & Madrigales en l'honneur de sa dame, & puis les recitoit lors qu'il se trouuoit parmy les autres, qui se paissoyent de rire és sottises de ce solennel Amant sans party : les vns admiroyent la subtilité de son dire, les autres les gentilles inuentions, & la grace qu'il auoit à exprimer ses passions, ce qui transportoit tellement ce ieune sot, que de iour à autre la compagnie estoit assez empeschee à rire, voyant sa folie aller de mal en pis, & que sans cesse il portoit des compositions & rithmes qu'il enuoyoit à sa Dame, pensant que tels fatras fussent les amorces pour appaster les femmes si accortes que sa maistresse, qui l'eust plus-tost escouté, voyant quelque riche present de luy, que de lire tout autât qu'il y a de vers pleins de passion dans le Poëte amy de la Laure Prouençale. Or, entre autres vers, il enuoya vn iour vn sonnet de telle substance à sa Dame:

L'estude de la plus part des Escoliers.

Ie brusle, helas! tout le monde le croit,
Et tu es seule, ô maistresse cruelle,
Qui n'as soucy de ma passion, telle
Que de semblable autre cœur n'en reçoit.

Ie son glacé pres le feu qui se voit
Dedans mon cœur, & duquel l'estincelle
Prouient de toy, sans que point on reuele
Vn seul moyen, qui me soulageroit.

Ce mien brusler, ce chaud est vostre feu:
Et toutesfois il vous enchaut si peu,
Que de mon mal vous ne faites que rire.

Aumoins vn coup que ie sente mon cœur
Arrousé d'eau, sur ceste grand' ardeur,
Et que vers vous ceste liqueur m'attire.

 Ce sonet leu que fut par ses cõpagnons, leur appresta assez à parler & discourir, les vns ayans pitié de luy, qui s'affolloit ainsi, en lieu d'employer son esprit à choses meilleures: les autres, qui ne cherchoyent qu'a folastrer, le nourrissoyēt en ceste fantasie, pour en tirer leur passetemps. Entre lesquels estoit vn nommé, Seigneur Symon, homme autant gaillard, allegre & facetieux, qui fust pour lors entre les escoliers de Boloigne: lequel s'estant apperceu

des façons de faire du pauure amoureux:
& cognoissant que c'estoit viande sans sel,
delibera le tenir en haleine, & l'appaster si
bié qu'il seruiroit puis apres de plaisir à tou
te la compagnie. A ceste cause, vn iour
que toute la trouppe estoit assemblee, ce
plaisant follastre s'addressa à nostre passionné amoureux, luy disant : Ie m'esbahy,
Monsieur, comme il est possible que celle
à qui vous faites l'honneur d'estre affectionné, soit si peu aduisee, que de ne satisfaire autrement à l'honeste amitié que luy
portez, & de laquelle vos doctes escrits ré-
dent si bon & asseuré tesmoignage. Quāt
à moy, i'ouy dernierement reciter à quelqu'vn vne de vos chansons, qui me sembla
(sauf meilleur iugement) vne des choses
les mieux faites que ie vey iamais: & s'en
meslast le Tazzo ou Delio, ou autre quel
que ce soit de nos rimasseurs Italiens. Et
pleust à Dieu que i'eussé esté alors vostre
maistresse, vous n'eussiez tant languy depuis comme auez fait, tant ie me senty surprins de la douceur & excellence de vos
vers. Par-ainsi vous plaira nous faire tant
de faueur, que de chanter pour l'amour de
moy celle vostre chanson, vous promettāt
faire quelque autre chose à la pareille, là
où il vous plaira m'employer, d'aussi bon

Tazzo et Delio, poëtes Italiens.

cœur comme ie vous requier cecy. Le simple adolescent, qui ne sentoit point ceste pointure, pensant que son compagnon dist à bon escient, rougist de honte : & afin de ne sembler mal apprins, & apparoistre discourtois à l'endroit de celuy qui le prioit, se print à chanter & dire la chanson suyuante:

CHANSON.

Voy, Madame, la peine
Euidente & certaine,
Qui pour toy mon cœur geine,
Et me met à outrance.
  Helas ! de ma souffrance,
  Ne dy ce que i'en pense.

Voy le mal & martyre
Es pourquoy ie souspire:
Contemple à quoy i'aspire
Par ma perseuerance.
  Helas ! de ma souffrance, &c.

Voy mis souspirs & plaintes,
Et voy mes larmes maintes,
Et de quelles attaintes
Tu tentes ma constance.
  Helas ! de ma souffrance, &c.

HISTOIRE XXXII.

Regarde de quel aise
Ma tristesse s'appaise,
Tu verras que mesaise
Nourrist ma patience.
   Helas! de ma souffrance, &c.

Cognoistras que ma vie
Secrettement rauie
A ne sçay quelle enuie
De voir sa defaillance.
   Helas! de ma souffrance, &c.

Si d'vne grace douce
Ce mal tu ne repousse,
En donnant la secousse
A ceste mienne outrance.
   Helas! de ma souffrance, &c.

Ma liberté ie chasse,
Ma prison ie pourchasse:
Neantmoins de telle chasse
Rien ne voy d'apparence.
   Helas! de ma souffrance, &c.

Car captif ie demeure,
Et nuict & iour labeure
Pour auoir en vne heure
De mon mal allegeance.
   Helas! de ma souffrance, &c.

Mais ceste heure tardiue,
Quoy que face que viue,
Si me paist & auiue
D'vne vaine esperance.
  Helas! de ma souffrance,&c.

Si de toy ma maistresse
Pour chasser ma destresse
Ie ne voy la rudesse
Conuertie en clemence.
  Helas! de ma souffrance,&c.

Si ta main me retire
Mon esprit de martyre,
Si ton œil ne m'attire
Au bien de iouyssance.
  Helas! de ma souffrance,&c.

Si ton corps ie n'embrasse,
Si mes bras n'entrelace
Aux tiens de bonne grace
Puis eschanger ma chanse.
  Helas! de ma souffrance,&.

Pour conuertir ma peine
Qui me poingt & me geine
En liesse certaine
Ma peur en asseurance.
  Helas! de ma souffrance,&c.

Et pour oster mon ame
Du milieu de la flamme
Qui tous mes sens entame,
Et les priue d'essence.
    Helas! de ma souffrance,
    Ne dy ce que s'en pense.

Quoy que tous les cõpagnons se moquassent du pauure passionné, si ne peurét-ils tant cõmander à leurs affectiõs secrettes, que la plus part ne sentist quelque esmotion d'esprit, voyans ce lãgoureux proferer ses mots, auec vne telle bouffee de souspirs, & battement d'estomach, que facilement lon cognoissoit que ce n'estoit point ieu que ce qu'il enduroit. Mais le seigneur Symon, partie pour oster ses cõpagnons de ceste contéplation des forces de la frenesie d'Amour, ou pour continuer ses risees auec l'amant, luy dist: Vous gazouillez trop bien pour vn apprenty en l'art, & n'estes si atteint que vous feignez: ou bien en descriuant vos lãgueurs, & nous exprimant vos destresses, nous voulez celer l'aise & contentement q̃ vous auez en la cõpagnie de celle que nous paignez si rigoureuse. Car ie cognoy les Dames de ceste ville pour si honnestes, courtoises & gracieuses, qu'elles n'enduretroyét iamais que

vn homme tel que vous fuſt traité ſi rigou
reuſemét côme vous dictes. Ah! monſieur,
reſpond le paſſionné, que vous eſtes trôpé
en voſtre opinion: & pleuſt à Dieu, fuſſe-
ie en la peine aiſee que vous feignez, &
peuſſe chanter en mon cœur ſeulement ce
que vous croyez, qui appaiſe mes triſteſ-
ſes: ie vous aſſeure, que ie ſeroye autant
marry de me vanter de tel auantage, comme ie me faſche qu'vn chacun cognoiſſe la
melácolie qui mine mon cœur. D'autant
que ie ſuis ſeruiteur de la Damoiſelle la
plus eſtrange, cruelle, & moins accoſtable,
qui ſoit en l'Italie. De laquelle il m'a eſté
impoſſible, pour deuoir que i'y aye fait,
de tirer vne ſeule bône reſponſe, de ſorte
que ie ne ſçay plus q̃ faire, ny à quel ſainct
me vouër, eſtãt preſque venu au deſeſpoir,
puis que ie ne voy autre remede pour l'allegeance de ma peine: & porte enuie tous
les iours à ceux que la mort priue de ceſte
clairté, afin d'auoir par leur deſaſtre la fin
de la mort qui en ceſte vie me fait cruellement treſpaſſer ſans mourir à toutes heures. Ie vous croiray vne autre fois, reſpõd
le ſeigneur Symon: mais pour le preſent, ie
voy bien que vous faictes du ſecret, ce qui
eſt bien fait à vous, ne ſe fier point à cha-
ſun de choſe de telle conſequence.

Toutesfois ne faut que vous doubtiez de moy, qui ay, la Dieu mercy, maistresse telle que ie m'en contéte si bien, que ie n'ay affaire de mettre mon affection en autre proiect: au reste, ne pensez pas que ie ne puisse vous aider plus que ne cuidez en vos amours, estant la maison de ma fauorite assez pres du logis de celle que vous reuerez si fort, à quoy ie m'employeray d'aussi bon cœur, comme ie sçay que les baisers & embrassemens de vostre Dame vous sont aggreables. Ie vous iure Dieu, respond l'amāt, que ie n'ay eu iamais non plus de faueur d'elle, que de celle que ie ne vey onc, qui est l'occasion que ie suis si transporté, que ie ne sçay où i'en suis: & tant assailly de tristesse, que volontiers ie souhaiteroye la mort, si auec le salut de mon ame ie me pouuoye deffaire: & quāt aux embrassemés que parlez, ie voudroye que quelque Diable m'eust porté au lict de ma guerriere: car ie ne me soucie comment que ce soit, pouruau que ie iouysse. Le plaisant seigneur Symō voyāt de quelle colere parloit l'amant, le tira à part, & estans tous deux assis sus vn coffre, luy dist: Monsieur mon compagnon, le seul desir que i'ay de vous voir hors de peine, me fera plus parler en vostre endroit, peult estre que ie ne deuroye, ne sachant si vous serez aussi secret à taire ce que voudroye vous declarer sus vostre allegeance, comme ie vous voy tourmenté d'Amour: les assauts duquel, si ie n'auoye essayé, & gousté son amertume, peult estre n'auroy-ie pas telle pitié de vous comme i'en ay. Et veritablement ie pense qu'entre toutes les passions de l'ame, ceste cy peult estre nõmee la plus vehemente & penible, quand il faut qu'vn cœur seul porte les affectiõs qui deuroyẽt s'espandre sur deux volontez vnies, & que l'homme forcé de son destin, aime sans contre-eschange viuãt sans cœur, priué de liberté, esloigné de ioye, & sans espoir d'aucun allegement: de sorte que s'il estoit possible, il faudroit faire ce que le Poëte Florentin dit, despité contre sa Dame:

> *Mais quand ie fu asseuré de mes maux,*
> *Et qu'aucun gaing n'auoy' à requerir,*
> *Tournay la chance, & me prins à courir*
> *Vers autre but addressant mes trauaux.*

Petrarque.

Ah! dist le passioné escolier, si le Petrarque eust suyui ce sien cõseil, i'auroye quelque espoir de le pouuoir imiter, & de laisser ceste pratique fascheuse d'Amour, pour m'assuiettir à autre chose, l'obiet de laqlle

donnast plaisir au corps, & contentement
à l'ame. Mais c'est folie de vouloir resister
à ce que la nature mesme paint en nos a-
mes, Toutesfois ce mesme Poëte, quoy
qu'il veist le peu de moyen de iouyr de cel
le qu'il aimoit tant, si est-ce que ne pouuāt
fuyr l'influence des cieux sur la malheureté de sa vie, est contraint d'appaiser ses
pleurs en ce mesme plaisir qu'il auoit d'e-
stre le seruiteur de sa belle Laure, lors qu'il
dit, que son ame faschee, encore que les e-
stoilles fatales luy influēt vn orage de desplaisir, suit toutesfois à pleines voiles l'I-
dee de sa dame, qu'il ne peut oublier, quoy
qu'il voye l'impossibilité de son aise tant
esperé. Mais las! mon malheur est encor
plus grand, qui aimant comme i'aime, ne
suis satisfait d'vne seule parole, ny allegé
par la moindre œillade gracieuse qu'amāt
sçauroit souhaiter. Pource vous supplie,
Monsieur mon amy, si sçauez qlque moyē
pour le relasche de mes peines, ne le me
tenir caché, vous iurant le Dieu viuāt, que
plus tost ie souffriray cēt mille morts, que
de descouurir la chose, s'il est besoing de la
tenir secrette. Le seigneur Symon voyant
son ieu tomber où il vouloit, luy respondit: La chose est telle, que si elle venoit à la
cognoissance des seigneurs de la iustice, ce
seroit

seroit fait de nostre vie : & toutesfois ce n'est chose qui me semble si mal faite, veu qu'elle gist & consiste en l'exercice de l'esprit, & depend d'vn grand & profond sçauoir és secrets plus cachez de la sciéce des choses naturelles. Tellement que par ce moyen ie me fay fort de vous mettre vostre Dame en vostre puissance, & la forcer sans luy main mettre de vous suyure là où voudrez aller. C'est par enchantemét dōc, dist l'Amoureux, que ie pourray iouyr de celle qui m'est si cruelle: il ne me chaut de diable ou autre esprit : car qui ce soit, qui me fera si aise, ie luy en sçauray gré, & à vous le premier, que toute ma vie ie recognoistray pour celuy qui aura tiré mon esprit du tourmét le plus cruel & fascheux que mortel puisse endurer. Vous iurāt derechef le haut Dieu, que quand il faudroit mourir cent fois, encore ne voudroy-ie vous auoir trompé en descouurant vn secret, que si amiablement & à mon grand besoing vous me communiquez. L'accort & fin escolier, tenāt son pigeon à son aise, le mena pourmener dās l'eglise sainct Petronie, où il luy dist: Iaçoit que i'eusse fait serment de ne me mesler iamais plus de telles superstitieuses folies, & ne fier desormais mon salut à la garde de si mauuais

Sainct Petronie, téple de Boloigne.

HISTOIRE XXXII.
conducteurs que les anges de Lucifer, si est ce que l'amitié que ie vous porte, & la compassion que i'ay de vous voir tant endurer, me feront pour ceste fois violer ma foy, & contreuenir à la promesse faite à tant de gens de bien, qui m'en ont sollicité, voyans le peu d'honneur & profit que vn hôme gaigne à suyure telle pratique. Non que les effects ne soyét merueilleux, & que ceux qui en font experience, ne voyent souuent la fin de ce que plus ils desirent, mesinemét és choses de l'Amour: car les dames d'auiourd'huy n'ont pas tât Iesus Christ enraciné en leur poictrine, qu'elles chassent l'esprit qui les assaut par leur priere, cóme se lift de la vierge Iustine, que iamais l'enchanteur ne peut esbranler. I'ay fait l'essay de ce que ie veux vous apprendre, & m'en suis fort bien trouué, comme celuy qui ay obtenu par ce moyé la fin tant desiree de mes penibles & cuisantes flammes. Ie vous prie, dist l'Amant, fiez vous en moy, & ne me tenez plus en suspens: car si ie ne vien à bout de mó entreprise, aussi bien faut-il que ie meure de desplaisir. Voyez la folie de ce miserable, qui croit que le diable ait puissance de forcer la volonté d'vne femme, qui sera affermie au desir de garder sa chasteté. Ie con-

Iustine vierge, assaillie par Cyprian enchâteur

HISTOIRE XXXII.

feſſe que les malings eſprits ont quelque puiſſance d'operer de merueilleux effects, & de nous offuſquer les ſens par terribles illuſions: mais entant que Dieu leur en permet, comme ſe liſt des enchanteurs d'Egypte: mais que le bon Dieu permette que ce meurtrier des ames puiſſe eſbranler (quelque inuocation que l'on face) l'eſprit d'homme ou femme, que de celuy qui franchement ſe preſente à pecher, ie ne ſçauroye y entendre. Voy Chreſtien, comme Satan fait la ronde à l'entour du ſeruiteur de Dieu Iob, comme il deſire de l'affliger:& toutesfois il n'y oſe mettre la main, iuſques à ce que ce Dieu Tout puiſſant luy laſche la bride, le diſpenſe de le tourmenter. Lis moy les hiſtoires Eccleſiaſtiques, & verras que le diable a fait mille eſſaiz contre les ſaincts Martyrs & Confeſſeurs: toutesfois tout cela eſtoit vain, & ſen alloit en fumee, d'autant que Dieu luy fermoit le pas, & luy faiſoit ſentir la foibleſſe de ſon effort. Auſſi tous les miracles des enchanteurs ont eſté momentanees, & ſe ſont tout auſſi toſt eſblouys, còme l'œuure a eſté fait. Lis les faicts eſpouuentables, & ſurpaſſans le naturel, mis à fin par ce grand Magicien Symon Samaritain, celuy qui fut rebouté par les Apoſtres,

Le malig ne peult ſinon que tant que Dieu luy permet.

Iob aſſailly de Satan.

Iob 1.

Symon Magicié.

HISTOIRE XXXII.

voulant acheter les dons de Dieu, à somme de deniers. Que diras-tu là, sinon que le Diable a quelque puissance approchāt de la diuinité, qu'ō ne sçauroit empescher: mais passe puis apres plus outre, & verras que ces faicts tāt prodigieux ne sçauroyēt donner fondement à la foy de telle œure, d'autant qu'ils ne sont point de duree. Ce grand menteur Philostrate nous compte merueilles de ce compagnon des Diables Apollonie Thianee: mais tout cela, quand bien il seroit vray, estoyent fantosmes, & ne se void vn seul miracle diaboliq, qui ne se passe aussi tost qu'il l'a presenté au peuple, tout ainsi que les Rois representez sur vn Theatre, perdent leur royauté aussi soudain que le rideau est tiré. En somme, iamais homme ne veid enchanteur heureux en ses iours, ny mourant de mort honneste: tousiours malostrus, vagabons, mal-voulus, pauures, haues, & ressentans plus vn image de mort, & de l'Enfer, que la face plaisante d'vn homme à qui Dieu ait donné de tenir la teste haut esleuee, afin de contēpler la beauté des cieux où il aspire, là où ces frenetiques n'aduisent que la terre, ne frequentent que les tombeaux, n'aiment que l'obscurté, comme si desia ils se pourmenoyent auec vn

Enchātement n'est point de duree.

Philostrate mēteur en son histoire.

Apollonie Thianee, grand Magiciē.

Misere des enchāteurs.

HISTOIRE XXXII. 355

Vlyſſe ou Ænée par les ſales obſcures des enfers.

Mais reuenans à noſtre propos, ce tranſporté d'amour, prie tant l'autre, qui eſtoit auſſi aſſeuré en ſa menſonge, comme luy arreſté en ſa folie, que comme contraint il luy promiſt ſecours, & de luy enſeigner les moyés d'attirer ſa Dame à ſa fantaſie. Mais diſoit Symon, ce n'eſt pas tout que cecy, il faut que me iuriez icy deuant Dieu, de ne me deſcouurir pour choſe qui aduienne. Tout cecy faiſoit-il afin de donner plus de deſir à ce ſot de luy adiouſter foy, veu qu'il ne pouuoit voir l'heure qu'il fuſt hors de là, pour en aller faire le compte à ſa compagnie, & ſappreſter quelqu'vn qui auec luy paracheuaſt la farce. Le ſerment prins, il commence à deſcouurir à l'amant toutes les eſpeces de Magie, luy diſant que la Geomance ne luy pouuoit rien aider auec tous ſes poincts: que l'ydromance eſtoit de peu d'effect en cecy, ſeruant plus pour le recouurement des choſes perdues, que lon faiſoit apparoiſtre dans le baſſin d'airain, cōme iadis les Preſtreſſes de Dodone, rendoyent les oracles de Iupiter au ſon de l'airain. La Chiromance ſeruoit de peu, d'autant qu'elle ne conſiſte qu'en paroles, & predictiōs par l'aſpect des lignes, ſans que

Geomăce. Idromăce.

Preſtreſſes de Dodone. Chiromăce.

YY iij

plus souuent effect aucun s'en ensuyue. La
Pyromance n'y estoit requise, si ce n'estoit
pour s'aider du feu pour voyager de nuict.
Au reste il falloit passer plus outre, & tenter les voyes plus secrettes de telle sagesse obscure, & contraindre les esprits plus subtils par la Negromance. A ceste cause, Monsieur, disoit-il, il est besoing que celuy qui fait vn tel enchantement, recouure certaines choses, qui sont vn peu difficiles, à cause du peril auquel on peult tomber, tant quelquefois les esprits sont fascheux, & se despitent contre celuy qui fait le charme. Mais nous serons tousiours auec vous, pour vous seconder & instruire comme il vous faudra gouuerner en cest affaire. Ne vous chaille, dist l'amant, il n'est chose si difficile que ie n'attente, pourueu que cela face à mon dessein, & puisse mettre à fin mes tristesses. Il faut donc, dist le seigneur Symon, recouurer certaines choses qui sont necessaires pour tel effect, & où n'est ia besoing de faire trop de despése. Pour la despense pas maille, respond le sot amoureux, i'ay encore quelque ducat, qui n'a iamais veu ny Lune ny Soleil. Mais dictes moy, dequoy est-ce que nous auons besoing, afin que i'y pouruoye. Cest enchantement dist l'autre, ne se peult met-

Pyromance.

Negromance.

tre à fin, sans recouurer certaines choses d'vn corps n'agueres mort : car si l'an estoit passé de la sepulture du decedé, rien ne seruiroit de ce que lon vseroit pour nostre entreprise : mais cela est facile à trouuer, veu que de iour à autre quelqu'vn se laisse aller à Boloigne:& puis apres les Cimetieres demeurent ouuerts, qui sera cause que sans grand peine, vous en finerez. Et afin que la peur ne vous saisisse par trop, & ne vous empesche à effectuer ce que tant desirez, ie vous accompagneray auec deux ou trois de mes compagnons, puis parferons le reste ainsi que verrons estre necessaire. Quand il faudroit desenterrer tous les corps qui sont au Cimetiere sainct Petronie, il ne m'enchaut autant que de rien. Quelle force a le corps puis que l'esprit en est sailly ? Aussi ie ne suis pas de ceux là qui croyent que les ames errent, & vaguent à l'entour des tombeaux, ie laisse ces folies pour les femmes & petits enfans, ou pour ceux, qui ayans le cerueau vuyde pour trop ieusner, sont tousiours surprins de visions & illusions, referans l'obiect de leur veuë à ce qu'ils fantasient en leur esprit. Nõ non, respõd le faiseur de la fourbe, ce ne sera pas vos, qui ferez l'office d'ouurir la sepulture, nõ vous

Erreur de ceux qui disent les ames errer par les tõbeaux.

YY iiij

HISTOIRE XXXII.

deliurerõs de ceste peine: seulemēt apprestez vous à auoir bon cœur, & faire ce que ie vous instruiray. Nous auons desia plusieurs des drogueries propres à nostre operation, comme des liures sur lesquels lon a celebré la messe neuf fois, de la chandelle faite de suif d'homme, & du parchemin vierge, là où les hauts noms de Dieu sont escrits auec du sang de pigeon, & mille autres choses q̃ ie n'ose vous dire maintenant, à cause qu'encore vous n'estes sacré en l'office des enchantemens & coniurations. Du corps mort il vous en faudra prendre trois dens, deux de dessus, & vne d'embas, les mettans dans vostre bouche trois fois, disant certaines paroles que ie vous enseigneray, & sans lesquelles vo9 ne sçauriez mettre à fin l'enchantement. Apres cela, vous nous les baillerez, & sera par nous paracheué le mystere que vous ne sçauriez mettre à fin. Encore sera-il de besoing d'arracher l'õgle du doigt du milieu de la main dextre du trespassé, & celle du petit doigt de la gauche, sans y oublier encore les paroles propres à telle coniuration. Tout cecy faut que soit pillé ensemble, & l'enfouyr en quelque lieu où la Dame vostre maistresse passe ordinairement. Et asseurez-vous, q̃ la premiere fois qu'el-

Drogueries des charmeurs.

le y passera, quãd bien elle seroit plus chaste que Lucresse, ou la femme du prudent
Vlysse, si ne se pourra elle garder de vous
aimer, requerir, & suyure par tout lá où
vous irez, sans qu'elle puisse vous denier
chose dõt luy faciez requeste. Et lors vous
pourrez vous venger de la rigueur qu'elle
vous tient:& en la faisant quelque peu lan
guir, luy ferez sentir combien vaut l'aune
d'vne passion si vehemente, que celle d'vn
amãt loyal & parfaict, qui ne peult atteindre
à l'heur de sa felicité. Elle sera si assot-
tee de vous, que quand bien vous la chas-
seriez à coups & auec iniures, si est la force
de l'enchantement telle, que vostre compa
gnie luy sera cent fois plus aggreable, que
de tous les hommes du monde. Messer le
sot, à qui il sembloit desia estre en vn paradis d'aise, & pensoit tenir entre ses bras
la Damoiselle, dist au seigneur Symõ, que
cecy estoit fort facile à faire : & pource ne
falloit se mettre en peine de rien, que luy
seul estoit assez suffisant pour expedier le
tout: toutesfois puis qu'il luy plaisoit de
s'y trouuer, qu'il en estoit fort content, &
le mercioit de la peine qu'il luy plaisoit
prẽdre:au reste, que ce n'estoit à vn ingrat
à qui tel plaisir est fait, qui s'en sçaura reuencher auec tout deuoir & honneste de-

HISTOIRE XXXII.

portement. Le pria au-surplus luy enseigner les mots qu'il luy falloit dire en prenant les dents & les ongles du trespassé. Symon qui voyoit que c'est à bõ esciẽt, & que ce sot ne sentoit rien de la fourbe, respond que lors qu'il faudra aller au Cimetiere, il luy en rendra telle raison, qu'il sera content. Et à vray dire, il n'eust iamais pensé qu'il eust esté si transporté de son sens, de croire telles badineries, & penser que ces follies qu'il luy auoit dit, peussent seruir à ce qu'il entreprenoit. Qui fut cause que ayant laissé cest amoureux lunatique, plus esmeu que onc il n'auoit esté: & asseuré de la iouyssance de sa Dame, s'en alla trouuer ses compagnons, ausquels il feist le discours de la baye qu'il vouloit donner à Ser Iean l'Amoureux, les priant d'estre de la partie, d'autant que le bon hõme n'estoit point encor passé sous l'arche de sainct Longin à Mantouë, pour estre desniaisé, ny sur le roch de Passelourdin à Poitiers, pour se bien former la ceruelle. Le complot est prins, la partie dressee, & le temps assigné pour oster par charmes: (mais bien auec vne mocquerie) la follie d'amour de la teste de cest amãt eceruelé, si le ieu ne fust tourné à autre consequence, ainsi que verrez suyuant le fil de nostre

L'Arche S. Lõgin.
Passelourdin.

histoire. Il n'est chose si detestable soit elle en la nature, que les hommes vicieux
ne sessayent de coulourer auec quelque
voile de vertu & saincteté: si bien que les
inuocateurs des diables, afin qu'on pense que l'art, qui de soy est abominable deuant Dieu, ressent quelque pieté & religion, ils s'exercent pour l'effect d'iceluy és
œuures sainctes, ieusnans austeremét, faisans abstinence de viandes, & se rendans
assidus en l'oraison: en somme, ils se font
maistres cinges, & imitateurs de ceux qui
seruent Dieu en pureté de consciéce. Mais
quoy, c'est le diable qui les tient abusez,
& leur met en teste que ce sont les esprits
celestes dominants les prouinces, qui viennent à leur commandement, & par le
secours desquels ils font telles merueilles: comme si les Anges, qui sont les ministres de la volonté de Dieu, & qui luy
assistent, pouuoyent faire rien qui con-
treuienne aux statuts & sainctes ordonnances de Dieu. Et pour plus donner de
lustre à leur idolatrie, ils feignét des noms
estranges, qui espouuenteroyent par leur
rudesse le plus asseuré des hômes. Ces galans qui auoyent quelquefois leu quelque liure plein de tels blasphemes, encor qu'ils ne sceussent que c'estoit que de

Rien de bon, où le meschant ne prenne argument de ses faits.

Magiciés cinges de religion.

HISTOIRE XXXII.

Doctrine de Pythagore.

proceder à l'operation: toutesfois afin que l'amoureux fust plus abusé, & creust à ce qu'ils disoyent, luy meirent en teste qu'il falloit ieusner, sans vser d'aucune sorte d'animant selō la doctrine Pytagorique: d'auantage, qu'il ne falloit s'accoster des femmes de neuf iours : car ils mesurent leurs folies par l'imparité des nombres. Mais ce dernier poinct luy estoit assez aisé, veu que la loyauté qu'il gardoit à celle qui iamais ne fut sienne, le rendoit plus chaste qu'il n'estoit sage. De ieusner, il luy sembloit assez de dure digestion, & sur tout, qu'il luy fallust viure seulement d'herbes & racines: car il pensoit que ceste abstinence seule estoit suffisante pour luy amortir le feu le plus chauld de ses ribaudises : & qu'estant ainsi mortifié, s'il venoit au sus de ses affaires, il ne seroit de long temps remis pour se monstrer gentil compagnon à l'assaut contre sa douce guerriere. Mais les autres luy remonstrerent, que s'il estoit autre qu'abstinent, & se pollust en viandes telles & souillees, tant s'en faut que les esprits luy voulussent obeir, qu'encor il seroit en danger, qu'ils ne luy feissent quelque iniure. Qui fut cause que le pauure sot ieusne vne neufuaine, sans voyager vers le tōbeau de quelque sainct Martyr,

pour guerir de sa forcénerie: & disoit tous
les iours ne sçay quelles folles & superstitieuses oraisons que ses compagnons luy bailloyent, faisans mention de ce que plus il souhaitoit pour son aise. Ce pendant que cestuy cy ieusne, & vit solitaire comme vn des Hermites de Montferrat en Catheloigne, qu'il ne s'accoste de personne, qu'il n'imagine rien que des diables inuoquez, & des esprits pour luy conuertir sa Dame. Les autres instruisent vn de leurs seruiteurs pour iouër la farce, & faire le mort dâs le Cimetiere. Cestuy estoit vn des plus asseurez & corrompus paillards que la terre portast, & tel qu'il ne craignoit chose quelconque: propre en somme pour le fait auquel il estoit employé, si meschāt & presomptueux, que le Diable mesme ne luy eust sceu faire abbaisser le caquet: au reste le plus grād gausseur qu'on eust sceu trouuer en tout le païs. Chiappin (ainsi se nōmoit ce seruiteur de bien) oyant compter la fourbe, estoit aussi aise de donner la trousse à l'Amoureux affolé, comme l'Amant s'esiouyssoit en la felicité qu'il se promettoit prochaine par l'art & industrie de son grand amy le seigneur Symon.
Or Chiappin se fait repeter sa leçon, & y adioustant du sien, donna tant de plaisir à

Abbus abhominable d'attribuer à l'éschātemēt ce qui est sainct.

Montferrat.

Chiappin fait la forbe à Ser Iean.

la compagnie, qu'ils n'eussent pas voulu pour grand' chose que le seigneur Iean ne fust deuenu amoureux à Boloigne, d'autant que ce passetemps leur seruoit d'vn grand exercice, & deterroit plusieurs d'entr'eux de se laisser mener en proye par le transport d'Amour. Or cependant que nostre Amoureux sestudioit à rendre les esprits ployables à ses desirs par ses oraisons & ieusnes : le seigneur Symon composoit des caracteres, & faisoit des vers propres pour l'enchantement, & estoyent tels ceux qu'il falloit dire lors qu'il deuroit arracher les dents du trespassé.

Ainsi masches tu ton courroux
Comme ie fay ces dents, & voy
L'accroist de ma peine, & la foy,
M'usant d'vn accueil long & doux.

Et ceux qu'il falloit prononcer tirant les ongles, estoyent de telle substance:

Comme ceste durté ie tire
De la mollesse de ce corps,
Ainsi le mal qui me martyre
De ton cœur soit tiré dehors.

Les iours du ieusne accomplis, nostre

penitent sort en place, & s'en-allant voir ses compagnons, il passe par deuant l'huis de la maistresse: laquelle feist autant de semblant de l'auoir veu, comme celuy de qui elle n'eut iamais cognoissance. A ceste cause, l'escolier disoit à part soy, marmotant comme vn vieux Cinge: Vous auez beau faire la resoluë, & vous aigrir contre moy, sans tenir compte de mes destresses: tournez la teste d'autre part, tant que voudrez, & feignez de ne vous soucier de moy, si faut il changer de façons de faire: car deussiez vous creuer de despit, si serez vous mienne, & ie iouyray à mon aise de vostre beauté, auant que la semaine passe. Mais il contoit sans son hoste, & ne sçauoit point le pauure & malheureux le desastre qui luy estoit appresté sous le voile de ses plaisirs, & la couuerture de la mocquerie de ses compagnons. Vers lesquels, dés qu'il est arriué, il fut conclud, que le soir ensuyuant l'on mettroit fin à l'œuure: & la cause de telle haste estoit pource qu'vn pauure homme estoit decedé ce mesme iour, duquel seroit plus aisé à reuoquer l'esprit, suyuant les obseruations de ceste noire Philosophie. Par-ainsi ils vous font lauer neuf fois les mains, la face & la bouche à l'amoureux:

Obseruation sur les corps morts.

Suffumigations superstitieuses.

puis luy font certaines suffumigations auec du Genieure, Laurier, & l'herbe qu'on appelle Panacee, afin que les esprits ne luy peussent nuire, y adiouſtãs touſiours quelque vers, faiſant à la matiere, & diſans des oraiſons, auec leſquelles ils adiuroyent les esprits nocturnes de luy eſtre fauorables, tout ainſi que fait la Sibille dans le Poëte Mantouan, lors que le Troyen ſe prepare pour faire ſa deſcéte aux enfers. Accouſtré que ce ſot eſt de telle ſorte, ils le font retirer dans vne chãbre tout ſeul, afin de vacquer à oraiſon: & luy deffendirent de ſortir, iuſques à ce qu'ils viendroyent le querir pour aller au Cimetiere. Quelle ſimplicité d'homme, ne pouuoir ſentir le peu de gouſt qui eſt en telles freneſies, leſquelles ſont auſsi aiſees à deſcouurir, comme la meſonge és fables & bourdes que les vieilles de vilage racomptent le ſoir aupres du feu fillant leur quenoille.

6. des Eneides.

Ceſtuycy eſtãt en oraiſon, les autres ſeirẽt faire en vn cimetiere fort eſcarté, & où guere perſonne ne paſſoit, vne foſſe non trop profonde, vers laquelle ce bõ Chiappin, ſus nommé, ſen alla à l'heure ordõnée par les compagnons de Symon, ayant certains feux artificiels, deſquels il vouloit vſer en temps opportun, ainſi que verrez

rez bien toſt. Sur les quatre heures de la nuict, lors que tous eſtoyent enſeuelis dans la profondeur du ſommeil, ces ruſtres ſen vont faiſant le loup-garou : & prenans des tenailles, & autres ferremens propres à leur entrepriſe, ſen vont querir l'eſcolier amoureux, qui deuoit iouër la Tragedie:auquel, ainſi qu'ils ſen alloyent, ils dirent:Monſieur, ſi vous n'auez l'aſſeurance qui eſt deuë en tels affaires, nous vous prions de vous en deporter: car nous ſerions bien marris qu'il vous aduint quelque malheur, ſi par cas la peur vous ſaiſiſſoit. Peur, diſt l'Amant, Penſez vous que i'aye le cœur ſi bas & foible, que ie m'eſpouuente pour ſi peu de choſe?Non non,ie ſuis d'autre eſtoffe, & hardieſſe que ne m'eſtimez. Iamais homme de noſtre race ne fut paoureux, ie ne ſeray ia le premier qui commenceray à faillir & degenerer de telle generoſité.Allons allons,ie ne peux voir aſſez à temps l'heure de parfaire ce à quoy nous auons donné ſi bon commencement: car le cœur me dit,que ie ſortiray de toute triſteſſe, & que iamais plus l'amour ne pourra me liurer ſes aſſauts. Et vrayement il prophetiſa,veu que ce fut le dernier coup de ſagette qui violenta ſon cœur, que ce malheureux voyage. Il faiſoit ſi obſcur

ZZ

telle nuict là, que les seules tenebres donnoyent significace de la mort tenebreuse & peu honorable de ce malheureux amāt. Or comme ils approchoyent du Cimitiere, ils feirent vn peu de bruit, afin que le Chiappin qui les attendoit iouast son personnage : lequel dés qu'il les ouyt, senueloppa dans vn vieil linceul & se coucha dans la fosse qu'ils auoyent preparee pour cest effect. C'est icy qu'est le dernier acte tragic de la vie de ce sot amoureux, lequel quelq̄ asseurance qu'il eust monstree au parauāt, se voyant lors en lieu si solitaire durant si grande obscurité, & mesme qu'il luy falloit descendre dans vne fosse, & embrasser vn corps mort, commença à se deffier de ses forces & sespouuenter, & n'eust esté qu'il craignoit que ses compaignons se moquassent de couardise, & de ce qu'il faisoit, autremēt qu'il ne sestoit vāté, il se fust volontiers desdit, & eust laissé son entreprise. Mais puis apres pensant à ce que desia il auoit fait, & aiguillonné de l'amour & transport desesperé qui luy tenoit l'ame saisie, enflammé de l'espoir de iouyr de sa dame, sarma de constance, & dissimula au mieux qu'il peut la frayeur qui luy faisoit trembler le cœur au ventre. Au Cimitiere qu'ils sont, le maistre des Ceremonies, le seigneur Symon le fait agenoiller en vn coing, afin qu'il dist ses oraisons, & l'autre s'en alla plus auant où estoit Chiappin, faisant semblant d'ouurir le tombeau, ce qui estoit aisé à faire, à cause qu'il y auoit desia force terre de celle que le Chiapin auoit tiré faisant la fosse. Ce que ayant fait, il apella l'escolier, afin que luy, qui estoit purifié par ieusnes & oraisons, vint prendre du trespassé ce qui restoit pour parfaire leur diablerie. Le seigneur Iean alors ne peut tãt dissimuler, que ses cõpaignons ne s'apperceussent fort bien de la peur qui le tenoit saisy: mais Symon luy dist. Courage mon compagnon, ce n'est pas à present que le cœur vous doit faillir, entrez hardiment, veu que vous estes si bien armé cõtre tous efforts, qu'il n'y a Diable en enfer qui vous peust nuire. Allez seulement faire vostre deuoir, & ce pendant ie ne m'esloigneray point de vous. Et afin de vous adoucir mieux les esprits, il faut que auant que arracher ny dent ny ongle, vous embrassiez le deffunct, luy requerant mercy de ce que cõtraint par trop d'affection, vous venez à telle heure luy rompre son repos, & l'offenser sans cause: & asseurez vous qu'il n'en sortira autre espouuentement qu'vn signe de consentement que ie pense, il vous monstrera pour gratifier à vos vehementes passions. Ainsi conforté & fortifié le miserable escolier s'en alla se lancer au fossé obscur de la mort. Car dés qu'il est descendu dans la fosse, pensant embrasser le corps qu'il pensoit trespassé, le paillard Chiappin vous l'empoigna, & le serra fort estroittement, iettant du feu par la bouche qu'il y tenoit caché, ne sçay comment auec & dans la cocque d'vne noix. L'escolier qui y estoit entré à demy mort de frayeur, sentant cest embrassement non esperé, pensa que ce fust quelque diable, ou bien l'esprit de l'homme qu'on luy disoit estre là enterré. Qui fut cause que perdant & force & courage, la peur luy serra tellement l'haleine, & estoupa ses conduits, que luy q estoit là venu pour embrasser vn mort, fut accollé par le Chiappin, n'ayant plus de vie. Chiappin sentant le poix & ferdeau de l'amant plus pesant que n'estoit au commencement, & qu'il ne disoit mot, se douta qu'il se fust esuanouy, pource se leua, & lors l'escolier tomba en terre sans aucun sentiment. Si le seruiteur fut esbahy ie le vous laisse penser, tant y a qu'il feit signe à ses maistres d'approcher, lesquels voyans ce spectacle, penserent de pleine face qu'il ne fust que esuanouy, pource commencerent à le pinser, & souffleter. A la fin craignans que quelqu'vn ne suruint, le porterent en leur maison, ou ils cogneurent que leur moquerie auoit causé ce malhaur, par ainsi voyans qu'il estoit mort, & qu'il n'y auoit autre remede que de tenir la matiere secrette, apres plusieurs lamentations, & pleurs espandus sur la face du trespassé, vn peu deuant que l'aube du iour apparust porterent le corps deuant le porche d'vne Eglise. Telle fin eurent les enchantemens supposez de ces peu sages escoliers, lesquels faisoyent trop bon marché de la vie de leur amy, lors que non contens de l'auoir fait faillir & errer par les superstitions & Idolatries addressees à l'ennemy de nostre salut, ils le feirent encor tomber au peril que venez de lire. Iugement certes, sorty de la iustice de Dieu, tant sur celuy, qui pour rassasier l'effrené desir de sa volóté, croyoit que les Diables peussent luy seruir sur la liberté d'autruy, qu'aussi sur les autres, qui outre le ver qui leur rongea la conscience tout le temps de leur vie, ils furent encor contrains de vuider la ville de Bolongne, craignans d'estre

ZZ iij

HISTOIRE XXXII.
empoignez, & porter la penitence d'vne folie mal commencee, & entreprise, & plus meschamment executee, de causer ainsi la ruine d'vn homme, & mettre son ame au peril d'aller visiter les Diables en leur propre habitation, & exemple digne d'estre noté, qu'en quelque sorte que l'homme s'essaye d'vser d'enchantement, soit à bon escient & en redant l'art detestable, soit par ieu, d'autant que Dieu y est tousiours offencé, & qu'il se desplaist que son escriture, & la diuinité de son nõ ineffable soyent profanez à tel vsage, il est impossible qu'il n'en sorte de grans inconueniens, & que Dieu ne punisse ces gaudisseurs qui ont les choses saintes en si peu de reuerence. Lendemain l'escolier est trouué mort sur le paué, ou ses compagnons l'auoyent mis, la iustice le prend, & le voyant sans blessure ny signe qu'on l'eust estranglé auec corde ou seruiette, feit conuoquer les Medicins & Chirurgiés les plus experts de la faculté, lesquels ayans visité le deffunt, & disputé soigneusement les causes de sa mort, trouuerent qu'il auoit esté saisi d'vne peur extreme, & que l'ame impuissante de souffrir l'obiet d'vne telle frayeur, sincopee de l'apprehension, auoit laissé le corps de-

Dieu est offensé en l'enchantement.

HISTOIRE XXXII. 364

stitué de force, & sans moyen de resister à occurrence si farouche.

Et tout ainsi disoyent ils, qu'aucuns iadis sont morts de dueil ou de ioye, comme se list de Marc Iuuence consul Romain, lequel oyant que le Senat luy auoit accordé ce qu'il demandoit, de grand transport d'aise il rendit l'ame : semblablement aussi la frayeur & crainte, ou de mort ou de deshonneur, a estoupé les conduits de la vie à d'autres, comme lon trouue de Herenne Sicilié, lequel estant mené prisonnier pour auoir esté des associez en la conspiration de Caye Grache, estonné du iugement futur, & saisy de peur, tomba tout mort dés l'entree de la prison. Caye Licinie Romain saisy de desespoir de ne pouuoir estre absouls du crime qui luy estoit mis sus, en vn rien sentit que la force de telle frayeur luy occupant les sens, le feist quitter & ses biés & la vie deuant le Senat qui le taschoit à ruiner. Telle fin donc eurent les amours de ce pauure escolier, & tel le paymēt pour auoir voulu gaigner la volonté d'vne dame par le ministere des diables. Ceux qui s'affublent de tel manteau, & se laissent aller apres tel trāsport, qu'ils contēplent que Dieu est ialoux de son honneur, & que

Marc Iuuence mourut de ioye

Herenne Sicilien mourut de peur.

Caye Licinie effroié, trespasse.

ZZ iiij

HISTOIRE XXXII.
c'eſt double peché d'adiouſter idolatrie &
impieté à nos folles & effrenees concupi-
ſcences. Au reſte laiſſans à part les charmes & enchantemens, ſuyurons le cours
de nos diuerſitez, embelliſſans nos diſcours par la varieté des hiſtoires que pen-
ſons vous repreſenter, afin de vous donner dequoy paſſer voſtre temps, & preſenter des patrons pour façonner la
vie de la ieuneſſe trop volage,la-
quelle a beſoing d'vn frein,
pour la retirer du
chemin
de folie & deſbau-
che.

Fin de xxxij.hiſtoire.

SOMMAIRE DE L'HIstoire XXXIII.

CEux qui se sont amusez à contempler les passions qui le plus esmeuuent les esprits des hommes, ont tousiours pensé que l'appetit de regner est celuy qui les fait oublier de leur deuoir, & les esloigne du chemin de droict & iustice : mais qui contemplera les choses de plus pres, verra encor que si les Roys & grans seigneurs ne peuuent endurer compagnon en leur maiesté, & bataillent pour la conseruation & grandeur de leur seigneurie, que les amoureux non seulement simbolizēt auec eux en cela, ains les surpassent. Car il est autant possible d'accorder ensemble l'eau & le feu, cōme vn amant auec celuy, lequel s'efforce de luy tollir sa fauorite, si cest homme là n'est du tout sans sentiment ny apprehension, ou s'il n'a desraciné l'amour de sa fātasie. Voila pourquoy le Poëte dit, que l'amour est vne chose pleine d'vne soigneuse crainte, d'autant que le ver cuisant de ialousie l'accompagne si inseparablement, que iamais le corps n'est moins sans ombre que la passion d'amour sans ce fascheux & poignant soucy. Et que les amoureux me desguisent les matieres à leur aise, & dissimulent leur imperfection tant qu'ils voudront, si ne me feront ils iamais croire autre chose, sinon qu'amour & ialousie sont nez ensemble, & que l'vn ne sçauroit marcher sans que

Conuoitise de regner fait oublier les hommes.

Ouid. en ses Heroides.

Amour & ialousie ioincts ensemble.

HISTOIRE .XXXIII.

l'autre ne luy soit à la queuë, de sorte que celuy qui ne craint point de perdre celle qu'il aime, faut que confesse par mesme moyen qu'il n'est plus du ranc des amans. Qui est cause que les sages ont dict l'amour n'auoir rien de different auec la forcenerie, sinon le nom, afin que sous ce doux tiltre les hommes couuriſſent la plus grande de leurs imperfections, & voilaſſent leur captiuité. Et quelle plus grande seruitude pourroit l'homme endurer, que celle qui captiue l'ame, & tient l'esprit lié dans les prisons d'vne bestiale conuoitise, & le desir plein de maltalent, la volonté despite pour l'opinion qu'vn autre iouyſſe de celle de qui il se pense estre le seul poſſeſſeur?

Vne folle femme ne se contéte d'vn. Quelle plus grande bestise que cuider qu'vne folle femme soit si discrette, que d'auoir son affection en vn seul lieu, & que ayant prodigé son honneur auec vn, elle face conscience de s'abandonner à vn autre? Celuy est hors de toute cognoiſſance qui prend le mors aux dens, & se laiſſe affliger le sens auec le venin de ialousie, veu qu'il ne faut point se soigner tant de chose de si vil pris, que de la femme paillarde: l'arrest de laquelle est auſſi constãt, que la mobilité de la Lune, ou l'estat de la mer agitée de vagues. Et voila la cause qui fait que ceux qui ayment sont mocquez de ceux mesme lesquels faillent, & s'aheurtẽt à pareille folie. C'est perdre temps, & chercher midy, (comme lon dit) à quatorze

HISTOIRE XXXIII. 366

heures, de se flater en chose laquelle demande de soy qu'on l'espluche & touche à bon escient. Amour est passion, voire folle, & sans discretion en quelque sorte qu'elle prenne son origine, or pensons si lors que le vice apparent est conioint auec ceste rage, de quelle couleur nous pourrons peindre ce tableau si mal dressé, & quelle sera la fin de ceste affection, en laquelle Dieu est offencé, & l'honneur du prochain y sent vne grande diminution, & scandale. Si nous ne l'auions & leu & veu, si l'experience ne nous en rendoit maistres, il faudroit disputer sur les doutes, comme en toute autre occurrence, mais il doit suffire à l'hôme sage qu'vn autre face les fautes, & qu'il se garde de faillir par le peril d'autruy : car autrement il sembleroit celuy, qui voyant la fosse où vn autre est tombé, prend toutesfois plaisir à le suiure, & se laisse aller tellement vers le danger duquel il s'essaye de destourner les autres. Or d'autant que la femme c'est ce mal commun qui afflige les hommes, & l'herbe charmee, qui trâsforme nos conceptions en des fantasies brutales, comme se list de la Circe Homerique, laquelle changea les compagnons d'Vlisse en diuerses formes d'Animaux, aussi faut il que les exemples de ceux qui se sont laissez tromper & charmer à leur escient, nous seruent de contrepoison, & breuuage salutaire pour fuir ces pestes, lesquelles par leur douceur & attrait rui-

Circe enchâteresse dans l'Odissée d'Homere.

HISTOIRE XXXIII.

nent le plus parfait qui soit en l'homme. Que les chastes & pudiques Damoiselles ne tournent rien à consequence pour leur diffame de tout ce discours suyuant, veu que le vice, non le sexe, la sottise & non la nature sont accusez par nostre discours qui sçauons bien, que la femme est l'œuure de Dieu aussi bien que l'homme, & que l'vn & l'autre sont subiects à imperfectiõs, & foiblesses telles que si Dieu ne les soustient, lon a beau se donner garde & se fier en la sagesse naturelle, qu'à la fin il faut reuenir à ceste leçon que l'homme est vn subiect de peché, & la femme vn vray membre d'infirmité, en laquelle Satan dresse ses aguets & embuches pour surprendre l'homme, & le faire desuoyer de son salut. Ie ne veux estre si rigoureux côtre vostre sexe, que de suyure l'opinion du Poëte Grec, bon biberon, lequel recitant ce que nature a eslargy à toute sorte d'animaux, pour leur ornement & deffence, apres auoir donné aux Thoreaux les cornes, au Cheual le pied, au Lieure la course, & ainsi des autres, il attribue la discretion & prudence à l'homme comme son instinct, mais à la femme, dit-il, nature ne pouuant luy donner sagesse, luy a pour recõpense eslargy les richesses de sa beauté, & l'a douee de quelque bône grace. Ains vous accordant quelque chose de ce qui abonde en l'homme, diray toutesfois que les aucunes d'entre vous se sont tant oubliees, que non contentes

L'hõme suiect de peché. La femme membre d'infirmité.

Anacreõ.

HISTOIRE XXXIII. 367

d'vne faute premiere, & icelle assez lourde, ne se
sont voulues arrester en si beau chemin sans paracheuer le ieu, & se rendre du tout eshontees, &
sans respect d'honneur, ny de grandeur. Ie n'ay
affaire de ramenteuoir les histoires des Grec-
ques, ou Romaines, qui ont fait rougir les vertueuses par la memoire de leur lubricité, veu que
ce seroit aller trop loing rechercher le suiect de
nostre dire, ains vous discourray la legereté d'v-
ne Dame de nostre temps, laquelle abusant de
son honneur, & faussant la foy deuë à son consort & espoux, trompa par mesme moyen vn sien
amy trop sot, & mal aduisé, ainsi que pourrez
entendre par le discours suiuant, lequel quoy que
semble de premier front assez froid, & de peu de
profit, peut neantmoins seruir d'instructiō à plusieurs, pour ne se tant fier en celles qui se soumet-
tans à autre qu'à leur mary, est impossible que
leur foy ne soit glissante, & ne vacille à l'endroit d'vn amy, qui aura gaigné leur bonne grace. Et au reste l'homme sage & aymant Dieu,
cognoistra que de telles amourettes sortent les ef-
fetz si bons que ceux qui les commettent, se pre-
parent vn repentir, qui ne dure guere moins que
le cours de leur vie. Mais il est temps d'escouter
nostre auteur, recitant son histoire autant ioyeuse, comme la precedente porte quand & soy de
pitié, & pallissante destresse.

VN GENTILHOMME VI-
centin perd sa Dame la faisant tirer
au vif, laquelle s'enamoura du Paintre.

HISTOIRE XXXIII.

Venise ay-
ant pour
patron S.
Marc.

LA cité de sainct Marc bastie
sur & dans la mer, que lon
nomme Adriatique, outre
que elle porte le tiltre d'e-
stre vne des plus belles & ri-
ches de l'vniuers: a aussi l'heur d'auoir en
elle des femmes de la plus singuliere & re-
commédable beauté, que autre qui soit en
nostre Europe. Qui cause que plusieurs Gé-
tilhommes & autres qui ne cherchent que
leur aise, & viure sans grand soucy, se retirent à Venise, tant pour y estre en liberté,
que pour y courtiser les Dames. Entre tous

Galeaz
de la Va-
lee Vicétin

ceux cy de nostre téps, a esté vn Vicentin,
nommé Galeaz de la Valee: lequel laissant
Vicenze, & la terre ferme, apres auoir na-

HISTOIRE XXXIII.   368

uigé & couru la plus part du Leuāt:à la fin print dessein & fantasie de sarrester à Venise, comme au vray apport de liberté, & plaisir mondain. Cestuy estoit, outre la gaillardise & honnesteté de sa personne, homme de bon & gentil esprit, bien nay, & qui auec les bonnes lettres estoit si heureux en la Poësie vulgaire de sa langue, que extemporanément il chantoit & composoit Stanzes, Sonets & Madrigales sur quelque subiect que ce fust, & de quelque matiere qu'on luy eust sceu parler: de sorte que plusieurs sestonnoyent de l'ouyr si bien dire, & inuenter les choses presque sans y pēser, là où d'autres assez experimentez en l'art, eussent esté empeschez d'en faire autant apres y auoir pensé longuement. Qui estoit cause qu'en toute bonne compagnie il estoit respecté & receu de chascun, festimās les plus grans, heureux d'auoir vn si accomply homme en leur maison:& non sans cause:veu que le nombre des hommes ne rend point admiree la suitte d'vn grād:trop bien lors que les bōs, sages, accorts & sçauans honorent les traces du grand seigneur. C'est pourquoy Alexandre le Grand se plaisoit en la familiarité d'vn Aristote:que Traian cherissoit ce grand Philosophe Plutarque : & de nostre

Aristote aymé du grād Alexandre. Plutarque de Traian.

HISTOIRE XXXIII.

François I.
du nom,
ſuiuy des
gēs doctes.

temps François premier du nom a ainſi illuſtré la France auec la clairté des bonnes lettres, ayant touſiours ſa table plus enuironnee d'hommes ſçauans, que d'autres ne les voyent chargees de viandes exquiſes.

Coſme de
Medicis,
admira-
teur de ſça
uoir.

Pour ceſte ſeule raiſon ce grand Coſme de Medicis ſera louengé à iamais, d'autant que les eſprits les plus rares en ſçauoir, luy eſtoyent plus precieux que les richeſſes, que le reſte des hommes ont tant en admiration. Galeaz donc Vincentin, accomply de ces dōs de grace, & enrichy de ceſte douceur au parler, & promptitude en ſes inuentions, eſtant à Veniſe, ne paſſoit guere iour qu'il ne fuſt appellé par la nobleſſe, tant de la ville que de ceux qui pour leur plaiſir vont deſpēdre leur reuenu en celle fameuſe & riche cité. Aduint vn iour de feſte, que comme il eſtoit aſſis au banquet chez vn des magnifiques de la ſeigneurie Venitienne, il fut prié de chanter quelque beau Madrigale ſur la Lyre. Or tout ioignant luy, eſtoit aſſiſe vne fort belle Damoiſelle, le mary de laquelle eſtoit abſent en office en Grece enuoyé par le Senat, de laquelle Galeaz ſ'eſtoit amouraiſché durāt le ſoupper, pour l'auoir trouuee femme de bon diſcours, & qui ne ſentoit en rien la lourderie nayue & naturelle du Meſſer Venitiē. Qui
fut

fut cause que la seruant & entretenant de parole, il print l'argument de ses vers sur la nouuelle occurrence de ses amours. Estant donc prié de reciter quelque sienne composition, il chanta en ceste sorte:

Chant de Galeaz pour l'amour de sa Dame.

Vn vif rayon, vne viue clairté
D'vn sainct subiect a offusqué mon ame,
Vn doux lien rauist ma liberté
Lors que fu prins par les yeux de ma Dame:
   Ses yeux, son taint, sa douceur, sa parole
   Font que mon cœur pour la seruir s'enuole.

Non vn amour, ains cent Cupidonneaux
Estoyent logez en celle digne table
Où i'ay reçeu le bien le plus aimable
Que cent tresors, que cent plaisirs nouueaux.
   Où i'ay aquis cest heur de pouuoir dire
   Le mal, & mort, qui ores me martyre.

Si le manger fut interdit au corps,
L'esprit estoit repeu d'vn si grand aise
Qu'au souuenir tant seulement i'appaise
Tout tant que i'ay en mon cœur de discords,
   Et ne voudrois autremēt mon corps paistre
   Car de ce bien peut mon bon-heur renaistre.

AAA

HISTOIRE XXXIII.

Les amoureux aises & iouïssans
Ayment le soir, & ont l'Aurore en haine:
I'ayme le iour, d'autant que de ma peine
Il rompt l'effort le plus dur & cuisant.
   Ayant present le mal qui me bienheure,
   Estant aioint au bien qui me malheure.

Le bien ie sens d'aimer vne beauté
Qui n'a son per sous la voute celeste,
Mais ie me deux, & me contriste au reste
Ne sçachant point si seray accepté.
   Ou si l'amour demeurra seul en moy
   Sans resentir sa douceur ny sa foy.

Oy ma Deesse, oy le son, oy la voix
Tesmoing du cœur, qui t'offre son seruice,
Reçoy le don, & libre sacrifice
Que ie te fais en vne heure cent fois.
   Afin qu'vn iour auec l'experience
   Tu puisse voir ou tend mon esperance.

Rien las ne sert le propos en amour
Si l'effect n'est conioint à la parolle:
Quoy qu'vn desir plus qu'vn vent leger vole,
Si a il cours qui l'arreste en seiour,
   Et tient son pas affermy pour te suyure
   Et auec toy pour mourir & pour viure.

Ces vers quoy que tous entõdissent bien

que c'estoit pour le respect de quelque Dame, si est ce que la Damoiselle à qui Galeaz auoit deuisé durant le repas, seule s'apperceut que c'estoit elle à qui ces offrādes estoyét presentees, d'autāt que durāt le banquet, le Vicentin en la seruant luy auoit tenu tels ou semblables propos : Madamoiselle, il semble que le Ciel se soit estudié du tout à singulariser ceste excellente cité sur toutes celles ou iamais ie meis le pied, tāt en grandeur que richesses, comme aussi y faisant reluire la beauté des Dames : de telle sorte, que quand i'y suis venu il m'estoit aduis que tout ce qui est rare par l'vniuers, s'en fust volé icy pour l'accomplissement des gens de ceste contree. Et non seulement ay-ie esté rauy en admiration pour auoir seulement veu : ains l'effect m'a tant touché au vif, que les graces, excellences & beauté d'vne cy presente, m'ont tellement prins de moymesme, que si elle ne me rend la liberté en m'acceptant pour sien, il faudra que ie die que Venise est le lieu de repos pour tout autre, & que moy seul le sens comme le purgatoire de mes pensees. Vrayment ie ne pensoye pas estre prins si tost, veu qu'ayāt tant veu & cogneu combien vaut de viure sans s'assubiettir, ie

AAA ij

cuidoye estre impossible que l'homme
qui a fait experience de tát de choses, peust
obeir à l'amour, qui le plus souuent recom
pense ceux qui le suyuent, tant de tourmét
que d'allegeance. Mais d'autre part l'esperance que i'ay en celle qui m'a fait son esclaue, sachât mon cœur, & vsant de celle
grand' courtoisie qui luit en son visage,
n'vsera aussi de cruauté en mon endroit, a
fait qu'oubliant ma liberté, ie suis content
de demeurer sans cœur & volonté autre
que la siéne, pourueu qu'il luy plaise m'accepter autât pour seruiteur côme ie la souhaite pour seule maistresse. La Venitiéne,
qui d'vn clin d'œil, & feignant ne regarder
la contenance du Vicétin, auoit pris garde
à tous les gestes, souspirs, & œillades, cognoissant à peu pres à qui il vouloit s'addresser, afin de ne perdre par sa sotte rudesse celuy que d'autres luy eussent volé
s'il se fust auant declaré comme il se monstroit affectionné de ceste cy: luy respôdit,
A ce q̃ ie voy, seigneur Galeaz, Venise sera
desormais vostre demeure, puis qu'on vous
y a pris si à ppos: car estât le cœur astraint
icy, il est impossible que le corps aille ailleurs pour le laisser icy languir, & esloigné
de ce qu'il aime. Mais dictes moy, par
vostre foy, qui est celle la qui a si bonne

grace, & la beauté de laquelle est si grande que vous qui viuiez si libre, en ayez esté atteint si au vif, comme venez de dire. Ma Damoiselle, il n'est gentilfemme en la compagnie à qui ie voulusse le declarer si tost qu'à vous: mais quãd ie vous en auray fait le discours, que m'en aduiendra-il sinon mocquerie, & estimerez indiscret celuy, lequel neantmoins pense que ce luy soit vne grande sagesse, que d'adresser ses pensees en lieu de tel merite, que celle qui se peut vanter auoir si grand puissance sur moy. C'est à faire, dit la Damoiselle, aux femmes mal apprises de se moquer d'vn homme passionné en quelque lieu qu'il aime: car s'il s'affectionne de quelque grande, c'est signe que son cœur a quelque chose de bon & de grand, & qu'il est digne de quelque recompense. Au reste ce n'est pas indiscretion que de suyure ce que la nature mesme nous aprend, estant elle seule celle qui guide nos cœurs à nous aymer l'vn l'autre. Pour autant ne faut que craignez de me dire qui est celle qui a tant gaigné, en si peu de tẽps que de faire sien Galeaz tant estimé de toute bonne compagnie. Le Vicentin homme accort, & qui cognoissoit vne meure entre deux vertes, voyant de quelle affectiõ sa Dame parloit,

AAA iij

l'oyant si gentiment arraisonner,& discourir, iugea de la gentillesse de son esprit, ce qu'il en tenoit, & s'apperceut par mesme moyen qu'elle estoit trop honneste pour le refuser à seruiteur, à ceste cause luy dist: Puis qu'il faut obeir à celles qui merite toute reuerence, ce sera à vous Madamoiselle, à qui ie descouuriray le secret que ie pensois taire sinon à mon cœur & pensee, pour la crainte d'estre escõduit. Mais vous estant la seule cause de mon alteration, & l'obiet ou mes desseins tendent, & les souhaits y aspirent,ie vous prie ne trouuer estrange ce que vous confessez proceder de l'instinct le plus gentil que nature nous influe, & que par mesme voye soulagez le cœur affligé d'vn amant,en l'acceptãt pour vostre, qui s'est perdu en vos bõnes graces, & est en danger d'acheuer sa ruine, si vous mesmes ne le rẽdez en son entier, voissant vostre cœur au sien, & l'aimant comme il desire vous faire treshumble seruice. Elle qui se doutoit que quelqu'vn ne s'aperceust de ceste menee, ne luy feit autre responce, sinon que luy ayant si legerement asseruy son esprit,pourroit aussi bien le retirer du chemin de ceste seruitude. Et comme il pensoit luy repliquer, la Damoiselle luy coupa la broche, & se mit à deuiser auec le reste de la compagnie. Galeaz ce pendant ne se troubla point de telle occurrence, ains s'asseurant de son heur, loua grandemét la sagesse de sa Dame, & s'accusoit luy-mesme de l'auoir tant longuemét entretenue: mais puis pensant à ce qu'il cui doit auoir aquis auec ses parolles, il ne se soucioit que de continuer ses erres,& tenir sa fauorite en haleine, sans luy donner moyen de trop péser sur l'affaire, afin qu'il n'en vint quelque refroidissement. Long temps donc apres le repas les Dames eurét desir d'ouyr encore chanter Galeaz,pource l'vne des plus vieilles & apparétes l'en pria pour toute la compagnie,à laquelle obeissant il chanta la chanson qui s'ensuit, auec autant de grace, comme il monstroit d'affection & transport par ses contenances, lors qu'il chantoit ses doleances.

CHANSON DE
Geleaz.

Les ondes escumantes
Qui esmeuuent la mer,
Les vagues loing courantes
Ressemblent mon aimer.
 Qui sens ma nau courir
 Presque iusqu'au mourir.

    AAA iiij

HISTOIRE XXXIIII.

Mon cœur est le nauire
Qui flote gemissant
Sous le faix d'vn martyre
Qui me rend languissant:
   Amour la naw conduit
   Et à mes pas reluit.

Ses brillonantes flames
Fendant sans point cesser,
Mon cœur auec les rames
D'vn langoureux penser,
   Mes vœux sont les souspirs
   Meuz de diuers desirs.

Les voiles estendues
Ce sont les esterons
D'amour qui par les nues
De mille passions
   Voletent pour l'effect
   De ce qu'ay en souhait.

Son arc de douceur vuide
De gouuernail nous sert,
Et sa torche me guide
Alors que suis couuert
   De mille esclairs fascheux
   D'vn temps trop orageux.

Et les yeux de Madame

HISTOIRE XXXIII.

C'est l'astre qui reluit,
Et qui guide mon ame,
Et à port la conduit
   Pour oster de langueur
   Ce mien languissant cœur.

Comme vn plaisant Zephyre
Nourrissier du Printemps
Cest astre me fait rire,
En eschange le temps
   De mon aduersité,
   Et grand' prosperité.

Il produit mes pensees
Gayes, & sans ennuy
Des peines amassees
Et iadis sans appuy,
   Pour en tirer le fruit,
   Lequel à son cœur duit.

C'est mon plaisant Artique
L'estoille de mon heur,
C'est la Deesse vnique
Subiect quis de mon cœur,
   Pour la vie & la mort,
   Pour ruine & support.

Elle me fera viure
Guidant tous mes souspirs,

HISTOIRE XXXIII.

Et de tout mal deliure
Enfuyuant mes desirs:
   Perdant ce passetemps,
   Viure plus ne pretens.

Plus ne quier que l'ombrage
Du terroir obscurcy :
Lequel depuis tout aage
Est vuide de mercy,
   Pour tirer l'auiron
   Dans le bac de Charon.

Mais si ceste Deesse
Relasche mes soucis,
Et me iette d'angoisse
Auec cent mil mercis,
   Ie quitte les hauts Cieux
   Et la table des dieux.

Lors les vagues bruyantes
Qui m'estonnent le cœur,
Seront douces, courantes,
Sans orage ou rigueur,
   Et le nocher fascheux
   Ne sera despiteux.

Ses rames & ses voiles
Iront tout d'vn accord,
Sous le clair des Estoiles

Qui me meinent à port:
 Au port qui me fera
 Ioyeux, tant qu'il sera.

O heureuse la vie
Qui sous vn tel tourment
Voit ta force rauie
Pour viure heureusement
 Guidee des hauts Cieux.
 De l'heur, & des grans Dieux!

Ie te consacre & donne
A la belle, qui peut
Te mettre la couronne
Au moins si elle veut,
 D'vn amant sans langueur:
 Ie luy donne mon cœur.

Et toy ma douce Lyre
Ne cesse de chanter
Le tourment & martyre
Qui a peu m'inciter
 A seruir sa grandeur
 A suyure sa valeur.

Si les propos du Vicentin auoyent gaigné quelque chose sur le cœur de la Damoiselle durãt le repas, ce ne fut au pris de ce qu'elle sentit lors que à la voix il accordoit les soufpirs & tous tels geftes que fçauent faire ceux qui font ou fe feignent paffionnez & affligez par les forces de l'amour, à cefte caufe, comme chafcun louaft grandement la grace & gentilleffe du Vicentin, & n'oubliaft on point tant fes inuentions comme la promptitude qu'il auoit à compofer, on dreffe le bal, où il ne faillit non moins à entretenir fa Dame, comme il auoit à la gouuerner au repas, fans oublier à toutes les paufes de luy renoueller les premieres harangues de fon affection, la fuppliant luy eftre fi fauorable que de l'accepter pour amy, l'affeurāt de fa loyauté, & luy promettāt tout tel feruice & fidelité qu'vn amant doit à Damoifelle de tel calibre qu'elle. La Venitiéne efprife de fon Amour, le voyant ieune, beau, & de bonne grace, & peut eftre craignāt qu'vne autre ne luy coupaft l'herbe fous les pieds: apres luy auoir fait quelque legere excufe fur la foy qu'elle deuoit à fon mary, & au refpect de la maifon d'où elle eftoit iffue, luy accorda d'eftre fa maiftreffe, & le fauorifer en ce que l'honneur & la commodité luy pourroyent permettre. Proteftant neantmoins ne luy laiffer iouyr d'aife aucun par luy pretendu, fans premier auoir fait effay de fa loyauté & ferme per-

seuerance. A quoy le Vicentin plus content que ne fut onc Iason apres la conqueste de la toison d'or, s'accorda facilement, esperant la seruir auec telle grace & dexterité, qu'elle seroit à la fin containte luy accorder la fin des desirs des amoureux.
Or est il impossible que là où les volontez sont vnies, & les desirs esgaux que l'effect ne corresponde au souhait, si le loisir donne quelque moyen à ceux qui s'entre-ayment. Qui fut cause que Galeaz, sçachāt que sans le fruict de iouissance, aisément la Damoiselle le mary estant de retour, ou en accostant quelque autre plus rusé, le pourroit mettre en oubly: vn iour estāt en son priué auec elle, sceut si bien faire & dire que quelque feinte ou dissimulation qu'elle monstrast de courroux pour l'importunité de son amy, luy laissa toutesfois prendre possession de la place que si long temps il auoit assaillie. Mais qui seroit la cruelle, qui aimant sincerement vn homme lequel merite d'estre fauorit, & le voyāt ainsi languir, & ayant le moyen de luy esteindre ce feu, ne se mette en deuoir de recognoistre tel seruice & affection au pris de son honneur & vie? Comme donc Galeaz iouyssoit à son aise des baisers & mignards embrassemens de la belle Veni-

HISTOIRE XXXIII.
tienne, laquelle enuoyoit son mary à Cor-
net, quoy qu'il fust en Grece, & estant au
milieu de ses plaisirs, voicy Fortune qui
luy prepara le venin, qui depuis le rendit
priué de sa Dame, & chassé de Venise: car
pour certains affaires, il fallut que le Vicé-
Padoue tin s'en allast tenir à Padouë, ville subiette
suiette à à la seigneurie de Venise, ce que s'il fut de
la seigneu- dure digestion au ieune hôme, pensez que
rie de Ve- la Damoiselle n'en fut point aussi vn brin
nise. contente, d'autant qu'elle auoit tellement
mis son cœur en son amant, qu'elle ne pou
uoit se resiouir, sinon lors qu'elle l'auoit en
presence. Nonobstant cela, l'honneur com-
mandant à l'vn & l'autre, ils pirent patience, se fortifians contre fortune, auec
espoir d'appaiser leurs tristesses par les visitations qu'ils s'enuoiront faire par lettre: &
aussi que Galeaz promist à sa Dame ne lais
ser passer guere sepmaine, qu'il ne la vint
visiter de nuict. Ceste allegeance luy estoit
cent fois plus aggreable que toutes les
lettres, chansons, ny sonetz du Vicentin.
Lequel ne faillit en rien de ce qu'il auoit
accordé auec sa Dame, laquelle quelque
fois voyant qu'il passoit vn iour plus que
l'autre, se doutoit de l'auoir perdu, & dés
qu'elle le tenoit entre ses bras transportee
de sotte affection, luy disoit: Commét pen-

sez vous, mon grand amy, que ie puisse viure ainsi separee de vous, qui encore lors
que vous estes icy ie ne croy pas presque
mes yeux propres, ains me semble qu'vn
autre me tollisse, ce que i'ay aquis au pris
de ma reputatiõ. Ie vous iure Dieu, que s'il
se pouuoit faire ie voudroy tousiours estre
en vostre compagnie, d'autant que tout
autre plaisir m'est fascherie, au pris de celuy
que i'ay estant en vostre presence. Mais
las! que sçay-ie, si veu vos honnestetez &
perfectiõs, quelque Damoiselle Padouan-
ne pourroit me rauir mon aise, & me priuer de ce que seule ie merite ? l'on dit que
les femmes sont à Padoue si belles & courtoises que merueilles, i'ay peur que quelque vne ne vous gaigne, & ne l'ayez plus
chere que moy, que si tel malheur m'aduenoit, ne sçaurois viure vn quart d'heure a-
pres si piteuse nouuelle. Aussi ne seroit ce
sans occasion de perdre, auec l'honneur,
l'homme du monde que i'ay, ny euz, ou
auray de ma vie le plus à gré. Disant cecy
elle pleuroit amerement: Et l'embrassoit si
estroitement qu'il sembloit qu'elle vouloit
se conuertir en luy; comme on fit de la
fontaine Salmacis. Et pensoit Galeaz qu'elle eust conceu quelque ialousie de luy, ou
qu'on luy eust fait quelque faux raport.

HISTOIRE XXXIII.

A ceste cause doutant de quelque inconuenient, se meit à luy rendre le côtreschange de ses caresses auec vsure, & luy asseurer sa loyauté estre telle qu'il n'y auoit femme sous le ciel, tant s'en faut à Padoue, qui pour lors se peust vâter de la moindre affection enuers elle, & que son cœur ne pouuoit aymer en deux lieux, que de sa vie il ne changeroit, si elle n'estoit la premiere, qui se faschast de leur alliance, & que lors encore il luy sembloit impossible de pouuoir prendre nouueau party, estant l'image d'elle si bien empraint en son cœur, q̃ la mort seule le pourroit effacer. Non, disoit il, ma Damoiselle, ma perseuerance à vous seruir, & la longue constance vous feront tousiours à l'aduenir seure & certaine du contraire de ce que venez de dire. Et afin que vous n'estimez que ie parle d'vn & pense d'autre, voyez si voulez que ie laisse tous mes affaires pour venir me tenir en ceste ville, soyez seure que i'oublieray tant pour satisfaire à vos desirs & me purger de l'opinion qu'auez de moy, contentant mon esprit en ce que serez satisfaitte, & appaisant vos soupçõs par ma presence perpetuelle. A qui elle respondit que elle se tenoit pour trop asseuree de sa fermeté, & que c'estoit le vice propre de ceux

qui

qui aiment, de craindre toufiours la perte
& efloignemēt de ce que plus ils ont cher,
& agreable. Qu'il parfeit fes affaires, qu'elle eftoit auffi ioyeufe de fon auancement
comme du plaifir qu'elle auoit eu fa compagnie : feulemēt le prioit elle de ne l'oublier, & de mettre fin à ce pourquoy il fe
tenoit à Padouë, le pluftoft qu'il luy feroit
pofsible. Ce qu'il luy promeit de faire, & à
fa requefte encor adioufta la promeffe de
luy ennoyer vn pourtrait au naturel de
luy, afin qu'elle peuft prendre plaifir en l'image, luy reprefentant fon amy, lors que
le vray fubiect luy feroit denié à la veuë.
Galeaz oyant cecy, cognoiffant l'ardeur &
vehemence dont elle eftoit efprife enuers
luy : la pria aufsi luy faire tant de faueur,
que de permettre qu'il la feift tirer au vif,
afin que l'aife de l'ame luy fuft doublé en
ce qu'il l'auroit prefente en l'efprit par la
continuelle memoire de fes beautez & bōnes graces, & pourroit encor voir par l'exterieur vn ombrage paint de fes perfections. Elle feift vn peu la retiue, y obftāt
la modeftie deuë à vne femme telle qu'elle eftoit : luy femblant, comme de vray il
eft, mal feant que fon peché eftant fecret,
fuft publié de cefte forte, & qu'vn Artifan
foupçonnaft par ce moyen les faueurs que

BBB

Galeaz auoit d'elle. Aussi qu'il seroit besoing qu'elle descouurist trop hardiment son sein deuant le paintre, iuge de sa beauté, chose trop esloignee de la grauité des Dames couronnees de Venize. A la fin se laissa elle vaincre à son amy, & luy dist: Ie suis contente vous gratifier en cecy, quoy que ennis, pourueu que trouuiez vn paintre, duquel nous puissions nous fier, & qui vous soit si bon amy que ie ne soye point scandalizee. Car i'aimeroye mieux mourir, que nostre aise causast vostre ruine & la mienne. Le Vicentin luy promet de trouuer homme si loyal, qu'elle aura occasion de se contenter, & de luy fier, non seulemét sa veuë, ains la plus part de ses secrets. Voila vn acte insigne de sottise, de fier vn gage si leger, que la femme au plaisir d'vn ieune homme, beau & dispos, & qui n'ignore que bien peu de leurs faueurs. Aussi luy en aduint-il le mesme qu'au roy Lydien, fust la perte de sa vie, à sçauoir, que sa Dame le laissa, & changea de pasture, ainsi qu'orrez maintenant. Galeas s'en estant allé à Padouë, renuoya son pourtrait à sa dame, & donna charge à vn sien amy de parler au paintre susdict, homme gaillard, & trop aduenant pour vn homme de

HISTOIRE XXXIII. 387

sa sorte, lequel estoit estimé vn des plus experimentez qu'on sçeust trouuer pour tirer au naturel. Conueou que l'on eut du pris, la Damoiselle accorda aussi auec vne sienue voisine de qui elle se fioit fort : car en tels actes, il faut toussiours quelques personnes qui tiercent, afin que le ieu en soit plus accomply, chez laquelle le paintre deuoit parfaire sa besongne. Dés le premier iour que ce nouueau Zeuzis commença à dresser son crayon, & esbauscher le pour-fil de la Damoiselle, il la paignit plus viuement en son ame, qu'il n'eust sceu l'effigier sur la toile ou tableau, tellement qu'il s'enamoura si estrangement, que lors qu'il cuidoit tremper le pinceau dans les couleurs, il s'oublioit en la contemplation d'vn obiect si beau & accomply que la Damoiselle, & se plaisoit tant en ses resueries, que peu ou rien il auançoit son œuure, attendant l'opportunité de iouër son personnage, & gaigner en deuisant, & tirant ce que le chant & ieu d'instrumens auoyent acquis au Vicentin.

Le paintre amoureux de la Dame de Galeaz.

Aussi n'estoit-il pas mal conuenable que la painture gaignast le cœur par l'œil de celle de qui la volonté auoit esté vaincue par l'ouye. Et aussi q̃ la Poësie & painture

BBB ij

symbolisent ensemble, estant l'vne l'ombre & image de l'autre. Ce bon maistre, entre la perfectiõ qu'il auoit en son art, se tenoit tousiours mignon & bragard, disant le mot si à propos, que la Damoiselle ne se faschoit aucunement en sa compagnie, ny ne s'offensoit en rien de le voir si long, cognoissant bien que ceste longueur ne procedoit d'ailleurs que de la secrette amitié que le paintre luy portoit : ce qui luy estoit autant aggreable, cõme le paintre s'en fust tenu pour heureux, s'il eust osé monstrer ce qu'il en pensoit : mais cognoissant les humeurs du Vicentin, & sachant qu'à grand peine luy laisseroit passer vne faute telle sans payement, s'il descouuroit son affection à la Damoiselle : il brusloit à petit feu, & se solacioit en ce bien, que de iouyr de la veuë & priuez deuis de celle qu'il adoroit en son cœur. A la fin voyant qu'elle l'escoutoit de bon cœur, & prenoit à gré ses gausseries, il commença s'enhardir de mieux en mieux, & oubliant tout respect & crainte de mort, si le Vicentin en estoit aduerty, il descouurit sa passion à la Damoiselle, la suppliant d'accuser sa beauté, s'il luy osoit tenir ce langage, qu'il n'estoit point autre que de chair, ny son esprit sans affection, que voyant vne chose si belle, il ne sentist le transport pareil à ceux, qui pour leur grandeur pensent estre seuls dignes subiects, où l'amour employe ses forces: qu'il estoit aussi bien pour la seruir de champion de nuict, comme ceux qui portent le nom de Messer & de Magnifiques. Que ces fantasies-là ne dependent que d'vne sotte opinion de ceux qui se flattent, pour se rēdre prisez par le mespris des autres. Et toutesfois qu'Amour n'est point accepteur de personnes, & que pour ce est-il paint aueugle & nud, d'autant qu'il est descouuert & propre à tous, & que sans difference aucune il fait apparier les personnes. De sorte que les grands bien souuent s'abbaissent à aimer des femmes de bas lieu, là où au contraire les dames de haut lieu ne mesprisent le seruice de ceux qui leur sont inesgaux en calibre. Si donc ie ne suis point gentilhomme, disoit-il, si ay ie le cœur si bon, que ie seroye marry, estant fauorit de quelque Damoiselle, si auec mon humble seruice ie ne me rendoye autāt amiable que ceux qui font profession de courtiser les grandes. Concluant que s'il plaisoit à la Damoiselle l'accepter pour esclaue, qu'elle auroit en luy vn seruiteur fidelle, & duquel elle pourroit se preualoir tous les iours, comme de ce-

HISTOIRE XXXIII.
luy qui ne bougeoit de Venize. Elle, quoy que print plaisir à son deuis, & souhaitast de voir par effect s'il estoit aussi gentil compagnon à besongner sur les tableaux vifs comme à paindre sur la toile, si est-ce qu'elle luy monstra assez maigre visage, & luy feit vne responce fascheuse, tellement qu'vn moins voyant que celuy qui feignoit auec le pinceau les courroux de celles qui veulent estre caressees, eust quitté les armes, & se fust retiré comme ayant desia son congé. Mais ce galant qui cognoissoit à peu pres les humeurs de la pelerine, & voyoit que le changeant luy plaisoit sur toutes couleurs, en lieu de s'en aller & se deporter de son entreprise, la print par la main, & luy baisant fort amoureusement, luy disoit: Comment, ma damoiselle, serez vous plus amoureuse de la robe, que de l'esprit & d'vne mine exterieure, que de la purité d'vn cœur loyal, & qui ne sçauroit vous faire faute? Ne sçauez vous pas que les petits doyuent estre fauoris pour le bon seruice que lon en tire, & que vostre honneur sera plus asseuré entre mes mains, que d'vn plus grand, qui en estant saoul, ne feroit conscience d'estre le prodigue eueteur de vostre renommee? Voyez si i'ay faute de bon cœur, si

mon amour est ferme qui ose m'addresser à vous, l'accointance de laquelle seroit aggreable à des plus grands seigneurs de la terre. Ayez compassió de moy, qui ne partiray de vostre presence que mort, ou contenté par vostre courtoisie & douceur. La pauure amante voyant vne face non accoustumee, & craignant que le rusé paintre ne se forfist, aussi qu'elle auoit bonne deuotion de luy complaire, luy dist: Quoy, mon maistre, auez vous oublié le respect qu'on doit aux femmes de mon estat, & ne craignez vous point le peril auquel vous vous precipitez, si quelqu'vn q̃ ie sçay bien est aduerty de vostre temerité? Allez, ie vous prie, & vous côtentez q̃ ie vous aime & prise pour vostre hônesteté, & n'atẽtez rien plus sur moy, afin q̃ malheur ne vous en aduienne. Le paintre à ces propos cogneut la victoire estre certaine de son costé, & que ces mots estoyent vn vray adiournemẽt, l'inuitãt de passer outre, & parfaire ce que tant il desiroit. A ceste cause il se print à la baiser & taster tout à son aise, sans qu'elle luy donnast guere grand empeschement, tant elle faisoit de la surprise & estonnee, qui fut cause que le galant qui ne vouloit laisser escouler le tẽps en harãgues ou ceremonies, vsa de l'occasion pre-

BBB iiij

sente, & cueillit le fruict tant pretendu sur
la Damoiselle, qui feignant la pasmee, le
receut auec autant de plaisir, comme le
paintre auoit de contentement iouyssant
de chose si belle, & estant receu pour le
seruiteur asseuré en peu de temps, d'vne
que Galeaz n'auoit sceu vaincre que a-
uec grand'instance. Ce premier coup e-
stant passé, il ne fut plus difficile à ce nouueau amant d'auoir accés à sa dame, laquelle le trouua si bon combatant, & si a-
dextre piqueur, que Galeaz fut ietté hors
de carrier, auquel ne se soucia plus d'enuoyer ny lettres ny pourtrait. Ce qui tour
mentoit grandement le Vicentin, pensant
ou que sa Dame fust mal disposee, ou que
quelque mesdisant luy eust fait quelque
faux rapport, & que par ce moyen elle fust
destournee de luy escrire: car penser ce qui
estoit, iamais cela ne luy fust tombé en fan
tasie, estimant trop de bié d'elle: & s'aheur-
tant à la sotte opinion qu'aucuns se font
à croire de la constance des femmes, la legereté desquelles est trop euidente, & se
fait voir plus que tous les iours à ceux qui
ont quelque chose à partir auec elles. A
ceste cause luy escriuit vne lettre telle ou
semblable:

HISTOIRE XXXIII.

Lettre de Galeaz à sa Dame.

Madamoiselle, ie ne sçay si vostre indisposition est cause que ie n'ay le bien d'entendre de vos nouuelles, ou si c'est mõ malheur, qui me tenant sans en rien sçauoir, me priue tout soudain de tout aise & plaisir, veu que ie ne puis rire ne m'esiouyr, si ce n'est par vostre souuenance. Laquelle, combien que soit viuement enracinee en mon cœur, si est-ce que pour l'accroist de mon bien, & pour vous satisfaire, i'ay esté en attente de receuoir de vous le pourtrait effigiant vostre excellence & diuine beauté. Mais voyant le temps se passer, que ie n'ay ny lettres de vous, ny le pourtrait que ie manday faire à mon depart, ie vous supplie m'en mander le retardement, afin que ie puisse y pouruoir, & vous seruir cõme celle qui seule & à iamais serez la maistresse de mes pensemens. Attédant l'heur de sçauoir de vos nouuelles, ie prieray Dieu vous donner l'accomplissement de vos bons desirs.

Vostre obeissant & fidelle
seruiteur
Galeaz de la Valée.

HISTOIRE XXXIII.

Ceste lettre portee que fut à Venise, il fut autant possible que le messager parlast à la Damoiselle, comme que le peintre seloignast d'elle, craignat que la souuenance du Vicentin ne luy tournast à quelque desastre: pource que l'homme de Galeaz s'en retourna sans responce, rendant leur maistre aussi estonné, que cornes luy fussent sorties, & ne sçauoit plus que penser, ny sur quoy se resoudre. A la fin il delibere d'aller à Venize, & sçauoir l'occasion de cest esloignement, pensant encor que le mary de la belle fust de retour de sa charge, & que cela causast ce refroidissement en elle. Mais s'il auoit esté esbahy voyant son homme sans responce retourner à Padouë, il le fut plus encor arriué qu'il est à Venise, ne trouuat moyen quelconque pour parler à celle qui l'auoit tant aimé d'autresfois. Ce sursaut luy donna tant de fascherie, que ce fut grand miracle qu'il ne trespassa de despit & desplaisir, veu qu'il commença deslors à penser, qu'vn autre luy auoit vollé la place, & que le banquet qu'il auoit appresté, seruoit pour le plaisir d'vn autre: & neantmoins ne s'esmut il en rien, sans s'enquerir le plus secretement & finement qu'il luy fut possible. Et à la fin il sceut que son paintre estoit celuy, qui l'ayant trahy, iouyssoit à son aise & sans soupçon des libres embrassemens de sa Damoiselle, C'est icy que la ialousie luy saisit le cœur, & change le doux & courtois naturel du Vicentin en vne rage forcenee, il bourdonne entre ses dents mille aspres & poignantes iniures contre l'inconstance & legereté du sexe feminin, & grommelle autant de menaces contre la teste & vie du paintre, qui auoit esté si osé & hardy, que d'abuser de celle qu'il sçauoit estre sa Dame. Puis se prenant à soy-mesme, disoit ainsi : Et quoy Galeaz, auois-tu si peu d'experience des faulsetez & ruses de ce monstre de nature & risee du Ciel, les femmes. que tu ne sceusses bien que leur loyauté s'estend simplement autant que la veuë porte, la presence de celuy qu'elles feignent auoir en amitié? *Iugeme[nt]* Ne sçais tu pas que c'est vn gouffre qui ia*peu con*mais n'est rassasié, & qui n'a iugement que *stant de* des choses presentes? Ignores-tu que la *femmes.* femme n'aime rien que ce qui luy est proche, & que la memoire ne void rien sinon entant que le corps est caressé & seruy par nostre bestiale sottise? Et qui est celuy qui doubte que la femme ne soit telle que tous les animaux, tant soyent ils farouches, cruels & venimeux, si n'approchēt ils en rien de sa malice & poison, la vie des-

quelles est fascherie aux hommes, l'accointance perilleuse,& la parole pire que mortelle. C'est cest animal qui n'a que desordre en ses appetits, extremité penible en
ce qu'il aime, & l'affectiõ duquel dure autant que le plaisir, difficile à gaigner, &
prompt au changemẽt, qui pour la moindre occasion qui luy est occurrente,oublie
biens & seruices qu'vn loyal amant luy
aura peu faire tout le temps de sa vie, Ah!
Galeaz,Galeaz, tu pouuois penser que cel
le qui fut si legere à t'escouter,& moins sage à obeir à ta volonté, n'ayant encor iamais fait faute à son espoux, seroit plus
hardie à faire nouueau party, ayant desia
osté le voile de honte, & toute modestie.
Aille ou bon luy semblera,face à son aise,
qu'elle traite son paillard,si seray-ie vengé
& de l'vn & de l'autre, à quelque pris que
ce soit, & me deust-il couster la vie. Ce
complot prins, il prend encre & papier
pour vomir en ses vers le courroux conceu contre les femmes, & composa le chãt
qui s'ensuit,que ie tairoye volontiers pour
le respect que ie porte aux honnestes &
pudiques Damoiselles: mais pensant aussi
que nul blasme ne peult tacher leur bon
renom: ie pren cœur d'autre part, asseuré
que ce seront elles mesmes les premieres

qui vitupereront la vie des sottes & legeres, & sur tout de celles qui abusans de
leur grandeur, aiment mieux satisfaire à
leur lubricité, que se contenter de l'amitié
honneste d'vn, qui choisiroit plus-tost la
mort, que faire tort à leur renōmee: oyons
donc Galeaz se complaignant.

Complainte de Galeaz pour l'infidelité de sa maistresse.

Combien est malheureux celuy, qui hors de soy
Priué d'entendement, a onc adiousté foy
A la trompeuse voix, à la voix deceuante
D'vne, qui d'aimer bien & loyaumēt se vāte?
Combien est abusé celuy, qui simplement
A celle s'asseruit, qui plus facilement
Et plus souuent se change, & mue son vouloir,
Que chāger de la mer les flots on ne peult voir?
 La femme, ah! est l'obiect tout contraire à
  la foy,
Animal inconstant, infidelle & sans loy,
L'esprit sans nul arrest, & l'ame sans cōstāce,
Et en sa fermité est painte l'inconstance.
Nul seruice luy peult faire arrester le cœur,
Pour iuger de l'amour d'vn loyal seruiteur:
La preuue las! ie sen, dont trop il m'en desplaist

HISTOIRE XXXIII.

De ma grande bestise, & trop fidelle effect,
Et de la cruauté d'vne, qui sans raison
A nourry mon espoir d'vne telle poison,
Que iamais ie diray que la femme n'a rien
Qu'on puisse nommer bon, qu'on puisse dire bië.
Que son penser volage a non-plus d'asseurance
Que les flots escumeux de la mer de constance.
Que sa parole va plus que le vent legere,
Et est par consequent, & fauce & mēsongere:
Que son cœur ne cognoist sinon desloyauté,
Et ne se paist de rien que d'infidelité.
Et pense que nature a mis ce monstre en terre
Pour liurer à iamais à tous bons esprits guerre,
Pour seruir de fardeau plus pesant & fascheux
Aux hommes bien instruits, toutesfois amou-
   reux,

La rouë d'Ixion.   Que n'est le grand rocher qu'Ixion tourne & rouë
Aux enfers, & fasché à son regret s'en iouë,
Pour seruir de tourment plus cruel & penible

Le Vautour de Promethee.   Que n'estoit le vautour ronge foye sensible
Au pauure Promethé puny de son larcin.
Helas nature, helas! pourquoy, à quelle fin
As tu produit la femme? Est-ce afin que pour
   l'homme
Elle seruist ainsi, & luy profitast comme

Comparaison.   Le serpent & le loup, & comme l'ours cruel
Se mõstre doux & bõ au troupeau? & tout tel,
Cõme le meschãt grain aux moissõs est duisant,

Et le grain de l'yuraye est bõ au bled croissant?
  Est-ce point pour punir nos fautes, & nous
    faire
Long temps auant deffaicts, que par mort nous
    deffaire?
Que ne peult l'hôme naistre, & sortir en essence
Sans l'aide de toy, & sans prendre naissance
De toy femme, qui n'as que le bien d'estre veuë
Mere d'vn tel subiect, & que d'estre cagneuë
Parfaicte en ta portee, & sans tel auantage
Digne que tous les iours vn furieux orage
T'escarbouillast la teste, & t'abisinast le corps
Iusqu'aux palais obscurs & hideux où les
    morts
Errent pres vn Lethé, & voguent vagabons
Sur les flots d'Acheron, & obscurs & profons.
Ne t'enorgueillis point pourtant si l'homme sort
De toy, & si par toy, (mais las! c'est à grand
    tort)
Il prend son accroissance: & si ton fils se dit,
L'espine pour certain a vn pareil credit,
Et d'elle bourgeonner on void la fraische rose
Parmy ces drus fueillars mignonnemẽt enclose:
Aussi void on sortir le beau lis blanchissant
En beauté & fraischeur le mois de May crois-
    sant,
Sortir, & prendre accroist d'vne plãte puante,
Et parmy les haliers la violette est naissante.
  Si l'hôme n'auoit riẽ qui augmẽtast sa gloire

HISTOIRE XXXIII.

Que le nom d'vne fême, & la simple memoire
Du ventre d'où il sort, il luy suffiroit mieux
Que naissant vn orage, & roide & furieux
La vie luy trenchast: car de vostre nature
Il ne sort que desdaing, orgueil & forfaiture:
Vous estes sans amour, sans conseil, sans iustice,
Pleines de cruauté, de venin & de vice,
Temeraires sans fin, despites & legeres,
N'ayans rien de constant que d'estre menson-
geres:
N'ayans rien d'asseuré, que la mesme incon-
stance,
Bouleuersans le tout par vostre insuffisance.
 Et pour le dire bref, ie pense que le sort
A ce sexe produit pour la ruine & mort
Des hommes: & qu'il faut que le monde finisse
Par les ruses, les dols, trahisons & malice
De ce sexe maudict. Helas! le sens me faut,
La force pour le faix si pesant me defaut,
Et ne peux exprimer ce que plus ie veux dire,
Pour racompter à tous la douleur & martyre
Que ie souffre à grand tort, trahy desloyaument
Par celle que i'aimoy' si cordialement,
Que ma vie m'estoit fascheuse pour luy plaire:
Et maintenant veux viure, afin de luy desplai-
re.
 Sois cruelle à iamais, & seruie & suyuie,
Comme l'a merité le progres de ta vie:
Et soit autant heureux te seruant, ton amy,

Com-

Comme fut sans plaisir cruel & ennemy
Le lict, où les enfans de Belus se coucherent,
Qui onques puis vivās & sains n'en releverēt.
Sois fuye de tous, ô femme desbordee,
Comme chassee estoit la cruelle Medee,
Et ne trouve repos iusqu'à ce que cognoisses
Par effect que tels maux & que telles angoisses
Affligent ton esprit,& tourmētent ton cœur,
Pour auoir abusé d'vn loyal seruiteur:
Pour auoir mal choisi,& auoir prins le pire,
Laissant l'amāt loyal en tourmēt & martyre.
   Vous,ô loyaux amāts,qui asseurez vos ames
Aux flamboyans rayons & aux cuisantes
   flammes
D'vn leger Cupidon. Laissez telle folie,
Et deliurez vos cœurs de tell' melancolie:
N'arrestez plus vos pas en vn lieu seulement,
Et ne faites l'amour si obstinéement:
Qu'vne seule vous soit ou dame, ou bien mai-
   stresse,
Vn cœur bon & discret ainsi lier ne laisse
Ses desseins & desirs: la liberté vous soit
Plus à gré,que d'entrer en si fascheux destroict,
Que tromper il vous faille ainsi comme ie fais,
Vous plaïdre de l'amour,et luy quitter la paix:
Que deceuz vous criez comme ie me lamente
Contre la cruauté, & vie deceuante
D'vne,qui ne mourra onques en mon esprit,
Et que ie blasmeray à iamais par escrit.

Les enfans de Belus occis par leurs fēmes la premiere nuict de leurs nopces.

CCC

HISTOIRE XXXIII.

Ceste complainte finie qu'il eut, il trouua moyen de la faire bailler à sa Dame, laquelle troublee & marrie outre mesure, cuida creuer de despit: & si le Vicentin luy auoit despleu pource qu'elle prenoit plaisir en son paintre, c'estoit alors qu'elle le print en telle haine, que volontiers elle luy eust fait donner la mort: mais son mignon de couche n'estoit point assez gaillard pour attaquer Galeaz, & elle n'eust osé y employer d'autre, craignant d'estre scandalizee. Ainsi en despit qu'elle en eust, elle receuoit des algarades de son Galeaz, lequel n'estoit pas si colere, que si la Damoiselle l'eust rappellé, il ne fust retourné en possession de la piece perdue, quoy que le paintre en eust desia iouy assez long tēps. Mais voyant que sa Dame alloit de mal en pis, & que l'inimitié contre luy s'augmentoit d'heure à autre, il conclud de iouer à quitte ou double, & prendre vengeāce de celuy qui l'auoit trahy si villainement. Il espioit toutes les commoditez qu'il luy estoit possible, pour surprendre sans tesmoings son corriual: mais l'autre tant plus estoit il couard, mieux se tenoit sur ses gardes, d'autant que les hommes de bas cœur sont ordinairement plus sages à se garder, que ceux qui font profession d'exposer

Vn couard est sage gardiē de sa vie.

HISTOIRE XXXIII.

leur vie à tout peril, n'ayans rien deuant leurs yeux que la cōseruation de ce corps, duquel ils sont plus soigneux que de la grandeur & reputation. En fin le paintre ne peut estre si caut ou diligent à se garder & faire la sentinelle autour de soy, que le ialoux Vicentin, qui luy faisoit la ronde à l'entour aussi soigneusement, comme se lit d'Arge à l'endroit de la vache à Iupiter, ne le surprint vn iour en vn destroit pres certain canal, où l'ayant rencontré, luy dist assez furieusement: Par Dieu, monsieur le paintre, nous verrons maintenant si vous estes aussi grand compagnon à l'espee, cōme traistre & desloyal à coulourer vos meschancetez: & soudain saque la main à l'espee pour le ferir. Le paintre voyant son enemy en teste, & vaincu du ver de sa conscience, voulut luy bastir quelque excuse, mais le tout fut en vain: car le Vicentin luy donna deux ou trois coustillades, & puis le iette dans le canal, & soudain s'en fuit de Venise, & s'en alla à Padouë. Ce faict fut diuulgué, & sceut on que c'estoit Galeaz qui auoit commis le forfaict, pource fait on son proces, durant lequel fut aduerty par quelque sien amy, de s'absenter de Padouë, afin que s'il estoit prins, il ne tombast en danger de sa vie.

Galeaz iette son corriual dans la mer.

CCC ij

HISTOIRE XXXIII.

Luy qui ne se soucioit plus de Venize, y ayant receu vn tel escorne, se retira à Milan. Ce pendant il fut condéné par les seigneurs Venitiens à bannissement perpetuel, & telle fut la fin de ses amours, & l'exploit de sa ialousie, vray fruict de l'Amour, & fin de la folie de ceux qui aiment plus que de raison, veu que toutes choses doiuent estre commencees & continuees auec telle discretion, que rié n'y soit de trop & superflu. En quoy les sages verront que iamais l'adultere n'est sans porter quelque preiudice de quelle part que ce soit: & ne faut bastir des excuses d'affection, ny se flatter en son propre vice, & penser qu'il soit loisible de fonder des amours auec celles qui sont liees ailleurs, & la foy desquelles les oblige à celuy à qui & leurs parens & le consentement de l'eglise les a cóiointes. Et en somme, afin que ie ne laisse rien qui face icy à propos, ie pense bien que le paintre qui ioua si bon tour au Vicentin est coulpable, & merite grand reprehension, pour auoir vsé de mauuaise foy à celuy qui luy auoit fié son secret. Mais Galeaz sentoit trop son simple & mal auisé, de fier la breby au loup, & de faire vn tel essay de la prudence d'vn homme & de la constance d'vne femme: laquelle monstra lors combien est foiblette leur resistence, & manque leur foy quand les assaillans persistent en leur deuoir. Ie parle de celles qui se plaisent à changer, & qui aimēt plus le plaisir que la vertu & bōne renommee: estant bien asseuré, que quelque chose que le Vicentin dise en cest' histoire, pour vne folle femme, il s'en trouue vn nombre infiny de si modestes & sages, que les historiés ont en elles dequoy s'employer, & où faire escouler l'abondance & douceur de leur langage. Qu'il nous suffise que le vice est vituperé, afin qu'on le fuye: & la vertu louangee, à celle fin que par cest allichement la ieunesse suyuant le bon, voye qu'à l'aduenir son nom sera eternisé de los pour auoir bien vescu : là où au contraire la memoire des mal-viuans vit, & est recitee pour leur honte, & au grand deshonneur de ceux qui suyuent le vice par trace.

Fin de la xxxiij. histoire.

CCC iij

SOMMAIRE DE
l'histoire XXXIIII.

D'Autant qu'entre toutes les passiõs ausquelles l'esprit de l'homme se vood comme naturellement assubiecty, il n'en est pas vne qui plus lie & tienne l'homme en bride, que ou bien l'auarice, ou la paillardise, la fureur desquelles semble estre semblable, & engendrer pareils effects: d'autant aussi est plus louable l'hõme, qui vaincu de telle concupiscence se depestre de ses biens, & vainquant celle qui n'aguere estoit sur luy victorieuse, se rend le nom glorieux, & l'ame libre d'vn pesant & fascheux faix. Que si le desir d'accumuler thresors fait oublier vn esprit genereux en son hõnesteté, & le cõtraint à faire choses indignes du nom de vertu: et si ceste faim execrable de l'or (come dit le Poëte) violente les cœurs des mortels, ce n'est rien au pris de l'appetit sensuel, lequel dominant vne fois en nous, Dieu sçait quels fruicts il produit, & auec quels trophees il rend nostre vie immortalisee, mais plus-tost bestialisee, entant que ces transformations feintes des compagõs du Grec cauteleux, ne sont autre cas que la perte que l'homme fait de son excellence lors qu'il s'addõne au plaisir charnel. C'est pourquoy le sage roy des Hebreux dit que les leures de la paillarde sont doux distillans comme ray de miel

Auarice & paillardise engẽdrent mesmes effects.

Verg. 2. des Enei.

Prouer. 5

mais cependant l'issue en est plus amere qu'aluine, & aigue comme vn glaiue trenchāt de deux costez. L'homme donc qui se retire de tel passage, outre qu'il deliure sa vie d'vn grand dāger, rend honorable sa memoire à sa posterité. Ce grand Capitaine Romain Scipion, surnommé l'Africain, a esté louangé pour ses hauts faicts d'armes & discipline militaire, ayant subiugué le peuple qui auoit tant donné de peine & estonnement à la cité de Romme. Mais sa continence l'a encor plus glorifié que sa vaillantise, d'autant qu'ayant entre les captifs la femme d'vn Prince Espaignol, belle entre les plus belles, quoy qu'il fust fort ieune, comme celuy qui ne passoit encor l'an vingtquatriesme de son aage, & qui n'estoit point marié: si est-ce qu'il s'abstint de telle accointance, & rendit la Dame à son mary, nommé Indibile, saine & sauue, & sans violement: luy donnant au reste le pris de sa rançon: qui causa que ce Prince estranger embrassant l'alliance Romaine, seruit beaucoup depuis à l'Empire pour la conqueste des Espaignes. Alexandre le grand, quoy qu'il ne se fiast tant en sa continēce cōme le capitaine Romain, si laissa il la femme & fille du Roy de Perse, sans toucher à leur pudicité, quoy qu'il fust assez addōné à ses plaisirs: mais en cela fut il vaincu par Scipiō, que ce roy n'osa voir la beauté de ces princesses, craignāt de s'oublier, là où le Romain eut

Scipiō le grand.

Indibile Espaignol, sallie aux Romais, pour la continēce de Scipion. Alexandre modeste.

CCC iiij

HISTOIRE XXXIIII.

en sa teste l'Espaignolle, & ne luy forfeist en rië. Et afin que ie ne donne tant de gloire à l'antiquité, que nostre aage & temps corrompu ne s'en ressente, moins que tous ceux cy n'en a fait Fraçois Sforze, qui depuis a esté Duc de Milan, homme vaillant, & bon conducteur en guerre, mais addōné aux femmes: & toutesfois ayāt eu au sac de quelque ville pour sa prisonniere vne fort belle fille: lors qu'il est en voye de la violer, elle le supplie pour sa virginité, & gemist deuant luy pour la perte voisine de sa chasteté. Cas notable, vn Prince ieune, beau, chauld & lascif, se refroidit comme vn vieillard: & quittant prise, deliura celle qui n'agueres il vouloit accoster de trop pres. Tous ces exemples sont memorables, ie le cōfesse, & ceux qui se sont ainsi contenuz, dignis de grand'louange: mais plus grand faict est celuy, où l'homme qui transporté d'amour, ayant courtisé vne ieune & belle femme, souffrant toutes les trauerses & angoisses qu'vn amant peult voir, ny souffrir, ne desirant rien plus que ce que plus les amans souhaittent, & qui est la fin de l'amour, à sçauoir, le bien de iouyssance, neantmoins apres auoir trauaillé, ahanné, couru, ploré, souspire, & poursuywi auec toute importunité sa Dame, lors que moins il espereit, & que plus il brusloit de desir, se voir requis, cherché, & auoir en puissance la chose tant quise & poursuyuie, & s'abstenir d'en

François Sforze Duc de Milan.

iouyr. C'est icy où le Latin faudroit à tous loyaux amans, & confesseront que tel hōme surpassoit en continence tous les autres, & qu'il se contentoit de vaincre ses passions, en aimant l'honnesteté de celle qui depuis meuë de compassion auroit voulu luy donner allegeance. D'vn tel homme preten ie vous compter l'histoire, cōme plus digne de louange que pas vn des trois Princes susnommez, & sur quoy ie feray iuges tous ceux qui feirent onc profession de bien aimer. A
ceste cause aduisez
diligemment
le discours de ses amours, & l'effect de sa
grande continence par le fil
de nostre histoire,
tel que s'ensuit.

GRANDE CONTI-
nence d'vn Gentilhomme Geneuois,
lequel fort amoureux d'vne Dame:
l'ayant depuis en sa puissance, la laiſſa libre, ſans en iouyr.

HISTOIRE XXXIIII.

Genes, ri-
che cité en
ligure.

Genes donc cité renōmee, tant pour ſes richeſſes & antiquité, que pour eſtre vn bon port de mer:& ville qui a iadis fait teſte aux plus grands & riches Princes de l'Europe, & qui va long temps ne cedoit en rien en force ny puiſſance à Veniſe: fut, n'a pas lōg tēps, vn Gentilhomme citadin, de la famille des Viualdy, nommé François Viualdo:lequel enrichit ſa cité de ſes deniers, & laiſſa le nom d'hōme fort amy de ſa Republique.

Luchin,
fils de Vi-
ualdo.

D'vn fils de ce Viualdo, demeura vn ieune homme nommé Luchin:lequel ſuyuant la

HISTOIRE XXXIIII. 390

trace de ſes predeceſſeurs, viuoit fort honorablement, & ne reſſentoit en rien la vie mecanique des hommes nourris en la terre Geneuoiſe: leſquels viuent plus de bailler que de viande, & ſe curent les dẽts plus ſouuent qu'ils ne rempliſſent leur ventre, imitans l'Eſpagnol, qui eſt treſſobre chez ſoy, & aualle cõme vn Auſtriche, lors qu'il vit aux deſpens d'autruy. Ce Luckin tenoit maiſon, & eſtoit ſuyuy comme celuy qui eſtoit demeuré riche des biens de ſes anceſtres: & qui eſtãt ſorty de grãd & honorable lieu, eſtoit aimé & careſſé de toute la ieuneſſe. Ceſtuicy, cõme eſt la couſtume de tout ieune hõme nourry à ſon aiſe, & qui a dequoy deſpẽdre, & duquel l'eſprit n'eſt ny chargé de ſoucy, ny abaſtardy d'auarice, ou trop de deſir d'accroiſtre ſon patrimoine, ne ſe ſoucioit q̃ de follaſtrer, aller à la chaſſe, piquer cheuaux, & q̃lquefois paſſer ſon temps ſur la marine, ſans que nulle paſsiõ ou empeſchement luy oſtaſt ſes plaiſirs, ou luy feiſt aucun deſtourbier à ſes aiſes. Il ne luy reſtoit rien plus pour le biẽheurer, que de ne tomber iamais és lacs & priſon d'Amour, d'autant qu'il me ſemble que la ieuneſſe auroit le comble de felicité auec ſa gaillardiſe, ſi ceſte beſtiſe & aueuglement ne luy eſtoit offert pour obſtacle.

Chicheté des Geneuois.

Mais d'autant qu'il n'y a rien en ce monde qui ait heur continuel, & qu'il faut que les hommes sentent les causes pourquoy ils sont au môde, à sçauoir, les angoisses & trauaux qu'ils souffrent d'heure à autre, ie croy que tout ainsi que l'auarice est vice propre pour tourmenter l'esprit des vieillards, que l'amour aussi est l'impression de fascherie, que nature a semé au cœur des ieunes, afin de leur amortir leur galantise trop gaillarde, & les faire resuer outre saison, & deuenir chenus auant le temps. Et tout ainsi que la gelee chastie la trop soudaine sortie des fleurs en certains arbres, ceste folle passion aussi reprime l'effort de l'adolescence. Estant quelquefois besoing qu'vn ieune homme soit amoureux, à celle fin qu'il apprenne la courtoisie en estant serf & esclaue de telle, qui peult estre luy est inesgale, & à laquelle il pourroit commander. Ie dy cecy à cause de plusieurs, qui estans issus de grād & noble lieu, n'ont desdaigné d'aimer des filles de plus basse estoffe, comme feist ce Luchin, & d'autres plus outrez & moins sages les espousent, à leur grand danger bien souuent: & tousiours presque pour en estre mocquez de tous ceux qui les cognoissent, ainsi que lon list de ce grand Bouc & fier Tyran

Henry huictiesme du nom, Roy d'Angle- *Henry 8.*
terre, auquel tout terroir estoit bon: & qui *roy An-*
ne desdaignoit de faire porter le nom de *glois, pail-*
Royne d'vne si belle & florissante Isle à *lard outre*
quelque dame que ce fust. Mais laissans *mesure.*
le propos de ce Prince iusques à vne autre
fois: reprenons nos brisees, & empoignôs
Luchin, qui entre ses compagnôs & iouyssant des aises que peut inuenter la ieunesse, deuint extremement amoureux d'vne
pauure fille, mais belle par excellence. Or
quoy qu'il fust si honneste & gentil, que
facilement il eust acquis la grace de quelque Damoiselle auec son honneste seruice, si est-ce que l'Amour (qui n'est du naturel des hommes) sans respecter race ny
grandeur, luy ferma les yeux à l'endroit
de toutes autres, & le priua d'affection
pour se captiuer en lieu qui luy fust pareil, afin de triompher sur luy auec l'obiect d'vne pauure & simple femmelette, le
nom de laquelle estoit aussi illustre comme la maison de son origine, ne portant
point de ces superbes noms de Camille ou
Lucresse, qui semblent faire luyre la mesme chasteté au corps de quelque courtisanne publique, ains se nommoit Ianniquette, aagee enuiron de quinze à seize
ans, & qui estoit autant chaste & pudique,

HISTOIRE XXXIIII.

comme belle: ne se souciant d'autre chose
que de seruir ses parens, & trauailler tous
les iours pour le soustenement de leur vie.
La simple veuë de Ianniquette gaigna plus
sur le cœur de Luchin que n'auoient peu
faire encor les fards vermillonnez de toutes les Damoiselles Geneuoises, estant
peint au visage de ceste fille vne modestie
sous l'attrait de ceste grand beauté, de laquelle elle ne faisoit point parade, comme
font plusieurs folles, & esuentees, comme
si vn don si precieux ne leur estoit donné
de Dieu, que pour seruir d'amorces de peché. L'heritier de Viualdo donc ayant senty l'effort du trait d'amour, en lieu de rebouter ceste premiere pointure, & de chercher soudaine guerison à telle playe par
l'appareil d'vne gētille retraite, il se lança
tellement dans les abismes de ceste captiuité, qu'il n'estoit iour au monde qu'il ne
passast vn infinité de fois par deuāt la maison de la chaste Ianniquetté, laquelle si
quelquefois il voyoit sur la porte, il saluoit auec autant d'humilité que si c'eust
esté vne des plus illustres Dames de la seigneurie, & l'auoit en plus grande reuerence que non pas les femmes des Fregoses,
Dories ou Adernes, les plus puissans de
leur Republique.

Fregoses Dories & Adernes noms des premieres maisons de Geues.

Mais la fillette qui ne sçauoit que c'estoit d'amouraischement, & qui se hontoyoit qu'vn tel Gentilhomme & si puissant que Luchin la saluast, rougissant comme vne rose le matin fraischement espanie, luy rendoit son salut le plus hūblement qu'il luy estoit possible, dequoy Luchin estoit plus content, que si la Royne des Espaignes luy eust fait pareille faueur. Mais dequoy luy seruoit se chatouiller ainsi, veu que tout cela n'estoit qu'adiouster vn peu d'eau sur le brasier du forgeron, laquelle enflamme d'auantage, & dōne force au feu? Car d'autant plus l'adolescent voyoit s'amie, & moins elle se soucioit de ses œillades, & luy augmentoit son affection, & donnoit accroissement à ses desirs. Et quoy que la fille ne fust des mieux abillees de son voisinage, si l'eust le ieune transporté plus aimee ainsi, que toutes autres autant parees, q̃ iamais fut la brune Egyptienne, pour cō plaire au Romain Marc Anthoine. Ianniquette voyant que Luchin faisoit si souuent la ronde par deuant sa porte, ne sçauoit que penser: à la fin nature qui apprēd les plus rudes à cognoistre que c'est que d'Amour, luy feist aussi cognoistre que l'occasion d'vne telle pourmenade, & les saluts reiterez tous les iours, n'estoient

qu'autant de pieges, & filets que ce iouuenceau tendoit pour la rendre pitoyble
à sa volonté. Et ce qui plus luy feist cognoi
stre, fut qu'vn iour il s'arresta en la rue,
faignant de tenir long propos auec vn
sien amy, & ce pendant toutesfois il ne tira iamais l'œil de dessus sa Ianniquette.
Ce que voyant vne de ses compagnes, qui
besongnoit à l'esguille auec elle, luy dist.
Ie pense que ce Gentilhomme te veult tou
te engloutir par ses regards, & amoureuses œillades. Ie ne sçay que c'est, dist Ianniquette, mais tous les iours il passe par
deuant nostre huis, & me saluë aussi priuément comme si i'estois de la plus grand
maison de Genes. C'est dommage respond
l'autre, que tu ne sois de lieu tel que luy,
car à ce que ie vois, il est extremement a-
moureux de ta beauté, & m'asseure qu'il
n'est rien en ce monde, qu'il ne feist pour
auoir ton accointance. Ia à Dieu ne plaise
dist la chaste fille, que ny sa beauté, grandeur ou richesse change mon cœur, & qu'il
se vante ny autre de gaigner autre cas sur
moy que ce qu'vne fille de biē doit ottroy.
er à l'hōme, qui est le salut, lors qu'elle est
saluée. Vrayemēt dist l'autre, tu es heureuse, qu'vn tel homme te porte amitié, & peu
discrette d'en faire si peu de cas: il en y a de
plus

plus grandes que toy qui ne feroyent pas
si mal apprises. Et ne faut pas tant te glorifier en ta beauté, veu qu'il en y a d'aussi belles en ceste ville, qui estans si bien aimees, seroyent bien marries de refuser vn tel present. Il ne me chaut replique la fille aimee, si les plus grandes s'estimeroyent heureuses qu'il les aimast, d'autant que ce seroit bille pareille: mais ie ne veux faire si bon marché de mon honneur, que l'opiniō d'autruy me le face mettre en vente. Quant à ma beauté, elle est telle qu'il plaist à Dieu: tant y a que i'aymeroye mieux estre la plus laide de la terre auec le renom de chasteté, que belle sur toutes les belles, portant le tiltre d'vne esuentee & fille peu sage. Et qu'auons nous qui nous doiue estre plus cher ny precieux que la renommee? Ignorez vous que la vierge perdant le nom de pucelle est semblable à vn fruit trop manié, lequel se noircist, & deuient si laid, que puis apres on a horreur de le seruir sur les tables: il vaut mieux viure sans nom, que porter le bruit d'vne femme que tout le monde cognoisse veu que celle qui est cogneuë de plusieurs, estāt de tel calibre que ie suis, ne peut faire guere grand'parade de sa chasteté. Ne vous faschez point contre moy, dist l'autre, car ce que i'en ay dit,

DDD

HISTOIRE XXXIIII.

n'est pas pour vous inciter à mal faire, ny
cōseiller à obeir à la volonté de cest amāt,
ains pour sentir ce que vous en diriez, &
loue grandement vostre aduis, & deliberation, priant Dieu qu'il vous donne la grace de cōtinuer en ce bon vouloir. Ainsi soit
il, replique Ianniquette, & de ma part, selon
ma puissance ie me gouuerneray si bien
& sagement, que Luchin n'aura point
moyen de me donner de grandes alarmes.
A quoy certes elle ne faillit pas, pource que
de là en auant elle ne se laissoit guere plus
voir, se tenant close & fermee chez ses parens, sortant peu ou point en la rue, donnant exemple à ces coureuses, & faineantes, lesquelles ne peuuent donner vn
poinct d'eiguille, que ce ne soit sus vne porte, se presentans en place, afin de tenir bon
en caquet à chascun qui passe, cōme si elles
estoyēt la posees pour le passetemps de la
ieunesse. C'est en quoy les meres & gouuernantes des filles doyuent aduiser de
pres, & ne lascher pas la bride à ceste ieunesse qui a la folie liee au dos, & laquelle
il faut chastier, & chasser auec la verge. Elles sçauent bien que tel aage c'est vne beste fort mal aisee & difficile à dompter, &
que les plus sages bien souuēt ont eu grād
affaire à la manier à leur aise, & à refre-

HISTOIRE XXXIII. 394

ner les ardeurs vehementes de sa gaillardise. C'est vn gage de grand pris qu'vne vierge, mais aussi est ce vn vaisseau fort fragile, & aisé à casser: les pieces duquel estans violees, ne sont plus d'aucun profit: & pource les meres soigneuses de leur honneur, y tiendront l'œil dessus, & aimeront mieux auoir des filles simples, & non tant subtiles que des rusees & trop babillardes, d'autant que l'obeissance les apprendra à viure bien en mesnage, & se maintenir honnestement. C'est ce que ce bon & sage Empereur Marc Aurelle deteste en vne fille & femme, que de la voir parler à part auec les hommes, & de se tenir sur les portes, & en lieu où lon les puisse ainsi caresser: d'autant dit il, que les Dames de grande maison ne peuuent conseruer la reputation de leur honneur, sinon en se tenāt separees des grandes compagnies: & de tant plus elles sont colloquees en grandeur, tant moins ont elles de licence d'aller vagabondes, & de tenir le caquet és rues & aux festes auec & parmy la cōpagnie des hommes. Aussi, à dire le vray, vne femme mal nōmee, ne deuroit iamais auoir prins naissance, tant elle porte de deshonneur & tort à toute vne famille. Mais c'est assez s'esgarer de propos, & laisser

Vne simple fille p.⁹ aimable, qu'vne trop accorte.

Dict notable de M. Aurele Empereur

DDD ij

HISTOIRE XXXIIII.
l'histoire de nostre amoureux, neantmoins ie m'estoye transporté en cecy, pource que ie voy que ceste cy est vne des fautes les plus grandes, & de laquelle sort le plus de scandales, sans que lon en tienne compte, comme si c'estoit quelque chose legere: mais nostre Ianiquette croyoit bien le contraire, & cognoissoit que les filles qui prennent plaisir à œillader les hommes, & leur tenir le bec à toutes heures, à peine eschappent elles sans, ou bien faire quelque grande faute, ou à tout le moins en donner le soupçon, & faire parler à leur desauantage. Et voila pourquoy elle se tenoit enfermee: & si quelquefois, comme il aduient, son Luchin suruenoit à l'improuiste, & la saluoit, elle tenoit les yeux bas sur sa besongne, faignant de ne voir celuy qu'elle ne vouloit plus voir, pource qu'elle sçauoit bien que telle douceur couuoit vne grande amertume sous son plaisant masque: & se souciant peu ou point des souspirs de son amant, elle s'amusoit seulemét à parler auec ses compagnes de ses menues affaires, laissant Luchin aussi estonné de ses façons hagardes, comme au commencemét il estoit ioyeux lors qu'elle le regardoit de bon œil. D'autresfois le voyant venir, elle se retiroit aussi soudain en sa maison, com-

me si elle eust veu quelque beste cruelle & farouche. Luchin toutesfois ne perdoit cœur, ains se promettoit que à la longue ceste rigueur se conuertiroit en plus ferme amitié:& que les choses legerement gaignees nous viennent quand & quand à contrecœur, la ou celles qui nous donnent peine à la poursuitte, lors que nous en venons à bout, redoublent le plaisir par la souuenance du mal passé: l'esperance donc nourrissant le cœur de ce ieune hōme, luy faisoit continuer ses courses & saluts : & quelquefois l'enhardissoit, iusques à tenir propos auec s'amie: mais tels, qui quoy que fussent guidez de l'Amour, estoyent neantmoins priuez de toute gaillardise amoureuse: elle ne respondant rien à propos, & luy n'osant dire tout ce qu'il eust bien voulu, à cause de celles qui estoyent tousiours en la compagnie de s'amie.

Or est la coustume entre les Geneuois, & presque par toute prouince, que les ieunes hommes ayans quelques bouquets de fleurs, & sur tout en temps que les fleurs ne se trouuent guere, passans par les rues, & trouuans leurs fauorites, de leur en faire present, sans que personne trouue mauuaise ceste façon de faire:& la fille encor en recompense, si elle a des fleurs à la main, ou au sein, en fera present reciproque à son seruiteur. Luchin qui estoit enflammé de tát plus, comme il n'auoit encor peu declarer son affection & tourmét à sa Dame, vn iour de bon heur rencontra Ianniquette seule, s'il fut ioyeux, vous le pouuez iuger, qui auez quelquefois senty pareilles douleurs, & auez experimenté quel est le mal qu'endure vn malade qui n'ose declarer sa maladie, ny demander remedes propres pour son allegement, il auoit par cas vn bouquet d'œillets, quoy que ce fust en yuer & hors de saison, & pource s'approchant de sa guerriere, aussi honteux qu'vne simple pucelle, luy cómença vser de tel langage: Est-il possible qu'vne telle beauté que la vostre soit accópagee de si grande rigueur & cruauté, que de n'auoir iamais voulu cognoistre par mes signes exterieurs, la passion qui se couue dans mon cœur, & qui manifestee au visage, ne peut estre que n'ayez cogneu à quoy tendoyent les œillades que mon cœur vous enuoyoit, afin de se declarer vostre, & vous monstrer la puissance que l'amour vous a donné sur moy, qui vous suis tant affectionné seruiteur, qu'il n'est chose tant soit elle difficile, que ie ne face pour vous obeir? Ce n'est pas à moy, Monsieur, respond la fille, à qui

il faut tenir ce langage, & de qui vn tel
que vous se doit amouraischer. Il n'est pas
bien seant à fille de tel lieu que moy, &
qui ne peut aspirer à si haut mariage que
vous,de sçauoir que c'est que d'estre amou
reuse.Pource vous prie me laisser en paix,
& ne parlez plus de chose ou vous ne gaignerez rien, & qui ne vous est pas beaucoup honorable. Quoy m'amie dist Luchin,vous semble-ie indigne que vous me
caressiez,& mal ppre pour vous faire serui
ce?Et l'vn & l'autre,dist elle:car ie ne peux
ny doy caresser hôme que celuy que mes
parens me donnerent pour espoux:& vous
n'estes pas hôme de si peu d'effect, que vostre grandeur se doiue tant abaisser,que de
vous dire ny amy ny seruiteur d'vne si pau
ure fille. Mais il me plaist de vous aimer,
respond Luchin, & suis content d'esgaller le trop qui est en moy auec le peu que
vous dites estre en vous. Cela ne se peut
faire,replique la fille : neantmoins ie vous
mercie de ce qu'il vous plaist me faire l'hô
neur de m'aimer: & vous supplie changer
ceste affection en quelque chose moindre,
& la departir à quelque autre, qui le reco-
gnoistra mieux q̃ ie ne sçauroye faire, aussi
nay-ie point deliberé de suyure vostre con
seil en sorte quelconque. Dieu y pouruoi-

DDD iiij

HISTOIRE XXXIIII.
ra, dift Luchin, mais ie vous prie prendre ce bouquet pour l'amour de moy, & en souuenãce que ie suis tel enuers vous, que iamais il ne sera iour de ma vie que vous n'ayez puissance de me commander,& qui m'estimeroye le plus heureux de ceste cité, s'il vous plaisoit m'accepter pour amy, & fauoriser cõme celuy q̃ vous seroit le plus aggreable. Grand mercy, monsieur, de vos presens, ils sont certes de trop grand pris & consequence. Ie vous prie allez les offrir en autre lieu : car ce n'est icy qu'on entend vostre langage. Ce disant, elle se retire en sa maison,& ferme la porte au nez à son harengeur, lequel fut bien estonné lors,& luy sembloit estre tombé des nues, ou que ce fust vn fantosme que ce qui luy estoit aduenu. A la fin, ne sçachant plus que faire, s'en alla chez soy tout plein de soucy, & fas cherie, ne faisant que fantastiquer des Chimeres en l'air, & penser les moyens de gaigner ceste fille qui estoit plus dure à ployer que les rochers & escueils les plus durs qui soyẽt en la coste de Genes. Il l'eust volontiers espousee, mais il se voyoit esclairé de ses parens, qui n'eussent iamais souffert ceste alliance : & s'ils se fussent apperceuz qu'il eust eu desir de ce faire, pluftost eussent ils fait perdre la fille, afin qu'à ia-

HISTOIRE XXXIIII. 397

mais la memoire en fuſt perduë : Et auſſi que de ſoy il aimoit la grandeur, & ſouhaitoit la ſeule iouyſſance de Ianiquette, pour ſe väter d'auoir le premier cueilly vn fruict ſi beau que celuy qui n'en auoit guere de pareille en toute la riuiere ſpacieuſe de Genes.

A la fin il s'aduiſa que Ianniquette eſtoit pauure, & que ſes parens eſtoyent aſſez neceſſiteux, & qu'il n'y auoit place ſi forte ou tenable fuſt elle, qui ne ſouurift, pourueu que l'argent y peuſt donner atteinte : A ceſte cauſe il conclud de luy enuoyer des meſſages, & auec & ſans preſens, afin de l'attirer en quelque ſorte que ce fuſt à faire ſon plaiſir. Il y auoit vne voiſine qui hantoit chez la fille, & en qui Ianniquette ſe fioit aſſez : à ceſte cy s'accoſte Luchin, & fait tant par ſes belles paroles, & quelque ducat qui marcha en campagne, qu'elle luy promet de tenter le gué, & voir ſi la fille ſeroit auſſi vaillante contre ſes raiſons que contre les aſſaux que luy auoit deſia donné l'amoureux. Lequel diſt à ceſte voiſine qu'elle ne luy eſpargnaſt rien par ſes promeſſes, & qu'il n'eſtoit or ny argent qu'il n'y employaſt, pourueu qu'il en iouiſt. En ſomme, ſi elle craignoit que le ventre luy creuſt, il luy promettoit de la marier, & luy

L'orvaine ce qui eſt le plº fort.

HISTOIRE XXXIIII.

donner mille ducats pour son douaire. La bonne voisine, quoy que ne feist point mestier d'estre messagere d'amours, & qu'elle aimast assez la chasteté des filles : si est ce que oyant parler l'Amant d'vne si belle somme, & sachant la disette de Ianniquette, promist d'y employer son conseil, & de faire tant par ses menees, que la fille succõberoit au faix, & ne seroit desormais si retiue aux prieres de son amy. Mais elle fut bien trompee: car ny les promesses, ny les presens ne la peurent onc esmouuoir, non la harãgue de sa voisine, qui luy parla en ceste sorte:

Harãgue de la voisine à Iãniquette.

Tu vois, ma fille, l'estat de voſtre maison, laquelle encor que ait esté quelque fois honnestement riche, & neantmoins tellement descheuë que tes parens n'ont presque moyen aucun de te pouruoir ainsi que tu merites. Ie suis marrie de voir vne telle & si grande beauté estre ainsi sollicitee de plusieurs pour t'auoir à féme, & que pas vn de ceux qui te demandent, n'a plus d'esgard à ta vertu qu'à la richesse : si bien que sachans le peu de fons que vous auez, ils sen vont côme si quelque maladie contagieuse auoit infecté voſtre maison. Mais si tu me veux croire, & tout pour tõ profit, ie te monstreray le chemin de te cheuir

honnestement & richement, sans interesser
les biens trop mediocres de ton pere. La
fille s'enquiert de la vieille, le moyen côme
cela se pourroit faire, esperant d'ouyr autre
chose que ce qu'elle luy côseilla. Peut estre
que de prime face, dist la vieille, vous serez
esbahie de ce que vous diray, comme chose peu conuenable à mon aage, & qui est
outre ma coustume & façon de vie: si est
ce que si vostre profit vous est à soucy,
vous verrez que ce que ie dy ne sçauroit
guere vous preiudicier. I'ay ouy dire à ie
ne sçay qui, qu'il y a vn ieune homme en
ceste ville qui est extrememẽt amoureux
de vous, & qui n'espargneroit chose aucune pour acquerir vostre bonne grace: de
sorte que si vouliez luy complaire, lon
m'a asseuree qu'il vous mariroit bien &
richement. Il me semble qu'vne faute secrettement faite est à demy pardonnee, &
que pour vne fois lon ne fait pas coustume
de faillir: Par ainsi, sauf meilleur conseil, ie
seroye d'aduis q̃ luy ottroyez la demande,
attendant que le temps vous depesche de
luy, apres auoir iouy de ses richesses. Ah!
ma mere, dist la fille, que vostre conseil est
preiudiciable à l'honneur sous le masque
& couuerture d'vn vilain profit. Ie ne peux
faire ce que vous dites, d'autant que si

i'eusse voulu satisfaire à la volonté de celuy que me parlez, & qui vous a seduitte ou faite corrompre, i'aymeroye mieux que ce fust d'vne fraîche & libre amitié, & pour le seul respect de ses bonnes graces, que non pas sous le voile d'vn mariage plus meschant que bien basty. Aussi cōment seroit il possible, que si le Gētilhomme pour qui vous parlez auoit eu de moy ce qu'il en desire, & eust cueilly la fleur de ma virginité, q̃ ie peusse puis apres porter quelque amitié à vn mary gaigné auec telles artes? Certes s'il gaignoit ce poīct sur moy, iamais autre ne se vāteroit d'auoir puissācc sur mon hōneur. Car i'ay oy dire qu'il n'est iamais q̃ les filles n'aimēt & cherissēt ceux qui ont eu tel gage d'elles, que la despouille de leur virgininité. Au reste, ne parlons plus de ces folies, & ne permettez qu'ayāt vescu iusques icy sans blasme, vous commenciez à present à porter le tiltre de Maquerelle. Vous iurāt que n'estoit l'hōnesteté que i'ay iusques icy cogneuë en vous, ie reciteroye ceste vostre harangue à tel qui le vous reprocheroit en bōne compagnie. Cessez donc de poursuyure vn si mauuais commencement, & vous contentez que ie vous pardōne ceste faute, auec protestatiō de ne rencheoir plus en mesme peché. La

HISTOIRE XXXIIII. 399

bonne femme qui n'eſtoit pas ſi ſubtile en
ceſt art, comme celles qui ont fait meſtier
toute leur vie de Darioletter & corrompre la ieuneſſe, ne ſceut plus que luy repliquer, ſinon qu'elle la pria de luy pardōner,
& que ce qu'elle en auoit dit eſtoit ſeulement pour la cōpaſſion qu'elle auoit de la
voir pauure & ſans moyen en vne ſi grande beauté.   Ainſi ſ'en alla la meſſagere de
Luchin, auec ſa courte honte, & ſans proffit
aucun, porter les nouuelles de tel refus au
ieune amant, qui voyāt cecy fut en danger
de tomber fort malade, tant il fut ſurpris
de triſteſſe & eſtonnemēt. Il alloit ores d'vn
coſté, tantoſt d'vn autre, paſſer ſa melancolie, eſperāt par ce moyen oublier ceſte fantaſie, mais lors qu'il eſtoit ſeul, il ſe voyoit
aſſailly plus viuement de l'amour, & penſant arracher la memoire de ſ'amie hors de
ſon cœur, il y voyoit planter plus profondement les racines. Auſſi n'eſt-ce pas peu
de choſe que d'aymer vn ou deux ans, &
continuer à pourſuyure ſans auoir autre
choſe que le vent d'vne vaine eſperance, laquelle pouſſant l'eſprit, fait que le refus apparent ſemble vne faueur blandiſſante &
vn mot rigoureux porte la face d'vne alli-
chante careſſe, iuſque à ce que le deſeſpoir
met fin à ceſte attente, & que celuy qui ſe

pensoit bien aymé se voit getter hors & d'esperance & de faueur. Les campaignes steriles d'empres de Genes, n'estoyent assez suffisantes pour tenir les pensees & vagues desseins de Luchin, soy compleignant de la rudesse de sa dame, & du peu de respect qu'elle auoit à celuy qui la prioit auec telle instáce: accusant par mesme moyé l'amour qui aueuglement l'auoit precipité en ceste fantasie, sans luy donner le moyen de s'en depestrer. Mais il failloit en ce qu'il ne s'en prenoit à sa propre simplicité, & ne chastioit son peu d'esprit de s'assubiettir à ce que l'homme sage doit gouuerner en son ame, qui sont les sensuels appetits, lesquels doyuent seruir de serfs & esclaues au siege de nostre raison. La nuict il resembloit vn loup-garou, se promenant tantost par vne chãbre, puis sous la frescheur de quelque treille dans les iardins au serein de la Lune, souhaitãt que cest astre par sa moiteur refroidist du tout ses vehementes ardeurs, lesquelles il pensoit luy proceder de quelque fatale necessité, & que ce fust hors de sa puissance aussi bien de s'en oster, comme de son bon gré il s'y estoit lancé sans conseil ne preuoyance, ne ingeant point qu'il est plus difficile se retirer d'vn peril, que d'y tomber, & que les

Grãd ecernellement d'vn amoureux.

maladies sont plus soudaines que la guerison n'en est hastiue.

C'estoit plaisir & pitié ensemble de l'ouyr se plaindre de son desastre, & de parler ores en colere, soudain auec prieres à sa dame absente. Vne fois il accusoit son peu de cœur d'aymer en si bas lieu, & de se soucier d'vne femme, quelle que ce soit, laquelle se glorifiant en quelque beauté peu durable, mesprise le trop d'humilité d'vn requerant, disant que c'est grand bestise à l'homme de se rédre subiect à celle qui n'est faite que pour le seruir & poursuyure vn subiect de telle imperfection que la femme. Tout soudain il s'accusoit comme ayant blasphemé contre vn si noble sexe. Et que c'estoit sa trop grande lourderie qui le rendoit ainsi desdaigné: que les hommes de bon esprit estoyent caressez d'autre sorte qu'il ne se voyoit receu de sa maistresse: veu qu'il n'est femme tant soit elle simple, qui n'ait quelque cognoissance de ce que lon doit de faueur ou disgrace à celuy qui leur fait l'amour. A la fin il se mettoit à fantasier mille discours sur les louanges de la vertu trop grande de sa cruelle, l'estimāt le parangon des filles de son aage, & digne d'estre sortie de plus grand lieu, afin que la noblesse donnast encor plus de lustre à

ce cœur si chaste,& esprit indontable.Bien
est vray que ne la desirant que pour amye,
il eust voulu qu'elle n'eust pas esté si constante & ferme en ses opinions de telle chasteté , car telles perfectiõs sont requises en
celles qu'on choisist pour espouses,& s'amusoit quelque fois tellement en ses contemplatiõs que l'aube le surprenoit faisant ces
discours, lesquels il auoit commencez au
leuer de la claire Lune. Vn soir entre autres,ou plus libre desprit,ou peut estre plus
hors de soy pour trop songer en ce qu'il
deuoit oublier, il print vn Luc, duquel il
iouoit fort bien,& s'asseant en vn petit cabinet fait de iossemins,& le bas tout enuironné de Mirtes,se mist à iouer ceste chanson,y meslant sa voix, auec infinité de souspirs,tesmoins de sa peine, & vrais indices
de sa passion, de laquelle chanson il auoit
eu la copie d'vn poëte de son temps, qui
feru de mesme glaiue, & blessé d'vn pareil
traict,l'auoit composee durãt ses plus grandes angoisses , & lors qu'il experimentoit
la rudesse de sa Dame.

CHANSON DE LYCHIN.

Auec l'espoir
Plus ne peux voir

L'effect

L'effect de mon contentement,
  Et plus mon cœur
  N'espere l'heur
D'auoir vn iour allegement,
Dont ie vis sans pouuoir mourir,
Puis qu'aucun ne vient secourir
Mon ame en si fascheux tourment.

  Le desirer
  C'est empirer
La playe que guerir pretens:
  Mais ce desir
  N'est qu'vn plaisir,
Qui ne dure que peu de temps.
Ie n'ay moyen, las ! ie le sçay,
De paracheuer mon essay,
Et moins encore m'y attens.

  O dur destin !
  Qui de ma fin
Es l'approche & l'esloignement:
  Pourquoy la mort
  N'a fait accord
Auec toy si soudainement,
Comme i'ay perdu le moyen
D'auoir ce tant desiré bien,
Qui causast mon contentement.

  Vn autre aura

HISTOIRE XXXIIII.

Et iouyra
De l'heur de ma grand' loyauté.
Ie languiray
Et souffriray
Les effaits de la cruauté
De celle qui vaincre m'a peu:
Mais contenter au moins n'a sceu
Ce que meritoit ma bonté.

Or reietté
Puis qu'ay esté,
Et que point ne iuis satisfait:
Puis que mon cœur
De sa langueur
N'a que le tourment en effect
Retirer de l'amour me faut;
Ainsi sentir autre defaut
Auant qu'estre du tout deffait.

Las! ie ne puis,
Et si ne suis
Si libre en mon affection,
Que de laisser
Et me lasser
De l'amoureuse passion:
Ie ne le puis, & si le veux:
Puis ie le veux, & si ne peux,
Ayez de moy compassion.

HISTOIRE XXXIIII.

  Las plaignez moy
  Vous qui par foy
Et loyaux d'aise iouyssez,
  Voyez quel droit
  Mon cœur reçoit
Pour l'ouyr: & puis rechassez
De moy tout desir d'amitié,
Pour l'effect de celle pitié,
Qui cause que me caressez.

  Mon cœur attens
  C'est heur du temps
Que ta douleur il chasser,
  Tout à son cours,
  Et en amours
Vn mesme fait ne durera.
Vn iour poursuyuy tu seras,
Et alors tu refuseras
Celle qui tourmenté t'aura,

  C'est le confort
  Et seul support
De ce mien trop cruel tourment.
  Là ie me pais
  D'aise & de paix,
Et nourry mon contentement,
Puis que l'espoir m'a tant deceu,
Et qu'en aimant n'ay rien receu
Qui me donnast allegement.

       EEE ij

HISTOIRE XXXIIII.
Ayant finy ce chant, il luy sembla aduis que toutes les premieres apprehēsions de sa rage amoureuse fussent esteintes, & que la Musique seruist à reprimer les ardeurs d'amour, comme lon dit qu'elle fait à l'endroit de ceux qui sont ferus des serpens que lon nomme Tarantes, qui fut cause qu'il recommença son ieu, mais à la fin il sentit renouueller ses playes, pource quittant & instrument & chanson, s'alla reposer, esperant que le lict donneroit quelque relasche à ses fantasies, & que ce qu'en veillant le tourmentoit, luy donneroit à tout le moins dormant quelque fantosme d'aise. Plaisir assez maigre : mais ceux qui ayment semblent les petits enfans, lesquels lon appaise, lors qu'ils pleurent, de peu de chose.

Durāt que Luchin estoit ainsi solitaire, & que content de se pourmener en sa maison, il n'alloit plus faire la ronde à l'entour du logis de Iamie, aduint que les parés de Ianniquette marierent leur fille à vn ieūne Barquerot, qui faisoit quelque peu de trafic sur la riuiere de Genes. Et qui auec quelque vaisseau, se mesloit de porter les marchans d'vn costé & d'autre, allāt à leur marchandise. Cecy n'empescha point que Luchin ne suyuist tousiours ses erres, & ne

Tarantes serpens.

fust autant ou plus amoureux de sa belle aduersaire que iamais, esperant y dōner attainte, puis qu'elle auoit couuerture pour voiler la faute qu'il pourroit commettre iouissant de son desir. Mais ce fut à recommēcer: car celle qui n'auoit voulu escouter l'amant lors qu'elle estoit en sa liberté, fut encor plus entiere en son opinion, estant assubiectie à vn mary, auquel elle deuoit & foy, & obeissance. Et Luchin auoit beau l'acoster pour estre le mary de la belle fort priué & familier du gentilhomme amoureux, si n'en auoit il rien que la parole, laquelle n'eust osé luy denier à cause que le mary respectant ce ieune seigneur, ne trouuoit point mauuais que sa fēme luy vsast de ceste courtoisie, laquelle aussi estoit si sage, que se fiant en Dieu, & s'arrestant en sa deliberation de viure chaste & sans diffame, tint tousiours secret à son espoux le peu de respect que le Viualde luy portoit, qui ne faisoit conscience de luy importuner sa partie. Aprenez icy esuentees & peu constantes Dames, qui pour couurir vostre foiblesse mettez des tintamares és testes de voz marys auec vos raportz sans substance, aprenez à vous taire, & soyez plus chastes que babillardes:& fortes, que querelleuses. Ce pendant que

HISTOIRE XXXIIII.

Luchin employoit son temps en ces folies de l'amour, ses parens qui ne sçauoyent rien des affaires de Ianniquette, ny de son mariage, asseurez de l'estroite & vehemente amitié que luy portoit leur enfant, se douterent qu'il ne feit le sot. Et contractast mariage auec elle. Ils eussent bien peu y obuier, & empescher, par la loy: mais cest enfant leur estoit si cher, & craignoyent tant le fascher que plustost ils eussent enduré ce mariage, que molester Luchin. Lequel aussi si eust esté asseuré de leur volonté, n'eust tant demeuré sans paruenir à son desir par le sainct lien de la conionction qui se faict en la couche sans macule. Ses parens donc vn iour l'appellent, & luy remonstrent que desormais il est teps de penser plus loing que les folies de ieunesse, & que quoy qu'ils n'eussent pas grande occasion de l'accuser de ses desbauches, si est ce qu'ils sçauoyent bien qu'il s'amusoit à des choses qui ne luy pourroyent tourner à honneur ny profit. Pource l'admonnestoyent de prendre party, & se mettre en mariage, afin que ceste charge & soucy le destournassent de ce à quoy l'oisiueté le semonnoit. Le ieune homme qui entendoit à demy mot à quoy ses parens tendoyent, ne leur respondit que paroles de douceur

& obeiſſance, leur remonſtrāt que s'il auoit fait le follatre, c'eſtoit ne pēſant point leur faire grand deſplaiſir, au reſte qu'il eſtoit preſt à prendre tout tel party qu'il leur viendroit à gré, s'aſſeurant qu'il ne luy choiſiroyent fille, qui ne fuſt de tel calibre & maiſon qui fuſt pour ſon auantage, & ſouſtien de leur famille.

Les parens qui ne penſoyēt point auoir ſi bonne reſponſe de l'amant, furent fort ſatisfaits & contens de telle modeſtie, & perdirent toute la mauuaiſe opinion qu'ils auoyent conceuë de luy touchāt ſes folles amours: à ceſte cauſe pourchaſſent tāt & ſi bien qu'ils le marient bien & richement, & au grand plaiſir de Ianniquette, qui penſoit par ce moyen eſtre deliuree de ce vif & opiniaſtre pourſuyuant. Mais ceſte liaiſon auec vne femme, quelque belle & honneſte fuſt, ne peut encor tant gaigner ſur Luchin, qu'il ne frequentaſt la maiſon du barquerot & ne ſollicitaſt ſa chaſte eſpouſe, dequoy ſa femme eſtoit fort mal contente, non qu'elle ſe doutaſt que l'autre luy feit tort de ce que Luchin luy deuoit ſans le dōner ailleurs, eſtant aſſeuree par le bruit commun de la grande & eſmerueillable chaſteté de ceſte ieune femme, mais eſtoit marrie que Luchin ne ſe retiroit d'vne

EEE iiij

emprise ou il gaignoit si peu, & qu'il causoit ne sçay quel refroidissement en leur couche. Veu qu'il n'y a rien qui plus nuise à l'amitié de deux parties en mariage, que vne folle affection portee à autre, & vn trasport de pésee hors la maison qui deust tenir enclos aussi bien les affections du cœur, comme elle couure les corps. L'homme qui cerche party, ayāt chez soy dequoy se contenter outre le peché, qu'il cōmet, donne souuent occasion à la femme de l'imiter, & luy planter de belle & riche rameure sur le front, & vne perpetuelle infamie en la maison & race qui ne s'estaint pas auec l'eau comme le feu, ains court par la bouche de tous. Ceste ieune damoiselle donc remonstrant à Viualdo le mauuais bruit qui couroit de luy par tout Genes, & que les enfans alloyent à la moustarde de la trop grāde hantise qu'il auoit chez ce pauure marinier: qu'il faisoit grand tort à ceste honeste femme d'ainsi la poursuyure, veu les sinistres paroles qu'on en disoit, & que quelque chaste qu'elle fust, si ne pouuoit il garder les mesdisans de luy donner le nom de peu honneste, & tout autre d'en penser ce q̄ bon luy en sembleroit. Le suppliant luy faire tant de bien de se deporter de telle frequentation, afin qu'on ne penfast qu'il y eust quelque mauuais mesnage en leur maison. A quoy il respōd que l'amitié qu'il portoit à Ianiquette n'estoit point telle qu'elle pensoit, & que voyrement il luy portoit affection, non telle qui peust preiudicier à ce qu'il deuoit de respect à son espouse, iurant & protestant que Ianniquette estoit l'vne des plus femmes de bien qu'il eust cogneu de sa vie. Au reste que l'ayant aymee, il ne pouuoit si tost oublier ses premieres apprehensions, que le temps y mettroit fin, & tout comme il esperoit bien tost, la priant de sa part ne trouuer estrange s'il hantoit ceste maison, veu qu'il se trouuoit tout consolé, & resiouy le iour qu'il parloit à ceste femme. Qu'il ne se soucioit point du parler de personne, ayant la conscience nette, & qu'aussi la langue du mesdisant ne peut tacher le renom d'vne personne qui n'a tache qu'on puisse reprendre sur elle: en somme que tout cecy ne pourroit en riē empescher ny leur mutuelle affection maritable, ny la diligence de l'vn ou l'autre à se soigner du bien, & accroistre ce que les parens leur laissoyēt entre les mains. Auec ce gracieux propos il contenta sa femme, & luy ferma la bouche de telle sorte, qu'onques puis elle ne luy en osa faire la moindre querel-

HISTOIRE XXXIIII.

le : aussi veit elle bien tost apres la fin de telle poursuitte. Aduint que le mary de Ianniquette, faisant voile en Sardaigne, fut pris sur mer par quelques Corsaires Chrestiés, à la fin rēdu prisonnier à Callari. Dequoy la femme fort marrie & estōnee, cōme se voyant sans appuy, & chargee de troupe de petitz enfans, & n'ayant moyen de les nourrir, d'autant qu'ils viuoyent du iour à la iournee du trauail & diligence du pauure marinier. Et le pis estoit qu'il aduint si grand cherté de viures à Genes, que le sac du bled ne se vendoit rien moins que de neuf Ducats. C'est en ceste necessité que le cœur commence à faillir à Ianniquette, & se voit au desespoir, tant pour ne pouuoir racheter son mary, que n'auoir dequoy alimenter ses petits enfans, qui crioyent à la faim apres elle. Or ce cœur que la poursuitte importune de Luchin ne peut esbranler durant les ardeurs des flammes d'amour, & les grandes promesses, & presents offerts à la belle, ne sceurent oster de sa constance, est maintenant vaincu de soymesme, & sans poursuyuant ny requerant, Ianniquette delibere de se donner en proye à celuy qu'elle sçauoit l'auoir tant & si longuement desiree. Puis honteuse de sa misere, & de ce qu'il failloit qu'elle allast

Callari ville de Sardaigne.

s'humilier à celuy que si souvent elle auoit mesprisé, elle oublioit aussi tost ceste deliberation comme elle l'auoit forgee en sa teste, & s'arrestoit de pluſtost mourir que de faire vne faute si lourde. Mais voyant ses enfans tendrelets beer apres elle, & crier le manger comme l'oiseau qui attend dans le nid la bechee de sa mere, compassiō maternelle vainquoit ce chaste desir qui l'auoit si long temps faicte batailler contre les bonnes graces & richesses de son amant. Qui fut cause que ne pouuant plus supporter l'infirmité de ceste enfance, choisir le chemin malheureux, que tant elle auoit fuy, & euité à son grand honneur, afin de rendre Luchin victorieux lors que moins il pensoit de la voir ainsi humiliee. Grand force certes de la necessité, laquelle est non seulement celle qui inuente les arts, ains souuent induit les hommes à perpetrer de meschans faits, & souiller leur ancienne renommee. A quel plus grand malheur sçauroit elle conduire vne honneste femme, que de la priuer de la honte naturelle, pour la contraindre de vendre sa pudicité, pour le soustien de sa vie, & support de ses enfans miserables auant le temps? Ceste femme donc à demy transportee, & ne sçachant plus que est ce qu'elle faisoit, s'en alla au logis de Luchin, ou entree qu'elle fut, le trouua en sa court, qui fut autant estonné de la voir là venuë, comme elle surprise de vergongne, voyant celuy qui tant l'auoit honoree, & à qui elle failloit que feit vn vilain hommage, si la chose n'eust esté autrement gardee de Dieu, qu'elle ne la conduisoit. Deuant Luchin donc qu'elle est, soudain toute esploree & esperdue, se gette à ses pieds, luy disant. Helas! Monsieur ayez compassion de ceste dolente & malheureuse, & si iamais i'ay fait chose qui vous ait despleu, prenez en la vengeance, & receuez de moy tout tel seruice qu'il vous plaira, qui ne viens icy que pour vous obeir & complaire, seulement vous supplie auoir mes enfans pour recommandez, lesquels meurét de malle rage de faim en ma maison, sans que i'aye le moyen, tát soit peu de leur donner allegeáce. Voyez icy humblement prosternee deuant vous, celle qui ne pensoit iamais estre la messagere de la deliuráce de soymesme sous vostre puissáce. Receuez ce qu'elle vous offre en recópense d'autre chose pour racheter non sa vie, qui luy est fascheuse, ains celle de ses enfans, qu'elle estime plus que la sienne propre. Luchin qui auoit entétiuemét escouté le discours piteux de la requeste de sa fauorite, oyant la demande, & voyant comme elle s'exposoit en proye, cōmença à penser que la victoire qu'il gaignoit alors, luy seruoit de plus grande gloire, que s'il eust iadis eū iouyssance de sa beauté: d'autant qu'il feist cōplot en son esprit de la secourir, & de la laisser en paix, sans se soucier du plaisir qu'elle luy promettoit: plus vaincue de desespoir que de volonté & consentement qu'elle prestast à ce qu'elle se preparoit à faire. Pource la prenant par la main, & la faisant leuer de terre, où encor elle estoit tapie à genoux, luy dist: Ia ne plaise à Dieu, m'amie, que ce que l'ardant amour que ie vous ay porté & porteray toute ma vie, n'a peu gaigner sur vous, que ie le prenne maintenant, vous estant outree de faim & de necessité: autrement ie seroye autant vituperable cōme si ie vous forçoye, & prenoye mō plaisir de vous par violence. Ce sera maintenant que i'auray le dessus de moymesme, & vous feray cognoistre que lors que les lascifs desirs m'ont esmeu, i'ay aimé le corps de l'anniquette: mais maintenant que la raison me guide, & que la necessité sans amour vous contraint à prodiger ainsi vostre honneur pour le soustien de la vie d'autre que de *Luchin*. *Grande modestie & continence de*

HISTOIRE XXXIIII.
vous, ie me contente de ce deuoir, & me
suffist que vous ayant à mon commandement, ie vous monstreray signe d'amy: &
sçauez vous quel amy? qui vous aimera, se-
courera & prisera comme sa sœur propre,
estant aussi soigneux de vostre honneur,
comme d'autres fois follement i'ay attété
d'y donner attainte. La pauure femme ne
fut pas marrie de voir sa pudicité ainsi re-
spectee, non plus que d'ouyr la promesse
liberale du courtois Gentilhomme, qui fut
cause qu'elle voulut se ietter encor à terre,
pour luy baiser les pieds, en signe de recognoissance du double bien qu'elle receuoit par la courtoisie de Luchin: lequel ne
voulut endurer ceste si superstitieuse reuerence : ains la prenant par la main, la mena en haut vers sa femme, à laquelle il
dist: M'amie, d'autant que ie sçay bien que
ceste femme cy vous a souuent donné
des alarmes au cœur, & osté le repos plusieurs nuictees, ie la vous ameine, afin que
vous en preniez toute telle vengeance
qu'il vous plaira. Monsieur, dist elle, si vous
eussiez esté aussi bon mary comme elle sage & discrette enuers son espoux, ie n'eusse
eu cause de me douloir de vous: car d'elle
ne me plain-ie point, asseuree que sa vertu
est telle, qu'il en est peu, ou point, qui la

ressemblent, en telle pauureté, comme elle est posee, & ayant la Fortune tant ennemie comme elle a, ayant perdu celuy qui luy seruoit d'appuy & de nourriture. Ie suis ioyeux, dist-il, que vous auez si bōne opinió d'elle: si est-ce que si vous sçauiez quel ie suis, & comme ie vous garde loyaumēt la foy, vous me mettriez au rang de la fidelité que tant vous louez en elle. Et lors luy feist le recit de tout ce qui sestoit passé, & ce qu'il pretendoit faire la priant qu'elle la pourueust de toutes choses necessaires, ne luy laissant auoir non plus faute, que si c'estoit sa sœur propre. A quoy elle obeit, esbahie de l'honnesteté & continence de son mary: laquelle fut aussi tost publiee par la cité, non sans donner esbahissement à tous, tant pour le faict aduenu à Ianniquette, contrainte par necessité à se rendre ployable, à ce que tant de fois elle auoit refusé, que pour la nouueauté estrange d'vne si Heroïque vertu de celuy qui depuis son mariage n'auoit cessé de suyure & solliciter celle, que maintenant ayant à son pouuoir, il quitte de foy & deuoir d'autre amitié que hōneste & vertueuse. Exēple vrayement autant notable que l'on sçauroit trouuer, & ou les appetits sont si bien moderez par la reigle de

HISTOIRE XXXIIII.

raison, que ie sçay si les anciens ont iamais veu plus grande continence en leurs Fabies, Emilies, ny Scipions, & les Grecs en leur Xenocrate, lequel doit estre excusé de continence, & osté du nombre des continens, en ce qu'il feist essay de sa chasteté, estant chargé d'aage, là où cestuycy en sa grande ieunesse, monstra l'effort d'vne non imitable (que par les parfaits) pudicité: duquel, non seulement le corps, ains l'esprit par l'effect dôna signe manifeste, de la perfection vertueuse de sa fidelité. C'est pourquoy i'ay amené son histoire, afin que la ieunesse la suyue & imite, & qu'elle voye que les appetits sensuels ne sont pas si puissans qu'on ne puisse bien les corriger, ny l'amour si inuincible, que l'homme sage & aymant vertu n'en soit victorieux, pourueu que de son bon gré il ne se laisse transporter, & qu'il ne se plaise par trop en sa propre follie.

Fabies, Emilies & Scipiôs Romains, loués pour leur modestie.
Xenocrate regrette vne ieune dame couchee aupres de luy.

Fin de la xxxiiij. histoire.

SOMMAIRE DE L'HI-
stoire xxxv.

DE quelle plus grande vertu sçauroit on recommander le Prince, que de celle qui rend la vie de l'homme approchant aucunement de la perfection des celestes. C'est chose louable d'aimer & bien faire à ses amis, & se mettre en hazard pour la conseruation de son pays & cité: mais c'est surpasser ce que l'homme a de terrestre & charnel, lors qu'oubliant toute iniure lon accolle son ennemy, & reçoit ou en amitié & alliāce celuy qui se seroit essayé de nous mal faire. Et d'autant que tant plus les choses sont segnalees, & les personnes qui les executēt grādes & heroïques, de tant l'exemple en est plus à noter, & digne de memoire: mesmement où vn grand Monarque se voyant offensé d'vn petit compagnon, lors qu'il le void humilié non seulement luy donne pardon, ains encor le hausse en estats, & l'aggrandist d'auantage. De telle clemence vsa iadis le grand Roy de Macedone, & Monarque d'Asie Alexandre à l'endroit du frere de Darie son ennemy, & de Bagadore lequel auec Besse auoit prins les armes contre luy apres la mort du Roy des Perses. De telle aussi ce grand Capitaine & dictateur perpetuel Iule Cesar lors qu'il fioit sa vie à ceux qui le poursuyuoyent, & qu'il pardonnoit franchement à

Clemēce d'Alexādre à l'ēdroit du frere de Darie & de Bagadore.

Douceur de Cesar dictateur

FFF

ceux desquels il estoit asseuré qu'ils conspiroyent contre son salut, & ne pourchassoyent que sa ruine. Que si les grands sont louez pour leur courtoisie, les petits meritent aussi louange pour en quelque fortune s'estre recogneuz, & auoir abbaissé ce col trop haut & sourcil orgueilleux, pour s'humilier sous la main de ceux qui ont puissance de les chastier, & rabbatre leur arrogance. C'est en quoy Laurens de Medicis, du temps de Pape Sixte quart, & regnant à Naples Ferdinand le vieil, acquist le nom de sage, & conserua sa vie & son estat. Car comme le Pape fasché de la grandeur de ce seigneur Florentin, essay ist par tout moyen de le faire chasser du gouuernement de Florence, & ce par & auec les forces du roy Napolitan. Laurens se cognoissant inegal aux forces & du roy & de l'Euesque Romain, se voyāt aussi abādoné des Venitiēs, et ne pouuāt tirer secours des Millanois estāt decedé Galeaz Sforce & les gouuerneurs du pupille ne pouuans bien s'accorder pour le gouuernement: en toutes ces angoisses & trauerses, il ne veit plus beau chemin que de se fier en la grace & courtoisie de celuy mesme que le Pape armoit contre luy. A ceste cause il s'en alla à Naples, & presenté qu'il est à Ferdinand d'Aragon, il luy discourut si biē ses raisons, & luy fait recit de ce qu'il pouuoit ou deuoit esperer tant du Pape que des autres potentats d'Italie, qu'à la fin,

Laurens de Medicis appaisa Ferdinand roy de Naples, qui ne tasthoit q à le ruiner. Sixte, Pape enuieux.

Galeaz Sforze, Duc de Milan.

HISTOIRE XXXV.

luy qui estoit à l'entree en danger ou de demeurer prisonnier du roy, ou d'y perdre la vie, s'en retourna libre en sa cité, honoré de l'amitié & ligue auec ledit roy, laquelle dura longuement entre ces deux grans personnages, par l'humilité de l'vn, & grande courtoisie de l'autre. Et à dire verité le Prince grand seigneur qui vient au dessus de son ennemy, & le mal traite, auec vn desir trop sanglant de vengeance qu'il monstre & fait apparoir resider en son cœur, il n'est guere qu'à la fin n'endure quelque entorce, ou ne laisse la voie à ses successeurs qui porteront la penitence de son peché. Tamberlan espouuentement de tout le monde pour sa cruauté, qui ne cognent onc que c'estoit de courtoisie, a il laissé quelque establissement de royaume à ses successeurs de main en main? Ie ne flateray en rien les nostres, & ne feray conscience d'accuser ceux qui iadis conseillerent qu'on feit mourir en prison Loys Sforze, quoy que contre raison il eust vsurpé la courône ducale de Milan, d'autant que le plus beau ornement d'vn roy & grand Seigneur c'est la clemence, lequel doit estre tel que dit le Poete:

Cruauté des nostres, faisans mourir Loys Sforze.

Aux humbles gracieux,
Cruel aux orgueilleux.

C'est en quoy Pompee le Grand monstra sa

magnificence, qui non seulement sçauoit chastier les rois superbes & rebelles à l'Empire, ains encor les faire ses amis, les ayans vaincus auec sa liberale courtoisie, ainsi qu'il feist à Tigrane roy d'Armenie, & grand amy de Mithridate, aduersaire capital du nom Romain: lequel estant son prisonnier, tant s'en faut qu'il le mal traitast, que plus-tost il luy remist la couronne sur la teste, & le redintegra en ses premiers estats & puissance, estimant chose plus glorieuse & belle de faire des rois, & de vaincre les plus grands Monarques. Aussi n'est-il si petit, qui quelque fois ne puisse bien porter dommage à la maiesté mesme des Rois & Empereurs: lesquels ont plus besoing d'amis, que tout le reste des hommes. Voila pourquoy ie vous deduy l'histoire suyuãte, y paignant deux seigneurs de nostre siecle, en l'vn desquels reluit vne grande courtoisie, quoy qu'il eust esté fort offensé: en l'autre vne fiŋ guliere humilité: iaçoit que de son naturel, & le pays le portant ainsi, il fut fort haut à la main, & qui à peine vouloit recognoistre rien de plus grand. Et afin que tousiours les nostres ne soyẽt mis en campaigne, & que l'Europe seule ne soit le theatre d'où nous tirons les personnes cy representees, nous prenons nostre vollee vers l'Afrique, pour en tirer quelque cas de nouueau, & vous faire voir que les Barbares ont quelque fois autant ou plus d'honnesteté & courtoisie ci-

Põpee le grãd, pardonna à Tigrane amy de Mithridate.

utilisee, que ceux qui auec leur mine pensent apprendre à toutes nations la maniere de viure: & que le Mahometiste en sa religiõ, quelque faulse qu'elle soit, est guidé d'vne raison naturelle, qui le faisant viure politiquement, luy apprend l'humanité, & fait rendre certaine experience de ce qui est engraué de bon en son ame. Afin que par ce moyen nous condemnions la brutalité d'aucuns Chrestiens, qui se sentans offensez de quelqu'vn, iurent vne inimitié si forte & durable, qu'il semble que leur desir soit de l'immortaliser, & l'emporter auec eux dans les profonds & secrets cachots du tombeau: & que celuy qui lira cecy, puisse recreer son esprit, tant en la diuersité des subiects, comme aussi des natiõs: & que les choses sont plus à recommander, comme de plus loing on les apporte.

GRANDE COVRTOI-
sie de Saïch Roy de Fez, à l'endroit de
Mahomet, seigneur de Dubdu en Afri
que, qui se rendit à sa mercy lors que le
Roy le tenoit assiegé.

HISTOIRE XXXV.

POVR venir donc à nostre histoire, il vous peult souuenir,
que quelquefois ie vous ay
parlé du royaume de Fez, lequel est assis en Afrique, &
sappelloit iadis Mauritanie Tingitane, du
temps que les Vandales occuperent celle
region. Non trop loing de ce grád royaume: & en l'autre Mauritanie, nommee Ce-
sariense, assez proche des Numides, est assise sur vn mont vne belle & riche cité, que
les habitans du pays nomment Dubdu, du
nom de la montaigne sur laquelle elle est
bastie. Aux entours de ceste belle cité void

*Quel est
le royau-
me de Fez*

*Maurita-
nie Cesa-
riense.*

*Dubdu,
cité de la
Maurita-
nie.*

on des Vallons fertils, & belle campagne, arrousee d'vne infinité de fonteines tres-claires & doux coulans ruisseaux, qui causent vn grād plaisir à tous les habitans du païs, pour les plaisans & frais ombrages, lesquels appaisent la grād' chaleur qui est naturelle au païs, Or quoy que ceste cité ou ceux qui la seigneurient ne soyēt point rois, ny portás tiltres de Princes, si sont-ils seigneurs souuerains, sortis de la race d'vn Africain, nōmé Beni Guerteggien. Et d'autant que les Arabes proches de la Lybie deserte ne sont guere loing de ces Barbares, ils se sont essayez plusieurs fois à subiuguer Dubdu, & lors principalement que le Royaume de Fez changea de seigneur, & tomba entre les mains de Saïch, la race duql a esté depuis chassee par le Cherib, qui pour le iourd'huy seigneurie Fez, Marocco, & le Royaume de Su. Mais aux incursions des Arabes s'opposa hardiment le seigneur de ladicte cité montaigneuse, nommé Musé Ibnu Cammu, lequel les rechassa: & en fin les ayant vaincus, les quitta auec telle cōpositiō, qu'ils ne s'enhardiroyēt de là en-auant de courir les terres de Dubdu, ny de faire aucun destourbier aux habitans d'icelle, ny dōneroyent empeschemēt aux marchands y venans faire leur trafic.

Beni Guerteggien.

Saich roy de Fez. Cherif auiourd'huy roy de Fez, Marocco & Sus. Muse Ibnu Cammu seigneur de Dubdu.

FFF iiij

HISTOIRE XXXV.

Mort que fut Musé Ibnu, succeda son fils
Acmed, lequel se gouuerna si biē qu'il tint
son patrimoine si paisible, que plusieurs ses
voisins de leur bon gré s'assubiettirēt à ses
loix, & le recogneurent pour seigneur, tāt
est grande la force de la iustice, & integrité
d'vn qui regne equitablement. Toutesfois
comme ce qui est bon ne peult si loing e-
stendre ses racines comme les herbes de
peu de peu de valeur. Acmed mourut en la
fleur de son aage, & n'ayant hoir sorty de
soy, il feit son heritier vn sien cousin, nommé Mahometh, ieune Gentilhomme, aurāt
bien apprins & courtois que l'Afrique en
cogneut pour lors: & qui de sa personne e-
stoit estimé fort à-dextre & vaillant. Ce
qu'il a bien monstré estendant les bornes
de sa seigneurie d'vn costé vers le mont
Atlas, duquel les Poëtes chantent de si belles Fables, y conquestant des villes & chasteaux, & pillant force casals, ainsi a l'on ba-
ptisé les bourgades: & moins n'en fait du
costé de Midy vers la Numidie, rēdant vn
chascun estonné de sa generosité & haut
cœur, & de l'experience qu'il auoit és choses de la guerre: n'y ayant aucun si hardy
des roitelets ses voisins, qui osast luy tenir
teste, tant il se faisoit redouter. Et le moyē
principal qui le tenoit en telle reputation,

Acmed fils de Musé.

Mahometh, cousin d'Acmed.

Atlas, montaigne.

c'estoit sa courtoisie & liberalité: car il ne laissoit passer aucun estranger par sa cité, qu'il ne luy feist experimenter le fruict de son honnesteté, tellement qu'il estoit suyuy comme vn roy, & reueré des siens autāt ou plus que le grād roy de Fez, ou de Marocco. Se voyant ainsi craint, honoré & suiuy, il feit fortifier sa ville, & l'embellist de Palais & bastiment que lon y void pour le iourd'huy: car il n'a pas lōg temps qu'il regnoit, y attirant toutes sortes de gens, esperant en faire vne ville aussi hantee & marchande, que Beles ou Marocco: mais cela luy estoit impossible, estant trop loing de la mer, & qu'aussi tout leur trafic ne sçauroit leur seruir de grand' chose, sinon auec ceux du païs: neātmoins l'a-il faite si bōne, que les habitans sont des plus aisez de toute la contree. Luy florissant en richesses, aimé de ses subiects, & redouté des citez voisines, & sur tout craint des vagabons & voleurs Arabes, ne peut se contenter de sa fortune, ny demeurer au repos acquis par si grand labeur: ains ayant desia deux enfans assez grands & forts, souhaitant de leur laisser vn beau & spacieux domaine, delibera de s'attaquer à plus grād que soy, & faire la guerre au roy de Fez. La force duquel emportoit plus en vne heure, que

Beles, cité sur la Marine.

HISTOIRE XXXV.

celle de Mahometh en vn an, n'ayāt reuenu pour souftenir l'effort de ce puissant
voisin vn bon mois, ou deux. Or n'est-il ve
nin plus dangereux, & qui tant porte de
nuisance aux Princes que la flaterie, & trop
d'opinion de sa grandeur: & toutesfois les
cours des grands ne sont guere parees que
de tels nuages, y estās les flateurs cent fois
mieux venuz que ne sont ceux qui auec la
verité ne demādent que le bien du Prince.
Aussi souuentesfois le conseil de ces Cameleons tourne au preiudice de celuy qui
les escoute: ainsi qu'en aduint au fils de Sa
lomon, suyuant le conseil chatouilleux &
plein de flaterie dangereuse des ieunes esuentez qui auoyent esté nourris auec luy:
car il en perdit le plus beau de son estat &
Royaume. Et le Roy Darie allant contre
Alexandre, quelle touche de malheur sentit il pour n'auoir suyuy l'aduis de Charideme vieux soldat, & capitaine fort experimenté, pour s'accommoder à la volonté
de ceux qui luy facilitoyent les moyens de
vaincre l'armee Macedoniēne. Il fut vaincu, & perdant la bataille & les despouilles
de tous ses thresors, fallut que s'enfuist
seul, & en danger d'y demeurer pour les
gages. Autant en fust aduenu à cestuy-cy,
s'il ne se fust recogneu, comme entendrez

Flaterie venin fort pernicieux aux grands

Roboam ruiné à cause des flateurs. 3. des roys. 12.

Darie mesprise le conseil de Charideme, & s'en trouue mal

par cy apres. Embraffant defia en fon e-
fprit la pluſ-part du royaume de Fez, & fe
facilitant auſſi aifement la voye, comme il
auoit acquis d'autres terres voifines : delibera de communiquer fes deffeins à fes a-
mis & plus familiers: lefquels quand il eut
appellez en fa chambre, il leur commença
vfer de tel ou femblable propos:

*Harangue du feigneur de Dubdu à fes
amis, les enhortant à la
guerre contre
Saich*

Si le fucces des chofes humaines, mes a-
mis & compagnons, eftoyēt toufiours vn,
& que l'eftat d'icelles ne variaft iamais
pour accident qui furuint, i'eftimeroye les
hommes fols & hors de fens fur toute for
cenerie, d'entreprēdre les hauts faits, & ſ'ex
pofer à peril pour l'execution des chofes
hautes & glorieufes. Mais puis qu'il eft
ainfi que felon la conduite d'vn bon efprit,
& l'heur qui le fuit & accompagne, tout ce
qui eft au maniment des affaires du monde fe change & rouë auec la mobilité de
Fortune, & que ceux là viennent au fus de
leurs affaires, non qui ont le plus grand

HISTOIRE XXXV.

droict de furprédre: mais qui font les plus accorts, & y vfent de prudéce auec vne haſtiue diligence: ie feray touſiours d'aduis d'empoigner l'occaſion tādis qu'elle fe preſente, & ne laiſſer fuyr le temps lors qu'il eſt commode, & que d'vn viſage plaiſant il ſemble bienheurer nos entrepriſes. Il n'eſt aucun qui ignore que les royaumes & principautez font dons de Fortune, & que ceux là font dignes de les poſſeder, qui ſçauent les conquerir, & qui apres la conqueſte, les deffendent hardiment.

Quel droict auoyent nos predeceſſeurs lors que le temps paſſé ils ont chaſſé de ces terres & prouince floriſſante les premiers qui y habitoyent, & qui reſtoyét encor des reliques que les puiſſans Empereurs de Romme y auoyent laiſſé en memoire de leurs triomphātes victoires? Autre, fur mon Dieu, que vne bien-ſeance, & que le païs leur venāt à gré, leur ſembloit bon & fertil pour leur aiſe & demeure. Et lors que Saïch a enuahy le royaume de Fez, & en a chaſſé celuy qui en eſtoit poſſeſſeur, annichilant la maiſon & famille de Marino, quelle iuſtice ſouſtenoit ſa cauſe? Et ſous quel tiltre pouuoit-il voiler le tort fait à ceux qu'il priuoit de leur poſſeſsion? Les royaumes s'acquierét plus-toſt par ar-

Saïch chaſſa la race de Marino.

mes, & sont gaignez par force, que delaissez par testamēt: & sont ceux les plus forts & stables en tel heritage, lesquels ont le moyen de s'y maintenir. Et quoy ? nature n'a elle pas produit ce qui est pour le commun vsage des hommes? Si a certainemēt: & ne reste rien plus, fors que de s'y gouuerner sagement, & de n'attenter rien à la legere: trop bien effectuer auec hastiueté & hardiment les choses entreprises.

Or vous ay-ie proposé tout cecy, mes amis & compagnons, pource que ie voy le roy de Fez trop haut à la main, & qui s'essaye tant qu'il peult de soubmettre sous sa puissance, non seulemēt les villes voisines de la mer, ains ce qui est au continent & terre ferme, sans rien respecter, que ce qui luy vient à fantasie, n'y espargner amy ny voisin, s'il prend plaisir de se saisir de quelque piece. Nous qui sommes assez forts, & garnis de choses necessaires, appuyez de l'alliance des Arabes, & qui auec nos forces pouuons donner frayeur à vn bien grand seigneur: pourquoy ne ferons nous essay de conquerir sur luy, aussi bien qu'il a fait sur les autres? Est-il si Diable, ny ses gens tant furieux, que nous ne puissions bien luy donner vn croc en iambe? Non non: si vous me voules croire, ie iouëray si

HISTOIRE XXXV.
bien mon personnage, que nostre cité sera la premiere d'Afrique, & portera nõ moindre nom & reputation, que feit onc celle Carthage, qui estonna le peuple de Romme, par la force presque inuincible de ses armes. Saisissons hardiment ce qui est en campagne, & faisons nous maistres tant du plat pays, que des villes maritimes : ce qui sera assez facile, qui sera puis apres le Roy qui ose nous faire teste, & dresser ses cornes pour se deffendre contre nous ? Ie voy desia chascũ de vous seigneur de quelque grande ville, m'embrasser comme cousin & son Prince souuerain, recognoissant ma couronne comme celle de qui il tient sa puissance. Ie voy Fez nous craindre, & Marocco festonner au recit de nos vaillantises : & encore s'estendra ceste renommee iusques à Biserte, & au royaume d'Argier, espouuentant les Isles voisines, & le peuple mesme des Chrestiens, qui habite dela la mer. Estes vous pas de mon aduis ? Auez vous point mesme courage q̃ moy, qui estant vostre seigneur, me mettray le premier en hazard pour vous monstrer le chemin, & n'espargneray ne biens ny vie, pourueu que auec vous, & suyuy de vos dextres inuincibles, ie puisse entrer dans la terre de ce Roy, qui pense estre desia si

Carthage, iadis l'eſtõnement dẽs Romains.

Biserte, Argier.

grand, que toute l'Afrique ne soit point assez ample prouince pour rassasier sa conuoitise. Mais si vous voulez me suyure, ie luy feray perdre ceste opinion, & sentir par effect, que autre chose est le penser, & autre l'execution de quelque grand' affaire. Et quoy, l'effroy de quelque peril pretendu, vous pourroit-il faire amortir l'ardeur de courage, que l'honneur vous peult coulourer & enflammer en vos esprits? Ne sçauez vous pas que celuy qui paruient à fin de ses attentes, sans sentir danger ny trauerse, que Fortune se moque de luy, pour puis apres lors qu'il est à son aise, ou bien luy faire tout perdre à vn coup, ou luy donner la mort, lors qu'il pense en iouyr sans destourbier quelconque? Vous auez tous veu comme heureusement feu mon cousin Acmed, que le grãd prophete Mahometh repaist és ceux de viandes delicieuses, a amplifié les bornes de sa seigneurie, & comme il fut rendu espouuentable à presque tous ses voisins? Ce neantmoins ny le roy de Fez, ny les seigneurs de Numidie luy ont donné empeschemẽt à l'execution de ce qu'il vouloit parfaire. Pourquoy cela? Non qu'ils n'eussẽt bon desir de s'y employer: mais ils le sentoyent trop fort, & aimé de vous, qui l'auez suyuy en ses faicts & hautes entreprises. Seray-ie moins aimé ny obey que luy, qui vous suis seigneur né, & nourry entre vous, & qui vous porte telle & si bonne affection, que le mien n'est pas tant à moy, comme ie souhaite à le despendre pour vous en soulager & defendre. Allons mes amis, & faisons cognoistre à ceux qui se doubtent peu ou point de nos desseins, qui nous sommes: & que puis que Saïcha gaigné vn royaume sur celuy qui en estoit l'heritier, que nous pourrons bien aussi le conquester sur luy, qui en est l'vsurpateur & larron. Ne craignons rien, veu que fortune est presque tousiours du costé de ceux qui se hazardans sans nulle crainte, & dechasse de leur grãdeur ceux qui faccouardissans ne sçauent empoigner à faison le bien qui leur est presenté. Allons, & qui m'aimera, si me suyue: car auec vostre conseil, ie me resous de ne donner delay ny respit d'vn seul mois à ce que ie vien de vous deduire. Pource vous m'en conseillerez, & direz ce que bon vous semblera, afin que l'opinion de plusieurs debatue, face plus grande ouuerture pour rendre facile l'expedition de nostre entreprise. A ceste harangue contre toute opinion, demeurerent tous les assistans confus, & ne sachans

HISTOIRE XXXV. 417

chans que dire, les vns s'effrayans du trop de cœur de ce trop follastre seigneur, lequel ne mesurant point ses forces, osoit entreprendre la guerre contre vn des plus grands & puissans. Rois de l'Afrique : les autres à qui les mains demangeoyent, & qui auoyēt la teste aussi biē faite que leur maistre, furent grandement ioyeux, voyās que le temps approchoit qu'ils ne viuroyēt plus oiseux, & qu'il estoit necessaire de maintenir Mahometh en ceste opinion, & battre le fer tādis qu'il estoit chaud, & solliciter leur seigneur pendant qu'il estoit en si beau chemin, & que l'affection le portoit à faire telle conqueste : se faisans aussi bien à croire, que luy la facilité de ceste emprise. Mais il y auoit là vn vieillard, qui auoit seruy iadis Musé Ibnu, lequel se leuant, & ayant demandé licence à son seigneur de dire son aduis, luy parla en telle sorte :

Monsieur, tout ainsi que la couardise & delay sont nuisibles aux entreprises de grand'consequence, la legereté & peu de conseil aussi le plus souuent renuersent les choses qui de soy sont & bonnes & necessaires : ie confesseray tousiours que le Prince & grand seigneur est louable, lequel estend ses limites, & aggrandist ses for-

Harāgue d'vn vieillard à son seigneur.

GGG

ses en se deffendant de ses ennemis, & repoussant les iniures qu'on sessaye de leur faire : mais ie ne peux comprendre vne bône & vallable raison pour laquelle lon doyue ny puisse assaillir celuy qui vous est amy, & duquel onques ne receustes desplaisir ou nuisance. Que s'il estoit ainsi que les seigneuries fussent seulement subiettes au hazard de Fortune, & qu'il n'y eust que le moyen de s'en emparer : miserable certes seroit la condition des Princes, & leur maiesté peu honoree, assuiettie aux conspirations du premier qui pourroit leur oster la vie. Les Royaumes sont en la main du haut Dieu, lequel les donne & oste selon que les hommes sont iustes, ou viuent contre ses loix & ordonnãces. C'est pourquoy vostre maison a flory si longuemẽt, & que le nom en demeure depuis long temps, ayans vos predecesseurs fait droit à chacun, & ne s'estans monstrez tyrãs ny cruels à personne. Il est vray que Fortune fauorise les cœurs genereux, & ne se soucie de ceux qui sauillissent au milieu des affaires: mais il faut aussi conduire ses entreprises auec raison, & ne rauir le bien d'autruy nõ plus qu'on desire le rauissemẽt du sié mesme. Aussi souuent celuy qui fait trop du hardy & genereux, succombe au faix, &

sert de risee à tous ceux qui sont aduertis
de sa folie. C'est belle chose que d'estre
Roy, & seigneur d'vne grande prouince: mais ou il faut naistre tel, ou bien a-
uoir assez de force pour adiouster à sa For
tune, ce que Nature n'y a point mis. S'il
estoit aussi facile d'effectuer que de consulter & deliberer, il y a long temps,
Monsieur, qu'on vous eust mis en-auant
ce que venez maintenant de deduire, &
que vos subiects eussent esté les premiers
à faire chose & plaisante & profitable à
vostre excellence. Le Saïch il y a long tēps
ne se vanteroit plus de donner loix au peuple de la prouince florissante de Fez. Mais
quoy? vne poignee d'hommes, vn peuple non guere riche, & enuié de ses voisins, sera-il si hardy, & ie diray temeraire, que d'assaillir vn Roy puissant en
ses terres, & se promettre la conqueste de
ses seigneuries? Pardonnez moy, s'il vous
plaist, la liberté que nous auez donné de
parler franchement, me fait tenir ce langage, auec le deuoir & obligation que ie
vous doy comme à mon seigneur: excusez moy si ie vous dy que ce seroit trop
entreprendre, & ay grand peur que nous
n'ayons fait quelque grande faute deuant
Dieu, puis qu'il nous ouure tel moyen de

GGG ij

HISTOIRE XXXV.

noſtre malheur & totale ruine. Et quelles ſont vos richeſſes, où ſont vos threſors pour ſoudoyer vne armée ſuffiſante pour ſouſtenir l'effort d'vn ſi grand Prince que le Saich, la ſeule garde duquel ſuffiſt pour eſtonner tout tant que vous auez de forces? Quelles villes auez vous tellemēt fortifiees & munies de ce qu'il vous faut, que où ſi le malheur vouloit que fuſsiez aſsiegé, peuſsiez garentir voſtre vie? Quel appareil auez vous fait pour dans vn mois, comme vous dités, aller courir la terre de Fez? Eſtimez vous q̃ voſtre conſeil ne ſoit ſoudain deſcouuert, & que les Fezians voyans voſtre armée en campagne, ou ſentans ſeulement que vous faites amas de gens, ne ſe doutent de voſtre deliberation? Non non: les hōmes ne ſont ſi grues, qu'ils ne penſent autant à conſeruer leur grandeur, comme lon fantaſie ſur les diſcours de diminuer leur autorité: & au reſte, le Saich eſt ſi ſage, & preuoyant qu'à grand peine le ſçauriez vous ſurprendre à deſpourueu, & moins luy donner grands affaires, eſtant touſiours preſt à offendre & ſe deffendre, ſi par cas lōn vient l'aſſaillir. Le naturel du Roy qui n'eſt encore bien affermy en ſon Royaume, n'eſt pas de viore ſans ſoucy, & ſe donnant du bon tēps eſtre sans forces, & desnué de tout ce qui appartient à la guerre. Le Saich est nouueau conquerant, enuironné de gendarmerie, fortifié de bonnes citez, & redoubté pour l'estranger qui est à sa soulde, là où vous n'auez pas vn de ces poincts, que la bonne volonté des vostres, lesquels ie sçay ne vous manqueront pas : mais ce n'est pas assez pour mettre à fin vne guerre, la queuë de laquelle est fort dangereuse : & sçait on bien comment la commencer, mais quelle sera l'issuë, c'est en la main & conseil du treshaut. Au reste, i'oy que voulez pour vostre escorte vous fier en ces brigans Alarbes, qui demeurent és môts d'Arabie. Que seroit-ce, sinon donner vostre peuple en proye aux hommes du monde les plus infideles, & qui de longue main portent enuie à la felicité de vostre maison, lesquels seront fort ioyeux de venir vous seruir: mais donnez vous garde que le dessert ne vous soit plus dangereux, que l'entree ne vous aura esté aggreable. En somme, monsieur, ie ne voy raison quelcôque, ny bienseance, ny moyen de commencer la guerre, ou enuahir les terres de vostre voisin, si ne voulez que vostre nom perisse, que vos enfans soyent faicts esclaues, & tous les vostres assubieniz à celuy qui pour le pre-

Alarbes voleurs és monts côtigus d'Arabie.

GGG iij

HISTOIRE XXXV
sent vous laisse en paix. De laquelle ie vous supplie de iouyr tandis qu'elle est en vos mains, afin que la perdant, vous ne perdiez aussi les moyens de conseruer vos subiects en l'aise auquel ils viuent par vostre courtoisie. Ceste remonstrance faite si librement, & auec telle affection de vieillard, qui monstroit le zele & amitié qu'il portoit à son seigneur, auoit presque destourné Mahometh de son entreprise, & changé sa deliberation, quand vn ieune courtisan, ennemy de repos, & volage sur tout autre, se leua, & auec paroles flateuses confirma le seigneur de Dubdu en son premier aduis, reprenant le vieillard de faute de cœur & crainte, lors qu'il parla ainsi au Conseil:

Harangue d'vn ieune courtisan côtre le conseil du vieillard.

Ie m'esbahy, Monsieur, comme ceux qui vous sont fidelles & bons seruiteurs peuuent escouter en patience ce que ce vieillard vient de dire, si ce n'est qu'on attribue à cest aage plus de liberté pour babiller, qu'à tout autre, à cause de la faute de cerneau qui accompagne ceux qui rassottent de vieillesse. Et veritablement il a bon droit de tenir tel langage, d'autant que son cœur ne baste pas pour imaginer choses de telle consequence que ce que vous entreprenez, & ses bras sont trop foibles pour seruir à l'executiõ. Mais puis qu'il sẽt sa debilitation, & void ce qui luy defaut, il deuoit laisser & l'ẽtreprise & le discours de l'effectuer à ceux qui sont plus aptes pour la parfaire, qu'il n'est propre à le dessseigner. Ie n'ay affaire de deduire icy par le menu quelles sont nos forces, & par quel moyen nous empescherons le successeur de Quattas Saïch de nous destourner de nos entreprises, d'autant qu'auec le tẽps l'inuẽtion des choses est plus vallable, que d'en discourir, sans sçauoir à quelle fin. Reste seulement à voir quelle voye vous pouuez tenir, cõme la plus seure & moins difficile, & qui aisément vous mene à l'effect de ce que pretendez, qui est la conqueste de Fez, ou d'vne bonne partie voisine de vos seigneuries.

Quattas Saïch.

Teza, comme chacun de vous sçait, est cité de grande consequence, & des principalles du Royaume, tant pour estre forte, que des plus marchandes de toutes nos prouinces: & qui estant voisine de nous, & forte pour le plan & assiette naturelle, pourra seruir & de retraite & de support à l'armee que Monsieur mettra en campagne. Or est elle bastie pres du mont Atlas, qui facilitera encor les moyẽs d'y pouuoir donner attainte, ainsi que i'ay desia aduisé,

Teza, cité pres le mont Atlas.

& sera fort commode, au moins si vous, Monsieur, & toute la compagnie le trouue bon. Il n'est homme des habitans de Teza, lequel sachant comme vous estes doux & debonnaire à vos subiects, qui ne desire de tôber en vostre puissance: & qui, quand l'occasion s'y offriroit, ne print les armes contre Saïch pour se mettre en liberté, & viure sous l'aise que les habitans de Dubdu sentent, vous ayant pour seigneur. Et suis asseuré que s'ils estoyent aduertis de cecy, ne faudroit grād' chose pour les esmouuoir & rendre vostres, d'autant qu'il y a long temps que n'eust esté la garde & soldats qui y sont en garnison, elle ne seroit plus du domaine Royal de Fez, ains vous eussent prié de leur seruir de liberateur & patron contre la tyrannie de leur Prince. Or estans les choses en tel estat, & vous deliberé de vous faire grād à quelque tort ou droict que ce soit, il me semble aduis, sauf meilleur iugement, qu'il seroit bon de surprendre ceste grande cité, & y saccager la garde, qui est vn des plus forts pauois de l'esperāce du Tyran Saïch. Et afin que la difficulté ne puisse destourner les gentils cœurs d'vne glorieuse explanade, ie vous deduiray le moyen pour y paruenir, autant facile, certes, comme ce vieillard y monstroit de fascherie & difficulté, pour ne s'estre peu aduiser cõmét lon pourroit se saisir de quelque forteresse. Vous sçauez que les gents qui se tiennent à la Montaigne, n'ont prouision d'ailleurs que de Teza, & que toutes les semaines il y a tel apport de marchádise & affluéce de peuple de toutes parts, que mal-aisément estant le païs sans guerre, on se douteroit d'aucune surprise. Si donc vous, Monsieur, accompagné ainsi qu'il faut, y alliez en habit de païsan de Montaigne, en ayant communiqué à ceux de Tezians, qui suyuent vostre party & vous desirent pour seigneur, ie m'asseure que sans grand peine vous forcerez la garde : & saccageant le Capitaine & soldats, emporterez la ville: les habitans de laquelle n'aurõt si tost ouy reclamer le nom de Mahometh de Dubdu, que soudain ils ne se tournent deuers vous, & ne quittent l'alliance du Roy qui les tyrannise. Que ce vieillard espouuenté voye si mon conseil est d'autre consequence que son peu profitable babil, & confesse que les grands seigneurs ne deuiennent point excellens à couuer les cendres, & à se tenir accasannez en leurs maisons, comme gens pleins de faineantise.

Allons, Monsieur, allons, & augmentons la gloire tant espādue de vostre maison par vne telle brauade, que de donner assaut à vn tel Roy que celuy que nous voulons assaillir. Ne craignez ce que ce rassotté & resueur vient de dire: car Saïch aura assez à faire à penser de se defendre, vous voyant en campagne, ou vous ne serez si tost, que toute la Mauritanie ne vous suyue, & que les Maroccois ne viennent vous accōpagner à telle cōqueste: & quād biē vous faudriez au tout, à tout le moins vous ferez vous seigneur de la plus-part du plat païs voisin de vostre maison, & estēdrez le terroir de vostre ville. Et sera Saïch contraint, estant sans armee, & vous tenant les champs, vous accorder chose que peult estre vous n'esperez point, d'autāt qu'il n'y a si grand à qui le cœur ne fremisse & tressaille d'estonnement, se voyant ainsi surprins, & craignant que telles algarades ne se donnent guere sans grandes intelligences. Par-ainsi vous voyāt ennemy ouuert, & se deffiant des siens, faudra que condescende à telle composition que voudrez, & vous plaira luy faire.

Cestuicy ayant ainsi parlé, le vieillard qui auoit donné le conseil contraire, voulpit luy repliquer, & remonstrer qu'onc couardise n'auoit logé en son cœur, &

qu'il en auoit monstré les effects en lieu où celluy craindroit beaucoup à se trouuer: mais toute la ieunesse luy ferma la bouche, & empescha la responseːluy disans qu'il se contentast d'auoir sans danger de sa vie parlé si librement, & qu'au reste leur compagnon n'auoit rien dit, qu'il n'en fust auoué de toute l'assistence. Ce que le vieillard cogneut sur le champ en ce que Mahometh donna charge d'amasser gens de toutes parts, le plus secrettement qu'il se pourroit faire: & sur l'heure mesme il choisit les chefs qu'il pretendoit mener quand & luy pour la surprise de Teza, esperāt biē tost y aller, & passant les gens du Roy au fil de l'espee, s'en faire maistre. Mais tout ce que fol pense n'aduient point. D'autāt que durant q̄ les gens du Mahometh faisoyēt leurs appareils, & que transportez d'aise, & trop asseurez en leur fantasie de ce q̄ plus ils desiroyent, les plus legers parlerēt trop intelligiblement de leur besongne, & y procederent si peu discrettemēt, que Saïch fut aduerty de poinct en poinct de toutes les deliberatiōs que Mahometh auoit fait contre la couronne.

Quel dōmage porte le parler legerement.

Dequoy il fut irrité, tellement qu'il iura de faire le seigneur de Dubdu si petit, qu'il en seroit nouuelle par toute l'Afrique, &

donneroit tel exemple en luy à la posterité, que iamais petit compagnon ne sat-
taqueroit à homme de tel calibre qu'il e-
stoit, qu'il n'eust vn miroir en Mahometh
pour le destourner de telle fantasie, & le fai
re voller selon la portee de son aisle. Et à
la verité, celuy qui sent l'imbeccillité de
ses forces, & le peu de moyen qu'il a, est
bien sol d'esmouuoir les puissans à sa ruine par la temerité de ses entreprises. Voy-

Loys Duc d'Orleās, dresse guerre contre Charles 8. son Roy.
ons que gaigna ce bon Duc d'Orleans
Loys, qui depuis a esté Roy de France, à su
sciter guerre contre son Roy : rien autre
cas, sinon qu'il causa la ruine tout le païs
de Bretaigne, & fut luymesme en danger
de finir sa vie dans la grand' tour de Bourges. Les Princes de l'Empire, de nostre

Les Princes de l'empire, chassez par Charles 5. empereur.
temps, n'en ont point eu meilleur marché
lors qu'ils oserent leuer les cornes contre
ce grand Empereur Charles le quint, sous
vn pretexte feint de changement de religion. Le Duc de Sauoye, du temps de Frā-

Le Duc de Sauoye chastié par François 1. du nom.
çois premier du nom, Roy de nostre France, sentit que valoit l'aune de telle legereté, lors qu'il irrita le Roy, & le contraignit
à luy chastier sa teste folle par l'enuahisse-
ment de ses terres. C'est grād' sagesse à vn
petit Prince de se côteter de sa fortune, &
viuant en paix, ne se soucier des querelles

de ses voisins, ayant seulement cecy en recommandation, que se maintenir en grace auec tout le môde. En quoy a de tout têps esté assez heureuse ceste glorieuse & florissante maison de Lorraine: laquelle cherie de tous, a si bien conduit ses affaires, qu'elle florist encor en richesses, & grâdes alliances, où ces esprits chatouilleux, & pleins de côtradiction ont auec leur mort donné fin à leur nom & famille. C'est icy que faut que prennêt exemple encor ceux qui oublians leur deuoir, & faussans la foy promise, dressent des menees & conspirations côtre le salut de leurs Princes, & l'accroist de la chose publique du païs de leur naissance: voyans que bien peu d'hommes ont leué la main côtre les Rois, qui n'ayêt gousté en eux ou leurs enfans la force terrible de la fureur du tout puissant. Mais laissans ce propos, reuenôs au Roy de Fez esmeu contre Mahometh, lequel ne pensoit point que Saïch eust esté si tost auerty de son entreprise: Car il n'auoit pas encor fait amas de gents qu'il vouloit mener à Teza, fuyuant le complot prins, ainsi que vous a esté deduit cy deuant, qu'il ouyt que Saïch estoit en campagne auec vne forte armee, laquelle on luy feist entendre que venoit le chemin de Teza. Mais il fut

Sagesse de la maison de Lorraine.

lors bien eſtonné, quand il entendit que le Roy de Fez venoit à telle force côtre luy, & qu'il auoit ſceu ſes deſſeins pour deſquels ſe véger, il auoit iuré de le deſtruire & faire mourir. Il voit bien lors de quel profit il luy euſt eſté, ſi laiſſant la folle ieuneſſe, il ſe fuſt arreſté au conſeil de ce bon homme, qui ſage par l'experiéce lôgue des choſes, auoit preueu ceſte tépeſte, ſçachant que (côme dit le Poëte grec,) les Roys ont les mains fort longues, & que malaiſémét ſe peut on preualoir côtre icelles. Et ce qui plus luy donnoit d'eſbahiſſement, c'eſtoit qu'oyât que le Roy venoit à grands iournees, tant il eſtoit deſireux de ſe véger, il ſe voyoit ſans ſecours, ny grand troupe, pour tenir teſte à vn ſi puiſſât ennemy, cognoiſſant à veuë d'œil que ſi Dieu n'auoit pitié de luy, il eſtoit taillé de voir des choſes piteuſes, & de ſentir la rigueur de fortune: laqlle iuſques alors luy auoit môſtré trop bô viſage, & c'eſtoit la cauſe auſsi qui l'auoit induit à tel oubly de ſoymeſme. Et touteſfois quoy qu'il veiſt ſa ruine prochaine, ſi auoit il le cœur ſi grãd & entier que de ne penſer à rien moins, que de ſe defendre, & ſ'eſſayer de ne donner aucun loiſir à Saich de le traicter ſi mal comme il le menaçoit. Par ainſi il met tant de gês de guerre qu'il peut dans Dubdu, & la répara si bien, qu'il se promettoit d'endurer le siege vn long temps, & que ce pendant la fortune luy ouuriroit quelque passage, ou de composer auec l'ennemy, ou de l'oster de deuant sa ville. Il s'aduisa pour lors que trop legeremét il s'estoit conduit en sa premiere deliberation. Et que la folie mesme des siés auoit causé la venuë de Saich : & pour ce delibera il que de là en auant son secret ne seroit decelé à tant de testes, ny mis à la mercy des hommes qui sont sans experience. Tandis donc que l'on consulte dans Dubdu des moyens de repousser leur aduersaire, & de qui ils pourroyent se preualoir pour leur soulagement à quel Prince il seroit bon de demander secours en telle & si vrgente necessité, voicy le camp des Fezians qui est assis entour de leur ville, & les Alarbes soudoyers qui menacent Dubdu de saccagement & pillage.

 Mahometh qui estoit homme vaillát & courageux, ne fault à faire des sorties, escarmouchant fort brauement ces voltigeurs Arabes : mais quoy que bien souuent il laissast de belles enseignes & traces de sa prouësse au camp de l'ennemy : si veid il que les saillies luy estoyent trop dommageables, d'autant que tousiours il per-

doit quelqu'vn des plus gens de bien, qui s'exposoyent par trop au peril, & qu'à la lōgue il se trouueroit si desnué de soldats, que si Saïch ayant fait bresche, venoit à l'assaut, il luy seroit aisé d'emporter la place, n'ayant plus qui la luy deffendist. Pour ce deffendit qu'on ne sortist plus sur l'ennemy: seulement que le traict les seruist à diminuer des murailles auant le nombre de leurs aduersaires. D'autre part, Saich qui ne vouloit employer le tēps en vain, feist si bien battre le mur, que la bresche fut faite raisonnable pour liurer l'assaut. Icy Mahometh enhorte les siens à se deffendre vaillamment, voyant que l'ennemy venoit à la bresche, leur remonstrant que c'estoit pour iuste occasion qu'ils auoyent les armes au poing, & que Saïch n'auoit pas fait ceste entreprise depuis vn iour, que long temps a il cherchoit l'occasion de se rendre D'ubdu tributaire. Mais disoit-il, ne sera-il pas plus honorable de mourir en gens de bien, & sans mōstrer quelque signe de lascheté, que rōber entre les mains de celuy, qui outre la seruitude se mocquera de nous, & nous reprochera nostre pusillanimité. Combatons hardiment pour le salut de nous, de nos femmes & enfans, & pour la conseruation

nation de noſtre ancienne renommee. Si vous voulez, mais ie ſçay que ne deſirez autre choſe, ils ne dureront point deuant nous: ains voyans le premier coup perdu, ils faudront auſſi de courage, & ſeront contrains de ſ'en retourner à leur courte hôte, & lors aurons nous moyen de venger noſtre iniure, & pourchaſſer à ce Tyran tout mal & deſplaiſir par le ſecours de ceux auec leſquels nous ferons alliance. Ceux de Dubdu auoyent bon cœur, & ſe deliberoyent d'empeſcher le ſoldat de Fez de forcer leur ville, ou de mourir pluſtoſt à la breſche, qu'endurer ceſte ſi grand perte: auſſi bien ſçauoyent ils, que ſi la ville eſtoit priſe d'aſſaut, c'eſtoit fait en general de tous les habitans d'icelle. Saich n'en faiſoit pas moins de ſon coſté, ains courât de ranc en ranc, remonſtroit aux ſiens la trahiſon que Mahomet luy auoit machiné, ſans que iamais il luy euſt donné occaſion de luy dreſſer vne telle tramee. Qu'ils ſ'aſſeuraſſent en ſon bon droit, & en la force de leurs dextres, & magnanimité de cœur. Qu'il eſtoit impoſſible que Dieu, qui eſtoit iuſte, permiſt vne telle faute demeurer impunie. Que ceux qui eſtoyết dedãs ne ſçauroyent endurer leur effort, à cauſe qu'ils

HHH

estoyent rompus des rencontres passees. Promettant au reste que le premier gentilhomme de sa maison qui monteroit sur la muraille, & y plateroit son enseigne, il l'en feroit seigneur. Ceste promesse cousta bon à ceux de Dubdu, & causa la mort de beaucoup de noblesse d'entre les Fezians, lesquels à la fin voyans la resistance de ceux de dedans, & sentans l'abondance du trait plouuoir sur leurs testes, & les feux artificiels leur brusler le corps, furent contrains de sonner la retraitte, attendans vne autrefois que la fortune leur seroit plus douce & fauorable. Mahometh, bien qu'il fust ioyeux de voir la gaillardise de ses gens, & le deuoir qu'ils auoyent mõstré à defendre la muraille, si cogneut il bien qu'il seroit impossible qu'à la longue le roy n'emportast la place, veu qu'en cest assaut il auoit presque perdu la moytié de ses soldats, & ceux qui restoyẽt, estoyẽt si blecez, que si lon venoit en bref liurer encor vn pareil estour, le roy se feroit maistre du lieu. A ceste cause il commença à pẽser les moyens de capituler auec le roy, & de moyenner le salut de soy & des siens, car il cogneut lors son erreur ne se pouuoir remettre qu'en s'humiliant à celuy qu'il auoit grevement offensé. Tandis qu'il rauassoit apres cecy, & discouroit sur ceste occurrence, voicy venir vers luy le vieillard, lequel au commencement dissuadoit de faire la guerre au Saich: dés que Mahometh le veid, il luy dist, ayant presque la larme à l'œil: Ah! mon amy, combien tard ie me suis apperçeu de la faute que i'ay commise en me fiant tant de ma fortune, que vos bons conseils n'ayent peu trouuer place en mon ame. Ie voy mon tort, & si ne peux y remedier: ie cognoy que ie vous ay tous mis en danger, sans que ie sache en quelle sorte vous en tirer qu'auec ma ruine & la vostre. Et quoy, Monsieur, dist le vieillard, les choses sont elles tant deplorees que l'esperance de salut soit close à ceux qui le cherchent? Ne sçauez vous pas que vne faute recogneuë est à demy pardonnee, & que les seuls obstinez meritent que on les abhorre & reiette? Non non, Monsieur, il faut escrire au Roy, que vous estes fort marry qu'on luy ait donné faux entendre de vostre emprise, & que si vous auez fait chose qui luy soit peu aggreable, que vous estes prest à luy amender selon son bon plaisir, pourueu qu'il vous asseure de vostre vie & honneur. Cela est

HHH ij

HISTOIRE XXXIIIII.

bien fascheux à faire, dist Mahometh, à moy mesmement qui n'ay pas accoustumé d'vser de telles & si malseantes reuerences: toutesfois estant la necessité telle, ie le feray, & ne seray cause par mon opiniastreté de l'extreme ruine de mes subiects. Ils consultent qui fera le message, le bon homme s'y offre, & promet faire tant que le Roy descendra à quelque composition: seulement que Mahometh escriue vne lettre de creance, & qu'il luy laisse paracheuer le reste. Le Seigneur de Dubdu fait luy-mesme la lettre: mais la faisant, luy tomba en fantasie qu'autre que luy ne deuoit faire le message, & que cela estoit assez aisé, & sans le danger de sa personne: asseuré que le Roy ny aucũ de sa maison n'auoit aucune cognoissance de luy. Ce qu'il declare au vieillard, lequel esmerueillé du bon cœur & hardiesse de son seigneur, luy dist: Si le malheur vouloit que fussiez cogneu, tout l'or du monde ne sçauroit vous garen-

Debonnai- tir de mort: & pour ce, que ce soit moy
reté du sei- meurs, ne sera grand dommage, pour le
gneur de peu de profit que ie vous porte. Non, res-
Dubdu. pond Mahometh, i'ay fait la faute, ce sera
aussi moy ou qui la repareray, ou qui

mourray en la peine. Ainsi deliberé qu'il l'a, il l'execute:& changeant d'habits, s'en va au camp de l'ennemy, ou aussi tost il est prins: mais disant qu'il auoit charge de parler au Roy, les gardes le menent deuāt Saich, apres les deuës reuerences, il presenta ses lettres de creance: lesquelles estans leuës, le Roy dist à celuy qu'il ne cognoissoit point pour tel qu'il estoit: Et bien, quelle est ta charge de la part de ton seigneur? dis le hardiment, afin que ie te despesche, & puis ie poursuyuray mon entreprise. Mahometh, qui voyoit le Roy en colere, luy dist: Mahometh mon seigneur, sire, est estonné de la cause qui vous meut de le poursuyure auec telle vehemence, & ne sçait en quoy il a peu offenser vostre maiesté: tant y a, que s'il est aduerty de l'occasion, il n'est deuoir où il ne se mette pour vous amender la faute, s'il en a fait, pourueu que le respect de sa grandeur luy soit gardé, & que vous, Sire, cõme bon voisin, procediez plus par equité que par quelque transport de colere. C'est pourquoy ie suis venu, & ensemble pour capituler auec vo', si par cas il vous plaist de condescendre à quelque honneste composition, d'autant que vous feriez peu de chose de ruiner celuy qui ne demande que vostre grace.

HHH iij

HISTOIRE XXXV.

Et quoy, respond le Roy, messager mon amy, ton maistre fait il tant l'ignorant sur chose qui luy est si manifeste comme la trahison qu'il m'a voulu faire, lors qu'il sest mis en deuoir de surprendre d'emblee ma bonne cité de Teza? Pense il que ie soye si peu voyant, que ie ne cognoisse bien que s'il se pouuoit esgaler à moy, qu'il ne me iouast tour de voisin, autre que paisible & bien-vueillant. Ie sçay toutes les menees qu'il sest essayé de bastir auec mes subiects, & ce qu'il auoit conspiré côtre la garnison q̃ i'ay en icelle ville. C'est trop grãde presomption à si petit compagnõ que luy, de s'attaquer par guerre à vn mien pareil. Aussi preten-ie luy faire sentir quel ie suis, & recognoistre le peu qui est en luy par l'effort de mes forces: te iurant que si ie le puis tenir vne fois en main, comme il ne peut eschapper qu'il n'y tombe, ie luy donneray tel chastiment, que à iamais il en sera memoire par toutes les prouinces voisines, & seruira sa teste d'exemple à tout autre sien pareil, de ne prendre, sans iuste occasion, les armes contre son voisin, & encor sans l'en aduertir, ou luy mander la cause de telle reuolte. Et voila toute la composition qu'il aura de moy, & le bon traitement que i'ay deliberé de luy faire.

Dis luy seulement qu'il n'oublie point à se deffendre, & à biē remparer sa bresche: car demain dés le matin ie luy iray donner vn si doux salut, que ou ie perdray dix mille hommes, & moy-mesme y finiray la vie, ou ie seray maistre & de luy & sa vie: autrement ce me seroit honte perpetuelle, d'auoir enduré qu'vn tel gallāt que luy me fust venu brauer en ma terre, sans que ie m'en fusse resenty, & luy en eusse dōné chastiment selon la grandeur de l'offence. Ah sire, dit Mahomet, vn si grand Prince que voꝰ est plus loué, vsant de cleméce à celuy qui s'humilie que de le punir à toute rigueur: Ie cōfesse que Mōseigneur s'est grandement oublié, & que le Diable luy auoit saisi l'esprit lors qu'il s'attaqua à vostre maiesté, mais sire, vne faute seule ne merite pas que lon la mesure à l'esgal des pechez, la malice desquels n'est continuee. Ie sçay que Mahometh, se repent de ce qu'il a fait, & que s'il sçauoit estre asseuré en vostre presence, il se viendroit purger deuant vous, & vous diroit chose telle dequoy peut estre vous seriez satisfait. Il fait bien dit le Roy, de ne venir point: car si ie le tenois, iamais bœuf ne fut mieux decoupé en pieces à la boucherie, q̃ ie le feroy detrācher,

HHH iiij

HISTOIRE XXXV.
pour appaiſer la haine que ie luy porte, & le chaſtier de ſa folie. Mais ſire, repliq̃ Mahomet, s'il venoit vers vous, & s'humiliant, il vous requeroit mercy de ſa faute, & ſe ſoumettroit à voſtre iugement, & à la douceur de voſtre ſentence, le chaſſeriez vous ſans luy donner quelque eſpoir de paix, & de repos pour ſes ſubiets? Il eſt trop arrogant, dit le roy, & temeraire en ſes conſeils, pour prendre vn ſi beau chemin, & penſe qu'il eſt ſi aueuglé en ſa folie, qu'il aymeroit mieux voir la ruine des ſiens, que faire ce que tu dis. Voire mais ſire, dit Mahometh, s'il faiſoit ainſi, ſen iroit il ſans experimenter voſtre courtoiſie? & ne trouueroit il point vos oreilles ouuertes pour l'ouyr, & le cueur ployable à luy faire miſericorde? Le Roy demeura long temps ſans parler, tout ſurprins & eſmeu, balançant entre courroux & clemẽce, & meſurant par Mahomet les accidens qui aduiennent ſouuẽt aux plus grans, & que la fortune leur apreſte d'auſsi fortes & plus dangereuſes alarmes qu'aux plus petits, & pour ce reſpondit: Ie te iure le grand Dieu, que ſi ton maiſtre ſe venoit ainſi humilier comme tu dis, non ſeulement luy pardonneroy ie mon maltalent, cõdamnant quelque cho-

se à sa legereté, & à ce qu'il a creu ceux qui luy conseilloyent son dommage, ains luy rendroy tout ce que i'ay pris sur luy, honorant ses enfans du mariage de mes deux filles, auec tel douaire qu'il en seroit content, afin que l'alliance estant ferme, doresnauāt ie luy fusse bon voisin, & luy prest à me gratifier en toute chose. Mais comme ie t'ay dit, il est trop haut à la main & presomptueux pour venir à telle compositiō. Mahometh, qui voyoit réussir ses affaires ainsi qu'il souhaitoit, plein de ioye & espoir, dist à Saich : S'il vous plaist, sire, me donner la foy & asseurance de ceste vostre promesse en la presence des seigneurs & Capitaines de vostre maison, & armee, ie luy feray faire toute telle amende & plus grande encor que ie ne vous ay promis. Le Roy estonné plus que iamais, luy dist: Ouy, ie le feray deuant tout le monde, & quand il n'y auroit que moy, encor se peult il fier de ma parole, que ie ne fauceray de ma vie : mais pour l'asseurance que tu demandes, ces quatre que tu vois assis icy auec moy suffiront pour le tesmoignage de ma promesse, & pour faire sortir l'execution en effet. Et lors il luy nomma son beau pere, & le grand Chancelier, & le ge-

HISTOIRE XXXV.
neral de l'armee, auec lesquels le grand iuge & prestre de sa Loy, faisoit le quatriesme. Mahomet ayant receu le serment & du roy, & de ces grands seigneurs, se getta aux pieds de Saich, & auec vn grand souspir il dist. Tu vois icy roy de Fez ce Mahomet seigneur de Dubdu, lequel t'ayant offencé, & estant assez chastié de sa folie pour luy estre necessaire de faire telle amende, te supplie auoir compassion de luy, qui s'est plustost soumis à telle punition pour le salut des siens, que pour crainte qu'il eust de perdre sa vie. Le roy qui n'eust iamais pensé que Mahomet eust esté si hardy que d'entreprendre vn si dangereux voyage, le voyant à genoux deuant sa maiesté, luy requerir pardon, auec tel abaissement & reuerence, se leua de son siege, & ayant presque la larme à l'œil, attendry de pitié, & compassionnant la misere d'vn tel seigneur, courut l'embrasser, disant: Loué soit Dieu, que ie te tiens en ma puissance, pour cognoistre vn si vaillant homme que toy, & m'estime bienheureux de telle guerre, afin qu'vn fascheux commencement donne plaisir perpetuel à nos deux familles. Cecy fait, les seigneurs d'vne part & d'autre furent mandez, & la paix iuree, ceux de

Courtoisie de Saich pardōnāt au seigneur de Dubdu.

Dubdu se veirent hors du danger qui leur estoit prochain, & Mahometh ses deux enfans gendres d'vn des plus puissans roys de l'Afrique. Exemple notable d'vne grād courtoisie & clemence en vn roy Barbare,& duquel l'esprit estoit si esmeu,que iamais son ennemy n'en eust esperé tel traitement. Mais quoy? le ciel fait aussi bien naistre des choses rares & ames gentilles, & bien nees entre les peuples les plus farouches, comme parmy ceux qui font estat & office de la ciuilité & courtoisie, laquelle si les bestes cruelles gardent & en vsent à l'endroit de celles qui leur sont assubietties & qui l'humilient, l'homme qui est raisonnable en quelque pays qu'il naisse,de quelque religion qu'il face profession,est naturellement plus enclin à pardonner à ceux qui recognoissans leur faute,en requierent mercy. Et certes ceste courtoisie, & fait heroicq' du roy de Fez, ne doit rien de retour à ce que feit l'Aragonnois au seigneur de Florence:ains comme le peché de Mahomet fut trop grand, & l'entreprise dangereuse pour le Roy, aussi la clemence de l'vn suyuant la penitence de l'autre merite tel loz, qu'on feroit grand tort à ce prince de le frau-

der de tel heur, que la posterité ne loi
abreuuee, que Saich Roy de Fez est louable sur tout bienfait d'auoir si bien vaincu
ses passions, & moderé sa colere, & Mahometh digne de nom, qui ayant recogneu ce qu'il estoit, a oublié son estat &
grandeur pour la charité de laquelle
il estoit affectionné enuers
ses subiects, en ce
qu'il se ha-
zarda
ainsi pour pour sauuer sa ville,
& se fia en son ennemy
pour la seule liber-
té de ses ci-
toyens.

Fin de la xxxv. histoire.

SOMMAIRE DE
l'histoire XXXVI.

Ceux qui pensent estre estimez iustes pour establir des loix equitables, sans s'assubietir à icelles, sont grandement à reprendre, d'autant que ce qu'ils condemnent est bien souuent vituperé en leur vie abominable. Appie Claude, l'vn des dix qui entre les Romains eut charge de dresser l'estat de la chose publique, par la publication des loix, fut chassé de son estat & dignité, d'autant qu'abusant de sa puissance, il corrōpoit la purité du droit duq̄l il estoit le bastisseur. Le premier Roy d'entre les Iuifs, Saül est remarqué és saincts escrits, comme celuy qui esmeu de bon zele auoit chassé de ses seigneuries tous les enchanteurs & deuins: mais soudain il tōbe au peché par luy mesme publiquemēt & puny & condemné, & s'addresse en sa grande necessité à vne femme qui s'amusoit aux sciences obscures: aussi sentit il la main de Dieu en la prochaine bataille où il se trouua, & esprouua, par son peril qu'il faut se contenter d'offenser Dieu en vne sorte, sans adiouster vice sur impieté. Et certainement il fait beau voir vn Roy & grand seigneur defendre les adulteres, & ordonner peine aux paillards, & puis qu'il s'emancipe de la loy, & abuse indifferēment de toutes femmes, d'autant que le Legislateur ne doit pas seu-

Appie Claude.

Saül s'addresse aux deuins que il auoit chassez. 1. des rois 28.

lement sçauoir que c'est que de faire Edict, ains faut qu'il soit assubietty, & à la loy & à la peine d'icelles: autrement ce qu'il a de puissance, ressent plustost l'autorité d'vn tyran, que la iustice d'vn bon Prince. Or d'autant qu'en l'histoire precedente i'ay discouru la grande honnesteté & courtoisie d'vn Roy Mahometan, il faut qu'à present ie vous propose la cruauté bestiale & sans pitié d'vn Roy Chrestien, ou au moins qui en auoit le tiltre sans l'effect. Non afin que par ce moyen ie pretende louenger plus celuy d'vne opinion contraire à la nostre, ny confesser qu'il ait esté plus iuste, & aimant l'equité, ains afin que nous rougissions de honte de ce qu'il faut que les estranges & ceux qui sont sans la vraye cognoissance & clairté de l'Euangile nous seruent de miroir & exemple pour l'instruction de nostre vie. Or à celle fin que ie n'employe tant le temps en discours, & que la chose vous soit plus notoire, voyans celuy qui deffend non les amours, mais les mariages faits à la vollee, tōber & en des paillardises infames, & s'accoupler auec autant de femmes par mariage, comme ses appetits auoyent de changement pour l'effect de sa sensualité. Vn grand Roy des Anglois, a esté celuy qui a le plus estonné la Chrestienté que Prince de nostre temps, par la diuersité la plus inconstante de vie que lon sçauroit penser, soit que la persuasion sur les choses sacrees soit mise en auant, ou que l'on contemple l'estat de sa maison, en quoy il s'est monstré si prodigieux, que si nos yeux n'auoyent fait l'essay de telle varieté, la chose nous sembleroit presque impossible : & croy que iamais rien de louable ne fut trouué en ce Roy, sinõ qu'il aimoit les bonnes lettres, & cherissoit les gens de sçauoir: car au reste, la paillardise l'auoit tout eschangé en vn monstre de Nature, & la cruauté le rendoit si redouté des siens & hay des voisins, que ie croy iamais la vie de Neron n'auoir esté plus detestee que celle de cestuicy : & à bon droit, comme pourrez facilemēt cognoistre & iuger lisant le discours qui s'ēsuit.

Auant donc que venir au recit des lubricitez de ce Roy insulaire, il faut que ie vous racompte l'histoire de deux miserables amans, lesquels perdirent vie pour s'aymer trop ardamment, & tout pour le moyen de ce Roy, ennemy de toute douceur, lequel empeschant ce qui estoit commencé entre les parties, quoy que follement, causa la mort de l'vn & de l'autre, & s'acquist le nom de Roy furieux. Et veritablement puis que le mariage est chose libre, & qu'il despēd du consentement des deux parties, il semble que l'homme ne deuroit estre lié si estroitement que ou il n'y a pas grande inegalité, il ne peult espouser celle laquelle luy porteroit vne amour reciproque. Inegalité ie nomme quand

Mariage doit estre libre.

HISTOIRE XXXV.

la Dame s'accointe de celuy qui luy est subiect, ou qu'vn de basse estoffe suborne quelque fille de grand maison: mais où il n'y a difference que de richesses, c'est faire tort à la liberté naturelle, & rendre Esclaue la volonté, laquelle doit estre libre en telle liaison, veu que autrement on bastist des mariages, la fin desquels est si peu heureuse, que bien souuēt il vaudroit mieux sacrifier les filles que les conioindre auec autre que celuy qu'elles ayment, veu que nostre inclination tend tousiours aux choses qui nous sont defendues.

MORT

433

MORT MISERABLE DE deux amans, ausquels le Roy d'Angleterre Henry defendit de se marier ensemble, & autres choses sur la vie dudict Roy.

HISTOIRE XXXVI.

Retournans donc sur nos brisees, ce Roy Henry auoit deux sœurs, l'vne desquelles nommee Marguerite, espou- *Margue-* sa en premieres nopces le *rite espou-* Roy d'Escosse: lequel estant decedé, elle *se le roy* conuola aux secondes, & print pour ma- *d'Escosse.* ry vn simple gentilhomme d'Angleterre. Car par la loy du païs, il est permis aux Dames de s'adioindre à qui bon leur semble lors qu'elles sont vœuues: mais la premiere liaison depend de la volonté de leurs parens. L'autre de ses sœurs fut nom- *Marie* mee Marie, laquelle fut Royne de Fran- *femme de* ce, & espouse de ce bon Roy Loys dou- *Loys 12.*

III

ziefme, auec lequel elle ne demeura que
trois ou quatre mois, d'autant que le bon
Prince deceda. Ceste cy encor espousa par
le conseil du Roy son frere, vn simple
Gentilhomme de bien bas lieu, & toutesfois fauorit du Roy, lequel fut fait Duc
de Suffort, duquel duché le Roy tyran a-
uoit dechassé le vray seigneur, lequel e-
stoit du sang royal: & ainsi Mad. Marie, de
grand Royne deuint petite Duchesse, & où
elle estoit souueraine Dame, elle se rendit subiette, & à vn petit compagnon, & à
la complexion insupportable de son frere. Du mariage de Mad. Marguerite & le
cheualier Anglois sortit vne fille, laquelle
fut esleuee en court, & grandement cherie
du Roy son oncle, lequel auoit deliberé de
la marier bien hautement lors qu'elle seroit d'aage. Ceste Princesse estoit estimee
l'vne des plus belles qui fussent en toute
l'Isle d'Angleterre, & plus recommandee
pour ses honnestetez & bonnes graces, e-
stãt si bien apprise & courtoise, que chacun
l'aimoit & honoroit, comme celle en qui
reluisoit vne maiesté autre que de la fille
d'vn petit cheualier : mais elle tenoit de
l'estoc Royal, & s'estoit formee suyuant le
lieu d'ou sa mere auoit prins origine : &
pource le Roy l'aimoit aussi cherement

que sa fille Marie, qu'il auoit de Catherine fille du Roy d'Arragon.

Ceste Marie a despuis esté Royne.

En mesme saison estoit aussi nourry en court vn seigneur Anglois, nommé Thomas, neueu du Duc de Nolfoc, fort noble & riche, & apparenté en l'Isle, lequel estoit fauorisé du Roy, tant pour l'amour du Duc son oncle, lequel tenoit vn des premiers rancs en Angleterre, qu'aussi pour sa gentillesse & gaillardise, estant ce ieune seigneur si adextre en tout ce qu'il faisoit, que rien ne luy aduenoit que bien à propos, & pource estoit il aymé presque de toute la noblesse qui suyuoit la court. Ie dis presque, pource qu'il est autant possible de suyure la cour d'vn Prince, sans estre enuié, comme humer quelque poison mortelle, sans en sentir la force, d'autant que les maisons des grans estants comme vne boutique de grossier, ont en elle toute espece d'esprits, & de tel meslange ne se peut faire que ne sorte quelque corruption, entant que tout le móde ne se plaist point d'vne, & mesme viande. Pource ceux là sont estimez heureux lesquels hors de toute fascherie, & sans soupçon viuent en leurs maisons, contents du peu que Dieu leur donne, veu que tels se moquent des flateurs attraits d'vne fortune presente, &

Difficulté de fuir l'enuie en court.

III ij

estiment moins que rien les faueurs qui durent du iour à la iournee,& semblent vn ieu de boute hors, sans qu'il y ait rien qui soit stable,ou qui puisse promettre, quelque arrest ou asseurance. Aussi est il impossible q̃ la vertu regne-ou presque personne ne hante que pour en tirer profit, &

La fortune non la vertu fait suiure les grans.

s'insinuer en la grace des gras pour s'agrandir, & deuenir riche, qui est cause que le mesdire y est familier,l'enuier comme naturel, & le dissimuler la vraye sagesse, si bien que les Princes mesmes ne sont suiuis sinon entant que fortune les fauorise, & qu'ils ont moyen de secourir ces cameleons, lesquels à gueule beante courent apres les cuisines de court, & s'engressent aux despens de ceux qu'ils suyuent. Comme ce ieune Prince donc viuoit, aymé & chery de tous,& luy n'ayant soucy que de se maintenir en ceste opinion,voicy la fortune qui luy dresse vne autre partie, & le guidant (comme elle est aueugle) vers le mesme aueuglement qui offusque la raison des hommes, fait tant qu'il s'enamoura tellement de la niepce du Roy, que perdant sa liberté,il se captiua si fort sous l'attrait de ses diuines beautez, qu'il ne pẽsoit plus qu'en elle, & ne receuoit pensement en son ame, qui ne reuint tousiours à la cõ-

templation des graces,& honneftetez de la
Princeffe. Laquelle bien que print vn fingulier plaifir à parler auec le feigneur Thomas, & qu'il luy feift chofe aggreable de
la vifiter, fi ne penfoit elle encor à la paffion amoureufe qui les faifit tous deux
defpuis fi viuement, qu'ils peuuent porter
le nom du couple d'amans les plus loyaux
qu'on ait ouy reciter de memoire d'homme. Thomas voyant le bon vifage que la
Damoifelle luy monftroit, & fe fiant en la
grandeur de la maifon d'où il eftoit iffu,
& en la faueur que le Roy monftroit à fon
oncle, & qu'auffi le Roy pratiquant l'Amour cōme il faifoit, ne troueroit mauuaife aucune trafique amoureufe, mefmement la fin tendant à mariage, fe propofa
de folliciter la Princeffe, & faire tant par
fon feruice qu'elle ne luy refuferoit point
ce bien & faueur que le receuoir pour fien,
& l'accepter à mary, & Amy. Bruflāt donc
en ce feu fecret, le remede eftoit de faire
fortir les flammes en euidence, & manifefter fon mal à celle là, en la main feule de
laquelle il fçauoit que confiftoit fa guerifon. Il n'ofoit luy en faire le difcours, craignant l'offencer, & le taire luy eftoit plus
infupportable, d'autant que le mal accroiffant par le dedās tourmentoit de tant plus

HISTOIRE XXXVI.

le cœur, comme la langue demeuroit sans descouurir les affections de l'ame. Et quoy que les yeux assez fidelles, & subtils messagers de la pensee feissent leur deuoir, si est ce que la Damoiselle non accoustumee à telle lutte ne prenoit point garde à tels signes exterieurs: qui causa q̃ le ieune seigneur, delibera de luy faire entendre son martyre, ou par lettre, ou le discourant de sa propre bouche. Et apres qu'il eut consulté long temps en soymesme du plus expedient & moins perilleux pour sa vie, si elle luy faisoit responce qui fust fascheuse: il veit que la lettre ne rougissoit point, & que elle est plus libre que la langue, laquelle deuient nouee & sans parolle, lors que le vray & loyal amant se trouue en la presence de sa Dame, & pource luy escriuit il vne epistre telle que sensuit:

Lettre du seigneur Thomas à la Niepce du Roy d'Angleterre.

Ma Dame, si ie pensoye commettre faute indigne de pardon en vous escriuant ce que ie n'ose vous descouurir, ie serois content plustost souffrir le double des tourmens que i'endure, & soudain la mort, que causer en vous vne seule occasion de vous plaindre, & d'estre mal contente de moy. Mais sçachant que vostre courtoisie est telle, & que ma peine vous faschera pour me tourmenter, & que desireriez me voir sans icelle: ie suis contraint vous supplier d'oster la cause de mon dueil par vostre grace, afin que secouru de vous ie puisse recouurer la liberté que i'ay perdue pour m'estre trop amusé en la contemplation de vos bônes graces, & arresté sur le plaisant image de celle vostre beauté, laquelle seulle pourroit esmouuoir les cœurs les plus refroidis que lon sçauroit penser. Vous pouuez croire, que si quelque grande passion ne me faisoit sentir son effort, qu'à grand' peine seroy-ie si osé ny temeraire, q̃ de parler ainsi à vne telle que vous, Madame, qui estant telle que vous estes, auez puissance de ma mort & de ma vie. Mais estant ma liberté saisie par l'amour, & toute changee en vous, & ne pouuant faire de mon cœur autre chose qu'vn humble subiect de vostre volonté, il vous plaira en m'acceptant pour vostre, excuser ma hardiesse, & vous plaisant en mõ seruice, péser que l'amour a fait icy acte de clair voyant, lors qu'il m'a addressé à vous, qui estes prudente pour mesurer mes merites, & iuste pour satisfaire à mõ deuoir, & guer

III iiij

HISTOIRE XXXVI.

donner les labeurs & trauaux que i'espere souffrir pour vous faire cognoistre le desir que i'ay de viure & mourir en vous obeissant. C'est la victoire que vous auez desia eu sur moy, sans que combat aucun y soit suruenu, & me sen perdu quoy que ie voye l'entiere possession de moy en moy, en ce que ie m'atten que vous de vostre grace m'accepterez pour vostre, & ne voudrez desdaigner celuy qui s'estimera heureux sur tout euenement, s'il a le bien d'estre estimé de vous digne de porter le nom de vostre seruiteur,

  Celuy qui n'a plaisir qu'en la souuenance de vos vos bonnes graces,
  Thomas de Nolfoc.

Ceste lettre bailla-il à vn sien page, duquel il se fioit fort, & lequel l'accōpaignoit par tout où il alloit faire ses pourmenades, lequel instruisit cōme il falloit se gouuerner: & sur tout qu'il se donnast si bien garde de ne bailler point la lettre à autre qu'à Madame, & cela si sagement que personne ne s'en apperceust: ce que le page luy promist faire, & l'executa aussi accortemēt que le maistre eust sceu desirer.

La Princesse quoy que non accoustumee à semblables embassades, ne trouua tou-

tesfois estrange la façon, & moins se facha
elle ny côtre le message, ny celuy qui l'enuoyoit, seulemēt dist elle au page: Et quoy
mon amy, vostre maistre depuis quand
est il deuenu si honteux qu'il n'ose me dire ce que maintenant il me mande par
escrit? Dictes luy que ie luy veux respondre de bouche, sans fier mon aduis au papier. Le page sen retourne au Prince, & luy
compte de mot à mot les propos de la fille, & le bon accueil qu'elle luy auoit fait, y
adioustant quelque chose du sien, si bien
que si le seigneur Thomas auoit esté touché au vif de l'Amour, c'est à present qu'il
en sent si fort les estincelles, qu'il est impossible d'en penser de pareilles. Il espioit
tous les moyens qu'il pouuoit, afin de parler à sa Dame, & luy descouurir le tourmēt qui l'angoissoit pour aimer en si haut
lieu, & l'heur que ce luy seroit si elle l'acce-
ptoit pour seruiteur. Et ne luy fut Fortune tant fauorable, mais plustost contraire,
veu ce qui en aduint depuis, qu'vn iour que
le Roy estoit allé à l'assemblee vers Vin-
dezore, il eut moyen d'accoster à son plaisir & sans tesmoins la maistresse de ses pen
semés, auec laquelle lors qu'il se veid seul,
il perdit aussi tost ceste gayeté accoustumee, & la hardiesse qu'il auoit auparauant

*Vindezo-
re, lieu de
plaisir
pour les
rois An-
glois.*

de luy parler priuément, & sans s'effroyer.
Ores il sent vne esmotion qu'il ne peut apeller autrement que crainte, & confesse
que l'Amour donne bien force de penser
grandes choses, mais de les exprimer par
parole, cela ne se peut faire que par ceux
lesquels ont attaint l'heur d'estre fauorisez
par quelque caresse, ou qui aiment moins
qu'ils n'en font semblant, & gist plus
leur affection en beaux discours, qu'en
vrais effects. La ieune Damoiselle voyant
ceste alteration nouuelle, en ce seigneur
tant accort & beau diseur, ne fut si peu cognoissante, qu'elle ne sauisast bien qu'il
estoit bien fort attaint d'amour, pource
luy dit : Monsieur, i'ay veu le temps que
vous estant en la compagnie des Dames &
Damoiselles, il n'estoit autre qui les entretint de propos, ne qui inuentast les moyés
de leur donner tousiours quelque passetemps : & maintenāt vous estes tout chágé,
& si fort abbatu, que deuenu resueur vous
ne vous souciez plus que d'entretenir vos
pésees. A tout le moins si en defaut de tout
autre aise, vous nous faisiez participantes
de vos resueries & discours, encor aurions
nous quelque occasion de nous contenter,
& vous pardonner la faute que commettez contre la compagnie qui a tant perdu

par vostre sollitude. Ma Dame, respondit alors le Prince, ie louë Dieu de ce qu'il m'a tant favorisé que ce soit vous qui me commandez de declarer la cause de ma tristesse, car si ce n'eust esté vous qui eust desnoué ma langue, à grand peine eusse ie peu discourir ce que toutesfois ie desire qu'vne seule entende & cognoisse. Veu que la chose est si haute, & le secret de telle consequence qu'autre qu'vne telle Dame que vous ne merite à qui lon le descoure. Que si i'ay nourry mon esprit d'vn entretenement de pensees, & repeu mon ame de discours faits à parmoy, il en faut accuser vne, laquelle par sa grandeur a empesché iusques icy que ie n'ay osé descouurir ce que plus me tourmentoit, ny dire la cause de mon silence, aymãt mieux brusler de desir sans manifester mon mal, que luy desplaire en parlant à son excellence. Vrayement, respond la Princesse, quiconque elle soit, elle merite blasme & chastiment, tant pour l'offense qu'elle nous fait, en nous priuant ainsi de vous, que pour affliger celuy qui à mon aduis, merite vn plus doux traitement, que de luy interdire la parole. Et puis que le secret de vostre descõnue doit estre declairé à vne seule, & qu'elle peut vous rendre l'aise perdu, & à nous voſtre viſage plus gay que n'eſt à preſent, ie vous prie que ie ſcache qui elle eſt, afin que, ſi faire ſe peut, elle vous tire de peine, & nous de ſoucy, qui ne deſirons que vous voir auſſi ioyeux que de couſtume. Le Prince cognoiſſant la ſubtile diſſimulation de ſa Dame, & qu'elle prenoit plaiſir d'eſtre ſeruie & careſſee, luy reſpondit. Las! ma Dame, comme vous ſçauez & occir, & viuifier les cœurs des paſſionnez qui me reſſemblent, diſſimulant ſi accortement ce qu'il ne faut tant vous declairer, veu que voſtre bon eſprit le cognoiſt aſſez par les ſignes exterieurs qui apparoiſſẽt en celuy, lequel ne peut auoir longue duree, ſi de voſtre grace il ne vous plaiſt le ſecourir, & l'accepter pour voſtre loyal ſeruiteur, veu que de ceſte ſeule faueur depend ſa vie, & honneur. Ie ſçay bien ma Dame que i'eſtends trop haut mon vol, & que la gloire de mes penſemens eſt trop auantageuſe; mais ſi vous meſurez le deſir que i'ay de vous faire ſeruice, auec voſtre grandeur, vous cognoiſtrez que ſi ie n'approche par merite de ce bien, que la bonne volonté & deuotion mienne ſuppleent à tel defaut. Qu'il vous plaiſe dõc, ma Dame, auoir cõ-paſſion de celuy, le deſaſtre duquel vous eſt aſſez cogneu par ſa peine, & luy rendez celle gayeté de parolle que luy auez osté, lors que par le rebat de vostre celeste beauté vous luy auez tellement offusquez les yeux de l'esprit, que les sens exteriturs en sentent l'effort, ont cessé de faire leur deuoir, afin que l'ame vaquast plus librement à la contemplation de chose si parfaite que vous ma Dame, laquelle i'ay choisie pour seule Dame & maistresse, s'il vous vient à gré de ne refuser le seruice que ie vous vouë, & lequel ie vous feray tant que l'ame me residera au corps.

Ie ne pensois point, respond la Damoiselle, estre la cruelle qui me faisois mesme ce tort, que de me priuer de vos gayetez. ny n'eusse iamais estimé qu'vn si accomply gentilhomme que vous se tourmentast ainsi pour chose de si peu que moy, qui ne peux vous satisfaire pour vostre trop vehemente affection que d'vn souhait, que Dieu vous face la grace d'oster ces fantasies de vostre teste, & de chasser ceste resuerie de vostre esprit. Plustost, respondit il, m'enuoye Dieu la mort, que telle faueur car si ie perdois la seule souuenance d'vn iour de ceste mienne seruitude vers vous, ie penserois estre le plus miserable Gentilhomme qui viue, qui ayme & honore la plus belle, gentille & courtoise Dame

de la terre. Pource vous supplie ne trouuer
mauuaise mon affection, ny estrange si ie
vous prie de me recompenser auec vne a-
mitié reciproque, d'autant que ceste v-
nion causera vn tel accomplissement, en
nous deux, que moy estant vostre, & vous
conuertie en moy, le plaisir de l'vn aug-
mentera l'aise de l'autre, tellement que ce
sera vn comble de felicité en ce que les
corps peuuent d'esperer d'heur en ce monde. Mõsieur, dit la Princesse, ie voy biē que
vos merites sont grans, & que l'Amour que
me portez est sans fiction, & laquelle m'o-
blige, & à vous vouloir bien, & à satisfaire à ceste vostre bonne volonté, auec vne
affection pareille : mais vous sçauez ce
que ie peux, & ignorõs & vous & moy que
est ce que le Roy a deliberé de faire sur
mon mariage. Quoy ma Dame, respond
le ieune seigneur, estimez vous que le Roy
treuue mauuais l'affinité d'entre nous ? ny
le mariage de vous & moy ? Ne suis-ie
pas d'autre maison que celuy qui a espousé ma Dame vostre tante, le Duc de Suffort? Si suis & d'autre calibre, & ie m'asseure que le Roy, sans vous faire tort, ne sçauroit vous trouuer mary plus sortable que
moy, qui suis tel qu'on sçait, & vostre aimé
& sorty d'vne des plus anciénes & illustres

Pagination incorrecte — date incorrecte
NF Z 43-120-12

**Pagination incohérente
Texte complet**

maisons de toute l'Angleterre. A ceste cause ne faut que preniez vostre excuse là dessus, d'autant qu'il n'y a rien qui empesche nostre mariage. La fille vaincue par ces propos, & plusieurs autres que l'amant discourut sur l'heure pour l'induire à suyure son côseil, fut côtrainte de luy dire : Et bié, que voulez vous que ie vous die ? Ie vous aime plus que toutes les choses de ce monde, & ne souhaite tant rien que soit que de voir accōply mon desir par le mariage de nous deux. Estes vous content de ce que ie vien de vous dire? Ouy Madame, respōdit il, pourueu que l'effect s'en ensuyue, & que dés ceste heure vous me promettiez la foy que ne prendrez iamais autre mary que moy:& ie vous iure, que plustost ie mourray de mille morts, qu'autre que vous porte le nom de mon espouse. Tant sceut faire & dire le ieune seigneur, & si bien caressa & prescha sa nouuelle amie, qu'elle luy promist la foy de mariage. Qui fut cause que de là en auant ils se hantoyent plus familierement que de coustume, & s'appriuoiserent si bien, au grand dōmage de l'vn & de l'autre:qu'apres plusieurs protestatiōs d'vne part & d'autre, & reiteration de leur promesse ia faite, ils donnerent fin à leurs desirs, & consommation au mariage de tant plus desastré & peu heureux, comme il estoit clandestin & secret, iouyssans d'vn aise, qui puis apres leur tourna en grand malaise. Voila iusques ou s'estend la furie des appetits sensuels: ces deux amans estoyent heureux en leurs amours auant la iouyssance, & ne se soucioyent que de rire, esperans tousiours que le Roy ne feroit difficulté aucune de les conioindre ensemble: mais ont il fait la faute, ils commencent à se deffier de leur cause, & craindre que chascun ne soit abbreuué de leur folie, tant grande est la force du ver de la conscience. Ils cherchêt les cachettes & secrets pour parler ensemble, & faire à couuert ce que puis apres fut à leur grand regret descouuert à tout le monde : Aussi telles fautes, d'autant qu'elles sont preiudiciables, & portent de nuisance à plusieurs, d'autant aussi y a il plus d'yeux qui y prennent garde, & seruent pour esclairer ceux qui les commettent sans esgard ny consideration de leur renommee, comme aduint à ces deux amans, ainsi qu'entendrez cy apres. Or d'autât que toute chose outrepassant sa mesure, & se desbordant de ses limites n'a rien plus de duree qu'vn Soleil trop chaut en l'yuer, l'Amour commencé sans raison, guidé d'vne sensualité, & gouuerné sans né sans reigle, ne peult estre manié si dextrement, qu'à la fin n'en sorte ou feu, ou fumee, veu que cest appriuoisement si doux & attrayant engendre pour le plus tant de priuanté, que ceux qui au commencemēt y sont sages & veillans, s'assottent en leurs fantasies, & s'endorment tellemēt en leurs aises, q̃ les moins cauts & speculatifs voyēt à l'œil à quoy tendent ces caresses. Aussi l'Amour & la folie sont de mesme, & se descouurent d'elles mesmes ces deux passions, & a on beau celer ce qui est, qu'à la fin les personnes qui en sont attaintes sont les premieres qui font apparoir quelles sont leurs humeurs.

Ces deux amants donc, comme fort ieunes qu'ils estoyent, ne sçauent gouuerner leurs affaires si discrettemēt, que ceux qui auoyent l'œil bon, & le néz long, ne s'apperceussent fort bien qu'il y auoit autre chose entre eux que simples amouraischemens & paroles, & commencerent apres le soupçon à croire la chose telle qu'elle estoit, voire furent si diligens espions, qu'ils cogneurent par l'experiéce qu'ils ne soupçonnoyent rien que la verité. Cecy fut teu pour quelque temps, d'autant que les vns craignoyent la fureur du Roy, qui estoit fort chatouilleux & difficile à ma-

KKK

HISTOIRE XXXVI.
nier: d'autres ne vouloyent se rendre ennemis de la maison & famille du Duc de Nolfoc: & les autres plus courtois, & ressentans que c'est que de l'infirmité des hõmes, & que ceste faute estoit vne imperfection de nature, plus-tost qu'vn peché commis par malice, ne vouloyent le publier, ayans compassion de la ieunesse des deux amans, & aussi ne desirans point leur troubler ny empescher cest aise. Toutesfois estoit il impossible, qu'en vne si grande trouppe de courtisans, tous fussent si sobres de leurs langues, & que l'enuie sen fust vollee de là, pour aller semer quelque discorde entre les saintes personnes: veu que c'est l'oiseau le plus priué qui soit en la court des grands, que ceste Harpie & Monstre venimeux d'enuie: laquelle seule a causé tout tãt que iamais il y eut de malheuretez & ruines sur la terre. De ceste poison abbruuez quelques courtisans, sen allerent au Roy, quelque mois apres auoir esté asseurez de la trop estroite alliance de nos iouyssans amoureux. C'est au Roy à qui ils font le discours de ceste pratique, & s'excusent sils parlent si auant, d'autant que le deuoir leur commande de ne faire chose qui preiudicie tant à son honneur, & que sans faire faute ils ne pouuoyent lais-

ser passer sous silence telle follie. Qu'il plueist à sa maiesté leur pardonner, & qu'au reste ils n'auoyent rié dit qui ne fust tres-ueritable, & que bien aisément ne se peust prouuer par vne infinité de tesmoings. Si le Roy fut estonné de ces nouuelles, ie le laisse à estimer à ceux qui ont des filles & nieces que est-ce qu'ils feroyent si vn tel malheur aduenoit en leur maison, & par homme qui leur deust foy & obeissance, telle que le ieune seigneur deuoit à son Prince souuerain & naturel. Or cestuicy, quoy que fust fort addonné aux femmes, & homme qui n'auoit esgard comme que ce fust, pourueu qu'il accōplist sa volōté, & rassasiast l'effrené desir de sa lubricité, si commença-il à detester sa niece, & accuser son immodestie & peu de chasteté, proposant en son esprit de si bien temperer son ardeur, & refroidir les chaleurs du ieune seigneur, que iamais ils n'auroyent loisir de luy iouër vne telle faute que celle qui ne pouuoit estre satisfaite que par la loy ancienne de la grāde Bretaigne, iadis abolie par le grand Roy Artus: mais qu'il renouuelleroit sur ces deux malheureux amants. A ceste cause il commanda à ceux qui luy en auoyent fait le rapport, qu'ils priussent soigneuse garde à surprendre les

Artus roy aboüt la loy cōdemnāt les filles à mort, qui folioyent, fors qu'en mariage.

KKK ij

paillards ensemble (car de ce beau tiltre les auoit-il honorez) & les mettre entre les mains des chefs de la garde de son corps. Les surueillans qui veirent bien que sils failloyent à ce coup, que le Roy penseroit qu'enuie plus-tost que verité leur auroit fait tenir ce langage, feirent si bien leur deuoir, ayans la garde du Roy auec eux, que deux iours apres ils prindrēt les deux amants en vne chambre, où ils faisoyent autre chose que enfiler des perles.

Le seigneur Thomas, qui n'eust iamais pensé que les Gentilshommes, encor qu'ils sceussent ses menees, luy eussent ioué vn tel tour, fut tout esbahy se voyant surpris, & soudain fait & constitué prisonnier de par le Roy A quoy il respondit, qu'il estoit content que le Roy, & non autre, fust le iuge de sa cause, s'asseurant qu'ayant ouy son discours, & presté l'oreille à son dire, il seroit aussi courtois à luy pardonner, comme les meschans estoyent enuieux, qui luy auoyent causé vn tel scandale. La fille estoit encor plus asseuree, disant qu'elle sentoit sa conscience si nette de toute faute, fors vne, qu'elle esperoit que Dieu, qui cognoissoit son innocēce, feroit que le Roy ne souilleroit point son nom par la cruauté commise sur ceux qui luy seroyent parents de si pres. C'est pourquoy, Madame, (dist le Capitaine des gardes) il faut que veniez parler à luy, afin que ie soye quitte de ma charge, qui ne pensoye pas à ce matin estre employé en chose si peu plaisante, que là où il faut que i'offense, & vous & monsieur le Prince: mais il s'en faut prédre à ceux qui vous ont esclairez de trop pres, & non à moy, qui ne fay sinon ce que le Roy m'a commandé d'executer. Ie le sçay bien, respond le Prince, & m'asseure tāt de vous, que ne vouldriez nuire à la noblesse: mais ie voy que ce sont des trames de ceux qui n'ont autre desir que de paracheuer la ruine commencee de tout tant qu'il y a de Gentilshommes par toute Angleterre.

Aduerty que le Roy est de ceste prise, il ne voulut point qu'on luy amenast, soit qu'il craignist de s'oublier tant sur l'heure, que de les faire despescher sans ouyr leurs defenses & iustifications : ou bien qu'il se doutast que leurs raisons ne l'esmeussent à quelque compassion : & il auoit deliberé desia de les faire mourir tous deux. Ils furent donc emprisonnez à Londres, separément, chacun en sa tour, & donna le Roy charge au seigneur Thomas Cremouël, Conestable d'Angleterre, de faire le proces à sa niece, & à celuy qui l'auoit subor-

Thomas Cremouel, Conestable d'Angleterre.

née. Ils sont interrogez, & confessent, ce qu'aussi ils ne pouuoyent nier: mais disent que tout ce qui s'est passé entr'eux, est comme de l'espoux auec sa femme legitime. Cecy est rapporté au Roy, lequel combié que cogneust que sa niece n'eust sceu trouuer guere meilleur party que celuy qu'elle auoit choisi à sa poste, si ne voulut pourtant accorder ceste alliance, ains persista en son opinion de les faire mourir, à ce le mouuant & incitant le Conestable: lequel de son naturel estoit l'ennemy commun & capital de toute la noblesse. A ceste cause le conseil estant assemblé, le Conestable comme ayant expres commandement du Roy, condemna le ieune Prince à perdre la teste, & que la Damoiselle seroit confinee en prison iusques à la fin de sa vie.

Ces nouuelles sont soudain diuulguees par toute la ville de Londres, & n'estoit petit ny grād qui n'eust grande compassion du malheur de ce beau couple, & sur tout du Prince: à cause que le peuple estoit fort affectionné à ceste maison de Nolfoc, comme à ceux qui ne s'estoyent onc monstrez que courtois & debonnaires. Le Duc de Nolfoc oyant la rigoureuse sentence iettee contre son neueu, & sachant bien que cela ne procedoit pas tant du Roy, que de la malice & haine enuieillie du Conestable contre la noblesse, s'en alla au Chasteau bien accompagné, auec intention de faire quelque beau coup si la sentence n'estoit addoucie. Au palais qu'il est, chacun luy fait place, tant pour sa grandeur & autorité, que pour le desir qu'on auoit que son neueu fust deliuré des mains du Conestable. Il vient à la chambre du Roy, dans laquelle introduit qu'il fut, apres auoir fait la reuerence à son Prince, tout esmeu de maltalét, & trãsporté de courroux, il parla au Roy en ceste sorte:

Le Duc de Nolfoc au roy Henry.

Comment, Sire, ne verrons nous iamais la fin de tant de meurtres & saccagemens qui se font de iour à autre en vostre Royaume? Auez vous proposé de souffrir qu'on efface ainsi la noblesse, qu'il n'est iour que la place de Londres ne voye quelque Gentilhomme depesché, sans raison ou equité quelconque? Voulez vous ruiner ceux mesmes desquels vous estes issu, afin de laisser vn iour vostre fils, Monsieur le Prince, suyuy seulement de vilains, & gens desquels la race soit incogneuë? Et quelle estrange façon de faire est cecy, que ceux qui sont nuict & iour prests à mourir en vostre seruice, soyent deffaicts par la main d'vn bourreau, & condem-

KKK iiij

nez par la sentence du plus iniuste & meschant qui viue pour le iourd'huy entre les hommes? Le Roy, qui feignoit ne sçauoir rien de ce qui s'estoit passé au Conseil, quoy que tout eust esté fait suyuant sa volonté, dist au Duc: Et quoy, mon cousin, à quelle fin me tenez vous ce langage? Qu'y a-il de nouueau qui vous eust esmeu à venir si coleré vers moy, & me faire harangue si mal à propos? Vous a lon fait quelque tort ou offése, dequoy il vous faille faire raison? car ie vous asseure que ie ne le vous denieray pas. Le Duc qui cognoissoit l'humeur du pelerin, & sçauoit bien que le Roy conniuoit à tout ce que le Conestable executoit, luy respondit autāt franchement comme la chose luy touchoit de pres, voyant son nepueu en tel danger de sa vie: Sire, il me semble fort estrange & mal à propos que Cremouël vostre Conestable, estant tel qu'il est vilain, fils de vilain, & duquel les parents sont presque incogneuz à tout le monde, se laue ainsi les mains dans le sang de la noblesse, & dresse vne boucherie sanglāte en ceste ville de ceux desquels il n'est point digne d'approcher qu'auec reuerence, veu que tout ce qu'il en fait estant esloigné de tout droit & iustice, ne tend ailleurs que pour establir en grandeur sa race poltronne, auilissant, ou destruisant du tout les anciennes maisons de ceste Isle. Ie dy cecy, Sire, pource qu'il a condemné mon neueu à estre decapité auiourd'huy en la place publique, comme s'il estoit quelque larron & assassineur, & comme s'il auoit attenté de trahir le Royaume, ou empoisonner vostre Royale maiesté. Quel crime a-il commis pour en porter vne si dure & cruelle penitence? Quelle est sa faute, qu'il faille que l'executeur de haute iustice le face mourir ainsi honteusement? Et bien, il a fait l'amour à vostre niece, & celle qui est fille de ma Dame vostre sœur, iadis Roine d'Escosse, est-ce vn crime capital que de voir deus amans esgaux en fortune, & pareils de sang, se promettre mariage, & en poursuyure la consommation? Que feroit-on plus à vn rauisseur, ou celuy qui auroit souillé la couche du Prince? Ne sçauez vous pas, Sire, que les mariages sont libres, & que les enfans peuuent prédre party sans que les peres leur puissent interdire? Quelle loy ou ordonnance auez vous fait à ce contraire, pourquoy ceux qui suyuent leur liberté doyuent receuoir mort, sans l'auoir merité? Mon neueu est il indigne de la fille d'vn tel cheualier que celuy qui a espousé ma Dame? Nostre maison est-elle moindre que la sienne, que puis qu'il a espousé la sœur d'vn Roy si grand que vous, que mon neueu ne puisse prendre pour femme la niece? Ie confesse que mon neueu a tort d'auoir fait ce mariage sans vous en aduertir: mais que pour cela il merite la mort, Pardonnez moy, Sire, ce seroit aller trop rudement en besongne, & monstrer qu'il y a plus de transport q̃ d'equité, & de malice que de iustice, & que le iuge deputé en la cause, est plus partie que bon presidẽt, & deuorateur du sang des iustes, que defenseur de la cause des Innocés: le proces desquels a esté vuydé bien soudainement, & la cause en a esté trop mal decidee. Pource vous supplie, Sire, qu'il soit vostre bõ plaisir, de mesurer les faicts plus meuremẽt, & ne permettre desormais que ce villain, indigne du tiltre qu'il porte, procede plus à faire tant de meurtres, voire & vols publiques sur vostre noblesse, afin que vos subiects ne soyent à la fin contrains de se reuolter contre vous, & s'asprir cruellement cõtre vos officiers. La voye y est desia toute preste, le peuple murmure, les nobles ne peuuent plus souffrir les cruautez de celuy qui s'arme de vostre nom, pour couurir sa meschanceté. Ayez pitié des vo-

HISTOIRE XXXVI. 448

stres, & laissez le nō de vostre maiesté plus orné de clemence, que ne tasche celuy qui voudroit vous voir ruiné, pourueu qu'il peust establir sa puissance par vostre deffaite. Souuienne vous, Sire, que les despensiers de la memoire de nos peres, feirent mesme essay que cestuicy, & induirent les Rois à s'aigrir contre la noblesse : mais ils causerēt leur propre malheur, auec l'infortune de leur Roy: Dieu vueille que ce gallant soit seul en sa perdition, & que Dieu conserue vostre maiesté en honneur, los & prosperité: & que vous faisant droit à vn chacun, ne permettrez plus que ce Tyran nous afflige, ains cōtinuāt la douceur qu'auez monstree dés vostre enfance, nous faciez aussi sentir quel est le soing qu'auez de faire droit à chacun, & sans acceptiō de personnes. Le Roy ayāt ouy ainsi parler le Duc, quoy qu'il fust marry de ceste harangue, si pēsa-il à quoy tēdoyēt ces mots, & ne meist point en sourde oreille, ce qu'on luy auoit ramentu touchant les despēsiers: desquels les Annales, tant de France que d'Angleterre, font métion, qui fut cause q̄ pensant à sa conscience, & continuant sa dissimulation, il enuoya querir son Conestable, auq̄l il dist, present le Duc: Mōsieur le Conestable, voila le Duc de Nolfoc

Hugues despēsier, grand ennemy de la noblesse en Angleterre.

mon cousin, lequel se plaint de vous à cause de l'emprisonnement & condemnation de son neueu, ie voudroye bien que vous purgeassiez de ce qu'il dit, & luy mōstriez si à bon droit le prisonnier doit receuoir la punition qu'on dit auoir esté ordonnee. Le Conestable oyāt le Roy vser de ce langage, cogneut aussi tost qu'il falloit dissimuler & paistre d'eau beniste de court le Duc esmeu de trop de colere, pource respōdit, disant: Ie ne pense point, Sire, que si le Duc de Nolsoc estoit iuge delegué en ceste cause, & ayant ouy la confession des accusez, tel qu'il est, & si bon iusticier, qu'il voulust pardonner ny à l'vn ny à l'autre, veu la faute commise en la maison Royale, où lon doit autant auoir de respect, que iadis lon a eu aux temples. Ah! paillard, respond le Duc, si les crimes qui se cōmettent tous les iours en la maison du Roy estoyent puniz auec telle rigueur, il y a lōg temps que tu n'eusses plus de teste sur les espaules, veu les inhumanitez que tu as exercees sur tous ceux que tu pensois qui te pouuoyent faire teste, & empescher tes detestables complots: & ne faut que tu dises quel respect lon doit auoir ny aux temples ny aux maisons des Rois nos Princes souuerains, veu que tu n'as esgard ny à ce qui est consacré à Dieu, ny à la maiesté reueree de nos Princes: seulement aduise les moyens de renuerser tout sen dessus dessous, afin de mettre le Roy en trouble, & le Royaume en necessité, & que toy peschant (côme on dit) en eau trouble, puisses te preualoir de la ruine des vns, & abbaissement de l'autre. Tant y a, qu'il ne faut tant vser de langage, ains mettre fin à ce dequoy lon traite: Puis que c'est toy qui as condemné mon neueu, donne toy garde que ton arrest ne sorte son effect : car ie te iure Dieu, que si pour l'effect de ce mariage il s'ensuit la mort de mõ neueu, tu peux bien dire qu'il ne mourra pas seul, & qu'il sera accompagné de plus grande compagnie qu'il n'eust eu de suitte espousant la niece du Roy, lors qu'on les eust menez au temple. Ayant dit cecy, le Duc s'en alla, sans autrement prendre congé du Roy: qui causa que le Roy commença se douter de luy, & fut fort marry de telle retraite, pensant qu'il ne dressast quelque seditiõ en la ville, y estât aimé sur tout autre: mais le Duc estoit trop sage, & homme de bien, & n'eust voulu pour mourir attenter rien contre le salut de son Prince: quât au Conestable, il ne sen fust pas beaucoup soucié pource qu'il voyoit bien que ce qu'il faisoit procedoit plus de l'inimitié qu'il portoit à la noblesse, que pour satisfaire au deuoir de son estat. Voila pourquoy le Roy, qui craignoit l'esmotion du peuple, ne voulut souffrir que le Conestable sortist du chasteau, enuoyant cepédant dh'eure à autre voir qu'est-ce que le Duc faisoit, & s'il assembloit point gens pour luy liurer l'assaut, ou forcer le chasteau, afin d'en deliurer son neueu, pour la liberté duquel il auoit si bien harangué l'apresdisnee.

Mais entendant qu'il se tenoit coy, & attendoit qu'on executast son neueu, luy feist mander que la sentence estoit renoquee, & que son neueu ne mourroit point honteusement: tant ya, que le Roy ne pouoit le deliurer à pur & plein, à cause qu'il se sentoit grandemét interessé, en ce que le seigneur Thomas auoit fait à l'endroit de sa niece, & en sa maison: & par ainsi les deux amants tiendroyent prison iusqu'à ce que le Roy eust cogneu la iustice de leur cause: & que le Duc sur sa vie ne s'enquist plus outre, car aussi bien il n'y perdroit que le temps. Ceste sentence addoucit le Duc, esperant qu'auec le temps les choses prendroyent vne autre fin, & que le Roy cognoissant qlles sont les forces de l'Amour, les deliurant, permettroit qu'ils se marias-

HISTOIRE XXXVI. 450

sent ensemble. Mais l'esperāce tāt du Duc que des deux amants captifs, estoit plus q̄ vaine, cotant que le Roy ne pensoit plus à leur deliurance, ains les auoit fait enferrer, sous cōdition qu'ils y passeroyent le reste de leurs iours. Or estans les amants si pres l'vn de l'autre en leur prison, que s'entreuoyans ils pouuoyent parler ensemble par vne fenestre, respondant sur vn escalier, où souuent le seigneur Thomas passoit pour se pourmener dans vne gallerie assez proche. Là se consoloyēt l'vn l'autre, & se paissoyent de ceste attente, que le Roy auroit vn iour pitié d'eux. Et que ceste lōgue souffrance & cruel martyre seruiroit d'vn aiguillon pour les inciter à s'aimer d'auantage, encor que leur amitié fust si bien bastie & fondee, qu'il n'auoit riē sous le Ciel qui peust l'esbranler, ny luy dōner diminutiō. Durāt ces visitatiōs de l'Amāt, & q̄ l'espoir appastoit ce beau couple, le seigneur Thomas, fauorit de sa garde, eut encre & papier, & cōposa la complainte qui s'ensuit:

Complainte du Prince de Nolfoc,
prisonnier à Londres.

*I'ay iá remply l'air de gemissemens
Pour l'effort dur de mes soufferts tourments,*

HISTOIRE XXXVI.

Et ay baigné tous mes habits en pleurs,
Me souuenant de mes aises & heurs:
Et en sentant le malheur qui m'accable
En ce destroit, & prison miserable,
Mon cerueau plus des larmes ne distille,
Et decouler ne les fait file à file
En ruisselant le long de mon visage:
Larmes ne sont propres à tel vsage,
Et n'ont pouuoir d'alleger le martyre,
Qui les souspirs du creux de mon pis tire,
Et qui les pleurs fait ruisseler souuent
Lors que le cœur est esmeu de son vent:
Mais ces souspirs n'allegent ma souffrance,
Ny ne pourroyent luy donner allegeance.
La seule mort ou la douceur d'vn Roy
Peuuent tel heur & bien causer en moy:
La mort m'ostant de ceste vie obscure,
Et vn bon Roy de ceste prison dure:
Non pour seul viure, & separé d'icelle
Qui est mon ame, & cœur, tant que sans elle
Non plus ie vis que les fleurs, qui honorent
Les champs & préz, & les iardins decorent
Viuent sans l'eau, & sans la chaleur viue
D'vn clair soleil, qui les paist & auiue.

Vne seule est la cause de ma vie,
Pour elle aussi de viure i'ay enuie:
D'elle esloigné, i'approche de la mort:
D'elle approché, pres suis de mon support:
Tant que ce mal qu'ores ie sens captif

Ne met

HISTOIRE XXXVI. 449

Ne met en moy ny esmoy ny estrif,
D'autant que voy celle proche de moy,
Qui a souffert pour moy l'ire d'vn Roy.
   Ah Roy! qui as esprouué tant de fois
Les forts assauts & encore les vois,
Que fait Amour au cœur de la ieunesse,
Pourquoy as tu auec telle rudesse
Traitté deux cœurs vnis de telle sorte,
Que rien ne peut de ceste vnion forte
Faire en vn coup la separation?
Pourquoy veux-tu de nostre affection
Rompre l'effect, & de ceste alliance
Les nœuds vniz, auec telle puissance,
Que nul cousteau sçauroit partir en deux?
Separer, ah! les corps certes tu peux:
Mais les esprits vniz, ainsi qu'ils sont,
Ainsi aussi à iamais demourront:
Car nostre amour n'est lascif ne vilain,
& ne le peult toucher profane main:
Vn vil peché n'a conioint nos courages,
Ny n'a parfait nos amoureux ouurages:
C'est la vertu qui nous a faicts esgaux
En passetemps, en plaisirs, pleurs & maux.
Las! ie me deuls que les lascifs iouyssent
De leurs plaisirs, & les chastes perissent:
L'Adultere est fauorisé de tous,
Le mary sent la colere & courroux
De celuy là qui deust punir le vice,
Pour establir la vertu & iustice.

                      LLL

HISTOIRE XXXVI.

Ah ah! Madame, & que ma faute est grāde!
Qui vous conduit, sans que point le demande
En tel desroy, que ie crain que la mort
Soit mon dernier & soulas & support.
Et falloit-il que ceste grand' beauté
Sentist l'effort d'vne grand' cruauté?
Que pour aimer elle void son ennemy,
Celuy qui deust pour ce luy estre amy?
Et falloit-il qu'vn Roy trouuast estrange,
Si comme luy à bien aimer me renge?
Et si ie suy la chose plus parfaite
Qu'onc ny le Ciel ny nature ayent faite?
 Et quand i'auroys failli en poursuyuant,
Encor deuroit pardonner vn seruant,
Lequel succombe aux loix vniuerselles
Qui ont pouuoir sur les ames mortelles.
Bon Roy Artus, qui n'as eu ton pareil,
Si ma amitié eust contemplé ton œil,
S'il eust prins garde à nostre ferme foy,
Iamais ie n'eusse entendu que la Loy
M'eust condemné à prison ny à mort
Pour bien aimer, & pour chercher support
En celle là où reposent mes heurs,
Et qui à peu estancher mes ardeurs.
Mais que me sert repeter la memoire
De ce grand Roy, dequoy dire la gloire
Des vrais amants qui de son temps suyuirent
Leurs passions, & des belles iouyrent,
A qui leur cœur & à qui leur pensee

Ils presentoyent? Puis que ia commencee
Est l'achoison qui ma fin causera,
Et la fin mesme où mon cœur s'en ira.
  Plaise au haut Dieu que ma Dame ne sente
Mal ny douleur, & que la mort cuisante
Seul me rauisse, afin qu'vn Roy la voye
Hors de prison, & remplie de ioye:
Et que moy seul visite les manoirs
Sales, obscurs, & profonds & tres-noirs,
Où les amants recherchent leur moitié,
Lors qu'ils sont morts par trop grand' amitié:
Car ie voy bien qu'il faut qu'icy ie fine
Mes tristes iours, & qu'icy ie termine
Non mon amour, qui tousiours durera:
Mais l'vnion des corps qui faillira
Lors que perdant l'espoir de plus iouyr,
I'apperceuray mon ame s'enfuyr
Triste & pensiue, en celle onde, où pensif
Charon rameine, & conduit son esquif.
  Ie voy & sen, & le cognoist mon ame
Qu'on ne veult plus me deliurer ma Dame,
Et que le fer n'ayant outré ma vie
A la prison elle est si asseruie,
Que là il faut que ie fine mes iours,
Et le plaisir qu'ay eu en mes amours.

  Le ieune Prince enuoya ceste elegie à sa Dame, laquelle pēsoit que ce fust quelque lettre pour la consoler, ou chanson pour

LLL ij

la resiouyr, mais voyant le pronoſtic de ſa mort, quoy qu'encor elle n'euſt puy rien dire des deſſeins du Roy, ne peut tenir ſes larmes, & moins ſe garder qu'elle ne ſ'aſſeuraſt de tout ce que ſon amant luy mandoit par ſa complainte. Lequel feiſt tāt auec les gardes, qu'il ſceut à la fin quelle eſtoit la deliberation du Roy, & que là il pretendoit les laiſſer mourir, ſans qu'il en vouluſt ouyr parler à homme du monde, diſant leur auoir fait trop de grace d'auoir ainſi reſpité leur vie, & d'auoir reuoqué la ſentence iettee ſur eux. Ce qu'auſsi fut declaré à la Princeſſe, laquelle fortifiāt ſon ame contre tout effort de Fortune, ſ'armoit de patience, eſperant touſiours quelque changement pour ſe voir deliuree, & iouyr de celuy qu'elle auoit choiſi pour mary. Mais telle eſperance fut trop froide, & de peu d'effect, veu que le Seigneur Thomas, vn iour qu'ils ſe veirent à la feneſtre, luy vſa de tel ou ſemblable propos, en diſant: Vous ſçauez, ma Dame & parfaicte amie, que iamais ie n'ay commencé à vous porter l'affection pour l'effect de laquelle nous ſentons ceſte priſon, pour à la longue diſcontinuer l'amitié, & eſteindre ce feu d'Amour, qui nous bruſle encore les mouëlles, quoy qu'on ſ'eſſaye les amortir en nous separant: ains a esté ma volonté tousiours vne, & moy ferme en mon opiniō de vous aimer, & honorer tout le temps de ma vie: & d'autant qu'vn des principaux indices d'vne vraye & loyale affection est celuy, ou celuy qui aime fuyt toute occasion de desplaire à la chose aimee, ie n'eu de ma vie (que ie sache) desir de faire, non de pēser rien qui vous tournast à ennuy ou desplaisir. Qui est cause que vous voyant par mon moyen captiue, sans moyen de liberté, sinon par la fin de ma vie, laquelle ne peult estre que triste & malheureuse estant icy confiné: ie voy que le plus expedient, c'est que i'oste mon corps de peine, le Roy de soucy, & vous de ceste captiuité: car ie suis seur que si dés-à present le Roy vostre oncle estoit certifié de ma mort, que vous ne seriez guere longuement en ceste geole: & puis que ma mort peult soulager vostre vie, & que mon allegeance depēd d'elle, & la fin de nos trauaux y gist du tout, Ne seroy-ie pas ingrat enuers vous, & cruel à moymesme de vous oster la voye de liberté, & à moy la seure façon de ne voir plus vos fascheries? lesquelles certes me pesent plus que si i'estoye seul à souffrir ceste dure & cruelle penitence, pour faute qu'on deust punir vn peu plus lege-

LLL iij

rement. Or de perseuerer en ceste prison, mon cœur ne le peult souffrir, veu mesmement que toute esperance m'est ostee de voir la fin du courroux du Roy, lequel punist nostre peché qui n'est de guere grād importance, & se confit luy-mesme en fautes cent fois plus detestables. Mais ce n'est pas à moy à corriger les monarques: bien me peux plaindre que la Loy soit si inique, qu'vn legislateur ne soit assuietty à ce qu'il impose sur vn peuple: en somme ie propose (& l'executeray) de mourir, tāt pour vous deliurer de seruitude, qu'oster mon esprit de ce martyre, qui m'afflige nuict & iour, & qui m'est cent fois plus insupportable que la mesme mort. Par ainsi quand vous ne me verrez plus en fenestre, ou me pourmener par la galerie, asseurez vous que vostre loyal amy & fidelle mary a payé la commune rançon que tous hommes doyuent à nature, & que vous estes vœuue de celuy qui seiouyra en mourant, sachant que vous sortirez de peine. Et que me sert-il de viure pres de vous, & esloigné des faueurs & caresses qui m'ont tant donné d'aise en vostre compagnie? Que me profite-il de vous voir melancolique, & captiue, & ie ne puis vous esiouyr, ny deliurer, sinon en ceste sorte? Non non, ie mourray, & aura le cruel & Tyran Roy le passetemps qu'il souhaite, & son ministre le Conestable verra sortir à effect la ruine du plus grand ennemy qu'il eust au mõde.

La Princesse l'oyant ainsi parler, si elle fut estonnee ne faut s'en esbahir, veu l'extreme amitié qu'elle luy portoit: & pource auec larmes & souspirs & treshumbles requestes, elle s'essaya de rompre ceste deliberation de son mary, luy mettant deuant les yeux ores l'addoucissement du Roy, tantost l'effort de ses parens & amis, qui n'endureroyent ceste captiuité si longue:& en fin l'exhortoit à patience, attendans la mort du Roy, laquelle donneroit aussi fin à leurs malaises, luy remonstrant le peché detestable que cõmet celuy lequel vse de force contre soymesme, veu que si le meurtrier qui occist vn autre est condemné par la Loy: à plus forte raison celuy qui haineux de soy, violente ce qu'il doit auoir le plus cher. Concluant que s'il ne vouloit addoucir son courage pour son esgard mesme, qu'il eust compassion d'elle, qui ne vouloit ny pouuoit viure, s'il estoit vne fois decedé. Mais tout cela ne profitoit en riẽ: car il satisfait à tout ce qu'elle luy auoit proposé par raisons telles quelles, persistant tousiours en ce qu'il estoit necessaire qu'il

LLL iiij

vne voye plus courte se lançant par les fenestres dans la court du chasteau: estãt dõc empeschee de mourir ainsi, elle determine d'vser de mesme dietre que le Prince, & s'affoiblir tellemẽt par ieusne, que le corps defaillant à faute de substance, laisseroit aussi l'ame s'en voller en l'autre mõde. L'on s'aduise de ceste deliberation, & en est le Roy aduerty, lequel ioyeux de la mort du ieune Amant, feist mettre sa niece en liberté, la contraignant de manger, & la faire viure en despit qu'elle en eust: toutesfois à la longue, elle fuyant les cõpagnies, ne voulant plus ouyr parler d'autre mary que celuy que la cruauté Royale luy auoit tollu: elle consomma sa vie en pleurs, & gemissant tousiours celuy qu'elle auoit aimé sur toute chose. Elle fut plus discrette à la fin que luy, d'autãt que la seule loyauté la tint en haleine: & la tristesse la minant luy osta ce qu'elle vouloit perdre, demeurant tousiours seule pour auoir perdu celuy auquel elle auoit donné sa foy & le gage precieux de sa pudicité. Foy louable d'vne femme pudique, & en si grande ieunesse, mais le desespoir y est à vituperer: car les choses perdues ne pouuans estre recouuertes, il ne faut point ietter le manche apres la coignee, ains pillans patience, remercier Dieu

aussi bien de l'infortune cõme de la prospe
rite. Voila la clemẽce naïue de ce Roy Anglois, la vie duql a esté si monstrueuse, que
ie pense qu'à l'aduenir lon l'esgalera auec
vn Neron & Caligule sur le fait de ses cruautez,& ses paillardises ne seront moins vi
tuperees que les gestes lascifs d'vn effemi-
né Heliogabale C'est luy, qui ayant espou
sé Catherine fille de Ferdinand, & d'Isabeau, Roy de Castille & d'Arragon, laquel- *Catherine*
le auoit esté promise & fiancee à son frere *fille de* Fer
aisné, la repudia pour espouser celle Anne *dinãd &*
de Boloigne, laquelle depuis il feist deco- *Isabeau*
ler, cõme la plus paillarde & lubrique fem *de Castil-*
me qui ait esté de nostre tẽps. De ce diuor- *le, espousa*
se, d'autãt que le Pape n'y voulut point cõ- *le Roy*
sentir, cõme celuy qui auoit approuué le *Henry.*
premier mariage, aduint le chãgement de *Anne de*
Religion en l'Isle des Anglois, lors que ce *Boloigne*
Roy incõstant qui auoit escrit cõtre les er- *ou de Boul*
reurs de Luther, embrasse puis apres sa do *lan.*
ctrine, & ne se cõtenta point de chasser le *Change-*
clergé de ses terres, ains s'asprit si aigremẽt *mẽt de Re*
contre les prelats, que ce bõ & sainct per- *ligion en*
sonnage l'euesque Roffense y perdit la vie, *Angle-*
la sainctete duquel laisse si bon tesmoigna *terre.*
ge à l'Eglise, qu'auec la doctrine il peut e-
stre esgalé à ces premiers martyrs, qui
ont respandu leur sang pour la cõfessiõ de

HISTOIRE XXXVI.

L'Euesque Roffence, tué pour la religiō.

Cardinal de diorth se feit mou rir luy mesme.

Thomas Morus Chācelier Anglois deffait sans equité ny raison.

Ceux qui acostoyent la Royne Anne.

Inceste de Anne auec son propre frere.

la verité. Par mesme destroit passa le Cardinal de Diorth, lequel auoit au-parauant gouuerné toute l'Isle (& peult estre à bon droit) car lon dit que ce fut luy qui causa le diuorce fait auec la Royne Catherine, fille d'Espaigne. Quoy qu'il en soit, ce Cardinal craignant de tomber entre les mains de ce Roy Tyran, se feist empoisonner allant à Londres, où le Roy l'auoit cōmandé venir: en quoy il monstra le peu de constance qu'il auoit, estant appellé pour la cause de la Religion, de laquelle tāt de bons Euesques se declarans protecteurs & tesmoings, finerent heureusemēt leur vie. Mais aucun ne peut taire de quelle cruauté il feist decapiter ce grand & excellent en tout sçauoir, Thomas Morus son Chancelier, pource qu'il contredisoit aux cruautez & ribaudises de son Prince: lequel estoit si corrompu, que viuant sa femme, il tenoit pour espouse Anne, plus belle que chaste, & qui ne se contenta point des embrassemens d'vn Gentilhomme Anglois, nommé Brioton, ny de ceux du seigneur Nioris, qu'encor à l'adultere elle adiousta vn'abominable inceste, vsant trop familierement, mais diray detestablement, auec son propre frere, que le Roy à sa faueur auoit fait vn des plus grāds Milourds de sa

HISTOIRE XXXVI. 459

terre. Et pour plus descouurir sa meschanceté & paillardise, elle attira à sa couche
vn ioueur d'instrumens, homme de basse
condition, lequel accordoit sa harpe sur le
corps de la Royne, auec pareille mesure, &
venant à mesme cadence que les susdicts
seruiteurs de couche de ceste belle Louue.
Mais toutes ces folles pratiques furēt des- *Vne concu-*
couuertes par vne autre des concubines du *bine roya-*
Roy, sœur d'vn Medecin, nommé Antoi- *le descou-*
ne Bruy: laquelle ayant commandement *ure les pail-*
de par le Roy, de se retirer de court, à cau- *lardises de*
se qu'elle se prestoit à d'autres qu'à ce *la Royne.*
Bouc Royal, fut si marrie, qu'elle dist à celuy qui luy porta ceste nouuelle, qui estoit
ce medecin son frere, que le Roy feroit
mieux de prendre garde à sa femme, que
d'estre si curieux de celles qui ne luy touchent pas de si pres. Henry, qui amoit Anne de tout son cœur, & qui iamais n'eust
pensé qu'elle se fust oubliee iusques à la,
que de l'enuoyer en Cornuaille sans bou-
ger de Londres, fut extremement marry,
& voulut sçauoir tout le discours de ceste *Marc*
farce. La Dame luy dist, que Marc (ainsi *ioueur*
s'appelloit le ioueur d'instrumens). & vne *d'instru-*
des Damoiselles de la Royne, nōmee Mar- *mēs sauo-*
guerite, l'en feroyent assez certain, qui en *rit de la*
sçauoyent plus que persone qui fust. *Royne.*

HISTOIRE XXXVI.

Le Roy enyuré d'amour de sa Dame, s'appasta alors d'vn tel despit, que soudain il commanda à ce gentil Conestable Thomas Cremouël (vray ministre de ses cruautez, & qui apres le deces du Cardinal de Diorth, gouuernoit & manioit toutes les affaires du Royaume) de surprēdre ce gallant Musicien, qui visitoit ainsi les basses marches de la Royne, & que sans faire autre semblant, il sceust de luy tout ce qui se faisoit, le Roy absent, en la chambre de sa femme. Et afin de mieux venir à bout de son emprise, il ordonna vn Tournoy au premier iour de May, où le Roy mesme estoit des tenans: & nomma, sans qu'il pensast à ce qui estoit, pour ses compagnons, le frere de la Royne, le seigneur Hueston, Brioton & Noeris, lesquels quatre estoyēt les piqueurs de la Royne, lors que le Roy passoit son temps ailleurs. Le iour des ioustes, comme les tenans entrent en lice, le Conestable manda venir à luy le Musicien Marc, comme s'en voulant aller passer le tēps à vn chasteau assez pres de Londres: & là, apres l'auoir bien traité, le feist prendre & constituer prisonnier. Le poltron Menestrier, oyant la cause de son emprisonnement, n'attendit point qu'on le geinast: ains confessa franchement tous les

Hueston, Brioton, Noeris, & le frere de la Royne adulteres.

HISTOIRE XXXVI. 458

adulteres de la Royne, sans soublier d'en estre l'vn: qui fut cause que le Conestable s'en retournant à Londres, recita au Roy ce que Marc luy auoit reuelé. Le Roy, qui ne se fust iamais doubté de ces barons qui auoyent iousté en sa compagnie, les feist saisir la nuict ensuyuant, & la Royne encor fut faite prisonniere, d'où s'ensuyuit la mort de tous en peu de iours. Vne, & peult estre seule fut ceste-cy des equitez & faicts iustes de ce Roy: mais en ce estoit-il iniuste, qu'il ne contemplast le tort qu'il faisoit à sa femme, de changer si souuent de pasture, non qu'elle fust excusable de peché. Et iceluy abominable, estant montee en si haut degré, que ses mœurs & honnesteté ne correspondissent à la grandeur de son estat. Mais quoy? il est difficile de desaccoustumer les choses esquelles on a esté nourry, & à grand peine que la femme qui a oublié vne fois son honnesteté, se tienne si sagement, que souuent elle ne reprenne ses erres, & ne reuienne à son vomissement. Le Roy, qui estoit plus addonné aux femmes que la defuncte ne desiroit les masles, espousa derechef vne Dame Angloise, nōmee Ieanne de Semer, laquelle mourut en trauail d'enfant, & ce fut la mere du Roy Edouard decedé,

Le Roy fait mourir sa femme & ses seruiteurs.

Ieanne de Semer, mere du Roy Edouard, laquelle mourut en trauail d'enfant.

par la mort duquel vint à la couronne Marie fille de Catherine d'Arragon. Ceste despeschee, Henry espousa la sœur du Duc de Cleues, laquelle aussi tost il repudia, pource qu'elle luy dist vn soir, qu'ils estoyent couchez ensemble, qu'elle auoit promis mariage à vn seigneur de son pays, elle estant encor en enfance (occasion certes fort legere de laisser son espouse.) Mais quoy? ce Monstre de lubricité auoit desia ietté l'œil dessus la niece du Duc de Nolfoc, duquel le neueu estoit mort en prison, & s'en estoit si bien coiffé, qu'elle qui estoit promise à vn Gentilhomme fort fauorit du Roy, nōmé Colpeper, fut le iour de ses nopces vsurpee, & ostee à son legitime mary, par le Roy iniuste, qui l'espousa publiquement, celle de Cleues estant en vie. Qui ne s'esbahira des actes tragiques & des folies si estranges de ce Prince, qui au commencement auoit donné telle esperance de soy, qu'on l'estimoit vn des plus accomplis Roys de la Chrestienté? Mais Salomon plus sage & puissant folia aussi bien que luy: toutesfois cestuy surpassant l'autre, souilla son renom auec la tache d'vne cruauté trop bestiale, suyuāt par trop le naturel sauuage & cruel des hommes insulaires, esquels la foy est glissante,

Héry espousa la sœur du Duc de Cleues, & puis la repudie.

Colpeper, fiancé de la fille du Duc de Nolfoc, laquelle Héry luy oste, & l'espousa.

Insulaires Barbares.

glissante, & la courtoisie sans douceur, & la
vie sans amitié.

Henry n'auoit pas iouy vn an des embrassemens de ceste Dame, quand il entendit qu'elle abusoit de sa couche, & que Colpeper vsurpoit la place du Roy, lors qu'il
estoit absent: & certes il estoit impossible
que deux amans qui d'vne bonne & loyale
affection s'estoyent caressez si long temps,
& qui fiancez ensemble, & sur le poinct
d'espouser, auoyent esté descouplez, il
estoit, dy-ie, impossible qu'ils oubliassent
ceste apprehension premiere de leurs a-
mours, & qu'ils ne se souuinssent du tort
que le Roy leur auoit fait, les priuant de
l'aise qu'ils attendoyent l'vn de l'autre, &
eussent esté excusables, si le Roy n'eust demandé à Colpeper ceste faueur, & si luy
l'ayāt ottroyee n'eust recogneu, la Dame
pour l'espouse legitime de son Prince. Il est
vray que le fait du Roy estoit tyrannique,
veu que Colpeper l'auoit espousee à l'E-
glise, & toute solennité paracheuee, lors
qu'il pēsoit entrer au lict auec son espouse,
il void que le Roy la luy demande: & luy
n'osant refuser ce qu'il sçauoit que le Roy
eust prins par force, l'accorda, auec telle
volonté que fait celuy qui se despouille

Colpeper abuse de la Royne

MMM

HISTOIRE XXXVI.
deuant vn volleur pour sauuer sa vie. Ce-

La Royne & Colpeper decolez.

ste hantise de Colpeper auec la Royne e-
stant descouuerte, fut occasion de la mort
& de l'vn & de l'autre: car le tyran accoustumé à meurtres, & adextré à n'aimer que
son plaisir, & qui respectoit par trop sa
grandeur, feist decapiter & Colpeper & la
Royne. De sorte qu'on peut dire de luy,
comme Auguste Cesar disoit de celuy Roy

Dict d'Au-guste Ce-sar tou-chāt He-rode.

Herode, qui feist tuer les innocens, qu'il
eust esté meilleur d'estre son pourceau
que son fils, d'autant que Herode feist
mourir ses enfans propres, pour le soupçon qu'il auoit qu'ils conspirassent contre
son salut: & cestuy faisoit mourir ses femmes, & ceux qu'il vouloit qu'on soupçon-
nast, afin qu'il eust tous les iours nouuelle
pasture pour ses lubricitez. Et ne faut plus
s'esbahir si de son temps l'Euangile falsifié
de Luther a prins racine au Royaume de
Angleterre: car ne pouuant luy defendre
ses folies par raison, & les faire auouër par
le Clergé, il n'auoit voye plus aisée pour
effectuer ses desseins, qu'en deniant l'o-
beissance qu'il deuoit à l'Eglise, & violant
le droit duquel vsent toutes nations sur le
fait des mariages. Et feist sagement pour la
defense de son peché, que de prendre

Luther pour patron, de l'escole duquel sont sortis les Libertins, & ames voluptueuses, lesquelles comme pourceaux se veautrent dans l'ordure de paillardise. Aussi a il monstré la leçon qu'il auoit apprinse sous tel docteur, ayant telle fois deux femmes espousees viuantes, & vn nombre infiny de concubines en mesme temps, & desquelles il abusoit plus impudemment que ne faisoit le Turc, auquel l'Alcoran de son faux profete permet l'accointance de plusieurs femmes. Durant ce temps que le Roy Anglois arrousoit la cité de Londres du sang de ses subiects, & souilloit son ame de mille sortes de paillardise, Le Pape fut getté de son siege, la grand cité pillee par ceux qui en deuoyent estre les conseruateurs, & les deux grans pilliers de la Chrestiété, Charles Empereur, & le Roy treschrestien ne s'amusoyent qu'à se ruiner l'vn l'autre, lors que le Turc, par iuste iugement de Dieu entra sur les Chrestiens, & conquist Belgrade sur le Roy de Hongrie, & Rhodes sur les cheualiers sainct Iean de Hierusalé delaissez de tout le monde. C'est le discours q'i'auoy à faire de ce Roy Chrestien, & abusé de sa propre folie, pour le mettre en iuste comparaison auec ce Saich,

De l'escole de Luther sortent les Libertins & Atheistes.

L'Alcorā permet pluralité de femmes.

Rome pillee par les Espagnols

Belgrade en Hongrie, & Rhodes en Grece, prins par les Turcs.

MMM ij

HISTOIRE XXXIV.

lequel vsa de si grande courtoisie à l'endroit de son ennemy : & voir si cest insulaire est digne qu'on l'esgalle aucunement auec l'autre, quelque Africain ou Barbare qu'il fust. Mais quoy ? despuis qu'vn homme secoust le ioug à l'Eglise, & oublie l'obeissance qu'il doit aux choses sacrees, les payens & Barbares ne sont pas si cruels & farouches, que ces faiseurs de Banqueroutte à l'Euangile. Et d'autant que les exemples en sont si notoires, & que l'on les touche si clarement au doigt, ie n'ay affaire à m'amuser d'en faire le discours, me contentant que la diuersité de ces histoires donnent quelque recreation au lecteur, sans m'arrester à chose qui touche la conscience de quelqu'vn. Or ay-ie suyuy comme en l'autre partie de ces histoires la verité, & recherché ce qui peut seruir d'instruction à la ieunesse, n'ayant affaire de ce qui redonde au plaisir, d'autant que le propos du Chrestien, à quelque but qu'il tende, faut que soit vne pierre propre pour le bastiment auquel tous sommes posez comme ouuriers, & est besoing qu'il resente chose meilleure, que ce qui sert pour le chatouillement de la chair. Ie quitte donc icy les armes, & laisse desormais ces subiets

Celuy qui laisse l'Eglise, est pire que les infidelles.

Deliberatiō de l'auteur sur ces histoires.

qui peuuent estre tournez à toutes mains, & desquels les vns prennent enseignement, & les autres exemples pour s'en seruir en leurs folies,& ieunesses. Car ce que i'en ay fait à ceste fois, a esté plus pour gratifier à quelque mien amy, que de desir que i'eusse que tel œuure sortist de ma boutique. Non que l'aage me dispence de parler de ce qui est ioyeux,& gaillard, mais le temps est diuers à ces gaillardises, quelque chose qui soit cachee dessous, & qui puisse coulourer les delicatesses trop molles que les amours requierent lors que l'on en discourt:& aussi que i'ay des desseins d'autre consequence que les histoires du Bandel, ny les amours de ceux qui par leur exēple nous deussent degouster de suyure tāt nos sensuels appetits,qu'à la fin nous seruions de compte à la posterité par la memoire de nostre sottise.

Ce Roy donc fermera le pas à nostre course,& donnera fin à ce que d'icy en auant ie pretens de faire qui soit profane, si quelquefois vne histoire plus solide ne me fait esueiller l'esprit, & vn discours plus long ne faict que ie songe plus longuement que ie n'ay fait à suyure assez simplement les pas de l'autheur, que i'ay plus orné & amplifié, que suyuy, ny imité. Que ces histoires donc seruent à chascun comme fait le poison donné contre vn venin espars dans le corps, & que ressemblant la mouche à miel, le Chrestien en ramasse la douceur & bonté, laissant le poison & amertume pour ceux qui sont du tout enseuelis aux desirs de la chair, & plantez dans vn terroir de toute immondice. Et, qu'aucun ne blasme ce que i'en fais, comme diuagant du sacré au profane, car ie pése que toute escriture sainement receuë sert pour enseigner, & pour vituperer le vice, & que les simples plusieursfois s'esmouuent plus auec tels exemples, que par les seueres sentences de quelque grand Philosophe, ou reformé Theologien. Te suffisant que ie descris les Amours non comme lascif, ains comme celuy qui me moque des fols, & me ris de ceux qui se transportent à credit, & se laissent vaincre par leurs concupiscences: & accuse les adulteres, deteste les infames, abhorre les meurtriers, & suis marry que le monde voye des hommes si insensez, qui se laissent mourir pour vn plaisir si peu durable, que l'aise du corps. En somme ie louë la vertu & accuse le peché, souhaitant que moy changé en mieux par ceste lecture, ie voye aussi les autres sentir la fin de leur folie, auec l'ameliorement de leur vie. Que si quelqu'vn prend plus de plaisir aux cōptes ioyeux qui sont dans le Bandel, qu'il s'y deduise à son aise: quant à moy (cōme i'ay dit) ie luy en quitte ma part, & de mesme luy laisse l'heur & gloire qu'il en rapportera, ayant enrichy & cest auteur sterile, & nostre langue auec la douceur nayue de son eloquence.

Fin de la xxxvj. histoire.

ODE EN FAVEVR DES
histoires Tragiques de monsieur de Belle-forest,

PAR P. TAMISIER.

Dessoubz l'oblique ceinture
Où luit le flambeau des cieux,
Ne se voit en la nature
Ouurier plus industrieux
Que celuy qui se reuenge
Par vne viue louange
De l'outrage de la mort,
Et mourant ne craint la Parque,
Ny sa nautonniere barque,
Ny son fleuue, ny son port.

Qui par son braue artifice,
Et la force de sa vois
Faict à l'oubly sacrifice
Du vieil langage François:
Et faict naistre de sa cendre
Vn Phenix qui se peut rendre
Immortel contre les ans,
Et les courses empanees
Que les seures destinees
Donnent aux ailes du temps.

Qui par sa tragique prose

Peut engrauer en nos cœurs
L'estrange metamorphose
Des passageres faueurs:
Et la mal-heureuse yssue
De l'amour qui n'est conceue
Au sein de la chasteté:
Comme touſ.iours est suiuie
Nostre miserable vie
De l'hydre d'aduersité.

C'est d'vne Forest plus belle
Ou sont cueilliz, ces rameaux
Que n'estoit pas de Cybelle
L'Ide celebre en ruisseaux,
Et la grace Comingeoise
(Ornement de la Françoise)
Nous fait voir en ses escritz,
Ce qui fait mettre en arriere
De la Grece mensongere
Les plus excellentz espritz.

Ne soit ores si hardie
De donner los immortel
La grossiere Lombardie
A son tragique Bandel:
Si auec tresgrande vsure
A nostre race future
Elle ne va tesmoignant,
Que nostre France la passe

Plus que sur la terre basse
L'Olimpe n'est eminent.

Si sur nous elle se vante
D'vn suiect d'elle emprunté,
On voit la phrase apparante
De l'vn & l'autre costé:
L'vn ce n'est que simple escorce,
Et l'autre ayant plus de force,
Semble l'or prez de l'airain,
Et sa grace naturelle
Mille & mille fois excelle
L'art de l'auteur primerain.

Aussi la dine Memoire
A ia deferé le chois
Du parangon de sa gloire
Au nourrisson Comingeois,
Et ne voulant que sa terre
Son nom dans ses bras enserre
Venue d'honneur & de pris,
En l'vn & en l'autre pole:
Sur l'aide de sa parolle
Fera voler ses escritz.

SVR LES HISTOIRES
Tragiques du Seigneur de
Belle-foreſt.

Sonnet.

PAR P. TAMISIER.

LE plus rare Phenix de la Muſe tragi-
que
Qui a l'Athenien par ſes vers decoré,
Et qui a de ſon los mille-fois entouré
Les deux poles diuers, & le double tropi-
que,
Par vn eſchange fait à la Pithagorique
Errant ſelon le temps du deſtin meſuré,
A choiſi, à la fin vn repos aſſuré,
Pour y faire tonner ſa phraſe magnifique:
Mais ainſi que le temps peut changer
toute choſe:
On void auſſi en luy quelque metamor-
phoſe,
Car il a delaiſſé la meſure des vers,
Et ſon Grec naturel: Et prenant en leur
place
La proſe, & le François, d'vne nouuelle
grace,
Vn Sophocle nouueau faict bruire en l'v-
niuers.

AV SEIGNEVR DE
Belle-forest.

Sonnet.

Bandel si tu estois comme tu fus en vie,
Tu ne cognoistrois pas ta propre inuétiō:
Ou bien tu traduirois ceste traduction,
A qui la France doit toy, & ton Italie.

I. MOYSSON.

TABLE DES HISTOIRES

contenues au present liure, a denote le premier costé, & b le second.

L'Infortuné mariage du seigneur Antoine Boloigne auec la Duchesse de Malfi, & la mort piteuse de tous les deux. histoire xix. fueillet 13.b

Vie desordonnee de la Comtesse de Celant, & comme elle ayant fait meurtrir le Comte de Massine, fut decapitee à Milan. histoire xx. fueillet 53.b

Acte genereux d'vn Gentilhomme Sienois, lequel deliura son ennemy de la mort, & l'autre qui luy feist present de sa propre sœur, de laquelle il le sçauoit estre amoureux. hist. xxi. 87.a

De deux amans, lesquels se trouuans la nuict ensemble, l'vn mourut de ioye, & l'autre est suffoqué de douleur. hist. xxij. fueil. 166.a

Des grandes cruautez, aduenues pour l'adultere d'vn des seigneurs de Nocere auec la femme du Chastelain du fort de ladicte cité. hist. xxiij. 162.a

De quelle courtoisie vsa le Roy de Marocco enuers vn pauure pescheur sien subiect, qui l'auoit logé, luy s'estant esgaré à la chasse. hist. xxiiij. 190.b

TABLE.

Mort piteyable de Iulie de Gazuolo, laquelle se noya de despit, se voyant auoir esté violee. hist.xxv. 204.a

Accidens diuers aduenus à vn Gentilhomme Milannois, pour l'amour d'vne sienne fauorite. hist.xxvj. 123.b

Vn ieune homme Napolitan, la nuict de ses nopces, estant couché auec sa femme, fut foudroyé apres auoir souffert beaucoup pour celle qu'il espousa. hist.xxvij. 153.a

Acte meschant d'vn Abbé à Naples, voulant rauir vne fille, & le moyen comme elle se despestra des mains du paillard. histoire xxviij. 167.b

Acte iuste, mais par trop cruel, de Iean Maria, Duc de Milan, à l'endroit d'vn Curé trop auare. hist.xxix. 287.a

Emilie Damoiselle Romaine, vaincue l'impatience, occist Fabio son amy, afin qu'il n'en espousast vne autre qu'on luy auoit donnee, puis elle mesme se tua. hist.xxx. 298.a

Vn esclaue More, ayant esté batu de son maistre, s'en vengea auec vne cruauté grande & fort estrange. hist.xxxj. 327.a

Vn escolier à Boloigne, pensant faire quelque enchantement, mourut de peur, estant dans vn tombeau au Cimetiere. hist.xxxij. 325.a

Vn Gentilhomme Vicentin perd sa Dame la faisant tirer au vif, d'autāt qu'elle s'enamou

TABLE.
va de celuy qui la pourtrayoit. hist. xxxiij. fueil. 367.b

Grande continence de Luchin, Gentilhomme Genevois, lequel estant amoureux extremement d'vne femme : & depuis l'ayant en sa puissance, la laissa libre, & sans en iouyr. hist. xxxiiij. 389.b

Courtoisie fort grande de Saich, Roy de Fez, à l'endroit de Mahometh, seigneur de Dubdu en Afrique, lequel ayant fait vn passedroit au Roy, se rendit à luy lors qu'il se veid assiegé, sans espoir de pouuoir eschapper. hist. xxxv. 411.a

Mort piteuse de deux ieunes amans, ausquels Henry Roy d'Angleterre defendit & empescha le mariage commencé : & autres plusieurs discours sur la vie dudict Roy. hist. xxxvj. 433.a

FIN.

www.ingramcontent.com/pod-product-compliance
Lightning Source LLC
Chambersburg PA
CBHW070852300426
44113CB00008B/808